elemente chemie 1

Werner Eisner

Paul Gietz

Axel Justus

Klaus Laitenberger

Hildegard Nickolay

Werner Schierle

Bärbel Schmidt

Michael Sternberg

Ernst Klett Verlag
Stuttgart · Leipzig

Hinweise zu den Versuchen
Vor der Durchführung eines Versuchs müssen mögliche Gefahrenquellen besprochen werden. Die geltenden Richtlinien zur Vermeidung von Unfällen beim Experimentieren sind zu beachten.
Da Experimentieren grundsätzlich umsichtig erfolgen muss, wird auf die üblichen Verhaltensregeln und die Regeln für Sicherheit und Gesundheitsschutz beim Umgang mit Gefahrstoffen im Unterricht nicht bei jedem Versuch gesondert hingewiesen.
Beim Experimentieren muss immer eine Schutzbrille getragen werden.

1. Auflage   1 11 10 9 8 7 | 2016 15 14 13 12

Alle Drucke dieser Auflage sind unverändert und können im Unterricht nebeneinander verwendet werden. Die letzte Zahl bezeichnet das Jahr des Druckes.
Das Werk und seine Teile sind urheberrechtlich geschützt. Jede Nutzung in anderen als den gesetzlich zugelassenen Fällen bedarf der vorherigen schriftlichen Einwilligung des Verlages. Hinweis zu § 52a UrhG: Weder das Werk noch seine Teile dürfen ohne eine solche Einwilligung eingescannt und in ein Netzwerk eingestellt werden. Dies gilt auch für Intranets von Schulen und sonstigen Bildungseinrichtungen. Fotomechanische oder andere Wiedergabeverfahren nur mit Genehmigung des Verlags.

© Ernst Klett Verlag GmbH, Stuttgart 2007. Alle Rechte vorbehalten. www.klett.de

Autoren: Werner Eisner, Paul Gietz, Axel Justus, Klaus Laitenberger, Hildegard Nickolay, Werner Schierle, Bärbel Schmidt, Michael Sternberg

Redaktion: Thomas Bitter, Bettina Sommer
DTP/Satz: Elfriede König
Mediengestaltung: Gertrud Eilenstein
Umschlaggestaltung: Susanne Hamatzek

Grafiken: Alfred Marzell, Schwäbisch Gmünd; Matthias Balonier, Lützelbach; Karin Mall, Berlin; Otto Nehren, Achern
Grundkonzeption des Layouts: KomaAmok, Stuttgart
Reproduktion: Meyle + Müller, Medien-Management, Pforzheim
Druck: Firmengruppe APPL, aprinta druck, Wemding

Printed in Germany
ISBN: 978-3-12-756070-1

Inhaltsverzeichnis

Neugierig auf Chemie?		6

Experimentieren im Chemieraum — 9
Grundregeln des Experimentierens — 10
Gefahrstoffe — 12
Der Umgang mit dem Gasbrenner — 13
Praktikum Der Umgang mit dem Gasbrenner — 14
Das Versuchsprotokoll — 15
Durchblick Zusammenfassung und Übung — 16

1 Stoffe, Teilchen, Eigenschaften — 17
1.1 Möglichkeiten zur Unterscheidung von Stoffen — 18
1.2 Teilchenmodell — 20
1.3 **Praktikum** Die Ordnung der Teilchen im festen Zustand — 21
1.4 Teilchenmodell und Aggregatzustand — 22
1.5 Schmelz- und Siedetemperatur — 24
1.6 **Exkurs** Siedetemperatur und Druck — 25
1.7 **Impulse** Energie und Änderung des Aggregatzustandes — 26
1.8 Dichte — 28
1.9 Löslichkeit — 30
1.10 Saure und alkalische Lösungen — 32
1.11 Satz von Eigenschaften und Stoffklasse — 34
1.12 Stoffklasse Metalle — 35
1.13 **Impulse** Lernzirkel: Ermittlung von Steckbriefen — 36
1.14 **Exkurs** Wichtige Metalle — 38
1.15 **Durchblick** Zusammenfassung und Übung — 39

2 Mischen und Trennen — 41
2.1 Reinstoff und Stoffgemisch — 42
2.2 Vom Steinsalz zum Kochsalz — 44
2.3 Trinkwasser aus Salzwasser — 46
2.4 **Exkurs** Destillation — 48
2.5 Weitere Trennverfahren — 49
2.6 **Praktikum** Untersuchung von Orangenlimonade — 50
2.7 Gewinnung von Trinkwasser — 52
2.8 **Praktikum** Lebensmittel – interessante Gemische — 53
2.9 Trennverfahren in Technik und Haushalt — 54
2.10 **Durchblick** Zusammenfassung und Übung — 55

3 Stoffe reagieren miteinander — 57
3.1 Neue Stoffe entstehen — 58
3.2 Metalle reagieren mit Schwefel — 60
3.3 Verbindungen und elementare Stoffe — 62
3.4 Chemische Reaktion und Energie — 63
3.5 Chemische Reaktionen und Massengesetze — 64
3.6 Atome und ihre Masse — 66
3.7 **Impulse** Elemente Bingo — 68
3.8 Chemische Reaktion und Teilchenmodell — 69
3.9 Die Verhältnisformel — 70
3.10 Vom Reaktionsschema zur Reaktionsgleichung — 72
3.11 Massenberechnungen — 73
3.12 Masse und Teilchenanzahl — 74
3.13 **Durchblick** Zusammenfassung und Übung — 76

4 Sauerstoff und Verbrennung — 79
4.1 **Impulse** Verbrennung — 80
4.2 **Praktikum** Verbrennung von Metallen — 81
4.3 Verbrennung und Luft — 82
4.4 Sauerstoff und andere Luftbestandteile — 84
4.5 Salze und molekulare Stoffe — 85
4.6 Metalle reagieren mit Sauerstoff — 86
4.7 Nichtmetalle reagieren mit Sauerstoff — 88
4.8 **Impulse** Feuer — 90
4.9 Flamme und Feuer — 92
4.10 **Praktikum** Grundlagen der Brandbekämpfung — 96
4.11 Brände verhüten und löschen — 97
4.12 Reduktion von Metalloxiden — 100
4.13 **Exkurs** Metallgewinnung — 102
4.14 **Durchblick** Zusammenfassung und Übung — 105

5 Wasser und Wasserstoff — 107
5.1 Wasser – eine Verbindung — 108
5.2 Eigenschaften des Wasserstoffs — 110
5.3 Bildung von Wasser — 112
5.4 **Impulse** Reaktionsgleichung für die Wasserbildung — 113
5.5 Aktivierungsenergie und Katalysator — 114
5.6 **Praktikum** Chemische Reaktion und Katalysator — 117
5.7 **Exkurs** Volumen und Teilchenanzahl von Gasen — 118
5.8 **Exkurs** Quantitative Wassersynthese — 119
5.9 **Durchblick** Zusammenfassung und Übung — 121

Inhaltsverzeichnis

6	**Atombau und Periodensystem**	**123**
6.1	Alkalimetalle – eine Elementgruppe	124
6.2	Elementgruppen und Periodensystem	126
6.3	Elektrische Ladung im Atom	128
6.4	Das Kern-Hülle-Modell	130
6.5	Der Atomkern	132
6.6	*Exkurs* Isotope	133
6.7	*Exkurs* Wann lebte Ötzi?	134
6.8	Atomhülle – Abspaltung von Elektronen	136
6.9	Energiestufen- und Schalenmodell der Atomhülle	138
6.10	Atombau und Periodensystem	140
6.11	*Durchblick* Zusammenfassung und Übung	141

7	**Ionenverbindungen und Elektronenübergänge**	**143**
7.1	Eigenschaften der Halogene	144
7.2	Halogene sind Salzbildner	146
7.3	Ionen in wässrigen Lösungen	148
7.4	Natriumchlorid und andere Ionenverbindungen	150
7.5	Das Natriumchloridgitter	152
7.6	Gitterbildung und Energie	153
7.7	*Impulse* Geschichte der Salzgewinnung	154
7.8	*Impulse* Salz	156
7.9	Eigenschaften von Ionenverbindungen	158
7.10	Elektronenübergänge – Redoxreaktionen	159
7.11	Elektronenübergänge bei Elektrolysen	162
7.12	Metallüberzüge durch Elektrolyse	165
7.13	*Praktikum* Vergolden eines Kupfergegenstandes	166
7.14	*Durchblick* Zusammenfassung und Übung	167

8	**Atombindung und molekulare Stoffe**	**169**
8.1	Die Bindung in Molekülen	170
8.2	Der räumliche Bau von Molekülen	172
8.3	Riesenmoleküle aus Kohlenstoffatomen	174
8.4	Die polare Atombindung	176
8.5	Wasser – Molekülbau und Stoffeigenschaften	178
8.6	Wasser als Lösungsmittel	180
8.7	*Exkurs* Temperaturänderung beim Lösen von Salzen	181
8.8	*Praktikum* Kristallisationswärme	182
8.9	*Durchblick* Zusammenfassung und Übung	183

9	**Saure und alkalische Lösungen – Protonenübergänge**	**185**
9.1	Salzsäure und Chlorwasserstoff	186
9.2	Gemeinsamkeiten saurer Lösungen	188
9.3	Saure Lösungen und Salzbildung	190
9.4	Natriumhydroxid und Natronlauge	192
9.5	Gemeinsamkeiten alkalischer Lösungen	194
9.6	*Praktikum* Untersuchung eines Abflussreinigers	196
9.7	*Praktikum* Formeln von Hydroxiden	197
9.8	Ammoniak und Ammoniumchlorid	198
9.9	Die Neutralisation	200
9.10	Die Konzentration saurer und alkalischer Lösungen	202
9.11	*Praktikum* Konzentrationsermittlung durch Titration	204
9.12	*Durchblick* Zusammenfassung und Übung	205

10	**Wichtige Säuren und ihre Salze**	**207**
10.1	Schwefeldioxid und Schweflige Säure	208
10.2	Schwefeltrioxid und Schwefelsäure	209
10.3	Eigenschaften und Reaktionen der Schwefelsäure	210
10.4	*Praktikum* Schwefelsäure und Sulfate	211
10.5	Sulfate – Salze der Schwefelsäure	212
10.6	Salpetersäure und Nitrate	214
10.7	Phosphorsäure und Phosphate	215
10.8	Waldschäden durch Verbrennungsprodukte	216
10.9	Übersäuerung des Bodens – Gegenmaßnahmen	218
10.10	*Durchblick* Zusammenfassung und Übung	219

11	**Mineralsalze – Düngung – Boden**	**221**
11.1	Pflanzenwachstum und Düngung	222
11.2	Der Kreislauf des Stickstoffs	223
11.3	Mineraldünger	224
11.4	*Praktikum* Verschiedene Mineraldünger	225
11.5	Belastung der Umwelt durch Nitrate und Phosphate	226
11.6	Untersuchung eines Bodens	227
11.7	*Praktikum* Untersuchung eines Bodens	228
11.8	*Durchblick* Zusammenfassung und Übung	229

Organische Chemie		**231**
Friedrich Wöhler und die Harnstoffsynthese		232
Praktikum Qualitative Analyse organischer Verbindungen		233
Organische Kohlenstoffverbindungen		234
Impulse Das Ende des Ölzeitalters?		236

Inhaltsverzeichnis

12	Kohlenwasserstoffe – Energieträger und Rohstoffe	237
12.1	Erdgas und Erdöl	238
12.2	Methan – Hauptbestandteil des Erdgases	240
12.3	Die Alkane – eine homologe Reihe	242
12.4	Eigenschaften der Alkane	244
12.5	Impulse Lernzirkel: Alkane	247
12.6	Halogenierung von Alkanen	248
12.7	Exkurs Die radikalische Substitution	249
12.8	Ethen – ein Alken	250
12.9	Die Vielfalt der Kohlenwasserstoffe	252
12.10	Vom Ethen zum Polyethen	254
12.11	Gewinnung von Kohlenwasserstoffen aus Erdöl	256
12.12	Kraftfahrzeugbenzin – Verbrennung und Katalysator	258
12.13	Kraftfahrzeugbenzin – Veredelung	260
12.14	Erdgas und Wasserstoff in der Energietechnik	262
12.15	Durchblick Zusammenfassung und Übung	266

13	Alkohole	269
13.1	Die Herstellung von Alkohol	270
13.2	Praktikum Alkoholische Gärung	271
13.3	Exkurs Die Herstellung von Bier	272
13.4	Alkoholgenuss – Alkoholmissbrauch	273
13.5	Der Aufbau des Ethanolmoleküls	275
13.6	Eigenschaften und Verwendung von Ethanol	276
13.7	Homologe Reihe der Alkanole	278
13.8	Eigenschaften und Verwendung der Alkohole	280
13.9	Impulse Lernzirkel Alkohole	283
13.10	Oxidation von Alkoholen	284
13.11	Wichtige Aldehyde und Ketone	286
13.12	Durchblick Zusammenfassung und Übung	289

14	Carbonsäuren und Ester	291
14.1	Impulse Organische Säuren	292
14.2	Essig und Essigsäure	294
14.3	Praktikum Essig im Alltag	296
14.4	Alkansäuren	297
14.5	Homologe Reihe der Alkansäuren	298
14.6	Ungesättigte Fettsäuren	299
14.7	Exkurs Carbonsäuren in der Natur	300
14.8	Exkurs Carbonsäuren als Lebensmittelzusatzstoffe	301
14.9	Praktikum Organische Säuren in Lebensmitteln	302
14.10	Esterbildung – eine Kondensationsreaktion	303
14.11	Ester – Eigenschaften und Verwendung	304
14.12	Riesenmoleküle durch Esterbildung	306
14.13	Aufbau und Zusammensetzung der Fette	307
14.14	Eigenschaften der Fette	308
14.15	Bedeutung der Fette	310
14.16	Gewinnung der Fette	311
14.17	Exkurs Margarineherstellung	312
14.18	Durchblick Zusammenfassung und Übung	313

15	Anorganische Kohlenstoffverbindungen und Kohlenstoffkreislauf	315
15.1	Kohlenstoffoxide und Kohlensäure	316
15.2	Carbonate und Hydrogencarbonate	318
15.3	Praktikum Brausepulver und Backpulver	320
15.4	Rund um den Kalk	322
15.5	Praktikum Kalk und Wasserhärte	324
15.6	Der Kohlenstoffkreislauf	326
15.7	Durchblick Zusammenfassung und Übung	330

16	Erdatmosphäre – Gefährdung und Schutz	331
16.1	Erdatmosphäre und Treibhauseffekt	332
16.2	Strategien gegen Treibhausgase	336
16.3	Ozon in der Troposphäre – Sommersmog	338
16.4	Ermittlung von Luftschadstoffen	339
16.5	Ozon in der Stratosphäre – die Ozonschicht	340
16.6	Durchblick Zusammenfassung und Übung	342

Basiskonzepte	343
Stoffe und ihre Eigenschaften	344
Stoffe und ihre Teilchen	346
Chemische Reaktionen	348
Ordnungsprinzipien	350
Arbeitsweisen	352
Umwelt und Gesellschaft	354

Anhang	
Tabellen	356
Hinweise auf besondere Gefahren: R-Sätze	360
Sicherheitsratschläge: S-Sätze	361
Entsorgung von Chemikalienabfällen	362
Umgang mit Größen und Einheiten	364
Chemische Reaktion und Energieumwandlung	366
Zeichnerische Darstellung von Versuchsaufbauten	367
Laborgeräte	368
Stichwortverzeichnis	369
Bildquellenverzeichnis	374

Neugierig auf Chemie?

Womit alles begann: Feuer verursacht Stoffveränderungen.

Chemie ist überall

Leben – mit und ohne Chemie: Hände waschen, Zähne putzen, CD hören, Gummibärchen essen, Cola trinken, Blue-Jeans und bunte T-Shirts anziehen … alles ganz selbstverständliche Dinge. Jeder tut sie tagtäglich und denkt nicht viel darüber nach. Verantwortlich sind Entdeckungen in der Chemie. Wie sähe denn der Alltag aus, wenn es keine angewandte Chemie gäbe? Es gäbe keine Zahnpasta oder Zahnbürste, keine Gummibärchen, keine Blue-Jeans, keine bunten T-Shirts, keine …
Die angewandte Chemie trägt ganz wesentlich dazu bei, dass es uns gut geht.

Chemie passiert ständig! …
… ohne sie kein Leben.

Neugierig auf Chemie

Durch Chemie lässt sich die Umwelt gezielt verändern ...

Alchemie, auf der Suche nach dem „Stein der Weisen" ... (4.–16. Jh.)
... doch Unedles wollte nicht edler werden.

Seit dem 18. Jahrhundert gilt Chemie als exakte Naturwissenschaft.

... Chemisches Wissen ist für verantwortliches Tun wichtig!

Folgen für die Umwelt?
Folgen für den menschlichen Körper?
Folgen für das Zusammenleben?

Hinweise zur Benutzung

elemente chemie ist ein Lern- und Arbeitsbuch. Es dient sowohl der unterrichtlichen Arbeit als auch dem Nachbereiten und Wiederholen von Lerneinheiten. Das Buch kann jedoch den Unterricht nicht ersetzen.
Das Erleben von Experimenten und die eigene Auseinandersetzung mit deren Ergebnissen sind unerlässlich. Wissen muss erarbeitet werden.

Eine geeignete Aufbereitung soll den Umgang mit dem Buch erleichtern. Zu diesem Zwecke sind verschiedene Symbole und Kennzeichnungen verwendet worden, die überall im Buch die gleiche Bedeutung haben:

Praktikum. Ausführlich beschriebene, leicht durchführbare Schülerexperimente, welche die Schüler in Chemieübungen eigenständig durchführen können.

Exkurs. Zu den Themen des Lehrplans passende, aber teilweise darüber hinausgehende, interessante Inhalte.

Impulse. Fächerverbindende Inhalte oder Inhalte, die besondere Unterrichtsmethoden erfordern.

Durchblick Zusammenfassung und Übung. Zusammenfassung, inhaltliche Vertiefungen und Aufgaben unterschiedlicher Schwierigkeit zur Überprüfung des Gelernten eines Kapitels.

Arbeitsteil (Aufgaben und Versuche). Einige Substanzen, mit denen im Chemieunterricht umgegangen wird, sind als Gefahrstoffe eingestuft. Die Bedeutung der Gefahrensymbole ist im Anhang dargestellt. Das Tragen einer Schutzbrille beim Experimentieren ist unerlässlich, weitere notwendige Schutzmaßnahmen sind beim Versuch vermerkt. Die Versuchsanleitungen sind nach Schüler- und Lehrerversuch unterschieden und enthalten in besonderen Fällen Hinweise auf mögliche Gefahren.

V1 **Schülerversuch**. Die allgemeinen Hinweise zur Vermeidung von Unfällen beim Experimentieren müssen bekannt sein. Insbesondere ist immer eine **Schutzbrille** zu tragen. Auch Schülerversuche sind nur auf Anweisung des Lehrers auszuführen.

V1 **Lehrerversuch**

⚠ **Gefahrensymbol**. Bei Versuchen, die mit diesem Zeichen versehen sind, müssen vom Lehrer besondere Vorsichtsmaßnahmen getroffen werden.

A1 **Problem oder Arbeitsaufgabe**

[ ] Verweis auf Bild, Versuch oder Aufgabe innerhalb eines Unterkapitels.
Die Nummerierung der Aufgaben, Versuche und Bilder erfolgt unterkapitelweise.

Fettdruck (schwarz) im Text – wichtiger neuer Begriff

Texthinterlegung – Ergebnis vorangegangener Überlegungen, Definition, kurz: **Merksatz**

Experimentieren im Chemieraum

In Beruf und Alltag gibt es viele Stoffe, von denen beim leichtsinnigen Umgang zahlreiche Gefahren ausgehen. Bei der Verwendung muss man über mögliche Risiken genau Bescheid wissen.

■ Der Umgang mit Stoffen, die brennbar, giftig oder auf andere Weise gefährlich sind, unterliegt besonderen Regeln und erfordert entsprechende Kenntnisse.

■ Ein Maler muss wissen, wie er mit Farbverdünnern oder Pinselreinigern umgeht; in der chemischen Industrie gibt es besondere Sicherheitseinrichtungen. Auch von manchen Haushaltsprodukten können bei unsachgemäßer Verwendung Gefahren ausgehen. Auf der Verpackung solcher Stoffe sind deshalb Warnhinweise vorgeschrieben.

■ Da im Chemieunterricht wie in großen Labors mit einer Vielzahl von Stoffen mit den unterschiedlichsten Eigenschaften gearbeitet wird, gibt es hierzu Kennzeichnungen, Sicherheitseinrichtungen und Regeln für den verantwortungsvollen, gefahrlosen Umgang. Ihre Kenntnis und Beachtung sind die Voraussetzung für sicheres Experimentieren.

Grundregeln des Experimentierens

B1 Planung schützt vor Überraschungen

Die Chemie ist ein Unterrichtsfach, in dem man durch Experimente zu vielen neuen Erfahrungen kommen kann. Um planvoll zu experimentieren und Gefahren zu vermeiden, muss man sich an Versuchsvorschriften und Regeln halten. Unvorsichtiges oder leichtsinniges Arbeiten kann zu Unfällen führen, die Verletzungen und Gesundheitsstörungen zur Folge haben können.

Durch das Beachten von Regeln lassen sich Unfälle vermeiden. Diese Regeln betreffen sowohl das Verhalten im Unterrichtsraum als auch den Umgang mit Stoffen und Geräten.

Verhalten im Chemieraum. In Chemieräumen darf man sich nicht ohne Aufsicht durch eine Lehrkraft aufhalten.
Unerlaubtes Anfassen von Versuchsapparaturen, Experimentiergeräten und Chemikaliengefäßen sowie Spielen an Schaltungen und Armaturen können zu Unfällen führen und sind daher zu unterlassen.
Es ist wichtig zu wissen, wo sich die Sicherheitseinrichtungen wie der Not-Aus-Schalter, der Verbandkasten, die Feuerlöschdecke und der Feuerlöscher befinden und wie sie zu bedienen sind [B2].
In Experimentierräumen darf nicht gegessen und getrunken werden. Anweisungen des Lehrers müssen unbedingt befolgt werden.

Vor der Versuchsdurchführung:
- Die Versuchsanleitung genau lesen, die Durchführung besprechen.
- Geräte und Chemikalien auf dem Arbeitsplatz bereitstellen. Brenner, Geräte und Chemikalienbehältnisse in die Mitte des Tisches stellen, Geräte gegen das Herabrollen sichern.
- Schutzbrille (und evtl. Schutzhandschuhe) bereitlegen. Die Schutzbrille muss während des Experiments getragen werden.
- Längere Haare mit einem Band zusammenfassen.

NOT-AUS-Schalter
Alle Strom- und Gaszuführungen können mit einem Druck unterbrochen werden.

Feuerlöscher
Kleine Brände werden mit dem Kohlenstoffdioxidlöscher oder mit Löschsand bekämpft.

Telefon (Notruf) 112

Erste-Hilfe-Kasten
Lage und Inhalt des Verbandkastens sollten bekannt sein.

Wasser

Augendusche
Die Augen werden nach Verätzung durch Säuren oder Laugen sofort gespült.

Feuerlöschdecke
Durch Einhüllen brennender Personen werden die Flammen erstickt.

B2 Sicherheitseinrichtungen im Chemieraum

B3 Schüler beim Experimentieren

Experimentieren im Chemieraum

Grundregeln des Experimentierens

B4 Geruchsprobe durch Zufächeln mit der Hand

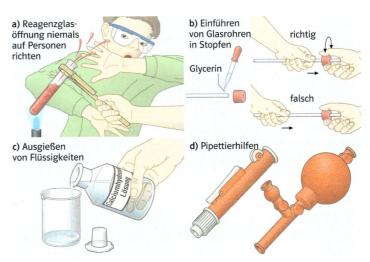

B5 Beachte beim Experimentieren

Regeln beim Experimentieren:
Ordnung, Sauberkeit und Genauigkeit sind Grundvoraussetzungen für erfolgreiches Experimentieren. Nur durch sorgfältiges und überlegtes Arbeiten sowie genaues Beobachten erhält man gute Versuchsergebnisse. Beim Experimentieren wird grundsätzlich eine Schutzbrille getragen, wenn es erforderlich ist, werden auch Schutzhandschuhe benutzt. Man beginnt erst mit der Durchführung des Experiments, wenn der Lehrer den Versuchsaufbau überprüft hat.

Glasrohre und Thermometer, die durch Stopfen geführt werden sollen, werden zunächst mit einem Tropfen Glycerin gleitfähig gemacht. Dann fasst man sie kurz vor dem Ende [B5b] und schiebt sie unter Drehen durch die Bohrung des Stopfens.
Werden Flüssigkeiten im Reagenzglas erhitzt, kann es leicht zum plötzlichen Herausspritzen kommen (Siedeverzug). Das Reagenzglas wird daher höchstens zu einem Drittel gefüllt und während des Erhitzens hin- und herbewegt (geschüttelt). Die Öffnung des Reagenzglases nie auf andere Personen richten [B5a].

Es gibt zahlreiche Stoffe, die Vergiftungen verursachen, selbst wenn sie nur in geringen Mengen in den Mund und – bei Gasen – in die Nase und in die Lunge gelangen. Geschmacks- und Geruchsproben [B4] darf man nur dann durchführen, wenn der Lehrer ausdrücklich dazu auffordert.

Umgang mit Chemikalien:
– Chemikalien sollen sparsam gebraucht werden, um Kosten zu vermindern, Gefahren und Umweltbelastungen zu verringern.
– Entnahme von Chemikalien: Die Flasche mit dem Etikett zur Handfläche ergreifen und öffnen [B5c]; den Stopfen umgekehrt auf den Tisch legen, nach der Entnahme die Flasche sofort wieder verschließen.
– Feste Stoffe mit einem Spatel oder einem Spatellöffel entnehmen, Chemikalien nie mit den Fingern anfassen. Flüssige Stoffe entnimmt man mit einer Pipette mit Saughütchen oder einer Pipettierhilfe [B5d].
– Nur einwandfreie Chemikalien gibt man wieder in die Vorratsflasche zurück.

Nach der Versuchsdurchführung:
– Chemikalienreste in dafür bereitgestellte Abfallgefäße geben.
– Gebrauchte Gefäße sorgfältig spülen, trocknen und wegräumen. Enge Gefäße, die innen nicht abgetrocknet werden können, mit destilliertem Wasser ausspülen und an das Abtropfbrett hängen.
– Beschädigungen an Experimentiergeräten dem Lehrer melden.
– Nach dem Abräumen der Geräte und Chemikalien den Tisch abwischen; prüfen, ob Gas- und Wasserhähne geschlossen sind.
– Hände waschen.

Gefahrstoffe

Symbol	Kenn-buch-stabe	Gefahren-bezeich-nung	Gefährlichkeitsmerkmale
☠	T+	Sehr giftig	Sehr giftige Stoffe können schon in sehr geringen Mengen zu schweren Gesundheitsschäden führen.
☠	T	Giftig	Giftige Stoffe können in geringen Mengen zu schweren Gesundheitsschäden führen.
✖	Xn	Gesund-heits-schädlich	Gesundheitsschädliche Stoffe können in größeren Mengen zu Gesundheitsschäden führen.
✖	Xi	Reizend	Dieser Stoff hat Reizwirkung auf Haut und Schleimhäute, er kann Entzündungen auslösen.
🧪	C	Ätzend	Dieser Stoff kann lebendes Gewebe zerstören.
💥	E	Explosions-gefährlich	Dieser Stoff kann unter bestimmten Bedingungen explodieren.
🔥	O	Brand fördernd	Brand fördernde Stoffe können brennbare Stoffe entzünden, Brände fördern und Löscharbeiten erschweren.
🔥	F+	Hochent-zündlich	Hochentzündliche Stoffe können schon bei Temperaturen unter 0 °C entzündet werden.
🔥	F	Leicht entzünd-lich	Leicht entzündliche Stoffe können schon bei niedrigen Temperaturen entzündet werden. Mit der Luft können sie explosionsfähige Gemische bilden.
🌳	N	Umwelt-gefährlich	Wasser, Boden, Luft, Klima, Pflanzen oder Mikroorganismen können durch diesen Stoff so verändert werden, dass Gefahren für die Umwelt entstehen.

B1 Gefahrensymbole und ihre Bedeutung

Kennzeichnung von Gefahrstoffen. Chemikalien, die aufgrund ihrer Eigenschaften eine Gefährdung für die Gesundheit oder die Umwelt darstellen können, nennt man Gefahrstoffe. Behälter, die Gefahrstoffe enthalten, werden mit einem Etikett versehen, das wichtige Hinweise für den sicheren Umgang mit dem Stoff enthält [B2].

Neben der **Bezeichnung des Stoffes** fällt zunächst das immer schwarz auf orangefarbenem Grund gedruckte **Gefahrensymbol** auf. Die international gebräuchlichen Gefahrensymbole ermöglichen eine schnelle Information über die Art der Gefährdung durch den Stoff, sie können allerdings bis zu vier Bedeutungen besitzen. Daher wird dem Gefahrensymbol der **Kennbuchstabe** hinzugefügt, der die Gefährlichkeit des Stoffes näher bezeichnet [B1]. So steht z. B. F bei dem Flammensymbol für einen leicht entzündlichen, F+ für einen hochentzündlichen Stoff. Weiterhin enthält das Etikett auch **Gefahrenhinweise** (R-Sätze, von engl. risk, Risiko) und **Sicherheitsratschläge** (S-Sätze, von engl. security, Sicherheit). Diese R- und S-Sätze können durch einen Nummerncode oder als Text angegeben werden. Eine Liste der R- und S-Sätze befindet sich im Anhang.

Den Umgang mit Gefahrstoffen regelt die Gefahrstoffverordnung, die regelmäßig aktualisiert wird.

B2 Gefahrensymbole auf Flaschen

Der Umgang mit dem Gasbrenner

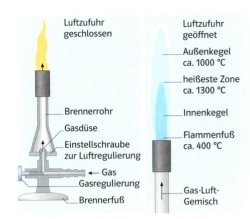

B1 Aufbau eines Teclubrenners und Flammentemperaturen bei geöffneter Luftzufuhr

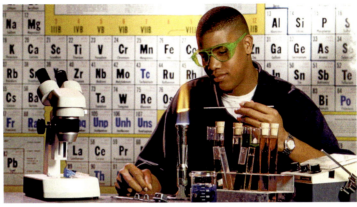

B2 Experimentieren mit dem Gasbrenner

Für viele Experimente wird im Chemieunterricht eine Wärmequelle benötigt. Man benutzt hierzu meist den Gasbrenner. Allerdings ist das Arbeiten mit dem Gasbrenner nicht ganz ungefährlich. Unverbrannt ausströmendes Gas kann mit Luft ein explosives Gemisch bilden, außerdem besteht bei unachtsamem Umgang mit dem Brenner Brandgefahr. Es ist daher wichtig, Aufbau und Wirkungsweise des Gasbrenners zu kennen, um vorschriftsmäßig mit ihm umgehen zu können.

Entzünden der Brennerflamme
1. Schließe den Brenner an den Gashahn des Tisches an. Prüfe, ob die Luftzufuhr geschlossen ist.
2. Setze die Schutzbrille auf und halte Streichhölzer oder Feuerzeug bereit.
3. Öffne zuerst die Gaszufuhr am Tisch, dann am Brenner und entzünde das ausströmende Gas sofort.

Regulierung der Brennerflamme. Der Brenner zeigt bei geschlossener Luftzufuhr eine *leuchtende* Flamme; ihre Größe kann durch Verstellen der Gaszufuhr geregelt werden. Wird die Luftzufuhr etwas geöffnet, entsteht eine fast farblose, *nicht leuchtende* Flamme. Diese Flamme wird beim Erhitzen von Flüssigkeiten sehr häufig benutzt. Bei weiterem Öffnen der Luftzufuhr entsteht die *rauschende* Flamme. Sie ist die heißeste Flamme, die mit dem Gasbrenner erzeugt werden kann.

Bedienungsfehler. Wird bei nicht leuchtender oder rauschender Flamme die Gaszufuhr vermindert, kann sich die Flamme in das Brennerrohr bis zur Gasdüse zurückziehen und dort weiterbrennen. Das Brennerrohr wird dabei sehr heiß. In diesem Fall muss die Gaszufuhr am Tisch sofort geschlossen werden. Nach dem Abkühlen des Brennerrohres und Schließen der Luftzufuhr wird die Gaszufuhr erneut geöffnet und das Gas entzündet.

A1 Zeichne einen Längsschnitt durch die rauschende Brennerflamme. Gib die drei Temperaturzonen und die in ihnen vorherrschenden Temperaturen an.

A2 Was ist beim Erhitzen von Flüssigkeiten im Reagenzglas zu beachten? Schreibe die beiden wichtigsten Punkte auf.

A3 Im chemischen Labor werden hauptsächlich drei Glassorten benutzt, die sich in ihren Erweichungstemperaturen unterscheiden (AR-Glas: 700 °C, DURAN-Glas: 815 °C, SUPREMAX-Glas: 950 °C). Was geschieht, wenn ein Reagenzglas aus AR-Glas längere Zeit in der heißesten Zone der rauschenden Brennerflamme erhitzt wird?

A4 Beschreibe die Handlungsschritte, die nach der Nutzung des Brenners und vor dem Lösen der Verbindung zum Gashahn des Tisches vorgenommen werden müssen.

B3 Bunsenbrenner

B4 Teclubrenner

Praktikum Der Umgang mit dem Gasbrenner

B1 Glasrohr brechen – die Ritzstelle befindet sich zwischen den Daumen

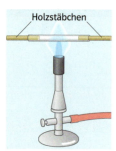

B2 Holzstäbchen zum „Verlängern" der Glasrohre z. B. zum Biegen

V1 Die Brennerflamme
Geräte und Materialien: Gasbrenner, Magnesiastäbchen, Eisendrahtnetz, Tiegelzange.

Durchführung:
1. Entzünde die Brennerflamme nach Vorschrift.
2. Stelle durch langsames Öffnen der Luftzufuhr die drei verschiedenen Typen der Brennerflamme ein.

Die folgenden Versuche zeigen dir die Temperaturzonen in der rauschenden Brennerflamme.

3. Halte ein Magnesiastäbchen waagerecht über die Mitte des Brennerrohres in die Flamme. Durchfahre jetzt sehr langsam die Flamme mit dem Stäbchen von unten nach oben.
4. Halte das Eisendrahtnetz mithilfe der Tiegelzange waagerecht knapp über die Brennerflamme, bis es teilweise glüht. Durchfahre jetzt mit dem Drahtnetz die Flamme langsam von oben nach unten. Halte das Drahtnetz anschließend auch senkrecht in die Flamme, bis es teilweise glüht.

Auswertung:
Zeichne Querschnitte der rauschenden Brennerflamme in dein Heft. Wähle drei Bereiche: a) an der Spitze des blauen Innenkegels der Flamme, b) in der Mitte der Flamme, c) über dem Brennerrohr. Kennzeichne die unterschiedlich heißen Zonen mit verschiedenen Farben.

V2 Erhitzen von Wasser im Reagenzglas
Geräte und Materialien:
Gasbrenner, Reagenzglas, Reagenzglasklammer, destilliertes Wasser.

Durchführung:
Fülle das Reagenzglas etwa zwei Fingerbreit mit Wasser. Halte den Reagenzglasboden mithilfe der Reagenzglasklammer in die Flamme und bewege (schüttle) es dabei aus dem Handgelenk. Lass etwa die Hälfte des eingefüllten Wassers verdampfen.

V3 Bearbeiten von Glas
Geräte und Materialien: Gasbrenner, scharfkantiger Glasstab, Glasrohr ($d \approx 7\,mm$), Ampullensäge, Tiegelzange, Holzplatte

Durchführung:
1. *Herstellen eines Rührstabes.* Halte einen Glasstab mit einem Ende von der Seite in die heiße Zone der rauschenden Brennerflamme oberhalb des blauen Innenkegels. Nimm den Stab aus der Flamme, wenn das Glas weich wird und zusammenläuft. Drücke nun das weiche Ende senkrecht auf die Holzplatte. Mit einem derart abgeplatteten Ende kann man z. B. Kristalle vor dem Lösen zerkleinern. Um einen Löffel zu bekommen, drückst du das weiche Ende mit der Tiegelzange zusammen. Falls das andere Ende des Stabes noch scharfkantig ist, kannst du es, wie oben zunächst beschrieben, rund schmelzen.
2. *Rundschmelzen eines Glasrohres.* Ritze ein Glasrohr mit der Ampullensäge an. Lege ein Tuch über das Glasrohr. Nimm das Rohr mit dem Tuch so in beide Hände, dass die innen liegenden Daumen an der angeritzten Stelle sind. Ziehe mit leichtem Abknicken das Rohr auseinander. Halte nun das scharfkantige Ende der einen Rohrhälfte (Vorsicht: Verletzungsgefahr!) von der Seite in die heiße Zone der rauschenden Flamme. Erhitze das Rohrende unter dauerndem Drehen, bis das Glas zu fließen beginnt.
3. *Blasen einer kleinen Kugel.* Halte die Mitte eines Glasrohres ($l > 10\,cm$) mit beiden Händen waagerecht unter Drehen in die heiße Zone der rauschenden Flamme, bis das Glas erweicht. Nimm nun das Glasrohr aus der Flamme und ziehe es schnell auseinander. Trenne die beiden Hälften und erhitze eine Glasspitze wieder, bis sie zu einem Tropfen zusammenläuft. Schmilz den erhaltenen Boden unter ständigem Drehen rund. Wenn du das Glasrohr jetzt aus der Flamme nimmst und sofort kräftig hineinbläst, kannst du eine Kugel erzeugen. Durch erneutes Erhitzen und Hineinblasen außerhalb (!) der Flamme kannst du die Kugel vergrößern.

Experimentieren im Chemieraum

Das Versuchsprotokoll

Ob im chemischen Labor oder in der Schule, wenn man experimentiert, arbeitet man oft nach Vorschriften und macht während des Versuchs Beobachtungen. Damit ein Experiment jederzeit wiederholt und überprüft werden kann und Beobachtungen nicht in Vergessenheit geraten, wird das Geschehen in einem **Versuchsprotokoll** festgehalten. Das Versuchsprotokoll soll einen schnellen Überblick über das durchgeführte Experiment und die dabei gemachten Beobachtungen erlauben. Auch die Auswertung des Beobachteten darf nicht fehlen. Zum Erreichen einer klaren Übersichtlichkeit hat es sich als zweckmäßig erwiesen, immer die gleiche Form des Versuchsprotokolls zu wählen. Die folgende Gliederung hat sich bewährt:

– Aufgabenstellung (Thema)
– Geräte und Chemikalien (Materialien)
– Bei aufwändigeren Versuchen:
  Zeichnung des Versuchsaufbaus
– Durchführung des Versuchs (Versuchsvorschrift)
– Beobachtungen
– Auswertung

Während des Experimentierens ruht die Arbeit am Protokoll, das Versuchsgeschehen soll aufmerksam verfolgt werden.
Nach Beendigung des Experiments werden die Beobachtungen in der richtigen Reihenfolge und in übersichtlicher Form schriftlich niedergelegt. Dabei ist es häufig notwendig, die mit den Beobachtungen in Zusammenhang stehenden Tätigkeiten mit aufzuführen.

Im letzten Teil des Versuchsprotokolls, der Auswertung, erfolgt die Deutung der Versuchsergebnisse. Man sollte darauf achten, in der Beobachtung nur das tatsächlich Erfahrene (Gemessene) aufzuschreiben. Erst bei der Auswertung wird das Beobachtete erklärt.

Beobachtungen und Auswertungen sind voneinander zu trennen.

B1 Schüler beim Protokollieren eines Versuchs

Versuchsprotokoll

Aufgabenstellung:
Erhitzen von Mineralwasser

Geräte und Materialien:
Brenner, Reagenzglas, Reagenzglasklammer, stilles Mineralwasser

Durchführung:
Das Reagenzglas wird etwa einen Fingerbreit mit Wasser gefüllt und in der nicht leuchtenden Brennerflamme bewegt (geschüttelt), bis alles Wasser verdampft ist.

Beobachtungen:
1. Das Wasser beginnt nach kurzer Zeit zu sieden (es brodelt).
2. Das Volumen der Flüssigkeit wird geringer, Flüssigkeitströpfchen kondensieren im oberen Teil des Reagenzglases.
3. Oberhalb der Reagenzglasöffnung bildet sich Nebel.
4. Im Reagenzglas bleibt ein weißer Belag zurück.

Auswertung:
Mineralwasser besteht nicht nur aus Wasser. Im Mineralwasser sind Stoffe gelöst, die nach dem Verdampfen des Wassers als weiße Feststoffe zurückbleiben.

B2 Beispiel für ein Versuchsprotokoll. Auch dein Protokoll soll klar gegliedert sein und alle wichtigen Angaben enthalten

Durchblick Zusammenfassung und Übung

Experimentierregeln
- Informiere dich über die Sicherheitseinrichtungen im Chemieraum.
- Trage beim Experimentieren immer eine Schutzbrille.
- Lies die Versuchsanleitung genau, kläre offene Fragen vor dem Experimentieren.
- Achte auf Ordnung und Sauberkeit, arbeite exakt, beobachte sorgfältig.
- Gefährde deine Mitschüler nicht, halte Reagenzglasöffnungen immer von ihnen weg.
- Gefährde auch dich selbst nicht, führe Geruchsproben äußerst vorsichtig durch. Geschmacksproben werden höchstens auf Anweisung des Lehrers durchgeführt.
- Experimentiere immer mit möglichst geringen Chemikalienmengen.
- Entsorge die Chemikalienreste ordnungsgemäß.

Umgang mit Gefahrstoffen
Gefahrstoffe sind die Chemikalien, die Menschen und Umwelt schädigen können.
Sie werden mit Gefahrstoffsymbolen und mit Kennbuchstaben gekennzeichnet.
R- und S-Sätze auf den Etiketten der Gefahrstoffbehälter weisen auf besondere Gefahren hin und geben Ratschläge zur Sicherheit.
Z. B. sehen die Hinweise für Petroleumbenzin folgendermaßen aus:

R: 11-38-48/20-51/53-62-65-67
S: 9-16-33-36/37-61-62

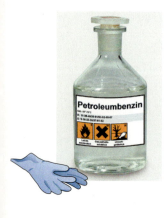

Der Umgang mit dem Gasbrenner
- Öffne bei geschlossener Luftzufuhr die Gaszufuhr am Tisch, dann am Brenner und entzünde das ausströmende Gas.
- Reguliere die Flammenhöhe mit der Gasregulierungsschraube.
- Stelle mithilfe der Luftregulierungsschraube die nicht leuchtende oder rauschende Brennerflamme ein.
- Schließe nach Beendigung des Versuchs zuerst die Luftzufuhr, dann die Gaszufuhr am Tisch und drehe die Gasregulierungsschraube zu.

Das Versuchsprotokoll
kann so gegliedert sein:
- Aufgabenstellung (Thema)
- Geräte und Chemikalien (Materialien)
- evtl. Zeichnung des Versuchsaufbaus
- Durchführung (des Versuchs)
- Beobachtungen
- Auswertung

A1 An einer Tankstelle wird an den Tanksäulen über den Gefahrstoff „Kraftfahrzeugbenzin" informiert. Schreibe Gefahrstoffsymbole, Kennbuchstaben und R- und S-Sätze vom Etikett an einer Tanksäule ab.

A2 Warum ist es wichtig, sorgfältig zu experimentieren und auf Ordnung und Sauberkeit zu achten?

A3 Gib den Ort der Sicherheitseinrichtungen im Chemieraum an und beschreibe ihre jeweilige Funktion.

A4 Ordne der abgebildeten Brennerflamme die Begriffe „relativ geringe Temperatur", „hohe Temperatur", „höchste Temperatur" zu.

A5 Recherchiere, was die Nummern für das Petroleumbenzin (siehe linke Textspalte) bedeuten.

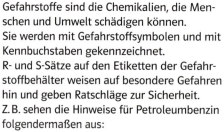

1 Stoffe, Teilchen, Eigenschaften

Viele Stoffe sind uns aus dem Alltag bekannt. Sie begegnen uns z. B. als Werkstoffe, Baustoffe, Treibstoffe, Farbstoffe, Kunststoffe. Ihre unterschiedlichen Eigenschaften bestimmen ihren Verwendungszweck. Eine wichtige Aufgabe der Chemiker ist es, Stoffe anhand ihrer Eigenschaften sicher zu identifizieren.

▪ Es gibt viele Stoffe, die gleich oder sehr ähnlich aussehen. Welche weiteren Untersuchungen kann man vornehmen, um Stoffe eindeutig zu identifizieren?

▪ Stoffe können sich in geeigneten Flüssigkeiten (Lösungsmitteln) auflösen. Warum geht das besonders rasch, wenn man umrührt?

▪ Wie kann man erklären, dass Wasser in den drei Aggregatzuständen ganz unterschiedliche Eigenschaften besitzt?

▪ Besteht der abgebildete Löffel aus reinem Silber? Vielleicht besteht er aus einem weniger wertvollen Kern, der nur mit einer dünnen Silberschicht überzogen ist?

▪ Wenn du dieses Kapitel durcharbeitest, wirst du nach und nach alle Fragen beantworten können.

1.1 Möglichkeiten zur Unterscheidung von Stoffen

B2 links: Gleiche Form – verschiedene Stoffe
rechts: Gleicher Stoff – verschiedene Formen

B1 Unterschiedliche Kristallformen: Kandis, Kochsalz

Metalle zeigen zudem noch einen besonderen **Oberflächenglanz**, der sich häufig erst nach dem Bearbeiten der Oberfläche zeigt. Andere Stoffe kann man beispielsweise an ihrer Kristallform erkennen [B1]. Kristalle sind dadurch gekennzeichnet, dass sie ohne Bearbeitung glatte, glänzende Flächen und scharfe Ecken und Kanten aufweisen. Häufig muss man zur Untersuchung der Kristallform eine Lupe oder ein Mikroskop benutzen. Viele Stoffe kann man allerdings an ihrem Aussehen allein nicht erkennen. So lässt sich Puderzucker kaum von anderen weißen Pulvern unterscheiden.

Härte. Blei und Kerzenwachs lassen sich leicht ritzen, sie sind weich. Bei anderen Stoffen gelingt das nicht so einfach. Sie weisen eine größere Härte auf. Mit einem Diamanten kann man alle anderen Stoffe ritzen.

Geschmack und Geruch. Viele Stoffe wie z. B. Salz, Zucker, Essig, Olivenöl erkennt man an ihrem besonderen Geschmack oder Geruch. Es gibt aber zahlreiche Stoffe, die Vergiftungen verursachen, selbst wenn sie nur in geringen Mengen in den Körper gelangen. Deswegen ist es sehr gefährlich, Geschmack oder Geruch unbekannter Stoffe zu prüfen.

Geschmacks- und Geruchsproben werden im Chemieunterricht nur auf ausdrückliche Anweisung des Lehrers durchgeführt.

Alle Gegenstände bestehen aus Stoffen. Wir kommen täglich mit einer Vielzahl von Gegenständen in Berührung. Sie haben eine bestimmte Form oder Gestalt und bestehen aus unterschiedlichen Materialien. Solche Materialien werden Stoffe genannt. Zu den Stoffen gehören sowohl Flüssigkeiten wie Wasser und Benzin als auch Gase wie Sauerstoff und Erdgas. Im Chemieunterricht werden immer nur kleine Stoffportionen untersucht.

Aussehen. Verschiedene Stoffe haben ganz unterschiedliche Eigenschaften, an denen man sie erkennen kann. Untersucht man einen Stoff, nimmt man zuerst seine **Farbe** wahr.

Stoffe	Härtestufe
Kerzenwachs Ton	sehr weich
Blei Kupfer Speckstein	weich
Eisen Ziegelstein Fensterglas	hart
Werkzeugstahl Quarz Diamant	sehr hart

B3 Härte. Ritzversuche führen zu einer einfachen Ordnung

Möglichkeiten zur Unterscheidung von Stoffen

Verformbarkeit. Wachs und Knetmasse lassen sich mit den Händen formen. Versucht man, dünne Stäbe aus Glas oder Eisen zu biegen, zeigen sie ein unterschiedliches Verhalten. Glas ist spröde und zerbricht, Eisen dagegen ist biegsam. Gegenstände aus Gummi sind zwar verformbar, nehmen aber anschließend wieder ihre ursprüngliche Gestalt an. Gummi ist elastisch.

Verhalten beim Erhitzen. Hält man einen Glasstab in die heiße Zone der rauschenden Brennerflamme, glüht er nach einiger Zeit. Er wird weich und verformbar. Nach dem Abkühlen sind die ursprünglichen Eigenschaften des Glases wieder vorhanden, nur seine Form hat sich verändert.
Erhitzt man Zucker, so bildet sich zunächst ein brauner, zähflüssiger Stoff, der nach Karamell riecht. Bei weiterem Erhitzen entsteht unter Rauchentwicklung ein schwarzer, poröser Stoff, der auch beim Abkühlen erhalten bleibt. Der entstandene Stoff hat keine Ähnlichkeit mit dem Ausgangsstoff Zucker.

Brennbarkeit. Viele Stoffe beginnen zu brennen, wenn sie in eine Flamme gehalten werden. Ein Stück Papier entflammt auf diese Weise sofort. Zurück bleibt grauweiße Asche. Nähert man einer Porzellanschale, die etwas Benzin enthält, einen brennenden Holzspan, springt die Flamme bereits über, bevor der Span die Flüssigkeit berührt [B6]. Über der Flüssigkeit stehen Benzindämpfe, die rußend verbrennen.

Zum Entzünden eines Stoffes ist nicht unbedingt eine Flamme nötig. Brennbare Stoffe können sich allein durch Erhitzen an der Luft entzünden, wenn sie eine bestimmte Temperatur, die Zündtemperatur, erreicht haben.

Elektrische Leitfähigkeit. Untersucht man einen Eisendraht, einen Holzstab und eine Graphitmine (Bleistiftmine) auf ihre elektrische Leitfähigkeit [B4], so stellt man fest, dass nur der Eisendraht und die Graphitmine den elektrischen Strom leiten. Die Leitfähigkeit für den elektrischen Strom ist eine Eigenschaft von Metallen und von Graphit.

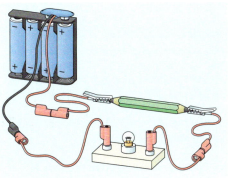

B4 Versuchsanordnung zur Prüfung der elektrischen Leitfähigkeit bei festen Stoffen

B5 Kupfer lässt sich plastisch verformen

Magnetisierbarkeit. Die Metalle Eisen, Cobalt und Nickel lassen sich durch ihre Eigenschaft, vom Magneten angezogen zu werden, von anderen Metallen unterscheiden, sie sind magnetisierbar.

Stoffe erkennt man an ihren Eigenschaften. Stoffeigenschaften sind die Farbe, der Oberflächenglanz, die Kristallform, der Geschmack, der Geruch, die Verformbarkeit, die Härte, die elektrische Leitfähigkeit, die Magnetisierbarkeit, die Brennbarkeit und das Verhalten beim Erhitzen.

V1 Untersuche folgende pulverförmig vorliegende Stoffe auf ihr Aussehen und beschreibe sie: Kochsalz, Eisen, Schwefel, Zucker, Tafelkreide.

V2 Untersuche mit einer Apparatur nach [B4] die elektrische Leitfähigkeit von Eisen, Holz, Glas, Kupfer, Graphit, Porzellan.

V3 Prüfe die Magnetisierbarkeit verschiedener Gegenstände, z. B. aus Eisen, Kupfer und Aluminium. Teste auch Cent-Münzen.

A1 Nenne Wörter, die den Begriff "Stoff" enthalten.

A2 Woran erkennt man, ob es sich bei einem Stoff um ein Metall handelt?

A3 Gib mithilfe von [B3] an, wie die Härtestufe des Kupfers ermittelt werden kann.

B6 Untersuchung der Brennbarkeit

1.2 Teilchenmodell

B1 Parfüm kann auch in größerem Abstand gerochen werden

Parfüm oder andere stark riechende Stoffe, die in einem offenen Gefäß auf dem Experimentiertisch stehen, sind nach einiger Zeit im ganzen Raum wahrnehmbar. Luftströmung kann nicht dafür verantwortlich sein, denn der Duftstoff breitet sich auch in einem geschlossenen Glasrohr ohne Luftströmung aus [V1]. Eine solche selbstständige Durchmischung zweier Stoffe, z. B. des Duftstoffes und der Luft, heißt **Diffusion**.

Die Teilchenvorstellung. Die beobachtete Durchmischung lässt sich erklären, wenn man annimmt, dass die im Experiment verwendeten Stoffe aus **kleinsten Teilchen** bestehen, die andauernd regellos und ungeordnet in Bewegung sind. Dies führt dazu, dass sie sehr häufig mit Nachbarteilchen zusammenstoßen. Dadurch ändern sie ständig ihre Bewegungsrichtung und durchmischen sich so mit den Teilchen des anderen Stoffes. Diese Teilchenvorstellung ist von ganz allgemeiner Bedeutung. Wir gehen von nun an davon aus, dass alle Stoffe aus Teilchen bestehen. Die Teilchen eines Reinstoffes sind nach dieser Vorstellung untereinander gleich, sie haben die gleiche Masse und Größe. Die kleinsten Teilchen verschiedener Stoffe können sich voneinander in Masse und Größe unterscheiden. Wegen ihrer geringen Größe kann man die Teilchen mit einem normalen Lichtmikroskop nicht einzeln wahrnehmen.

Mit einem speziellen Verfahren („Rastertunnelmikroskopie"), lässt sich die Oberfläche eines Feststoffes „abtasten". Die in Bildform vorliegenden Messergebnisse zeigen regelmäßige Erhebungen, die sich als die Teilchen des untersuchten Stoffes identifizieren lassen [B2].

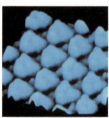
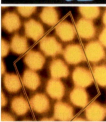

B2 Rastertunnelmikroskopie

Exkurs Modell und Wirklichkeit

Um im Fahrzeugbau strömungsgünstige Karosserien zu entwickeln, können verkleinerte Modelle aus Holz oder Gips hergestellt und im Windkanal getestet werden. Ihre äußere Form muss der des Originals wirklichkeitsgetreu nachgebildet sein. Auch die Lackierung muss übereinstimmen. Andere Einzelheiten der Ausstattung sind dagegen nicht von Bedeutung.

Kugelteilchenmodell. Wir nehmen vorläufig an, dass die Teilchen aller Stoffe eine kugelförmige Gestalt besitzen. Eine solche Vorstellung, die wir uns über die Teilchen der Stoffe machen, nennt man eine Modellvorstellung. Man spricht deshalb auch einfach vom Kugelteilchenmodell.

Brown'sche Teilchenbewegung. Im Jahre 1827 beobachtete der englische Botaniker R. Brown unter dem Mikroskop, dass Blütenpollen in einem Wassertropfen Zitterbewegungen ausführten. Auch diese Erscheinung lässt sich mit der Teilchenvorstellung deuten. Die kleinsten Teilchen des Wassers sind in einer ständigen Bewegung und stoßen dabei an die größeren Blütenpollen. Diese Zusammenstöße verursachen die sichtbaren Zitterbewegungen der Blütenpollen.

V1 Verschließe ein waagerecht eingespanntes Glasrohr (l = 30 cm) an der einen Seite mit einem Stopfen. Lege in das andere Ende des Glasrohres ein Stückchen Filterpapier, das mit einem Tropfen Parfüm getränkt ist, und verschließe auch dieses Ende des Rohres. Prüfe nach ca. 10 min am entfernten Ende des Rohres, ob Parfümgeruch feststellbar ist.

V2 Gib in ein Reagenzglas ca. 5 ml Wasser und unterschichte es langsam mithilfe einer Pipette, die bis auf den Boden reicht, mit intensiv gefärbtem Fruchtsirup. Lass das Reagenzglas bis zur nächsten Chemiestunde ruhig stehen. Erkläre die beobachtete Veränderung.

A1 Erkläre, wie auch bei völlig ruhiger Luft Parfümgeruch, der einer offenen Flasche entstammt, nach und nach den ganzen Raum erfüllen kann.

A2 Gib an, in welchen Eigenschaften das im Exkurs dargestellte Automodell und ein richtiges Auto sich unterscheiden bzw. übereinstimmen.

A3 Vergleiche Atlas, Landkarte und Globus. Welche Vor- und Nachteile bietet das jeweilige Modell?

1.3 Praktikum Die Ordnung der Teilchen im festen Zustand

Kristalle sind regelmäßig aufgebaute Körper mit glatten, ebenen Flächen und scharfen Kanten. Einen würfelförmigen Kristall kann man sich aus kleinen Würfeln zusammengesetzt denken. In unserem Kugelteilchenmodell haben die kleinsten Teilchen jedoch kugelförmige Gestalt. Lassen sich auch aus Kugeln Modelle für Kristalle aufbauen?

Kristallformen aus kleinen Kugeln. Legt man viele kleine Stahlkugeln auf die Innenseite einer gewölbten Fläche oder über einem Magneten zusammen, lassen sie sich dicht zusammenfügen. Sie bilden ein Muster, in dem in jeder Lücke der einen Reihe eine Kugel der nächsten Reihe Platz findet. Ordnet man mehrere dieser Schichten übereinander an, erhält man eine dichteste Kugelpackung [B3]. Mit ihr lassen sich regelmäßige Körper aufbauen.

V1 Kugelpackungen
Materialien: Wattekugeln oder Holzperlen, durchsichtige Plastikdose.
Durchführung: Gib in eine durchsichtige Plastikdose so viele Wattekugeln (Holzperlen), dass sie in einer Schicht den Boden bedecken. Ordne die Kugeln zunächst so an, dass ihre Mittelpunkte ein quadratisches Gitter bilden. Schüttele dann bei geringer Schräglage die Dose einige Male hin und her. Gib unter Beibehaltung der geringen Schräglage zu der neu entstandenen Anordnung nacheinander einzeln weitere Kugeln hinzu, sodass eine zweite und evtl. eine dritte Schicht entsteht.
Aufgabe: Beobachte, welche Plätze die Kugeln nach dem Schütteln einnehmen.
Wie hat sich die Größe der Zwischenräume im Vergleich mit der quadratischen Anordnung verändert?
Betrachte von oben und von der Seite her, welche regelmäßige räumliche Packung der Kugeln sich ergibt.

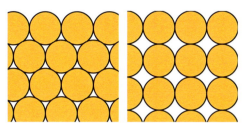

B2 Kugelschichten. Dichteste Packung und quadratische Anordnung

B3 Kugeln in dichtester Packung

V2 Ein Oktaeder aus Kugeln
Materialien: 44 Wattekugeln, Durchmesser ca. 15 mm, Klebstoff.
Durchführung: Klebe vier Kugelschichten [B1 links] so zusammen, wie es in [B1 Mitte] dargestellt ist. Wenn du die Schichten dicht und richtig aufeinanderlegst, erhältst du ein Oktaeder. Klebe die Schichten fest.
Aufgabe: Zeichne ein auf der Spitze stehendes Oktaeder in dein Heft.

V3 Eine Dreieckspyramide
Materialien: 20 Wattekugeln oder Holzperlen, Klebstoff.
Durchführung: Stelle aus den Wattekugeln zwei Viererreihen und zwei doppelte Dreierreihen her [B1 rechts].
Aufgabe: Baue durch geschicktes Zusammenlegen eine Dreieckspyramide (ein Tetraeder).

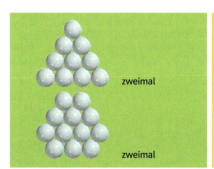

B1 Links: Kugelschichten zum Bau des Oktaeders, Mitte: Oktaeder aus Kugeln, rechts: Räumliches Puzzle. Ein Tetraeder

1.4 Teilchenmodell und Aggregatzustand

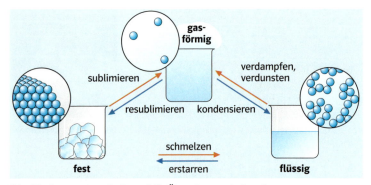

B1 Die Aggregatzustände und die Übergänge zwischen ihnen

Kleinste Teilchen steht für die kleinsten gleichen Teilchen, aus denen ein Reinstoff aufgebaut ist

Wasser bei verschiedenen Temperaturen. Im Winter überziehen sich Flüsse und Seen mit einer festen Eisdecke. Tropfendes Wasser erstarrt zu Eiszapfen. Bei wärmerem Wetter schmilzt das Eis und es entsteht wieder flüssiges Wasser. Wird Wasser erhitzt, beginnt es zu sieden, dabei geht es in den gasförmigen Zustand über. Es entsteht Wasserdampf, der beim Abkühlen wieder zu Wasser kondensiert. Lässt man Wasser in einem geöffneten Gefäß einige Zeit stehen, bemerkt man, dass es verdunstet. Es kann also auch ohne zu sieden in den gasförmigen Zustand übergehen. In der Luft vorhandener Wasserdampf wird Luftfeuchtigkeit genannt.

Mit der Modellvorstellung vom Aufbau der Stoffe aus kleinsten Teilchen lassen sich die Aggregatzustände des Wassers und anderer Stoffe sowie die Übergänge zwischen den Aggregatzuständen gut deuten.

Stoffe im festen Zustand. Um einen Glasstab zu zerbrechen oder einen Eisenstab zu verbiegen, muss man Kraft aufwenden. Die kleinsten Teilchen des Feststoffes lassen sich offenbar nur schwer voneinander trennen und gegeneinander verschieben. Zwischen den Teilchen herrschen **Anziehungskräfte**. Diese halten die Teilchen auf ihren Plätzen fest. Ein Feststoff lässt sich nicht zusammenpressen, weil die Teilchen dicht nebeneinander angeordnet sind. Sie führen lediglich Vibrationsbewegungen aus. Die Kristallform vieler fester Stoffe spiegelt die regelmäßige Anordnung der kleinsten Teilchen wider.

Stoffe im flüssigen Zustand. Flüssigkeiten lassen sich kaum zusammendrücken [V2b], sie sind jedoch beweglich und passen sich jeder Gefäßform an.
Die Anziehungskräfte zwischen den kleinsten Teilchen des Stoffes können sich offenbar weniger gut auswirken als im festen Zustand. Die Teilchen nehmen keine festen Plätze ein, sie sind gegeneinander beweglich. Die strenge Ordnung des festen Zustands ist aufgehoben.

Stoffe im gasförmigen Zustand. Ein Gas lässt sich im Gegensatz zu einer Flüssigkeit oder einem Feststoff leicht zusammendrücken, es nimmt auch jeden zur Verfügung stehenden Raum ein [V2a]. Wegen der großen Abstände zwischen den Teilchen wirken sich die Kräfte zwischen ihnen kaum noch aus. Jedes Teilchen kann sich unbeeinflusst durch die Anziehung anderer Teilchen fortbewegen. Bei ihrer Bewegung stoßen die Teilchen ständig zusammen und ändern ihre Bewegungsrichtung. Sie bewegen sich ungeordnet im Raum.

Veränderungen des Aggregatzustandes. In unserer Erklärung der Aggregatzustände mithilfe des Teilchenmodells spielen die Anziehungskräfte zwischen den kleinsten Teilchen eine wichtige Rolle. Die *Wirkung der Anziehungskräfte* hängt von der *Entfernung der Teilchen* untereinander ab: je weiter sie voneinander entfernt sind, desto geringer wirken sich die Anziehungskräfte aus. Je geringer aber diese Kräfte sind, desto ungeordneter können sich die Teilchen bewegen. Diese *Bewegung* ist umso heftiger, je *mehr thermische Energie* dem Stoff zugeführt wird.
Im festen Zustand führt die Zufuhr thermischer Energie zu immer heftigeren Vibrationen der Teilchen. Dabei nehmen die Teilchen im Mittel größere Abstände voneinander ein – der Feststoff dehnt sich aus. Die Vibrationen werden schließlich so stark, dass sich Gruppen von Teilchen voneinander lösen, die Ordnung bricht zusammen – der Stoff schmilzt. Durch die zugeführte thermische Energie vergrößern sich die Teilchenabstände. Erhitzt man die Flüssigkeit weiter, wird die Bewegung der Teilchen so heftig, dass immer mehr Teilchen den Teilchenverband verlassen – die Flüssigkeit siedet.

Die Tatsache, dass Wasser verdunsten kann, lässt den Schluss zu, dass auch unterhalb der Siedetemperatur Teilchen die Flüssigkeit verlassen können. An der Oberfläche wirken die Anziehungskräfte nicht mehr von allen Seiten. Auch hier kann die Bewegung der Teilchen so heftig werden, dass sie die Anziehung überwinden und den Teilchenverband verlassen.

Sublimation und Resublimation. Nicht nur Flüssigkeiten, auch Feststoffe können in den gasförmigen Zustand übergehen. Wird festes Iod erwärmt [V3], so entsteht, ohne dass das Iod schmilzt, violetter Ioddampf. Der Vorgang heißt Sublimation. Auch in diesem Falle wirken die Anziehungskräfte an der Oberfläche nicht mehr von allen Seiten. Einzelne Teilchen können den Teilchenverband aufgrund ihrer Bewegung verlassen.
Beim Abkühlen bildet sich durch Resublimation wieder festes Iod [B2]. Auch die Bildung von Raureif ist eine Resublimation [B3].

Teilchenbewegung und Gasdruck. Erhitzt man ein Gas in einem verschlossenen Behälter, kann der Druck so groß werden, dass der Behälter platzt. Bei ihrer Bewegung stoßen die kleinsten Teilchen eines Gases nicht nur untereinander, sondern auch mit der Gefäßwand zusammen. Der Druck im Gefäß wird mit zunehmender Erwärmung größer, die Stöße der Gasteilchen müssen also häufiger und heftiger werden. Das ist nur mit einer *größeren Geschwindigkeit* der Teilchen zu erklären. Vergrößert man den Raum, in dem sich das Gas befindet, stoßen die sich bewegenden Teilchen nicht mehr so häufig mit der Gefäßwand zusammen, der Druck sinkt.

Durch *Druck* lassen sich manche *Gase verflüssigen*. Werden die Abstände zwischen den Teilchen eines Gases so sehr verringert, dass die Anziehungskräfte zwischen ihnen wieder wirksam werden können, wird die Teilchenbewegung stark eingeschränkt. Der Stoff geht in den flüssigen Zustand über.

Die Teilchen der Stoffe üben Anziehungskräfte aufeinander aus. Teilchen von Feststoffen schwingen um ihre Ruhelage und sind nur schwer verschiebbar, während die von Flüssigkeiten leicht gegeneinander beweglich sind. Teilchen von Gasen bewegen sich ungeordnet im Raum.

Kleinstes Teilchen und Aggregatzustand. Aus den bisherigen Überlegungen folgt, dass ein einzelnes Teilchen eines Stoffes nicht in verschiedenen Aggregatzuständen vorkommen kann. Ein Aggregatzustand ist immer an eine Stoffportion gebunden, die aus einer sehr großen Anzahl von Teilchen besteht.

B2 Iod sublimiert und resublimiert

V1 Fülle ein Reagenzglas etwa zu einem Drittel mit Eis. Stülpe über die Öffnung des Reagenzglases einen Luftballon. Erwärme langsam. (Achtung, heißer Wasserdampf!) Beschreibe deine Beobachtungen und deute sie mithilfe des Teilchenmodells.

V2 a) Schiebe einen mit Luft gefüllten Kolbenprober bei geschlossenem Hahn zusammen.
b) Wiederhole (a) mit etwa dem gleichem Kraftaufwand, aber mit einem zur Hälfte mit Wasser gefüllten Kolbenprober. Vergleiche die Volumina vor und nach dem Zusammendrücken und deute mithilfe des Kugelteilchenmodells.

V3 Man gibt einige Iodkristalle in einen Weithals-Erlenmeyerkolben, deckt mit einem Uhrglas ab und gibt etwas Eiswasser darauf. Man erwärmt im Wasserbad. Nach dem Abkühlen nimmt man das Uhrglas vorsichtig ab und betrachtet die Unterseite. Fertige ein Protokoll an.

A1 Gib mithilfe des Kugelteilchenmodells an, welche Vorgänge ablaufen, wenn bei Frost Raureif entsteht.

A2 Drückt man bei einem mit Feuerzeuggas gefüllten Kolbenprober den Kolben fest in den Zylinder, bildet sich ein Beschlag aus Tröpfchen. Deute die Beobachtung mithilfe des Kugelteilchenmodells.

A3 Erkläre den Vorgang des Erstarrens, Kondensierens und Resublimierens mithilfe des Kugelteilchenmodells.

B3 Raureif auf einer Pflanze

1.5 Schmelz- und Siedetemperatur

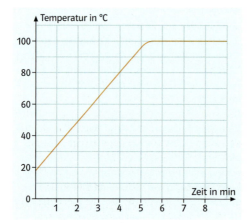

B1 Siedetemperatur von Wasser und Temperaturverlauf beim Erhitzen

Manche der bisher behandelten Stoffeigenschaften (z. B. Geruch und Farbe) können nicht immer eindeutig beschrieben werden. Für die Kennzeichnung und Identifikation von Stoffen werden deshalb Eigenschaften bevorzugt, die *messbar* sind und mit Zahlen belegt werden können.

Bestimmung der Siedetemperatur. Um die Siedetemperatur des Wassers zu bestimmen, erhitzt man dieses und verfolgt den Temperaturverlauf [V1]. Wenn die Temperatur 100 °C erreicht hat, beginnt das Sieden. Ab jetzt steigt die Temperatur nicht mehr an [B1]. Oft werden allerdings abweichende Werte festgestellt. Die Siedetemperatur ist nämlich vom *Luftdruck* abhängig. Mit steigendem Luftdruck steigt auch die Siedetemperatur. Um vergleichen zu können, wird einheitlich die Siedetemperatur bei **Normdruck (1013 hPa)** angegeben. Die Siedetemperaturen anderer Flüssigkeiten werden auf entsprechende Weise ermittelt.

Bestimmung der Schmelztemperatur. Zur Bestimmung der Schmelztemperatur eines Feststoffes wird im Reagenzglas eine kleine Portion, z. B. von Cetylalkohol, erwärmt. Wenn die Temperatur 49 °C erreicht hat, beginnt der Schmelzvorgang. Von hier an erfolgt kein weiterer Anstieg der Temperatur im Reagenzglas, bis eine klare Schmelze entstanden ist. Erst dann steigt die Temperatur der Flüssigkeit weiter an [B2].

Zur Kontrolle kann bei langsamer Abkühlung die Erstarrungstemperatur gemessen [V2] werden. Sie stimmt mit der Schmelztemperatur überein.

Siede- und Schmelztemperatur sind messbare Eigenschaften vieler Stoffe und dienen zu ihrer Kennzeichnung und Identifikation.

V1 Erhitze in einer Apparatur nach B1 Wasser bis zum Sieden (Siedesteinchen). Notiere die Temperatur in Abständen von jeweils 1 min. Erstelle ein Siedediagramm und bestimme die Siedetemperatur.

V2 Bringe in einem Reagenzglas etwas Cetylalkohol im Wasserbad zum Schmelzen. Nimm das Glas einige Minuten, nachdem eine klare Schmelze entstanden ist, aus dem Bad und lass es an der Luft abkühlen. Ermittle im Minutenabstand (umrühren, solange es noch geht) die Temperaturwerte. Beende die Messung ca. 5 Minuten nach dem vollständigen Erstarren. Erstelle ein Diagramm und bestimme die Erstarrungstemperatur.

A1 Welche der in [B3] aufgeführten Stoffe sind bei Zimmertemperatur (20 °C) fest, flüssig oder gasförmig?

Stoff	Schmelztemperatur ϑ_{sm} in °C	Siedetemperatur ϑ_{sd} in °C
Sauerstoff	−219	−183
Ether	−116	34
Alkohol	−117	78
Quecksilber	−39	356
Benzol	5	80
Glycerin	18	290
Schwefel	119	444
Blei	327	1740
Kochsalz	800	1460
Eisen	1535	2750

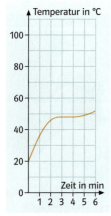

B2 Schmelzdiagramm von Cetylalkohol

B3 Schmelz- und Siedetemperaturen einiger Stoffe bei Normdruck

24 Allgemeine Chemie

1.6 Exkurs Siedetemperatur und Druck

Wasser siedet auf einem hohen Berg bei einer niedrigeren Temperatur als 100 °C. Der Luftdruck auf einem hohen Berg ist auch niedriger als auf Meereshöhe. Im Folgenden wird der Zusammenhang zwischen der Siedetemperatur und dem Luftdruck erklärt.

Luftdruck. Als Druck (p) bezeichnet man in der Physik den Quotienten einer senkrecht auf eine Fläche wirkenden Kraft (F) zur Größe der Fläche (A).

$$\text{Druck} = \frac{\text{Kraft}}{\text{Fläche}} \qquad p = \frac{F}{A}$$

Der Druck wird meist in Hektopascal (hPa) angegeben.

Sehr anschaulich kann man sich den Luftdruck vorstellen, wenn man sich eine Luftsäule über einer Fläche vorstellt [B3]. Die Luftsäule drückt mit der Kraft ihres Gewichts auf die Bodenfläche. Im Mittel beträgt der Luftdruck an der Erdoberfläche 1013 hPa. Da der Luftdruck auf die Gewichtskraft der auflastenden Luftsäule zurückgeht, muss der Luftdruck mit der Höhe abnehmen. Denn je höher man kommt, desto kleiner ist die Luftsäule, die man noch über sich hat. Außerdem wird die Luft nach oben hin dünner, weil die Luft unter ihrer eigenen Gewichtskraft oben weniger zusammengedrückt wird als am Boden.

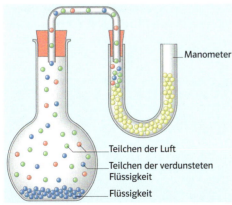

B1 Der Überdruck im Kolben ergibt sich aus dem Dampfdruck der Flüssigkeit

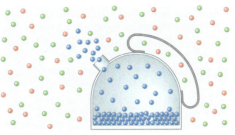

B2 Bei der Siedetemperatur entspricht der Dampfdruck der Flüssigkeit dem Luftdruck

Dampfdruck. Schließt man Wasser in ein Gefäß ein, so gehen Wasserteilchen in den Raum über der Flüssigkeit über, bis er mit Wasserdampf gesättigt ist. Diese Verdunstung führt zu einer Zunahme des Druckes im Inneren des Gefäßes [B1]. Der Druck, der auf das verdunstete Wasser zurückzuführen ist, wird Dampfdruck genannt.

Dampfdruck und Siedetemperatur. Erhöht man die Temperatur der Flüssigkeit in dem Gefäß, so nimmt auch der Dampfdruck zu. Wasser erreicht bei 100 °C den Dampfdruck p = 1013 hPa. Beträgt auch der Luftdruck 1013 hPa, so siedet das Wasser [B2].

Eine Flüssigkeit siedet, wenn ihr Dampfdruck dem Luftdruck entspricht.

Auf einem 5000 m hohen Berg beträgt der Luftdruck etwa 500 hPa, Wasser erreicht schon bei 81 °C den Dampfdruck 500 hPa und siedet deshalb bei dieser Temperatur auf dem Berg.

Alkohol erreicht bei 78 °C einen Dampfdruck von 1013 hPa, seine Siedetemperatur beträgt deshalb beim Normdruck (1013 hPa) 78 °C. Der Dampfdruck ist von der Temperatur und dem Stoff abhängig.

A1 a) Werte B4 grafisch aus.
b) Wie groß ist der Dampfdruck des Wassers bei 25 °C bzw. 95 °C?

A2 Warum beträgt die Siedetemperatur des Wassers in einem Schnellkochtopf 120 °C?

B3 Der Luftdruck hängt von der Höhe ab

(Höhe: 10 000 m, Luftdruck: 250 hPa)
(Höhe: 5000 m, Luftdruck: 500 hPa)
(Höhe: 0 m, Luftdruck: 1013 hPa)
Erdoberfläche

Temperatur in °C	Dampfdruck in hPa
0	6
10	12
20	23
30	42
40	74
50	123
60	199
70	312
80	474
90	701
100	1013

B4 Dampfdruck des Wassers in Abhängigkeit von der Temperatur

Stoffe, Teilchen, Eigenschaften

1.7 Impulse Energie und Änderung des Aggregatzustandes

Thermische Energie und Änderung des Aggregatzustandes. Jeder Körper kühlt in einer kälteren Umgebung ab, sofern er nicht selbst thermische Energie produziert. Wir kennen dieses Phänomen auch von Lebewesen, wie z. B. Fröschen und Eidechsen, die bei sinkender Umgebungstemperatur abkühlen, da sie thermische Energie an die kältere Umgebung abgeben. Andererseits können Vögel und Säugetiere ihre Körpertemperatur über der Umgebungstemperatur halten, da sie ständig so viel thermische Energie produzieren, wie sie an die Umgebung verlieren.

Verfolgt man die Temperatur beim Schmelzen und Sieden eines Stoffes, so zeigt sich in beiden Fällen eine Besonderheit (Kap. 1.5, B1 und B2): Solange der Stoff schmilzt bzw. siedet, steigt dessen Temperatur nicht weiter an, obwohl er sich in einer Umgebung mit höherer Temperatur, z. B. in einem Topf auf einer heißen Herdplatte, befindet. Der Stoff nimmt beim Schmelzen bzw. beim Sieden thermische Energie aus der Umgebung auf. Diese wird benötigt, damit die Vorgänge überhaupt ablaufen können. Erst nachdem die gesamte Stoffportion verdampft bzw. geschmolzen ist, steigt die Temperatur an.

Beim Kondensieren und Erstarren eines Stoffes bleibt ebenfalls die Temperatur des Stoffes so lange konstant, bis die gesamte Stoffportion flüssig bzw. fest geworden ist. Bei diesen beiden Vorgängen wird thermische Energie (Kondensations- bzw. Erstarrungsenergie) frei.

Wasser wird zu Eis. Denke dir ein Experiment zur Verfolgung des Temperaturverlaufs des Wassers beim Gefrieren aus. Führe das Experiment durch und stelle den Verlauf in einem Diagramm dar.

Kühlung. Es wird berichtet, dass Alexander der Große auf seinen Feldzügen in Persien (333 v. Chr.) den Wein für seine Legion während einer Belagerung folgendermaßen kühlen ließ: Dreißig Gräben wurden mit Schnee gefüllt und anschließend die Weinkrüge in den Schnee gesteckt.
Vom römischen Kaiser Bassianus ist überliefert, dass er sich im Sommer in seinem Garten Schnee anhäufen ließ. Mit dieser „Klimaanlage" konnte er sich an dem aufkommenden frischen Windhauch erfreuen.

A1 Erkläre, worauf die kühlende Wirkung von Schnee zurückzuführen ist.

Impulse Energie und Änderung des Aggregatzustandes

Bedeutung der Aggregatzustandsänderungen für Leben und Umwelt. Die Aggregatzustandsänderungen des Wassers haben vielfältige Bedeutung für alle Lebewesen sowie Klima und Wetter. Stellt in Gruppen Nachforschungen zu den folgenden Themen an. Jede Gruppe präsentiert der Klasse später ihre Ergebnisse.

Gruppe 1: Frieren und Schwitzen. Beim Verlassen der Duschkabine und des Schwimmbeckens im Freibad wird einem kühl, vor allem dann, wenn ein Wind weht, auch wenn die Luft wärmer ist als das Wasser im Schwimmbecken. Bei heißem Wetter und bei Fieber dagegen bildet unser Körper Schweiß.

Gruppe 2: Frostschutz. Bei drohendem Nachtfrost sprühen manche Obstbauern abends Wasser in die Luft und über die Pflanzen.

Gruppe 3: Polareis. Im Sommer schmelzen riesige Mengen von Eis in der Polarregion und bilden sich im Winter wieder. Welche Bedeutung hat dies für den Temperaturverlauf auf der Erde?

Gruppe 4: Neblig und sternenklar. Zur Vorhersage der nächtlichen Tiefsttemperatur verwenden Meteorologen unter anderem die Messung der Luftfeuchtigkeit. (Tipp: Je geringer die Luftfeuchtigkeit ist, umso tiefer ist die Temperatur, bei der der Wasserdampf zu kondensieren beginnt).

Gruppe 5: Klima. Übertrage die Daten aus [B1] in ein Diagramm. Suche die Orte in einem Atlas. Beschreibe und erkläre die Unterschiede im jährlichen Verlauf der Monatstemperaturen.

Monat	S	N
Januar	4,9	−19,0
Febr.	5,5	−17,2
März	7,4	−10,7
April	9,2	−0,2
Mai	11,6	10,0
Juni	14,2	16,3
Juli	15,5	18,7
Aug.	15,6	16,0
Sept.	13,8	9,9
Okt.	10,8	1,5
Nov.	7,7	−9,7
Dez.	6,3	−16,9

B1 Mittlere Monatstemperaturen in °C in Shannon/Irland (S) und Nowosibirsk/Russland (N)

Stoffe, Teilchen, Eigenschaften

1.8 Dichte

Die **Dichte** wird meist in der Einheit g/cm³ angegeben.

1 ml = 1 cm³

Masse und **Volumen** werden immer von Stoffportionen bestimmt. Deswegen ist der Wortteil „-portion" hier nicht notwendig und entfällt von nun an.

Im Folgenden bedeutet
m(Stoff): **Masse** einer Stoffportion

Im Folgenden bedeutet
V(Stoff): **Volumen** einer Stoffportion

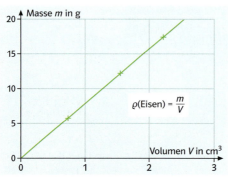

B2 Proportionale Zuordnung von Masse und Volumen bei Körpern aus dem gleichen Stoff

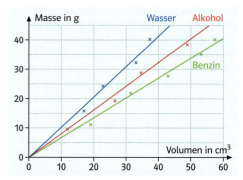

B3 Volumen und Masse einiger flüssiger Stoffportionen im Diagramm (Messwerte)

Von jedem Stoff lässt sich eine Portion mit einem beliebigen *Volumen* abmessen. Das Volumen einer Stoffportion ist kein für den Stoff typisches Kennzeichen. Ebenso kann man von jedem Stoff eine beliebige *Masse* bereitstellen. Auch die Masse einer Stoffportion ist *keine typische Stoffeigenschaft*.

Dichte als Stoffeigenschaft. Bestimmt man die Volumina verschiedener Portionen des gleichen Stoffes und deren jeweilige Masse und trägt sie in einem Diagramm auf, erhält man Messpunkte, die sich zu einer Ursprungsgeraden verbinden lassen. Es liegt eine *proportionale Zuordnung von Masse und Volumen* vor. Für die verschiedenen untersuchten Stoffportionen hat der Quotient aus Masse und Volumen den gleichen Wert [B2].

Untersucht man in der entsprechenden Weise andere Stoffe, ergeben sich ebenfalls Ursprungsgeraden, die aber im Diagramm eine andere Steigung zeigen. Der Quotient aus Masse und Volumen hat also einen anderen, für den jeweiligen Stoff typischen Wert. Er wird **Dichte** (Massendichte) genannt. Das Zeichen ist der griechische Buchstabe ϱ.

$$\text{Dichte} = \frac{\text{Masse}}{\text{Volumen}} \qquad \varrho(\text{Stoff}) = \frac{m(\text{Stoffportion})}{V(\text{Stoffportion})}$$

Dichten, vor allem die der Gase, sind abhängig von *Temperatur* und *Druck*. Tabellenwerte im Buch beziehen sich meist auf einen Druck von 1013 hPa und eine Temperatur von 20 °C.

Bestimmung der Dichte von Feststoffen und Flüssigkeiten. Wenn Masse und Volumen eines Körpers bekannt sind, lässt sich die Dichte des Stoffes leicht berechnen. Die Masse wird mithilfe der Waage ermittelt, das Volumen eines Körpers kann z. B. durch Wasserverdrängung bestimmt werden [B4].
Zur Bestimmung der Dichte flüssiger Stoffe misst man mit einem Messzylinder oder einer Pipette das Volumen einer Flüssigkeitsportion und bestimmt durch Wägung deren Masse.

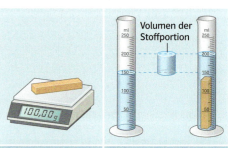

1. Bestimmung der Masse   **2. Bestimmung des Volumens (Wasserverdrängung)**

$$\text{Dichte} = \frac{\text{Masse}}{\text{Volumen}} \qquad \varrho = \frac{m}{V}$$

Im Beispiel gilt:

$$\varrho = \frac{100\,\text{g}}{50\,\text{ml}} = \frac{100\,\text{g}}{50\,\text{cm}^3} = 2\,\frac{\text{g}}{\text{cm}^3}$$

3. Berechnung der Dichte des Stoffes

B4 Bestimmung der Dichte eines Feststoffs

B1 Der Quotient aus Masse und Volumen kennzeichnet eine Stoffeigenschaft

Allgemeine Chemie

Bestimmung der Dichte von Gasen. Auch von gasförmigen Stoffen lässt sich die Dichte bestimmen. Dazu kann z. B. eine Apparatur nach [B6] mit einer Gaswägekugel benutzt werden. Nachdem aus ihr ein Teil der Luft mit einem Kolbenprober abgesaugt worden ist, wird sie gewogen. Anschließend füllt man den Kolbenprober mit dem Gas, dessen Dichte bestimmt werden soll und lässt eine Portion mit bekanntem Volumen einströmen. Nach erneuter Wägung wird die Masse der eingeströmten Gasportion berechnet. Danach wird die erhaltene Masse durch das Volumen der Gasportion dividiert. Da man bei Gasdichten in der Einheit g/cm³ sehr kleine Werte erhält, gibt man diese Dichten auch in g/dm³ (g/l) an.

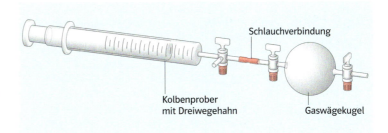

B6 Apparatur zur Bestimmung der Dichte von Gasen

Der Quotient aus Masse und Volumen ist eine charakteristische Stoffeigenschaft und wird Dichte genannt. Die Dichte wird meist in g/cm³ angegeben.

$$1 \frac{g}{ml} = 1000 \frac{g}{l}$$

Stoffe	Dichte in g/cm³
Stickstoff	0,00116
Sauerstoff	0,00133
Alkohol	0,79
Wasser	1,0
Quecksilber	13,55
Magnesium	1,74
Aluminium	2,70
Eisen	7,87
Kupfer	8,93
Blei	11,34
Gold	19,32

B5 Dichten einiger Stoffe (20 °C)

V1 Bestimme durch Abwiegen die Masse eines Aluminiumstückes. Ermittle das Volumen [B4]. Berechne die Dichte des Aluminiums.

V2 Baue eine Apparatur nach [B6] auf und bestimme die Dichte der Luft.

A1 Ein Messzylinder, der im leeren Zustand 73 g wog, wurde mit 50 cm³ Alkohol gefüllt. Die Waage zeigte nun 112,5 g an. Berechne die Dichte des Alkohols.

A2 Berechne mithilfe von [B5] das Volumen eines Eisenstückes der Masse m = 3 g.

Praktikum Bestimmung des Zuckergehaltes eines Cola-Getränkes

Geräte und Chemikalien:
5 Messkolben (100 ml), Erlenmeyerkolben (250 ml), Messzylinder (250 ml), Waage, Haushaltszucker, Cola-Getränk, dest. Wasser

Durchführung:
1. Gib in je einen vorher gewogenen Messkolben 4 g, 8 g, 12 g, 16 g Haushaltszucker.
2. Fülle die Kolben zu etwa 2/3 mit dest. Wasser und schüttle, bis sich der Zucker vollständig gelöst hat.
3. Fülle nun mit Wasser bis zur Eichmarke auf, vermische den Inhalt und kontrolliere noch einmal das Volumen.
4. Bestimme die Masse der gefüllten Kolben und berechne die Masse der jeweiligen Zuckerlösung, indem du die Masse des jeweiligen leeren Messkolbens von der des gefüllten subtrahierst.
5. Miss etwa 120 ml Cola-Getränk ab und schüttele es im Erlenmeyerkolben gut aus bzw. entferne die Kohlensäure durch Rühren (dann anderes Gefäß verwenden!).
6. Gib in den fünften vorher gewogenen Messkolben 100 ml des Cola-Getränkes und bestimme die Masse.

Auswertung:
a) Berechne die Dichten der hergestellten Zuckerlösungen und erstelle ein Diagramm (waagerechte Achse: Masse des Zuckers in 100 ml Lösung (in $\frac{g}{100\,ml}$); senkrechte Achse: Dichte der Zuckerlösung (in g/cm³)).
b) Bestimme rechnerisch die Dichte des Cola-Getränkes und ermittle grafisch mithilfe des in (a) hergestellten Diagramms die Masse des Zuckers in 100 ml Getränk.

1.9 Löslichkeit

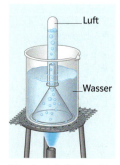

B1 Auch Luft löst sich in Wasser

B2 Mineralwasser: Kohlenstoffdioxidgas in Wasser gelöst

B3 Lösungsmittel: Nagellackentferner

B4 Fettfleckentfernung. Anwendung eines geeigneten Lösungsmittels

Wird Kochsalz in Wasser gegeben, so sind die Salzkristalle nach einiger Zeit nicht mehr zu sehen. Die kleinsten Teilchen des Salzes sind aber noch vorhanden, wie eine Geschmacksprobe zeigt. Man sagt, das Kochsalz hat sich gelöst. Dabei ist eine Lösung, die Kochsalzlösung, entstanden. Dies ist ein anderer Stoff, der z. B. eine andere Siedetemperatur als Wasser oder Kochsalz besitzt. Außer vielen weiteren Feststoffen löst Wasser auch Flüssigkeiten und Gase, wie z. B. alkoholische Getränke und Mineralwasser zeigen. Auch Luft löst sich in Wasser [B1]. Lässt man Mineralwasser offen stehen oder erhitzt es, wird das Gas wieder aus der Lösung freigesetzt und entweicht aus der Flüssigkeit. Fette, Öle und Lacke lassen sich in Wasser nicht lösen. Für viele dieser Stoffe kann man Benzin als **Lösungsmittel** verwenden. So kann man Fettflecken in der Kleidung mit Benzin entfernen [B4]. Nagellackentferner [B3], Pinselreiniger und „Fleckenwasser" enthalten andere Lösungsmittel als Wasser.

Löslichkeit in Wasser. Löst man nach und nach immer mehr Kochsalz in einer bestimmten Portion Wasser, so dauert es immer länger, bis die jeweils zugesetzte Portion gelöst ist. Nach Zugabe von 36 g Kochsalz zu 100 g Wasser erhält man eine **gesättigte Lösung** [V1]. Sie nimmt kein weiteres Kochsalz mehr auf. Überschüssiger Feststoff setzt sich als Bodenkörper ab.

Von wasserlöslichen Stoffen lösen sich unterschiedlich große Stoffportionen in gleichen Mengen Wasser. Leicht löslich sind z. B. Zucker

Stoffe	Löslichkeit in g pro 100 g Wasser
Zucker	203,9
Kochsalz	35,88
Kaliumnitrat	31,66
Soda	21,66
Kalium-aluminium-sulfat (Alaun)	6,01
Gips	0,20
Löschkalk	0,12
Sauerstoff	0,0042
Stickstoff	0,0019
Kalkstein	0,0015

B5 Löslichkeit einiger Stoffe in Wasser bei 20 °C

und Kochsalz, schwer löslich sind Stoffe wie Gips oder Löschkalk. In welchem Maße sich ein Stoff in einem Lösungsmittel löst, wird durch seine Löslichkeit ausgedrückt [B5].

Die Löslichkeit gibt an, wie viel Gramm eines Stoffes sich in 100 g Lösungsmittel lösen.

Im Unterschied dazu gibt der Massenanteil an, wie viel Gramm des Gelösten sich in 100 g fertiger Lösung befinden. Wurden z. B. 10 g Kochsalz in 90 g Wasser gelöst, liegt eine 10-prozentige Lösung vor. Sie hat einen **Massenanteil** an Salz von $w = 10\%$.

Flüssigkeiten, die Stoffe lösen, heißen Lösungsmittel. Gelöst werden können Feststoffe, Flüssigkeiten und Gase.

Löslichkeit und Temperatur. Erwärmt man eine gesättigte wässrige Lösung von Kaliumnitrat (Salpeter), die sich über einem Bodenkörper von ungelöstem Salpeter befindet, so löst sich dieser auf. Beim Abkühlen bilden sich lange Kaliumnitratkristalle. Wiederholtes Erwärmen und Abkühlen führen zum gleichen Ergebnis. Die Löslichkeit von Kaliumnitrat ist temperaturabhängig, sie nimmt beim Erwärmen zu. Auch bei anderen Stoffen wie z. B. Alaun (Kalium-aluminium-sulfat) ändert sich die Löslichkeit mit der Temperatur, bei Koch-

Allgemeine Chemie

Löslichkeit

B6 Einfluss der Temperatur auf die Löslichkeit verschiedener Stoffe in Wasser

B7 Diffusion

V1 Gib in ein Becherglas 100 g Wasser und löse unter Umrühren 30 g Kochsalz auf. Füge nach und nach Portionen von je 1 g hinzu, bis ein Bodenkörper bestehen bleibt. Wie viel Gramm Kochsalz lösen sich?

V2 Ermittle die Siedetemperatur der gesättigten Kochsalzlösung (Kap. 1.5).

V3 Gib in zwei Reagenzgläser je 5 g Wasser. Füge 3 g Kochsalz bzw. Kaliumnitrat hinzu und erwärme die Gläser im Wasserbad auf 70 °C. Beschreibe die Beobachtungen und erkläre sie mithilfe von [B6].

V4 Gib einen Kristall Kaliumpermanganat auf den Boden eines mit Wasser gefüllten, ruhig stehenden Gefäßes [B7]. Wie sind die Beobachtungen zu erklären?

A1 Nenne je drei in Wasser leicht lösliche, schwer lösliche und unlösliche Stoffe.

A2 Alkohol löst sich gut in Wasser. Warum ist in keinem Tabellenwerk die Wasserlöslichkeit von Alkohol angegeben?

A3 Wie viel Gramm Kaliumnitrat müssen wenigstens zu 50 g Wasser gegeben werden, um bei 40 °C (60 °C) eine gesättigte Lösung zu erzielen?

A4 Eine warm gesättigte Lösung von Alaun in Wasser wurde über Nacht stehen gelassen. Am Morgen war ein Bodensatz sichtbar. Eine daneben stehende gesättigte Kochsalzlösung blieb unverändert. Erkläre.

A5 Erkläre unter Verwendung des Teilchenmodells die Vorgänge, die ablaufen, wenn ein Kochsalzkristall sich in unbewegt stehendem Wasser auflöst. Wieso kann der Vorgang durch Umrühren oder Erwärmen beschleunigt werden?

A6 In 50 ml Wasser werden 5 g Kochsalz gelöst. Berechne den Massenanteil des Salzes in der Lösung.

A7 In 100 g Meerwasser sind ca. 3,5 g Salz enthalten. Gib den Massenanteil des Salzes im Meerwasser an.

A8 Welche Arbeitsschritte sind notwendig, um 1 kg einer Kochsalzlösung mit $w = 1\%$ herzustellen?

salz dagegen fast nicht [B6]. Angaben über Löslichkeiten müssen deshalb einen Hinweis auf die Temperatur enthalten.

Die Löslichkeit eines Stoffes in einem bestimmten Lösungsmittel bei einer bestimmten Temperatur ist eine messbare Stoffeigenschaft.

Lösen und Kristallisieren. Den Lösungsvorgang kann man gut mit dem Teilchenmodell beschreiben. Löst man z. B. Kochsalzkristalle in Wasser, kann man sich vorstellen, dass sich die kleinsten Teilchen des Wassers zwischen die kleinsten Teilchen des Kristalls schieben und ihre Ablösung von der Oberfläche erleichtern. Die kleinsten Teilchen des Salzes verteilen sich dann aufgrund ihrer Eigenbewegung (Kap. 1.2) im Wasser [B8]. Diese selbstständige Durchmischung (Diffusion) ist dafür verantwortlich, dass immer mehr kleinste Teilchen des Salzes vom Kristall abgelöst werden können.

Lässt man das Wasser verdunsten, bildet sich wieder kristallines Salz. Wasserteilchen verschwinden aus der Lösung, die Abstände zwischen den kleinsten Teilchen des Salzes werden immer kleiner. Schließlich werden die Anziehungskräfte wirksam. Die kleinsten Teilchen lagern sich zu regelmäßigen Körpern zusammen. Es entstehen wieder Kristalle.

B8 Lösungsvorgang in der Modellvorstellung

Stoffe, Teilchen, Eigenschaften

1.10 Saure und alkalische Lösungen

Manche Pflanzen besitzen farbige Säfte, also wässrige Lösungen von natürlichen Farbstoffen. Viele dieser Pflanzenfarbstoffe verändern ihre Farbe, wenn sie mit sauren Lösungen wie Zitronensaft oder Speiseessig in Berührung kommen. So wird violetter Rotkohlsaft rot, wenn er mit Essig vermischt wird [B1] oder Schwarztee schwach gelb, wenn dieser mit Zitronensaft versetzt wird [B2]. Speiseessig oder Zitronensaft sind keine Reinstoffe, sondern ihre Eigenschaft, sauer zu sein, wird durch Stoffe hervorgerufen, die in Wasser gelöst vorliegen.

B1 Farbumschlag von Rotkohl bei Zusatz von Essig

indicare lat. anzeigen

Löst man etwas Haushaltsnatron in Wasser und vermischt diese Lösung mit violettem Rotkohlsaft, färbt er sich blaugrün. Eine ähnliche Farbe zeigt Rotkohlsaft auch mit Seifenlösung. Es sind alkalische Lösungen, die diese Farbänderung hervorrufen.
Man bezeichnet Lösungen, die weder sauer noch alkalisch sind, als neutral. Auch der Reinstoff Wasser ist neutral.

Wässrige Lösungen können sauer, neutral oder alkalisch sein.

Indikatoren. Farbstoffe, die in sauren, neutralen oder alkalischen Lösungen unterschiedliche Farben zeigen, heißen Indikatoren. Neben pflanzlichen Farbstoffen verwendet man synthetisch hergestellte Indikatoren wie z. B. Bromthymolblau oder Phenolphthalein.

Indikatoren zeigen durch Farben an, ob Lösungen sauer, neutral oder alkalisch sind.

In der Regel werden Indikatoren als Lösung eingesetzt.
Der Indikator Phenolphthalein zeigt mit der Farbe Rotviolett an, dass eine alkalische Lösung vorliegt, in sauren oder neutralen Lösungen ist er farblos.

B2 Farbänderung von Schwarztee bei Zugabe von Zitronensaft

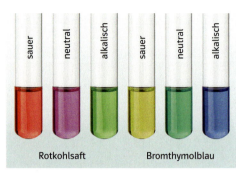

B3 Indikatorfarben in sauren, neutralen und alkalischen Lösungen

V1 **Experimentelle Hausaufgabe.** Schneide einige Rotkohlblätter in kleine Stücke und koche sie in einem kleinen Kochtopf in wenig Wasser etwa 1 Minute. Verteile den abgesiebten, abgekühlten Rotkohlsaft in kleine Marmeladengläser und teste damit die Lösungen folgender Alltagsstoffe: Speiseessig, Entkalker, Essigreiniger, Neutralreiniger, Zucker, Speisesalz, Kern- oder Schmierseife, Haushaltsnatron, Soda. Stelle die Beobachtungen in einer Tabelle zusammen, unterscheide darin saure, neutrale und alkalische Lösungen.

V2 Füge zu frisch hergestelltem Schwarztee etwas Zitronensaft und beobachte die auftretende Veränderung.

V3 Löse folgende Stoffe in Wasser
a) Essig
b) Citronensäure
c) Zucker
d) Speisesalz
e) Haushaltsnatron
f) Kernseife
und teste sie mit Bromthymolblaulösung. Woran erkennst du, welche dieser Lösungen neutral und welche alkalisch sind?

V4 Stelle durch vorsichtiges Mischen von farbigen Lösungen aus V3 neutrale Lösungen her. Protokolliere dein Vorgehen.

Saure und alkalische Lösungen

B4 Universalindikator-Papier mit pH-Skala

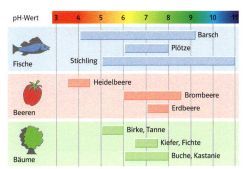

B5 Optimale pH-Bereiche für Fische und Pflanzen in Gewässern und Böden

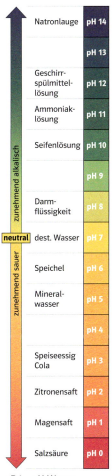

B6 pH-Werte ausgewählter wässriger Lösungen und deren Farben nach Zugabe von Universalindikator

Zur genaueren Feststellung, ob eine Lösung mehr oder weniger sauer (bzw. alkalisch) ist, wird Universalindikator verwendet. Er zeigt mit charakteristischen Farben stark oder schwach saure, neutrale sowie stark bzw. schwach alkalische Lösungen an.

Der pH-Wert. Zur exakten Kennzeichnung, wie sauer oder alkalisch eine Lösung ist, wird der pH-Wert angegeben. Saure Lösungen haben einen pH-Wert kleiner als 7, neutrale Lösungen genau den pH-Wert 7 und alkalische Lösungen einen pH-Wert größer als 7. Meistens verwendet man eine Skala, die von 0 bis 14 reicht.

Der pH-Wert gibt an, wie sauer oder alkalisch eine Lösung ist bzw. ob sie neutral ist.

Der richtige pH-Wert von Gewässern und Böden ist lebenswichtig für Pflanzen und Tiere [B5]. Für die Mehrzahl der Fische sollte der pH-Wert der Gewässer zwischen 5 und 9,5 liegen. Die Kiemen von Jungfischen, Kaulquappen oder Molchen werden bei niedrigeren pH-Werten verätzt und Fischlaich kann absterben. Für die meisten Bodenorganismen liegt der optimale pH-Wert bei 6 bis 7. Bei Abweichungen wird z. B. das Pflanzenwachstum unter anderem dadurch beeinträchtigt, dass die von den Pflanzen benötigten Mineralsalze nicht zur Verfügung stehen.

Der pH-Wert der menschlichen Haut liegt zwischen 5 und 5,5. Daher spricht man vom „Säuremantel" der Haut. Er kann durch alkalische Lösungen, z. B. Seifenlösung, angegriffen werden.

Neutralisieren. Eine saure und eine alkalische Lösung können so miteinander vermischt werden, dass eine neutrale Lösung entsteht. Zum Erkennen der neutralen Lösung ist der Zusatz eines Indikators notwendig.

V5 Ein Zaubertrick: Gib ca. 2 cm hoch Natriumcarbonatlösung in ein Reagenzglas, in ein zweites Essigsäurelösung. Füge jeweils ein wenig Rotkohlsaft aus V1 hinzu. Lass nun mithilfe einer Pipette die Essigsäurelösung am Rand des Reagenzglases mit der Natriumcarbonatlösung langsam hinunterfließen. Beobachte [B7].

V6 Ermittle mit Universalindikatorpapier den pH-Wert von Speiseessig bzw. Seifenlösung.

V7 Prüfe mit Indikatorlösung, ob ein seifenfreies Waschstück tatsächlich eine Lösung mit einem pH-Wert ≈ 5,5 erzeugt.

A1 Erkläre, was man unter einem Indikator versteht.

A2 Beschreibe, wie man eine bestimmte Menge Essig neutralisieren könnte.

A3 Bei welchem pH-Wert im Gartenboden gedeihen Erdbeerpflanzen am besten? Warum können im gleichen Boden Heidelbeerpflanzen kaum wachsen?

B7 Ein Zaubertrick

Stoffe, Teilchen, Eigenschaften **33**

1.11 Satz von Eigenschaften und Stoffklasse

B2 Gelbe, pulverförmige Stoffe, z. B. Curcuma (im Curry), Schwefel

B3 Salzartige Stoffe: Gips, Calcit und Kupfersulfat

Wir haben bisher zahlreiche Stoffeigenschaften kennen gelernt. Manche treffen allerdings für mehrere Stoffe zu. Ein Stoff ist oft durch die Angabe nur einer Eigenschaft nicht eindeutig zu identifizieren.

Erst mehrere Eigenschaften kennzeichnen einen Stoff. Um einen Stoff eindeutig zu beschreiben, muss man mehrere und für den Stoff typische Eigenschaften heranziehen. Jeder Stoff hat einen **Satz von Eigenschaften**, der Eigenschaftskombination oder auch Steckbrief genannt wird. Mit seiner Hilfe kann man den Stoff identifizieren und ihn von anderen Stoffen unterscheiden.

Jeder Stoff hat einen für ihn typischen Satz von Eigenschaften.

In einen Steckbrief können alle Eigenschaften des Stoffes aufgenommen werden. Häufig reicht allerdings eine Auswahl zur Identifizierung des Stoffes aus.

Stoffklassen. Vergleicht man die Steckbriefe einzelner Stoffe, findet man bei verschiedenen Stoffen gemeinsame Eigenschaften [B1]. Diese Stoffe kann man zu einer Stoffklasse zusammenfassen.
Stoffe, die niedrige Schmelz- und Siedetemperaturen aufweisen, werden zur Gruppe der **flüchtigen Stoffe** gerechnet. Die meisten dieser Stoffe sind bei Zimmertemperatur flüssig oder gasförmig. Sie leiten den elektrischen Strom nicht. Hierzu gehören z. B. Wasser und Alkohol.

Stoffe, die wie Kochsalz Kristalle bilden, hart und spröde sind und eine hohe Schmelztemperatur haben, zählt man zu den **salzartigen Stoffen**. Viele Salze lösen sich in Wasser, wenn auch ihre Löslichkeiten recht unterschiedlich sind. Ihre wässrigen Lösungen leiten wie ihre Schmelzen den elektrischen Strom. Außer Kochsalz gehören in diese Klasse z. B. Gips, Calcit und Kupfersulfat [B3].
Eine besondere Stoffklasse bilden die **Metalle**. Diese Stoffe haben, wenn eine genügend große Oberfläche vorliegt, einen typischen Oberflächenglanz. Sie sind verformbar, leiten den elektrischen Strom und zeigen eine gute Wärmeleitfähigkeit.

Nicht alle Stoffe können diesen drei Stoffklassen zugeordnet werden. So gehört z. B. Zucker nicht in die Klasse der salzartigen Stoffe, obwohl er Kristalle bildet und sich gut in Wasser löst. Seine wässrige Lösung leitet jedoch den elektrischen Strom nicht. Beim Schmelzen zersetzt sich Zucker. Auch Glas, Kunststoffe und Holz gehören zu keiner der genannten Klassen.

B1 Steckbriefe von Titan und Gold

Titan	
Zustandsform:	*fest*
Farbe/Oberfläche:	*grau/glänzend*
Härte:	*hart*
Verformbarkeit:	*gut*
elektrische Leitfähigkeit:	*gut*
Schmelztemperatur:	*1660 °C*
Dichte:	*4,51 g/cm³*

Gold	
Zustandsform:	*fest*
Farbe/Oberfläche:	*gelb/glänzend*
Härte:	*weich*
Verformbarkeit:	*gut*
elektrische Leitfähigkeit:	*gut*
Schmelztemperatur:	*1064 °C*
Dichte:	*19,32 g/cm³*

V1 Prüfe Stäbe aus Holz, Glas, Eisen, Kupfer, Kunststoff, Messing, Aluminium und Graphit auf
a) Glanz bei frisch bearbeiteter Oberfläche
b) Wärmeleitfähigkeit (Eintauchen in heißes Wasser)
c) elektrische Leitfähigkeit (Kap 1.1)

A1 Erstelle Steckbriefe für Eisen, Kupfer, Kochsalz und Zucker.

1.12 Stoffklasse Metalle

B1 Gold auf Quarzgestein

Name der Legierung	Verwendungsbeispiele	Zusammensetzung Massenanteile
Neusilber (Alpaka)	Modeschmuck, Kern von versilbertem Besteck	30 – 70 % Kupfer 11 – 26 % Nickel 12 – 44 % Zink
Glockenbronze	Glocken, Skulpturen	75 – 80 % Kupfer 20 – 25 % Zinn
Messing	Beschläge, Armaturen Schrauben, Schmuck	60 – 70 % Kupfer 30 – 40 % Zink
Nordisches Gold	10-, 20-, 50-Ct-Münzen	89 % Kupfer 5 % Aluminium 5 % Zink 1 % Zinn
Stahl (Edelstahl, V2a)	„rostfreie" Gegenstände aus Eisen, Besteck	68 – 88 % Eisen 12 – 18 % Chrom 0 – 14 % Nickel

B2 Legierungen

Metalle werden von Menschen seit mehreren Tausend Jahren für Gebrauchs- und Schmuckgegenstände und zur Herstellung von Münzen verwendet. Die Möglichkeit, Metalle zu gewinnen und zu bearbeiten, führte zu starken technischen und kulturellen Veränderungen.

Vorkommen der Metalle. Bis auf wenige Ausnahmen müssen die Metalle aus ihren Erzen, im Bergbau geförderten Mineralien, gewonnen werden [B4]. Darauf deutet auch der Name „Metall" hin: „metallon" ist das griechische Wort für Grube oder Bergwerk. Gold und Silber gehören zu den wenigen Metallen, die man gediegen, d.h. in metallischer Form, an manchen Stellen findet [B1].

Einteilung der Metalle. Ihre Seltenheit und ihre Bedeutung als Schmuckmetall oder als Zahlungsmittel machen Gold und Silber sehr wertvoll. Aber nicht nur deshalb gehören sie zu den Edelmetallen. Im Gegensatz zu anderen Metallen behalten **Edelmetalle** ihren Glanz auch an feuchter Luft. Das **Halbedelmetall** Kupfer überzieht sich bei Wind und Wetter nach einiger Zeit mit einer schwarzen oder grünen Schicht. **Unedle Metalle** wie z.B. Eisen sind an feuchter Luft nicht lange unverändert beständig: Eisen rostet.

Die Dichte ist eine weitere Möglichkeit, Metalle zu ordnen. So bezeichnet man Metalle, deren Dichte kleiner ist als $\varrho = 5\,\text{g/cm}^3$, als **Leichtmetalle**, alle übrigen als **Schwermetalle**. Die bekanntesten Leichtmetalle sind Magnesium und Aluminium. Beispiele für Schwermetalle sind Gold und Blei.

Legierungen. Die Bedeutung vieler Werkmetalle hängt eng mit ihrer Verformbarkeit zusammen. Dadurch wird eine Bearbeitung z.B. durch Schmieden möglich. Für metallische Werkzeuge ist die Verformbarkeit jedoch ein Nachteil. Werden verschiedene Metalle zusammengeschmolzen, entstehen Legierungen [B2]. Diese haben andere Eigenschaften als die reinen Metalle. Aus den recht weichen Metallen Kupfer und Zinn entsteht so die wesentlich härtere und bei niedrigeren Temperaturen schmelzende Bronze. In der Bronzezeit wurden aus ihr z.B. Skulpturen und Werkzeuge hergestellt [B3]. Auch Eisen wird in reiner Form kaum verwendet. Wenn man von Eisen spricht, ist fast immer Stahl gemeint. Das sind Legierungen, die Eisen als Hauptbestandteil und daneben noch andere Metalle und Kohlenstoff enthalten. Die verschiedenen Stahlsorten haben ganz unterschiedliche Eigenschaften.

B3 Bronzeplastik aus Ninive (um 2300 v. Chr.)

B4 Magneteisenerz, ein Eisenerz

A1 Notiere Eigenschaften, die die Mitglieder der Stoffklasse „Metalle" gemeinsam haben.

A2 Warum finden reine Metalle als Werkstoffe kaum Verwendung?

A3 Wie lässt sich feststellen, ob ein Gegenstand aus Gold oder Messing besteht?

1.13 Impulse Lernzirkel: Ermittlung von Steckbriefen

B1 Kupferblech

B2 Kochsalz bildet würfelförmige Kristalle

B3 Eisennägel

Die Chemie beschäftigt sich mit den Eigenschaften von Stoffen, da diese deren Einsatzmöglichkeiten bestimmen. Durch die Ermittlung einiger Eigenschaften lässt sich ein Stoff kennzeichnen. Im Folgenden sollen die Eigenschaften der Stoffe: Eisen, Kupfer, Zucker, Kochsalz, gebrannter Kalk, Schwefel und Campher zu einem Steckbrief des jeweiligen Stoffes zusammengestellt werden. Zu jedem Stoff sollen auch wenigstens zwei Steckbriefe auf Plakaten präsentiert werden. Achtet auf die Gestaltung der Plakate: Übersicht, Schriftgröße, Unterstreichung, evtl. Zeichnung.

Hinweis: Wenn eine Station besetzt ist oder du die Station schneller als deine Mitschüler durchlaufen hast, lies das Kapitel "Möglichkeiten zur Unterscheidung von Stoffen" (Kap. 1.1) und bearbeite die zugehörigen Aufgaben.

Station 1: Aussehen und Geruch der Stoffe
Geräte und Chemikalien: Lupe, Zahnstocher, weiße und schwarze Papierstreifen; Eisenpulver, Eisennagel, Kupferpulver, Kupferblech, Zucker, Kochsalz, gebrannter Kalk, Schwefel, Campher
Sicherheitshinweis: Schutzbrille! Gebrannter Kalk darf nicht ins Auge gelangen, Gefahr der Verätzung!
Durchführung: Gib jeweils kleine Proben der Stoffe auf Papierstreifen und betrachte die Proben unter der Lupe.
Führe auch Geruchsproben durch.
Aufgaben:
a) Informiere dich auf Seite 11 über die Durchführung der Geruchsprobe und die Eigenschaften, die zur Charakterisierung des Aussehens herangezogen werden.

Steckbrief: ....
Aussehen: ....
Geruch: ....
Veränderungen beim Erhitzen: ....
Löslichkeit in Wasser: ....
elektrische Leitfähigkeit: ....
Magnetisierbarkeit: ....
Schmelztemperatur: ....
Siedetemperatur: ....
Verwendung in Alltag und Technik: ....

B5 Angaben, die der Steckbrief aufweisen soll

b) Trage die ermittelten Eigenschaften in die einzelnen Steckbriefe ein.

Station 2: Erhitzen der Stoffe
Geräte und Chemikalien: Spatel, Tiegelzange, Reagenzglasständer, Reagenzglasklammer, Reagenzgläser, Aktivkohlestopfen, Watte, Brenner; Eisenpulver, Eisennagel, Kupferpulver, Kupferblech, Zucker, Kochsalz, gebrannter Kalk, Schwefel, Campher
Sicherheitshinweis: Schutzbrille! Gebrannter Kalk darf nicht ins Auge gelangen, Gefahr der Verätzung!
Durchführung:
a) Fasse den Eisennagel mit der Tiegelzange und erhitze ihn dann in der nicht leuchtenden und anschließend in der rauschenden Flamme. Wiederhole den Versuch mit dem Kupferblech. Gib auch jeweils einen Spatel Eisenpulver bzw. Kupferpulver in ein Reagenzglas und erhitze es mit der nicht leuchtenden und der rauschenden Flamme.
b) Erhitze Proben von Zucker, Schwefel und Campher nur bis zum Schmelzen. Das Reagenzglas mit dem Zucker wird dazu mit einem Aktivkohlestopfen verschlossen [B4]. In den oberen Teil der Reagenzgläser mit der Schwefel- bzw. Campherprobe wird ein lockerer Wattepfropf gedrückt.
Nimm die Reagenzgläser nach dem Schmelzen der Proben aus der Flamme.

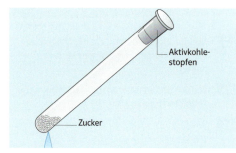

B4 Reagenzglas mit Aktivkohlestopfen

Allgemeine Chemie

Aufgabe: Trage die beobachteten Veränderungen, aber auch das Nichteintreten einer Veränderung in den Steckbrief ein.

Station 3: Löslichkeit in Wasser
Geräte und Chemikalien: Spatel, Reagenzgläser, passender Stopfen, Reagenzglasständer;
Eisenpulver, Kupferpulver, Zucker, Kochsalz, gebrannter Kalk, Schwefel, Campher.
Sicherheitshinweis: Schutzbrille! Gebrannter Kalk darf nicht ins Auge gelangen, Gefahr der Verätzung!
Durchführung: Gib jeweils eine kleine Probe der zu untersuchenden Stoffe in ein Reagenzglas, das zu einem Drittel mit Wasser gefüllt ist. Verschließe mit einem Stopfen und schüttle kräftig.
Aufgabe: Trage die Beobachtungen in die Steckbriefe ein.

Station 4: Ermittlung messbarer Eigenschaften
Aufgaben:
a) Suche die Siede- und Schmelztemperaturen der Stoffe: Eisen, Kupfer, Zucker, Kochsalz und Schwefel.
Schmelztemperatur von Campher: 178 °C,
Siedetemperatur von Campher: 205 °C,
Schmelztemperatur von gebranntem Kalk: 2600 °C,
Siedetemperatur von gebranntem Kalk: ca. 2850 °C
b) Welcher Zusammenhang besteht zwischen der Schmelz-, der Siedetemperatur und der Zustandsform (dem Aggregatzustand) eines Stoffes bei Zimmertemperatur?

Station 5: Elektrische Leitfähigkeit und Magnetisierbarkeit
Geräte und Chemikalien: Stelltransformator, Stromstärkemessgerät, 3 Experimentierkabel, 2 Krokodilklemmen, Leitfähigkeitsprüfer, Reagenzgläser, Stopfen, Spatel, Papierstreifen, Magnet, Papierhandtücher;
Eisenpulver, Kupferpulver, Zucker, Kochsalz, gebrannter Kalk, Schwefel, Campher.
Sicherheitshinweis: Schutzbrille! Gebrannter Kalk darf nicht ins Auge gelangen, Gefahr der Verätzung!

Durchführung:
a) Fülle in jeweils ein Reagenzglas etwa 1 cm hoch eine Probe des Stoffes. Bringe den Leitfähigkeitsprüfer in die Probe. Miss die Stromstärke bei ca. 5 V. Gib anschließend dest. Wasser in das Reagenzglas, schüttle.
Prüfe anschließend die elektrische Leitfähigkeit. Der Leitfähigkeitsprüfer muss nach jedem Versuch abgespült und mit Papier getrocknet werden.
b) Prüfe die Magnetisierbarkeit, indem du den Magneten an eine Probe des jeweiligen Stoffes heranführst.
Aufgabe: Trage deine Beobachtungen in die Steckbriefe ein.

Station 6: Verwendung der ausgewählten Stoffe in Alltag und Technik
Aufgaben:
Ermittle Verwendungsmöglichkeiten der untersuchten Stoffe in Alltag und Technik. Informationen zu Campher findest du im Lexikon oder Internet, zu den restlichen untersuchten Stoffen im Buch.

B7 Untersuchung der Löslichkeit

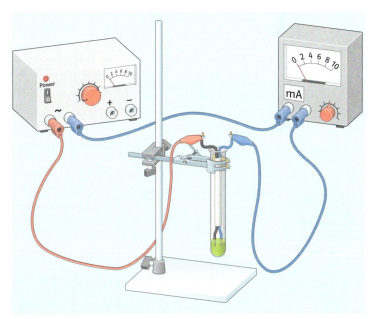

B6 Elektrische Leitfähigkeit

1.14 Exkurs Wichtige Metalle

Metall	Eigenschaften/Verwendung
Aluminium	**Aluminium** (ϱ = 2,70 g/cm³; ϑ_{sm} = 660 °C) ist ein silberglänzendes Leichtmetall. Wegen seiner geringen Dichte wird Aluminium als Bau- und Konstruktionsmetall (z. B. für Bauverkleidungen, Reflektoren, Stromschienen) verwendet. Es dient auch als Verpackungsmaterial, z. B. für Dosen oder Folien. Aluminium ist gut elektrisch leitfähig und witterungsbeständig.
Blei	**Blei** (ϱ = 11,35 g/cm³; ϑ_{sm} = 327 °C) ist ein dunkelblaugraues, weiches Schwermetall. Es ist ein wichtiges Gebrauchsmetall für Gewichte (siehe Bild: Senkblei), Dachabdeckungen und Autobatterien. Auch als Strahlenschutz (Bleischürze) wird es eingesetzt. Als Staub und Rauch ist Blei giftig.
Chrom	**Chrom** (ϱ = 7,19 g/cm³; ϑ_{sm} = 1857 °C) ist ein silberglänzendes, zähes Schwermetall. Wegen seines schönen, glänzenden Aussehens wird es häufig zum Verkleiden von Gegenständen (z. B. Radkappe, Stoßstange, Küchengeräte) verwendet.
Eisen	**Eisen** (ϱ = 7,87 g/cm³; ϑ_{sm} = 1535 °C) und seine Legierungen (Stähle) sind die häufigsten Gebrauchsmetalle unserer Zeit. Brücken, Tore, Nägel, Zäune und vieles mehr werden aus Eisenmetallen gefertigt. Gegenstände aus reinem Eisen rosten, wenn sie längere Zeit feuchter Luft ausgesetzt sind.
Gold	**Gold** (ϱ = 19,32 g/cm³; ϑ_{sm} = 1064 °C) ist ein weiches, sehr dehnbares, gelb glänzendes Edel- und Schmuckmetall. In der Zahnmedizin verwendet man als „Zahngold" Gold legiert mit Platin und anderen Edelmetallen. Als dünne Folie (Blattgold) wird Gold auch oft für Computerchips verwendet.
Kupfer	**Kupfer** (ϱ = 8,93 g/cm³; ϑ_{sm} = 1083 °C) ist ein rot glänzendes Buntmetall. Wegen seiner hohen elektrischen Leitfähigkeit wird es für Stromkabel verwendet. Auch viele Dächer, Brauereikessel, Wasserleitungen und Kunstgegenstände sind aus Kupfer. Nach jahrelanger Verwitterung bildet sich Patina, ein hellgrüner, giftiger Belag. Große Bedeutung hat Kupfer auch in seinen Legierungen wie Rotgold, Messing, Neusilber, Zinn- und Aluminiumbronze.
Quecksilber	**Quecksilber** (ϱ = 13,55 g/cm³; ϑ_{sm} = –39 °C) ist silbrig glänzend und bei Zimmertemperatur flüssig. Verwendet wird Quecksilber als Füllung in vielen Flüssigkeitsthermometern und für Mini-Spannungsquellen in „Knopf-Zellen". Quecksilberdämpfe sind giftig.
Silber	**Silber** (ϱ = 10,50 g/cm³; ϑ_{sm} = 962 °C) ist ein hell glänzendes Edelmetall und wird z. B. für Münzen, Schmuckstücke oder Bestecke verwendet. Der Silbergehalt lässt sich aus einem eingedrückten Stempel ersehen. Die Zahl 800 gibt z. B. an, dass eine Legierung mit einem Silbergehalt von 80 % vorliegt. Der Restbestandteil ist Kupfer. Als Kernmaterial dient Neusilber oder Edelstahl. Mit Quecksilber legiertes Silber, Silberamalgam, wird für Zahnfüllungen verwendet.
Titan	**Titan** (ϱ = 4,51 g/cm³; ϑ_{sm} = 1660 °C) ist ein grau glänzendes, zähes Metall. Titan wird als Verkleidung im Flugzeug- und Raketenbau oder in der Medizin für künstliche Gelenke (siehe Bild) verwendet. Aber auch als Schmuckmetall (z. B. für Brillengestelle) ist es in Mode gekommen.

A1 Ordne die abgebildeten Metalle nach ihrer Dichte und teile sie in Leicht- und Schwermetalle ein. Suche im Anhang nach weiteren Leichtmetallen.

38 Allgemeine Chemie

1.15 Durchblick Zusammenfassung und Übung

Stoffeigenschaften
Stoffe kann man an ihren Eigenschaften erkennen. Dazu gehören z. B. Farbe, Schmelz- und Siedetemperatur, Dichte und Löslichkeit.

Saure und alkalische Lösungen
Saure (pH < 7) und alkalische (pH > 7) Lösungen färben Indikatoren und können sich gegenseitig neutralisieren (pH = 7).

Eigenschaftskombination
Viele Stoffe stimmen in einzelnen Eigenschaften miteinander überein. Zieht man jedoch mehrere Eigenschaften heran, lassen sich Stoffe sicher identifizieren. Der Satz von Eigenschaften eines Stoffes wird auch Steckbrief genannt.

Teilchenmodell
Alle Stoffe sind aus kleinsten Teilchen aufgebaut. Sie werden meist als Kugeln dargestellt.

Löslichkeit
Die Löslichkeit eines Stoffes gibt an, wie viel Gramm eines Stoffes sich in 100 g Lösungsmittel (z. B. Wasser) lösen. Lösungen haben andere Eigenschaften als die reinen Lösungsmittel (z. B. Dichte, Siedetemperatur). Die Löslichkeit vieler Stoffe nimmt mit steigender Temperatur zu.

Dichte
Masse (m) und Volumen (V) sind Eigenschaften einer Stoffportion, aber nicht typisch für den Stoff. Der Quotient m/V ergibt eine für den Stoff typische Größe, die Dichte ϱ.

$$\varrho = \frac{m}{V}$$

Sie wird meist in der Einheit g/cm³ angegeben. Dichten sind abhängig von Druck und Temperatur, besonders die Dichten von Gasen.

Aggregatzustände und ihre Übergänge, Schmelz- und Siedetemperatur. Neben der Dichte sind Schmelz- und Siedetemperatur Größen, die mit Zahlen belegt werden können und der Kennzeichnung von Stoffen dienen.

Stoffklasse Metalle
Metalle sind wichtige Werkstoffe, sie zeichnen sich durch einige gemeinsame Eigenschaften aus:
– gute Leitfähigkeit für elektrischen Strom
– gute Leitfähigkeit für Wärme
– gute Verformbarkeit
– typischer Oberflächenglanz

Die Metalle werden nach ihrer Dichte eingeteilt in Leicht- und Schwermetalle.

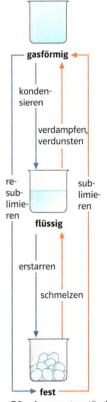

B2 Aggregatzustände und ihre Übergänge

Aggregatzustand	fest	flüssig	gasförmig
Abkürzung Beispiel	s (solid) Aluminium(s)	l (liquid) Alkohol(l)	g (gaseous) Sauerstoff(g)
Ordnung der Teilchen und Bewegung	Schwingen um feste Gitterplätze	keine festen Plätze, gegeneinander beweglich	kein Zusammenhalt, ungeordnete Bewegung
Wirkung der Anziehungskräfte zwischen den Teilchen	sehr stark	stark	schwach bzw. nicht vorhanden
Darstellung im Modell			

B1 Aggregatzustand und Teilchenmodell

Durchblick Zusammenfassung und Übung

A1 Beim Erhitzen von Wasser entweicht die darin gelöste Luft. Was folgt daraus für die Löslichkeit von Luft in Wasser?

A2 22 cm³ eines Stoffes haben eine Masse von 231 g. Berechne die Dichte. Um welchen Stoff könnte es sich dabei handeln (Kap. 1.14)?

A3 Eine goldglänzende Krone soll auf ihre Reinheit untersucht werden. Reines Gold oder Fälschung, bei der ein anderer, weniger wertvoller Stoff lediglich mit einer dünnen Goldschicht überzogen wurde? Die Krone darf nicht zerstört werden. Wie kann man vorgehen?

A4 Gibt man einen Tropfen Brom auf eine Glasplatte und bedeckt sie mit einem Standzylinder, beobachtet man, dass sich im ganzen Zylinder vom Boden her Bromdampf allmählich ausbreitet, obwohl seine Dichte größer ist als die der Luft [B3].
a) Nenne den Fachausdruck für diese selbstständig erfolgende Durchmischung.
b) Erkläre die ablaufenden Vorgänge mit dem Teilchenmodell.

B3 Diffusion. Bromdampf

A5 Erstelle einen Steckbrief für Wasser.

A6 Wenn an manchen schönen Wintertagen die Sonne auf schneebedeckte Felder scheint, kann man beobachten, dass immer mehr Schnee verschwindet, obgleich die Temperatur bei Tag und Nacht weit unter der Gefriertemperatur liegt. Erkläre die Beobachtungen unter Anwendung des Kugelteilchenmodells.

A7 Gib an, welche Vorgänge durch die Begriffe Sublimation und Resublimation gekennzeichnet werden.

A8 Quecksilber ist ein giftiges Metall, das nur noch selten in Thermometern Verwendung findet. Seit dem Mittelalter – in einigen Ländern noch heute – dient es der Gewinnung von Gold. Welche Funktion kommt ihm dabei zu?

A9 Schüttelt man die Kartusche eines Campingbrenners, spürt man, dass er eine Flüssigkeit enthält. Öffnet man das Ventil, entströmt ein Gas. Erkläre!

A10 Zeichne einen Versuchsaufbau, mit dessen Hilfe die elektrische Leitfähigkeit bestimmt werden kann. Gib an, welche der folgenden Stoffe den elektrischen Strom leiten: Kupfer, Glas, Gold, Graphit, Porzellan, Eisen.

Exkurs Goldgewinnung

Zur Gewinnung von Gold macht man sich schon seit der Steinzeit die große Dichte des Metalls zunutze. Man wäscht das gemahlene Gestein oder den Flusssand und spült die Anteile mit geringerer Dichte weg. Die Goldstückchen bleiben am Boden liegen. Seit dem Mittelalter, als man in Spanien aus dem dort geförderten Mineral Zinnober Quecksilber herstellen konnte, sammelte man kleine Goldflitter mit diesem flüssigen Metall. Das goldhaltige Gemenge wurde mit Quecksilber geknetet, wobei sich eine feste Legierung, Goldamalgam, bildete. Das überschüssige Quecksilber wurde durch ein Tuch gedrückt und so vom Goldamalgam getrennt. Dieses erhitzte man in Schmelztiegeln. Die Legierung trennte sich wieder; das leicht flüchtige Quecksilber verdampfte und das Gold blieb zurück.
Die Arbeiter wurden wegen des giftigen Quecksilbers – wie bei dessen Gewinnung in Spanien – häufig krank. 1796 schrieb man: „Diese Art Leute sind freilich vielen Übeln ausgesetzt und wenn sie das Zittern oder Krämpfe bekommen, so behalten sie zeitlebens diese Krankheiten".
Auch heute wird dieses Verfahren noch manchmal in Südamerika und auf den Philippinen angewandt.

2 Mischen und Trennen

In Natur, Alltag und Technik kommen viele Stoffe miteinander vermischt vor. Dies ist jedoch nicht immer einfach zu erkennen.

■ Eine wichtige Aufgabe ist es, aus den Gemischen einen oder mehrere gewünschte Reinstoffe zu gewinnen. Hierfür muss man die Art des Gemisches kennen, da die Auswahl der Trennverfahren durch die unterschiedlichen Eigenschaften der Stoffe und des Gemisches bestimmt wird.

■ Auch im Haushalt liegen viele Gemische vor, auf die bestimmte Trennverfahren angewendet werden, so z. B. beim Reinigen bzw. Waschen von Textilien oder bei der Bereitung von Filterkaffee und Tee.

■ Andererseits werden auch viele Gemische gezielt hergestellt. Dies geschieht beim Anrühren eines Kuchenteigs oder bei der Bereitung einer leckeren Nachspeise ebenso wie bei der Herstellung von Medikamenten, Farben, Lacken, Getränken und vielen anderen Produkten.

2.1 Reinstoff und Stoffgemisch

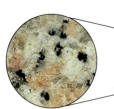

B2 Granit, ein natürliches Stoffgemisch aus Feldspat, Quarz und Glimmer

B3 Beton ist ein Gemisch aus Sand, Zement und Wasser

Stoffgemische in unserer Umwelt. Wir haben bisher zahlreiche Stoffe kennen gelernt und erfahren, dass Stoffe bestimmte Eigenschaften besitzen. Dabei haben wir meist Stoffe verwendet, die nicht mit anderen Stoffen vermischt waren. In der Chemie werden solche Stoffe als **Reinstoffe** bezeichnet. Reinstoffe sind durch ihre messbaren Eigenschaften eindeutig gekennzeichnet.

Die Mehrzahl der Stoffe, die uns täglich begegnen, sind jedoch **Stoffgemische**. Sie bestehen aus verschiedenen Reinstoffen. So sieht man bereits mit bloßem Auge, dass Granit [B2] nicht einheitlich aufgebaut ist. Bei näherem Betrachten erkennt man, dass er aus drei verschiedenen festen Bestandteilen besteht: aus rötlichem Feldspat, weißem Quarz und schwarzem Glimmer [V1a]. Granit ist ein Stoffgemisch, das in seine Bestandteile zerlegt werden kann [V1c].
Steinsalz, Sandstein und Gartenerde sind Gemische von festen Stoffen, die ebenfalls in der Natur vorkommen. Für viele Zwecke im Alltag stellt man sich Stoffgemische her, beispielsweise beim Mischen von Farben und Zubereiten von Medikamenten, bei der Herstellung von Beton [B3], bei der Zubereitung von Speisen und bei der Herstellung von Teig.

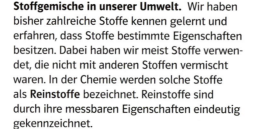

B1 Chemikalienetikett. Selbst „reinste" Stoffe enthalten meist noch Beimengungen anderer Stoffe

Wie das Chemikalienetikett [B1] zeigt, enthalten selbst viele Reinstoffe, die im Chemielabor verwendet werden, immer noch geringe Mengen an Verunreinigungen. Die Herstellung von möglichst reinen Stoffen ist eine wichtige und schwierige Aufgabe des Chemikers.
Die Bestandteile eines Gemisches fester Stoffe kann man an ihren Eigenschaften erkennen. So erkennt man die Bestandteile des Granits an ihrer Farbe. Häufig reicht das Auge nicht mehr aus und man muss ein Mikroskop zu Hilfe nehmen [V2].

Arten von Stoffgemischen. Reinstoffe treten in drei Aggregatzuständen auf. Man unterscheidet deshalb verschiedene Arten von Gemischen.
Ist ein fester, wasserunlöslicher Stoff in Wasser fein verteilt, handelt es sich um eine **Suspension (Aufschlämmung)**. So entsteht eine Suspension bei der Verteilung von Lehm oder Sand in Wasser. Nach einiger Zeit setzt sich der feste Bestandteil des Gemisches am Boden des Gefäßes ab [B4]. Suspensionen entstehen auch, wenn feste, unlösliche Stoffe statt in Wasser in anderen flüssigen Stoffen fein verteilt werden.
Wasser und Speiseöl sind zwei nicht ineinander lösliche Flüssigkeiten, was von einer Salatsoße her bekannt ist. Schüttelt man Wasser mit Speiseöl, erhält man eine milchige Flüssigkeit, eine **Emulsion**. Emulsionen entstehen, wenn eine Flüssigkeit in feinen Tropfen in einer anderen Flüssigkeit verteilt wird. Die Öl-Wasser-Emulsion entmischt sich nach kurzer Zeit, das Öl scheidet sich über dem Wasser ab [B4]. Eine über längere Zeit haltbare Emulsion ist Milch, ein Gemisch von Fetttröpfchen in Wasser.

42 Allgemeine Chemie

Reinstoff und Stoffgemisch

Schweben feinste Flüssigkeitströpfchen in einem Gas, spricht man von **Nebel**; bei einem **Schaum** befinden sich dagegen Gasblasen in einer Flüssigkeit. Ein Gemisch aus feinen Feststoffteilchen in einem Gas nennt man **Rauch**.

Ein Stoffgemisch, bei dem die verschiedenen Bestandteile noch zu erkennen sind, ist *nicht einheitlich* aufgebaut. Man bezeichnet solche Stoffgemische als **heterogen** (griech. ungleichartig). Feststoffgemische, Suspensionen und Emulsionen sind heterogene Stoffgemische. Daneben gibt es Stoffgemische, in denen man auch bei stärkster Vergrößerung mit dem Mikroskop keine einzelnen Bestandteile erkennen kann. Diese Gemische sehen völlig *einheitlich* aus und besitzen nur *einen* Satz von Stoffeigenschaften, *nicht* die Eigenschaften mehrerer Stoffe. Solche Stoffgemische nennt man **homogen** (griech. gleichartig).

Die **Lösung** von blauem Kupfersulfat in Wasser ist ein homogenes Stoffgemisch [B4]. Solche Lösungen haben wir bereits in Kap. 1.9 kennen gelernt. Lösungen entstehen auch, wenn zwei ineinander lösliche Flüssigkeiten vermischt werden (z. B. Alkohol und Wasser) oder ein gasförmiger Stoff sich in einer Flüssigkeit löst (z. B. Kohlenstoffdioxid in Wasser).

Bei heterogenen Gemischen sind die unterschiedlichen Bestandteile noch zu erkennen, z. B. mit der Lupe. Homogene Gemische sehen selbst unter dem Mikroskop einheitlich aus, sie besitzen nur einen Satz von Stoffeigenschaften.

B4 Vergleich einiger Gemische. Nur Lösungen sind homogen

Stoffgemisch (Beispiele)	Aggregatzustand der Reinstoffe	Benennung
Granit, Steinsalz	fest – fest	Feststoffgemisch (Gemenge)
Lehmwasser, Kochsalzlösung	fest – flüssig	Suspension, Lösung
Fetttropfen in Milch, Weinbrand	flüssig – flüssig	Emulsion, Lösung
Wassertropfen in Luft, Seifenblasen	flüssig – gasförmig gasförmig – flüssig	Nebel, Schaum
Sprudel	fest – flüssig – gasförmig	Lösung
Rußkörnchen in der Luft	fest – gasförmig	Rauch

B5 Einteilung und Benennung von Stoffgemischen nach dem Aggregatzustand der Ausgangsstoffe

V1 a) Untersuche Granit mit einer Lupe. Wie viele Bestandteile kannst du erkennen? b) Untersuche auf die gleiche Weise Steinsalz. c) Zerkleinere möglichst grobkörnigen Granit und sortiere mit einer Pinzette die verschiedenen Bestandteile.

V2 Mische gleich große Portionen a) Eisen- und Schwefelpulver, b) Zucker und Kochsalz. Betrachte die Gemische unter dem Mikroskop. An welchen Eigenschaften kann man die Bestandteile erkennen?

V3 Gib jeweils einen der folgenden Stoffe in Wasser und schüttle: Zucker, Sand, Kreidepulver, Speiseöl, Kochsalz, Benzin, Alkohol. Benenne die Gemische. Welche sind homogen, welche heterogen?

A1 Ordne die folgenden Stoffe nach Reinstoffen und Stoffgemischen: Kupfer, Meerwasser, Limonade, Kochsalz, Papier, Aluminium, Apfelsaft, Leitungswasser, Schwefel, Milch, Tee.

A2 Gib an, ob Aufschlämmungen oder Lösungen entstehen, wenn man folgende Stoffe mit Wasser schüttelt: a) Mehl, b) Sand, c) Zucker, d) Spülmittel, e) Kochsalz, f) Holzkohlepulver.

A3 Zu welchem Gemischtyp gehört ein Gemisch aus a) Benzin und Wasser, b) Sand und Wasser, c) Alkohol und Wasser, d) Zucker und Wasser, e) Zucker und Mehl?

2.2 Vom Steinsalz zum Kochsalz

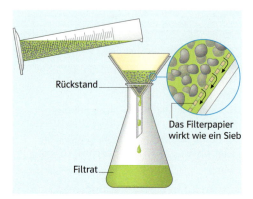

B3 Filtrieren. Feststoff und Flüssigkeit werden durch den Filter getrennt

B1 Steinsalz, ein natürliches Gemisch aus Kochsalz und Gestein

B2 Eindampfen. Der gelöste Stoff (Kochsalz) wird vom Lösungsmittel (Wasser) getrennt

In der Natur kommt Steinsalz in großen Lagerstätten vor. Untersucht man einen rohen Steinsalzbrocken, so erkennt man, dass Steinsalz ein Gemisch aus Kochsalz und Gestein ist [B1]. Wie lässt sich daraus der Reinstoff Kochsalz abtrennen?

Steinsalz wird in seine Bestandteile getrennt.
Eine Trennung durch Auslesen aufgrund der unterschiedlichen Farbe der Gemischbestandteile wäre zu mühsam. Außerdem wäre eine vollständige Abtrennung nicht möglich.

Zur Trennung nutzt man die unterschiedlichen *Löslichkeiten* der Stoffe in Wasser aus. Kochsalz ist in Wasser sehr gut löslich, das Begleitgestein dagegen kaum. Gibt man zu zerkleinertem Steinsalz Wasser, erhält man eine Suspension. Das Kochsalz löst sich, grobkörniges Begleitgestein setzt sich am Gefäßboden ab.

Durch **Sedimentierenlassen (Absetzenlassen)** und **Dekantieren (Abgießen)** erfolgt eine grobe Trennung von Salz und Gestein. Die Lösung ist allerdings noch durch Verunreinigungen getrübt.

Schneller und vollständiger erfolgt die Trennung der Salzlösung vom Gestein durch **Filtrieren** [B3]. Ein Filter wirkt wie ein Sieb mit sehr feinen Poren. Die unlöslichen Bestandteile verbleiben aufgrund ihrer Größe als **Rückstand** auf dem Filter. Die Salzlösung kann ungehindert die Filterporen passieren. Die hindurchgeflossene Lösung, das **Filtrat**, ist klar [V1b].

Durch Filtrieren können unlösliche Stoffe von gelösten Bestandteilen getrennt werden.

Wir gewinnen Kochsalz aus der Salzlösung.
Um aus der Salzlösung das feste Kochsalz zu gewinnen, muss das Wasser entfernt werden. Durch Stehenlassen der Salzlösung an der Luft würde das Wasser nach einiger Zeit verdunsten. Diese Methode ist jedoch sehr zeitraubend. Schneller geht es, wenn man die Salzlösung bis zum Sieden erhitzt [V2a]. Es verdampft nur Wasser. Nach völligem **Eindampfen** bleibt in der Schale das weiße Kochsalz zurück [B2].

Durch Eindampfen können viele feste Stoffe aus Lösungen zurückgewonnen werden.

Damit ist es gelungen, mithilfe von vier Trennverfahren: Sedimentieren, Dekantieren, Filtrieren und Eindampfen, den Reinstoff Kochsalz vom Begleitgestein abzutrennen.

Stoffgemische können durch geeignete Trennverfahren in Reinstoffe getrennt werden.

> **V1** Zerkleinere rohes Steinsalz und gib reichlich Wasser hinzu. Statt Steinsalz kann auch ein Gemisch aus Kochsalz und Sand verwendet werden.
> a) Dekantiere einen kleinen Teil der überstehenden Lösung.
> b) Filtriere einen Teil der Flüssigkeit von [V1a]. Verwende dazu einen Glastrichter und ein Filterpapier. Prüfe die Farbe des Filtrats. Bewahre das Filtrat für [V2a] auf.
>
> **V2** a) Gib das Filtrat von [V1] in eine (schwarz glasierte) Porzellanschale und dampfe die Lösung vorsichtig ein (Schutzbrille!).
> b) Stelle eine Kochsalzlösung her und dampfe sie vorsichtig in einer Porzellanschale ein (Schutzbrille!). Fertige ein Versuchsprotokoll an. Vergleiche die Rückstände aus (a) und (b) miteinander.

Allgemeine Chemie

Vom Steinsalz zum Kochsalz

Industrielle Salzgewinnung. Kochsalz gewinnt man heute zumeist aus Steinsalz, das in Bergwerken abgebaut wird. Europas größtes Steinsalzbergwerk befindet sich am Niederrhein mit einer jährlichen Förderung von über 10 Mio. t aus einer Fördertiefe von 800 bis 1000 m. Auch im Raum Heilbronn – Bad Friedrichshall wird seit dem Ende des 19. Jahrhunderts Salz bergmännisch abgebaut. Die Salzlagerstätten haben sich hier vor etwa 200 Mio. Jahren gebildet und erstrecken sich von Heilbronn bis in die nördliche Schweiz [B7]. Sie befinden sich in etwa 200 m Tiefe und sind bis zu 25 m mächtig.

Der Salzabbau im Bergwerk erfolgt durch Sprengung. Das losgesprengte Steinsalz wird mit Baggern auf Lastkraftwagen geladen [B4] und zu einem Brecher gebracht, der die Salzbrocken so weit zerkleinert, dass das Salz über Förderbänder zum Schacht und von da zutage gefördert werden kann. Die Förderkapazität des Salzbergwerks in Heilbronn [B8] beträgt etwa 3,5 Mio. t pro Jahr.

Durch den Abbau entstehen in der Salzlagerstätte Hohlräume, die 20 m breit und bis zu 20 m hoch sein können. Dazwischen bleiben Pfeiler mit etwa gleicher Breite stehen.

Das gewonnene Steinsalz muss je nach Verwendungszweck noch gereinigt werden. Hierzu wird es gelöst, die so erhaltene Salzlösung (Sole) wird filtriert und in Verdampfungsapparaturen eingedampft [B6]. Auch bei der Salzgewinnung in Salinen werden als Trennverfahren Sedimentieren und Eindampfen angewandt. In schwierig abzubauenden Salzlagern mit relativ reinem Kochsalz leitet man Wasser durch ein Bohrloch in die Salzlagerstätte, wodurch das Salz gelöst wird

B5 Salzgewinnung in Salzgärten durch Verdunsten von Meerwasser

und die unlöslichen Gesteinsbestandteile im entstehenden Hohlraum zu Boden sinken. Die Sole wird herausgepumpt und ebenfalls in Verdampfungsapparaturen eingedampft. Das so gewonnene **Siedesalz** wird vorwiegend als Speisesalz verwendet.

In südlichen Ländern gewinnt man unter Ausnutzung von Sonnenenergie **Meersalz** in Salzgärten durch Verdunsten von Meerwasser [B5].

B7 Steinsalzlager in Baden-Württemberg

A1 Gib an, worauf die Trennwirkung eines Papierfilters beim Filtrieren beruht.

A2 Warum ist die Gewinnung von Meersalz aus Nordseewasser in Salzgärten wirtschaftlich nicht sinnvoll?

A3 Aus rohem Steinsalz soll reines Kochsalz hergestellt werden. Gib die notwendigen Schritte an und benenne die betreffenden Trennverfahren.

A4 Informiere dich über die Verwendung von Kochsalz in Haushalt, Alltag und Technik. Erstelle eine Tabelle.

B8 Salzbergwerk. Förderturm in Heilbronn

B4 Abbau von Steinsalz im Bergwerk

B6 Blick in eine Saline

Mischen und Trennen 45

2.3 Trinkwasser aus Salzwasser

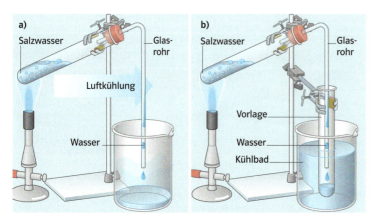

B1 a) Kondensation in luftgekühltem Glasrohr, b) Kondensation in wassergekühlter Vorlage

Wie kann man aus einer Salzlösung *Trinkwasser* gewinnen? Durch Filtrieren ist eine Trennung nicht möglich. Dampft man die Salzlösung ein oder lässt das Wasser verdunsten, erfolgt zwar eine Trennung, das Wasser entweicht jedoch als Dampf. Wir müssen also eine Apparatur bauen, mit der man den Wasserdampf *auffangen* und wieder *verflüssigen* kann.

Wir entwickeln eine Destillationsapparatur.
Hält man in den Dampf von siedendem Salzwasser eine Glasplatte, so schlägt sich der Wasserdampf nieder, er kondensiert. Das kondensierte Wasser schmeckt nicht mehr salzig [V1]. Das Salz bleibt also im Siedegefäß zurück. Auf diese Weise lässt sich nur wenig reines Wasser gewinnen. Günstiger ist es, den Dampf in einem langen Glasrohr kondensieren zu lassen [B1a]. Die Ausbeute ist aber immer noch gering, weil sich das Rohr erwärmt und der Wasserdampf deshalb ohne zu kondensieren entweicht. Ein besseres Ergebnis wird erreicht, wenn man das Auffanggefäß, die Vorlage, zusätzlich von außen mit kaltem Wasser kühlt [B1b].

Wegen seines hohen Salzgehalts ist Meerwasser als Trinkwasser und zur Bewässerung nicht geeignet. So enthält ein Liter Nordseewasser ca. 32 Gramm Salz. In vielen südlichen Ländern herrscht Trinkwassermangel, obwohl sie ans Meer grenzen. Es ist deshalb für die dort lebenden Menschen eine wichtige Aufgabe, Meerwasser zu entsalzen.

Eine weitere Verbesserung wird erzielt, wenn man das Kondensationsrohr mit einem Glasrohr umgibt, das mit Wasser gefüllt ist. In der Praxis verwendet man einen **Kühler** [B2]. Sein Kühlmantel wird von unten her von kaltem Wasser durchströmt, sodass der Dampf mit einer immer kühler werdenden Gefäßwand in Berührung kommt (Gegenstromprinzip). Man erhält **destilliertes Wasser** (von lat. destillare, herabträufeln). Es ist ein Reinstoff, er enthält keine gelösten Bestandteile mehr.

Destilliertes Wasser hat im Vergleich zu Leitungswasser einen faden Geschmack und ist ungenießbar. Trinkwasser ist eine Lösung aus Wasser und Mineralsalzen [V4]. Diese Mineralsalze sind für den Menschen lebensnotwendig, sie verleihen dem Trinkwasser den typischen Geschmack.

B2 Destillationsapparatur mit Gegenstromkühler. Der Wasserdampf kondensiert vollständig

Die Trennung eines Stoffgemischs durch Verdampfen und anschließendes Kondensieren heißt Destillation.

Trinkwasser aus Salzwasser

Entsalzung von Meerwasser. In einigen südlichen Ländern wird die Destillation von Meerwasser zur Gewinnung von Trinkwasser angewandt. In großen Anlagen wird Meerwasser durch Sonneneinstrahlung erwärmt. Das verdunstete Wasser kondensiert an kühlen Teilen der Anlage und wird in Sammelrinnen aufgefangen [B3]. Vor der Verwendung als Trinkwasser werden ihm geringe Mengen an Mineralsalzen zugefügt. Nachteilig ist der große Flächenbedarf dieser Anlagen und die Abhängigkeit von der Sonneneinstrahlung.

Anlagen unterschiedlichster Größe sind mit dem heute modernsten Verfahren, der Membranfiltration möglich [B4]. Dabei wird Meerwasser unter hohem Druck (bis 80 MPa) durch Kunststofffolien mit Poren (Membranen) gepresst. Die Poren sind so bemessen, dass sie für Wasserteilchen durchlässig sind, jedoch nicht für die Teilchen des Salzes. [B5]

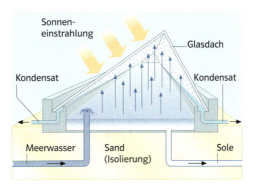

B3 Schemabild einer Destillationsanlage zur Entsalzung von Meerwasser

V1 Erhitze Kochsalzlösung in einem Becherglas zum Sieden (Siedesteine!). Halte mit einer Reagenzglasklammer ein gut gesäubertes Uhrglas in den Dampf. Prüfe Farbe und Geschmack der kondensierten Flüssigkeit.

V2 Baue eine Apparatur nach [B1a] auf und destilliere Kochsalzlösung (Schutzbrille!). Verwende dann eine gekühlte Vorlage nach [B1b]. Wie wirkt sich die Veränderung aus?

V3 Baue eine Destillationsapparatur nach [B2] auf und destilliere Kochsalzlösung. Vergleiche das Destillat mit der Ausgangslösung und fertige eine Zeichnung der Apparatur an.

V4 Dampfe Leitungswasser in einer (schwarz glasierten) Porzellanschale oder im Reagenzglas vorsichtig ein. Ist Leitungswasser ein Reinstoff?

A1 Welche Gemische lassen sich durch Destillation trennen? Begründe.

A2 Vergleiche destilliertes Wasser, Meerwasser, Regenwasser (Geschmack, Reinstoff oder Stoffgemisch, Entstehungsweise).

B4 Anlage zur Entsalzung von Meerwasser nach dem Membranverfahren auf Gran Canaria

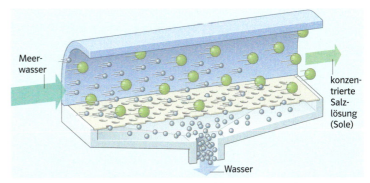

B5 Schematische Darstellung der Membranfiltration zur Entsalzung von Meerwasser

Mischen und Trennen

2.4 Exkurs Destillation

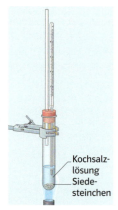

B1 Apparatur zur Bestimmung der Siedetemperatur

B2 Destillation im Teilchenmodell

Im nachfolgenden Abschnitt sollen einige grundlegende Aspekte der Destillation näher betrachtet werden.

Siedetemperatur einer Lösung. Untersucht man die Siedetemperatur der Lösung eines Feststoffs in einer Flüssigkeit, so stellt man fest, dass die Lösung eine höhere Siedetemperatur besitzt als das reine Lösungsmittel. Diese Siedetemperatur ist charakteristisch für die Zusammensetzung der Lösung. Wird sie in einem offenen Gefäß zum Sieden erhitzt, steigt ihre Siedetemperatur langsam an. Durch das stetige Verdampfen und Wegführen des Lösungsmittels nimmt der Anteil der gelösten Komponente in der Flüssigkeit immer mehr zu. Dabei steigt die Siedetemperatur an.

Destillation einer Salzlösung. Erhitzt man eine Salzlösung in einer Destillationsapparatur [V2], so steigt die Siedetemperatur der Salzlösung ebenfalls an, am Kühler kondensiert aber eine Flüssigkeit mit konstanter Siedetemperatur. Es ist also ein Reinstoff kondensiert, das Lösungsmittel Wasser.
Diese Vorgänge sollen mithilfe des Teilchenmodells betrachtet werden: Offensichtlich sind auch bei zunehmender Siedetemperatur der Lösung nur die Teilchen des Lösungsmittels Wasser in der Lage, die Lösung zu verlassen und in den Raum oberhalb der Flüssigkeit zu gelangen [B2a], dies verändert sich während des gesamten Siedevorgangs nicht.
Die Teilchen des gelösten Salzes bleiben aufgrund ihrer Teilcheneigenschaften in der Flüssigkeit zurück und reichern sich an. Im Laufe der Destillation kommt es so zu einer vollständigen Trennung in das Lösungsmittel und den gelösten Stoff.
Die Ursache für die Trennung in die beiden Bestandteile liegt in den *unterschiedlichen Anziehungskräften* ihrer Teilchen begründet, die zwischen den Teilchen des Kochsalzes sehr viel größer sind als zwischen den Wasserteilchen. Diese Kräfte sind auch für die unterschiedlichen Siedetemperaturen der beiden Reinstoffe verantwortlich (Kochsalz: ca. 1460 °C, Wasser 100 °C).

Verändert sich die Siedetemperatur einer Flüssigkeit während des Siedevorgangs, so liegt eine Lösung vor.

Destillation von Rotwein. Rotwein ist ein homogenes Gemisch – hauptsächlich aus Wasser und Alkohol. Bei seiner Destillation [V3] verändert sich die Siedetemperatur der Flüssigkeit im Kolben wie auch die der am Kühler kondensierenden Flüssigkeit. Dies weist auf das Vorliegen eines sich in der Zusammensetzung ändernden Gemisches hin. Die Untersuchung der Flüssigkeitsportionen in den verschiedenen Vorlagen auf Geruch und Brennbarkeit zeigt, dass zunächst hauptsächlich Alkohol abdestilliert, gefolgt von einem Alkohol-Wasser-Gemisch und schließlich hauptsächlich Wasser.
Die Anziehungskräfte zwischen den Alkoholteilchen sind geringer als die zwischen den Wasserteilchen, sodass bei tieferen Temperaturen zunächst mehr Alkoholteilchen und weniger Wasserteilchen aus der Lösung in den Raum über der Flüssigkeit gelangen. Im Gegensatz zur Flüssigkeit sind hier wesentlich mehr Alkohol- als Wasserteilchen vorhanden [B2b], Alkoholteilchen sind also angereichert. Erst bei höheren Temperaturen gelangen auch vermehrt Wasserteilchen in diesen Bereich. Die eher *ähnlichen Anziehungskräfte* zwischen den Wasser- bzw. Alkoholteilchen schlagen sich auch in den eher ähnlichen Siedetemperaturen der Reinstoffe nieder (Alkohol 78 °C, Wasser 100 °C).

V1 Bestimme in einer Apparatur nach B1 die Siedetemperaturen von Wasser und einer konzentrierten Kochsalzlösung.

V2 Destilliere eine Salzlösung in einer Apparatur mit Zweihalskolben und Innenthermometer. Beobachte die Temperatur der Lösung und die der Gasphase.

V3 Man führt V2 mit Rotwein durch und wechselt mehrmals die Vorlage. Prüfe die verschiedenen Destillate auf Geruch und Brennbarkeit.

2.5 Weitere Trennverfahren

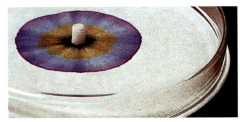

B1 Papierchromatografie. Schwarze Filzschreiberfarbe wird in einzelne Farbstoffe aufgetrennt

Feststoffe verschiedener *Dichten* können mithilfe einer Flüssigkeit getrennt werden, deren Dichte so gewählt wird, dass der eine Stoff nach oben steigt, während der andere zu Boden sinkt (**Schwimmtrennung** [V1]). Zwei ineinander nicht löslische Flüssigkeiten lassen sich mit dem *Scheidetrichter* dadurch trennen, dass man die Flüssigkeit mit der größeren Dichte unten ablässt [B4]. Durch **Zentrifugieren** [B2] kann das Entmischen einer Suspension oder Emulsion beschleunigt werden.

Schwefel lässt sich aus schwefelhaltigem Gestein aufgrund seiner niedrigen *Schmelztemperatur* durch **Ausschmelzen** gewinnen. Auch das Auslassen von Fett beruht auf diesem Prinzip.

Beim **Extrahieren (Herauslösen)** nutzt man die unterschiedliche *Löslichkeit* der Gemischbestandteile aus. So kann Pflanzenfett aus Samen mit geeigneten Lösungsmitteln herausgelöst (extrahiert) werden.

Trennverfahren	Anwendungsbeispiele	Unterschiedliche Eigenschaften
Schwimmtrennung	Erzaufbereitung	Dichte
Zentrifugation	Blutbestandteile trennen	Dichte
Sedimentation	Abwasserreinigung	Dichte
Ausschmelzen	Schwefelgewinnung	Schmelztemperatur
Eindampfen	Soßenzubereitung	Siedetemperatur
Destillation	Weinbrennen	Siedetemperatur
Magnettrennung	Müllsortierung	Magnetisierbarkeit
Entstaubung	Elektrofilter	Elektrostatische Anziehung
Filtration	Wasserreinigung	Teilchengröße
Chromatografie	Farbstoffgemischtrennung	Haftfähigkeit
Extraktion	Fettgewinnung	Löslichkeit

B3 Einige Trennverfahren und ihre Anwendung

Mithilfe der **Chromatografie** (Hafttrennung) lassen sich *kleinste Portionen* von Gemischen schnell und schonend auftrennen. Trägt man Filzstiftfarbe um das Loch eines durchbohrten Rundfilters auf und tränkt dieses von innen mit einem Fließmittel, so entstehen verschiedene Farbzonen [B1, V2].
Der Farbstoff ist demnach ein Gemisch. Die Auftrennung kommt dadurch zustande, dass die verschiedenen Farbstoffe an den Papierfasern unterschiedlich fest haften, d.h. unterschiedlich adsorbiert werden. Farbstoffe mit der geringsten *Haftfähigkeit* werden vom Fließmittel am weitesten vom Start wegbefördert. Da die Trennung auf Papier stattfindet, spricht man von **Papierchromatografie**.

B4 Trennung zweier Flüssigkeiten im Scheidetrichter. Oben Benzin (angefärbt), unten Wasser

V1 Stelle im Becherglas eine Mischung aus Sand und Styroporkügelchen her und fülle mit Wasser auf. Erkläre deine Beobachtungen.

V2 Untersuche die Zusammensetzung schwarzer und anderer Filzstiftfarben [B1]. Der Papierdocht taucht in eine mit Wasser gefüllte Schale. Protokolliere die Versuche.

A1 Warum lässt sich ein Gemisch aus Alkohol und Wasser im Scheidetrichter nicht trennen?

A2 Worauf ist die in B1 gezeigte Trennung von Farbstoffen zurückzuführen?

A3 Wie lässt sich ein Gemisch aus Sand, Sägespänen und Kochsalz trennen?

B2 Zentrifugieren beschleunigt das Absetzen

Mischen und Trennen

2.6 Praktikum Untersuchung von Orangenlimonade

ORANGENLIMONADE

Zutaten:
Wasser, Zucker, Glucosesirup, Limonadengrundstoff (mit Säuerungsmittel E 330, Vitamin C zugesetzt: 20 mg/100 ml, Aroma, Farbstoff E 160 a), Kohlensäure

B1 Orangenlimonade. Das Etikett gibt an, welche Zutaten bei der Herstellung verwendet werden

Orangenlimonade ist beliebt, weil sie den Durst löscht, auf der Zunge prickelt, zugleich süß und säuerlich schmeckt und nach Orangen duftet. Es gibt keinen Reinstoff, der alle diese Eigenschaften besitzt. Orangenlimonade ist ein Gemisch aus mehreren Stoffen.

In den folgenden Experimenten soll Orangenlimonade in verschiedene Bestandteile getrennt werden. Außerdem werden einige Inhaltsstoffe nachgewiesen.

Da im Verlauf der Untersuchungen auch eine Geschmacksprobe ausgeführt werden soll, ist ein sorgfältiges Arbeiten mit sauberen Geräten unerlässlich.

V1 Filtration
Geräte und Chemikalien: Glastrichter, Filtriergestell, Becherglas, Filterpapier.
Durchführung:
a) Filtriere etwa 20 ml Limonade unter Verwendung eines Filterpapiers.
b) Wiederhole die Filtration mit einer doppelten Lage Filterpapier.
Auswertung: Überlege, wie der Ausgang des Experimentes zu erklären ist.

V2 Ausschütteln
Geräte und Chemikalien: Glaskolben, Stopfen, Glasrohr, Schlauch, Becherglas, Kalkwasser.
Durchführung: Gib etwa 100 ml Limonade in einen Erlenmeyerkolben. Schüttle kräftig und leite das entstehende Gas in eine Waschflasche mit Kalkwasser.
Auswertung: Notiere das Versuchsergebnis. Gib an, welcher Stoff abgetrennt wurde.

V3 Einsatz der Trennsäule
Geräte und Chemikalien: Glasrohr (Durchmesser ca. 2 cm, Länge ca. 15 cm), Gummistopfen mit Bohrung, Glashahn, Glaswolle, Glasstab, Trichter, Becherglas, Tonerde.
Durchführung: Gib in ein senkrecht eingespanntes Glasrohr („Säule"), das unten mit einem Hahn verschlossen werden kann, einen Bausch Glaswolle oder Watte und drücke ihn mit einem Glasstab leicht an. Fülle nun etwa 4 cm hoch Tonerde ein und schlämme sie mit Wasser auf, bis sie vollständig durchfeuchtet ist. Lass überstehendes Wasser ablaufen und schließe dann den Hahn. Bedecke die Oberfläche der Tonerdefüllung locker mit einem weiteren Bausch Glaswolle und gib vorsichtig 20 ml ausgeschüttelte Limonade aus Versuch 2 in das Glasrohr und lass sie durch die Tonerde laufen. Schütte die ersten 5 ml der ablaufenden Flüssigkeit weg und fange den übrigen Teil in einem Becherglas auf.
Auswertung: Prüfe das Aussehen der Säule und des Filtrats und fertige eine Zeichnung von der Versuchsapparatur an.

Exkurs Limonaden

Limonaden sind süße, alkoholfreie, mit Kohlenstoffdioxid („Kohlensäure") versetzte Erfrischungsgetränke. Der Name leitet sich von dem italienischen Wort für Zitrone (Limone) ab. Die meisten Limonaden werden aus einem so genannten *Limonadengrundstoff* hergestellt. Er wird z. B. aus Zitronen oder Orangen gewonnen und kann verschiedene Zusatzstoffe enthalten. Dazu gehören Zucker, natürliche Aromastoffe, für den Genuss zugelassene Säuren (z. B. Citronensäure), Vitamin C, natürliche Farbstoffe (z. B. Carotin) und ein Stabilisator (z. B. Johannisbrotkernmehl). Der Stabilisator bewirkt, dass sich die feinen Stückchen aus dem Fruchtfleisch nicht am Boden absetzen. Klare Limonaden enthalten keinen Limonadengrundstoff.

Praktikum Untersuchung von Orangenlimonade

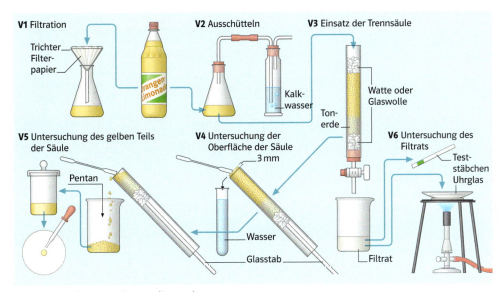

B2 Untersuchung von Orangenlimonade

V4 Untersuchung der Oberfläche der Säule
Geräte und Chemikalien: Glasstab, Spatel, Reagenzglas, Wasser.
Durchführung: Entferne den Glashahn und schiebe den Inhalt der Säule vorsichtig mit dem Glasstab nach oben, bis er etwa 3 mm weit aus dem Glasrohr herausschaut. Betrachte genau die Oberfläche. Hebe anschließend mit einem Spatel den herausragenden Teil der Füllung ab, gib ihn in ein Reagenzglas mit Wasser, schüttle und lass das Reagenzglas anschließend einige Minuten ruhig stehen.
Auswertung: Gib an, welcher Teil der Limonade abgetrennt wurde.

V5 Untersuchung des gelben Teils der Säule
Geräte und Chemikalien: Spatel, Becherglas (50 ml), Glasstab, kleines verschließbares Gläschen, Filterpapier, Tropfpipette, Pentan.
Durchführung: Schiebe mit einem Glasstab den gesamten gelben Teil der Säule heraus und gib ihn in ein kleines Becherglas. Füge etwa 2 bis 3 ml Pentan (Vorsicht! Leicht entzündlich!) hinzu und rühre um. Fülle die entstehende gelbe Flüssigkeit in ein kleines verschließbares Gläschen. Gib einen Tropfen davon mit einer Pipette auf ein Filterpapier, wedele es kurz hin und her und setze einige weitere Tropfen auf dieselbe Stelle.
Auswertung: Stelle nach dem vollständigen Verdunsten des Pentans Aussehen und Geruch des Filterpapiers an der Eintropfstelle fest. Gib an, welche Inhaltsstoffe der Limonade in der gelben Flüssigkeit vorliegen.

V6 Untersuchung des Filtrats
Geräte und Chemikalien: Brenner, Keramik-Drahtnetz, Dreifuß, Becherglas, Uhrglas, Teststäbchen für Vitamin C (Ascorbinsäure).
Durchführung:
a) Führe mit einem kleinen Teil der klaren Flüssigkeit vorsichtig eine Geschmacksprobe durch.
b) Tauche ein Vitamin-C-Teststäbchen in das Filtrat.
c) Gieße einen Teil des Filtrats auf ein Uhrglas, stelle es auf den Dreifuß und erhitze es vorsichtig über einer ganz kleinen Flamme.
Auswertung: Notiere die Versuchsergebnisse und gib an, welche Stoffe nachgewiesen sind.

A1
Ermittle die Zutaten einiger Orangen- und Zitronenlimonaden anhand des jeweiligen Etiketts.

B3 Arbeitsplatz mit Geräten zur Untersuchung von Limonade

Mischen und Trennen

2.7 Gewinnung von Trinkwasser

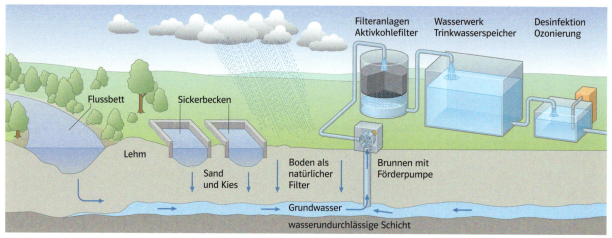

B1 Filtration von Oberflächenwasser durch Sand und Kiesschichten. Das so gereinigte Wasser wird anschließend noch weiter zu Trinkwasser aufbereitet

Trinkwasser ist unser wichtigstes Nahrungsmittel, an das sehr hohe Anforderungen gestellt werden. Es soll klar, farb- und geruchlos sowie ohne Geschmack und möglichst frei von Keimen sein. Außer zum Trinken und Kochen wird Trinkwasser im Haushalt für viele weitere Zwecke benötigt. Der tägliche Wasserverbrauch in Deutschland liegt bei ca. 130 Litern pro Einwohner. Um diesen enormen Wasserverbrauch zu decken, muss ständig neues Trinkwasser gewonnen bzw. Schmutzwasser gereinigt werden.

Gewinnung von Trinkwasser durch Filtration.
Ein großer Teil des Trinkwassers wird aus **Grundwasser** gewonnen, das den Anforderungen an Trinkwasser am besten entspricht. Das Grundwasservorkommen reicht bei uns zur Versorgung aber nicht mehr aus, es muss durch mehr oder weniger stark verschmutztes **Oberflächenwasser** ergänzt werden. Wie das Regenwasser auf dem Weg zum Grundwasser lässt man deshalb das Wasser von Flüssen und Seen aus Sickerbecken [B1] langsam durch Sand- und Kiesschichten sickern, die wie riesengroße Filter viele der Schmutzstoffe zurückhalten. Gelöste Verunreinigungen werden hierbei jedoch nicht entfernt. Das aus dem Grundwasser hochgepumpte Wasser muss deshalb noch große **Aktivkohlefilter** durchlaufen.

Aktivkohle kann durch Verkohlen von Holz gewonnen werden. Die winzigen Aktivkohlepartikelchen sind schwammartige Gebilde mit vielen Hohlräumen [B2]. Sie haben dadurch eine besonders große Oberfläche, an der viele Stoffe haften bleiben [V1]. Dies bezeichnet man als **Adsorption**.
Zur Abtötung von Krankheitskeimen wird das so gereinigte Wasser noch mit Chlor oder Ozon versetzt.

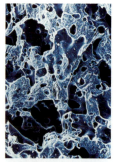

B2 Aktivkohle bei 33 000-facher Vergrößerung

V1 Gib in verschiedene Standzylinder
a) verdünnte Methylenblaulösung,
b) verdünnte Eosinlösung (rote Tinte),
c) verdünntes Eau de Cologne,
d) abgestandenes Blumenwasser,
e) Lösung von braunem Kandiszucker,
f) Kochsalzlösung.
Füge 1 bis 2 Spatellöffel Aktivkohle hinzu, schüttle kräftig und filtriere durch einen Papierfilter. Prüfe die Filtrate auf Farbe und Geruch. Dampfe einige Tropfen der Filtrate von (e) und (f) vorsichtig auf einem Uhrglas ein. Deute das Ergebnis.

A1 Welche Trennverfahren finden bei der Trinkwassergewinnung Anwendung?

A2 a) Wofür wird Trinkwasser im Haushalt verwendet? Zähle auf.
b) Wie könnte man wertvolles Trinkwasser im Haushalt einsparen?

2.8 Praktikum Lebensmittel – interessante Gemische

V1 Orangenöl aus Orangenschalen
Die Schalen von Zitrusfrüchten enthalten bis zu 5 % Öl, das die Frucht u. a. vor Insekten, Pilzen und Bakterien schützt.
Geräte und Materialien: Feine Küchenreibe, Kerze, Abdampfschale, Mörser mit Pistill, Faltenfilter mit Trichter und Halterung, kleines Gefäß mit Schraubverschluss, Heptan, Orange.
Durchführung:
1. Schäle die Orange etwa zur Hälfte und drücke die Schalenstücke gegen eine Kerzenflamme aus. Die Außenseite der Schale muss zur Kerzenflamme hinweisen.
2. Reibe die Schale der zweiten Orangenhälfte mit der Küchenreibe in den Mörser und zerkleinere sie mit einem Pistill. Gib gerade so viel Heptan zu, dass das Material bedeckt ist, zerreibe die Maische weiter. Filtriere das Gemisch durch den Faltenfilter und stelle das Gefäß mit dem Filtrat zum Verdunsten des Lösungsmittels in den Abzug. Prüfe anschließend den Geruch des Rückstandes.

Auswertung:
a) Notiere deine Beobachtungen.
b) Welche Eigenschaften besitzt das Orangenöl?
c) Gib die durchgeführten Trennverfahren an. Welche Eigenschaften der Bestandteile wurden für die Trennung genutzt?

V2 Untersuchung von Schokolade
Schokolade besteht vor allem aus Zucker, Fett (z. B. Kakaobutter) und Kakao. Diese Bestandteile lassen sich einfach auftrennen.
Geräte und Materialien: Erlenmeyerkolben (100 ml), Messzylinder (100 ml), Becherglaser (2 × 100 ml, 1 × 150 ml), Heizplatte, Wasserbad, Thermometer, Faltenfilter mit Trichter und Halterung, Waage, Messer, Aceton (Propanon), destilliertes Wasser, Zartbitterschokolade.
Durchführung:
1. Wiege etwa 10 g zerkleinerte Schokolade in den Erlenmeyerkolben ab und notiere die genaue Masse. Bestimme ebenfalls die Masse des Faltenfilters.
2. Gib zur Bestimmung des Fettanteils 30 ml Aceton zu und löse die Schokolade unter Umschwenken und leichtem Erwärmen im Wasserbad (30 bis 40 °C). Filtriere das Gemisch und fange das Filtrat in einem zuvor gewogenen Becherglas auf, spüle den Erlenmeyerkolben mit 20 ml erwärmtem Aceton und filtriere diese Lösung ebenfalls in das Becherglas. Stelle es bis zur nächsten Stunde in den Abzug. Bewahre den Filter mit Filterrückstand auf. Bestimme nach dem vollständigen Verdunsten des Acetons die Masse des Rückstands.
3. Bestimme die Masse eines leeren Becherglases und notiere sie. Zur Bestimmung des Zuckeranteils wird der Filterrückstand im Filter mit ca. 80 ml portionsweise zugegebenem erwärmtem Wasser (ca. 60 °C) gewaschen. Das Filtrat wird in dem zuvor gewogenen Becherglas aufgefangen und vorsichtig auf der Heizplatte oder im Trockenschrank bei 80 °C eingedampft. Anschließend wird die Masse des Becherglases bestimmt.
4. Zur Bestimmung des Kakaoanteils (überwiegender Teil des Filterrückstands) wird der Faltenfilter mit Rückstand getrocknet und seine Masse bestimmt.

Auswertung:
a) Notiere deine Beobachtungen.
b) Berechne die Massen von Zucker und Fett und ihren Massenanteil in Prozent nach

$$w(\text{Bestandteil}) = \frac{m(\text{Bestandteil})}{m(\text{Schokolade})} \cdot 100\,\%$$

c) Berechne den Massenanteil des Kakaos.
d) Welche Eigenschaften müssen die einzelnen Komponenten besitzen, damit die Trennvorgänge wie oben beschrieben ablaufen können?
Recherchiere die Zusammensetzung von Vollmilchschokolade und Zartbitterschokolade.

V3 Salz aus gesalzenen Erdnüssen
Bei gesalzenen Erdnüssen haftet das Salz nur an der Oberfläche der Erdnüsse.
Durchführung: Plane zunächst einen Versuch, mit dem man den Salzgehalt von Erdnüssen ermitteln könnte.
Führe nach Rücksprache mit deinem Chemielehrer diesen Versuch durch und bestimme den Massenanteil des Kochsalzes bei gesalzenen Erdnüssen.

a) Bestimmung des Fettanteils
b) Bestimmung des Zuckeranteils
c) Bestimmung des Kakaoanteils

B1 Auftrennung von Schokolade

2.9 Trennverfahren in Technik und Haushalt

Herstellung von Kaffee. Nach der Ernte werden die Kaffeefrüchte („Kaffeekirschen"), die meist zwei Kaffeebohnen enthalten, zum Freilegen der Bohnen geschält, die anschließend getrocknet werden. Dieser Rohkaffee wird in die Verbraucherländer transportiert und geröstet. Der Röstprozess, der zu dem typischen Aussehen und Aroma der Kaffeebohnen führt, dauert bei Temperaturen von 200 bis 250 °C etwa 10 bis 15 Minuten. Der Kaffee kommt in Form von Bohnen oder als Pulver in den Handel, letzteres zur Konservierung des Aromas vakuumverpackt. Im Haushalt liefert der Extraktionsvorgang mit heißem Wasser das Kaffeegetränk.

Coffeinfreier Kaffee. Da das im Kaffee enthaltene Coffein nicht für jedermann verträglich ist, trinken viele Konsumenten entcoffeinierten Kaffee. Zu seiner Herstellung wird das Coffein vor dem Rösten aus dem Rohkaffee herausgelöst. Dies geschieht heute mit flüssigem Kohlenstoffdioxid unter einem Druck von mehr als 12 MPa. Das gelöste Coffein wird in einem Abscheider an Aktivkohle adsorbiert. Das Kohlenstoffdioxid wird so lange im Kreislauf geführt, bis der Rohkaffee nur noch einen Massenanteil an Coffein von $w < 0{,}1\,\%$ aufweist. Die Aromastoffe bleiben bei diesem Verfahren im Rohkaffee. Anschließend werden die Kaffeebohnen getrocknet und in üblicher Weise geröstet.

Löslicher Kaffee. Zu seiner Herstellung mithilfe der schonenden Gefriertrocknung wird das Kaffeepulver zunächst mit etwa 180 bis 200 °C heißem Wasser unter Druck extrahiert. Dieser Kaffeeextrakt wird anschließend bei −40 °C tiefgefroren.
Die Abtrennung des gefrorenen Wassers erfolgt in Vakuumbehältern, in denen das Wasser unter stark vermindertem Druck sublimiert, zurück bleibt löslicher Kaffee.

Auto-Recycling. Jährlich werden Millionen von Autos verschrottet. Sie stellen mit den darin verarbeiteten Werkstoffen eine wichtige „Rohstoffquelle" dar. Voraussetzung für ein Recycling ist die Trennung der verwendeten Materialien.

Beim Bau eines Autos kommen die unterschiedlichsten Werkstoffe zum Einsatz: Eisen und Stahl, Nichteisenmetalle wie Blei, Aluminium, Zink und Kupfer, außerdem Gummi, Glas und Kunststoffe. Ferner sind in Altautos häufig noch Treibstoffreste sowie Motoren- und Getriebeöl enthalten.

In einem ersten Schritt des Trennvorgangs werden Reifen, Glasscheiben, Batterien und noch brauchbare Ersatzteile ausgebaut sowie die Treibstoff- und Ölreste entfernt. In einem zweiten Schritt wird das „Restauto" in einem großen Mahlwerk, dem Shredder, zerkleinert, sodass man ein Gemisch aus Stahl, Eisen, Nichteisenmetallen, Gummi, Kunststoffen und Textilien vorliegen hat, das getrennt werden muss.
Ein kräftiges Gebläse am Shredder trennt den Leichtmüll (Gummi und Kunststoffe geringerer Dichte sowie Textilien) ab, der deponiert wird. Ein starker Magnet entfernt anschließend Stahl- und Eisenteile, die in Stahlwerken wieder verwendet werden. In den beiden folgenden Trennschritten wird die Schwimmtrennung aufgrund verschiedener Dichten angewendet. Hierzu kommt das Restgemisch in ein Wasserbecken, in dem restliche Gummi- und Kunststoffteile aufschwimmen und abgetrennt werden können. In einem weiteren Becken führt man mithilfe einer speziellen konzentrierten Salzlösung die Abtrennung des Leichtmetalls Aluminium durch. Zurück bleiben kupfer- und zinkhaltige Metallbestandteile, aus denen das Zink in einem Schmelzofen herausgeschmolzen werden kann.

B1 Herstellung von Kaffee

A1 Benenne alle Trennverfahren, die bis zur Bereitung einer Tasse löslichen coffeinfreien Kaffees – ausgehend vom Rohkaffee – erforderlich sind.

A2 Welche Trennverfahren kommen beim Auto-Recycling zum Einsatz? Welche Eigenschaften der einzelnen Bestandteile werden zur Trennung genutzt?

A3 Entwickle für das Auto-Recycling eine grafische Darstellung der aufeinander folgenden Arbeitsschritte.

Allgemeine Chemie

2.10 Durchblick Zusammenfassung und Übung

Reinstoffe
Reinstoffe sind Stoffe, die aus nur einem Stoff bestehen. Sie sind durch messbare Eigenschaften, wie Schmelz-, Siedetemperatur und Dichte gekennzeichnet. Sie besitzen wenigstens eine typische Kombination von Eigenschaften (einen typischen Satz von Eigenschaften).

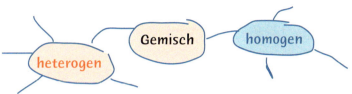

B1 Ausschnitt einer Mindmap zum Thema „Gemische"

Stoffgemische
Stoffgemische bestehen aus unterschiedlichen Reinstoffen. Sind die verschiedenen Bestandteile erkennbar, liegt ein heterogenes Gemisch vor. Demgegenüber sind bei homogenen Gemischen auch bei stärkster Vergrößerung unter dem Mikroskop die unterschiedlichen Bestandteile nicht sichtbar. Auch homogene Gemische sind durch nur einen Satz von Eigenschaften gekennzeichnet, der sich aber mit der Zusammensetzung ändert. Sofern die Bestandteile bekannt sind, kann von den Eigenschaften auf die Zusammensetzung des Gemischs geschlossen werden.

Bezeichnungen der Stoffgemische
Je nach Aggregatzustand der beteiligten Stoffe gibt es für einige Stoffgemische wichtige Bezeichnungen. Vervollständige in deinem Heft die Mindmap [B1] unter Verwendung folgender Bezeichnungen: Schaum, Suspension, Lösung, Emulsion, Rauch, Legierung, Nebel, Feststoffgemische. Gib für jedes Gemisch ein bis zwei Beispiele an sowie die daran beteiligten Bestandteile.

Trennverfahren
Zur Trennung von homogenen und heterogenen Stoffgemischen gibt es unterschiedliche Trennverfahren, die von den Eigenschaften der Gemischbestandteile abhängen [B2].

Gemische und Teilchenmodell
[B3] zeigt die Modellvorstellung der Teilchenanordnung in einigen Gemischen. Zeichne entsprechende Abbildungen für folgende Gemische (jeweils aus zwei Bestandteilen): Legierung, Gasgemisch, Emulsion, Schaum und Nebel.

Trennverfahren	Grundlage der Trennung	Anwendungsbeispiele
Auslesen	Aussehen (z. B. Farbe oder Partikelgröße)	Trennen von Müll, Sortieren von Diamanten
Sieben	Partikelgröße	Absieben von Spaghetti
Filtrieren	Partikelgröße	Zubereiten von Kaffee
Sedimentieren	Dichte	Trennen von Lehmwasser, Reinigen von Abwasser
Dekantieren	Dichte	Trennen von Lehmwasser, Gold waschen
Zentrifugieren	Dichte	Entrahmen von Milch
Schwimmtrennung	Dichte	Trennen von Kunststoffmüll
Extrahieren	Löslichkeit	Zubereiten von Tee, Gewinnen von Speiseöl
Chromatografieren	Löslichkeit, Haftfähigkeit	Trennen von Farbstoffgemischen
Ausschmelzen	Schmelztemperatur	Gewinnung von Fett und Speiseöl
Eindampfen	Siedetemperatur	Gewinnen von Salz
Destillieren	Siedetemperatur	Herstellen von Branntwein, Auftrennen von Erdöl

B2 Trennverfahren und ihre Grundlagen

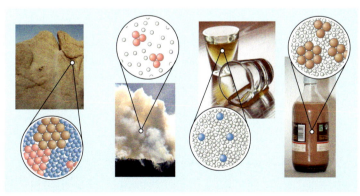

B3 Gemische und Teilchenmodell

Mischen und Trennen

Durchblick Zusammenfassung und Übung

B4 Olivenöl, zu Aufgabe 6

A1 Handelt es sich bei den folgenden Beispielen um einen Reinstoff oder ein Gemisch: Brausepulver, Regenwasser, destilliertes Wasser, Sekt, Brennspiritus, Zucker, geschlagene Sahne?

A2 Handelt es sich bei den folgenden Gemischen um ein homogenes oder ein heterogenes Gemisch?
Milch, Rotwein, Tinte, Rauch, Lehmwasser, Schaumstoff, Mineralwasser, Parfum. Begründe deine Entscheidung.

A3 Welches Gemisch bildet sich beim Mischen der folgenden Stoffe mit Wasser: Zucker, Salz, Öl, Essig, Sand, Alkohol?

A4 Gib an, wie man folgende Gemische trennen kann:
a) Schwefelpulver, Eisenspäne
b) Sand, Eisenspäne, Kochsalz
c) Sand, Sägespäne, Kochsalz, Wasser
d) Sand, Iod
Nenne jeweils die unterschiedlichen Stoffeigenschaften, die eine Trennung möglich machen.

A5 Welches Trennverfahren wird angewandt
a) beim Entfernen eines Fettflecks aus Textilien?
b) beim Entrahmen von Milch in der Milchzentrifuge?
c) beim Aufsaugen von Schmutz mit dem Staubsauger?
d) bei der Saftzubereitung im Obst- bzw. Gemüseentsafter?

A6 Zur Gewinnung von Speiseöl aus ölhaltigen Früchten und Samen, z. B. aus Oliven oder Sonnenblumenkernen, wird ein Teil des Öls nach dem Zerkleinern zunächst durch Pressen gewonnen (kaltgepresstes Öl [B4]). Das restliche Öl im Presskuchen wird mit einem Lösungsmittel extrahiert. Anschließend werden Öl und Lösungsmittel durch Destillation wieder voneinander getrennt. Worauf beruhen die angewendeten Trennverfahren?

A7 Warum darf durch Öl und Benzin verunreinigtes Wasser einer Autowaschanlage nur gereinigt über einen Ölabscheider [B5] in die Kanalisation gelangen? Erkläre seine Arbeitsweise. Welche Verunreinigungen können auf diese Weise nicht abgetrennt werden?

A8 Informiere dich über das Verfahren der Dialyse (Blutwäsche) und beschreibe den dabei ablaufenden Trennvorgang.

A9 Auf den Etiketten mancher Fruchtsaftgetränke oder auch Medikamente steht: „Vor Gebrauch schütteln". Erläutere.

A10 Die Saugfiltration ist ein Verfahren, das sich vor allem in technischen Anlagen, die einem Dauerbetrieb ausgesetzt sind, bewährt hat. Das Filtrat wird in das Innere einer rotierenden Trommel mit einer porösen Oberfläche gesaugt. Erläutere die Arbeitsweise der Apparatur [B6]. Welcher Vorteil ergibt sich im Vergleich mit der Apparatur in Kap. 2.2 [B3]?

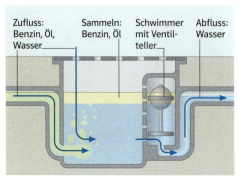

B5 Ölabscheider, zu Aufgabe 7

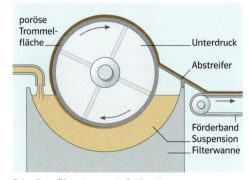

B6 Saugfiltration, zu Aufgabe 10

56 Allgemeine Chemie

3 Stoffe reagieren miteinander

In unserer Umwelt spielen sich viele Vorgänge ab, die mit stofflichen Veränderungen verbunden sind.

▬ Kupferdächer überziehen sich im Laufe der Zeit mit einer grünen Schicht. Beim Backen und Kochen entstehen aus oftmals wenig schmeckenden Ausgangsstoffen wohlschmeckende und appetitlich riechende Speisen.

▬ Zum Garen werden die Stoffe erhitzt, bei vielen stofflichen Veränderungen dagegen wird Wärme an die Umgebung abgegeben. Eine Wunderkerze muss erst entzündet werden, dann erfolgt ein Aufglühen und Funkensprühen.

▬ Bei der Zubereitung einer Speise kommt es nicht nur auf die Art der Zutaten an, diese müssen auch genau abgewogen werden. In der Chemie wird die Waage zum Abmessen von Stoffportionen eingesetzt.

▬ Was passiert bei stofflichen Veränderungen mit den Teilchen, aus denen alle Stoffe bestehen?

3.1 Neue Stoffe entstehen

B1 Angaben auf einem Brausebeutel

Chemiker untersuchen nicht nur die Eigenschaften von Stoffen und suchen nach Verfahren zur Trennung von Stoffgemischen. Neue Stoffe aus vorhandenen Stoffen herzustellen, ist ebenfalls ein wichtiges Aufgabengebiet.

Viele Lebensmittel werden erst durch Garen genießbar und schmackhaft. Dabei finden Stoffumwandlungen statt. Auch bei der Verbrennung von Holz, Erdgas, Benzin oder Öl für Heizzwecke und zur Fortbewegung spielen sich stoffliche Veränderungen ab.

Die chemische Reaktion. Brausepulver enthält einige Zutaten, wobei die wichtigsten Weinsäure, Natron und Zucker bzw. Süßstoffe sind. Gibt man Brausepulver in Wasser, so löst das Pulver sich nicht nur, sondern es ist eine lebhafte Gasentwicklung zu beobachten. Gelangen die Gasbläschen an die Zungenschleimhaut, empfindet man ein Prickeln.

Dieses Gas ist nicht im Brausepulver enthalten. Das Gas bildet sich erst, wenn das Brausepulver in das Wasser gelangt [B2]. Ein neuer Stoff, auch ein Gas, kann nur dann gebildet werden, wenn ein oder mehrere Ausgangsstoffe vorhanden sind.

B2 Das Gas bildet sich erst, wenn die Brause in Wasser gelangt

Einen Vorgang, bei dem aus einem oder mehreren Ausgangsstoffen neue Stoffe entstehen, bezeichnet man als chemische Reaktion.

Fällt Zucker auf eine heiße Herdplatte, stinkt und qualmt es. Die Vorgänge lassen sich im Reagenzglas nachvollziehen.

Erwärmt man Zucker langsam und vorsichtig in einem Reagenzglas [V2], bildet sich zuerst eine gelbe Schmelze. Bei weiterem Erhitzen entsteht zunächst ein tiefbrauner, dann schwarzer poröser Stoff und grauer bis schwarzer, gesundheitsschädlicher Rauch. Nach anfänglich süßlichem Geruch ist später ein unangenehmer, abstoßender Geruch wahrnehmbar.
Die beim Erhitzen entstandenen Stoffe haben keinerlei Ähnlichkeiten mit dem Ausgangsstoff Zucker. Es ist wieder eine chemische Reaktion abgelaufen, bei der neue Stoffe entstanden sind.

Die bei einer chemischen Reaktion neu gebildeten Stoffe nennt man Reaktionsprodukte. Die Reaktionsprodukte weisen andere Eigenschaften auf als die Ausgangsstoffe.

V1 Du benötigst Weinsäure, Natron und Zucker bzw. Süßstoffe als Grundzutaten eines Brausepulvers.
a) Entwirf eine Versuchsdurchführung, mit der sich herausfinden lässt, welcher Stoff oder welche Kombination von Stoffen zur Gasbildung führt.
b) Überprüfe deine Überlegungen experimentell.

V2 Fülle in ein Reagenzglas ca. 1 cm hoch Zucker und erhitze unter dem Abzug zunächst vorsichtig und anschließend kräftig.

A1 Zähle einige dir bekannte Vorgänge aus der Umwelt und dem Alltag auf, bei denen neue Stoffe entstehen.

Neue Stoffe entstehen

Chemische Reaktionen lassen sich gezielt beeinflussen. Beim Erhitzen von Zucker entstehen Rauch und ein poröser Feststoff, Produkte, die nicht genutzt werden können. Erhitzt man dagegen Zucker mit einem Zusatz [V3], so kann Zuckerkulör (Zuckerfarbstoff) gewonnen werden. Dieser Farbstoff verleiht Cola-Getränken, Soßen, Whiskey und Süßigkeiten ihre hell- bis tiefbraune Farbe. Chemiker können viele chemische Reaktionen so verändern und steuern, dass gewünschte Reaktionsprodukte entstehen.

Chemische Reaktionen in unserer Umwelt. In unserer Umwelt laufen ständig chemische Reaktionen ab, ohne dass diese uns immer bewusst sind. Das *Rosten* von Eisen kann zum Einsturz von Brücken und Gebäuden führen. Unter dem Einfluss des *sauren Regens* verändern Skulpturen ihr Aussehen und werden Wälder geschädigt.

Unsere *Verdauung* ist ein Prozess von langsam ablaufenden chemischen Reaktionen. Die beim Abbau aus den Nährstoffen gebildeten Bausteine gelangen durch die Dünndarmwand in das Blut und werden zu den Körperzellen transportiert. Die im Körper des Menschen ablaufenden chemischen Reaktionen ermöglichen Denken, Bewegung, Aufrechterhaltung der Körpertemperatur und vieles mehr.

KARAMELLBONBONS

Zutaten: Butter, Zucker, süße Sahne
1. Ein Eckchen Butter wird in einer kleinen Pfanne bei mittlerer Temperatur erhitzt, bis sie flüssig ist.
2. 1 Esslöffel Zucker wird hinzugefügt und gut mit der flüssigen Butter durchmischt.
3. Nun gibt man 2 Teelöffel süße Sahne hinzu und verrührt das Ganze gut.
4. Unter leichtem Schäumen wird das Gemisch allmählich braun und dickflüssig. (Immer gut rühren!) Es darf nicht zu dunkel werden, sonst wird Karamell bitter!
5. Wenn das Gemisch hellbraun und cremig geworden ist, gibt man es mit einem Löffel auf etwas Backpapier und lässt es erkalten.

B3 Rezept für Karamellbonbons zum Selbermachen

V3 a) Bedecke den Boden eines kleinen Becherglases (100 ml) etwa 1 cm hoch mit Zucker, setze einen gehäuften Spatellöffel Pottasche (Kaliumcarbonat) zu. Mische die beiden Stoffe durch kräftiges Schütteln des Becherglases. Fülle so viel Wasser zu dem Gemisch, dass dieses gerade bedeckt ist. Erhitze den Inhalt des Becherglases unter kräftigem Umrühren auf der Heizplatte, bis er tiefbraun ist.
b) Prüfe die Löslichkeit des Rückstands in Wasser.

A2 Ermittle, welche Aufgaben die folgenden Verdauungsorgane haben: Mundhöhle und Rachenraum, Speiseröhre, Magen, Leber, Gallenblase, Bauchspeicheldrüse, Dünndarm, Dickdarm, Enddarm.

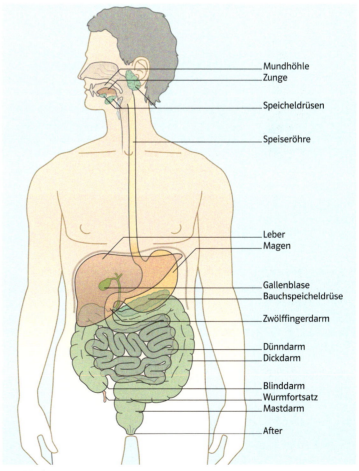

B4 Verdauungsorgane

Stoffe reagieren miteinander

3.2 Metalle reagieren mit Schwefel

B2 Ein neuer Stoff aus Kupfer und Schwefel

Viele Vorgänge in unserer Umwelt, bei denen neue Stoffe entstehen, sind schwer zu durchschauen. Leichter lassen sich diese chemischen Reaktionen erfassen, wenn dabei von wenigen bekannten Reinstoffen ausgegangen wird.

Ein neuer Stoff aus Kupfer und Schwefel.
Wenn Schwefeldampf über einen heißen Kupferblechstreifen streicht [V1], beobachtet man ein Aufglühen, das sich langsam durch den ganzen Streifen fortpflanzt. Nach dem Erkalten des Streifens erkennt man, dass sich kleine blauschwarze, glänzende Kristalle gebildet haben. Versucht man den Streifen zu verbiegen [V2b], so bricht er im Gegensatz zu einem Kupferblechstreifen sofort auseinander, der blauschwarze Stoff ist spröde. Unter der Lupe erscheint der pulverisierte, blauschwarze Stoff im Gegensatz zu dem Gemisch aus Kupfer- und Schwefelpulver durch und durch einheitlich [V2c].
Ein Gemisch aus Kupfer- und Schwefelpulver lässt sich mithilfe von Wasser trennen, der blauschwarze Stoff nicht [V2d]; dieser lässt sich mit keinem der bei der Trennung von Gemischen angewendeten Verfahren trennen.

Da so viele Eigenschaften des blauschwarzen Stoffes nicht mit denen der Stoffe Kupfer und Schwefel übereinstimmen, bleibt kein Zweifel: Die Stoffe Kupfer und Schwefel sind nicht mehr vorhanden, an ihre Stelle ist ein neuer Stoff getreten.

Dieser ist ein Reinstoff mit für ihn typischen Eigenschaften (bestimmte Schmelztemperatur, Dichte usw.). Wegen seiner Sprödigkeit und hohen Schmelztemperatur [B1] ordnet man ihn den salzartigen Stoffen zu.

V1 Gib in ein Reagenzglas etwa 6 erbsengroße Schwefelstücke und spanne es fast waagerecht ein. Schiebe einen 2 cm x 4 cm großen Kupferblechstreifen (Dicke 0,1mm) als „Dach" gefaltet bis zur Mitte in das Reagenzglas und verschließe es locker mit einem Glaswollebausch. Erhitze das Kupferblech und bringe den Schwefel zum Sieden, sodass der Schwefeldampf über das heiße Kupferblech streicht. Protokolliere die Versuchsbeobachtungen. Ziehe den noch heißen, nun blauschwarzen Streifen mit einer Pinzette aus dem Reagenzglas und halte ihn kurz in die nicht leuchtende Brennerflamme, sodass noch anhaftender Schwefel verbrennt. (Abzug!)

V2 Vergleich des blauschwarzen Stoffes aus V1 mit Kupfer und Schwefel:
a) Halte zur Untersuchung der Wärmeleitfähigkeit ein dünnes Stück Schwefel, ein Kupferblech und den blauschwarzen Streifen aus V1 in heißes Wasser.
b) Versuche, den blauschwarzen Streifen zu verbiegen. Vergleiche mit einem Kupferblechstreifen und einem Stück Schwefel.
c) Zerreibe den blauschwarzen Stoff und betrachte eine kleine Portion unter der Lupe. Verfahre ebenso mit einem Gemisch aus Kupfer- und Schwefelpulver.
d) Fülle zwei Reagenzgläser etwa zur Hälfte mit Wasser und gib in das eine eine kleine Portion des zerriebenen blauschwarzen Stoffes und in das andere eine kleine Portion des Kupfer-Schwefel-Gemisches. Schüttle kräftig und lass die Reagenzgläser eine Weile stehen.
Stelle die Versuchsbeobachtungen übersichtlich zusammen und deute sie.

Eigenschaften	Kupfer	Schwefel	neu entstandener Stoff
Farbe	rötlich	gelb	blauschwarz
Verformbarkeit	biegsam	spröde	spröde
Wärmeleitfähigkeit	sehr gut	schlecht	schlecht
Dichte in g/cm³	8,92	2,07	5,6
Schmelztemperatur in °C	1083	113	1130
Aussehen unter der Lupe	Gemisch nicht einheitlich, zwei verschiedene Stoffe		durch und durch einheitlich

B1 Vergleich der Eigenschaften von Kupfer und Schwefel mit denen des neu gebildeten Stoffes

Metalle reagieren mit Schwefel

Erhitzt man ein Eisen-Schwefel-Gemisch [V3], so beginnt es an einer Stelle aufzuglühen. Ohne weiteres Erwärmen durchdringt die Glühfront das restliche Gemisch. Zurück bleibt ein spröder, grauschwarzer neuer Reinstoff.

Aus Silber und Schwefel bildet sich ebenfalls ein schwarzer Reinstoff [V4]. Auf seine Bildung ist auch das langsame „Anlaufen" oder „Schwarzwerden" von silbernen oder versilberten Gegenständen zurückzuführen.

Metalle und Schwefel reagieren zu Metallsulfiden. Beim Zusammenbringen und Erhitzen von Schwefel und einem Metall (mit Ausnahme von Gold und Platin) entsteht ein völlig neuer Stoff, während das jeweilige Metall und der Schwefel verschwinden. Es ist eine chemische Reaktion abgelaufen. Aus den Ausgangsstoffen, den Edukten, ist ein Reaktionsprodukt entstanden, das andere Eigenschaften als die Ausgangsstoffe hat. Die Reaktionsprodukte, die bei den Reaktionen der Metalle mit Schwefel entstehen, heißen Sulfide (von lat. sulfur, Schwefel). Kennen gelernt haben wir: Kupfersulfid, Eisensulfid und Silbersulfid.

Das Reaktionsschema. Chemische Reaktionen lassen sich durch eine Schreibweise darstellen, die man als Reaktionsschema bezeichnet: Dieses lautet für die Reaktion von Kupfer und Schwefel:

> Kupfer + Schwefel ⟶ Kupfersulfid
> **Lies:**
> „Kupfer und Schwefel reagieren zu Kupfersulfid".

Zwischen den Namen der Ausgangsstoffe und Reaktionsprodukte steht der Reaktionspfeil. Er bezeichnet die Richtung der chemischen Reaktion. Vor dem Reaktionspfeil stehen die Ausgangsstoffe, nach der Pfeilspitze die Reaktionsprodukte. Der Reaktionspfeil wird gelesen als „reagieren zu". Das „+"-Zeichen ist als aufzählendes „und" zu verstehen.

V3 Mische 14 g Eisenpulver und 8 g Schwefelpulver.
a) Gib eine Hälfte des Gemisches in ein Reagenzglas, spanne dieses leicht schräg ein. Verschließe das Reagenzglas locker mit einem Glaswollebausch. Erhitze das Gemisch an einer Stelle mit der rauschenden Brennerflamme (Schutzbrille!). Nimm den Brenner weg, wenn das Gemisch aufglüht, und beobachte den weiteren Verlauf.
b) Untersuche den in V3a entstandenen Stoff im Vergleich zu Eisen und Schwefel. Gehe dazu wie in V2 vor und untersuche zusätzlich die Magnetisierbarkeit der verschiedenen Stoffe. Stelle die Versuchsbeobachtungen in einer Tabelle zusammen und deute sie.

V4 Führe V1 entsprechend mit einem Silberblech durch. Vergleiche die Ausgangsstoffe und den neuen Stoff miteinander.

A1 Verreibt man etwas Schwefelpulver auf der Oberfläche eines versilberten Gegenstandes, färbt sich dieser nach einiger Zeit dunkel. Deute diese Beobachtung.

A2 Warum muss ein Vergleich der Eigenschaften der Ausgangsstoffe und der Reaktionsprodukte immer unter den gleichen Bedingungen durchgeführt werden? Nenne einige Bedingungen, die einzuhalten sind.

A3 Stelle für die Reaktionen der Metalle Eisen bzw. Silber mit Schwefel jeweils das Reaktionsschema auf.

A4 Worin liegt der entscheidende Unterschied zwischen einer chemischen Reaktion und dem Mischen und Trennen von Stoffen?

B4 Silbersulfid auf einem Silberlöffel

B3 Das Reaktionsschema beschreibt in kurzer Form eine chemische Reaktion

3.3 Verbindungen und elementare Stoffe

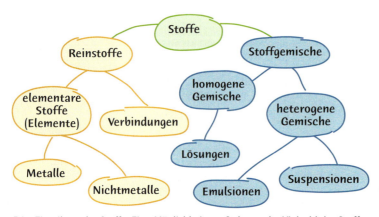

B1 Einteilung der Stoffe. Eine Möglichkeit zur Ordnung der Vielzahl der Stoffe

Silbersulfid $\longrightarrow$ Silber + Schwefel

Der Reinstoff Silbersulfid ist in die Stoffe zerlegt worden, aus denen er auch gebildet werden kann. Weder Silber noch Schwefel können durch eine chemische Reaktion in weitere Stoffe zerlegt werden. Silber und Schwefel sind **elementare Stoffe** oder Elemente. Silbersulfid ist eine Verbindung.

Elementare Stoffe, oft auch als Elemente bezeichnet, sind Reinstoffe, die sich nicht in andere Stoffe zerlegen lassen.

Viele Metallsulfide kommen in der Natur vor [B2]. Aus ihnen können Metalle gewonnen werden. Lässt sich auch das wertvolle Silber aus Silbersulfid gewinnen?

Verbindungen sind Reinstoffe, die sich in wenigstens zwei elementare Stoffe zerlegen lassen.

Zerlegung von Silbersulfid. Wird Silbersulfid sehr stark erhitzt, schmilzt es zu einer glühenden Kugel zusammen [B3]. Nach kurzer Zeit bilden sich links und rechts von der Kugel Ringe aus einem gelben Feststoff. Schüttelt man die Kugel aus dem Rohr, erstarrt sie und lässt sich zu einem silbrig glänzenden, biegsamen Plättchen aushämmern. Silbersulfid ist in Silber und Schwefel zerlegt worden. Die Zerlegung ist eine chemische Reaktion.

Die Zerlegung von Silbersulfid ist die Umkehrung der chemischen Reaktion zur Bildung von Silbersulfid aus den elementaren Stoffen Silber und Schwefel.
Grundsätzlich lässt sich jedes Metallsulfid in die elementaren Stoffe zerlegen. Im Schullabor gelingt dieses aber nur bei sehr wenigen Metallsulfiden, weil die dazu notwendigen hohen Temperaturen nicht erreicht werden.

Man kennt heute über 100 elementare Stoffe. Die meisten davon sind Metalle.

B2 Natürlich vorkommende Metallsulfide. Oben: Zinnober (Quecksilbersulfid) unten: Bleiglanz (Bleisulfid)

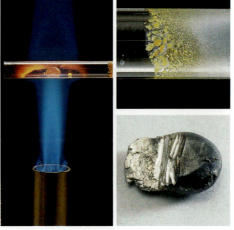

B3 Zerlegung von Silbersulfid. Es entstehen Schwefel und Silber

V1 Eine kleine Portion Silbersulfid (aus Kap. 3.2, V4) wird in ein 15 bis 20 cm langes Quarzrohr gebracht. Durch das Rohr wird kurz ein Stickstoffstrom geleitet, anschließend wird eine Seite verschlossen und das Silbersulfid mit dem Gebläsebrenner erhitzt. Die Kugel, die sich nach dem Erhitzen gebildet hat, wird nach dem Erkalten ausgehämmert.

A1 Woran kann man erkennen, dass es sich bei der Zerlegung von Silbersulfid um eine chemische Reaktion und nicht um die Trennung eines Gemisches handelt?

3.4 Chemische Reaktion und Energie

Meist bildet sich ein Metallsulfid schnell, wenn das Metall und der Schwefel erhitzt werden. Bei einigen Sulfidbildungen ist ein Aufglühen zu beobachten. Warum müssen die Ausgangsstoffe erhitzt werden und wie kommt das Glühen zustande?

Exotherme und endotherme Reaktionen.
Erhitzt man ein Gemisch aus Eisen und Schwefel nur in einem kleinen Bereich bis zum Aufglühen [V1], so pflanzt sich das Glühen durch die ganze Stoffportion fort. Das Reaktionsprodukt Eisensulfid ist sehr heiß. Das Glühen der Stoffportion beobachtet man auch dann noch, wenn der Brenner schon lange entfernt worden ist. Folglich kann die *thermische Energie*, die das Glühen verursacht, nicht von außen kommen. Sie muss bei der Reaktion selbst frei werden.
Dies kann man sich so vorstellen: Das Gemisch der Ausgangsstoffe hat einen bestimmten *Energieinhalt*. Das aus dem Gemisch gebildete Reaktionsprodukt hat ebenfalls einen bestimmten Energieinhalt, dieser ist aber kleiner als der der Ausgangsstoffe. Der Unterschied zwischen den Energieinhalten zeigt sich bei der Reaktion. Es wird mehr Energie in Form von thermischer Energie abgegeben, als vorher mit dem Brenner zugeführt worden ist.

Chemische Reaktionen, die unter Energieabgabe verlaufen, nennt man exotherme, solche, die nur unter andauernder Energiezufuhr ablaufen, endotherme Reaktionen.

Meist wird die Energie bei chemischen Reaktionen in Form von thermischer Energie zugeführt oder abgegeben.

V1 Mische 7 g Eisenpulver und 4 g Schwefelpulver in einer Reibschale und häufe das Gemisch auf einem Keramik-Drahtnetz auf. Berühre das Gemisch mit einer glühenden Stricknadel oder der Spitze der rauschenden Brennerflamme. (Abzug! Schutzbrille!)

A1 Notiere jeweils einen exothermen und endothermen Vorgang aus deinem Alltag.

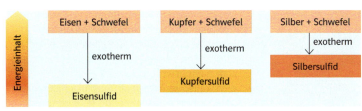

B1 Exotherme Reaktionen. Der Energieinhalt der Ausgangsstoffe ist größer als der der Produkte

Neben der Bildung neuer Stoffe ist die Abgabe oder Aufnahme von Energie ein Hinweis auf eine chemische Reaktion.
Im Reaktionsschema wird der exotherme oder endotherme Verlauf einer Reaktion auf folgende Weise festgehalten:

Silber + Schwefel ⟶ Silbersulfid | **exotherm**

Silbersulfid ⟶ Silber + Schwefel | **endotherm**

Die Energie, die bei der Bildung einer Verbindung aus den elementaren Stoffen frei wird, ist genauso groß wie die Energie, die zur Zerlegung aufgebracht werden muss.

Auslösen einer chemischen Reaktion. Obwohl bei der Reaktion von Eisen und Schwefel sehr viel Energie frei wird, kommt die Reaktion erst durch Zufuhr thermischer Energie in Gang. Es genügt allerdings, nur einen kleinen Teil des Gemisches zu erhitzen. Hat die Reaktion an einer Stelle eingesetzt, reicht die dort frei werdende thermische Energie aus, dass die Reaktion weiterläuft.

B2 Auslösen einer chemischen Reaktion

Stoffe reagieren miteinander

3.5 Chemische Reaktionen und Massengesetze

B1 Antoine Laurent Lavoisier (1743–1794)

Gegen Ende des 18. Jahrhunderts machte der französische Chemiker Antoine Laurent Lavoisier (1743–1794) die Chemie zu einer messenden Wissenschaft. Er setzte die Waage zum Aufspüren von Gesetzmäßigkeiten als physikalisches Messinstrument ein. Lavoisier untersuchte viele chemische Reaktionen, indem er die Massen der Stoffe vor und nach der Reaktion bestimmte.
Dazu führte er chemische Reaktionen in geschlossenen Apparaturen durch, es sollten weder Stoffe hinzukommen noch entweichen können. Solche Reaktionen lassen sich im Schullabor nachvollziehen.

Gesetz von der Erhaltung der Masse. Vergleicht man die Masse der Ausgangsstoffe Kupfer und Schwefel mit der Masse des Reaktionsproduktes Kupfersulfid, so stellt man keinen Unterschied fest [V1]. Verbrennt man Streichhölzer [V2] in einem verschlossenen Reagenzglas und bestimmt die Masse des Reagenzglases mit Inhalt vor und nach der Reaktion, so stellt man ebenfalls keine Änderung der Masse fest.
Bei einer beliebigen chemischen Reaktion lässt sich auch mit sehr empfindlichen Waagen *keine Massenänderung* feststellen.

Bei jeder chemischen Reaktion ist die Gesamtmasse der Reaktionsprodukte gleich der Gesamtmasse der eingesetzten Stoffe (Edukte).

V1 Gib in ein Reagenzglas etwas Schwefel und ein kleines Kupferblech, stopfe in die Öffnung Glaswolle und stülpe über die Öffnung einen Luftballon. Bestimme die Gesamtmasse. Erhitze zuerst das Kupferblech und dann den Schwefel, sodass Schwefelgas über das heiße Kupferblech strömt. Bestimme nach dem Abkühlen noch einmal die Masse. Lege in deinem Heft eine Tabelle wie in B3 an.
a) Übertrage deine Werte in die Tabelle.
b) Trage die Werte der anderen Gruppen in deine Tabelle ein.
c) Deute die Versuchsergebnisse.
d) Warum muss bei dem Versuch das Reagenzglas mit einem Luftballon verschlossen werden?

V2 Gib in ein Reagenzglas zwei Streichhölzer mit dem Kopf zum Boden. Verschließe das Reagenzglas mit einem Stopfen. Befestige den Stopfen zusätzlich mit einem Klebeband am Reagenzglasrand. Bestimme die Masse des Reagenzglases mit Inhalt. Bringe durch Erhitzen des Reagenzglasbodens (Schutzbrille!) die Streichhölzer zum Entzünden. Bestimme nach dem Abkühlen erneut die Masse [B2].

A1 Bei der Zerlegung von 372 mg Silbersulfid werden 324 mg Silber gebildet. Wie groß ist die Masse der gebildeten Schwefelportion?

B2 Massenerhaltung. Masse des Reagenzglases mit Inhalt vor und nach der Reaktion

Nr. der Gruppe	Masse des Reagenzglasinhalts vor der Reaktion	nach der Reaktion
1		
2		
3		

B3 Tabelle zu V1

Allgemeine Chemie

Lässt man beliebige Gemische aus einer Metall- und einer Schwefelportion miteinander reagieren, so stellt man oft fest, dass entweder der eine oder andere Ausgangsstoff nicht *vollständig* umgesetzt wird. Im Folgenden wird gezeigt, wie man das „ideale" Mischungsverhältnis ermittelt, bei dem keiner der Ausgangsstoffe übrig bleibt.

Massenverhältnisse bei der Bildung des Kupfersulfids. Für diese Bildung gilt nach dem Gesetz von der Erhaltung der Masse für die reagierenden Stoffportionen:

m(Kupferportion) + m(Schwefelportion)
= m(Kupfersulfidportion)

Um festzustellen, welche Portionen vollständig miteinander reagieren, lässt man über ein abgewogenes Kupferblech so lange Schwefeldampf strömen, bis ein vollständiger Umsatz erfolgt ist [V3]. Da sich die Masse der umgesetzten Schwefelportion experimentell nur schwer bestimmen lässt, ermittelt man diese aus der Differenz der bekannten Massen von Kupfersulfid und Kupfer.

Eine Gemeinsamkeit der verschiedenen Versuchsergebnisse zeigt sich, wenn man die Quotienten aus der Masse der Kupferportion und der Masse der Schwefelportion berechnet. Das **Massenverhältnis** m(Kupferportion) : m(Schwefelportion) beträgt für alle Versuche etwa 4 : 1. Der genaue Wert ist 3,96 : 1. Wählt man abweichende Massenverhältnisse, so bleibt entweder ein Teil der Portion des einen oder anderen Ausgangsstoffes übrig.

Gesetz von den konstanten Massenverhältnissen. Bei vielen weiteren Reaktionen kann man charakteristische konstante Massenverhältnisse ermitteln.

Das Massenverhältnis der elementaren Stoffe, aus denen eine Verbindung entsteht oder in die sie zerlegt werden kann, ist also konstant.

Dieses Gesetz wurde bereits 1799 von dem französischen Chemiker Joseph Louis Proust (1754–1826) formuliert.

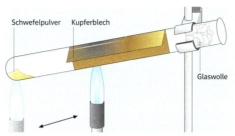

B4 Bestimmung eines Massenverhältnisses

> Aus Gründen der Vereinfachung schreibt man statt m(Stoffportion) oft nur m(Stoff); m(Schwefel) bedeutet also „Masse der Schwefelportion".

V3 Gib in ein Reagenzglas etwa 1 g Schwefel und spanne das Reagenzglas waagerecht ein. Schiebe in die Mitte des Reagenzglases ein genau abgewogenes (etwa 0,5 g; 1 g; 1,3 g) Kupferblech (0,1 mm dick). Das Kupferblech muss zuvor entlang der Mitte geknickt werden. Verschließe das Reagenzglas locker mit einem Glaswollebausch [B4]. Erhitze anschließend das Kupferblech und dann den Schwefel, sodass der heiße Schwefeldampf über das heiße Kupferblech streicht. Entferne nach der Reaktion den Kupfersulfidstreifen vorsichtig mit der Pinzette aus dem ersten Reagenzglas und gib ihn in ein zweites Reagenzglas, das ebenfalls wie das erste Reagenzglas verschlossen wird. Erhitze das Reaktionsprodukt kräftig, um noch anhaftenden Schwefel zu entfernen. Wiege das Reaktionsprodukt nach dem Abkühlen.
Lege in deinem Heft eine Tabelle [B5] an.
a) Berechne die Masse der reagierenden Schwefelportion.
b) Trage deine Werte in die Tabelle ein.
c) Übertrage die Werte der anderen Gruppen in deine Tabelle.
d) Berechne den Mittelwert.

A2 Wie groß ist die Masse des Kupfers, die sich aus 1 t Kupfersulfid gewinnen lässt?

Nr. der Gruppe	m(Kupfersulfid) in g	m(Kupfer) in g	m(Schwefel) in g	$\dfrac{m\text{(Kupfer)}}{m\text{(Schwefel)}}$
1				
2				
3				

B5 Auswertungstabelle zu V3

3.6 Atome und ihre Masse

B1 Demokrit (460–371 v. Chr.)

Zu Beginn des 19. Jahrhunderts waren das Gesetz von der Erhaltung der Masse und das Gesetz der konstanten Massenverhältnisse bekannt. Auch Vorstellungen zum Aufbau der Stoffe aus kleinsten Teilchen wurden wieder in die Diskussion eingebracht.
Die Existenz kleinster Teilchen wurde schon vor über 2000 Jahren von dem griechischen Philosophen Demokrit (460–371 v. Chr.) angenommen. Er stellte sich diese Teilchen als feste und unveränderliche Teilchen mit verschiedenen Formen vor. Aus dem Griechischen stammt auch die Bezeichnung Atome (von griech. atomos, unteilbar) für diese Teilchen.

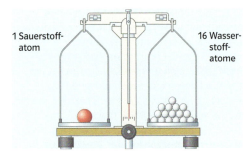

B4 Veranschaulichung von Atommassen.
m(Sauerstoffatom) = 16 · m(Wasserstoffatom)

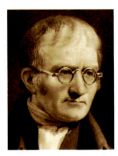

B2 John Dalton (1766–1844)

Die Atomvorstellung nach Dalton. Der englische Gelehrte John Dalton (1766–1844) entwickelte eine weitergehende Vorstellung: Jeder elementare Stoff besteht aus einer Atomart. Die Atome eines unzerlegbaren Stoffes sind untereinander gleich. Sie unterscheiden sich von den Atomen anderer unzerlegbarer (elementarer) Stoffe in ihrer Größe und Masse. Diese anschauliche Vorstellung von Atomen als winzigen Kügelchen mit bestimmter Masse bezeichnet man als **Dalton-Atommodell**. Mit ihm lassen sich viele, aber nicht alle Sachverhalte der Chemie und anderer Naturwissenschaften auf einfacher Grundlage deuten.

Die Masse eines Atoms ist unvorstellbar klein. Dalton hielt die Masse eines einzelnen Atoms für nicht messbar. Seine Versuche zeigten jedoch, dass das Wasserstoffatom die kleinste Masse besitzt. Die Masse des Wasserstoffatoms wählte Dalton als Bezugseinheit und berechnete, wie viel Mal so groß die Massen der Atome der anderen Elemente sind (relative Atommassen). Diese Werte waren zum Teil noch sehr ungenau.

Die Masse von Atomen. Heute lassen sich die Massen einzelner Atome genau ermitteln. Für das Atom mit der geringsten Masse, das Wasserstoffatom, ergibt sich folgender Wert:

m(Wasserstoffatom) =
0,000 000 000 000 000 000 000 001 674 g

Es ist nicht zweckmäßig, die Masse einer Mücke in Tonnen anzugeben. Ebenso ist eine Angabe der Atommasse in Gramm sehr umständlich, deshalb wurde die **atomare Masseneinheit u** (von engl. unit, Einheit) eingeführt. Aus messtechnischen Gründen wählt man für die atomare Masseneinheit nicht die Masse des Wasserstoffatoms, sondern einen geringfügig davon abweichenden Wert:

1 u = 0,000 000 000 000 000 000 000 001 661 g = 1,661 · 10^{-24} g (1,661 quadrillionstel Gramm)

Für das Wasserstoffatom ergibt sich damit:
m(Wasserstoffatom) = 1,008 u ≈ 1 u

Ein Sauerstoffatom, m(Sauerstoffatom) = 16,00 u, besitzt damit ungefähr die Masse von 16 Wasserstoffatomen. Die Masse eines Atoms in der Einheit u gibt damit ziemlich genau an, wievielmal größer die Masse dieses Atoms im Vergleich zu der eines Wasserstoffatoms ist.

B3 Zeichen von Dalton

Atome und ihre Masse

Chemische Zeichen. Um verschiedene Atomarten zu kennzeichnen, verwendete DALTON Zeichen. Durch Kombination dieser Zeichen versuchte er die Zusammensetzung von Verbindungen anzugeben. Heute verwendet man Zeichen, die auf den schwedischen Naturwissenschaftler JÖNS JAKOB BERZELIUS (1779–1848) zurückgehen. Diese Zeichen, die aus einem großen Buchstaben oder einem großen und einem kleinen Buchstaben für die Atome bestehen, leiten sich meist von den lateinischen oder griechischen Namen für die elementaren Stoffe ab.

Element und elementarer Stoff. Die Stoffe Kupfer, Eisen und Schwefel sind Beispiele für elementare Stoffe. Ein **elementarer Stoff** besteht aus Atomen einer Atomart, die sich von den Atomen anderer elementarer Stoffe in ihrer Masse und Größe unterscheiden. Für die Atomarten wird der Begriff **Element** genutzt. Mit „Element" ist also manchmal der elementare Stoff und manchmal die Atomart gemeint. Besteht Verwechselungsgefahr, kann der Begriff „elementarer Stoff" zur eindeutigen Beschreibung verwendet werden.

A1 Suche in der Tabelle im Anhang die Zeichen und Atommassen für folgende Elemente heraus: Gold, Platin, Zinn, Helium und Chlor.

A2 Warum reicht zur Kennzeichnung der Atomarten nicht ein Buchstabe aus?

A3 Führe eine Internetrecherche zum Leben und Wirken von J. J. BERZELIUS durch.

Exkurs Atommassenbestimmung im Modell

Im Modellversuch werden rollende Kugeln durch eine seitlich wirkende Kraft umso stärker abgelenkt, je kleiner die Masse der Kugel ist. Kugeln gleicher Masse gelangen an dieselbe Stelle. Im Gerät zur Bestimmung der Atommassen (Massenspektrometer) erhalten die Atome zunächst eine elektrische Ladung und werden dann beschleunigt. Die Teilchen erfahren durch elektrische und magnetische Kräfte eine Ablenkung, die von der Masse des Teilchens abhängt. Die Masse eines geladenen Teilchens unterscheidet sich von der Masse des Atoms, aus dem es entsteht, nur geringfügig. Mit dem Dalton-Atommodell lässt sich die Entstehung geladener Teilchen noch nicht erklären. Lässt man die Atome auf einen Film auftreffen, kann man aus dem Ort der Registrierung der Atome ihre Ablenkung sichtbar machen. Da Teilchen gleicher Masse gleich weit abgelenkt werden, ergibt sich ein Streifenmuster. Es heißt Massenspektrum.

Elementname		Zeichen für das Atom	Atommasse in u
deutsch	lat./griech.		
Wasserstoff	Hydrogenium	H	1,008
Kohlenstoff	Carboneum	C	12,01
Stickstoff	Nitrogenium	N	14,01
Sauerstoff	Oxygenium	O	16,00
Magnesium	Magnesium	Mg	24,31
Aluminium	Aluminium	Al	26,98
Schwefel	Sulfur	S	32,07
Eisen	Ferrum	Fe	55,85
Kupfer	Cuprum	Cu	63,55
Zink	Zincum	Zn	65,41
Silber	Argentum	Ag	107,87
Blei	Plumbum	Pb	207,2

B5 Zeichen für Atome einiger Elemente und Atommassen

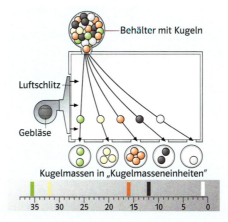

3.7 Impulse Elemente Bingo

Silber
Lateinisch argentum, Englisch silver, Deutsch Silber, Französisch argent.

Das chemische Symbol „Ag" wurde 1814 von J. J. BERZELIUS eingeführt.

Die Griechen nannten das Silber „argyros", d. h. glänzend, davon leiteten die Römer „argentum" ab.

Der deutsche und der englische Name gehen wahrscheinlich auf das althochdeutsche „silabar" zurück, das wiederum auf das assyrische „sirapiim" zurückzuführen ist, dieses bedeutet „weißes Metall".

Ergebnis des Beispiels: Sina: 13 Treffer; Peter: 16 Treffer, 2 Zeichen falsch (M für Mangan, richtig Mn; Ka für Kalium, richtig K) 16 – 4 = 12 Punkte; Sina ist die Siegerin!

Ein Beispiel für eine Elemente-Bingo-Spielsituation

Heute sind über 100 chemische Elemente bekannt. Aber keine Sorge – du musst nicht alle Zeichen (Symbole) auswendig lernen! Die Zeichen für Atome der Elemente, die häufig im Unterricht eingesetzt werden, prägen sich allmählich ein; du kannst sie jedoch auch spielerisch, z. B. in einer Partnerarbeit, erlernen:

Vorbereitung:
a) Jeder von euch beiden zeichnet für das Elemente-Bingo auf ein Blatt Papier ein Quadrat mit der Seitenlänge von ca. 8 cm und unterteilt dieses große Quadrat in 16 kleine Quadrate.
b) Tragt beide in die 16 Quadrate eures Spielfeldes 16 unterschiedliche Elementsymbole ein. Wenn ihr beiden eure *Spielscheine* ausgefüllt habt (nicht abgucken!), beginnt das Spiel.

Spielbeginn:
Nenne einen Elementnamen und schreibe diesen auf ein zweites Blatt. Hast du ein Element deines Partners erraten, sagt dieser „Bingo!".
Du darfst so lange weitere Elementnamen nennen, wie du Treffer erzielst.
Bei einem Nichttreffer nennt dein Partner Elementnamen und schreibt diese auf.

Hast du alle Elemente deines Partners erraten, ruft dieser dreimal „Bingo!" Hat dein Partner alle deine Elemente erraten, rufst du dreimal „Bingo".
Dann vergleicht ihr eure beiden Spielscheine. Habt ihr Elementsymbole den Elementnamen falsch zugeordnet oder die Zeichen nicht korrekt geschrieben, gibt es für jede falsche Zuordnung oder für jedes falsche Zeichen 2 Punkte Abzug.
Für jedes getroffene Element erhält jeder von euch einen Punkt.

Sieger ist der, der die meisten Punkte erzielt hat. In einer Spielrunde kann jeder Spieler also maximal 16 Punkte erreichen.

Die unterstrichenen Namen sind Treffer.

68 Allgemeine Chemie

3.8 Chemische Reaktion und Teilchenmodell

Silber und Schwefel reagieren zu Silbersulfid. Im Silbersulfid ist weder der elementare Stoff Schwefel noch der elementare Stoff Silber enthalten. Trotzdem gelingt es, durch starkes Erhitzen aus Silbersulfid die beiden elementaren Stoffe herzustellen. Bei einer chemischen Reaktion tritt keine Änderung der Masse auf, obwohl die Edukte nicht mehr existieren. Wie lassen sich diese bemerkenswerten Tatsachen deuten?

Chemische Reaktion als Atomumgruppierung. Silber und Schwefel bestehen aus Atomen. Geht man davon aus, dass diese bei einer chemischen Reaktion nicht zerstört werden, so müssen z. B. im Silbersulfid die Atome des Schwefels und die des Silbers noch enthalten sein.

Bei einer chemischen Reaktion geht die Anordnung der Teilchen in den Edukten verloren. Dabei treten die in den Edukten vorliegenden Teilchen miteinander in Kontakt und üben *Anziehungskräfte* aufeinander aus. Alle Atome im Produkt haben dann andere „Atomnachbarn", also eine andere räumliche Anordnung als im Edukt [B1, Atom Z].

Zwischen den Teilchen von Stoffen im festen und flüssigen Zustand herrschen Anziehungskräfte. Die Größe der Anziehungskräfte hängt von der Teilchenart und dem Abstand voneinander ab. Eigenschaften wie die Dichte, Kristallform, Schmelz- und Siedetemperatur werden durch Anordnung und Anziehungskräfte der Teilchen bestimmt.

> **A1** Bleiben die Atomanordnungen der Stoffe bei der Bildung der Verbindung Silbersulfid oder bei der Herstellung eines Gemischs aus Silber und Schwefel erhalten? Begründe.
>
> **A2** Ist der Zusammenhalt der Atome in den Edukten Eisen und Schwefel größer oder kleiner als im Produkt Eisensulfid? Erläutere.

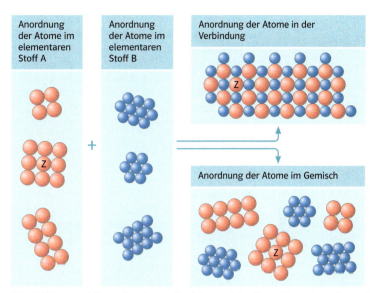

B1 Teilchenmodell zur chemischen Reaktion und der Herstellung eines Gemischs

In einem Stoff liegt immer die gleiche, ganz bestimmte Atomgruppierung vor, in unterschiedlichen Stoffen findet man verschiedene Anordnungen. Die auftretenden Anziehungskräfte zwischen den Atomen wirken der Trennung entgegen. Es ist deshalb nicht verwunderlich, dass ein Produkt andere Eigenschaften hat als die Stoffe, aus denen es entstanden ist.

Mit dem Dalton-Atommodell lässt sich die chemische Reaktion als Umgruppierung der Atome und Ausbildung eines neuen Beziehungsgefüges deuten.

Auch das Gesetz von der Erhaltung der Masse lässt sich damit deuten: Bei einer chemischen Reaktion gehen keine Atome verloren. Konstante *Massen*verhältnisse der reagierenden Stoffportionen lassen sich nur dadurch erklären, dass die Atome der Edukte in einem bestimmten, festen *Anzahl*verhältnis zu der neuen Verbindung zusammentreten.

3.9 Die Verhältnisformel

Mit dem Dalton-Atommodell lässt sich die Bildung einer Verbindung aus den Elementen als Umgruppierung der Atome deuten. Wir wissen aber nicht, in welchem Anzahlverhältnis die Atome der verschiedenen Elemente in der Verbindung vertreten sind. Aus der Bildung des Kupfersulfids ergibt sich das folgende Massenverhältnis:

$$\frac{m(\text{Kupferportion})}{m(\text{Schwefelportion})} = \frac{3{,}96}{1}$$

N: Zeichen für die Anzahl, von lat. numerus, Zahl, Anzahl, Menge

Der Zusammenhang zwischen dem Massenverhältnis reagierender Elementportionen und dem Anzahlverhältnis der reagierenden Atome (Atomanzahlverhältnis) wird am Beispiel des Kupfersulfids erläutert.

Vom Massenverhältnis zum Anzahlverhältnis.
Die beiden miteinander reagierenden Stoffe Kupfer und Schwefel sind Atomverbände, die $N(\text{Cu})$ Kupferatome und $N(\text{S})$ Schwefelatome enthalten.

Teilchenmasse m_t
$m_t(X)$ steht für die Masse eines Teilchens X.

Mit den Atommassen $m_t(\text{Cu}) = 63{,}55\,u$ und $m_t(\text{S}) = 32{,}07\,u$ ergeben sich für die Massen der reagierenden Stoffportionen:

$m(\text{Kupferportion}) = N(\text{Cu}) \cdot m_t(\text{Cu}) = N(\text{Cu}) \cdot 63{,}55\,u$

$m(\text{Schwefelportion}) = N(\text{S}) \cdot m_t(\text{S}) = N(\text{S}) \cdot 32{,}07\,u$

Das Massenverhältnis der reagierenden Elementportionen kann durch das Massenverhältnis der reagierenden Atomverbände angegeben werden:

$$\frac{m(\text{Kupferportion})}{m(\text{Schwefelportion})} = \frac{N(\text{Cu}) \cdot 63{,}55\,u}{N(\text{S}) \cdot 32{,}07\,u} = \frac{3{,}96}{1}$$

Für das Anzahlverhältnis ergibt sich daraus:

$$\frac{N(\text{Cu}) \cdot 63{,}55\,u}{N(\text{S}) \cdot 32{,}07\,u} = \frac{3{,}96}{1} \quad \Big| \cdot \frac{32{,}07\,u}{63{,}55\,u}$$

$$\frac{N(\text{Cu})}{N(\text{S})} = \frac{3{,}96 \cdot 32{,}07\,u}{1 \cdot 63{,}55\,u} = \frac{2}{1}$$

Das Anzahlverhältnis, in dem die Atome der Elementportionen reagiert haben, ist

$N(\text{Cu}) : N(\text{S}) = 2 : 1$.

Dieses Anzahlverhältnis wird in der Chemie durch die Verhältnisformel einer Verbindung ausgedrückt. Die Verhältnisformel für Kupfersulfid lautet: Cu_2S_1.

Die tief gestellten Zahlen hinter den Zeichen für die Atome geben das Anzahlverhältnis der Atome in der Verbindung an. In einer vereinfachten Schreibweise für die Verhältnisformeln wird der Index 1 nicht geschrieben. Die übliche Schreibweise ist also: Cu_2S.

---

m (Stoffportion) = m (Teilchenverband)

m (Kupferportion) = N(Cu) · m_t(Cu)
  Anzahl der Kupferatome   Masse eines Kupferatoms

B1 Stoffportion und Teilchenverband. Zusammenhang zwischen Massen und Teilchenzahl

---

A1 Das Massenverhältnis von Elementportionen beträgt:

$$\frac{m(\text{Zink})}{m(\text{Schwefel})} = \frac{2{,}04}{1}$$

Ermittle die Verhältnisformel.

A2 Die Verhältnisformel für das Eisensulfid Pyrit ist FeS_2. Ermittle das Massenverhältnis für die Elementportionen in der Verbindung.

A3 Baue mit Steckbausteinen ein flächiges Modell eines Atomverbandes mit der Verhältnisformel A_2B_3. Setze dazu 12 A-Steine (4 Noppen) und 18 B-Steine (8 Noppen) ein.

Allgemeine Chemie

Die Verhältnisformel

1. Verhältnisformel: Ag_2S_1

2. Atomanzahlverhältnis: $\dfrac{N(Ag)}{N(S)} = \dfrac{2}{1}$

3. Massenverhältnis: $\dfrac{m(\text{Silber})}{m(\text{Schwefel})} = \dfrac{N(Ag) \cdot m_t(Ag)}{N(S) \cdot m_t(S)}$

$$\dfrac{2 \cdot 107{,}87\,u}{1 \cdot 32{,}07\,u} = \dfrac{6{,}37}{1}$$

Silber und Schwefel reagieren also im Massenverhältnis von 6,37 : 1.

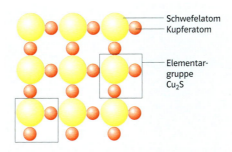

B3   Verhältnisformel: Cu_2S

B2   Von der Verhältnisformel zum Massenverhältnis

Dem Gesetz der konstanten Massenverhältnisse (Kap. 3.5) entspricht das Gesetz der konstanten Anzahlverhältnisse:

Das Anzahlverhältnis der unterschiedlichen Atomarten ist in einer Verbindung konstant.

Verhältnisformel und Elementargruppe. Verhältnisformeln geben nur das Anzahlverhältnis der Atomarten in einem Teilchenverband an.

Anschaulicher ist es, durch die Formel eine Atomgruppe zu kennzeichnen [B3]. Kupfersulfid ist ein Atomverband aus Kupfer- und Schwefelatomen, auf zwei Kupferatome kommt ein Schwefelatom. Man kann sich das Kupfersulfid aus kleinen Einheiten mit je zwei Kupfer- und einem Schwefelatom denken. Solche gedachten Einheiten nennt man **Elementargruppen**. Kommen in einer Elementargruppe mehrere Atome von einer Atomart vor, wird die Anzahl dem Elementsymbol als Index angefügt. Von Elementargruppen spricht man nur bei Salzen.

Exkurs Modelle von Atomverbänden

Modelle sind wichtige Hilfsmittel bei der Erklärung chemischer Sachverhalte. Beim Einsatz der Modelle sollte man immer daran denken, dass die Modelle nicht den tatsächlichen Aufbau in jeder Hinsicht wiedergeben.
Im Gittermodell wurden z. B. die Abstände zwischen den Kugeln im Verhältnis zu den Kugeldurchmessern größer gewählt, damit auch die Kugeln im Innern des Verbandes sichtbar sind.

Das Steckbaustein-Modell ist flächig aufgebaut. Auch stimmen die räumliche Zuordnung der Teilchen, deren Form, die Lücken, das Größenverhältnis der Bausteine nicht mit der Wirklichkeit überein. Durch das Steckbaustein-Modell und die Gittermodelle lassen sich die Anzahlverhältnisse in Atomverbänden gut veranschaulichen. Die Modelle machen auch deutlich, dass keine abgegrenzten Atomgruppen vorliegen.

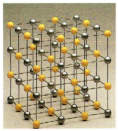 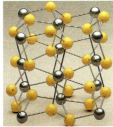 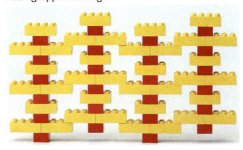

3.10 Vom Reaktionsschema zur Reaktionsgleichung

Eine chemische Reaktion haben wir bisher mithilfe eines Reaktionsschemas dargestellt, z. B.:

Kupfer + Schwefel ⟶ Kupfersulfid

Das Reaktionsschema gibt uns jedoch keine Informationen, in welchem Anzahlverhältnis die Teilchen reagieren.

Die Reaktionsgleichung. Die Verhältnisformel von Kupfersulfid lautet: Cu_2S. In einer Kupfersulfidportion kommt auf zwei Kupferatome ein Schwefelatom. Die Kupferatome und Schwefelatome reagieren also nur dann vollständig, wenn das Anzahlverhältnis der Kupferatome zu den Schwefelatomen ebenfalls 2 zu 1 ist. Schreibt man in ein Reaktionsschema statt der Namen für die Stoffe die Zeichen und Formeln für die Atome und Verbindungen, muss man dafür sorgen, dass die Anzahlen der einzelnen Atomarten auf beiden Seiten des Reaktionspfeils *gleich* sind. Diese Schreibweise für eine chemische Reaktion heißt deshalb Reaktions*gleichung*. Für die Bildung des Kupfersulfids aus den Elementen lautet die Reaktionsgleichung:

$$2\,Cu + 1\,S \longrightarrow Cu_2S$$

Für schwieriger aufzustellende Reaktionsgleichungen ist es günstig, nach dem Schema in [B2] vorzugehen.

1. **Schritt: Aufstellen des Reaktionsschemas**
Beispiel:
Aluminium + Schwefel ⟶ Aluminiumsulfid

2. **Schritt: Zuordnung der Zeichen für die Atome und der Formeln für die Elementargruppen zu den Stoffnamen**
Edukte: Al, S   Produkt: Al_2S_3

Damit erhält man noch keine Reaktionsgleichung, da die Anzahlen der Atome jeder Art vor und nach der Reaktion nicht gleich sind.

3. **Schritt: Einfügen der Multiplikatoren:** „Einrichten von Gleichungen"
Durch Vervielfachen der Anzahlen der Atome und eventuell der Elementargruppen erhält man die Reaktionsgleichung.

$$2\,Al + 3\,S \longrightarrow Al_2S_3$$

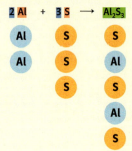

Beachte: Beim Einrichten der Reaktionsgleichung darf die Formel für die Verbindung nicht verändert werden, da sie durch das Anzahlverhältnis der Atome in der Verbindung festgelegt ist. Die Zahl 1 vor dem Zeichen für ein Atom oder eine Elementargruppe wird meistens weggelassen.

B2 Schritte zur Reaktionsgleichung

Deutsch: Kupfer und Schwefel reagieren zu Kupfersulfid
$2\,Cu + S \longrightarrow Cu_2S$

Englisch: Copper and sulfur react to produce cuprous sulfide
$2\,Cu + S \longrightarrow Cu_2S$

Griechisch: Χαλκός και θεῖον ἀντιδροῦν εἰς σουλφίδιον τοῦ χαλκοῦ
$2\,Cu + S \longrightarrow Cu_2S$

Russisch: При реакции меди с серой образуется сульфид меди.
$2\,Cu + S \longrightarrow Cu_2S$

Arabisch: حامض الكبريت مع النحاس الأحمر (ينتج من تفاعلهما) كبريتيد النحاس الأحمر
$2\,Cu + S \longrightarrow Cu_2S$

B1 Reaktionsgleichungen sind international verständlich

A1 Bei der Zerlegung von 100 Elementargruppen eines Platinsulfids entstehen 100 Platin- und 200 Schwefelatome. Wie lautet die Verhältnisformel dieses Platinsulfids?

A2 Die Verhältnisformeln für **a)** das Eisensulfid Pyrit lautet FeS_2, **b)** das Silbersulfid Ag_2S. Stelle die Reaktionsgleichungen für die Bildung der beiden Sulfide aus den elementaren Stoffen auf.

A3 Zur Bildung von Aluminiumsulfid sollen 100 Milliarden Aluminiumatome eingesetzt werden. Wie viele Schwefelatome benötigt man dann für eine vollständige Reaktion?

3.11 Massenberechnungen

Frage: Wie groß ist die Masse des Schwefels, die sich aus 1 t Pyrit gewinnen lässt?

Lösungsweg:
1. Reaktionsgleichung:

   $FeS_2 \rightarrow Fe + 2S$

   2 Schwefelatome können aus 1 Elementargruppe Pyrit gewonnen werden.

2. Massenverhältnis:

   $$\frac{m(\text{Schwefelportion})}{m(\text{Pyritportion})} = \frac{2\,m_t(S)}{m_t(FeS_2)}$$

3. Auflösen nach der gesuchten Masse:

   $$m(\text{Schwefelportion}) = \frac{2\,m_t(S)}{m_t(FeS_2)} \cdot m(\text{Pyritportion})$$

4. Einsetzen der Werte nach Berechnung der Teilchenmasse der Elementargruppe FeS_2:

   $$m(\text{Schwefelportion}) = \frac{64{,}2\,u}{120\,u} \cdot 1\,t = 0{,}535\,t$$

Ergebnis: Aus 1 t Pyrit können 535 kg Schwefel gewonnen werden.

B1 Beispiel für eine Massenberechnung

A1 Wie groß ist die Masse der Eisenportion, die sich aus 1 t Pyrit gewinnen lässt?

A2 Wie groß muss die Masse der Schwefelportion sein, die vollständig mit 1 t Kupfer zu Kupfersulfid (Verhältnisformel: Cu_2S) reagiert?

A3 Es gibt zwei unterschiedliche, natürlich vorkommende Eisensulfide: Pyrit (FeS_2) und Magnetkies (FeS). Aus welchem der beiden Eisensulfide lässt sich bei Einsatz von z. B. 100 g mehr Eisen gewinnen?

A4 Eine Elementargruppe aus Zink- und Schwefelatomen hat die Masse 97,5 u. Wie lautet die Verhältnisformel?

Chemische Reaktionen führt man durch, um Stoffe zu gewinnen. Deshalb ist es wichtig zu wissen, wie viel man unter bestimmten Bedingungen von einem Stoff erhalten kann. Dieses lässt sich mit der Verhältnisformel und der Reaktionsgleichung ausrechnen.

Berechnungen von Massen aus Verhältnisformeln und Reaktionsgleichungen. Aus Pyrit, einem Eisensulfid, kann sowohl Eisen als auch Schwefel gewonnen werden.
Die Reaktionsgleichung für die Zerlegung des Pyrits lautet:

$FeS_2 \rightarrow Fe + 2S$

Bei der Zerlegung einer Elementargruppe des Pyrits entstehen ein Eisenatom und zwei Schwefelatome. Die Masse der Elementargruppe lässt sich aus der Anzahl der Atome und den Atommassen ermitteln [B1, B2].

Was für einen Massenanteil in der Elementargruppe gilt, trifft aber für jede Pyritportion zu. Die Masse ergibt sich immer aus dem Produkt der Anzahl und der Masse der Atome.
Es ist deshalb möglich, bei Kenntnis der Reaktionsgleichung Massenberechnungen vorzunehmen [B1, B2]. Das ist auch möglich, wenn die Massen in Kilogramm oder Tonnen angegeben werden.

Pyrit	Elementargruppe	Verhältnisformel
		Formel der Elementargruppe FeS_2

$m(\text{Pyritportion}) = N(FeS_2) \cdot m_t(FeS_2)$

Reaktionsgleichung für die Zerlegung der Pyritportion bzw. Elementargruppe und Massenermittlung:

$$N\,FeS_2 \rightarrow N\,Fe + 2N\,S$$
$$N \cdot m_t(FeS_2) = N \cdot m_t(Fe) + 2N \cdot m_t(S)$$
$$N \cdot 120\,u \qquad N \cdot 55{,}8\,u \qquad 2N \cdot 32{,}1\,u$$

bzw.
$$FeS_2 \rightarrow Fe + 2S$$
$$120\,u \qquad 55{,}8\,u \qquad 64{,}2\,u$$

Aus 120 g Pyrit können 55,8 g Eisen und 64,2 g Schwefel gebildet werden.

B2 Verhältnisformel, Reaktionsgleichung, Massenermittlung

Stoffe reagieren miteinander

3.12 Masse und Teilchenanzahl

Atomare Masseneinheit u:

$1\,u = \frac{1}{6 \cdot 10^{23}}\,g$

$1\,g = 6 \cdot 10^{23}\,u$

$1000 = 10^3$
$1\,000\,000 = 10^6$
$1\,000\,000\,000 = 10^9$

$\frac{1}{1000} = 10^{-3}$

$\frac{1}{1\,000\,000} = 10^{-6}$

$\frac{1}{1\,000\,000\,000} = 10^{-9}$

Sehr große und sehr kleine Zahlen lassen sich übersichtlich als Potenzen mit der Basis 10 schreiben.

B1 Zehnerpotenzen erleichtern den Überblick

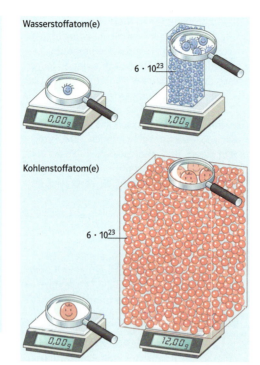

B2 Bestimmung von Atommassen im Gedankenexperiment

Atomart	Atommasse (m_t)	Molare Masse (M)	Masse (m) von $6 \cdot 10^{23}$ Teilchen, also 1 mol
C	12 u	12 g/mol	12 g
N	14 u	14 g/mol	14 g
O	16 u	16 g/mol	16 g
Na	23 u	23 g/mol	23 g

B3 Massen von Atomen und Atomportionen

$M = \frac{m}{n}$ Einheit: g/mol

Beispiel: $M(C) = \frac{m(\text{Kohlenstoffportion})}{n(C)} = \frac{12\,g}{mol}$

$\frac{12\,g}{1\,mol} = \frac{12 \cdot 6 \cdot 10^{23}\,u}{6 \cdot 10^{23}} = 12\,u$

$M(C) = m_t(C)$

Die molare Masse ist die Teilchenmasse.

B4 Atommasse in g/mol und in u

In einer Reaktionsgleichung stehen Zeichen und Zahlen für Atome. Aus der Reaktionsgleichung lässt sich ablesen, in welchem Anzahlverhältnis z. B. Zink- und Schwefelatome vollständig zu Zinksulfid reagieren. Allerdings werden die Zink- und Schwefelportionen gewogen und nicht die Zink- und Schwefelatome gezählt.
Welcher Zusammenhang besteht zwischen der Masse und der Teilchenanzahl?

Zählen mit der Waage. Mit den herkömmlichen Waagen ist es nur möglich, Massen im Grammbereich zu bestimmen. Ein Wasserstoffatom besitzt aber die winzige Masse 1 u. Die Waage würde bei einem Wasserstoffatom 0 g anzeigen, denn 1 u sind nur $\frac{1}{6{,}022 \cdot 10^{23}}\,g$.

Wenn ein Wasserstoffatom etwa $\frac{1}{6 \cdot 10^{23}}\,g$ wiegt, dann wiegen $6 \cdot 10^{23}$ Wasserstoffatome 1 g. Mithilfe des Umrechnungsfaktors lässt sich also der Zusammenhang zwischen der Masse und der Teilchenanzahl herstellen.

Dieses gilt nicht nur für Wasserstoff, sondern für alle Elemente. Ein Kohlenstoffatom hat z. B. die Masse 12 u, demnach haben $6 \cdot 10^{23}$ Kohlenstoffatome die Masse 12 g. Will man also mit Massen und Anzahlen geschickt umgehen, verwendet man einfach „Verpackungseinheiten" von $6 \cdot 10^{23}$ Atomen, denn eine Verpackungseinheit wiegt genauso viel in g wie ein einziges Atom in u.

Die Stoffmenge n. Es ist unpraktisch, immer von $6 \cdot 10^{23}$ zu sprechen, Chemiker bezeichnen diese Anzahl als ein Mol (Einheitenzeichen: mol): $6 \cdot 10^{23} = 1\,mol$.
Verwendet man die Einheit Mol, spricht man statt von der Anzahl von der Stoffmenge n:
Beispiel: $n(C) = 1\,mol$
Die Stoffmenge hat den Vorteil, dass mit kleinen Zahlen gerechnet werden kann.

Die molare Masse. 12 g Kohlenstoff enthalten $6 \cdot 10^{23}$ oder 1 mol Kohlenstoffatome. Die Masse der Atomart „Kohlenstoff" kann man in einer neuen Größe ausdrücken, der molaren Masse M [B4].

Masse und Teilchenanzahl

Wozu wird das Mol benötigt? Aus der Reaktionsgleichung: Zn + S ⟶ ZnS lässt sich ablesen, dass 1 Zinkatom mit 1 Schwefelatom zu 1 Elementargruppe Zinksulfid reagiert. Allerdings werden bei chemischen Reaktionen größere Stoffportionen mit sehr großen Teilchenanzahlen eingesetzt. Mit dem Mol sind große Teilchenanzahlen verknüpft.
Es gilt auch: 1 mol Zinkatome reagiert mit 1 mol Schwefelatomen zu 1 mol Zinksulfid.

Masse und Teilchenanzahl in einem Alltagsbeispiel. Beim Befestigen z. B. von Regalbrettern benötigt man pro Schraube eine Mutter. Das Anzahlverhältnis von Schrauben zu Muttern ist also 1:1.

Nehmen wir an, dass ein Großhändler Verpackungseinheiten (VE) von 1000 Stück anbieten möchte. Um die Schrauben nicht abzählen zu müssen, kann er wie ein Chemiker vorgehen. Er weiß, dass eine Schraube 1,8 g wiegt und eine Mutter 1,2 g.

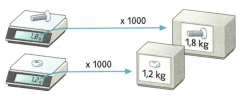

Er multipliziert also die Masse jeweils mit der Stückzahl, die die Verpackungseinheit enthalten soll. Die Packung mit 1,8 kg Schrauben enthält ebenso viele Schrauben, wie in der anderen Packung mit der Masse 1,2 kg Muttern sind.

A1 Gib die Atommasse von Schwefel, die zugehörige molare Masse und die Masse von 1 mol Schwefelatomen an.

A2 Gib die Stoffmengen und Massen von Schwefel und Kupfer zur Gewinnung von 1 mol Kupfersulfid (Cu_2S) an.

---

1) Ein Großhändler möchte wissen, wie viele Schrauben in einer Lieferung von 25 Verpackungseinheiten (VE) enthalten sind und welche Masse die Lieferung hat?

Bekannt: 1 VE = 1000, m_t(Schraube) = 1,8 g
Gesucht: N(Schrauben), m(Schrauben)

Lösung:
N(Schrauben) = 25 VE = 25 · 1000 = 25 000
m(Schrauben) = N(Schrauben) · m_t(Schraube)
= 25 000 · 1,8 g = 45 000 g
= 45 kg

2) Ein Chemiker möchte wissen, wie viele Atome in einer Stoffportion Zink der Stoffmenge n(Zn) = 25 mol enthalten sind und welche Masse sie hat?

Bekannt: 1 mol = 6 · 10²³, m_t(Zn) = 65,4 u
Gesucht: N(Zn), m(Zinkportion)

Lösung:
N(Zn) = 25 mol = 25 · 6 · 10²³ = 150 · 10²³
= 1,5 · 10²⁵
m(Zinkportion) = N(Zn) · m_t(Zn)
= 1,5 · 10²⁵ · 65,4 u
= 1,5 · 10²⁵ · 65,4 · $\frac{1}{6 \cdot 10^{23}}$ g
= 1635 g ≈ 1,64 kg

Einfachere Berechnung mit der Stoffmenge
m(Zinkportion) = M(Zn) · n(Zn) = $\frac{65,4 \text{ g}}{\text{mol}}$ · 25 mol
= 1635 g ≈ 1,64 kg

B5 Rechenbeispiele für Teilchenanzahlen und Massen

Teilchen	Schrauben, Muttern	Zink- bzw. Schwefelatome
Teilchenmasse	Masse einer Schraube bzw. einer Mutter (in g)	Masse eines Atoms (in u)
Teilchenanzahlverhältnis	1:1	1:1
Teilchenanzahl einer Einheit	1000	6 · 10²³
Name der Einheit	„Verpackungseinheit"	Mol
Masse der definierten Stoffportion	Masse einer „Verpackungseinheit"	Masse von einem Mol Atome

B6 Vergleich zwischen dem Schrauben-Muttern- und dem Zinksulfid-Beispiel

Stoffe reagieren miteinander

3.13 Durchblick Zusammenfassung und Übung

Chemische Reaktion
Einen Vorgang, bei dem aus Ausgangsstoffen, den Edukten, neue Stoffe entstehen, bezeichnet man als chemische Reaktion. Die neuen Stoffe nennt man Reaktionsprodukte. Das Reaktionsschema beschreibt eine chemische Reaktion mit den Namen der Ausgangsstoffe und der Reaktionsprodukte. Schreibt man in ein Reaktionsschema statt der Namen für die Stoffe die Zeichen und Formeln für die Atome und Verbindungen, erhält man die Reaktionsgleichung. Dabei ist zu beachten, dass die Anzahl der Atome der einzelnen Atomarten auf beiden Seiten des Reaktionspfeils gleich sind.

Energie bei chemischen Reaktionen
Chemische Reaktionen, die unter Energieabgabe verlaufen, sind exotherme Reaktionen, solche, die nur unter dauernder Energiezufuhr ablaufen, endotherme Reaktionen.
Neben der Bildung eines oder mehrerer neuer Stoffe ist die Abgabe oder Aufnahme von Energie ein Hinweis auf eine chemische Reaktion.

Elemente und Verbindungen
Elementare Stoffe sind Reinstoffe, die sich nicht in andere Stoffe zerlegen lassen. Verbindungen sind Reinstoffe, die sich aus Elementen aufbauen und sich in wenigstens zwei elementare Stoffe zerlegen lassen.

Atome, Atommassen, Zeichen der Atome
DEMOKRIT nahm an, dass alles aus kleinsten Teilchen besteht, den Atomen (von griech. atomos, unteilbar). Nach DALTON sind die Atome eines Elements untereinander gleich. Sie unterscheiden sich von den Atomen anderer Elemente in ihrer Größe und Masse. Die Masse von Atomen wird in u angegeben (von engl. unit, Einheit). Die Masse des Wasserstoffatoms beträgt $m_t(H) = 1 u$.
Die Atome der Elemente werden durch Zeichen gekennzeichnet, die aus einem großen Buchstaben oder einem großen und einem kleinen Buchstaben bestehen.

Elementargruppe, Verhältnisformel, Anzahlverhältnis, Massenverhältnis
Die Elementargruppe ist eine gedachte Einheit, aus der der Atomverband einer Verbindung besteht. Die Zusammensetzung der Verbindung wird durch die Verhältnisformel wiedergegeben, diese ist eine Kombination aus den Zeichen und dem Anzahlverhältnis der Atome. Aus der Verhältnisformel lässt sich das Massenverhältnis berechnen, in dem die Ausgangsstoffe vollständig zu der Verbindung reagieren.

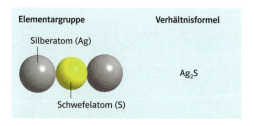

Massengesetze
Bei jeder chemischen Reaktion ist die Gesamtmasse der Reaktionsprodukte gleich der Gesamtmasse der Edukte. Die Massenverhältnisse der elementaren Stoffe, aus denen eine Verbindung entsteht oder in die sie zerlegt werden kann, ist konstant.
Diese Gesetze lassen sich durch die Darstellung der chemischen Reaktion als Teilchenumgruppierung deuten: Bei einer chemischen Reaktion werden keine Atome vernichtet. Das Anzahlverhältnis der Atome der Elemente ist in einer Verbindung konstant.

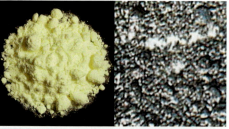

B1 Chemische Reaktion

Durchblick Zusammenfassung und Übung

Masse, Teilchenanzahl, Mol
1 mol = 6,022 · 10²³
1 mol ≈ 6 · 10²³
Gibt man die Teilchenanzahl in der Einheit Mol an, so spricht man von der Stoffmenge n. Der Zahlenwert der Masse von 6 · 10²³ Atomen in g stimmt mit dem der Atommasse in u überein.

Molare Masse
Die molare Masse ist der Quotient aus der Masse und der Stoffmenge einer Stoffportion.

$M(X) = \frac{m(\text{Stoffportion})}{n(X)}$ Einheit: $\frac{g}{mol}$

Die molare Masse ist die Teilchenmasse.
$M(X) = m_t(X)$

A1 Chemische Reaktionen werden durch zwei scheinbar im Widerspruch stehende Prinzipien, „das Erhaltungsprinzip" und „das Vernichtungsprinzip" gedeutet.
Was wird bei einer chemischen Reaktion „vernichtet", was bleibt „erhalten"?

A2 Wird ein Gemisch aus 4 g Schwefel- und 8 g Zinkpulver mit einer glühenden Nadel berührt, tritt eine sehr heftige Reaktion ein.

Zurück bleibt ein bei hoher Temperatur gelber und nach dem Abkühlen weißer Stoff.
a) Welcher Stoff ist entstanden? Formuliere das Reaktionsschema.
b) Verläuft die Reaktion exotherm oder endotherm? Begründe.
c) Warum genügt es, das Gemisch nur an einer Stelle zu erhitzen?

A3 Viele Feststoffe glühen, wenn sie erhitzt werden. Ein Feststoff zeigt beim Erhitzen erst Rotglut, bei weiterer Zufuhr von Energie Gelb- und schließlich Weißglut. Farbe und Helligkeit glühender Körper hängen dabei nur von der Temperatur, nicht von dem Stoff ab [B3].
a) Welchen Schluss kann man daraus ziehen, dass Kupfer bei Gelbglut und Eisen erst bei Weißglut schmilzt?
b) Bei der Bildung von Silbersulfid aus den elementaren Stoffen ist ein Glühen nur im verdunkelten Raum wahrzunehmen. Worauf ist es zurückzuführen, dass bei der Bildung von Eisensulfid ein viel kräftigeres und helleres Glühen als bei der Bildung von Silbersulfid zu beobachten ist?

A4 Warum lässt sich Silbersulfid wesentlich leichter zerlegen als Eisensulfid?

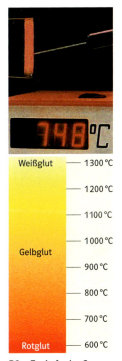

B3 Zu Aufgabe 3

Zink-Schwefel-Gemisch

Stoffumwandlung   neuer Reinstoff

B2 Zu Aufgabe 2

Stoffe reagieren miteinander

Durchblick Zusammenfassung und Übung

Buchstabensalat:
WAS, ECK, FEL, GO, TIN, STO, BER, LD, PLA, IUM, SER, QU, SCHWE, ALUM, FF, SIL, IN

B4 Zu Aufgabe 5

A5 Setze aus dem Buchstabensalat [B4] die Namen von 6 Elementen bzw. elementaren Stoffen zusammen. Ein Bruchstück darf nur einmal eingesetzt werden. Gib auch die Zeichen der Atome für die Elemente an.

A6 Um welche elementaren Stoffe bzw. Elemente handelt es sich?
a) Dichte: 13,55 g/cm³
b) Dichte: 2,70 g/cm³
Schmelztemperatur: 660 °C
c) Ag
d) Atommasse: 55,9 u

A7 In einer Versuchsreihe haben Blei und Schwefel zu Bleisulfid reagiert. Dabei sind jeweils die Masse des Bleis und – nach der Reaktion – die Masse der Bleisulfidportion bestimmt worden.

Gruppe	m(Blei)	m(Schwefel)	m(Bleisulfid)	$\frac{m(Blei)}{m(Schwefel)}$
1	1,28 g		1,48 g	
2	1,00 g		1,16 g	
3	1,24 g		1,43 g	
4	1,56 g		1,82 g	

a) Übertrage die Tabelle in dein Chemieheft.
b) Berechne die fehlenden Angaben.
c) Bestimme die Verhältnisformel von Bleisulfid.

A8 Übertrage die folgende Tabelle in dein Heft und ermittle die fehlenden Angaben.

Verhältnis-formel	Atomanzahl-verhältnis	Massen-verhältnis
Ag_2S	$\frac{N(Ag)}{N(S)} = \frac{2}{1}$	$\frac{2 \cdot 107,9 u}{1 \cdot 32,1 u} = \frac{6,7}{1}$
FeS_2		
	$\frac{N(Al)}{N(S)} = \frac{2}{3}$	

B5 Veranschaulichung der Teilchenzahl $N = 6 \cdot 12^{23}$

Annahme: Raumbedarf einer Murmel: 1 cm³

Würde Deutschland von $6 \cdot 10^{23}$ dicht gepackten Murmeln bedeckt, so ergäbe sich eine Schicht von 1700 km Höhe

A9 Eine Schwefelportion enthält $12 \cdot 10^{23}$ Schwefelatome.
a) Gib die Anzahl der Schwefelatome in der Einheit Mol an.
b) Welche Masse hat die Schwefelportion?

A10 Die Anzahl $6 \cdot 10^{23}$ ist geradezu unvorstellbar groß [B5]. Wie lange müsste ein Computer zählen, der in der Lage ist, pro Sekunde 1 Milliarde Atome zu zählen?

A11 Lege auf das Kammrätsel eine Folie oder Klarsichthülle und trage die fehlenden Begriffe und Namen ein. Die Buchstaben der markierten Felder ergeben das Lösungswort.

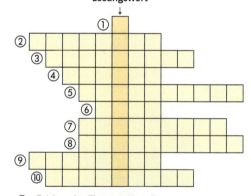

① Zeichen des Elements Vanadium.
② Verläuft unter Energieabgabe, ist also …
③ Manche Gemische sind es.
④ Viele Schmuckstücke bestehen aus diesem Metall.
⑤ Zu ihnen gehören die elementaren Stoffe und Verbindungen.
⑥ Die atomare Masseneinheit leitet sich von diesem englischen Wort ab.
⑦ Verläuft unter andauernder Wärmezufuhr, ist also …
⑧ Ist in der Luft enthalten.
⑨ Atomarten sind …
⑩ Einheit der Masse.

4 Sauerstoff und Verbrennung

Aus dem alltäglichen Sprachgebrauch sind uns viele Begriffe bekannt, die in einem Zusammenhang mit „Verbrennung" stehen.

■ Wenn „ein Brand ausgebrochen ist", „Flammen aus dem Dachstuhl schlagen", „das Feuer kaum zu löschen ist", … verbinden wir damit jeweils eine bestimmte Vorstellung.

■ Nicht bei jeder Verbrennung tritt aber eine Flamme auf. Es gibt Feuerwerkskörper, die mit Funkenregen abbrennen, solche, bei denen man eine helle oder farbige Flamme sieht, wieder andere explodieren mit einem lauten Knall.
Jedes Mal sind die Feuerwerkskörper abgebrannt, also kein zweites Mal zu verwenden. Allen gemeinsam ist, dass sie ohne Sauerstoff nicht abbrennen können.

■ Sauerstoff ist auch für Lebewesen wichtig. Heißt das, auch im tierischen Körper laufen Verbrennungsprozesse ab? Sie finden tatsächlich in jeder Zelle statt, nur zeigt sich hier weder eine Flamme, noch gibt es Funkensprühen o. Ä. Wie kommt es zu diesen unterschiedlichen Verbrennungsabläufen?

4.1 Impulse Verbrennung

Nach einem Waldbrand scheint die Vegetation nahezu vernichtet, aber die Hitze eines Brandes sichert manchen Pflanzen auch das Überleben. Durch die Hitze werden z. B. die hartschaligen Samenkapseln von Sequoiabäumen (Mammutbäumen) gesprengt. Der Keimling kann sich erst danach entwickeln.

Brände wie der von Enschede richten große Schäden an. Um die Auslöser und Ursachen zu finden, gehen Brandexperten im Landeskriminalamt einer Reihe von Fragen nach.

Die Katastrophe von Enschede

Enschede (Niederlande) — Am frühen Nachmittag des 13. Mai 2000 kam es zum Großbrand von angeblich bis zu 150 Tonnen gelagertem Metallpulver in einer Fabrik für Feuerwerkskörper. Die traurige Bilanz waren 22 Tote, darunter vier Feuerwehrmänner, drei Vermisste und 947 Verletzte. Die Schadenssumme betrug über 250 Millionen Euro. Zwei Tage dauerten die Löscharbeiten im völlig zerstörten Stadtviertel.

Stell dir vor, du bist Assistent des Polizeibeamten, gehst die folgenden Gesichtspunkte durch und machst dir Notizen.

A1 Welches Material hat gebrannt? Entnimm diese Information dem Zeitungsartikel.

A2 Ob ein Brandherd zu einem Großbrand führt, hängt davon ab, ob in der Nähe weitere brennbare Materialien vorhanden sind. Erstelle eine Liste von Materialien aus deiner Umgebung und ordne diese nach „brennbar" und „nicht brennbar".

A3 Was geschieht, wenn diese Materialien verbrennen? Lies im Lexikon / Internet nach, was dort über „Verbrennung" zu finden ist.

A4 Im Sicherheitskapitel sind Gefahrensymbole aufgelistet. Zeichne diejenigen, die mit Bränden im Zusammenhang stehen, in dein Heft und beschrifte sie.

A5 Auf dem Symbol für Explosionsgefahr fehlt die Flamme. Bei der Explosion handelt sich aber um eine Verbrennung. Erkläre!

A6 Informiere dich über die Verbrennung in tierischen, menschlichen und auch pflanzlichen Zellen. Stelle den jeweiligen Vorgang im Heft als Reaktionsschema dar.

A7 In jedem Verbrennungsmotor muss der Treibstoff verbrannt werden, um die Antriebsenergie zu liefern. Obwohl das Gehäuse des Motors aus Metall besteht, fängt es kein Feuer. In Enschede war Metallpulver die Ursache für den Großbrand! Suche mithilfe des folgenden Praktikums nach einer Erklärung für diese Sachverhalte.

Allgemeine Chemie

4.2 Praktikum Verbrennung von Metallen

V1 Woraus bestehen Wunderkerzen?
Geräte und Materialien: Schachtel mit Wunderkerzen, Lupe oder Binokular.
Durchführung:
a) Suche Informationen zu den Inhaltsstoffen der Wunderkerzen.
b) Untersuche die Wunderkerze mit Lupe oder Binokular. Notiere deine Beobachtungen.

V2 Wunderkerzen selbst herstellen
Geräte, Materialien, Chemikalien (für ca. 4 Wunderkerzen): Blumendraht, Bariumnitrat, Stärke, Aluminiumpulver, Eisenpulver, Spatel.
Durchführung:
a) Knicke ein Ende eines 25 cm langen Blumendrahtes etwa 10 cm um und verdrille das Ende mit dem übrigen Draht.
b) Vermische 11 g Bariumnitrat, 1 g Aluminiumpulver, 5 g Eisenpulver und 3 g Stärke sorgfältig in einem Becherglas.
c) Gib ein wenig kochendes Wasser hinzu und verrühre alles zu einem dickflüssigen Brei.
d) Lege den Draht auf eine Kunststofffolie und begieße oder bestreiche das zusammengedrehte Ende des Drahtes mit dem Brei. Lass die Wunderkerze an einem warmen Ort einen Tag lang gut trocknen.
e) Entzünde die Wunderkerze im Freien. Vorsicht! Die Funken sind sehr heiß. Sicherheitsabstand!

V3 Verbrennung einer Wunderkerze
Geräte und Materialien: handelsübliche Wunderkerze, Stopfen, großes Becherglas, weiße Unterlage.
Durchführung (Abzug):
a) Baue den Versuch nach Skizze B2 auf.
b) Zünde die Wunderkerze an und stülpe das Becherglas sofort darüber.
c) Notiere deine Beobachtungen.

V4 Brennt Eisen?
Geräte und Chemikalien: Gasbrenner, Stativ, Klemme, Muffe, Tiegelzange, Eisennagel, Eisenwolle, Eisenpulver.
Durchführung:
a) Halte mit der Tiegelzange einen Eisennagel in die rauschende Brennerflamme. Untersuche den Nagel nach dem Erkalten.
b) Entzünde einen Bausch Eisenwolle und schwenke ihn hin und her. Blase ihn dann vorsichtig an.
c) Bereite den Versuch wie in B1 abgebildet vor und lass eine Spatelspitze Eisenpulver in die Flamme rieseln.
Aufgaben:
1. Notiere deine Beobachtungen und deute diese.
2. Welcher Stoff ist beim Abbrennen von Wunderkerzen wohl für den Funkenregen verantwortlich?

V5 Kurzschluss
Geräte, Materialien, Chemikalien: Eisenwolle, Flachbatterie (oder alternativ ein Netzgerät mit zwei Experimentierkabeln und zwei Krokodilklemmen).
Durchführung:
a) Zerzupfe eine kleine Portion Eisenwolle.
b) Bringe sie zugleich mit den beiden Polen der Flachbatterie in Kontakt.
c) Notiere deine Beobachtungen.
Aufgabe:
Hat eine chemische Reaktion stattgefunden?

V6 Kupferbrief
Geräte und Materialien: Gasbrenner, Kupferblech, Tiegelzange.
Durchführung:
Erhitze ein mehrfach gefaltetes Kupferblech in der Brennerflamme [B3].
Aufgabe:
Vergleiche nach dem Abkühlen die Innen- und Außenseite.

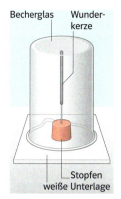

B2 Versuchsaufbau zu V3

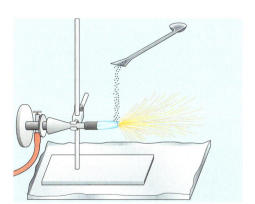

B1 Versuchsaufbau zu V4 (c)

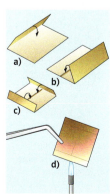

B3 Kupferbriefversuch

4.3 Verbrennung und Luft

B1 Mit zunehmendem Zerteilungsgrad läuft die Verbrennung heftiger ab

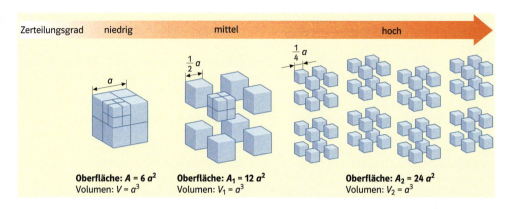

Zerteilungsgrad: niedrig — mittel — hoch

Oberfläche: $A = 6\,a^2$
Volumen: $V = a^3$

Oberfläche: $A_1 = 12\,a^2$
Volumen: $V_1 = a^3$

Oberfläche: $A_2 = 24\,a^2$
Volumen: $V_2 = a^3$

B2 Magnesium verbrennt mit gleißender Flamme zu Magnesiumoxid

B3 Eisenwolle verbrennt ohne Flamme, sie verglüht

Dass Metalle brennen, entspricht nicht der alltäglichen Erfahrung. Dennoch sind fast alle Metalle unter bestimmten Voraussetzungen brennbar. Beispielsweise besteht der Funkenregen von Wunderkerzen (Kap. 4.2, V2) und Feuerwerkskörpern aus brennenden Metallsplittern.

Beobachtungen beim Verbrennen von Metallen. Hält man ein Magnesiumband in die Flamme eines Brenners [B2], entzündet es sich und verbrennt mit grellweißer Flamme. Es entsteht ein weißer, ascheartiger Stoff, der keine Ähnlichkeit mehr mit dem Metall hat.

Wird Eisenwolle entzündet (Kap. 4.2, V4b), so beobachtet man ein lebhaftes Aufglühen, aber keine Flamme. Es entsteht ein blauschwarzer, spröder Stoff.
Die Verbrennung ist eine exotherme chemische Reaktion. Die Energieabgabe erfolgt meist als thermische Energie, manchmal auch mit Lichterscheinung.
Wie viel Energie bei diesen Verbrennungen als Wärme und Licht abgegeben wird, hängt auch davon ab, welches Metall man eingesetzt hat. Aus der Farbe des Lichts kann man auf die Temperatur schließen, die bei der Verbrennung erreicht wird. Rotglut weist auf eine niedrigere Temperatur als Weißglut hin (Kap. 3.13).

Verbrennung und Zerteilungsgrad. Prüft man einen Eisennagel auf Brennbarkeit (Kap. 4.2, V4a), so zeigt sich weder eine Flammenerscheinung noch ein Glühen. Er überzieht sich nur mit einer dünnen blauschwarzen Schicht.

Gelangt dagegen Eisen*pulver* (Kap. 4.2, V4c) in die Flamme eines Brenners, so verbrennt es unter *Funkensprühen*. Neben dem Brenner findet man blauschwarze, spröde Krümel des Reaktionsprodukts.
Beim Zerteilen einer Stoffportion (B1; Kap. 4.2, V4) vergrößert sich deren Oberfläche, die Verbrennung kann dadurch an vielen Stellen gleichzeitig ablaufen. Die gesamte Reaktionswärme wird somit in kürzerer Zeit frei und die erreichte Temperatur ist höher.
Es gibt allerdings Metalle, die keinesfalls brennen, so z. B. Silber, Gold und Platin.

Je größer der Zerteilungsgrad eines Stoffes und damit seine Oberfläche ist, desto schneller reagiert die ganze Stoffportion.

Verbrennungsvorgänge können ganz verschieden ablaufen: schnell oder langsam, mit oder ohne Flamme. **Explosionen** und **Verpuffungen** sind sehr schnelle Verbrennungen, es wird in kurzer Zeit, d. h. auf einmal, viel Energie frei.

Die Abhängigkeit des Reaktionsablaufs vom Zerteilungsgrad deutet darauf hin, dass an der Verbrennung ein zweiter Stoff aus der unmittelbaren Umgebung beteiligt ist.

A1 Begründe, warum Metallpulver heftiger verbrennt als Metallwolle.

A2 In welchem Zusammenhang hast du die Bedeutung des Zerteilungsgrads im Alltag bereits kennen gelernt?

Verbrennung und Luft

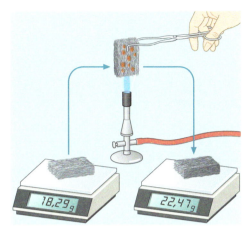

B4 Massenzunahme beim Verbrennen

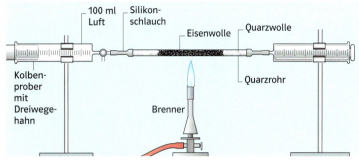

B5 Ermittlung des Sauerstoffanteils der Luft

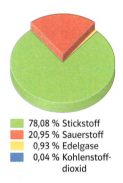

78,08 % Stickstoff
20,95 % Sauerstoff
0,93 % Edelgase
0,04 % Kohlenstoffdioxid

B6 Zusammensetzung der Luft (Volumenanteile)

Luft ermöglicht die Verbrennung. Die Vermutung, dass bei der Verbrennung von Eisen Luft beteiligt ist, lässt sich im folgenden Experiment nachweisen. Wird Eisenwolle in einem Verbrennungsrohr entzündet [V1], so wandert eine Glutzone hell aufleuchtend durch das Rohr, solange *Luft* hindurchgesaugt wird. Bei *Unterbrechung* der Luftzufuhr erlischt das Glühen. Andere Metalle verhalten sich ähnlich. Luft ermöglicht die Verbrennung von Metallen. Bestimmt man die Masse einer Portion Eisenwolle vor dem Verglühen und danach, so stellt man fest, dass die Masse des Endproduktes größer ist. Während der Reaktion mit Luft ist also eine Massenzunahme erfolgt [B4].

Die Zusammensetzung der Luft. Will man prüfen, ob die gesamte Luft oder nur ein Teil davon reagiert, verbrennt man in einer geschlossenen Apparatur Eisenwolle in einer abgemessenen Luftportion [V3, B5].
Es zeigt sich, dass das Volumen um etwa ein Fünftel abnimmt. Eine Wiederholung des Experiments mit einer größeren Portion Eisenwolle führt zum gleichen Ergebnis. Das die Verbrennung unterhaltende Gas ist **Sauerstoff**. Aus dem für die Verbrennung verbrauchten Volumenanteil kann man schließen, dass das Gasgemisch Luft etwa zu einem Fünftel aus Sauerstoff besteht.
In dem verbleibenden Restgas erstickt die Flamme eines Holzspans [V3]. Dieses Restgas besteht im Wesentlichen aus Stickstoff.

Luft ist ein Gasgemisch. Neben den Hauptbestandteilen Stickstoff und Sauerstoff enthält sie noch Edelgase und Kohlenstoffdioxid.

Aluminium, Magnesium, Eisen, Zink und Kupfer reagieren mit dem Sauerstoff der Luft. Metalle wie Silber, Gold oder Platin zeigen dieses Verhalten nicht.

Beim Verbrennen reagieren Metalle mit dem Sauerstoff der Luft.

A3 Welche Voraussetzungen sind für eine Verbrennung nötig?

A4 Wovon hängt die Temperatur bei der Verbrennung eines Metalls ab?

V1 Fülle ein Verbrennungsrohr mit Eisenwolle und verbinde es mit einer Wasserstrahlpumpe. Erhitze das Verbrennungsrohr, entferne den Gasbrenner und sauge stoßweise Luft durch das Rohr. Was beobachtest du?

V2 Wiege einen Bausch Eisenwolle, entzünde ihn. Stelle auch die Masse des Endproduktes fest. Vergleiche und erkläre.

V3 a) Baue eine Apparatur mit entfetteter Eisenwolle nach B5 auf. Schiebe die eingeschlossene Luftportion (100 ml) mehrmals über die erhitzte Eisenwolle.
Lies das Volumen des erkalteten Restgases ab und ermittle den Verbrauch. Zeichne die Versuchsapparatur und beschrifte sie.
b) Drücke das Restgas zügig in ein Reagenzglas und halte unverzüglich einen brennenden Holzspan hinein.

Sauerstoff und Verbrennung

4.4 Sauerstoff und andere Luftbestandteile

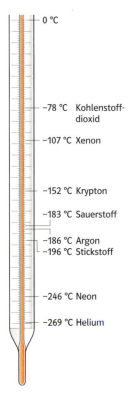

B1 Siedetemperaturen einiger Luftbestandteile

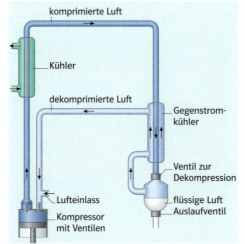

B2 Gewinnung flüssiger Luft nach dem Lindeverfahren

Eigenschaften	Sauerstoff	Stickstoff
Farbe	farblos	farblos
Geruch	geruchlos	geruchlos
Geschmack	geschmacklos	geschmacklos
Aggregatzustand (Zimmertemperatur)	gasförmig	gasförmig
Dichte (20 °C, Normdruck)	1,33 g/l	1,16 g/l
Schmelztemperatur	−219 °C	−210 °C
Siedetemperatur	−183 °C	−196 °C
Ermöglicht Verbrennung	ja	nein
Löslichkeit in Wasser (20 °C, Normdruck)	gering, (31 cm³/l)	gering, (12,8 cm³/l)

B3 Eigenschaften von Sauerstoff und Stickstoff

Gewinnung von Sauerstoff aus Luft. Da Luft ein Gasgemisch ist, musste erst ein geeignetes Trennverfahren entwickelt werden. Nachdem es gelang, Luft zu verflüssigen, wurde die Trennung des Gemisches durch Destillation möglich [B2].

Wird eine Luftportion komprimiert, so steigt ihre Temperatur. Vergrößert man hingegen den Gasraum, sinkt die Temperatur. Führt man die beim Komprimieren frei werdende thermische Energie ab und dekomprimiert die Luft wieder, so wird diese kälter, als sie ursprünglich war. Durch mehrfaches Wiederholen dieses Vorganges erhält man bei einer Temperatur von ca. −200 °C *flüssige Luft*. Dieses Gemisch von Flüssigkeiten kann anschließend durch Destillation getrennt werden. Helium und Neon kondensieren erst bei tieferen Temperaturen und können deshalb auf diese Weise nicht gewonnen werden.

Nachweis durch die Glimmspanprobe. Entzündet man einen Holzspan, bläst die Flamme wieder aus und hält den noch glimmenden Span in Sauerstoff, so flammt er wieder auf [B5].

Mit der Glimmspanprobe kann Sauerstoff nachgewiesen werden.

Weitere Luftbestandteile. Knapp 1 % der Luft sind andere Gase als Stickstoff und Sauerstoff. Den größten Anteil (0,93 %) davon nimmt das Edelgas Argon ein. Kohlenstoffdioxid liegt zu etwa 0,038 % vor. Argon dient als Schutzgas beim Schweißen, hält den Sauerstoff von der Schweißstelle ab und schützt so das Metall vor der Verbrennung. Alle Edelgase sind sehr reaktionsträge und nicht brennbar.

A1 Erläutere mithilfe von B1 und B2 die Gewinnung von Sauerstoff aus der Luft nach dem Lindeverfahren.

B4 Flüssige Luft

B5 Glimmspanprobe

4.5 Salze und molekulare Stoffe

Aggregatzustand und Teilchenverband. Die Bestandteile der Luft sind bei Zimmertemperatur Gase. Andere Stoffe wie Wasser oder Benzin sind Flüssigkeiten. Daneben gibt es die Feststoffe. Lassen sich die verschiedenen Aggregatzustände unterschiedlicher Stoffe durch das Teilchenmodell erklären? Dazu muss das Verhalten der kleinsten Teilchen bei gleicher Temperatur verglichen werden. Die Beweglichkeit der Teilchen in einem Feststoff ist sehr gering, d. h., sie „sitzen" an festen Plätzen im Teilchenverband. Bei einem Gas ist die Teilchenbeweglichkeit so groß, dass keine Anziehungskräfte mehr zwischen den Teilchen wirksam werden. Liegt ein Stoff bei Zimmertemperatur als Feststoff vor, bedeutet dies einen starken Zusammenhalt zwischen seinen kleinsten Teilchen. Je stärker dieser Zusammenhalt, desto höher ist die Schmelztemperatur des Stoffes. Die Anziehungskräfte zwischen den Teilchen nehmen vom gasförmigen über den flüssigen bis zum festen Zustand zu, während die Abstände zwischen den Teilchen abnehmen. Diese Unterschiede müssen auf den *Eigenschaften der kleinsten Teilchen* beruhen.

Salze. Wir stellen uns z. B. Kupfersulfid als einen riesigen Verband von *Kupfer-* und *Schwefelatomen* vor (Kap 3.9). Die *Elementargruppe* Cu_2S kann man sich als kleinste Baueinheit denken. Sie lässt sich beliebig aus dem riesigen Atomverband herausgreifen [B2] und wird durch die **Verhältnisformel** wiedergegeben. Zwischen den Atomen im Kupfersulfid gibt es einen starken Zusammenhalt, der Stoff hat eine hohe Schmelztemperatur. Entsprechendes gilt für andere **Metallsulfide** [B1]. Auch Kochsalz und Alaun gehören zu diesem Typ von Verbindungen. Man nennt sie auch Salze (Kap. 1.9).

Molekulare Stoffe. Stoffe mit niedrigen Schmelz- und Siedetemperaturen [B1] sind *nicht aus einzelnen Atomen* aufgebaut, sondern aus einer anderen Art von kleinsten Teilchen, den **Molekülen**. Dies sind Gruppen von zwei oder mehreren *fest miteinander verbundenen Atomen*. Beim Schmelzen oder Sieden werden nur die Abstände zwischen diesen Molekülen vergrößert. Die Moleküle selbst bleiben erhalten. Der Zusammenhalt *zwischen* den Molekülen ist jedoch sehr schwach. Die Zusammenfassung von Atomen zu einer Gruppe ist bei Molekülen *nicht beliebig* [B2]. Die Anzahl und Art der Atome, die fest miteinander verbunden sind, wird in der **Summenformel** angegeben, z. B. für das Kohlenstoffdioxidmolekül: CO_2. Diese darf nicht verändert werden. Stoffe, deren kleinste Teilchen Moleküle sind, heißen **molekulare Stoffe oder Molekülverbindungen**. Auch elementare Stoffe können molekulare Stoffe sein. So sind z. B. die kleinsten Teilchen der elementaren Stoffe Sauerstoff bzw. Stickstoff zweiatomige Moleküle (O_2 bzw. N_2). Moleküle können aus unterschiedlichen oder gleichen Atomen bestehen.

Stoff	Schmelz-temperatur ϑ_{sm} in °C	Siede-temperatur ϑ_{sd} in °C	Stoff	Schmelz-temperatur ϑ_{sm} in °C
Wasser	0	100	Kupfersulfid	1130
Alkohol	−117	78	Eisensulfid	1193
Glycerin	18	290	Kochsalz	800
Stickstoff	−210	−196	Silbersulfid	830
Argon	−189	−186	Kaliumnitrat	334
Sauerstoff	−218	−183	Kupferoxid (rot)	1230

B1 Vergleich von Schmelz- und Siedetemperaturen von molekularen Stoffen (blaue Hinterlegung) und Salzen (grüne Hinterlegung)

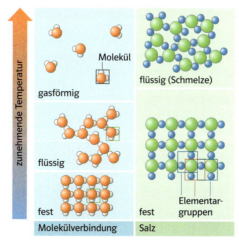

B2 Unterschiede: Molekül und Elementargruppen

4.6 Metalle reagieren mit Sauerstoff

Metall/Metalloxid Name	Metall Eigenschaften	Metalloxid Eigenschaften
Magnesium/ Magnesiumoxid	silberglänzend; Schmelztemp. 649 °C	weiß, spröde; Schmelztemp. 2802 °C
Eisen/ Eisenoxid	grau glänzend; Schmelztemp. 1535 °C	blauschwarz, spröde; Schmelztemp. 1594 °C
Zink/ Zinkoxid	hellgrau glänzend; Schmelztemp. 419 °C	weiß, in der Hitze gelb; Schmelztemp. 1975 °C
Silber/ Silberoxid	silberglänzend; Schmelztemp. 962 °C	schwarz, spröde; zersetzt sich ab 160 °C

B1 Eigenschaften einiger Metalle und ihrer Oxide

Eisen(s) + Sauerstoff(g) ⟶ Eisenoxid(s) | exotherm
3 Fe + 2 O_2 ⟶ Fe_3O_4

Magnesium(s) + Sauerstoff(g) ⟶ Magnesiumoxid(s) | exotherm
2 Mg + O_2 ⟶ 2 MgO

allgemein gilt:
Metall(s) + Sauerstoff(g) ⟶ Metalloxid(s) | exotherm

B2 Reaktionen von Metallen und Sauerstoff zum Metalloxid

B3 Eisenwolle verbrennt in Sauerstoff

B4 Magnesium verbrennt in Sauerstoff

Ein Holzspan, der an der Luft nur glimmt, flammt in reinem Sauerstoff auf. Offensichtlich verläuft die Verbrennung in reinem Sauerstoff heftiger als an der Luft.

Verbrennung von Metallen in reinem Sauerstoff. Eisenwolle, die an der Luft nur langsam verglüht, verbrennt in reinem Sauerstoff unter lebhaftem Funkensprühen [V1, B3]. Magnesium verbrennt in Sauerstoff rasch und heftig. Das Reaktionsprodukt zeigt sich als weißer Rauch, der sich teilweise an der Glaswand niederschlägt [V1, B4]. Bei der Verbrennung der Metalle an *Luft* bzw. in reinem Sauerstoff entstehen meist die gleichen Produkte.

Die Oxidation. Eine Reaktion, bei der ein Stoff mit Sauerstoff reagiert, nennt man Oxidation (von griech./lat. Oxygenium, Sauerstoff). Die Reaktionsprodukte heißen Oxide. So bildet sich aus Eisen und Sauerstoff Eisenoxid (Verhältnisformel: Fe_3O_4), aus Magnesium und Sauerstoff Magnesiumoxid (Verhältnisformel: MgO) [B4].

Ein gefaltetes Kupferblech überzieht sich in der Hitze außen mit einem schwarzen, spröden Stoff (Kap. 4.2, V6). Beim Öffnen beobachtet man innen einen roten Überzug. Dort, wo der Luftzutritt nicht möglich war, liegt unverändertes Kupfermetall vor. Bei der Reaktion mit Luftsauerstoff entstehen Kupferoxide, schwarzes Kupferoxid (CuO) und rotes Kupferoxid (Cu_2O).

Metalloxide haben ähnliche Eigenschaften wie Metallsulfide. Beide sind bei Zimmertemperatur spröde Feststoffe mit hohen Schmelztemperaturen. Metalloxide und Metallsulfide gehören zu den Salzen (Kap 4.5). Demnach können auch die Formeln von Eisenoxid, Magnesiumoxid, Kupferoxid und anderen Metalloxiden als Verhältnisformeln aufgefasst werden. Manche Metalloxide werden als Farbpulver verwendet, z.B. Zinkoxid, rotes Bleioxid, Titandioxid.

Die Reaktion eines Stoffes mit Sauerstoff wird Oxidation genannt. Bei der Oxidation von Metallen entstehen in einer exothermen Reaktion Metalloxide.

Auch das Rosten von Eisen ist eine Oxidation. Außer Sauerstoff ist für die Bildung von Rost zusätzlich noch Feuchtigkeit erforderlich.

V1 Halte brennende Eisenwolle bzw. ein brennendes Magnesiumband in ein mit Sauerstoff gefülltes hohes Glasgefäß, dessen Boden mit Sand bedeckt ist. (Vorsicht! Schutzbrille!)

V2 Lass Pulver gleicher Korngröße der Metalle Eisen, Kupfer und Magnesium in die nicht leuchtende Flamme des waagerecht eingespannten Brenners rieseln (Schutzbrille!) (Kap. 4.2, B1), [B5]. Vergleiche die Heftigkeit der Reaktionen.

A1 Vergleiche die beiden Versuche „Magnesium reagiert mit Luft bzw. Sauerstoff". Notiere die Beobachtungen und begründe die Unterschiede.

Metalle reagieren mit Sauerstoff

Stabilität von Metalloxiden. Bei den bisher beobachteten Verbrennungen reagierten die Metalle offensichtlich unterschiedlich heftig. Da hierbei auch der Zerteilungsgrad eine wichtige Rolle spielt, kann ein Vergleich der Reaktionsheftigkeiten nur durch Stoffportionen gleicher Korngröße erfolgen. Bläst man Metallpulver von Kupfer, Eisen bzw. Magnesium mit Sauerstoff in die nicht leuchtende Brennerflamme [V2], so zeigen sich deutliche Unterschiede in der Helligkeit der Flamme und damit der Heftigkeit der Reaktion [B5]. Von den untersuchten Metallen zeigt Kupfer die geringste und Magnesium die größte Heftigkeit der Oxidationsreaktion. Es ergibt sich folgende Reihenfolge:

$$\xrightarrow{\text{Zunahme der Heftigkeit}}$$
Kupfer, Eisen, Magnesium

Bei der Bildung der Metalloxide wird jeweils ein bestimmter Energiebetrag frei [B5]. Je größer der Energiebetrag ist, desto mehr Energie muss dem Metalloxid zur Zerlegung zugeführt werden. Für die Stabilität der drei Metalloxide ergibt sich folgende Reihenfolge:

$$\xrightarrow{\text{Zunahme der Stabilität}}$$
Kupferoxid, Eisenoxid, Magnesiumoxid

Wird bei der Bildung eines Metalloxids aus Metall und Sauerstoff ein großer Energiebetrag frei, handelt es sich um ein unedles Metall.

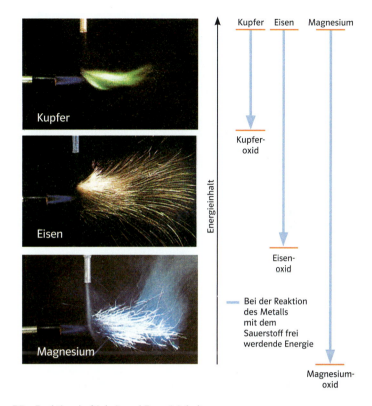

B5 Reaktionsheftigkeit und Energieinhalte

Edelmetalle sind die einzigen Metalle, die in der Natur gediegen (Kap. 1.12) vorkommen. Von den **unedlen Metallen** findet man nur Verbindungen.

Exkurs Durchtrennen einer Eisenplatte mit einem Schneidbrenner

Auf Baustellen kann man oft beobachten, dass Eisenplatten oder Stahlträger mit Schneidbrennern zerteilt werden. Auch hier spielt die Bildung des Eisenoxids eine wichtige Rolle.

Zunächst erhitzt man das Metall mit der Brennerflamme bis zum Glühen. Dann schließt man die Zufuhr des brennbaren Gases und lässt nur noch reinen Sauerstoff auf die glühende Metalloberfläche strömen. Das Metall wird oxidiert, die dabei frei werdende thermische Energie führt zum weiteren Schmelzen des Metalls und zu seiner Reaktion mit Sauerstoff. Es bildet sich ein heftiger Funkenregen von verglühendem Eisen und weggeschleudertem Eisenoxid. Zurück bleibt ein schmaler Spalt.

4.7 Nichtmetalle reagieren mit Sauerstoff

Verbrennungs- und Oxidationsreaktionen wurden bisher nur bei Metallen betrachtet. Brennstoffe wie Braunkohle oder Koks bestehen größtenteils aus Kohlenstoff; Heizöl, Benzin aus Kohlenstoffverbindungen. Der elementare Stoff Kohlenstoff gehört wie Schwefel zu den Nichtmetallen. Deren Verhalten gegenüber Sauerstoff soll im Folgenden untersucht werden.

Schwefeldioxid. Erhitzt man Schwefel, so schmilzt er und entzündet sich. An der Luft verbrennt Schwefel mit schwach blauer, in reinem Sauerstoff mit leuchtend blauer Flamme [B3]. Dabei bildet sich ein *farbloses, gasförmiges, giftiges Oxid* mit stechendem Geruch. Dieses Oxid heißt Schwefeldioxid [B2, V1a]. Schwefeldioxid ist eine Molekülverbindung, die aus dreiatomigen Molekülen (SO_2) besteht.

Schimmelpilze und Bakterien werden von Schwefeldioxid abgetötet. Deshalb wird es zum Haltbarmachen von Früchten und anderen Lebensmitteln [B1], ebenso zur Desinfektion von Wein- und Bierfässern aus Holz eingesetzt. Schwefeldioxid bleicht Blütenfarbstoffe und andere Farbstoffe [V1b]. Brennstoffe wie Kohle und Heizöl enthalten Verbindungen des Schwefels. Aus diesen entsteht bei der Verbrennung Schwefeldioxid. Weil dieses unsere Umwelt belastet, müssen entweder die Schwefelverbindungen vor der Verbrennung daraus entfernt werden oder Schwefeldioxid den Abgasen entzogen werden.

Verbrennung von Kohlenstoff. Holzkohle besteht fast ausschließlich aus Kohlenstoff, enthält aber zudem geringe Anteile von Mineralsalzen. Sie wurden zu Lebzeiten der Bäume von den Wurzeln in Wasser gelöst aufgenommen. Bei der Gewinnung von Holzkohle aus Holz bleiben diese Mineralsalze erhalten. Zündet man Holzkohle an, so glüht sie bei Luftzufuhr hell auf und verglüht langsam. Dabei entsteht farbloses, geruchloses Kohlenstoffdioxidgas [B4], das in die Luft entweicht. Die Mineralsalze bleiben als hellgraue, fast weiße Asche zurück.

Nachweis von Kohlenstoffdioxid. Schüttelt man ein Gefäß, in dem sich Kohlenstoffdioxid und Kalkwasser befinden, so bildet sich eine weiße Suspension. Ein Reaktionsprodukt von Kohlenstoffdioxid mit Kalkwasser ist für die Trübung verantwortlich. Nach einer Weile setzt sich der Feststoff am Gefäßboden ab, man sagt, es hat sich ein Niederschlag gebildet.

Die Trübung von Kalkwasser ist ein Nachweis für Kohlenstoffdioxid.

Eigenschaften von Kohlenstoffdioxid. Die Dichte des Kohlenstoffdioxids ist etwa 1,5-mal so groß wie die der Luft. Kohlenstoffdioxid lässt sich deshalb umgießen wie eine Flüssigkeit und sammelt sich am Boden eines Raumes oder Gefäßes [V3]. Es ist nicht brennbar.

Verwendung von Kohlenstoffdioxid. Unter Druck verflüssigt kommt Kohlenstoffdioxid in grauen Stahlflaschen in den Handel. Festes Kohlenstoffdioxid wird als **Trockeneis** bezeichnet. Unter normalen Bedingungen sublimiert es und schmilzt nicht. Dabei kühlt es seine Umgebung stark ab. Trockeneis eignet sich daher zur Kühlung von Lebensmitteln bei der Herstellung und auf Transportwegen.

a) Schwefel(s)   + Sauerstoff(g)   → Schwefeldioxid(g)
    S   + O_2 → SO_2
b) Kohlenstoff(s) + Sauerstoff(g)   → Kohlenstoffdioxid(g)
    C   + O_2 → CO_2

B2 Kohlenstoff und Schwefel reagieren mit Sauerstoff

B1 Mit Schwefeldioxid haltbar gemachtes Trockenobst

B3 Schwefel verbrennt in Sauerstoff

B4 Kohlenstoffdioxidnachweis

Nichtmetalle reagieren mit Sauerstoff

In vielen Mineralwässern ist „natürliches" Kohlenstoffdioxid gelöst, das z. B. bei vulkanischer Tätigkeit entstanden ist. Limonaden und manchen alkoholischen Getränken wird es zugesetzt, um einen erfrischenden Geschmack zu bewirken.

Mit steigendem Druck nimmt die Löslichkeit von Kohlenstoffdioxid in Wasser zu. Deshalb wird es in Getränke hineingepresst und entweicht sofort nach dem Öffnen der Flaschen zu einem großen Teil. In Gaststätten drückt Kohlenstoffdioxid das Bier zum Zapfhahn und bildet mit dem Bier den Schaum.

Kohlenstoffmonooxid, ein gefährliches Gas.
Verbrennen Kohlenstoff oder dessen Verbindungen bei unzureichender Luftzufuhr, so entsteht neben Kohlenstoffdioxid das *giftige, farblose, geruchlose Gas* Kohlenstoffmonooxid. Es kann mit *blauer Flamme* zu Kohlenstoffdioxid verbrennen. Eingeatmetes Kohlenstoffmonooxid wird im Vergleich zu Sauerstoff 300-mal so stark an den roten Blutfarbstoff gebunden. Dadurch wird der Sauerstofftransport blockiert. Eine Kohlenstoffmonooxidvergiftung ist die Folge.
Die Abgase von Fahrzeugen ohne Katalysator enthalten Kohlenstoffmonooxid. Bereits ein Volumenanteil von 1 % in der Atemluft kann tödlich wirken. Sofortige Sauerstoffbeatmung dient als lebensrettende Gegenmaßnahme.

V1 a) Schwefel wird entzündet (Abzug!) und dann in einen mit Sauerstoff gefüllten Zylinder eingebracht.
b) Anschließend wird eine rote Rose/Nelke in den abgedeckten Zylinder getaucht.

V2 Bedecke den Boden eines kleinen Standzylinders mit Kalkwasser. Senke auf einem Verbrennungslöffel ein Stück entzündete Holzkohle hinein. Entnimm den Löffel, verschließe den Zylinder und schüttle. Beobachte und erkläre.

V3 Stelle in eine Glaswanne brennende Kerzen verschiedener Länge. Fülle mehrere Bechergläser mit Kohlenstoffdioxid und gieße das Gas durch einen Trichter mit weiter Öffnung in das Glasbecken um.

A1 Warum werden vor der Verbrennung aus Heizöl Schwefelverbindungen entfernt?

A2 Der gasförmige Anteil des Tabakrauchs enthält etwa 73 % Stickstoff, 10 % Sauerstoff, 9,5 % Kohlenstoffdioxid, 4,2 % Kohlenstoffmonooxid und 3,3 % andere Gase (die Angaben sind Volumenanteile). Welche Assoziationen hast du bei diesen Angaben?

A3 Recherchiere die Symptome einer Kohlenstoffmonooxidvergiftung.

A4 Weshalb trübt ausgeatmete Luft Kalkwasser stärker als eingeatmete Luft?

B5 Trockeneis beim Tiefkühlen von Lebensmitteln

Exkurs Energie zum Leben

Auch in jeder lebenden Zelle finden Oxidationsvorgänge statt – sowohl in der pflanzlichen als auch in der tierischen. Die Nährstoffe aus der Nahrung sind Kohlenstoffverbindungen (z. B. Kohlenhydrate und Fette). Sie werden durch den eingeatmeten Sauerstoff stufenweise oxidiert. Man bezeichnet diese Oxidation als langsame (oder stille) Oxidation. Diese exothermen Reaktionen ermöglichen die Aufrechterhaltung der Körpertemperatur gleichwarmer Lebewesen und die Arbeit der Zellen jedes Organismus.

Als Endprodukt entsteht in Zellen u. a. Kohlenstoffdioxid, was als Abfallprodukt ausgeschieden wird.
Ausgeatmete Luft trübt Kalkwasser deshalb viel stärker als eingeatmete.

Bezogen auf 1 Liter Luft	Einatemluft	Ausatemluft
Sauerstoff	209 ml	160 ml
Kohlenstoffdioxid	0,4 ml	40 ml

Sauerstoff und Verbrennung

4.8 Impulse Feuer

Feuer ABC
A Asche
B Blitz
C
.
.
.
Z

Seit mehreren hunderttausend Jahren beherrschen und nutzen Menschen das Feuer. Das Feuer hat die Entwicklung des Menschen, seine Kultur und Zivilisation ganz wesentlich mitbestimmt. Für die Menschen war Feuer immer verbunden mit Faszination, Wärme, Schutz, aber auch mit Furcht vor seiner zerstörerischen Wirkung. So ist es auch nicht verwunderlich, dass das Feuer und die damit verbundenen Phänomene auch heute noch in vielen Redensarten eine so bedeutende Rolle spielen wie sonst keine andere Erscheinung.

A1 Versuche Wörter von A bis Z zu finden, die etwas mit Feuer zu tun haben. Sammelt die Begriffe der ganzen Klasse und ordnet diese nach zusammengehörenden Aspekten.

A2 Suche weitere Redensarten, die einen Zusammenhang zu Feuer und Bränden haben. Welche Eigenschaften und Erscheinungen des Feuers stecken jeweils dahinter? Interpretiere die Redensarten.

Wir sind Feuer und Flamme für eine Sache und haben eine zündende Idee, die sich wie ein Lauffeuer ausbreitet. Manchmal sitzen wir auf heißen Kohlen, sind vor Wut entbrannt oder haben mehrere Eisen im Feuer. Man kann angefeuert oder gefeuert werden, einen Streit schüren, Öl ins Feuer gießen, …

Allgemeine Chemie

Impulse Feuer

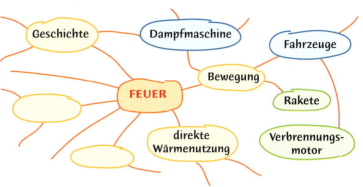

Einige Tipps und mögliche Fragestellungen zur Arbeit in den Arbeitsgruppen

- Sammeln von Informationen zu Methoden des Feuermachens von der Steinzeit bis heute
- Recherche im Orts- oder Stadtarchiv über große Brände
- Sammeln (und Interpretieren) von Gedichten, in denen „Feuer" vorkommt
- Zu welchen Zwecken kann man Feuer nutzen?
- Bei welchen Gebrauchsgegenständen (früher und heute) benötigt(e) man Feuer zur Herstellung?
- Ursachen und Folgen von Waldbränden
- Rodung von Wald durch Feuer (einst und heute)
- Feuer und Lebensmittelkonservierung
- Bedeutung von Feuer in der Religion
- Wo und wie wurde die Wärme des Feuers in Bewegung umgesetzt? Auswirkungen solcher Erfindungen auf Wirtschaft und Gesellschaft
- Technische Konstruktionen von Feuerstellen

A3 Schaut euch die Bilder auf diesen Seiten an und bringt weitere Bilder und Texte (z. B. aus Zeitungen) zum Thema Feuer mit. Findet anhand dieser Materialien Bereiche, in denen Feuer eine Rolle spielt, z. B. Handwerk, Literatur und Kunst, Werbung, Feuer und Landschaft, Feuerwehr, ...
Erstellt gemeinsam eine Mindmap (s. Abb. oben).

A4 Wenn ihr eine grobe Mindmap erstellt habt, teilt eure Klasse in verschiedene Arbeitsgruppen auf. Aufgabe der Arbeitsgruppen soll es sein, einzelne Themenbereiche zu bearbeiten. Ein Vertreter oder ein Team der jeweiligen Arbeitsgruppen referiert vor der Klasse. Gemeinsam könnt ihr nun weitere wichtige Begriffe an noch losen Ästen der Mindmap anbringen und evtl. dabei noch weitere Bereiche finden. Um die Mindmap jeweils zu verändern und zu erweitern, könnt ihr z. B. eine Steck-, eine Magnettafel, eine Pinnwand oder Folienteile auf dem Tageslichtprojektor benutzen.

A5 Wenn ihr eine Mindmap habt, überlegt euch gemeinsam, ob es Verknüpfungen zwischen verschiedenen Bereichen gibt (z. B. zwischen Dampfmaschine und Geschichte), sodass ein Netz entsteht. Tragt diese Verknüpfungen mit einer anderen Farbe ein.

A6 Entscheidet, wie ihr das Gesamtergebnis aus den Aufgaben A1 bis A6 präsentieren möchtet (z. B. auf Stellwänden, indem ihr noch Kurzfassungen der Referate an die entsprechenden Stellen des Netzes anhängt, oder durch eine Computerpräsentation).

Sauerstoff und Verbrennung 91

4.9 Flamme und Feuer

„Lectures on the chemical history of a candle" war das Thema einer experimentellen Vorlesungsreihe, die der berühmte englische Physiker und Chemiker MICHAEL FARADAY 1860 für Londoner Schüler hielt. Dabei ging er von einer Reihe von Fragen aus, z. B:
– Warum sieht die Flamme nicht einheitlich aus?
– Was brennt in der Kerzenflamme?
– Warum brennt der Docht nicht bis zur Wachsoberfläche ab?
– Warum leuchtet die Kerzenflamme?
– Warum bleibt die Kerzenflamme gleich groß?

An einer Kerzenflamme lassen sich verschiedene Zonen beobachten. In der dunklen Zone ist die Temperatur wesentlich niedriger als im leuchtenden Bereich [V1b, V2, B1]. Im dunklen Innenbereich liegt gasförmiger Brennstoff vor. Beim Ausblasen der Flamme kondensiert und erstarrt dieser und ist als weißer Nebel bzw. Rauch sichtbar. Kurz nach dem Ausblasen fängt der gasförmige Brennstoff beim Zünden sofort wieder Feuer [V1d]. Beim Anzünden einer Kerze wird durch die Energiezufuhr etwas Wachs geschmolzen, das zur Dochtspitze strömt und dort verdampft.

Eine Flamme wird immer durch brennende Gase gebildet. Damit diese entzündet werden können, muss eine Mindesttemperatur, die **Flammtemperatur**, erreicht sein [V3]. Diese ist die niedrigste Temperatur einer Flüssigkeit, bei der sich genügend Gase entwickeln, die mit Luft ein entflammbares Gasgemisch bilden [B2]. Damit die Reaktion mit Sauerstoff und die Bildung einer Flamme erfolgen, muss z. B. durch eine Zündquelle die Temperatur des Gasgemisches auf die Zündtemperatur erhöht werden. Sinkt die Temperatur des brennenden Gases unter die Zündtemperatur, so erlischt die Flamme [V4].

Über der Kerzenflamme entweichen die heißen Verbrennungsgase nach oben.

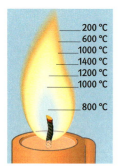

B1 Temperaturverteilung in einer Kerzenflamme

Flammtemperaturen in °C	
Feuerzeuggas	−60
Wundbenzin	−20
Alkohol	8
Petroleum	>30
Heizöl	>50
Kerzenwachs (Paraffin)	>100

B2 Verschiedene Brennstoffe haben unterschiedliche Flammtemperaturen

V1 a) Entzünde eine Kerze und beobachte die Flamme. Welche Veränderungen lassen sich beobachten?
b) Beobachte die Flamme einer brennenden Kerze. Wie viele Zonen sind zu erkennen?
c) Blase die Flamme aus und beobachte etwa eine Minute. Notiere die Beobachtungen.
d) Entzünde die Kerze, warte etwa zwei Minuten und blase wieder aus. Führe sofort ein brennendes Zündholz in die Nähe des Dochtes. Beschreibe und deute die Beobachtungen.
e) Halte ein Metallröhrchen (Durchmesser 6 bis 8 mm, Länge ca. 6 cm) mit einer Klammer unmittelbar über das Dochtende einer brennenden Kerze. Führe ein brennendes Zündholz an die Öffnung des Röhrchens. Beschreibe und deute die Beobachtungen.

V2 Führe ein waagerecht gehaltenes Holzstäbchen mit seiner Mitte über dem Docht durch eine Kerzenflamme. Drehe dabei das Stäbchen langsam um seine Längsachse. Achte darauf, dass es sich nicht entzündet. Wiederhole dies mit weiteren Stäbchen in verschiedenen Höhen der Flamme.

V3 a) Man gibt in eine Porzellanschale eine kleine Portion Wundbenzin und in eine zweite Schale eine kleine Portion Petroleum. Man bringt jeweils langsam einen brennenden Holzspan zu den Flüssigkeitsoberflächen.
b) Im Behälter eines Teelichts wird etwas Wachs (ohne Docht) geschmolzen und weiter erhitzt. Man hält von Zeit zu Zeit einen brennenden Span über den Behälter.

V4 Halte mit einer Pinzette ein kleines Drahtnetz aus Kupfer waagerecht über die dunkle Zone der Kerzenflamme.

V5 Gib in eine Porzellanschale eine kleine Portion Petroleum. Halte mit einer Tiegelzange einen Docht in die Flüssigkeit und prüfe am Dochtende mit einem brennenden Span.

Flamme und Feuer

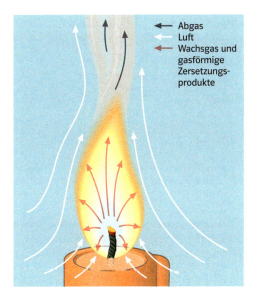

B3   Gasströme in und an der Kerzenflamme

B4   Zonen der Kerzenflamme

Gleichzeitig strömt Luft aus der Umgebung zur Flamme. In ihrer Nähe kommt es durch Erwärmung ebenfalls zu einer Aufwärtsbewegung. Gasförmiger Brennstoff diffundiert vom Docht nach außen. Gleichzeitig diffundiert Sauerstoff in die Flamme und reagiert mit dem Brennstoff [B3]. Durch die Reaktionswärme wird das nach außen strömende Gas heißer, es entstehen brennbare gasförmige Zersetzungsprodukte und Kohlenstoff [V6]. Die winzigen Kohlenstoffpartikel glühen bei den vorliegenden Temperaturen und verursachen das gelbe Leuchten [B4]. Im schmalen Flammensaum außerhalb des gelben Bereichs erfolgt die Reaktion zu Kohlenstoffdioxid.

V6 Halte einen Eisennagel waagerecht in die Kerzenflamme, sodass die Nagelspitze das Dochtende berührt. Nimm den Nagel aus der Flamme und betrachte die Oberfläche. Putze den Nagel mit einem Tuch, bevor du den Versuch an verschiedenen Stellen der Kerzenflamme wiederholst.

A1 Erläutere die Funktion des Dochtes.

A2 Warum bildet sich bei einer ruhig brennenden Kerze ein Wachssee, der sich nicht vergrößert?

Exkurs Stoff- und Energiefluss bei einer brennenden Kerze

Damit eine Kerze zu brennen beginnt und von alleine weiterbrennt, müssen viele verschiedene Vorgänge ablaufen. Wachs muss schmelzen, verdampfen und sich zersetzen. Das Wachs muss auf die Flammtemperatur und das Gasgemisch aus brennbaren Gasen und Sauerstoff muss weiter bis zur Zündtemperatur erhitzt werden, bis eine Oxidation unter Flammenerscheinung erfolgt. Alle Vorgänge bis zur Verbrennung sind endotherm. Damit eine Kerzenflamme weiterbrennt, muss ein ausreichender Anteil der bei der Oxidation frei werdenden thermischen Energie an die Stellen zurückgeführt werden, wo die endothermen Vorgänge ablaufen. Wird dieser Energiefluss unterbunden, so erlischt die Flamme. Dies geschieht z. B. beim Ausblasen.

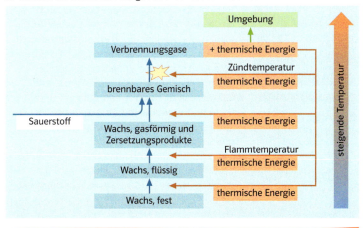

Sauerstoff und Verbrennung

Flamme und Feuer

B5 a), b), c) Zündholzflammen

B6 Brennendes Zündholz mit flüssigem Zersetzungsprodukt

Brennbarer Stoff	Zündtemperatur in °C
Schreibpapier	233
Wundbenzin	220
Fichtenholz	280
Heizöl	350
Wachs (Paraffin)	400
Alkohol	425
Erdgas	650

B7 Zündtemperaturen einiger brennbarer Stoffe

Die Flamme eines Holzspans. Wie bei der Kerze muss auch in der Flamme eines Holzspans aus dem festen Brennstoff ein brennbares Gas entstehen. Erhitzt man Holz unter Luftabschluss, entsteht ein brennbares Gas [V7]. Führt man diese Reaktion in einem Reagenzglas durch, lässt sich beobachten, dass bei der Zersetzung von Holz auch eine Flüssigkeit entsteht [V8].

Brennt ein waagerecht gehaltenes Zündholz, lässt sich am Flammensaum beobachten, dass sich auf der Oberfläche des Holzes ein Flüssigkeitsfilm bildet [B6].

Auflodern oder Erlöschen? Bei einem senkrecht gehaltenen Holzspan, der oben brennt, entweicht die thermische Energie nach oben und die Flammenbasis kühlt ab. Damit wird die Temperatur für die weitere Gasbildung nicht mehr erreicht, die Flamme wird kleiner und erlischt möglicherweise [B5b]. Dagegen vergrößert sich eine aufwärts steigende Flamme durch den nach oben gerichteten Luftstrom. Beginnt ein Holzspan am unteren Ende zu brennen, erfolgt die Sauerstoffzufuhr wie bei der Kerzenflamme. Während bei der brennenden Kerze die Brennstoffzufuhr begrenzt ist, nimmt beim Span die Gasbildung durch die aufsteigende Flamme zu, die dadurch immer größere Bereiche erfasst [B5c].

Bei brennendem Holz lodert die Flamme auf, wird kleiner oder erlischt, je nachdem wie viel von der Reaktionsenergie an das Holz zurückgeführt wird. Während beim oben brennenden Span die Gasbildung schnell aufhört, reicht die von der Kerzenflamme zur Wachsoberfläche zurückstrahlende thermische Energie aus, um den Wachssee zu bilden. Dieser ermöglicht zusammen mit dem Docht einerseits die fortwährende Zufuhr des Brennstoffs und andererseits durch seine Begrenzung eine gleich bleibende Flamme.

Ein Stoff kann sich entzünden, ohne dass dazu eine Flamme oder ein Zündfunken erforderlich ist. Eine Entzündung erfolgt auch dann, wenn die *Zündtemperatur* eines Stoffs erreicht ist. Es ist die niedrigste Temperatur, bei der ein Stoff in Berührung mit Luft zu brennen beginnt [B7]. Ein Holzspan und ein Holzscheit der gleichen Holzart entzünden sich bei der gleichen Temperatur. Wie der Holzspan brennt auch ein dickes Holzscheit weiter, wenn seine Temperatur nicht unter die Zündtemperatur abfällt.

V7 Wickle zwei Zündhölzer, von denen zuvor die Zündköpfe entfernt wurden, in Aluminiumfolie. Stich an einem Ende kleine Löcher in die Oberseite der Folie. Halte das Päckchen mithilfe einer Tiegelzange in die Kerzenflamme. Beschreibe den Rückstand.

V8 (Abzug!). In einem waagerecht eingespannten Reagenzglas mit angesetztem Glasrohr mit Spitze werden Holzstückchen erhitzt. Man prüft an der Öffnung des Glasrohres mit einem brennenden Span, ob brennbare Gase entstanden sind.

Allgemeine Chemie

B8   Holzkohleproduktion (18. Jhdt.)

Entzündbarkeit. Holzwolle ist leichter zu entzünden als ein großes Holzstück – wie ist dies zu erklären? Die Temperatur für die Zersetzung von Holz und die Zündtemperatur der dadurch entstehenden Gase sind doch in beiden Fällen gleich. Damit Holz, wie jeder andere Brennstoff, brennt und ohne zusätzliche Zufuhr thermischer Energie von außen weiterbrennt, muss die durch die Reaktion entstehende thermische Energie ausreichen, um den Brennstoff in der Nähe der Flamme zu zersetzen und die Zersetzungsprodukte auf die Zündtemperatur zu bringen. Kommt ein kleiner Span der Holzwolle mit einer Flamme in Berührung, steigt die Temperatur des Spans in kurzer Zeit stark an. Je kleiner die *Masse einer Stoffportion* ist, der eine immer gleiche Menge an thermischer Energie zugeführt wird, desto höher wird dessen Temperatur. Die Höhe der Temperatur wird allerdings auch durch die gleichzeitig abgegebene thermische Energie der erwärmten Portion an die Umgebung bestimmt. Die Luft um die Späne leitet die thermische Energie nur wenig ab.

Ein weiterer Faktor, der die Temperatur beeinflusst, ist die *Geschwindigkeit der Energie liefernden Reaktion*. Durch den hohen Zerteilungsgrad und die dadurch große Oberfläche läuft die Oxidation an der Holzwolle schnell ab. Die Reaktionsenergie entsteht in kurzer Zeit. Dadurch steigt die Temperatur des Holzes stark an, da der Verlust thermischer Energie durch Abgabe an die Umgebung relativ klein bleibt. Diese Tatsache ist in einem anderen Bereich leicht verständlich: Mit der rauschenden Brennerflamme des Gasbrenners gelingt es leicht, das Wasser in einem großen Topf zum Sieden zu bringen. Mit der leuchtenden Brennerflamme des Brenners wird man es möglicherweise nie erreichen, auch wenn insgesamt in beiden Fällen die gleiche Gasmenge verbrannt und damit die gleiche thermische Energie zugeführt wurde. Der *Verlust an thermischer Energie an die Umgebung* ist bei der langsameren Zufuhr thermischer Energie insgesamt größer.

Lagerfeuer wissenschaftlich. Diese Kenntnisse kann man z. B. beim Errichten eines Lagerfeuers nutzen. Papier, trockenes Gras und dünne Äste liegen ganz unten. Sie schaffen beim Brennen die notwendige Zersetzungs- und Zündtemperatur für die darüber liegenden Schichten immer größerer Holzstücke. Bei deren Anordnung muss weiter darauf geachtet werden, dass seitlich genügend Luft einströmen kann. Durch zeltartig gegenüberstehende Holzscheite wird der Verlust thermischer Energie an die Umgebung verringert.

Verschiedene Holzarten leiten die thermische Energie von der Oberfläche, an der die Reaktion stattfindet, unterschiedlich schnell ab. Daher hängt das Gelingen eines Lagerfeuers auch von der *richtigen Holzwahl* ab. Feuchtes Holz ist ungeeignet, weil das Verdampfen des Wassers thermische Energie kostet. Dadurch erlöschen die Flammen und es „qualmt". Die Zündtemperatur wird nicht mehr erreicht und die Zersetzungsprodukte des Holzes kondensieren in der kühlen Luft. Das Holz „schwelt" nur noch.

Die Kunst der **Holzkohleherstellung** besteht darin, die Zersetzungstemperatur des Holzes zu halten, jedoch die Oxidation der entstehenden Kohle zu unterbinden. Bei alten Verfahren geschieht dies durch geschicktes Schichten des Holzes und Abdecken mit Erde [B8].

Staubexplosionen. Stäube besitzen eine riesige Oberfläche. Die Verbrennung von Stäuben brennbarer Stoffe, z. B. Holzstaub oder Mehl, verläuft deshalb sehr schnell. Durch die dabei entstehende hohe Temperatur dehnen sich die Luft, die gasförmigen Zersetzungs- und Oxidationsprodukte stark aus. Es erfolgt eine Explosion [B10].

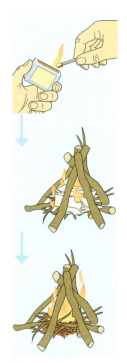

B9   Lagerfeuer

B10   Holzstaubexplosion

4.10 Praktikum Grundlagen der Brandbekämpfung

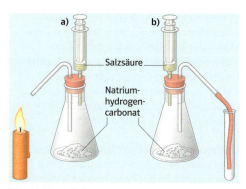

B2 Zu Versuch 2

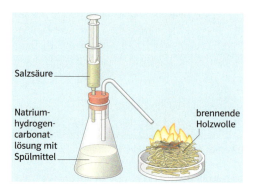

B3 Zu Versuch 3

B1 Zu Versuch 4

V1 Möglichkeiten zum Löschen eines Brandes
Geräte und Materialien: Schutzbrille, feuerfeste Unterlage, Holzwolle, Tiegelzange, Zündhölzer, Keramik-Drahtnetz, Spritzflasche mit Wasser.
Durchführung: Gib einige kleinere Portionen der Holzwolle nebeneinander auf die feuerfeste Unterlage. Entzünde ein Knäuel. Suche nach mehreren Möglichkeiten, die Ausbreitung des Feuers mit den dir zur Verfügung gestellten Geräten und Materialien zu verhindern.
Auswertung: Wie viele Möglichkeiten hast du gefunden? Erkläre jeweils die Grundlagen deiner Vorgehensweise.

V2 Ein wirksames Löschmittel
Geräte und Chemikalien: Schutzbrille, Kerze, Zündhölzer, Stopfen mit zwei Bohrungen, gewinkeltes Glasrohr, 2 Erlenmeyerkolben (50 ml), Einwegspritze (5 ml), Schlauchstück (l = 17 cm), Spatel, Reagenzglas, Reagenzglasklammer, Reagenzglasgestell, Holzspan, Natriumhydrogencarbonat, Salzsäure ($w ≈ 3,6\%$), Kalkwasser.
Durchführung:
a) Zünde die Kerze an. Gib in den Erlenmeyerkolben einen Spatel Natriumhydrogencarbonat. Halte den Erlenmeyerkolben so, dass die Öffnung des gewinkelten Glasrohres knapp über der Kerzenflamme ist [B2a]. Spritze anschließend durch die zweite Bohrung des Stopfens 5 ml Salzsäure auf das Natriumhydrogencarbonat in dem Kolben. Achte darauf, dass die zweite Bohrung verschlossen bleibt.
b) Verfahre wie in [B2b], leite also das Gas über das Schlauchstück in ein Reagenzglas. Untersuche das Gas mit den dir bekannten Nachweisreaktionen.
Auswertung:
a) Beschreibe und deute deine Beobachtungen.
b) Welches Gas hast du zur Brandbekämpfung eingesetzt?

V3 Modell eines Kohlenstoffdioxid-Schaumlöschers
Geräte und Chemikalien: Schutzbrille, Erlenmeyerkolben (300 ml), Stopfen mit zwei Bohrungen, gebogenes Glasrohr, Einwegspritze (20 ml), Porzellanschale, feuerfeste Unterlage, kleines Reagenzglas, Holzwolle, Natriumhydrogencarbonatlösung (w = 5%), Salzsäure (w = 3,6%), Spülmittel.
Durchführung: Gib in den Erlenmeyerkolben 100 ml Natriumhydrogencarbonatlösung und ca. 3 ml Spülmittel. Baue das Gerät entsprechend B3 auf und gib in die Einwegspritze 15 ml Salzsäure. Drücke den Stempel in den Zylinder, damit die Salzsäure zu der Flüssigkeit im Erlenmeyerkolben fließt. Halte den Stempel hinuntergedrückt. Richte das Glasrohr auf brennende Holzwolle in einer Porzellanschale.

V4 Ein erstaunliches Versuchsergebnis
Geräte und Materialien: Kerze, dicker Kupferdraht, Tiegelzange, Zündhölzer.
Durchführung: Zünde die Kerze an. Wickle aus dem Kupferdraht eine Wendel und halte diese über die Flamme [B1].
Auswertung: Beschreibe und deute deine Beobachtungen.

4.11 Brände verhüten und löschen

B1 Was zündet zuerst?

Schon die Urmenschen waren der zerstörenden Gefahr des Feuers ausgesetzt. Feuer entstanden meist durch Blitzschlag. Um sich zu retten, blieb nur die Flucht vor den Flammen. So ist es nicht verwunderlich, dass wir, wie auch fast alle Tiere, eine natürliche Furcht vor Feuer besitzen. Spätestens seit dem Beginn der Nutzung des Feuers mussten die Menschen Vorsorgemaßnahmen treffen, um eine unkontrollierte Ausbreitung zu verhindern. Kennt man die Voraussetzungen für die Entstehung von Feuer [B2], so kann man bei seiner *Verhütung* und *Bekämpfung* überlegt vorgehen.

Zur Entstehung eines Feuers sind *Brennstoff*, *Sauerstoff* und das Erreichen der *Zündtemperatur* notwendig [B2]. Wird eine dieser Voraussetzungen nicht erfüllt, kann kein Feuer entstehen.

Brandverhütung. Um den Ausbruch von Bränden zu verhindern, ist es notwendig, die Gefahren zu kennen, die von verschiedenen Brennstoffen ausgehen. Besonders leicht entzündlich sind Feststoffe mit hohem Zerteilungsgrad (z. B. Watte, Holz- und Eisenwolle oder Papier), Flüssigkeiten mit niedrigen Flammtemperaturen (z. B. Benzin, Spiritus, Aceton) und brennbare Gase (z. B. Erdgas, Propan und Butan).

Spiritus auf Grillkohle geschüttet
Mann stand an Wurstbude in hellen Flammen – Lebensgefahr

Leicht entzündliche Stoffe dürfen nicht in der Nähe starker Wärmequellen gelagert werden. Beim Transport und der Lagerung von leicht entzündlichen Stoffen dürfen gesetzlich festgelegte Mengen nicht überschritten werden.

Besonders gefährlich ist es, wenn brennbare Stoffe zusammen mit Brand fördernden Stoffen gelagert werden. Diese Stoffe fördern die Oxidation des Brennstoffs. Brand fördernde Stoffe sind z. B. Sauerstoff und Kaliumnitrat. Leicht entzündliche und Brand fördernde Stoffe werden mit entsprechenden Gefahrensymbolen gekennzeichnet. Besondere Vorsicht ist beim Umgang mit Flüssigkeiten geboten, die Dämpfe mit hoher Dichte bilden. Solche Dämpfe „fließen" nach unten [B3], sammeln sich auf dem Boden oder fließen über Treppenabgänge oder durch Abflussrohre und können sich so auch an weit entfernten Zündquellen entzünden. Gleiches gilt auch für Gase mit hohen Dichten, z. B. Butan (Campinggas). Gasflaschen mit solchen Gasen dürfen nicht „unter Erdniveau", also z. B. im Keller gelagert werden.

Brennbare Gase und leicht verdunstende brennbare Flüssigkeiten können mit Luft explosive Gasgemische bilden. Eine Explosion kann aber nur erfolgen, wenn der Anteil des brennbaren Gases zwischen zwei Extremwerten liegt, der unteren und der oberen Explosions- oder Zündgrenze [V1, B4]. Ein explosives Gemisch liegt z. B. vor, wenn der Volumenanteil von Autobenzin in Luft zwischen etwa 1 % und 7 % liegt. So kann sich z. B. durch geringe Benzinreste in einem scheinbar leeren Benzinkanister ein explosives Gemisch bilden.
Aus Sicherheitgründen soll beim Umgang mit leicht verdunstenden Flüssigkeiten, z. B. Reinigungsbenzin, im Freien gearbeitet oder zumindest für gute Raumdurchlüftung gesorgt werden, um die Bildung explosiver Gemische zu vermeiden.

B2 Verbrennungsdreieck

B3 Umgießen von Dämpfen mit hoher Dichte

B4 Bestimmung der Zündgrenze

Sauerstoff und Verbrennung

Brände verhüten und löschen

B5 Maßnahmen zur Brandbekämpfung – Beispiele

Auch beim **Löschen eines Brandes** sorgt man dafür, dass mindestens eine der Voraussetzungen, die zur Entstehung eines Brandes notwendig sind, nicht mehr gegeben ist.

Entzug des brennbaren Stoffes. Nach Möglichkeit werden alle brennbaren Stoffe aus der Nähe eines Feuers entfernt. Hat sich das Feuer allerdings schon stark ausgebreitet, verhindern Hitze, Rauch und bei Gebäudebränden die Einsturzgefahr ein Näherkommen an den Brandherd. Bei Waldbränden kann das Feuer häufig durch das Anlegen breiter Gräben und Schneisen zum Stillstand gebracht werden.

Abkühlen unter die Zündtemperatur. Größere Brände werden meist mit Wasser bekämpft. Es kühlt die brennenden Teile so stark ab, dass die Zündtemperaturen der brennbaren Stoffe unterschritten werden. Beim Verdampfen des Wassers wird der Umgebung weiter Wärme entzogen. Es bildet sich ein Teppich aus Wasser und Wasserdampf über dem Brandherd und behindert die Luftzufuhr. Tanks mit brennbaren Gasen oder Flüssigkeiten, die sich in der Nähe eines Brandes befinden, werden auch mit Wasser bespritzt, damit die Zündtemperatur erst gar nicht erreicht wird. Ist bei einem Autounfall Benzin ausgelaufen, muss verhindert werden, dass dieses durch Fremdzündung (z. B. Zigarette) entzündet wird.

Entzug des Sauerstoffs. Beim Löschen mit Wasser verdrängt der gebildete Wasserdampf die Luft. Brennendes Benzin lässt sich allerdings nicht mit Wasser löschen, da es wegen seiner geringeren Dichte auf dem Wasser schwimmt und weiterbrennt [V2]. In diesem Fall helfen andere Löschmittel, z. B. Kohlenstoffdioxid. Es hat den Vorteil, dass es aufgrund seiner hohen Dichte eine Gasschicht über der Oberfläche bildet, die der Luft den Zutritt verwehrt. Bei heftigen Bränden wird das Kohlenstoffdioxid allerdings so stark verwirbelt, dass es nicht mehr schützend wirkt. Deshalb verwendet man häufig Schaum als Löschmittel, der auch Oberflächen von brennenden Flüssigkeiten bedecken kann. Zur Erhöhung der Wirksamkeit wird anstelle von

B6 ABC-Löscher

	Voraussetzungen zur Verbrennung	Maßnahmen zur Brandbekämpfung
a	Brennstoff	Entfernen des brennbaren Stoffes
b	Zündtemperatur	Abkühlen unter die Zündtemperatur
c	Sauerstoff	Unterbrechung der Luftzufuhr

B7 Möglichkeiten der Brandbekämpfung

Luft auch Kohlenstoffdioxid im Schaum eingesetzt. Der Inhalt von Pulverlöschern [B6] unterbricht meist schlagartig die Reaktion des brennenden Stoffes mit Sauerstoff. Das Pulver bildet zusätzlich eine Decke über dem Brandherd. In der Hitze schmilzt das Pulver und überzieht die Oberfläche mit einer Glasur. Bei einigen Löschpulvern entsteht in der Hitze noch Kohlenstoffdioxid. Wenn die Kleidung eines Menschen brennt, kann man das Feuer mit einer Decke oder durch Wälzen auf dem Boden zum Erlöschen bringen.

Veränderung der Mengenanteile. Bei Bränden in Kohlebergwerken kann, z. B. durch Einleiten von Stickstoff, der Sauerstoffanteil so verringert werden, dass kein zündfähiges Gemisch mehr vorliegt.

> **V1** Man gibt 4 bis 6 Tropfen Wundbenzin in ein Zündrohr, verschließt es mit dem Deckel und wendet das Rohr zur Durchmischung mehrfach. Wenn die Flüssigkeit völlig verdunstet ist, wird das Gemisch gezündet. Der Versuch wird mit veränderter Tropfenanzahl wiederholt. (Schutzscheibe, Schutzbrille!)
>
> **V2** (Schutzscheibe, Schutzbrille!). Man gibt etwas Benzin in ein Porzellan- oder Metallschälchen, welches in einer Auffangwanne aus Metall steht (z. B. großes Kuchenblech). Das Benzin wird entzündet. Zunächst wird versucht, das Benzin durch Abdecken mit einem Stück Karton zu löschen. Wenn der Brand erlischt, wird das Benzin erneut angezündet. Anschließend spritzt man vorsichtig Wasser aus einer Spritzflasche auf das Benzin, bis die Schale überläuft.

Brände verhüten und löschen

Richtige Wahl des Löschmittels. Vorsicht! Brennendes heißes, flüssiges Fett oder Wachs dürfen auf keinen Fall mit Wasser in Berührung kommen. Da Wasser eine größere Dichte besitzt als diese Flüssigkeiten, geht es darin unter und verdampft dabei schlagartig. Der Wasserdampf reißt den heißen Brennstoff mit nach oben. Dadurch wird der Brennstoff in feine Tröpfchen zerteilt, die sofort entflammen. Dabei können sehr hohe Stichflammen und Explosionen entstehen [V3, B9]! Brennendes Fett kann durch Abdecken (Topfdeckel) gelöscht werden.
Brennende Metalle reagieren heftig mit Wasser, Kohlenstoffdioxid und dem Inhalt von Pulverlöschern. Man bedeckt deshalb den Brandherd des Metallbrands mit Sand, Salz oder Zement.

Nach der Zugehörigkeit eines brennenden Stoffes zu einer der vier **Brandklassen** [B8] richtet sich die Wahl des einzusetzenden Löschmittels.

V3 (Vorsicht! Abzug, Schutzscheibe, Schutzmantel, Schutzbrille, Lederhandschuhe!). Ein Teelicht (ohne Docht) wird auf einen Dreifuß mit Drahtnetz gestellt und von unten mit dem Brenner erhitzt. Von Zeit zu Zeit wird mit einem brennenden Holzspan geprüft, ob sich das Wachs entzünden lässt. Sobald das Wachs brennt, wird vorsichtig mit einer langen Pipette ein Tropfen Wasser in das flüssige Wachs getropft.

A1 a) Informiere dich über die Geräte und Materialien zur Brandbekämpfung und den Fluchtweg im Chemieraum.
b) Erkundige dich über das Verhalten im Brandfall an deiner Schule.

A2 Ordne die Beispielsituationen von B5 den allgemeinen Maßnahmen zur Brandbekämpfung a–c [B7] zu.
Schildere, was in B5 jeweils getan wird.

A3 Festes Kohlenstoffdioxid („Kohlensäureschnee"), das sich bei Einsatz eines Kohlenstoffdioxidlöschers bilden kann, ist ein wirksameres Löschmittel als Wasser. Erkläre.

Exkurs Sprinkleranlagen

In vielen Kaufhäusern, Theaterräumen, Werkstätten und Lagerräumen sind zum Brandschutz Sprinkleranlagen (von engl. to sprinkle, sprühen) eingebaut.

Diese bestehen aus Druckwasserleitungen, die die zu schützenden Räume durchziehen. In regelmäßigen Abständen sind diese Leitungen mit Brausen, den Sprinklern, versehen.

Die Öffnungen der Sprinkler sind häufig durch Glasfässchen mit einer Flüssigkeit verschlossen. Bricht an einer Stelle des Raumes ein Brand aus, erwärmt sich die Flüssigkeit und dehnt sich aus, bis das Glasfässchen bei einer bestimmten Temperatur (z. B. 68 °C) platzt. Das Wasser strömt aus der Leitung, prallt auf den Sprühteller und regnet auf das Feuer. Dieses ist meist schon gelöscht, bevor die Feuerwehr eintrifft.

Sprinkleranlagen können auch ein anderes Löschmittel anstelle des Wassers enthalten. Beispielsweise können die Sprinkler durch eine niedrig schmelzende Metalllegierung verschlossen sein.

B9 Fettexplosion

Aus 1 l Wasser entstehen mehr als 1000 l Wasserdampf

Brandklasse A

Brände fester Stoffe, die normalerweise unter Glutbildung verbrennen (Holz, Kohle, Papier, Stroh, Faserstoffe, Textilien)

Löschmittel
– Wasser (W)
– Schaum (S)
– Pulver für Glutbrände (PG)

Brandklasse B

Brände von flüssigen oder flüssig werdenden Stoffen (Benzin, Benzol, Heizöl, Ether, Alkohol, Stearin, Harze, Teer)

Löschmittel
– Schaum (S)
– Pulver (P-PG)
– Kohlenstoffdioxid (K)

Brandklasse C

Brände von Gasen (Acetylen, Wasserstoff, Methan, Propan, Stadtgas, Erdgas)

Löschmittel
– Pulver (P-PG)
– Kohlenstoffdioxid (K)

Brandklasse D

Brände von Metallen (Aluminium, Magnesium, Natrium, Kalium)

Löschmittel
– Pulver für Metallbrände (PM)
– Steinsalz
– trockener Sand

B8 Brandklassen und Löschmittel

4.12 Reduktion von Metalloxiden

Viele in der Natur vorkommende Erze, aus denen Metalle gewonnen werden, sind Oxide. Im Prinzip können Metalle durch Erhitzen der Metalloxide erhalten werden, ähnlich wie z. B. auch Silber aus Silberoxid gewonnen werden kann. Silberoxid lässt sich durch Erhitzen in die elementaren Stoffe Silber und Sauerstoff zerlegen [V1].

Silberoxid $\longrightarrow$ Silber + Sauerstoff
$2\,Ag_2O \longrightarrow 4\,Ag + O_2$

Durch diese Reaktion lässt sich Silber aus Silberoxid gewinnen. Man nennt diese Reaktion **Reduktion** (von lat. reducere, zurückführen). Die Reduktion ist die Umkehrung der Oxidation.

Da bei der Reaktion unedler Metalle mit Sauerstoff ein großer Energiebetrag frei wird (Kap. 4.6), sind die entsprechenden Oxide sehr stabil und man benötigt zu deren Reduktion durch Erhitzen sehr hohe Temperaturen. Daher ist dieses Verfahren zur Gewinnung solcher Metalle wenig geeignet.

Ein Metall reagiert mit einem Metalloxid.
Ein Gemisch aus Eisen und Kupferoxid glüht nach kurzem Erhitzen auf [V2, B1 oben]. Eine Glühfront bewegt sich durch das Gemisch hindurch. Nach dem Erkalten erkennt man rötliche Kupferkügelchen und grauschwarzes Eisenoxid. Das schwarze Kupferoxid reagiert mit dem grauen Eisen zu rötlichem Kupfer und grauschwarzem Eisenoxid [B1 unten]. Diese Reaktion verläuft exotherm. Eisenoxid reagiert dagegen mit Kupfer nicht.
Eisen wird zu Eisenoxid **oxidiert**, gleichzeitig wird Kupferoxid zu Kupfer **reduziert**. Bei der Reaktion zwischen Kupferoxid und Eisen laufen Reduktion und Oxidation *gleichzeitig* ab. Eine solche Reaktion bezeichnet man als Reduktions-Oxidations-Reaktion, abgekürzt **Redoxreaktion**.

B1 Eisen reagiert mit Kupferoxid

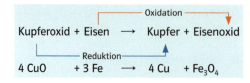

B2 Reduktions- und Oxidationsvermögen einiger Metall/Metalloxid-Paare

Stoffe, die wie Kupferoxid andere Stoffe oxidieren, nennt man **Oxidationsmittel**. Sie selbst werden reduziert. Bei der Bildung von Oxiden aus den elementaren Stoffen ist Sauerstoff also das Oxidationsmittel.
Stoffe, die wie Eisen einen anderen Stoff reduzieren, nennt man **Reduktionsmittel**. Sie selbst werden oxidiert. Je unedler ein Metall ist, desto stärker wirkt es als Reduktionsmittel [B2].

V1 Gib eine kleine Portion Silberoxid in ein Reagenzglas und erhitze schwach mit dem Brenner. Halte dabei das Reagenzglas möglichst steil mit der Öffnung nach oben. Prüfe den Gasraum des Reagenzglases mit der Glimmspanprobe.

V2 Mische 1,6 g schwarzes Kupferoxidpulver und 0,8 g Eisenpulver. Erhitze das Gemisch im Reagenzglas bis zum ersten Aufglühen und entferne das Reagenzglas sofort aus der Brennerflamme. (Schutzbrille!)

V3 Man mischt 0,5 g Kupferoxid- und 0,4 g Zinkpulver, bringt das Gemisch auf eine Magnesiarinne oder Porzellanscherbe und erhitzt es. (Schutzbrille! Schutzscheibe!)

V4 Ein Gemisch aus einer Spatelspitze Kupferoxid- und Magnesiumpulver auf einer Magnesiarinne oder Porzellanscherbe wird mit der Brennerflamme berührt. (Schutzbrille! Schutzscheibe! Schutzhandschuhe!)

A1 Formuliere für die in V4 ablaufende Reaktion die Reaktionsgleichung und kennzeichne die Oxidation und die Reduktion.

Reduktion von Metalloxiden

Thermitverfahren. Redoxreaktionen, bei denen starke Reduktionsmittel eingesetzt werden, können teilweise sehr heftig und unter äußerst starker Wärmeentwicklung ablaufen. Ein Gemisch aus rotem Eisenoxidpulver (Fe_2O_3) und Aluminiumgrieß dient zum Schweißen von Eisenteilen wie z. B. Schienen [B3]. Es liefert nach Zündung in wenigen Sekunden weißglühendes, flüssiges Eisen. Beim Abkühlen erstarrt es und verbindet dabei die Eisenteile miteinander. Bei der stark exothermen Reaktion werden Temperaturen bis zu 2400 °C erreicht.

Eisenoxid + Aluminium ⟶ Eisen + Aluminiumoxid
Fe_2O_3 + 2 Al ⟶ 2 Fe + Al_2O_3

Kohlenstoff reagiert mit Metalloxiden. Bei der Redoxreaktion zwischen einem Metall und einem Metalloxid verbacken die neu gebildeten Stoffe häufig miteinander. Das neue Gemisch muss dann mühsam getrennt werden. Dieser Nachteil entfällt, wenn das Reduktionsmittel zu einem gasförmigen Stoff oxidiert wird. Erhitzt man ein Gemisch aus schwarzem Kupferoxid und Kohlenstoff [V6], so glüht es auf. Im Kalkwasser perlen Gasblasen hoch, das Kalkwasser trübt sich [B5]. Nach dem Erkalten erkennt man im Reagenzglas einen rötlichen Feststoff. Kupferoxid und Kohlenstoff reagieren in einer exothermen Reaktion zu Kupfer und Kohlenstoffdioxid.

2 CuO + C ⟶ 2 Cu + CO_2

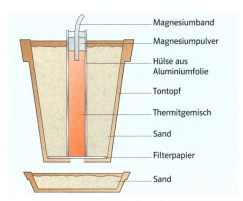

B4 Thermitreaktion. Versuchsaufbau

V5 Man mischt 15 g rotes Eisenoxidpulver, 5 g Aluminiumgrieß und 0,5 g Aluminiumpulver und schüttet das Gemisch in eine Hülse aus Aluminiumfolie, die in einem mit Sand gefüllten Blumentopf steckt [B4]. Auf das Gemisch gibt man etwas Magnesiumpulver und zündet mit einem Magnesiumband. (Schutzscheibe. Schutzbrille!)

V6 Gib in ein Reagenzglas ein Gemisch aus 2 g Kupferoxidpulver und 0,2 g trockenem Holzkohlepulver. Verschließe das Reagenzglas mit einem Stopfen, in dem ein gewinkeltes Glasrohr steckt, das in Kalkwasser eintaucht [B5]. Erhitze, bis die Reaktion einsetzt. Löse noch während der Reaktion den Stopfen. (Schutzbrille!)

A2 Mit welchen der in B2 aufgeführten Metallen kann man Eisenoxid reduzieren?

B3 Verschweißen von Eisenbahnschienen

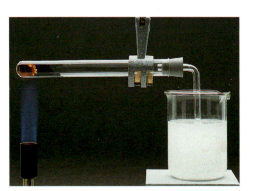

B5 Kohlenstoff reduziert Kupferoxid

B6 Thermitreaktion

4.13 Exkurs Metallgewinnung

Es ist nicht bekannt, welche Metalle im Laufe der Geschichte zuerst bearbeitet wurden und wo dies geschah. Wahrscheinlich wurden aber zunächst nur in der Natur gediegen vorkommende Metalle wie Gold oder Kupfer genutzt.

Metalle aus Erz. Ein riesiger Fortschritt war die Entdeckung, dass man Kupfer aus Kupfererzen gewinnen kann. Kupfererze sind Gemische aus Kupferverbindungen und Gestein. Der älteste bekannte Ort dieser Kupfergewinnung, der etwa 4100 v. Chr. besiedelt wurde, ist im heutigen Iran entdeckt worden. Das Kupfer wurde zunächst in einem Ofen aus Erz und Holz gewonnen. Holz wurde schließlich durch Holzkohle ersetzt. Brennende Holzkohle kann unter Luftzufuhr sehr heiß werden, sodass die Reduktion des Kupferoxids schnell abläuft. Die Öfen wurden später an Berghängen errichtet, sodass der Hangwind zum Feuer geleitet werden konnte. Die Schmiede lernten auch die Entwicklung von Gussformen und das Gießen von geschmolzenem Kupfer zu Plastiken, zu Werkzeugen und Waffen. Ihre Herstellung war teuer, Werkzeuge und Waffen verbogen leicht und wurden schnell stumpf. Die Nachteile des Kupfers weist die Bronze, eine Legierung des Kupfers mit einem Zinnanteil von 10 bis 15 Prozent, nicht auf. Bronze ist härter als Kupfer. Der *Bronzezeit* folgte die *Eisenzeit*. Ihr Beginn liegt im geschichtlichen Dunkel.

Die frühe Eisengewinnung. Die Eisengewinnung wurde wahrscheinlich an mehreren Orten der Erde, mehr als 1000 Jahre v. Chr., unabhängig voneinander „erfunden". In Mitteleuropa haben erstmals die Kelten um etwa 800 v. Chr. an mehreren Stellen, z. B. auch auf der schwäbischen Ostalb, Eisenerze verarbeitet. Die dabei angewandte Technik war das Rennfeuerverfahren. Die dafür gebauten Öfen waren sicherlich unterschiedlich in der Form, aber immer recht klein, wahrscheinlich nicht höher als 1 m. Von oben wurde als Mischung oder in Schichten Eisenerz und Holzkohle in den Ofen gegeben [B1]. Von unten wurde durch Düsen oder ein Feuerungsloch die Luft mit einem Blasebalg oder an begünstigten Stellen durch den Wind zugeführt.

Bei diesem Verfahren bildeten sich ein Eisenklumpen, der noch viel Kohlenstoff enthielt, und Schlacke. Durch wiederholtes Erhitzen und Schmieden wurden Schlackenreste und ein großer Teil des Kohlenstoffs entfernt und das Eisen bearbeitet.

An dieser Verfahrensweise änderte sich bis ins Mittelalter grundsätzlich nichts. Als man im Mittelalter die Blasebälge mit Wasserkraft betrieb, kam man durch Erhöhung der Ofenwände zum so genannten Stückofen. Auch diese Öfen lieferten ein Erzeugnis, das nach Befreiung von Schlacke direkt schmiedbar war. Die immer bessere Ausnutzung der Wärme im Stückofen ließ die Temperaturen so weit ansteigen, dass das Eisen in flüssiger Form anfiel. Mit diesem Produkt begann die Entwicklung der *Eisengewinnung* im Hochofen.

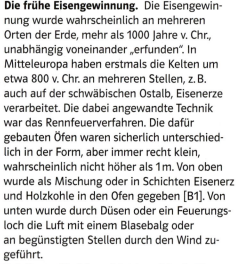

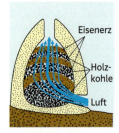

B1 Schnitt durch einen Rennfeuerofen mit Füllung

B2 Nachgebauter Rennfeuerofen. Schüler gewinnen Eisen mit dem von ihnen errichteten Rennfeuerofen

A1 Warum muss im Rennofen gewonnenes Eisen mehrfach aufgeheizt und geschmiedet werden?

A2 Warum ist es günstig, in einem selbst gebauten Rennofen die Luft mithilfe eines Föhns einzublasen?

A3 Kennzeichne bei der Reaktion von Eisenoxid mit Kohlenstoffmonooxid zu Eisen und Kohlenstoffdioxid den Oxidations- und den Reduktionsvorgang.

Exkurs Metallgewinnung

Die Eisengewinnung im Hochofen. Die Erze für die Eisengewinnung (Magnetit oder Hämatit) werden am Ort ihrer Förderung meist schon aufbereitet, um den größten Teil des Gesteins („Gangart") von den Eisenverbindungen abzutrennen. Diese werden mit noch wenigen Gesteinsbeimengungen zu kugelförmigen **Pellets** verbacken. Aus ihnen wird in *Hochöfen* durch Reduktion mit Steinkohlenkoks Eisen gewonnen.

Die Hochöfen sind bis zu 50 m hoch. Ihre Wände bestehen aus feuerfesten Steinen, die von einem Stahlmantel umgeben sind. Zur Kühlung sind in das Mauerwerk Kästen eingelassen, durch die fortwährend Wasser fließt.
Der Hochofen wird von oben abwechselnd mit **Koks** und *Möller*, einem Gemisch aus Pellets und Zuschlägen, beschickt. Die Zuschläge (Kalk oder Feldspat) sind notwendig, um die restlichen Gesteinsbestandteile der Pellets in niedrig schmelzende Schlacke zu überführen.

Von unten wird erhitzte Luft über eine Ringleitung in den Hochofen eingeblasen. Die untere Koksschicht reagiert mit dem Sauerstoff der etwa 800 °C heißen Luft zu Kohlenstoffdioxid. Da bei dieser Reaktion sehr viel Wärme frei wird, steigt die Temperatur auf über 1600 °C, in einem kleinen Bereich sogar auf über 2000 °C. Kohlenstoffdioxid reagiert mit der darüber liegenden Koksschicht fast vollständig zu Kohlenstoffmonooxid. Dieses reduziert den größten Teil des Eisenoxids zu Eisen und wird selbst zu Kohlenstoffdioxid oxidiert.

Bis zur Schmelzzone ist der Hochofen kegelförmig gebaut, da sich die Ausgangsstoffe und Reaktionsprodukte von oben nach unten durch die Temperaturzunahme ausdehnen.

Das flüssige Roheisen wird über Sandrinnen in Spezialbehälter geleitet. In diesen wird es ohne größere Wärmeverluste in Stahlwerke und Gießereien transportiert.

Einsatz	Abgabe
15 800 t Erz (Pellets)	11 000 t Roheisen
2 300 t Zuschläge	3 500 t Schlacke
5 000 t Koks	23 500 t Gichtgas und Staub
15 000 t Heißwind	
96 000 t Kühlwasser	96 000 t erwärmtes Kühlwasser

Ein Hochofen ist durchschnittlich 10 Jahre in Betrieb. Man lässt ihn nie ausgehen, da er sonst abgebrochen und neu aufgebaut werden müsste.

B3 Massenbilanz für einen Hochofen je Arbeitstag

Magneteisenerz (Magnetit)

Roteisenerz (Hämatit)

Pellets

B5 Eisenerze sind Ausgangsstoffe zur Eisengewinnung

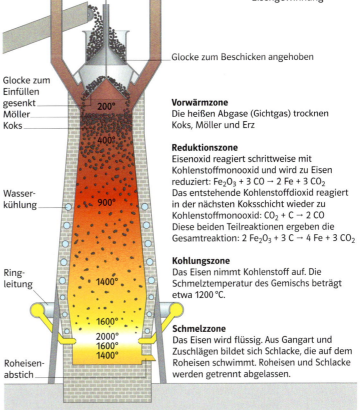

Vorwärmzone
Die heißen Abgase (Gichtgas) trocknen Koks, Möller und Erz

Reduktionszone
Eisenoxid reagiert schrittweise mit Kohlenstoffmonooxid und wird zu Eisen reduziert: $Fe_2O_3 + 3\,CO \rightarrow 2\,Fe + 3\,CO_2$
Das entstehende Kohlenstoffdioxid reagiert in der nächsten Koksschicht wieder zu Kohlenstoffmonooxid: $CO_2 + C \rightarrow 2\,CO$
Diese beiden Teilreaktionen ergeben die Gesamtreaktion: $2\,Fe_2O_3 + 3\,C \rightarrow 4\,Fe + 3\,CO_2$

Kohlungszone
Das Eisen nimmt Kohlenstoff auf. Die Schmelztemperatur des Gemischs beträgt etwa 1200 °C.

Schmelzzone
Das Eisen wird flüssig. Aus Gangart und Zuschlägen bildet sich Schlacke, die auf dem Roheisen schwimmt. Roheisen und Schlacke werden getrennt abgelassen.

B4 Aufbau eines Hochofens und Reaktionszonen

Sauerstoff und Verbrennung

Exkurs Metallgewinnung

B7 Sauerstoffaufblasverfahren. Beschickung eines Konverters im Stahlwerk

Vom Roheisen zum Stahl. Roheisen enthält bis zu 10 % Beimischungen (Kohlenstoff, Mangan, Silicium, Schwefel). Es ist spröde und schmilzt beim Erhitzen plötzlich, ohne vorher zu erweichen. Roheisen kann weder geschmiedet noch gewalzt werden. Nur ein kleiner Teil wird in Gießereien zu Gusseisen verarbeitet. Man stellt daraus vor allem Maschinenfüße und Gehäuse her.

Entzieht man dem Roheisen alle Beimischungen, erhält man reines Eisen. Es lässt sich als Werkstoff nicht verwenden, da es zu weich ist. Durch unvollständiges Entfernen der Beimischungen erzeugt man schmiedbaren, beim Erhitzen allmählich erweichenden Stahl. Er hat einen Kohlenstoffanteil von maximal 1,5 %.

Zur Gewinnung von Stahl lässt man flüssiges Roheisen mit Sauerstoff reagieren. Bei diesem Prozess („Frischen") werden die unerwünschten Anteile oxidiert.

Sauerstoffaufblasverfahren. Das wichtigste Verfahren zur Stahlerzeugung ist das Sauerstoffaufblasverfahren. Es wird in einem schwenkbaren Gefäß, dem Konverter [B7] ausgeführt. Er kann bis zu 400 t Roheisen und Schrott aufnehmen. Aus einer Stahllanze wird von oben unter hohem Druck ein Sauerstoffstrahl auf die Roheisenschmelze gerichtet. Während der Blaszeit von 10 bis 20 Minuten werden unter kräftiger Durchmischung die unerwünschten Begleitstoffe bevorzugt oxidiert. Alle Reaktionen mit Sauerstoff verlaufen exotherm. Dadurch steigt die Temperatur während des Frischens auf etwa 1700 °C. Bei diesem Prozess wird der Kohlenstoff als letzter der Begleitstoffe oxidiert. Deshalb kann durch die Länge der Blaszeit der gewünschte Kohlenstoffgehalt eingestellt werden.

Gasförmige Oxide entweichen durch die Konverteröffnung, die anderen bilden mit zugegebenem Kalk eine Schlacke, die auf der Oberfläche schwimmt. Am Ende des Frischvorganges wird der Konverter gekippt. Die Schlacke und der flüssige Stahl werden dabei über den Konverterrand abgegossen.

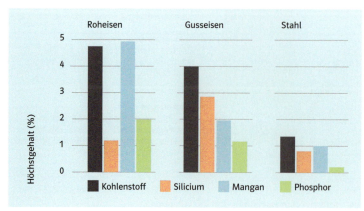

B6 Zusammensetzung von Eisenwerkstoffen im Vergleich

A4 Beschreibe den Unterschied in der Zusammensetzung und den Eigenschaften von Roheisen, Eisen und Stahl.

A5 Berechne aus den Angaben in B6, wie viel Kilogramm Kohlenstoff, Silicium, Mangan und Phosphor in einer Tonne Roheisen bzw. Gusseisen oder Stahl enthalten sein können.

A6 Informiere dich im Internet oder in einem Lexikon über weitere Verfahren der Stahlherstellung und fertige zu jedem Verfahren einen informierenden Text an.

A7 Warum wird beim Frischen der flüssige Stahl nicht durch die Oxidationsprodukte verunreinigt?

4.14 Durchblick Zusammenfassung und Übung

	Metalloxide; Metallsulfide	Nichtmetalloxide
Aggregatzustand bei Zimmertemperatur	fest	gasförmig
Formel, die die Teilchenebene beschreibt	Formel der Elementargruppe z. B. MgO	Summenformel z. B. NO_2
Aggregatzustandsänderungen auf Teilchenebene	Der Teilchenverband ist nur im Feststoff vorhanden, in der Flüssigkeit und im Gas nicht mehr.	Die Moleküle bleiben erhalten.
Stoffklasse	Salze	Molekulare Stoffe

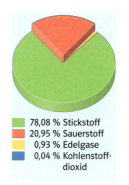

- 78,08 % Stickstoff
- 20,95 % Sauerstoff
- 0,93 % Edelgase
- 0,04 % Kohlenstoffdioxid

B1 Zusammensetzung der Luft (Volumenanteile)

Gasgemisch
Luft ist ein Gasgemisch. Durch Destillation können die Gase der Luft als Reinstoffe gewonnen werden.

Oxidation
Metall + Sauerstoff ⟶ Metalloxid | exotherm

Nichtmetall + Sauerstoff ⟶ Nichtmetalloxid | exotherm

Zunahme der Reaktionsheftigkeit mit Sauerstoff:

Kupfer, Eisen, Magnesium ⟶
Kriterium: Edles/unedles Metall

Eisennagel, Eisenwolle, Eisenpulver ⟶
Kriterium: Zerteilungsgrad

Zur Zerlegung muss in dieser Reihenfolge mehr Energie zugeführt werden:

Zunahme der Stabilität ⟶
Kupferoxid, Eisenoxid, Magnesiumoxid

Flammtemperatur
Die Flammtemperatur ist die niedrigste Temperatur, bei der sich genügend Gase entwickeln, die mit Luft ein entflammbares Gasgemisch bilden.

Zündtemperatur
Bei Erreichen der Zündtemperatur durch oder ohne Zündquelle erfolgt eine Reaktion mit Sauerstoff unter Bildung einer Flamme.

Flamme
Eine Flamme wird durch *brennbare Gase* gebildet.

Kerzenflamme
In einer Kerzenflamme sind verschiedene Zonen zu erkennen. In der *leuchtenden Zone* glühen winzige Rußpartikel.

Explosionen
Brennbare Gase, leicht verdunstende Flüssigkeiten und Stäube von brennbaren Feststoffen bilden mit Luft explosive Gemische, wenn der Anteil des Brennstoffs zwischen der oberen und unteren *Explosionsgrenze* liegt.

Löschen eines Brandes
- Entzug des brennbaren Stoffes
- Abkühlen unter die Zündtemperatur
- Entzug von Sauerstoff

Redoxreaktionen
Reduktion und *Oxidation* finden gleichzeitig statt.

B2 Verbrennungsdreieck

Sauerstoff und Verbrennung

Durchblick Zusammenfassung und Übung

A1 Warum ist die Formulierung „eine Wunderkerze brennt ab" nicht richtig?

A2 Im Zigarettenrauch sind unter anderem verschiedene Stickstoffoxide enthalten.
a) Informiere dich über die Wirkung von Stickstoffoxiden auf Menschen und Pflanzen.
b) Handelt es sich bei Stickstoffoxiden um molekulare Stoffe oder Salze? Begründe.

A3 Warum leuchtet ein Bausch Eisenwolle beim Verglühen heller auf, wenn man ihn in der Luft bewegt?

A4 In der Nähe von Neapel, in der Hundsgrotte, wurden Hunde und andere kleine Tiere bewusstlos und drohten zu ersticken. Aus vulkanischem Gestein strömte Kohlenstoffdioxid in die Grotte.
a) Erwachsene Personen konnten sich in der Grotte gefahrlos bewegen. Erkläre.
b) Warum betritt ein Kellermeister den Gärkeller mit einer brennenden Kerze, obwohl der Keller ausreichend beleuchtet ist?

A5 Obwohl Magnesium sehr heftig mit Sauerstoff reagieren kann, muss ein Magnesiumband doch zunächst stark erhitzt werden, bis es mit dem Sauerstoff reagiert.
a) Warum ist dieses Erhitzen erforderlich?
b) Handelt es sich bei der Bildung von Magnesiumoxid um eine endotherme oder exotherme Reaktion? Begründe.

A6 Sauerstoff soll aus einer Kunststoffspritze ohne Kontakt mit der Luft in ein Reagenzglas umgefüllt werden. Du hast zusätzlich ein Gefäß mit Wasser und einen Schlauch zur Verfügung. Wie gehst du vor?

A7 Erstelle eine Mindmap auf DIN-A3-Papier (Querformat) zum Kapitel „Sauerstoff und Verbrennung".
a) Übertrage die nummerierten Überschriften (ohne Praktikum, Impulse und Exkurse).
b) Notiere in einer neuen Farbe jeweils die wichtigsten Begriffe.

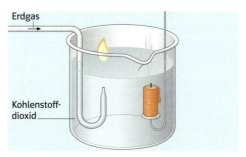

B3 Zu Aufgabe 11

A8 Untermauere die Behauptung „Luft ist ein Gasgemisch und keine Verbindung".

A9 Entnimm einer Tageszeitung oder dem Internet, welche Nichtmetalloxide in der Luft enthalten sind. Erstelle über mehrere Tage ein Diagramm, in dem du den Volumenanteil (senkrechte Achse) gegen die Zeit (waagerechte Achse) aufträgst.

A10 Schlage für verschiedenartige Brände jeweils geeignete Löschmethoden und Löschmittel vor.

A11 Taucht man eine brennende Kerze in einem großen Becherglas in Kohlenstoffdioxid, so erlischt sie. Verfährt man mit der Erdgasflamme oder einem brennenden Gasfeuerzeug ebenso, so hebt die Flamme von der Gasausströmöffnung ab und brennt an der Oberfläche des „Kohlenstoffdioxidsees" weiter [B3]. Begründe das unterschiedliche Verhalten.

B4 „Kohlenstoffdioxidsee" am Boden einer Grotte

5 Wasser und Wasserstoff

Mit Wasser kommen wir täglich in Berührung. Doch was ist Wasser chemisch gesehen?

■ Bei der Untersuchung des Wassers lernen wir Wasserstoff kennen. Dieser Stoff dient bei vielen Raketen als Treibstoff. Mit ihm wurde am 18. März 2004 ein neuer Geschwindigkeitsrekord aufgestellt. Am 25. Januar 1986 aber ereignete sich das größte Unglück der bemannten Raumfahrt. Beim Start der Challenger explodierten die mit Wasserstoff und Sauerstoff gefüllten Tanks, die sieben Astronauten kamen ums Leben. Trotzdem wird Wasserstoff als Energieträger der Zukunft angesehen.

■ Viele chemische Reaktionen werden durch einen Katalysator beeinflusst. Wie beeinflusst ein solcher Stoff eine chemische Reaktion?

■ Wasserstoff und Sauerstoff sind Gase. Zwischen den Teilchenanzahlen und den Volumina von Gasen bestehen bemerkenswerte Gemeinsamkeiten, denen nachgegangen wird.

5.1 Wasser – eine Verbindung

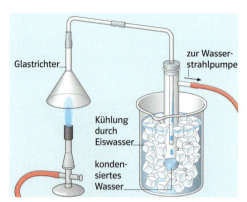

B2 Apparatur zum Sammeln des Kondensats aus der Brennerflamme

Ein einfacher und schneller Nachweis für Wasser kann mit weißem Kupfersulfat [B4] durchgeführt werden. Es wird bei Berührung mit Wasser blau. Auch mit dem Wassertestpapier Watesmo lässt sich Wasser nachweisen [B1]. Hierfür genügen sehr kleine Wasserportionen.

An kalten Wintertagen bilden sich hinter den Auspuffrohren von Kraftfahrzeugen Nebelwolken [B3]. Wenn im Chemieraum viele Gasbrenner in Betrieb sind, beschlagen häufig die Fensterscheiben. Offenbar entsteht in den Flammen der Gasbrenner und im Automotor auch Wasserdampf, der an der kalten Luft oder den kalten Fensterscheiben zu Wassertröpfchen kondensiert.

Diese Beobachtungen lassen vermuten, dass bei der Verbrennung von Benzin und Brennergas Wasser gebildet wird.

Wasser – ein Verbrennungsprodukt. Saugt man die Verbrennungsgase einer Brennerflamme durch ein gut gekühltes Reagenzglas, so kondensiert bald eine größere Flüssigkeitsportion [B2]. Die Siedetemperatur der Flüssigkeit beträgt 100 °C und die Dichte 1 g/cm^3. Bei der Verbrennung des Brennergases entsteht also Wasser als Reaktionsprodukt.

V1 Stelle den Gasbrenner nach B2 unter einen Glastrichter und sauge mit der Wasserstrahlpumpe die heißen Verbrennungsgase ab.

V2 Gib auf weißes Kupfersulfat etwas dest. Wasser. Wiederhole die Probe mit der Flüssigkeit aus V1 sowie zum Vergleich mit Benzin.

V3 Man füllt in ein schwer schmelzbares Reagenzglas ca. 2 cm hoch Sand und tropft aus einer Pipette so viel Wasser zu, dass ein dicker Brei entsteht. In die Mitte des Reagenzglases schiebt man ein Knäuel blank geschmirgeltes Magnesiumband und verschließt das Glas mit Stopfen und Gasableitungsrohr (Stahlwollesicherung!). Man erhitzt das Magnesium bis zur beginnenden Rotglut und entwickelt durch schwaches Erhitzen des Sandes Wasserdampf. Wenn das Metall aufglüht, wird nur noch schwach erhitzt, sodass sich weiterhin Wasserdampf entwickelt. An der Spitze des Gasableitungsrohres entzündet man das austretende Gas. (Schutzbrille! Schutzscheibe!)

B1 Wassernachweis mit Watesmopapier

B3 Nebelbildung durch kondensierenden Wasserdampf aus Autoabgasen

B4 Wassernachweis. Weißes Kupfersulfat wird blau

Allgemeine Chemie

Wasser – eine Verbindung

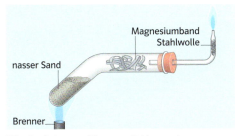

B5 Reaktion von Wasser mit Magnesium

Da Wasser bei Verbrennungsreaktionen entsteht, könnte es eine Sauerstoffverbindung sein. Diese Vermutung kann mit einem Experiment überprüft werden. Dazu benötigt man ein reaktionsfreudiges Metall.

Wasser – eine Sauerstoffverbindung? In einem Reagenzglas wird Wasserdampf über erhitztes Magnesium geleitet [V3, B5]. Das Magnesium glüht auf, das Glühen wandert durch die Metallportion, zurück bleibt ein weißer Feststoff. Kurz nach dem Aufglühen des Magnesiums lässt sich an der Spitze des Glasrohres ein Gas entzünden. Hält man über die Brennerflamme ein kaltes, trockenes Becherglas, so kondensiert eine Flüssigkeit. Diese lässt sich als Wasser identifizieren. Magnesium reagiert mit Wasser zu Magnesiumoxid und einem brennbaren Gas: Das brennbare Gas ist Wasserstoff. Es hat eine Redoxreaktion stattgefunden.

Magnesium + Wasser ⟶ Magnesiumoxid + Wasserstoff

Da Magnesium mit Wasser heftig reagieren kann, darf Wasser auch nicht zum Löschen von Magnesiumbränden verwendet werden.

Wasser ist eine Sauerstoffverbindung, ein Oxid.

A1 Zeichne eine Apparatur, mit der sich das bei der Reaktion von Magnesium mit Wasser entstehende Gas auffangen lässt.

A2 Begründe mit V3, dass Wasser eine Verbindung und kein elementarer Stoff ist.

Exkurs LAVOISIER untersuchte die Zusammensetzung des Wassers

ANTOINE LAURENT LAVOISIER (1743–1794) gilt als Begründer der modernen Chemie. Seine Untersuchungen und Überlegungen haben entscheidend zu den heutigen Vorstellungen von den Elementen und Verbindungen beigetragen. LAVOISIER fand heraus, dass bei Verbrennungen der brennbare Stoff mit Sauerstoff reagiert. Eine weitere bahnbrechende Erkenntnis ist ihm und anderen Wissenschaftlern seiner Zeit zu verdanken. Bis in das 18. Jahrhundert ging man davon aus, dass Wasser ein elementarer Stoff sei. LAVOISIER ordnete das Wasser den Verbindungen zu. Dieser Gedanke entwickelte sich, als LAVOISIER einen Schmied bei der Arbeit beobachtete: Nach dem Abkühlen von glühendem Eisen in Wasser war die Eisenoberfläche oxidiert. Aus dieser alltäglichen Beobachtung und seinen Überlegungen entstand das folgende Experiment:

Er ließ einen eisernen Flintenlauf mit zerkleinerten Eisennägeln füllen und in einem Ofen bis zum Glühen erhitzen. Dann leitete er Wasserdampf durch das Rohr. Das austretende Gas fing er über Wasser auf. Da aus dem aufgefangenen Gas durch Verbrennung wieder Wasser entstand, nannte er es Hydrogenium (griech.: Wasserbildner). Im deutschen Sprachraum heißt dieses Gas Wasserstoff.

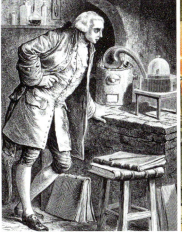

Wasser und Wasserstoff

5.2 Eigenschaften des Wasserstoffs

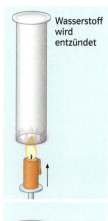
Wasserstoff wird entzündet

Kerze erlischt im Wasserstoff

Kerze entzündet sich wieder

B1 Eine Kerze erlischt in Wasserstoff

Wasserstoff ist ebenso wie Sauerstoff ein elementarer Stoff. Im Folgenden werden einige seiner Eigenschaften untersucht und vorgestellt.

Eigenschaften des Wasserstoffs. Wasserstoff ist ein farb- und geruchloses Gas und deshalb mit unseren Sinnesorganen nicht wahrnehmbar.
Ein mit Wasserstoff gefüllter Ballon steigt auf. Wasserstoff muss also eine geringere Dichte als Luft besitzen. Er hat sogar die *geringste Dichte aller Stoffe*. Die Dichte des Wasserstoffs beträgt nur 1/14 der Dichte der Luft, deshalb entweicht er auch sehr schnell aus einem Reagenzglas, dessen Öffnung nach oben gerichtet ist [V1].

Beim Einbringen einer brennenden Kerze in einen mit Wasserstoff gefüllten Zylinder [V2] *entzündet* sich der Wasserstoff am Rand, weil dort der zur Verbrennung notwendige Sauerstoff vorhanden ist. Im Innern erlischt die Kerze, beim Herausziehen wird die Kerze wieder entzündet [B1].

Wasserstoff hat die geringste Dichte aller Stoffe. Er ist brennbar, unterhält die Verbrennung jedoch nicht.

Stoffeigenschaft	Eigenschaft des Wasserstoffs
Farbe	farblos
Geruch	geruchlos
Geschmack	geschmacklos
Aggregatzustand (20 °C)	gasförmig
Löslichkeit in Wasser	sehr gering
Brennbarkeit	brennbar, bildet mit Luft und Sauerstoff explosive Gemische
Schmelztemperatur	−259 °C
Siedetemperatur	−253 °C
Dichte (20 °C)	0,083 g/l

B2 Eigenschaften des Wasserstoffs bei 1013 hPa (Normdruck)

B3 Katastrophe von Lakehurst

Wegen seiner geringen Dichte wurde der Wasserstoff früher als Füllgas für Zeppeline verwendet. Als der mit 200 000 m³ Wasserstoff gefüllte deutsche Zeppelin „Hindenburg" am 6. Mai 1937 in Lakehurst (USA) in Brand geriet und innerhalb weniger Minuten völlig vernichtet wurde [B3], war dies zunächst das Ende der Zeppelinluftfahrt. Heute werden Luftschiffe mit dem nicht brennbaren Edelgas Helium gefüllt.

Wasserstoff wird gasförmig in Druckgasflaschen (rote Flaschenschulter) oder tiefkalt verflüssigt in vakuumisolierten Tanks transportiert und gelagert.

V1 Zwei Reagenzgläser werden mit Wasserstoff gefüllt. Das eine wird mit der Öffnung nach oben, das andere umgekehrt festgehalten. Nach kurzer Zeit versucht man, den Wasserstoff zu entzünden. (Schutzbrille!)

V2 Man bringt in einen mit Wasserstoff gefüllten, mit der Öffnung nach unten eingespannten dickwandigen Zylinder rasch eine brennende Kerze ein und zieht sie wieder heraus. (Schutzbrille! Schutzscheibe!) Erkläre die Beobachtungen.

A1 Vergleiche die Eigenschaften von Sauerstoff, Stickstoff, Wasserstoff und Kohlenstoffdioxid und gib den Nachweis für jeden der Stoffe an.

Eigenschaften des Wasserstoffs

Gefahren beim Umgang mit Wasserstoff. Vermischt sich Wasserstoff mit Luft, so bildet sich ein Gemisch, das beim Zünden *explosionsartig* verbrennt. Noch heftiger erfolgt die Verbrennung von Wasserstoff im Gemisch mit reinem Sauerstoff. Man bezeichnet solche explosiven Gasgemische als **Knallgas**.

Außer Wasserstoff können auch andere *brennbare Gase* wie Erdgas oder Campinggas und Dämpfe von brennbaren Flüssigkeiten wie Benzin und Alkohol mit Luft *explosive Gas-Luft-Gemische* bilden.

Man muss die unerwünschte Entstehung solcher gefährlichen Gemische verhindern. Wo sie dennoch entstehen können (z. B. an Tankstellen und in Garagen), muss jede *Entzündungsmöglichkeit* (Rauchen, offenes Feuer, elektrische Funken) vermieden werden.

Gemische von brennbaren Gasen mit Luft können explodieren.

Wasserstoff bildet mit Luft explosionsfähige Gemische, wenn der Volumenanteil des Wasserstoffs zwischen 4 und 75 % liegt. Dies ist ein sehr breiter Bereich. Erdgas (Methan) bildet bei einem Volumenanteil von 5 bis 15 % explosionsfähige Gemische mit Luft.

Die Knallgasprobe. Tritt aus einer Apparatur Wasserstoff aus, entzündet man ihn. Damit wird die Bildung eines explosiven Gasgemischs verhindert. Vor dem Entzünden muss jedoch geprüft werden, ob reiner Wasserstoff oder das gefährliche Knallgas entströmt. Dazu füllt man am besten ein kleines Reagenzglas durch Wasserverdrängung mit dem aus der Apparatur ausströmenden Gas [B4].

Das Reagenzglas mit dem Gas nähert man mit der nach unten weisenden Öffnung der Brennerflamme. Brennt das Gas *ruhig* ab, so handelt es sich um *reinen Wasserstoff*, der gefahrlos entzündet werden kann. Verbrennt es dagegen mit einem *pfeifenden Geräusch*, so liegt das gefährliche *Knallgas* vor. In diesem Fall muss die Probe so oft wiederholt werden, bis kein Geräusch mehr auftritt.

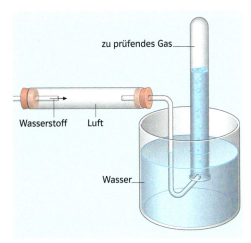

B4 Herstellung eines Prüfgemischs zur Durchführung der Knallgasprobe

V3 Man lässt Wasserstoff nach [B4] durch ein mit Luft gefülltes Glasrohr strömen, fängt das entweichende Gas in vier Reagenzgläsern auf und hält sie mit der Öffnung an die Brennerflamme. (Schutzbrille!)

A2 Bei der Ausführung der Knallgasprobe entsteht
a) ein laut pfeifendes Geräusch,
b) ein schwaches, dumpfes Geräusch.
Welche Schlussfolgerung ist zu ziehen?

A3 Beim Füllen eines Gefäßes mit Wasserstoff darf keine Flamme in der Nähe sein. Begründe.

B5 Knallgasprobe

Pfeifen beim Entzünden: viel Luft, wenig Wasserstoff

explosiv

Knall beim Entzünden:

hochexplosiv

Dumpfes Geräusch beim Entzünden: viel Wasserstoff, kaum (keine) Luft, Gas brennt ruhig ab

nicht explosiv

Wasser und Wasserstoff

5.3 Bildung von Wasser

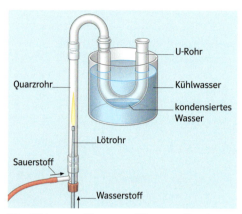

B2 Bildung von Wasser aus Wasserstoff und Sauerstoff

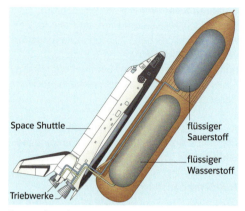

B3 Aufbau des Space Shuttles

Bei der Untersuchung des Wassers in Kap. 5.1 hat sich herausgestellt, dass Wasser eine Verbindung ist, die mindestens aus den Elementen Sauerstoff und Wasserstoff bestehen muss. Ob jedoch diese beiden Elemente allein die Verbindung Wasser bilden, kann noch nicht entschieden werden. Es ist möglich, dass bei der Reaktion von Magnesium mit Wasser noch andere Stoffe entstehen, die nicht identifiziert worden sind. Gelingt es aber, nur aus Wasserstoff und Sauerstoff Wasser herzustellen, ist dies eine überzeugende Bestätigung dafür, dass Wasser eine Verbindung aus diesen beiden Elementen ist.

Die Reaktion von Wasserstoff mit Sauerstoff in der Technik. Viele *Raketen* führen in ihren Tanks flüssigen Wasserstoff und flüssigen Sauerstoff mit. In den Triebwerken verbrennt dann der Wasserstoff mit dem Sauerstoff. Durch die freigesetzte thermische Energie entsteht ein hoher Druck – er erzeugt den Schub der Rakete.
Ingenieuren ist es gelungen, Wasserstoff anstelle von Benzin als *Treibstoff für Autos* einzusetzen. Möglicherweise kann dadurch die Belastung der Atmosphäre erheblich vermindert werden.

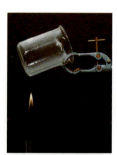

B1 Verbrennen von Wasserstoff an der Luft. Es bildet sich Wasser

Reaktion von Wasserstoff und Sauerstoff. Sowohl beim Verbrennen von Wasserstoff an Luft [V1, B1] als auch in reinem Sauerstoff [V2, B2] entsteht eine farblose Flüssigkeit. Die Nachweisreaktion zeigt, dass es sich dabei um Wasser handelt. Aus Wasserstoff und Sauerstoff hat sich also Wasser gebildet. Wasser ist ein Oxid des Wasserstoffs, also Wasserstoffoxid. Bei seiner Bildung aus den elementaren Stoffen entsteht viel thermische Energie:

Wasserstoff + Sauerstoff $\longrightarrow$ Wasser (-stoffoxid) | exotherm

Wasser ist eine Verbindung aus den Elementen Sauerstoff und Wasserstoff.

V1 Man hält ein trockenes Becherglas über eine Wasserstoffflamme. (Schutzbrille!)

V2 Man entzündet Wasserstoff an einer Lötrohrspitze und führt die höchstens 1 cm hohe Flamme in die Apparatur nach [B2] ein, in die von der Seite her langsam Sauerstoff einströmt. Dieser Strom wird so reguliert, dass mit dem glimmenden Holzspan am offenen Ende des U-Rohres Sauerstoff nachgewiesen werden kann (Schutzscheibe! Schutzbrille!). Führe mit der Flüssigkeit den Wassernachweis durch.

A1 Welche Vorteile ergeben sich für die Atmosphäre, wenn ein Auto mit Wasserstoff anstelle von Benzin angetrieben wird?

5.4 Impulse Reaktionsgleichung für die Wasserbildung

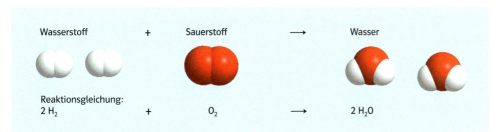

B1 Bei der Reaktion von Wasserstoff und Sauerstoff zu Wasser entstehen aus den Molekülen der Ausgangsstoffe die Moleküle des Wassers

Die kleinsten Teilchen des Wasserstoffs und Sauerstoffs sind zweiatomige Moleküle. Bei der Reaktion des Wasserstoffs und Sauerstoffs zu Wasser werden diese Moleküle in Sauerstoff- und Wasserstoffatome gespalten. Aus diesen bilden sich anschließend Wassermoleküle.
Die Summenformel der Wassermoleküle muss experimentell ermittelt werden (Kap. 5.8).

A1 Aus welchen Teilchen besteht:
a) Wasserdampf,
b) ein Knallgasgemisch aus Sauerstoff und Wasserstoff?

A2 Wie kann eine Mädchen-Jungen-Gruppe aussehen, die für ein Wassermolekül stehen soll?

B3 Verschiedene Moleküle

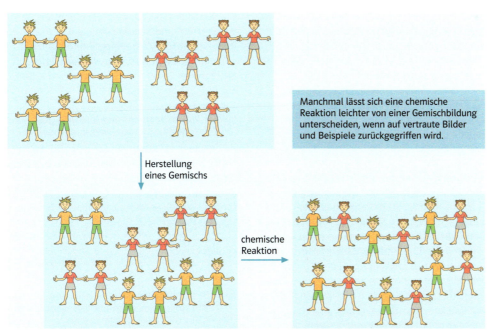

Manchmal lässt sich eine chemische Reaktion leichter von einer Gemischbildung unterscheiden, wenn auf vertraute Bilder und Beispiele zurückgegriffen wird.

B2 Jungen-Mädchen-Modell zur Herstellung eines Gemischs und zur chemischen Reaktion

5.5 Aktivierungsenergie und Katalysator

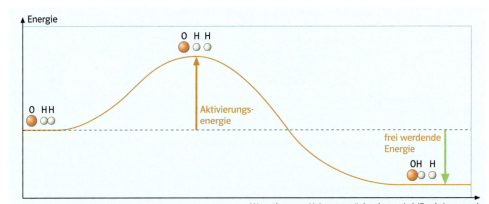

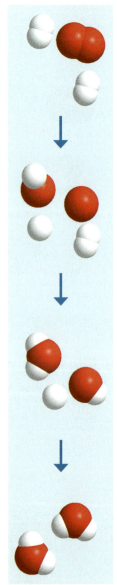

B1 Zusammenstöße mit großer Wucht führen zur Bildung von neuen Teilchen

B2 Aktivierungsenergie. Auf dem Weg zur Bildung eines Wassermoleküls ist Energie zur Überwindung der Energiebarriere erforderlich. Im nächsten Schritt wird ein weiteres H-Atom an das OH-Teilchen gebunden

Bei Zimmertemperatur reagieren Wasserstoff und Sauerstoff nicht miteinander. Ein Knallgasgemisch kann unbegrenzt aufbewahrt werden, ohne dass eine messbare Wasserportion gebildet wird.

Auslösen der Knallgasreaktion. Nach Zufuhr von Energie, z. B. Entzünden durch die Brennerflamme oder durch einen Funken, reagieren Wasserstoff und Sauerstoff explosionsartig zu Wasser. Es genügt, das Gasgemisch in einem *kleinen Bereich* zu erhitzen, um die Reaktion auszulösen. Die Reaktion breitet sich vom Ort der Entzündung mit großer Geschwindigkeit aus.

Aktivierungsenergie. Stoffe können nur miteinander reagieren, wenn die Teilchen der Ausgangsstoffe zusammenstoßen. Allerdings führt nicht jeder *Zusammenstoß* dazu, dass aus den Teilchen der Ausgangsstoffe die Teilchen der Reaktionsprodukte entstehen. Ein Zusammenstoß muss mit *genügend großer Wucht* erfolgen, damit eine Reaktion eintreten kann. Bei Zufuhr von Wärme bewegen sich die Teilchen schneller, als Folge finden auch mehr Zusammenstöße mit einer genügend großen Wucht statt.

Die Energie, mit der die Teilchen für das Eintreten der Reaktion wenigstens zusammenstoßen müssen, wird Aktivierungsenergie genannt.

Die Tatsache, dass bei einer Reaktion der Wasserstoff- und Sauerstoffmoleküle zu Wassermolekülen eine Energiebarriere überwunden werden muss, lässt sich anschaulich beschreiben.
Zur Bildung der Wassermoleküle müssen sowohl Sauerstoff- als auch Wasserstoffmoleküle in Atome getrennt werden. Dies geschieht durch Vergrößerung der Abstände zwischen den Atomen und Überwindung der Bindungskräfte zwischen den Atomen in den Molekülen. Dazu muss Energie aufgewendet werden. Bilden sich die Wassermoleküle aus den Wasserstoff- und Sauerstoffatomen, wird Energie frei. Die Wassermoleküle werden aber sicher nicht in einem, sondern in mehreren Schritten gebildet.

A1 Beschreibe Schritte, die zur Bildung von Wassermolekülen aus Wasserstoff- und Sauerstoffmolekülen führen.

Aktivierungsenergie und Katalysator

Um die Reaktion auszulösen, genügt es, zur Spaltung der Ausgangsmoleküle an einer Stelle des Gemisches Aktivierungsenergie zuzuführen. Die frei werdende Energie bei der Bildung von H_2O-Molekülen liefert die Aktivierungsenergie für die Spaltung weiterer H_2- bzw. O_2-Moleküle. Es breitet sich eine Kettenreaktion aus.

Das Auslösen einer chemischen Reaktion durch Zufuhr von Aktivierungsenergie kann man mit dem Anstoßen des ersten Dominosteines in einem Wettbewerb am „Domino Day" vergleichen. Ist der erste Stein gefallen, fallen nacheinander alle Dominosteine [B3]. Auch Verzweigungen und Figuren kommen zu Fall.

Katalysator und Aktivierungsenergie. Lässt man Wasserstoff über eine Keramikperle strömen, die fein verteiltes Platin enthält, so beobachtet man nach kurzer Zeit, dass die Perle zu glühen beginnt [B4]. Schließlich entzündet sich der Wasserstoff oberhalb der Perle und verbrennt mit dem Sauerstoff der Luft zu Wasser. Die Reaktion kommt also unter diesen Bedingungen ohne äußere Energiezufuhr in Gang.

Den Vorgang erklärt man sich so: Die Wasserstoff- und Sauerstoffmoleküle haften an der Platinoberfläche. Zwischen den Platinatomen und den Wasserstoff- und Sauerstoffmolekülen wirken Anziehungskräfte [B5]. Dieses führt dazu, dass die Atome in den Molekülen weniger fest zusammenhalten. Die Moleküle werden leichter gespalten. Nach der Bildung der Wassermoleküle und ihrer Ablösung von der Platinoberfläche liegt das Platin unverändert vor. Es kann wieder eingesetzt werden.

V1 Man leitet mit einer Lötrohrspitze oder einem Glasröhrchen Wasserstoff auf mit Platin belegte Keramikperlen, die auf einem Drahtnetz liegen. Der Gasstrom darf nicht zu schwach, aber auch nicht zu stark eingestellt sein. Er wird so geregelt, dass die Perlen zu glühen beginnen.

A2 Verreibt man feines Kupfer- und Schwefelpulver in einer Reibschale, setzt plötzlich die chemische Reaktion der Kupfersulfidbildung ein. Erkläre den beschriebenen Sachverhalt.

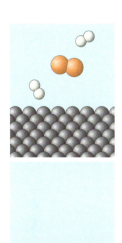
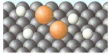

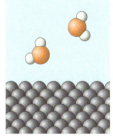

B5 Platin als Katalysator. Der Katalysator erleichtert die Spaltung der Wasserstoff- und Sauerstoffmoleküle

B3 Aktivierungsenergie und Dominoeffekt

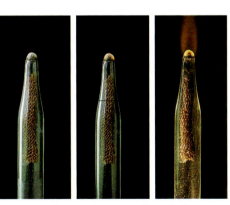

B4 Entzündung von Wasserstoff am Platinkatalysator

Wasser und Wasserstoff

Aktivierungsenergie und Katalysator

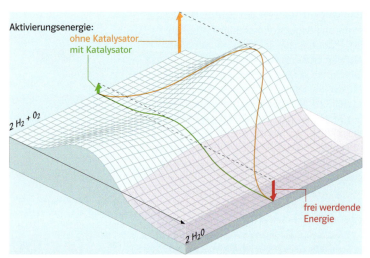

B6 Veranschaulichung der Wirkungsweise eines Katalysators. Der Reaktionsweg mit Katalysator hat eine kleinere Aktivierungsenergie

Im Benzin liegen Verbindungen vor, die aus Kohlenstoff- und Wasserstoffatomen aufgebaut sind. Bei der Verbrennung des Benzins wird neben Kohlenstoffdioxid und Wasser auch Kohlenstoffmonooxid gebildet. Teilweise verlassen C-H-Verbindungen (Kohlenwasserstoffe) den Motor unverbrannt. Bei den hohen Temperaturen im Motor wird auch Stickstoff aus der Luft oxidiert. Es entstehen Stickstoffoxide.

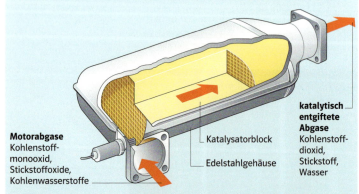

Beim Durchströmen des Autoabgaskatalysators reagieren die Schadstoffe Kohlenstoffmonooxid, Kohlenwasserstoffe und Stickstoffoxide zum größten Teil zu Kohlenstoffdioxid, Wasser und Stickstoff.
Der Autoabgaskatalysator ist also *kein Filter*.

B7 Einer der bekanntesten Katalysatoren – der Autoabgaskatalysator

Die bei der Bildung des Wassers frei werdende Energie erwärmt die Perle bis zur Rotglut. Die Temperatur reicht aus, dass sich der ausströmende Wasserstoff entzündet.

Einen Stoff, der eine chemische Reaktion beschleunigt oder bei einer niedrigeren Temperatur ermöglicht, nennt man Katalysator. Er nimmt an der Reaktion teil, liegt aber nach der Reaktion unverändert vor. Ein Katalysator ermöglicht einen Reaktionsweg mit niedrigerer Aktivierungsenergie.

Katalysatoren spielen bei sehr vielen chemischen Reaktionen in der Industrie, aber auch im Körper von Mensch, Tier und Pflanze eine große Rolle. So läuft z. B. die Verdauung der Nahrung im menschlichen Körper unter dem Einfluss von Biokatalysatoren (Enzymen) bei Körpertemperatur, also ca. 37 °C ab.

Exkurs Das Platinfeuerzeug von DÖBEREINER

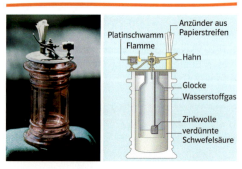

1823 gelang dem Jenaer Chemiker JOHANN WOLFGANG DÖBEREINER (1780–1849) die Entzündung eines Gemisches aus Wasserstoff und Sauerstoff mit fein verteiltem Platin. Dieses führte zur Erfindung des Döbereiner'schen Platinfeuerzeugs, das zu einem begehrten Handelsobjekt wurde. Im Feuerzeug wurde Wasserstoff aus Zink und verdünnter Schwefelsäure erzeugt. Drückte man den großen Hebel des Feuerzeugs, konnte das Gas entweichen und sich am fein verteilten Platin, dem Platinschwamm, entzünden. Der Flüssigkeitsspiegel im inneren Glas stieg und benetzte das Zink. Dabei entstand so lange Wasserstoff, wie die Säure mit Zink in Kontakt kam. Bei geschlossenem Hahn drückte der Wasserstoff die Schwefelsäure wieder nach unten, bis sie das Zink nicht mehr erreichte.

5.6 Praktikum Chemische Reaktion und Katalysator

V1 Reaktion von Wasserstoff ohne Flamme
Geräte, Materialien: verschlossenes mit Wasserstoff gefülltes Reagenzglas, Katalysatorperlen, Watesmopapier, Pinzette.
Durchführung: Öffne das Reagenzglas kurz und gib ca. 6 Katalysatorperlen dazu. Lass die Perlen langsam im Reagenzglas hin- und herrollen. Befühle das Glas außen entlang des Weges der Perlen. Ziehe den Stopfen ab und wische das Reagenzglas mit Watesmopapier aus.
Aufgaben:
a) Beschreibe und deute deine Beobachtungen.
b) Verändern sich die Katalysatorperlen?

V2 Wasserstoffperoxid und Katalysator
Wasserstoffperoxid ist ein häufig eingesetztes Oxidationsmittel, weil es in Wasser und Sauerstoff zerfällt [B1]. Der entstehende Sauerstoff oxidiert viele Stoffe.

Wasserstoffperoxid $\longrightarrow$ Wasser + Sauerstoff | exotherm

$$2\,H_2O_2 \longrightarrow 2\,H_2O + O_2$$

Bei Zimmertemperatur ist Wasserstoffperoxid sowohl in reinem wie in gelöstem Zustand beständig. Erst beim Erwärmen auf höhere Temperaturen zerfällt es, unter Umständen gar explosionsartig. Durch Katalysatoren lässt sich die Zerfallsgeschwindigkeit des Wasserstoffperoxids stark erhöhen.

Geräte, Materialien, Chemikalien: Wasserstoffperoxidlösung ($w \approx 5\%$), Katalysatorperlen, Holzspan, Feuerzeug, Reagenzglas, Reagenzglasständer, Teesieb, Trichter, Becherglas (100 ml).
Durchführung:
a) Fülle ein Reagenzglas zu etwa einem Drittel mit der Wasserstoffperoxidlösung. Gib in die Lösung etwa 4 Katalysatorperlen. Prüfe den Gasraum mit einem glimmenden Holzspan.
b) Gieße den Reagenzglasinhalt durch ein Teesieb in ein Becherglas (100 ml), spritze die Katalysatorperlen mit dest. Wasser ab.
c) Wiederhole den Versuch (a) mit den abgespritzten Katalysatorperlen.
Achtung: Die Wasserstoffperoxidlösung darf nicht auf die Haut oder in die Augen gelangen! Wenn es doch passiert ist, wird mit viel Wasser gespült.
Aufgaben:
a) Beschreibe deine Beobachtungen.
b) Haben sich die Katalysatorperlen verändert?
c) Können die Katalysatorperlen weitere Male verwendet werden. Begründe!

V3 Biokatalysator in Kartoffeln
Geräte, Materialien, Chemikalien: Wasserstoffperoxidlösung ($w \approx 5\%$), rohe Kartoffel, gekochte Kartoffel, Reibschale mit Pistill, Reagenzglas, Reagenzglasständer, Holzspan.
Durchführung:
a) Zerquetsche ein kleines Stück rohe Kartoffel. Gib den Brei in ein Reagenzglas, das zu einem Drittel mit der Wasserstoffperoxidlösung gefüllt ist. Führe nach kurzem Abwarten die Glimmspanprobe durch.
b) Wiederhole den Versuch mit einem Stückchen gekochter Kartoffel.
Achtung: Die Wasserstoffperoxidlösung darf nicht auf die Haut oder in die Augen gelangen! Wenn es doch passiert ist, wird mit viel Wasser gespült.
Aufgabe: Beschreibe und deute deine Beobachtungen.

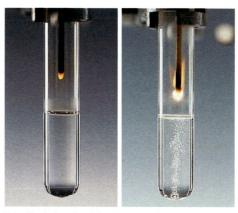

B1 Platin ist ein vielseitiger Katalysator, es katalysiert auch den Zerfall von Wasserstoffperoxid

5.7 Exkurs Volumen und Teilchenanzahl von Gasen

B1 AMEDEO AVOGADRO (1776–1856)

Gase nehmen im Gegensatz zu festen und flüssigen Stoffen bei gleicher Masse einen viel größeren Raum ein. So hat z. B. 1 g Wasser im flüssigen Zustand bei 20 °C und 1013 hPa ein Volumen von etwa 1 cm³. Verdunstet diese Wasserportion, so nimmt das Wasser das ca. 1300 fache Volumen, also 1300 cm³ ein.

Ein Stoff im gasförmigen Zustand besteht aus einzelnen frei beweglichen Teilchen, die im Vergleich zu ihrer eigenen Größe weit voneinander entfernt sind. Der leere Raum zwischen den einzelnen Teilchen bestimmt das Volumen einer Gasportion.
Die *Teilchengröße* hat auf das *Volumen* des Gases *keinen Einfluss*.

Das Volumen von Gasportionen bei Temperatur- und Druckänderungen. Erwärmt man z. B. 30 cm³ Helium, Sauerstoff oder Luft von 0 °C auf 90 °C, so weisen alle drei Gasportionen ein Volumen von etwa 39 cm³ auf. Erwärmt man Portionen gleichen Volumens *verschiedener Gase*, so beobachtet man also bei *gleicher Temperaturerhöhung* immer die gleiche *Volumenvergrößerung*. Portionen verschiedener Flüssigkeiten und Feststoffe gleichen Volumens dehnen sich im Gegensatz zu den Gasen unterschiedlich stark aus. Auch bei gleicher Druckänderung ist die Änderung des Volumens bei allen Gasen gleich groß, wenn die Temperatur gleich bleibt.

Dieses *Gleichverhalten der Gase* legt die Vermutung nahe, dass in gleichen Volumina verschiedener Gase unter gleichen Bedingungen gleich viele Teilchen enthalten sind. Diese Vermutung formulierte der italienische Physiker AMEDEO AVOGADRO bereits 1811 als Hypothese.

In gleichen Volumina verschiedener Gase sind gleich viele Teilchen enthalten, wenn der Druck der Gasportionen und deren Temperatur gleich sind.

Das molare Volumen. Nach AVOGADRO müssen Gasportionen mit gleichen Teilchenanzahlen auch gleiche Volumina besitzen.
Diese Gemeinsamkeit aller Gase wird besonders deutlich bei der Betrachtung des

30 cm³ Helium und 30 cm³ Sauerstoff bei 0 °C und 1013 hPa

39 cm³ Helium und 39 cm³ Sauerstoff bei 90 °C und 1013 hPa

B2 Volumenvergrößerung bei der Erwärmung von Gasen

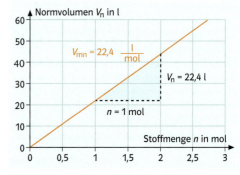

B3 Zusammenhang zwischen Stoffmenge und Volumen bei Gasen

Zusammenhangs zwischen dem Volumen einer Gasportion und deren Stoffmenge. Für alle gasförmigen Stoffe ergibt sich derselbe Zusammenhang.

Charakteristisch ist der Quotient aus dem Volumen V und der Stoffmenge n. Man bezeichnet diesen als molares Volumen V_m.

$$V_m = \frac{V}{n} \quad \text{Einheit: } \frac{\text{Liter}}{\text{Mol}} \quad \text{(Zeichen: } \frac{l}{mol}\text{)}$$

Bei gleichem Druck und gleicher Temperatur haben alle Gase (im Gegensatz zu Flüssigkeiten und Feststoffen) das gleiche molare Volumen. Bei *Normbedingungen* ist das molare Volumen von Gasen $V_{mn} = 22{,}4\,l/mol$. Bei *Zimmertemperatur* (etwa 20 °C) und einem Luftdruck, der nicht weit vom Normdruck (1013 hPa) abweicht, kann man mit dem Wert $24\,l/mol$ rechnen. (Der Index n in V_{mn} steht für „Norm" und ist nicht mit dem kursiven „n" für Stoffmenge zu verwechseln.)

A1 a) Berechne die molare Masse bzw. Teilchenmasse für Sauerstoffteilchen.
Hilfen: Für Gase gilt: $M = \varrho \cdot V_{mn}$
ϱ(Sauerstoff) = 1,429 g/l bei Normbedingungen.
b) Warum ist das Ergebnis ein Hinweis darauf, dass Sauerstoff aus Molekülen und nicht aus Atomen besteht?

118 Allgemeine Chemie

5.8 Exkurs Quantitative Wassersynthese

Volumenverhältnis der reagierenden Wasserstoff- und Sauerstoffportionen
$V(\text{Wasserstoff}) : V(\text{Sauerstoff}) = 2 : 1$

Massen der reagierenden Gasportionen
Hilfe: $\varrho(\text{Wasserstoff}) = 0{,}083\,\text{g/l}$
$\varrho(\text{Sauerstoff}) = 1{,}33\,\text{g/l}$
(beides bei 20 °C und Normdruck)

$m(\text{Wasserstoff}) = 0{,}083\,\text{g/l} \cdot 2\,\text{l} = 0{,}166\,\text{g}$
$m(\text{Sauerstoff}) = 1{,}33\,\text{g/l} \cdot 1\,\text{l} = 1{,}33\,\text{g}$

Massenverhältnis der reagierenden Gasportionen
$m(\text{Wasserstoff}) : m(\text{Sauerstoff})$
$= 0{,}166\,\text{g} : 1{,}33\,\text{g}$
$= 1 : 8 = 2 : 16$

Teilchenanzahlverhältnis
$m_t(\text{H}) = 1\,\text{u}$ und $m_t(\text{O}) = 16\,\text{u}$
Damit man auf ein Verhältnis von 2:16 kommt, muss man 2 Wasserstoffatome und 1 Sauerstoffatom pro Wassermolekül einbringen.

B1 Berechnung der Verhältnisformel des Wassers (Rechenbeispiel)

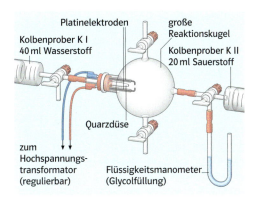

B2 Synthese von gasförmigem Wasser in trockenem Sauerstoff

Wasserstoff und Sauerstoff reagieren zu Wasser. Die Formel für das Wassermolekül (H_2O) ist meist bekannt, aber wie kann man diese experimentell ermitteln? Bei chemischen Reaktionen erfolgt nur dann eine *vollständige* Reaktion, wenn die Stoffportionen der Edukte im richtigen Verhältnis eingesetzt werden. Es ist daher sinnvoll zu untersuchen, in welchem Volumenverhältnis Wasserstoff und Sauerstoff miteinander reagieren.

Die Verhältnisformel des Wassers. Variiert man die Volumenverhältnisse der reagierenden Wasserstoff- und Sauerstoffportionen [V1, B3] ergibt sich:
$V(\text{Wasserstoff}) : V(\text{Sauerstoff}) = 2 : 1$.
Aus den Volumina lassen sich auch die Massen der reagierenden Gasportionen berechnen, wenn man die Gasdichten kennt ($m = \varrho \cdot V$). Man erhält das Massenverhältnis
$m(\text{Wasserstoff}) : m(\text{Sauerstoff}) = 1 : 8$.
Mit $m(\text{H}) = 1\,\text{u}$ und $m(\text{O}) = 16\,\text{u}$ ergibt sich $N(\text{H}) : N(\text{O}) = 2 : 1$. In B1 ist hierzu ein Rechenbeispiel zu finden. Ein H_2O-Molekül muss also doppelt so viele H- wie O-Atome enthalten. Mithilfe des Satzes von Avogadro erhält man weitere Hinweise auf die Zusammensetzung der Gasteilchen, bei seiner Anwendung auf die Wassersynthese muss auch das entstehende Wasser [V2] gasförmig vorliegen.
Bei der Reaktion von z. B. 40 ml Wasserstoff und 20 ml Sauerstoff erhält man 40 ml gasförmiges Wasser. Damit ist das Verhältnis:

$V(\text{Wasserstoff}) : V(\text{Sauerstoff}) : V(\text{Wasser}) = 2 : 1 : 2$

Es reagieren immer 2 Raumteile Wasserstoff mit 1 Raumteil Sauerstoff zu 2 Raumteilen gasförmigem Wasser. In jedem Raumteil liegen nach dem Satz von Avogadro gleich viele Gasteilchen vor. Die Anzahl der Teilchen in einer Gasportion ist riesig.

V1 Man leitet in ein Eudiometerrohr Sauerstoff und Wasserstoff im Verhältnis 1:1 ein, zündet das Gemisch (Schutzscheibe!) und liest das Restvolumen ab. Man wiederholt den Versuch mit den Verhältnissen 2:1 (maximal 6 ml!), 1:2 und 3:1.

V2 Versuchaufbau wie in [B2]. Die 2-Liter-Kugel wird mit Sauerstoff gespült und K II auf die Marke 20 ml eingestellt. Man füllt K I mit 40 ml Wasserstoff. Zwischen den Elektroden wird eine Funkenstrecke erzeugt und der Wasserstoff aus K I langsam in die Kugel geleitet (Schutzscheibe!). Nach dem Abkühlen liest man das Endvolumen ab. Bei jeder Ablesung muss in den Manometerschenkeln Gleichstand herrschen.

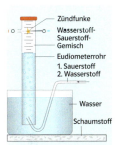

B3 Quantitative Knallgasreaktion. Die Ausgangsstoffe reagieren nur im Volumenverhältnis 2:1 vollständig

Exkurs Quantitative Wassersynthese

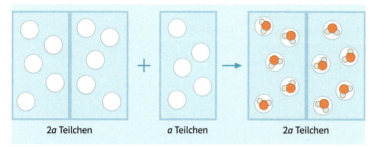

B4 Synthese von gasförmigem Wasser. Das Volumenverhältnis der Gasportionen und das Verhältnis der Teilchenanzahlen sind gleich

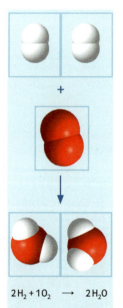

B5 Anwendung des Satzes von AVOGADRO auf die Wassersynthese im Modell

In den in B4 dargestellten Raumteilen wird die unbekannte Teilchenanzahl a durch 5 Teilchen vertreten.

Wenn die Teilchen von Sauerstoff und Wasserstoff Atome wären und die Moleküle des Wassers durch die Formel H_2O richtig beschrieben würden, erhielten wir:

$$2\,a\,H + 1\,a\,O \longrightarrow 1\,a\,H_2O$$

Nach dieser Reaktionsgleichung dürfte jedoch aus 2 Raumteilen Wasserstoff und 1 Raumteil Sauerstoff nur 1 Raumteil Wasser entstehen. Die Gleichung stimmt also nicht mit dem Versuchsergebnis überein. Die einfachste Deutung, die nicht im Widerspruch zum Versuchsergebnis steht, ist:

$$2\,a\,H_2 + 1\,a\,O_2 \longrightarrow 2\,a\,H_2O$$

In B5 ist diese einfachste Deutung des Versuchsergebnisses für $a = 1$ veranschaulicht.

Formel für das Wassermolekül. Weitere widerspruchsfreie Deutungen wären auch mit den Formeln H_4O_2, H_6O_3 usw. möglich, die alle der Verhältnisformel H_2O_1 entsprechen. Die Bestimmung der Normdichte von gasförmigem Wasser [V3, B5] lässt eine eindeutige Entscheidung zu.
Ein Versuchsergebnis:

$$\varrho_n(\text{Wasser, gasförmig}) = 0{,}76\,\text{g/l}$$

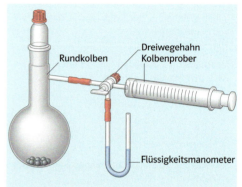

B6 Bestimmung der molaren Masse leicht verdampfbarer Flüssigkeiten

Damit ist: $M = 22{,}4\,\text{l/mol} \cdot 0{,}76\,\text{g/l}$
$= 17{,}0\,\text{g/mol}$

Trotz einer Abweichung vom theoretischen Wert führt dieser Wert zu der Summenformel H_2O, da die molare Masse z. B. bei der Formel H_4O_2 doppelt so groß sein müsste.

V3 In den Kolben der Apparatur in B6 gibt man ca. 10 Stahlkugeln ($d ≈ 1\,\text{cm}$). Der Kolben wird mit Stickstoff gespült, um den Gasraum frei von Luftfeuchtigkeit zu machen. Anschließend gibt man mit einer Mikroliterspritze ein genau bestimmtes Volumen (ca. 10 µl) Wasser in den Kolben. Durch kreisende Bewegung des Kolbens wird der Verdunstungsvorgang des Wassers beschleunigt. Man bestimmt die Volumenzunahme sowie Temperatur und den Luftdruck. Zur Auswertung wird zunächst das Volumen des entstandenen gasförmigen Wassers auf das Normvolumen umgerechnet (Anhang). Zusammen mit der Masse des eingesetzten Wassers lässt sich die Normdichte des gasförmigen Wassers und weiter die molare Masse berechnen.

A1 40 ml Wasserstoff reagieren mit 20 ml Sauerstoff vollständig zu Wasser. Berechne mithilfe des Volumenverhältnisses und der Normdichten (Anhang) das Massenverhältnis $m(\text{Wasserstoff}) : m(\text{Sauerstoff})$.

5.9 Durchblick Zusammenfassung und Übung

Wasserstoff
- besteht aus zweiatomigen Molekülen: H_2
- ist der elementare Stoff mit der geringsten Dichte
- ist brennbar, unterhält aber nicht die Verbrennung
- bildet mit Sauerstoff ein explosives Gemisch
- kann durch die Knallgasprobe nachgewiesen werden

Wasser
- eine Verbindung, die aus Molekülen besteht
- die Moleküle haben die Summenformel H_2O
- kann in Wasserstoff und Sauerstoff zerlegt und aus Sauerstoff und Wasserstoff gebildet werden

Wassernachweis
Wasser lässt sich mit weißem *Kupfersulfat* oder mit *Watesmopapier* nachweisen. Bei Berührung mit Wasser bildet sich aus weißem Kupfersulfat blaues.
Watesmopapier wird bei Benetzung mit Wasser blau.

Zerlegung und Bildung von Wasser
Die Zerlegung ist eine endotherme chemische Reaktion:

$2\ H_2O \longrightarrow 2\ H_2 + O_2 \quad |\ \text{endotherm}$

Die Bildung aus den elementaren Stoffen ist eine exotherme chemische Reaktion:

$2\ H_2 + O_2 \longrightarrow 2\ H_2O \quad |\ \text{exotherm}$

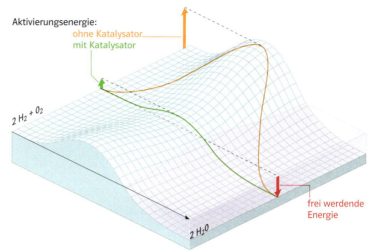

Aktivierungsenergie
Die Energie, mit der Teilchen für das Eintreten einer chemischen Reaktion wenigstens zusammenstoßen müssen, wird Aktivierungsenergie genannt.

Katalysator
Einen Stoff, der eine chemische Reaktion beschleunigt oder bei einer niedrigeren Temperatur ermöglicht, bezeichnet man als Katalysator. Er nimmt an der Reaktion teil, liegt aber nach der Reaktion unverändert vor. Ein Katalysator ermöglicht einen Reaktionsweg mit niedrigerer Aktivierungsenergie.

Wasser und Wasserstoff

Durchblick Zusammenfassung und Übung

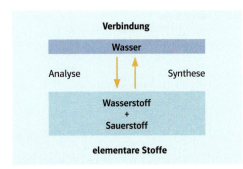

B2 Zu Aufgabe 1

A1 Die Zerlegung einer Verbindung in die elementaren Stoffe wird *Analyse* genannt. Die Herstellung von Verbindungen aus den elementaren Stoffen oder anderen Verbindungen nennt man *Synthese* [B2]. Der Ausdruck Analyse wird mit anderer Bedeutung auch bei der Untersuchung eines Gemisches gebraucht, wenn einzelne Bestandteile bestimmt werden. Nenne einige Beispiele für Synthesen bzw. Analysen.

A2 Man schichtet auf eine Magnesiarinne schwarzes Kupferoxid und schiebt sie in das Reaktionsrohr der Apparatur [B1]. Anschließend leitet man Wasserstoff ein. Nach Verdrängen der Luft und Knallgasprobe mit negativem Ausgang entzündet man das Gas an der Glasrohrspitze und reguliert den Gasstrom so, dass der Wasserstoff mit kleiner Flamme brennt.

Das Kupferoxid wird dort erhitzt, wo der Wasserstoff einströmt. Nach dem ersten Aufglühen kann man den Brenner entfernen, das Glühen wandert durch die ganze Stoffportion; gleichzeitig ändert sich die Farbe von Schwarz nach Hellrot. Im gewinkelten Glasrohr kondensiert eine farblose Flüssigkeit.
a) Welche neuen Stoffe sind entstanden? Wie kann man die farblose Flüssigkeit identifizieren?
b) Formuliere das Reaktionsschema und die Reaktionsgleichung (Formel für eine Elementargruppe Kupferoxid: CuO). Kennzeichne den Oxidations- und den Reduktionsvorgang.
c) Warum kann man nach dem ersten Aufglühen den Brenner entfernen?

A3 In einer Apparatur nach B3 wird leitfähig gemachtes Wasser durch elektrische Energie zerlegt (Elektrolyse). Wie lassen sich die entstandenen Gase identifizieren?

A4 40 l Wasserstoffgas sollen vollständig verbrannt werden. Welches Volumen muss die Sauerstoffportion haben? Wie groß ist das Volumen des gasförmigen Wassers? (Es sollen die gleichen Druck- und Temperaturbedingungen gelten.)

A5 Welches Volumen nehmen 0,5 g Wasserstoff bei Zimmertemperatur und 1013 hPa etwa ein?

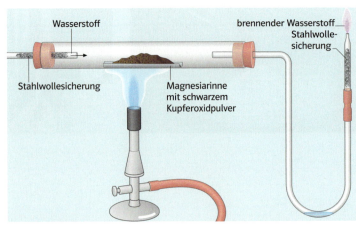

B1 Zu Aufgabe 2

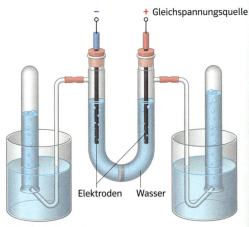

B3 Zu Aufgabe 3

6 Atombau und Periodensystem

Die Atome der Elemente – also die verschiedenen Atomarten – unterscheiden sich in ihrer Masse und Größe.

▬ Reaktionsgleichungen und Massenberechnungen lassen sich mithilfe des einfachen Dalton´schen Atommodells verstehen. Welcher Zusammenhang besteht aber zwischen den Eigenschaften der elementaren Stoffe und ihren Atomarten? Um darauf eine Antwort geben zu können, lernen wir ein weiteres Atommodell kennen.

▬ Dimitrij Mendelejew und Lothar Meyer entdeckten unabhängig voneinander erstmals ein Periodensystem, in dem ähnliche Elemente gesetzmäßig in sich wiederholenden Reihen angeordnet sind. Worauf ist diese Anordnung begründet? Mit der Entdeckung von Bestandteilen der Atome gelang es, Atommodelle zu entwickeln, die für die Atome aller Elemente ein gemeinsames Bauprinzip erkennen lassen. Durch den Vergleich der Anzahl der einzelnen Bestandteile der Atomarten kann man die Anordnung im Periodensystem der Elemente verstehen.

6.1 Alkalimetalle – eine Elementgruppe

Die bisher behandelten Metalle unterscheiden sich trotz gemeinsamer Eigenschaften deutlich voneinander. Im Gegensatz dazu gibt es eine Gruppe von Metallen mit außergewöhnlichen und auffällig ähnlichen Eigenschaften.

Schon die Aufbewahrung ist überraschend. Lithium-, Natrium- und Kaliumstücke werden in Paraffinöl aufbewahrt. Rubidium und Caesium sind in Ampullen eingeschmolzen.
Lithium, *Natrium*, *Kalium*, *Rubidium* und *Caesium* bilden die Elementgruppe der *Alkalimetalle*. Die Zeichen der Atome sind: Li, Na, K, Rb, Cs.

Vergleich der Eigenschaften. So wie die Lithium-, Natrium- und Kaliumstücke aussehen und aufbewahrt werden, könnte man bezweifeln, dass es sich dabei um Metalle handelt. Überraschenderweise lassen sie sich mit dem Messer schneiden. Es zeigt sich, dass die Stücke von einer Kruste überzogen sind. Die frischen Schnittflächen glänzen silbrig. Sie überziehen sich aber schnell wieder mit einem matten Belag. Beim etwas zähen Lithium zeigt sich der Glanz ein wenig länger als beim weichen Natrium, dessen Schnittfläche sofort wieder matt wird. Das noch weichere Kalium überzieht sich schon während des Schneidens mit einer matt bläulichen Schicht.
Lithium, Natrium und Kalium leiten den elektrischen Strom.

B1 Schneiden von Natrium an Luft

Glanz, Verformbarkeit und elektrische Leitfähigkeit zeigen, dass Metalle vorliegen.

Lithiumstücke schwimmen auf Paraffinöl. Von diesen Feststoffen hat Lithium die geringste Dichte. Auch Natrium und Kalium haben kleinere Dichten als Wasser [B4].

Alkalimetalle haben niedrige Schmelztemperaturen. Lediglich Lithium schmilzt bei einer Temperatur von über 100 °C. Erhitzt man frisch geschnittene Stückchen von Lithium, Natrium und Kalium gleicher Größe auf einem Keramik-Drahtnetz, sodass alle von der erhitzten Stelle gleich weit entfernt sind, entzündet sich Kalium sehr schnell und brennt mit hellvioletter Flamme. Es folgt Natrium mit leuchtend gelber Flamme. Zuletzt brennt Lithium sehr hell. Die Flamme zeigt einen roten Saum. Rubidium und Caesium sind so reaktionsfreudig, dass sie in Glasampullen aufbewahrt werden. Kommen Caesium bzw. Rubidium mit Luft in Berührung, so entzünden sie sich schon bei Zimmertemperatur.

Die Reaktion der Alkalimetalle mit Wasser.
Legt man ein kleines entrindetes Stückchen Natrium auf ein nasses Filterpapier, schmilzt das kantige Stückchen durch die bei der exothermen Reaktion mit Wasser frei werdende thermische Energie sofort zu einer Kugel und entzündet sich. Wird ein frisch geschnittenes Natriumstückchen in eine große mit Wasser gefüllte Schale geworfen, bildet sich sofort eine Kugel, die auf der Wasseroberfläche zischend hin- und herfährt und eine Spur von Gasbläschen hinterlässt. Die Kugel wird schnell kleiner und verschwindet.

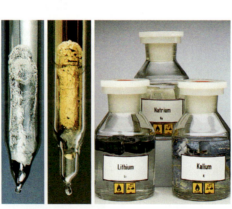

B2 Alkalimetalle. Rubidium (links) und Caesium (Mitte) werden in Ampullen, die anderen unter Paraffinöl aufbewahrt

B3 Die Reaktion des Natriums mit Wasser verläuft stark exotherm

Alkalimetalle – eine Elementgruppe

Element	Zeichen für das Atom	Dichte in g/cm³	Schmelz-temperatur in °C	Siede-temperatur in °C	Härte	Entzün-dungs-temperatur	Heftigkeit der Reaktion mit Wasser	Flammen-färbung
Lithium	Li	0,53	180	1342				karminrot
Natrium	Na	0,97	98	883	nimmt ab	nimmt ab	nimmt zu	gelb
Kalium	K	0,86	63	760				violett
Rubidium	Rb	1,53	39	686				dunkelrot
Caesium	Cs	1,88	28	669				blau

B4 Eigenschaften der Alkalimetalle im Vergleich. Viele Eigenschaften, in denen sich die Alkalimetalle ähnlich sind, ändern sich in abgestufter Weise

Ein Stückchen Lithium reagiert bei diesem Versuch wie Natrium, jedoch langsamer und ohne zu schmelzen. Gelangt ein Stückchen Kalium auf die Wasseroberfläche, schmilzt es und entzündet sich sofort.
Rubidium und Caesium reagieren mit Wasser explosionsartig.

Bei der Reaktion der Alkalimetalle mit Wasser entstehen jeweils Wasserstoff und ein weißer Feststoff. Bei diesen festen Reaktions-produkten handelt es sich um Alkalimetall-Wasserstoff-Sauerstoff-Verbindungen. Sie werden **Alkalimetallhydroxide** genannt. Für diese Hydroxide ergeben sich folgende Verhältnisformeln:
LiOH, NaOH, KOH, RbOH, CsOH.

Alkalimetalle reagieren mit Wasser zu Alkalimetallhydroxiden und Wasserstoff. Die Reaktionen verlaufen exotherm.
Beispiel Lithium:
$2\,Li + 2\,H_2O \longrightarrow 2\,LiOH + H_2$

Vorkommen der Alkalimetalle. In der Natur kommen diese Metalle nur in Form ihrer Verbindungen vor. Der Name al-kali ist das arabische Wort für Pottasche, eine Kalium-verbindung, die man aus Pflanzenasche gewinnen kann.
Wie die Verbindungen des Kaliums sind auch die des Natriums schon seit mehreren tausend Jahren bekannt. Natron (von ägyptisch Neter) und Soda kommen in Salzseen und Salzablage-rungen vieler Trockengebiete vor.

Kalium und Natrium wurden als erste Alkali-metalle 1807 entdeckt.

Flammenfärbung. Bringt man eine Natrium-verbindung in die nichtleuchtende Brenner-flamme, leuchtet diese wie die Flamme des brennenden Natriums intensiv gelb. Auch die anderen Alkalimetalle und ihre Verbindungen erzeugen charakteristische Flammenfarben [B5].

A1 Erkläre die Beobachtung, dass sich die Schnittflächen von Lithium, Natrium und Kalium an der Luft mit einem Belag über-ziehen.

A2 Bei der Reaktion mit Wasser entzündet sich Kalium sofort, Lithium dagegen nicht. Suche mögliche Gründe für diesen Unter-schied.

A3 Formuliere für die Reaktion des Natriums mit Wasser die Reaktionsgleichung.

A4 Bei der Reaktion des Lithiums soll der Wasserstoff in einem Reagenzglas aufge-fangen werden. Wie könnte man vorgehen?

V1 Man prüft die elektrische Leitfähigkeit eines Natriumstücks aus der Vorratsflasche. Dazu berührt man zunächst mit den beiden Elektroden die Oberfläche. Danach werden die Elektroden in das Natriumstück ge-steckt. (Schutzbrille!)

B5 Flammenfärbung durch Verbindungen der Alkalimetalle Lithium (oben), Natrium (Mitte) und Kalium (unten)

6.2 Elementgruppen und Periodensystem

Exkurs Die Elementgruppe der Edelgase

Element, Zeichen des Atoms	Atommasse in u	Siedetemperatur in °C	Dichte (20 °C, 1013 hPa) in g/l	1 l Luft enthält (ml)	Licht der Leuchtröhre
Helium, He	4,0	−269	0,17	0,0046	gelb
Neon, Ne	20,2	−246	0,84	0,016	rot
Argon, Ar	39,9	−186	1,66	9,3	rotstichiges Blau
Krypton, Kr	83,8	−152	3,48	0,0011	gelbgrün
Xenon, Xe	131,3	−107	5,49	0,00008	violett

B1 Die Edelgase bilden eine Elementgruppe

Eine Gruppe von Elementen, die ihre Verwandtschaft auf besonders einfache Weise erkennen lassen, sind die *Edelgase* [B1]. Diese wurden erst Ende des 19. Jahrhunderts entdeckt. Die elementaren Stoffe Helium, Neon, Argon, Krypton und Xenon sind alle in der Luft enthalten (Kap. 4). Ihr Anteil ist, mit Ausnahme des Argons, sehr gering. Es zeigte sich, dass das zuerst entdeckte Argon (von griech. argos, träge) mit keinem anderen Stoff reagiert. Entsprechend verhielten sich die anderen oben erwähnten elementaren Stoffe. Deshalb nannte man sie wegen ihres „edlen Charakters" Edelgase. Erst seit 1962 weiß man, dass Krypton und Xenon in besonderen Fällen reagieren.

Wegen ihrer Reaktionsträgheit werden Edelgase als Schutzgase verwendet, um unerwünschte Reaktionen zu verhindern, z. B. die Oxidation von Metallen beim Schweißen. Edelgase erzeugen in Leuchtröhren charakteristische Farben [B2]. Viele Glühlampen sind mit Krypton und Xenon gefüllt, um ein Durchschmelzen der Glühwendel zu erschweren. Dadurch kann die Glühtemperatur auf über 2500 °C gesteigert und damit die Lichtausbeute erhöht werden. Alle Edelgase sind farblos und geruchlos; sie bestehen aus einzelnen, nicht gebundenen Atomen.

Neon

Krypton

B2 Anwendungsbeispiele für die Edelgase

Für das Verständnis des folgenden Kapitels ist es nützlich die Begriffe „elementarer Stoff" und „Element" zu kennen (Kap. 3.6).
Ein auffälliges Ausstattungsmerkmal des Chemiesaals ist eine besondere Tabelle, in der die Zeichen aller Atomarten stehen. In diesem als *Periodensystem der Elemente* bezeichneten System sind die Elemente in Reihen und Spalten angeordnet.

Das System der Elemente von Mendelejew und Meyer. Bis Mitte des 19. Jahrhunderts waren etwa 50 Elemente bekannt. Zahlreiche Forscher beschäftigte damals die chemische Verwandtschaft der Elemente. Es wurden bereits Elemente mit ähnlichen Eigenschaften zu Gruppen zusammengefasst, z. B. Lithium, Natrium und Kalium.

Der russische Forscher Dimitrij Mendelejew [B3] und der deutsche Chemiker Lothar Meyer [B4] ordneten die Elemente nach steigender Atommasse. Beide erkannten unabhängig voneinander in der Abfolge der Elemente eine Regelmäßigkeit. So folgte z. B. auf jedes Alkalimetall als siebtes Element wieder ein Alkalimetall [B6a]. Auf jedes Element bis zum Element Calcium (Ca) folgte als siebtes Element wieder ein Element mit ähnlichen Eigenschaften. In der Reihe fehlen die damals noch unbekannten Edelgase. Teilt man die Reihe in Abschnitte, die jeweils mit dem Alkalimetall beginnen, und stellt diese untereinander, so erhält man [B6b]. Hier stehen jeweils die verwandten Elemente untereinander.
In Mendelejews System der Elemente stehen verwandte Elemente nebeneinander [B5].

B3 Dimitrij Mendelejew (1834–1907)

B4 Lothar Meyer (1830–1895)

MENDELEJEW ordnete die ihm bekannten Elemente nicht alle fortlaufend an, sondern hielt Plätze für noch nicht entdeckte Elemente frei. Er versah diese mit einem Fragezeichen. Durch Vergleich mit den daneben stehenden Elementen gelang es ihm, manche Eigenschaften von fehlenden Elementen, z. B. Gallium (Ga) [B8] und Germanium (Ge) vorherzusagen.

Periodensystem der Elemente. MENDELEJEWS System konnte durch viele Elemente erweitert werden. Heute sind mehr als 110 bekannt. Die aktuelle Anordnung der Elemente entspricht im Wesentlichen den Systemen von MENDELEJEW und MEYER. Verwandte Elemente stehen jetzt in Spalten untereinander. Reihen von Elementen, die jeweils mit einem Alkalimetall beginnen, nennt man *Perioden*. Eine solche Anordnung zeigt das periodische Auftreten verwandter Elemente und wird daher *Periodensystem* (PSE) genannt.

Untereinander in Spalten stehende Elemente gehören zu einer Elementgruppe. Das Periodensystem in B7 enthält nur die Elemente der Hauptgruppen. Ein PSE, das auch die Elemente der Nebengruppen berücksichtigt, befindet sich in diesem Buch hinter dem Anhang. Die erste Periode umfasst nur zwei Elemente – Wasserstoff und Helium –, die dadurch eine Sonderstellung einnehmen. Wasserstoff wird meist der ersten Hauptgruppe zugeordnet, obwohl er nicht zu den Alkalimetallen gehört.
Bei einer Anordnung nach steigender Atommasse müsste Kalium (K) vor Argon (Ar) und Iod (I) vor Tellur (Te) stehen. Um zu erreichen,

B5 MENDELEJEWS System der Elemente von 1869

a) Anordnung nach steigender Atommasse in u

Li	Be	B	C	N	O	F	Na	Mg	Al	Si	P	S	Cl	K	Ca
6,9	9	10,8	12	14	16	19	23	24,3	27	28,1	31	32,1	35,5	39,1	40,1

b) Verwandte Elemente werden untereinander gestellt. Für die Elemente stehen die Zeichen ihrer Atome.

Li	Be	B	C	N	O	F
Na	Mg	Al	Si	P	S	Cl
K	Ca					

B6 Ansatz zur Ordnung der Elemente

Perioden	I	II	III	IV	V	VI	VII	VIII
1	1,0 $_1$H							4,0 $_2$He
2	6,9 $_3$Li	9,0 $_4$Be	10,8 $_5$B	12,0 $_6$C	14,0 $_7$N	16,0 $_8$O	19,0 $_9$F	20,2 $_{10}$Ne
3	23,0 $_{11}$Na	24,3 $_{12}$Mg	27,0 $_{13}$Al	28,1 $_{14}$Si	31,0 $_{15}$P	32,1 $_{16}$S	35,5 $_{17}$Cl	39,9 $_{18}$Ar
4	39,1 $_{19}$K	40,1 $_{20}$Ca	69,7 $_{31}$Ga	72,6 $_{32}$Ge	74,9 $_{33}$As	79,0 $_{34}$Se	79,9 $_{35}$Br	83,8 $_{36}$Kr
5	85,5 $_{37}$Rb	87,6 $_{38}$Sr	114,8 $_{49}$In	118,7 $_{50}$Sn	121,8 $_{51}$Sb	127,6 $_{52}$Te	126,9 $_{53}$I	131,3 $_{54}$Xe
6	132,9 $_{55}$Cs	137,3 $_{56}$Ba	204,4 $_{81}$Tl	207,2 $_{82}$Pb	209,0 $_{83}$Bi	209 $_{84}$Po	210 $_{85}$At	222 $_{86}$Rn

B7 PSE der Hauptgruppenelemente. Die Ordnungszahl steht unter, die Atommasse in u über der Atomart

dass in einer Gruppe immer nur Elemente mit ähnlichen Eigenschaften stehen, mussten die Entdecker an einigen Stellen des Periodensystems die Plätze von jeweils zwei Elementen vertauschen. Dabei hatte das Ordnungsprinzip der chemischen Ähnlichkeit Vorrang vor der Atommasse. Die sich so ergebende Reihenfolge der Elemente wurde durch eine *Ordnungszahl* festgelegt.

A1 Warum fehlte im Periodensystem von MENDELEJEW die 8. Hauptgruppe?

A2 In welchem Bereich des Periodensystems der Hauptgruppenelemente stehen die dir bekannten Metalle bzw. Nichtmetalle?

A3 Nenne die Gruppe und Periode, in der das Element Stickstoff bzw. das Element Magnesium steht. Gib jeweils die Ordnungszahl und die Atommasse an.

A4 Welche Ordnungsprinzipien wurden bei der Aufstellung des PSE berücksichtigt?

B8 Gallium schmilzt wie vorhergesagt in der Hand

6.3 Elektrische Ladung im Atom

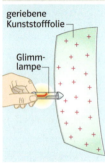

B1 Oben: Nachweis der Ladung einer Kunststofffolie mit dem Elektroskop
unten: Nachweis der Polung: Die Glimmlampe leuchtet am negativen Pol

MENDELEJEW und anderen Forschern seiner Zeit gelang es noch nicht, die Rätsel zu lösen, die das Periodensystem aufgab. Er gab aber einen wichtigen Hinweis: „Aller Wahrscheinlichkeit nach liegt die Ursache in der inneren Mechanik der Atome und Moleküle." Durch welche Erkenntnisse erhalten wir „Einblicke" in das Atominnere?

Stoffe können sich elektrisch aufladen. Verbindet man ein Metallstück mit dem Pol einer Spannungsquelle, wird es elektrisch aufgeladen. Gegenstände können sich jedoch auch ohne Spannungsquelle *elektrisch aufladen*. Reibt man eine Kunststofffolie mit Papier [V2], so ziehen sich beide gegenseitig an. Werden zwei Folien jeweils mit Papier gerieben und zusammengebracht, so stoßen sie sich ab. Am Zeigerausschlag des Elektroskops ist zu erkennen, dass Folie und Papier elektrisch aufgeladen sind [B1, oben]. Mit der Glimmlampe lässt sich zeigen, dass die Folie bei unserem Versuch *positiv* und das Papier *negativ* aufgeladen wird [B1, unten].

Alle Stoffe besitzen positive und negative Ladungen. Ladung kann portionsweise mit einem Ladungsträger, z. B. mit einer Metallkugel mit Isoliergriff, transportiert werden. Auch im Stromkreis erfolgt der Ladungstransport durch Ladungsträger. Es handelt sich dabei um geladene Teilchen. Sie sind in allen Gegenständen, die weder positiv noch negativ aufgeladen sind, enthalten. Die positiven und negativen Ladungsportionen sind hier gleich groß und heben sich in ihrer Wirkung nach außen auf. Sie neutralisieren sich.
Durch innige Berührung (z. B. beim Reiben) können Ladungsportionen von einem Gegenstand auf einen anderen übertragen werden. Dabei kann ein Überschuss an positiver oder negativer Ladung entstehen. Gleichnamig aufgeladene Gegenstände stoßen sich ab, zwischen entgegengesetzt aufgeladenen wirkt eine Anziehungskraft.

In Metallen lassen sich geladene Teilchen verschieben, wie der folgende Versuch zur elektrischen Influenz zeigt. Bringt man eine positiv oder negativ geladene Kugel in die

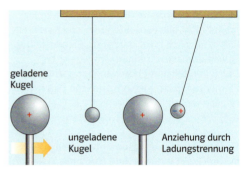

B2 Elektrische Influenz. Die isoliert aufgehängte Metallkugel wird von der geladenen Kugel angezogen

Nähe einer neutralen, isoliert aufgehängten Metallkugel, so wird diese angezogen. Die zunächst gleichmäßig verteilten positiven und negativen Ladungen werden durch die von der geladenen Kugel ausgehenden Kraft getrennt [B2]. Dabei müssen die Ladungsträger gegeneinander verschoben worden sein, eine Ladungstrennung hat stattgefunden.

Welche Ladungsträger sind beweglich?
In einem luftleeren (evakuierten) Glaskolben befindet sich eine Metallplatte und ihr gegenüber eine Glühwendel aus dünnem Draht. Die Metallplatte ist positiv geladen, wenn sie mit einem positiv geladenen Elektroskop verbunden wird [B3]. Glüht die Drahtwendel, kann beobachtet werden, dass der Zeigerausschlag zurückgeht. Das Elektroskop wird entladen.

> **V1** Reibe nacheinander zwei Acetatfolien (Arbeitsprojektorfolien) mit Papier. Halte beide Folien parallel und nähere sie einander.
>
> **V2** Reibe zwei Acetatfolien mit je einem gleich großen, dicht aufliegenden Blatt Papier. Trenne das Papier von der Folie und lege eine Folie kurz auf die Metallplatte eines Elektroskops [B1]. Verbinde die zweite Folie mit einer geerdeten Glimmlampe. Führe diese Versuche auch mit dem zum Reiben verwendeten Papier durch.

Wird das Elektroskop und damit auch die Metallplatte negativ aufgeladen, verändert sich der Zeigerausschlag dagegen nicht. Das Elektroskop wird nicht entladen. Dieser glühelektrische Effekt ist ein Hinweis darauf, dass in Metallen nur Teilchen mit negativer Ladung beweglich sind. Die Glühwendel gibt negativ geladene Teilchen ab, die zur positiv geladenen Platte gelangen, von der negativ geladenen aber abgestoßen werden. Diese Teilchen heißen **Elektronen**.
Sie haben alle die gleiche, im Vergleich zu den Atomen, sehr geringe Masse. Die gleich große Ladung der Elektronen ist die vom Betrag her kleinste auftretende negative Ladungsportion, die *negative Elementarladung*.

Fließt Strom durch einen metallischen Leiter, so bedeutet dies, dass Elektronen fließen. Sie stammen von den Metallatomen.
Der festsitzende positive Rest des Atoms ist charakteristisch für das betreffende Metall und besitzt fast die ganze Masse des Metallatoms. Auch Verbindungen von Nichtmetallatomen können Elektronen abgeben [V2]. In fast allen Teilchenverbänden aus Nichtmetallatomen sind Elektronen aber kaum beweglich.

Von den Atomen aller Atomarten lassen sich Elektronen abspalten. Sie sind Bauteilchen der Atome.

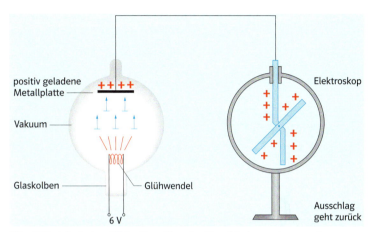

B3 Glühelektrischer Effekt. Ein glühender Metalldraht sendet negative Ladung aus

Exkurs MARIE CURIE

Wesentliche Erkenntnisse über den Atombau ergaben sich durch die Entdeckung der Radioaktivität. 1896 beobachtete der Physiker HENRI BECQUEREL, dass Uranverbindungen unsichtbare Strahlen aussenden, die eine lichtgeschützte Fotoplatte schwärzen. Von MARIE CURIE wurden diese Untersuchungen weitergeführt. Dabei entdeckte sie, dass die Strahlung des Uranerzes Pechblende intensiver ist als die des Urans. Auf der Suche nach der Ursache fand sie zwei stark strahlende Elemente, die in winzigen Spuren im Erz enthalten sind. MARIE CURIE, die auch den Begriff Radioaktivität prägte, gab ihnen die Namen Radium (von lat. radius, Strahl) und Polonium (nach Polen, dem Land ihrer Herkunft).
Zusammen mit ihrem Ehemann, dem Physiker PIERRE CURIE, entdeckte sie, unabhängig von den zeitgleichen Forschungsergebnissen RUTHERFORDS, dass Radium drei verschiedene Strahlenarten aussendet, α-, β- und γ- Strahlen.
Bis 1902 hatte MARIE CURIE in mühevoller und gefährlicher Arbeit aus zwei Tonnen Pechblende 100 mg Radiumchlorid gewonnen.
Ein Jahr später erhielt sie den Nobelpreis für Physik, zusammen mit ihrem Ehemann und HENRI BECQUEREL. Für ihre Forschung auf dem Gebiet der Radiochemie wurde sie 1911 mit dem Nobelpreis für Chemie ausgezeichnet.

Zunächst waren die Gefahren, die von radioaktiver Strahlung ausgehen, nicht bekannt. Zunehmend an den Folgen der Strahlung leidend, starb MARIE CURIE 1934, ein Jahr vor der Auszeichnung ihrer Tochter IRENE JOLIOT-CURIE mit dem Nobelpreis. Sie erhielt ihn zusammen mit ihrem Ehemann FREDERIC JOLIOT für die gemeinsame Forschung auf dem Gebiet der Radiochemie.

A1	Wie lässt sich die Ladungsart einer elektrisch geladenen Kugel nachweisen?
A2	Was lässt sich beobachten, wenn zwei baugleiche Elektroskope, von denen eines positiv, das andere bis zum gleichen Ausschlag negativ aufgeladen ist, mit einem Experimentierkabel verbunden werden?
A3	Der Zeiger eines ungeladenen Elektroskops schlägt aus, wenn sich diesem eine geladene Kugel nähert, ohne dass ein Kontakt erfolgt. Erkläre.
A4	Beim glühelektrischen Effekt bleibt der Zeigerausschlag des negativ aufgeladenen Elektroskops erhalten. Nenne die Ursache.

6.4 Das Kern-Hülle-Modell

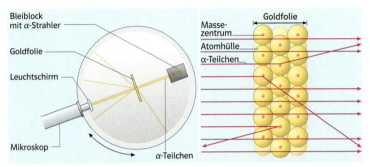

B1 Streuversuch. Durch Drehen von Folie und Strahlungsquelle ließen sich die abgelenkten α-Teilchen erfassen. Nur wenige wurden abgelenkt

Wie sind die Elektronen eines Atoms und der positiv geladene Atombestandteil angeordnet? Wir betrachten dazu Experimente, die zu einem Kern-Hülle-Modell des Atoms geführt haben.

Experimente zum Atombau. Zu Beginn des 20. Jahrhunderts zeigten Versuche mit Kathodenstrahlen, dass stark beschleunigte Elektronen dünne Metallschichten durchdringen können, obwohl diese aus vielen Lagen dicht gepackter Atome bestehen. Daraus wurde geschlossen, dass die Atome keine massiven Kugeln sein können, sondern zum größten Teil aus leerem Raum bestehen.

Um weitere Aufschlüsse über den Bau der Atome zu erhalten, bestrahlte der Physiker ERNEST RUTHERFORD [B2] ebenfalls dünne Metallschichten. Er verwendete dazu jedoch die von ihm entdeckten α-Strahlen, eine von radioaktiven Elementen ausgehende Strahlenart. Die schnell fliegenden Teilchen dieser Strahlung sind positiv geladen und ihre Masse ist 7000-mal so groß wie die Masse eines Elektrons. Als Strahlenquelle diente ein Radiumpräparat in einem Bleiblock. RUTHERFORD erhielt dadurch einen scharf begrenzten Strahl von α-Teilchen. Diesen richtete er in einer evakuierten Apparatur auf eine dünne Goldfolie [B1].

B2 ERNEST RUTHERFORD (1871–1937)

Um auf den weiteren Weg der α-Teilchen schließen zu können, benutzte RUTHERFORD einen Leuchtschirm. Auf diesem ließen sich Lichtblitze beobachten, die von den auftreffenden α-Teilchen verursacht wurden. Zur Auswertung des Experiments mussten die Blitze mühsam ausgezählt werden. Später war es möglich, für derartige Untersuchungen das von RUTHERFORDS Mitarbeiter HANS GEIGER entwickelte Zählgerät (Geigerzähler) einzusetzen. Als experimenteller Befund ergab sich, dass nahezu alle α-Teilchen die Goldfolie (mit einer Schichtdicke von etwa 2000 Atomen) ungehindert durchdrangen. Nur ein sehr geringer Anteil wurde deutlich abgelenkt [B1].

Atomkern und Atomhülle. RUTHERFORD ging davon aus, dass die α-Teilchen abgelenkt werden, wenn sie in die Nähe von positiv geladenen Teilchen gelangen [B1, V1]. Aus den Versuchsergebnissen schloss er, dass die positiv geladenen Teilchen und mit ihnen fast die ganze Masse eines Goldatoms in einem winzigen Bereich vereinigt sind. Dieser liegt im Zentrum des Atoms und wird Atomkern genannt. Die Größe des Atomkerns konnte berechnet werden. Der Kerndurchmesser beträgt etwa $1/100000$ des Atomdurchmessers [B3].

Aus den Bahnen der abgelenkten α-Teilchen ergab sich, dass der Kern des Goldatoms eine hohe positive Ladung besitzt. Untersuchungen mit Folien verschiedener Metalle führten zu entsprechenden Ergebnissen.

Durch seine Untersuchungen kam RUTHERFORD zu einer Modellvorstellung vom Bau der

> **V1** Modellversuch zur Ablenkung von α-Teilchen in Atomen: Ein mit Aluminiumbronze überzogener Tischtennisball wird an einem langen Faden aufgehängt. Dicht daneben stellt man eine große, isolierte Metallkugel und lädt diese mit einem geriebenen Kunststoffstab auf. Die kleine Kugel wird durch Berührung mit der großen Kugel gleichsinnig aufgeladen. Man lässt die kleine Kugel an der großen vorbeipendeln und beobachtet die Bahn.

Das Kern-Hülle-Modell

Atome. Danach enthalten alle Atome einen **positiv geladenen Atomkern** und eine **negativ geladene Atomhülle**. Der Atomkern besitzt nahezu die gesamte Masse des Atoms. Die positive Ladung des Kerns wird durch die negative Ladung der Elektronen ausgeglichen, die sich im Anziehungsbereich des Kerns befinden und die Atomhülle bilden. Dieser kugelförmige Raum wird auch als *Elektronenhülle* bezeichnet [B5a].

Heute weiß man, dass die Elektronen sich nicht auf Bahnen bewegen. Ein Elektron kann überall in der Elektronenhülle angetroffen werden. Der Weg eines Elektrons in der Hülle lässt sich nicht verfolgen. Die Ladung des Elektrons ist damit über die gesamte Hülle verteilt. Um die Verteilung zu veranschaulichen, denken wir uns viele Momentaufnahmen des Elektrons übereinandergelegt [B5b]. Je dichter die Punkte erscheinen, desto größer ist die Wahrscheinlichkeit, das Elektron in diesem Bereich zu finden.

Elementarteilchen. Die Größe der positiven Ladung der Atomkerne ist charakteristisch für eine Atomart. Von allen Atomkernen hat der Kern des Wasserstoffatoms die kleinste Masse. Seine Ladung ist die kleinste positive Ladungsportion, die *positive Elementarladung*. Ihr Betrag entspricht dem der negativen Elementarladung, der Ladung eines Elektrons.
Den Kern des Wasserstoffatoms nennt man **Proton** (von griech. proton, das Erste). Protonen sind am Aufbau der Kerne aller Atomarten beteiligt und sind wie die Elektronen Atombausteine. Mit Ausnahme des Wasserstoffatomkerns enthalten alle anderen Atomkerne einen weiteren *Kernbaustein*: das **Neutron**. Neutronen besitzen keine Ladung. Die Masse eines Neutrons unterscheidet sich nur wenig von der Masse eines Protons. *Elektronen*, *Protonen* und *Neutronen* sind Bauteilchen der Atome. Man nennt sie **Elementarteilchen**. In B4 sind wichtige Daten dieser Elementarteilchen zusammengefasst.

	Elektron	Proton	Neutron
Zeichen	e⁻	p⁺	n
Masse in kg	$9{,}109 \cdot 10^{-31}$	$1{,}673 \cdot 10^{-27}$	$1{,}675 \cdot 10^{-27}$
Masse in u	0,0005	1,0073	1,0087
Ladung in Elementarladungen	−1	+1	0

gleich große, aber entgegengesetzte Ladungen — nahezu gleiche Massen

B4 Bauteilchen der Atome. Die Elementarteilchen unterscheiden sich in ihrer Masse und Ladung

A1 In einer Metallportion liegen die Atome dicht aneinander. Welche Länge würde sich ergeben, wenn die Atomkerne eines Metallstabes von 1 m Länge dicht aneinander liegen würden?

a) Kugelförmige Elektronenhülle um den Atomkern

b) Viele Momentaufnahmen eines Elektrons im Atom

c) Schemabild eines Atoms

B5 Kern-Hülle-Modell eines Atoms in verschiedenen Darstellungen. Der positiv geladene Kern (rot) wird vom negativ geladenen Elektron umhüllt (blau)

Atomkern (Durchmesser im Vergleich ca. 2 mm)

B3 Veranschaulichung der Größenverhältnisse im Atom

6.5 Der Atomkern

Atom	Zusammensetzung des Atomkerns (Proton, Neutron)	Zeichen
Wasserstoff	●	$_1^1H$
Helium	○○●●	$_2^4He$
Lithium	○○○○●●●	$_3^7Li$
Beryllium	○○○○○●●●●	$_4^9Be$

B2 Schematische Darstellung der Kerne von Atomen der Elemente mit der Ordnungszahl 1 bis 4

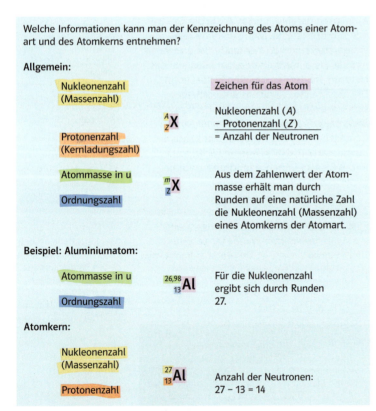

Welche Informationen kann man der Kennzeichnung des Atoms einer Atomart und des Atomkerns entnehmen?

Allgemein:

Nukleonenzahl (Massenzahl)

Protonenzahl (Kernladungszahl)

$_Z^A X$ Zeichen für das Atom

Nukleonenzahl (A)
− Protonenzahl (Z)
= Anzahl der Neutronen

Atommasse in u

Ordnungszahl

$_Z^m X$ Aus dem Zahlenwert der Atommasse erhält man durch Runden auf eine natürliche Zahl die Nukleonenzahl (Massenzahl) eines Atomkerns der Atomart.

Beispiel: Aluminiumatom:

Atommasse in u

Ordnungszahl

$_{13}^{26,98} Al$ Für die Nukleonenzahl ergibt sich durch Runden 27.

Atomkern:

Nukleonenzahl (Massenzahl)

Protonenzahl

$_{13}^{27} Al$ Anzahl der Neutronen: 27 − 13 = 14

B1 Kennzeichnung des Atoms einer Atomart und des Atomkerns

Wie unterscheiden sich die Atomarten voneinander? Um dieser Frage nachzugehen, befassen wir uns mit dem Atomkern.

Aus Streuversuchen RUTHERFORDS mit verschiedenen Metallfolien gelang es, nicht nur die Größe sondern auch die Ladung der betreffenden Atomkerne zu bestimmen. Sie ist ein ganzzahliges Vielfaches der positiven Elementarladung. Die Anzahl der Elementarladungen des Kerns, d.h. die Anzahl der Protonen, nennt man die **Kernladungszahl**.
Die Bestimmung der Kernladungszahlen zeigte, dass diese mit den Ordnungszahlen der Elemente im Periodensystem übereinstimmen.

Mit der Entdeckung der Neutronen war es möglich, auch die Zusammensetzung der Atomkerne anzugeben.

Die Atomkerne verschiedener Atomarten. Bei den Atomen der Elemente, die im Periodensystem aufeinander folgen, nimmt die Anzahl der Protonen (und Elektronen) jeweils um 1 zu. Der Kern des Wasserstoffatoms besteht aus nur einem Proton. Der Kern des Heliumatoms enthält 2 Protonen, der Kern des Lithiumatoms 3 Protonen usw. [B2]. Da die Masse des Protons etwa 1u und die Masse des Heliumatoms 4 u beträgt, muss dessen Kern 2 Neutronen enthalten.
Zur Kennzeichnung eines Atoms und seines Kerns wird die in B1 erläuterte Schreibweise verwendet. Die Kernbausteine Protonen und Neutronen bezeichnet man auch als **Nukleonen**. Die Nukleonen werden im Kern durch riesige Kräfte zusammengehalten, die durch einfache Modellvorstellungen nicht erklärt werden können.

A1 Gib die Anzahl der Nukleonen, Protonen, Neutronen und Elektronen für folgende Atome an: $_9F$, $_{53}I$, $_{79}Au$.

6.6 Exkurs Isotope

Die Zahlenwerte für die Atommasse und die Massenzahl (Nukleonenzahl) weichen bei vielen Atomarten nur geringfügig voneinander ab. Es gibt jedoch auch deutlichere Abweichungen. Wie lassen sich diese erklären?

Nur für 20 Atomarten, den **Reinelementen**, ist die Nukleonenzahl eines Atoms und der Zahlenwert der gerundeten Atommasse gleich groß [B3]. Für die Atome dieser Atomarten erhält man bei der Massenbestimmung mit dem Massenspektrografen (Kap. 3) nur einen Wert. Für die Atome aller übrigen Atomarten ergeben sich für die Atommassen unterschiedliche Werte.
Für Atome mit der Kernladungszahl 12 z.B. erhält man nicht die Masse 24,3u sondern drei Werte, 24,0u, 25,0u, 26,0u. Daraus folgt, dass es drei Sorten von Magnesiumatomen gibt. Das Verfahren der Massenbestimmung liefert zugleich die Teilchenzahlanteile. Da sich die Zusammensetzung bei unterschiedlichen Magnesiumportionen nicht unterscheidet, lässt sich die mittlere Atommasse berechnen [B1].
Entscheidend für eine Atomart ist allein die Anzahl der Protonen, ihre Atome können sich in ihrer Masse und damit in der Neutronenanzahl unterscheiden.

Atome, die sich nur in der Anzahl ihrer Neutronen unterscheiden, werden **isotope Atome** genannt oder kurz: **Isotope** (von griech. isos, gleich und topos, Platz). Isotope Atome sind Bestandteil einer Atomart und stehen daher am gleichen Platz im Periodensystem. Die isotopen Atome eines Elements unterscheiden sich nicht in ihrem chemischen Verhalten. Man verwendet deshalb für sie dieselben Zeichen.
Eine Ausnahme ist die Benennung der drei isotopen Wasserstoffatome. Im Vergleich zum Wasserstoffisotop mit der kleinsten Masse haben die beiden anderen Isotope die doppelte bzw. dreifache Masse. Damit hat der Wasserstoff gegenüber allen anderen Isotopengemischen eine Sonderstellung. Deshalb werden verschiedene Zeichen verwendet [B2].
Die meisten Elemente bestehen aus einem Gemisch von *isotopen Atomen*. Diese Elemente nennt man **Mischelemente** im Gegensatz zu den *Reinelementen*, deren Atome untereinander alle gleich sind.

Alle Atomarten mit einer größeren Protonenzahl als 83 sind radioaktiv, sie setzen sich jeweils aus einer großen Anzahl isoper Atome zusammen. Z.B. von Radium kennt man 24 isotope Radiumatome.

isotope Magnesiumatome	12e⁻ 12p⁺ 12n	12e⁻ 12p⁺ 13n	12e⁻ 12p⁺ 14n
Masse der Atome	24,0	25,0u	26,0u
Teilchenzahlanteil	79,0%	10,0%	11,0%
mittlere Atommasse	0,79 · 24,0u + 0,10 · 25,0u + 0,11 · 26,0u = 24,3u		

B1 Das Mischelement Magnesium besteht aus einem Gemisch von isotopen Atomen

Die atomare Masseneinheit
In der Natur gibt es drei verschiedene isotope Kohlenstoffatome: $^{12}_{6}C$, $^{13}_{6}C$, $^{14}_{6}C$. Aus der Häufigkeit der isotopen Atome ergibt sich der durchschnittliche Wert $m_t(C) = 12{,}01\,u$. Die Definition der atomaren Masseneinheit beruht auf der Masse des häufigsten Kohlenstoffisotops $^{12}_{6}C$, für die genau $12{,}00\,u$ festgelegt wurde. Damit ist

$$1u = \frac{m_t(1\,^{12}_{6}C)}{12}.$$

Für Mischelemente werden die mittleren Atommassen angegeben.
Beispiele: $m_t(H) = 1{,}008\,u$, $m_t(Li) = 6{,}941\,u$

Wasserstoff	$^{1}_{1}H$
Deuterium	$^{2}_{1}H$, D
Tritium	$^{3}_{1}H$, T

B2 Wasserstoffisotope

9 Elemente der Hauptgruppen sind Reinelemente:

$_4$Be
$_9$F
$_{11}$Na
$_{13}$Al
$_{15}$P
$_{33}$As
$_{53}$I
$_{55}$Cs
$_{83}$Bi

B3 Reinelemente der Hauptgruppen

$m_t(X)$: Masse eines Teilchens X

A1 Was kann man über die Zusammensetzung eines Atoms angeben, wenn die Ordnungszahl der Atomart bekannt ist?

A2 Wodurch unterscheidet sich ein Wasserstoffatom von einem Deuteriumatom?

A3 Silber ist ein Mischelement. Gold ist ein Reinelement. Was ist mit diesem Unterschied gemeint?

6.7 Exkurs Wann lebte Ötzi?

Isotop	$T_{1/2}$
$^{220}_{86}Rn$	55,6 s
$^{131}_{53}I$	8,02 d
$^{137}_{55}Cs$	33 a
$^{226}_{88}Ra$	1600 a
$^{14}_{6}C$	5730 a

B1 Halbwertszeiten einiger radioaktiver Isotope

B2 Ötzi. Die steinzeitliche Gletschermumie aus den Ötztaler Alpen

Im Jahr 1991 fanden Bergsteiger in den Ötztaler Alpen auf 3000 m Höhe eine mumifizierte Leiche im Gletschereis [B2]. Wissenschaftler konnten feststellen, dass Ötzi, wie der Tote häufig genannt wird, vor über 5000 Jahren lebte. Noch nie zuvor ist es in Mitteleuropa gelungen, eine so gut erhaltene Mumie dieses hohen Alters samt Kleidung und Ausrüstung zu untersuchen. Wie ist es möglich, das Alter von Überresten aus weit zurückliegenden Zeiten der Menschheitsgeschichte zu ermitteln?

Unter dem Einfluss kosmischer Strahlung entsteht das radioaktive Kohlenstoffisotop $^{14}_{6}C$ in der oberen Atmosphäre. Deshalb enthält auch ein geringer Anteil der Kohlenstoffdioxidmoleküle der Luft dieses Isotop. Pflanzen stellen während der Fotosynthese Kohlenstoffverbindungen aus Kohlenstoffdioxid her.

Die beiden Isotope $^{14}_{6}C$ und $^{12}_{6}C$ finden sich nach der Aufnahme des Kohlenstoffdioxids durch die lebende Pflanze darin im gleichen Verhältnis $N(^{14}_{6}C) : N(^{12}_{6}C)$ wieder wie im Kohlenstoffdioxid der Luft. Dies gilt auch für Kohlenstoffverbindungen, die in einem jeden Glied der Nahrungskette vorkommen, solange ein Organismus lebt.

Enthält ein Fund Kohlenstoffverbindungen, wie dies z. B. bei Haaren, Leder und Holz der Fall ist, kann das Alter aus dem Zerfall des radioaktiven Kohlenstoffisotops ermittelt werden.

Bei der Feststellung des Alters arbeiten Wissenschaftler aus vielen Wissenschaftsbereichen zusammen.

Radioaktiver Zerfall und Halbwertszeit. Radioaktive Stoffe senden Strahlen aus (Kap. 6.3). Die Strahlen stammen aus Atomkernen bestimmter Isotope (Kap. 6.6). Beim Aussenden der Strahlen ändert sich z. B. die Anzahl der Nukleonen oder das Anzahlverhältnis von Protonen und Neutronen. Diese Kernumwandlung wird auch als radioaktiver Zerfall bezeichnet. Es zerfallen jedoch nicht alle Kerne gleichzeitig. Die Anzahl der Zerfälle pro Zeiteinheit, die **Aktivität**, wird mit abnehmender Anzahl der noch vorhandenen ^{14}C-Kerne immer geringer. Verfolgt man die abnehmende Aktivität eines radioaktiven Isotops, so erhält man eine für dieses Isotop typische Zerfallskurve [B3]. In jeweils gleichen Zeitabschnitten verringert sich die Aktivität einer Probe immer auf den halben Wert. Dieser Zeitabschnitt wird als Halbwertszeit $T_{1/2}$ bezeichnet. Nach der Zeit $T_{1/2}$ ist die Aktivität einer Probe also nur noch halb so groß wie zu Beginn einer Messung. Jedes radioaktive Isotop besitzt eine charakteristische Halbwertszeit [B1].

Radioaktiver Zerfall als Zeitmesser. Die Altersbestimmung einer Probe ist möglich, wenn die Zerfallskurve eines enthaltenen Isotops bekannt ist. Misst man die heutige Aktivität A_F der Probe eines Fundes, kann man das Alter ermitteln, wenn auch die ursprüngliche Aktivität A_0 bekannt ist [B5].

B3 Halbwertszeit. In jeweils gleichen Zeitabschnitten verringert sich die Aktivität auf den halben Wert

Exkurs Wann lebte Ötzi?

Radiocarbonmethode. Zur Altersbestimmung von organischen Überresten früher lebender Organismen müssen aus den noch vorhandenen organischen Verbindungen Proben aus reinem Kohlenstoff hergestellt werden. Nach dem Tod eines Lebewesens verringert sich wegen des fehlenden Nachschubs der Anteil des ^{14}C-Isotops durch den radioaktiven Zerfall. Damit startet der Zeitmesser. Je weiter der Tod in der Vergangenheit zurückliegt, desto geringer ist die heute messbare Aktivität. Um Ötzis Alter zu ermitteln, benötigt man aus dem Fund eine Probe, die gleich viele Kohlenstoffatome enthält wie eine Vergleichsprobe aus unserer Zeit. Die Aktivität der Probe unserer Zeit setzt man der ursprünglichen Aktivität A_0 gleich. Mit den Aktivitäten A_0 und A_F (wobei $A_F \approx 0{,}55 \cdot A_0$) ergab sich für Ötzis Alter ca. 5000 Jahre [B5].

Nach 50000 Jahren kommt die Radiocarbonmethode (C-14-Methode) an ihre Grenzen, das ^{14}C-Isotop ist dann schlecht nachweisbar.

Radiocarbonmethode und Jahresringdatierung. Die Altersbestimmung durch die Radiocarbonmethode ergibt immer ein zu geringes Alter. Die Ursache dafür ist der über lange Zeiträume nicht gleichbleibende ^{14}C-Anteil in der Atmosphäre. Damit ist die Anfangsaktivität der Probe eines Fundes mit der Aktivität der entsprechenden heutigen Probe nicht identisch. Um das jeweilige Radiocarbonalter zu korrigieren, benötigt man Proben, deren Alter zusätzlich auf eine andere Weise als mit der Radiocarbonmethode bestimmt werden kann. Damit lassen sich gemessenen Aktivitäten genauere Altersangaben zuordnen.

Dies gelingt z. B. durch alte Holzbauwerke, deren Entstehungszeit durch Urkunden exakt belegt ist. Besonders geeignet für eine Datierung sind zudem Baumscheiben. Die Jahresringe eines Baumes zeigen ein charakteristisches Muster [B4]. Es spiegelt die Temperaturschwankungen während der Lebenszeit des Baumes wider. Durch Überlappung der Jahresringmuster von Holzfunden unterschiedlichen Alters (Holzbauwerke und Baumscheiben) kann ein „Jahresringkalender" erstellt werden [B4]. Vergleicht man die Aktivitäten der Proben, deren Alter bekannt ist, mit den Aktivitäten der Proben mit unbekanntem Alter, so lassen sich dem Radiocarbonalter Kalenderjahre zuordnen.

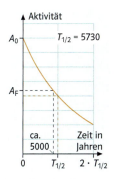

B5 Altersbestimmung des Ötzi-Fundes nach der Radiocarbonmethode

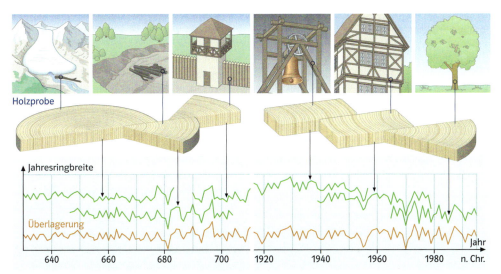

B4 Aus den Jahresringen z. B. von in Gletschereis oder Mooren eingeschlossen Bäumen oder von alten Bauhölzern werden Kurven der Ringbreiten gewonnen und zu einem Kalender zusammengefügt

6.8 Atomhülle – Abspaltung von Elektronen

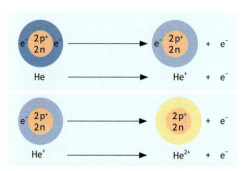

B1 Abspaltung von Elektronen aus Heliumatomen. Es entstehen positiv geladene Heliumionen

Aus den von ERNEST RUTHERFORD durchgeführten Experimenten (Kap. 6.4) ließ sich folgern, dass ein Atom aus einem *Atomkern* und *der Atomhülle* besteht. Man nennt diese auch **Elektronenhülle**, da sie von Elektronen gebildet wird. Die Anzahl der Elektronen in der Hülle ist gleich der Anzahl der Protonen im Kern. Atome sind insgesamt elektrisch neutral. Die Elektronen bewegen sich sehr schnell in einem kugelförmigen Raum, der den Kern umgibt. Die Bewegungsenergie eines Elektrons verhindert, dass es auf den Kern fällt. Da die Veränderungen der Atome bei chemischen Reaktionen nur in der Elektronenhülle erfolgen, wird nun deren Bau näher betrachtet. Dazu werden Atome zunächst als isolierte Teilchen angesehen.

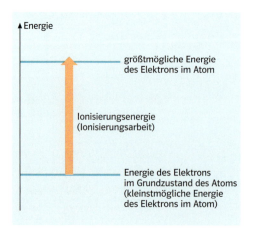

B2 Ionisierungsenergie. Wird sie zugeführt, verlässt das Elektron den Anziehungsbereich des Kerns

Die Bildung von Ionen aus Atomen. Beim Anlegen hoher Spannungen können auch Gase den elektrischen Strom leiten. Schaltet man eine Leuchtstoffröhre ein, so fließt durch die Gasfüllung ein Strom. Es bewegen sich geladene Teilchen, die aus neutralen Teilchen entstehen. Verwendet man eine Leuchtstoffröhre mit Heliumfüllung, so werden von Heliumatomen Elektronen abgespalten, und es entstehen positiv geladene Heliumteilchen. Durch Abspaltung von Elektronen aus einem Atom entstehen *positiv geladene Atome*, da die positive Kernladung nicht mehr durch die negative Ladung der Elektronenhülle ausgeglichen wird. Atome, die nach außen als geladene Teilchen wirken, nennt man **Ionen** (von griech. ion, das Wandernde). Zur Kennzeichnung eines Ions verwendet man das Zeichen für das Atom und gibt zusätzlich die Ladung des Ions in Elementarladungen an, z. B. He^+, He^{2+} [B1]. Die Abspaltung eines Elektrons aus einem Teilchen wird **Ionisierung** genannt.

Ionisierungsenergie. Wird einem Gas, z. B. durch Anlegen hoher Spannung Energie zugeführt, kann sich in den Atomen der Abstand des Elektrons vom Kern vergrößern. Da sich das Elektron in einem kugelförmigen *Raum* befindet, ist der Abstand des Elektrons vom Kern nicht fest. Jedoch entspricht einer höheren Energie des Elektrons ein größerer *mittlerer Abstand*. Unter Energieabgabe, z. B. in Form von Lichtenergie, fällt das Elektron wieder in den tiefsten Energiezustand zurück und hat damit auch wieder seine ursprüngliche mittlere Entfernung vom Kern. Übersteigt die Energiezufuhr einen bestimmten Wert, überwindet das Elektron die Anziehung des Kerns, und es entsteht ein einfach positiv geladenes Ion. Die Energie, die gerade ausreicht, um ein Elektron aus einem Atom oder aus einem bereits vorliegenden Ion abzuspalten, bezeichnet man als *Ionisierungsenergie* [B2]. Damit die Energiebeträge für die Ionisierung verschiedener Atomsorten vergleichbar sind, müssen die Angaben für jeweils gleiche Teilchenanzahlen erfolgen. Häufig wird die Ionisierungsenergie auf die Stoffmenge $n = 1\,mol$ bezogen.

Ein Elektron wird vom Kern umso stärker angezogen, je größer dessen Ladung ist. Man müsste also erwarten, dass die Energie für die Abspaltung eines Elektrons mit steigender Kernladungszahl der Atome zunimmt. Durch die experimentell ermittelten Ionisierungsenergien wird diese Erwartung nur zum Teil bestätigt. In B4 erkennt man, dass die Ionisierungsenergien bis zu den Edelgasen ansteigen und zu den darauf folgenden Alkalimetallatomen stark abfallen. Je weiter ein Elektron vom Kern entfernt ist, desto geringer ist der Energieaufwand, um dieses Elektron abzuspalten. Der Grund für die kleine Ionisierungsenergie der Alkalimetallatome ist, dass das betrachtete Elektron bei den Alkalimetallatomen im Mittel weiter vom Kern entfernt ist als bei Edelgasatomen mit der um 1 kleineren Kernladungszahl. Um aus einem Ion ein weiteres Elektron abzuspalten, muss eine Energie aufgewendet werden, die größer ist als die Ionisierungsenergie für das zuerst abgespaltene Elektron. Die Abspaltung eines weiteren Elektrons muss gegen die stärkere Anziehung des positiv geladenen Ions erfolgen. Für jedes weitere abzutrennende Elektron wird die Ionisierungsenergie jeweils größer.

In B3 sind die Ionisierungsenergien für alle Elektronen des Aluminium- und Schwefelatoms dargestellt. Auffällig ist ein jeweils zweimaliges sprunghaftes Ansteigen der Ionisierungsenergie bei den Ionen, die noch 10 bzw. 2 Elektronen besitzen (Al^{3+} und S^{6+} bzw. Al^{11+} und S^{14+}). Diese Ergebnisse geben Hinweise auf ein gemeinsames Bauprinzip für die Elektronenhüllen aller Atome.

B4 Erste Ionisierungsenergien für die Atome mit Kernladungszahlen von 1 bis 20

> **A1** Im Folgenden sind die aufzuwendenden Energiebeträge (in MJ/mol) für die schrittweise Ionisierung verschiedener Atomarten aufgeführt, beginnend mit dem jeweils zuerst entfernten Elektron:
> **Mg**: 0,7; 1,5; 7,7; 11; 14; 18; 22; 26; 32; 36; 170; 190
> **Na**: 0,5; 5; 7; 10; 13; 17; 20; 26; 29; 141; 159
> **C**: 1,1; 2,4; 4,6; 6,2; 38; 47
> Zeichne für jede Atomart ein Diagramm analog B3.

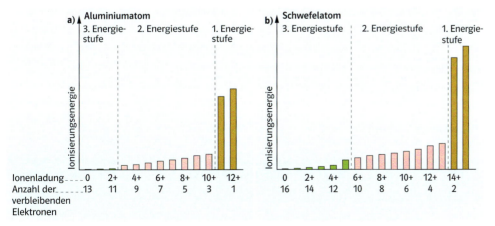

B3 Ionisierungsenergien für alle Elektronen des Aluminium- (a) und des Schwefelatoms (b)

6.9 Energiestufen- und Schalenmodell der Atomhülle

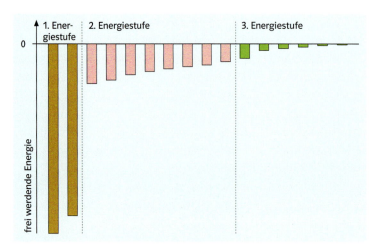

B1 Frei werdende Energie beim Einfang des 1., 2. usw. Elektrons des Schwefelatoms

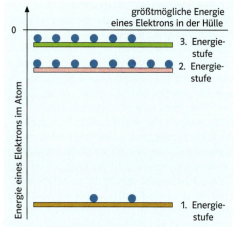

B3 Energiestufen für die Elektronen des Schwefelatoms

Die Ionisierungsenergien der Elektronen eines Atoms geben Hinweise auf Energieunterschiede im Atom. Ist zur Abspaltung eines Elektrons viel Energie erforderlich, so hat das Ion bzw. Atom eine niedrige Energie. Eine kleine Ionisierungsenergie bedeutet das Gegenteil.

Energieänderung bei der Elektronenaufnahme von Schwefelionen. Die Ionisierungsenergie wird wieder frei, wenn das Ion wieder ein Elektron aufnimmt. Nimmt ein Atomkern nacheinander Elektronen auf, bis wieder das ungeladene Atom vorliegt, werden von Elektron zu Elektron immer geringere Energiebeträge frei. Diese sind in B1 für die Entstehung des Schwefelatoms aus dem Atomkern durch schrittweise Aufnahme von Elektronen dargestellt. Diese Darstellung entspricht dem umgekehrten Vorgang der in Kap. 6.8 in B3 dargestellten schrittweisen Abspaltung von Elektronen. Da bei der Aufnahme von Elektronen die jeweiligen Energiebeträge frei gesetzt werden, besitzt das entstehende Teilchen eine geringere Energie. Daher sind die Energiebeträge „nach unten" aufgetragen.

Energiestufen in der Atomhülle. Die frei werdenden Energiebeträge bei der Elektronenaufnahme durch Schwefelionen [B1] lassen auf einen großen Unterschied in der Energie der Elektronen im Atom schließen.

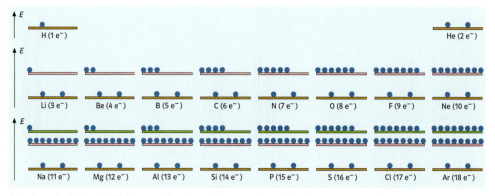

B2 Energiestufen. Die Elektronen der Atome lassen sich verschiedenen Energiestufen zuordnen

138 Allgemeine Chemie

Energiestufen- und Schalenmodell der Atomhülle

Im Schwefelatom gibt es *drei Gruppen* von Elektronen, die sich drei sehr verschiedenen Energiezuständen zuordnen lassen [B3]. Die Elektronen *einer* Gruppe, deren Energien untereinander ähnlich sind und sich von anderen deutlich unterscheiden, werden jeweils einer **Energiestufe** zugeordnet. Auch für Elektronen der gleichen Energiestufe ist die bei der Elektronenaufnahme frei werdende Energie für ein nachfolgend aufgenommenes Elektron geringer als für das vorausgegangene. Die Aufnahme jeweils eines weiteren Elektrons erfolgt durch ein Ion, dessen positive Ladung bei jeder Elektronenaufnahme weiter abnimmt.

Für alle Atomarten lassen sich Gruppen von Elektronen verschiedener Energiestufen zuordnen. In B2 ist dies für die Atome mit 1 Elektron bis 18 Elektronen veranschaulicht. Die erste Energiestufe, also der niedrigste Energiezustand, umfasst jeweils nur zwei Elektronen. Den folgenden höheren Energiezustand, die zweite Energiestufe, können bis zu acht Elektronen einnehmen. Enthält die Atomhülle mehr als 10 Elektronen, werden weitere, höhere Energiestufen aufgebaut. Die Atomhüllen der verschiedenen Atomarten haben ein gemeinsames Bauprinzip. Sie haben die gleichen maximalen Elektronenzahlen auf den entsprechenden Energiestufen. Diese liegen bei den verschiedenen Atomen nicht auf gleicher Höhe. Auch die Abstände zwischen den Stufen sind verschieden.

Schalenmodell der Atomhülle. Der den Atomkern umgebende kugelförmige Raum, in dem sich ein Elektron befindet, kann verschieden groß sein. Den kleinsten Aufenthaltsraum haben die Elektronen der niedrigsten Energiestufe. Mit zunehmender Energiestufe der Elektronen wird der Durchmesser ihres Aufenthaltsraums größer. Wir können uns die Aufenthaltsräume verschiedener Elektronen in einem Atom vorstellen als verschieden große Kugeln mit einem gemeinsamen Mittelpunkt, dem Atomkern. Um ein übersichtlicheres Modell zu erhalten, kann man die Aufenthaltsräume von Elektronen derselben Energiestufe zu einem gemeinsamen Raum zusammenfassen.

Die Hülle eines Atoms, dessen Elektronen zu drei verschiedenen Energiestufen gehören, wird durch drei konzentrische Kugeln veranschaulicht [B4]. Die Elektronen der zweiten Energiestufe befinden sich hauptsächlich in dem Raum zwischen der ersten und der zweiten Kugelfläche. Dieser Raum ist eine Kugelschale. Ebenso befinden sich die Elektronen der dritten Energiestufe in der anschließenden Kugelschale. Entsprechendes gilt für die Elektronen der höheren Energiestufen. Diese Modellvorstellung vom Bau der Atomhülle nennt man Schalenmodell.

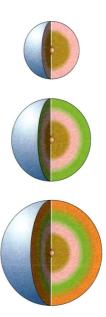

B4 Modelle verschiedener Atomhüllen

A1 Zeichne für ein Kaliumatom die Energiestufen und verteile die Elektronen darauf.

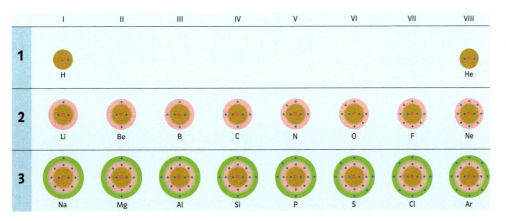

B5 Schalenmodell der Atomhülle. Die Elektronen der verschiedenen Energiestufen sind den entsprechenden Kugelschalen zugeordnet. Diese sind bei den verschiedenen Atomen zur besseren Übersicht gleich groß dargestellt

Atombau und Periodensystem

6.10 Atombau und Periodensystem

Gruppen	I	II	III	IV	V	VI	VII	VIII
1	H·							He:
2	Li·	Be·	·B·	·C·	·N·	·O:	:F·	:Ne:
3	Na·	Mg·	·Al·	·Si·	·P·	·S:	:Cl·	:Ar:
4	K·	Ca·	·Ga·	·Ge·	·As·	·Se:	:Br·	:Kr:
5	Rb·	Sr·	·In·	·Sn·	·Sb·	·Te:	:I·	:Xe:
6	Cs·	Ba·	·Tl·	·Pb·	·Bi·	·Po:	:At·	:Rn:
7	Fr·	Ra·						

B1 Außenelektronen. Ihre Anzahl entspricht der Gruppennummer (mit Ausnahme des Heliumatoms)

Unsere bisherigen Betrachtungen zeigen, dass offenbar ein Zusammenhang besteht zwischen der Stellung der Elemente im Periodensystem und dem Bau ihrer Atome. Entscheidend für diesen Zusammenhang ist der Aufbau der Atomhülle.

Periodensystem der Elemente. In B4, Kap. 6.8 entspricht die Anordnung der Atome der Anordnung der jeweiligen Elemente im Periodensystem. Wir erkennen, dass die Atome in einer Periode jeweils die gleiche Anzahl von Schalen besitzen. Beim Übergang vom Edelgasatom zum Alkalimetallatom wird eine neue Schale aufgebaut. Die untereinander stehenden Atome unterscheiden sich in der Anzahl der Schalen, besitzen jedoch in der äußersten Schale die gleiche Anzahl von Elektronen. Nur das Heliumatom weicht davon ab.

Die Elektronen der äußersten Schale eines Atoms nennt man **Außenelektronen**. Außenelektronen werden auch häufig **Valenzelektronen** genannt. Dies ist besonders dann sinnvoll, wenn die Beteiligung der Außenelektronen an Bindungen (Valenzen) betrachtet wird. Bei Edelgasatomen spricht man daher vorrangig von Außenelektronen. Sie bestimmen das chemische Verhalten und die Stoffeigenschaften der Elemente einer Gruppe. Deshalb genügt es häufig, für ein Atom nur die Außenelektronen anzugeben. Sie können durch Punkte um das Zeichen für das Atom dargestellt werden [B1]. Die Elektronen der inneren Schalen bilden zusammen mit dem Atomkern den **Atomrumpf**.

Die Atome der Hauptgruppenelemente zeigen dasselbe Aufbauprinzip. So besitzt z. B. ein Caesiumatom (Cs) (6. Periode, I. Hauptgruppe) sechs Schalen. Die äußerste Schale umfasst ein Elektron. Die Nummer der Periode, in der ein Element steht, und die Anzahl der Schalen seiner Atome stimmen überein. Die Nummer der Hauptgruppe entspricht der Elektronenanzahl auf der äußersten Schale.

Nebengruppenelemente. Im Periodensystem sind die Elemente nach steigender Protonenanzahl geordnet. Diese ist gleich der Elektronenanzahl. In dem in Kap. 6.2, B7 dargestellten Periodensystem stellen wir jedoch fest, dass auf das Calciumatom (Ca) mit 20 Elektronen das Galliumatom (Ga) mit 31 Elektronen folgt. Weitere Lücken finden wir auch nach $_{38}$Sr und $_{56}$Ba. In diesem Periodensystem sind in der 4. und 5. Periode je 10 Atome nicht berücksichtigt. In der 6. Periode fehlen 24 Atome. Das Periodensystem hinten im Buch zeigt jeweils 10 dieser Atomarten in den **Nebengruppen**.

A1 Welche Gemeinsamkeiten besitzen die Atome a) derselben Hauptgruppe, b) derselben Periode?

A2 Zeichne den Schalenaufbau eines Iodatoms. Zeichne die Außenelektronen ein.

A3 Wodurch unterscheidet sich ein Heliumatom von den übrigen Edelgasatomen?

A4 Wasserstoff gehört nicht zu den Alkalimetallen, steht aber wie diese in der ersten Hauptgruppe. Gib dafür eine Begründung.

6.11 Durchblick Zusammenfassung und Übung

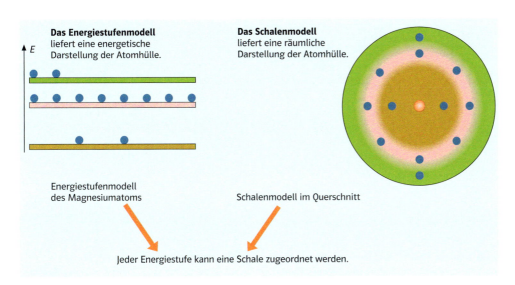

Energiestufenmodell des Magnesiumatoms

Schalenmodell im Querschnitt

Jeder Energiestufe kann eine Schale zugeordnet werden.

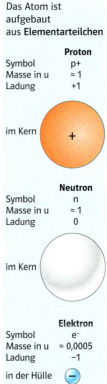

Das Atom ist aufgebaut aus **Elementarteilchen**

Proton
Symbol p+
Masse in u ≈ 1
Ladung +1

im Kern

Neutron
Symbol n
Masse in u ≈ 1
Ladung 0

im Kern

Elektron
Symbol e−
Masse in u ≈ 0,0005
Ladung −1

in der Hülle

Atomkern
Der Atomkern besteht aus **Protonen** und **Neutronen**. Diese beiden Teilchenarten bezeichnet man auch als **Nukleonen**.
Anzahl der Nukleonen = Massenzahl

Kernladungszahl
Die Kernladungszahl entspricht der **Ordnungszahl**. Diese gibt die Stellung der Atomart im Periodensystem an.
Anzahl der Protonen = Kernladungszahl

Hauptgruppen
Die Hauptgruppen sind die senkrechten Spalten des gekürzten Periodensystems und heißen:
I. Wasserstoff und Alkalimetalle
II. Erdalkalimetalle
III. Borgruppe (Erdmetalle)
IV. Kohlenstoffgruppe
V. Stickstoffgruppe
VI. Sauerstoffgruppe (Chalkogene)
VII. Halogene
VIII. Edelgase

Alkalimetalle
Alkalimetalle sind sehr reaktionsfähig. Sie reagieren alle mit Wasser unter Bildung von Wasserstoff und dem jeweiligen Alkalimetallhydroxid. Die Atome der Alkalimetalle besitzen ein *Außenelektron* (*Valenzelektron*).

Ionisierungsenergie
Die Ionisierungsenergie ist die Energie, die einem Atom oder Ion zugeführt werden muss, um ein Elektron abzuspalten.

Elektronenhülle
Aus den Elektronen wird die Elektronenhülle eines Atoms gebildet.

In einem neutralen Atom gilt:
Anzahl der Elektronen in der Hülle = Anzahl der Protonen im Kern

Schalen
Die Elektronen befinden sich in verschiedenen Schalen. Die Elektronen der äußersten Schale, die **Außenelektronen**, bestimmen wesentlich die Eigenschaften einer Atomart.

Elementgruppe
Die Atome der Elemente einer Elementgruppe besitzen jeweils die gleiche Anzahl von Außenelektronen.

Edelgase
Die Atome der Edelgase besitzen die maximale Anzahl an Außenelektronen. Die Edelgase Helium, Neon und Argon gehen überhaupt keine Reaktionen ein. Die übrigen Edelgase reagieren in seltenen Fällen.

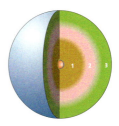

Durchblick Zusammenfassung und Übung

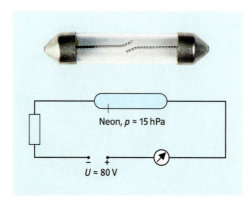

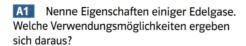

B2 Zu Aufgabe 2

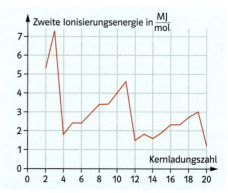

B3 Ionisierungsenergien für die Abspaltung eines zweiten Elektrons

A1 Nenne Eigenschaften einiger Edelgase. Welche Verwendungsmöglichkeiten ergeben sich daraus?

A2 Eine Glimmlampe [B2] enthält zwei Elektroden, die in das Glasröhrchen eingeschmolzen sind, und Neon unter vermindertem Druck. Wird die Spannung erhöht, so beginnt bei 80 V der Strom zu fließen und das Gas leuchtet auf. Welche Teilchen enthält nun die Glimmlampe außer den Neonatomen?

A3 Ermittle für ein Atom mit der Kernladungszahl 53 und der Massenzahl 127
a) die Anzahl der Elementarteilchen
b) die Anzahl der Außenelektronen.

A4 Welche Informationen über den Atombau ergeben sich aus folgenden Angaben: a) Ordnungszahl, b) Nukleonenzahl (Massenzahl), c) Kernladungszahl, d) Nummer der Hauptgruppe, e) Nummer der Periode?

A5 Nenne eine Gemeinsamkeit und einen Unterschied der Elektronenhüllen des Natrium- und des Kaliumatoms.

A6 Vergleiche B3 mit Kap. 6.8, B4. Welche Unterschiede bestehen? Gib dafür eine Erklärung.

A7 Zeichne die Zuordnung der Elektronen zu den Energiestufen für die Atomart $_{20}$Ca.

A8 Erkläre den Verlauf der Atomdurchmesser innerhalb einer Gruppe [B1] und innerhalb einer Periode. Woran könnte es liegen, dass das Galliumatom kleiner als das Aluminiumatom ist? Beachte die Ordnungszahlen von Calcium und Gallium.

A9 Das Element Chlor besteht aus zwei Atomsorten mit den Massen 35,0 u und 37,0 u. Die mittlere Atommasse beträgt 35,5 u. Berechne den Anteil der beiden isotopen Atomarten im Element.

A10 Erläutere den Unterschied folgender Formulierungen: $^{24}_{12}$Mg und $^{24,3}_{12}$Mg.

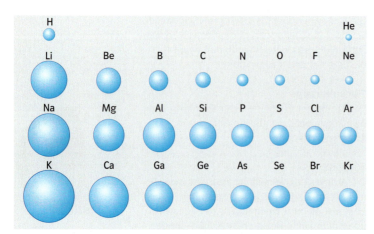

B1 Durchmesser verschiedener Atome. Die Atome der Hauptgruppenelemente der ersten vier Perioden sind im richtigen Größenverhältnis gezeichnet

7 Ionenverbindungen und Elektronenübergänge

„Salz ist unter allen Edelsteinen, die uns die Erde schenkt, der kostbarste", sagte Justus von Liebig (1803–1873), ein sehr bedeutender deutscher Chemiker. Die Geschichte des Salzes ist spannend.

■ Als Salzbildner oder Halogene werden die Elemente der VII. Hauptgruppe des Periodensystems bezeichnet. In der Natur kommen sie fast nur in Verbindungen vor. Neben dem Speisesalz sind z. B. die bei der Zahnpflege verwendeten Fluorverbindungen bekannt.

■ Aus den Halogenverbindungen lassen sich sowohl Halogene für den Einsatz in den weit verbreiteten Halogenlampen als auch oft verwendete Metalle wie Magnesium herstellen. Diese Verbindungen bestehen aus Halogenen und metallischen Elementen. Die Gewinnung von Metallen durch Zerlegung solcher Salze sollte möglich sein. Warum gelingt es dennoch erst seit gut einem Jahrhundert, Aluminium in großtechnischem Maßstab herzustellen?

■ Die Synthese von Salzen bei der Entstehung der Erdkruste und ihre Zerlegung lassen sich aus dem Aufbau der Atome metallischer und nichtmetallischer Elemente erklären.

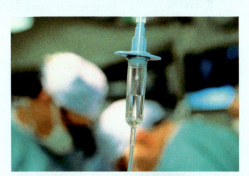

7.1 Eigenschaften der Halogene

B1 Bleichende Wirkung von Chlor. Farbstoffe werden zerstört

Die in diesem Kapitel vorgestellten Elemente Fluor, Chlor, Brom und Iod sind Nichtmetalle, die alle gesundheitsschädlich bis sehr giftig sind.

Chlor ist ein stechend riechendes, gelbgrünes Gas, das seinen Namen von dieser Farbe erhalten hat (von griech. chloros, grün). Es besitzt eine höhere Dichte als Luft [B5]. Chlor löst sich in Wasser. In 100 g Wasser lösen sich ca. 0,74 g Chlor, das entspricht einem Volumen von ca. 0,25 l (bei 25 °C und 1013 hPa). Chlor kann im Labor aus seinen Verbindungen, Calciumhypochlorit bzw. Salzsäure, hergestellt werden [V1].

Giftwirkung von Chlor. Eingeatmetes Chlor verätzt die Schleimhäute der Atemwege und die Lungenbläschen. Beim Experimentieren sind daher besondere Vorsichtsmaßnahmen erforderlich, die verhindern, dass Chlorgas in die Atemluft gelangt. Experimente werden deswegen entweder unter dem Abzug ausgeführt oder es werden Aktivkohlefilter auf die Öffnungen der Apparatur aufgesetzt. Solche Filter werden auch in Atemschutzgeräten eingesetzt, um bei Unglücksfällen eventuell enthaltenes Chlor aus der Atemluft zu adsorbieren.

Verwendung. Viele Farbstoffe werden von Chlor gebleicht [B1]. Sie verlieren ihre ursprüngliche Farbe, werden „bleich", weil sich ihre Moleküle bei der Reaktion mit Chlor verändern. Auf dieser Reaktionsfähigkeit beruht auch der Einsatz von Chlor zum Bleichen von Papier und Textilien. Alle Farbstoffe darin werden zerstört. Chlorbleichlaugen und manche Haushaltsreiniger [B2] enthalten Chlorverbindungen, die zu Chlorgas und anderen Reaktionsprodukten reagieren können.
Ein wichtiger Einsatzbereich für Chlor liegt in der Wasseraufbereitung. Bei der *Chlorung* wird dem Trinkwasser Chlor oder Chlordioxid zugesetzt, damit sich in den Leitungen keine Bakterien ansiedeln und vermehren können.

> **Vorsicht**
>
> Nicht zusammen mit Säuren und sauren Reinigern, z. B. WC-Reinigern und Entkalkern, verwenden. Es können gefährliche Chlordämpfe entstehen. Bei Spritzern in die Augen sofort mit Wasser ausspülen. Bei irrtümlicher Einnahme viel Wasser oder Milch trinken. In beiden Fällen sofort Arzt aufsuchen.

B2 Sicherheitshinweise auf dem Etikett eines Sanitärreinigers

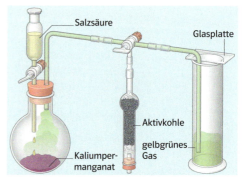

B3 Herstellung von Chlor aus Salzsäure

Um die Gesundheit nicht zu gefährden, wird die Dosierung möglichst niedrig gehalten: in Trinkwasser 0,1 mg Chlor, in Schwimmbädern dagegen 0,3 bis 0,6 mg Chlor pro Liter Wasser. Zur Herstellung von PVC (Polyvinylchlorid) und anderen Kunststoffen sowie vielen weiteren Produkten kommt Chlor in der Industrie in großen Mengen zum Einsatz.

V1 Zur Herstellung von Chlor lässt man halbkonzentrierte Salzsäure mit Calciumhypochlorit oder Kaliumpermanganat [B3] reagieren. Die Standzylinder mit dem aufgefangenen Chlorgas verschließt man sofort (Vorsicht! Abzug!).
Ein mit Aktivkohle als Adsorptionsmittel gefülltes Rohr wird angeschlossen.

V2 In ein Gefäß mit Chlor gibt man farbige Blüten [B1] oder ein angefeuchtetes Stück farbig gemustertes Textilgewebe (Abzug!).

V3 Man gibt in ein mit Bromdampf bzw. Chlorgas gefülltes Gefäß etwas Aktivkohle und schüttelt. (Abzug!)

V4 a) Versuche, im Reagenzglas durch Schütteln etwas Iod in Wasser zu lösen.
b) Wiederhole den Versuch mit Alkohol (Brennspiritus) als Lösungsmittel.

A1 Welches Volumen an Chlor benötigt man im Durchschnitt, um 1 l Schwimmbadwasser zu chloren?

Eigenschaften der Halogene

B4 Halogene Chlor, Brom, Iod (von links) und ihre Farben im gasförmigen Zustand

Halo-gen	Mole-kül-formel	Atom-masse (u)	Farbe (Gas)	Schmelz-tempera-tur in (°C)	Siede-tempera-tur in (°C)	Dichte bei 20 °C (g/ml)	Gefahren-symbol
Fluor	F_2	19	hellgelb	−219	−188	0,0016	T+, C
Chlor	Cl_2	35,5	gelbgrün	−101	−35	0,0030	T, N
Brom	Br_2	80	rotbraun	−7	59	3,12	T+, C, N
Iod	I_2	127	violett	113	184	4,93	Xn, N

B5 Die Eigenschaften der Halogene verändern sich innerhalb der Elementgruppe in gleichmäßiger Weise

Brom ist eine leicht verdunstende, rotbraune, sehr giftige Flüssigkeit. Der unangenehme Geruch der Bromdämpfe (von griech. bromos, übel riechend) hat dem Element den Namen gegeben. Bei Kontakt mit Brom kann es zu starker Reizung der Augen und der Atmungsorgane kommen, auf der Haut entstehen tief gehende Verätzungen.

Iod ist bei Zimmertemperatur ein Feststoff, der in Form von metallisch glänzenden, grauschwarzen Plättchen vorliegt. Bereits bei geringer Erwärmung sublimiert er merklich. Dabei entsteht violetter Ioddampf. Der Farbe des Dampfes (von griech. iodes, veilchenblau) verdankt das Element seinen Namen. Ioddämpfe sind giftig.

Fluor ist ein hellgelbes Gas mit einem chlorähnlichen Geruch. Es verursacht schwere Verätzungen der Atemwege und der Haut. Wegen seiner außerordentlichen Reaktionsfähigkeit ist im Umgang mit Fluor größte Vorsicht geboten. Viele Stoffe reagieren mit Fluor unter Flammenerscheinung. Weil es auch Glas zerstört, wird Fluor in Kupfergefäßen aufbewahrt.

Elementgruppe. Viele Eigenschaften der Elemente Fluor, Chlor, Brom und Iod ändern sich gleichmäßig in einer Reihe vom Fluor zum Iod [B5]. Man fasst diese Elemente zu einer Elementgruppe zusammen, die man Halogene nennt. Die Halogene bestehen aus zweiatomigen Molekülen: F_2, Cl_2, Br_2, I_2.

Exkurs Die Arbeitsplatzgrenzwerte

AGW	Halogene			
	Fluor	Chlor	Brom	Iod
β in mg/m³	0,16	1,5	0,7	1,1
σ in ml/m³	0,1	0,5	0,1	0,1

Beschäftigte, die mit Gefahrstoffen arbeiten, müssen vor den Auswirkungen giftiger Stoffe in der Atemluft geschützt werden. Auch sehr kleine Anteile geruchloser, giftiger Stoffe können die Gesundheit gefährden.
Dem Schutz der Gesundheit am Arbeitsplatz dienen die **A**rbeitsplatz**g**ren**w**erte (**AGW**). Sie geben die höchstzulässige Konzentration eines Arbeitsstoffes als Gas, Dampf oder Schwebstoff in der Luft am Arbeitsplatz an. Bei Einhaltung der Werte wird bei einer wöchentlichen Arbeitszeit von 40 Stunden nach gegenwärtigem Stand der Wissenschaft auch bei langfristiger Einwirkung die Gesundheit i. Allg. nicht beeinträchtigt. Die AGW werden immer wieder überprüft und neu festgesetzt, wenn es medizinisch erforderlich und messtechnisch möglich ist. Bei den AGW ist zwischen der Massenkonzentration β (Einheit mg/m³) und der Volumenkonzentration σ (Einheit ml/m³ = ppm, parts per million) zu unterscheiden.

A2 Der Umgang mit Iod ist weniger gefährlich als der mit anderen Halogenen. Der Arbeitsplatzgrenzwert σ (Einheit ml/m³) ist aber genauso hoch wie der von Brom und Fluor. Wie ist das zu erklären?

Ionenverbindungen und Elektronenübergänge

7.2 Halogene sind Salzbildner

B1 Natrium reagiert heftig mit Chlor

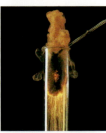

B2 Reaktion von Eisenwolle mit Chlor

B3 Reaktion von Brom mit Aluminium

B4 Bromwasser reagiert mit Kupfer

Halogen bedeutet **Salzbildner** (von griech. hals für Salz und griech. gennan, bilden). Wenn Halogene Salze bilden können, müssen sie reaktionsfähige elementare Stoffe sein. Als Reaktionspartner wählen wir zuerst verschiedene Metalle, wie z. B. Natrium.

Reaktion von Chlor mit Natrium. Lässt man Chlorgas auf geschmolzenes Natrium einwirken [B1, V1], so setzt unter Aussendung von gelbem Licht eine heftige Reaktion ein. Dabei verschwindet die gelbgrüne Farbe des Chlors und es entsteht ein *weißer Feststoff*, der als **Kochsalz** identifiziert werden kann. Zum Beispiel löst er sich gut in Wasser und es sind nach dem Verdunsten des Lösungsmittels die für Kochsalz typischen quaderförmigen Kristalle zu erkennen.

Natrium(s) + Chlor(g) ⟶ Natriumchlorid(s)
$2\,Na + Cl_2 \longrightarrow 2\,NaCl$

Im Gegensatz zu den Ausgangsstoffen ist Natriumchlorid ein lebensnotwendiger Stoff, den jeder Mensch in kleinen Mengen mit der Nahrung aufnehmen muss (Kap. 7.8).

Andere Metallchloride lassen sich aus dem jeweiligen Metall durch Reaktion mit Chlor synthetisieren. Mit Eisen erhält man *Eisenchlorid* [B2, V2], mit Kupfer *Kupferchlorid*.

$2\,Fe + 3\,Cl_2 \longrightarrow 2\,FeCl_3$
$Cu + Cl_2 \longrightarrow CuCl_2$

Alle drei Reaktionen verlaufen exotherm, jedoch mit unterschiedlicher Heftigkeit. Von den eingesetzten Metallen reagiert Natrium am heftigsten, Kupfer am wenigsten heftig. Natrium ist also am reaktionsfähigsten. Entsprechend ist die Bindungsfestigkeit im Endprodukt Natriumchlorid am größten, im Kupferchlorid dagegen am kleinsten. Die Metalle verhalten sich in ihrer Reaktionsfähigkeit und Bindungsfestigkeit mit Chlor ähnlich wie mit Sauerstoff (Kap. 4.6) oder mit Schwefel.

Bromide und Iodide. Aus Aluminium und Brom entsteht in einer exothermen Reaktion *Aluminiumbromid* [B3, V3]:

$2\,Al + 3\,Br_2 \longrightarrow 2\,AlBr_3$

Kupfer reagiert mit in Wasser gelöstem Brom zu löslichem Kupferbromid [B4, V4]. Aus Magnesium und Iod entsteht in einer exothermen Reaktion *Magnesiumiodid* [V5]. Die Reaktion wird durch Zugabe von Wasser ausgelöst.

$Mg + I_2 \longrightarrow MgI_2$

Die Reaktionsprodukte aus Metallen und Halogenen, die **Metallhalogenide**, sind feste Stoffe mit meist hohen Schmelztemperaturen, viele lösen sich gut in Wasser.
Die Ähnlichkeit der Eigenschaften dieser Stoffe mit denen des Natriumchlorids („Salz") führte zum Oberbegriff **Salze** zunächst für alle Verbindungen aus Metallen und Halogenen, die Metallhalogenide.

Metall + Halogen ⟶ Metallhalogenid

So wird verständlich, warum Halogene als **Salzbildner** bezeichnet werden.

V1 **a)** In ein bis zum Erweichen erhitztes Reagenzglas bläst man ca. 2 cm über dem Boden ein Loch. Ein erbsengroßes, entkrustetes Natriumstück wird darin erhitzt. Kurz bevor sich das Natrium entzündet, taucht man das Reagenzglas in einen Zylinder mit Chlor. (Abzug, Schutzbrille!) **b)** Der entstandene weiße Stoff wird in möglichst wenig Wasser gelöst. Einen Tropfen der Lösung lässt man auf einem Objektträger eintrocknen und betrachtet den Rückstand unter dem Mikroskop.

V2 Ein Standzylinder, dessen Boden mit Sand bedeckt ist, wird mit Chlor gefüllt. In das Gas wird erhitzte Eisenwolle getaucht. Der Versuch wird mit erhitztem Kupferblech wiederholt. (Abzug!)

Zu den Salzen zählen auch *Oxide* und *Sulfide*. Salze entstehen z. B. bei der Reaktion von *Metallen* und *Nichtmetallen*. Zur systematischen Benennung von Salzen wird zuerst das Metall genannt, dann die Stammsilbe aus dem griechischen bzw. lateinischen Namen des Nichtmetalls mit angehängter Endung **-id**.

Reaktionsfähigkeit der Halogene. Vergleicht man die Reaktionsfähigkeit der Halogene Chlor, Brom und Iod mit jeweils *demselben* Metall [B5, V6], stellt man fest, dass auch die Halogene eine unterschiedliche Reaktionsfähigkeit zeigen. Sie nimmt von Chlor über Brom zum Iod hin ab.

Abnehmende Reaktionsfähigkeit →
$F_2 \quad Cl_2 \quad Br_2 \quad I_2$

Dies entspricht einer Abnahme der Bindungsfestigkeit in den Kupferhalogeniden von Kupferchlorid bis Kupferiodid.

In der Elementgruppe der Halogene erkennt man eine abgestufte Änderung der jeweiligen Eigenschaften. Auch die Reaktionsfähigkeit mit Metallen ist eine Stoffeigenschaft. Sie nimmt von Fluor zu Iod hin ab.

Nachweis von Halogeniden. Gibt man zu Lösungen von Chloriden Silbernitratlösung, so entsteht jeweils eine weiße, trübe Flüssigkeit, eine Suspension, in der sich sofort ein weißer flockiger Feststoff absetzt. Man sagt: *Es ist ein weißer Niederschlag ausgefallen*. Das feste weiße Produkt ist aus den in beiden Lösungen enthaltenen Teilchen durch Umgruppierung dieser Teilchen entstanden. Der neue Stoff heißt *Silberchlorid*.
Entsprechend erhält man bei der Reaktion von Bromiden mit Silbernitratlösung weißgelbes *Silberbromid*, bei Iodiden gelbes *Silberiodid*. An der Farbe des Niederschlags ist erkennbar, welches Halogenid vorliegt.

Silbernitratlösung ist ein Nachweismittel für in Wasser gelöste Chloride, Bromide und Iodide. Man kann sie an der Farbe des Niederschlags unterscheiden.

V3 In ein Reagenzglas füllt man ca. 1 cm hoch Brom und stellt es in Sand. Hierzu gibt man frisch abgerissene, aufgerollte Alufolie (ca. 5 cm x 3 cm). (Abzug!)

V4 Man gibt im Reagenzglas zu Bromwasser etwas Kupferpulver bzw. Zinkpulver und schüttelt kräftig (Abzug!). Beobachte die Farbänderung.

V5 Man verreibt 1 g Magnesiumpulver mit ca. 2 g Iod und bildet daraus einen flachen Kegel. Man tropft etwas Wasser auf das Gemisch. (Abzug!)

V6 Man hält eine Kupferfolie (Blattmetall) in je einen Standzylinder mit Chlor-, Brom- und Ioddampf (Abzug!). Vergleiche die Reaktionsabläufe.

V7 Stelle jeweils eine Lösung von Natriumchlorid, Kaliumchlorid, Calciumchlorid, Natriumbromid, Kaliumbromid, Natriumiodid und Kaliumiodid in dest. Wasser her und gib in jedes Reagenzglas einige Tropfen Silbernitratlösung. (Vorsicht! Silbernitratlösung darf nicht in die Augen gelangen!) Beschreibe deine Beobachtungen.

A1 Formuliere für die Reaktionen von Aluminium mit Chlor und Kupfer mit Brom die Reaktionsgleichungen. Die Formel für Aluminiumchlorid ist: $AlCl_3$, die für Kupferbromid: $CuBr_2$.

A2 Vergleiche die Reaktionsfähigkeiten in den Elementgruppen der Alkalimetalle und der Halogene.

A3 Natriumchlorid, -bromid und -iodid sind weiße kristalline Substanzen. Proben von ihnen werden auf je ein Uhrglas gegeben und so vertauscht, dass ihre Herkunft nicht mehr erkennbar ist. Wie können die Substanzen identifiziert werden? Erstelle eine Versuchsplanung. Gib die zu erwartenden Ergebnisse an.

B5 Reaktion von Halogenen mit Kupfer. Die Reaktionsfähigkeit nimmt von Chlor (oben) über Brom (Mitte) zu Iod (unten) ab

7.3 Ionen in wässrigen Lösungen

B1 Prüfung der elektrischen Leitfähigkeit

Von Nichtmetallen mit Ausnahme von Graphit unterscheiden sich Metalle u. a. dadurch, dass sie im festen Zustand den elektrischen Strom gut leiten. Im Metall bzw. Graphit sind also bewegliche Elektronen vorhanden. Salze sind Verbindungen aus Metall und Nichtmetall. Wie verhalten sich Salze bei Leitfähigkeitsprüfungen?

Elektrische Leitfähigkeit von wässrigen Lösungen. Um Lösungen auf elektrische Leitfähigkeit zu prüfen, taucht man zwei Graphitstäbe in die jeweilige Lösung ein, die mit je einem Pol einer Spannungsquelle verbunden sind [V1]. Die wässrigen Lösungen der drei Salze, nicht jedoch die Zuckerlösung, zeigen elektrische Leitfähigkeit.

B2 Beobachtungen bei der Leitfähigkeitsprüfung von Zinkiodidlösung

Um die Ursache der Leitfähigkeit von Salzlösungen zu ergründen, ist es hilfreich, die Oberflächen der beiden Graphitelektroden genau zu beobachten, während z. B. eine Zinkiodidlösung den Strom leitet [V2]: Am Graphitstab, der mit dem Minuspol der Gleichspannungsquelle verbunden ist, wird allmählich ein hellgrauer Belag eines Feststoffes sichtbar. Es handelt sich um metallisches Zink. In der Umgebung des anderen Graphitstabes, am positiven Pol, zeigen sich gelbe Schlieren aus Iod, das in Wasser gelöst ist. Wie lassen sich diese experimentellen Befunde deuten?

Ladungsträger in Salzlösungen. Eine Voraussetzung für Stromfluss ist der Transport von Ladung. Dies bedeutet, dass in der Zinkiodidlösung geladene Teilchen vorliegen, die sich während des Stromflusses bewegen. Durch die Wirkung der beiden Pole der Spannungsquelle werden die Teilchen in der Lösung jeweils in eine bestimmte Richtung gelenkt. Die Elektrode, die mit dem positiven Pol verbunden ist, ist positiv geladen und zieht negativ geladene Teilchen an. Umgekehrt ist die Elektrode am Minuspol negativ geladen und zieht positiv geladene Teilchen an.
Die experimentellen Befunde lassen sich jetzt deuten.

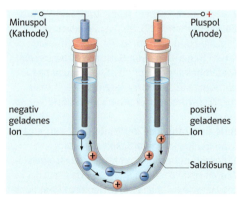

B3 Ionen wandern zu der jeweils entgegengesetzt geladenen Elektrode

Zur negativ geladenen Elektrode *wandern* die *positiv* geladenen Zinkteilchen, weil sich entgegengesetzt geladene Körper anziehen. Da die andere Elektrode positiv geladen ist, *wandern* zu ihr die *negativ* geladenen Iodteilchen [B3]. Diese geladenen Teilchen heißen **Ionen** (von griech. ion, das Wandernde; Kap. 6.8).

Ionen sind Atome (oder auch Moleküle), die elektrisch positiv oder negativ geladen sind.

V1 Versuchsaufbau wie B1. Löse in je einem Reagenzglas etwas Natriumchlorid, Kaliumiodid, Zinkchlorid und Zucker in dest. Wasser. Prüfe nacheinander, beginnend mit dem Wasser, die elektrische Leitfähigkeit der Flüssigkeiten. Spüle den Leitfähigkeitsprüfer nach jedem Versuch.
Beschreibe deine Beobachtungen.

V2 Versuchsaufbau wie in B2. Fülle Zinkiodidlösung in ein U-Rohr. Verschließe die beiden Schenkel mit je einem Stopfen, in dem eine Graphitelektrode steckt. Verbinde die Elektroden mit den Polen einer Gleichspannungsquelle und baue eine Glühlampe (0,1 A) in den Stromkreis ein. Erhöhe die Spannung langsam, bis das Lämpchen leuchtet. Schalte nach einigen Minuten die Spannung ab. Beschreibe und deute deine Beobachtungen.

Allgemeine Chemie

Ionen in wässrigen Lösungen

Zuckerlösung enthält keine Ionen und leitet den elektrischen Strom deshalb nicht [V1].

Lösungen, die bestimmte Ionen enthalten, sind sowohl für jede Pflanze als auch für Mensch und Tier lebensnotwendig. Demnach müssen wir die Ionen täglich mit unserer Nahrung zu uns nehmen. In welchen Lebensmitteln sind Ionen enthalten?

Mineralwasser. Betrachtet man z. B. das Etikett einer Mineralwasserflasche genauer, findet man dort eine Liste der enthaltenen Ionen.
In einer Spalte stehen die *positiv geladenen (Kationen)*, in der anderen die *negativ geladenen (Anionen)* Ionen [B4]. Zudem erkennt man, dass sowohl einfach als auch mehrfach geladene Ionen vorkommen.
Die Frage ist, wie diese Ionen in das Mineralwasser kommen. Wurden sie zugesetzt oder sind sie als natürliche Bestandteile darin enthalten?

Bereits der Aufdruck „Natürliches Mineralwasser" lässt den Schluss zu, dass die enthaltenen Stoffe nicht zugesetzt werden. Auf seinem Weg bis zur oberirdischen Quelle durchströmt das Wasser viele Gesteinsschichten, die zum Teil etwas angelöst werden. Gesteine bestehen aus *Mineralien*. Viele Mineralien sind Salze. Deshalb sind im Gestein Ionen vorhanden, die sich im Mineralwasser wiederfinden.

B5 Sportler trinken ein mineralstoffhaltiges Getränk

Höchstleistungssportler trinken nach Wettkämpfen meist mineralstoffhaltige Getränke [B5], um die Mineralstoffe, die mit dem Schweiß ausgeschieden wurden, zu ersetzen.

Ionen im Organismus. Mineralstoffe benötigt der tierische bzw. der pflanzliche Körper nur in geringer Menge, daher rührt ihre Bezeichnung als *Spurenelemente* im Zusammenhang mit unserer Ernährung. Mineralstoffe sind also keine Nährstoffe, aus denen Energie gewonnen werden kann. Bei Mineralstoffmangel treten Krankheiten auf. Einerseits sind Ionen direkte Bauteilchen zur Bildung von Knochen und Zähnen, andererseits sind sie z. B. Bestandteile von Katalysatoren für viele chemische Reaktionen in den Zellen. Mangel an Iodidionen z. B. führt zu Störungen der Schilddrüsenfunktion, zum Kropf. Eisenionen, die z. B. in den Mineralstoffen der Erdbeere enthalten sind, sind Bestandteil des Hämoglobins, dem Farbstoff der roten Blutkörperchen [B6]. Hämoglobin ist für den Sauerstofftransport zuständig.

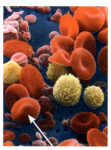

B6 Rote Blutkörperchen

HEILWASSER

Analyse		mg/kg	Anionen		mg/kg
Kationen			Chlorid	Cl^-	117,00
Kalium	K^+	31,00	Fluorid	F^-	0,30
Natrium	Na^+	973,20	Sulfat	SO_4^{2-}	318,50
Lithium	Li^+	2,35	Nitrat	NO_3^-	0,58
Ammonium	NH_4^+	0,91	Hydrogencarbonat	HCO_3^-	3001,00
Calcium	Ca^{2+}	136,20	Hydrogenphosphat	HPO_4^{2-}	0,37
Magnesium	Mg^{2+}	107,00			
Strontium	Sr^{2+}	1,00	Metakieselsäure	H_2SiO_3	11,62
Eisen	Fe^{3+}	0,02	Metaborsäure	HBO_2	11,61

natürliches Mineralwasser ohne Zusatz von Kohlenstoffdioxid

Abfülldatum 12 07 2006   Mehr als 3 Jahre haltbar   0,7 l

B4 Etikett eines Mineralwassers

A1 a) Sammle die Etiketten von wenigstens 4 verschiedenen Mineralwasserflaschen. Klebe sie in dein Heft und vergleiche in einer Tabelle die Gehalte von mehreren positiven bzw. negativen Ionen.
b) Worauf sind die unterschiedlichen Werte zurückzuführen?

A2 Setze aus dem Namen je eines Kations und eines der Anionen den Namen eines Metallhalogenids zusammen. Gib drei solche Beispiele an.

7.4 Natriumchlorid und andere Ionenverbindungen

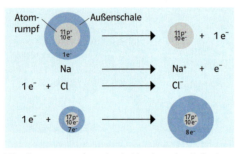

B2 Ionen entstehen durch Abgabe oder Aufnahme von Elektronen

Wie Metallhalogenide sind auch Metalloxide oder Metallsulfide Salze. Bei ihrer Bildung geben *Metallatome* Elektronen ab, *Nichtmetallatome* nehmen Elektronen auf.

Bei der Reaktion von Metallen und Nichtmetallen zu Salzen geben die Metallatome Elektronen ab, es entstehen Kationen, die Nichtmetallatome nehmen Elektronen auf, es bilden sich Anionen. Salze sind also Ionenverbindungen.

Natriumionen, Kaliumionen und alle anderen *Alkalimetallionen* sind einfach positiv geladen, unabhängig davon, in welchem Salz sie vorkommen. *Halogenidionen* sind entsprechend einfach negativ geladen.
In Salzen gibt es auch mehrfach positiv geladene Metallionen, z. B. die Ionen von *Erdalkalimetallen*, z. B. Ca^{2+} und Mg^{2+}. Wonach richtet sich die Anzahl der abgegebenen oder aufgenommenen Elektronen?

Durch Reaktion von Natrium mit Chlor entsteht Natriumchlorid (Kap 7.2). Das Metall Natrium ist aus Atomen aufgebaut, Chlor aus zweiatomigen Molekülen, Natriumchlorid dagegen aus Ionen. Wie entstehen während der Reaktion aus den Atomen Ionen?

Bildung von Ionen. Bei der Reaktion von Natrium mit Chlor gibt jedes Natriumatom jeweils das *Valenzelektron* ab. Die positive Ladung des Kerns wird dann durch die Elektronen der Hülle nicht mehr ausgeglichen. Es ist ein positiv geladenes Ion entstanden [B2]; das Symbol dafür ist Na^+. Je ein abgegebenes Elektron wird von jeweils einem Chloratom in dessen äußerste Schale (Energiestufe) aufgenommen. Dadurch entstehen negativ geladene Chloridionen (Cl^-). Bei dieser chemischen Reaktion gehen Elektronen von einem Natriumatom auf ein Chloratom über. Allgemein lassen sich diese Vorgänge auch auf die Bildung anderer Salze übertragen.

Ionenladung und Edelgasregel. Bei der Entstehung von Natriumionen gibt jedes Natriumatom sein Valenzelektron ab.
Danach weist das entstandene *Natriumion* die gleiche *Elektronenanzahl und -verteilung* auf wie ein Atom des im Periodensystem vor ihm stehenden *Edelgases Neon*.
Entsprechend erhält ein *Chloratom* durch die *Aufnahme eines Elektrons* die *Atomhülle* eines Atoms des *Edelgases Argon*. Die Außenschale der Edelgasatome (außer Helium) hat 8 Elektronen. Man spricht von einem **Elektronenoktett**.

Erdalkalimetallatome werden durch Abgabe der beiden Valenzelektronen zu zweifach positiv geladenen Ionen. Dadurch haben sie wieder jeweils die Elektronenanzahl und -verteilung eines Edelgasatoms. Sind als Nichtmetalle Sauerstoff oder Schwefel an der Reaktion beteiligt, nehmen ihre Atome jeweils zwei Elektronen in ihre äußerste Schale auf. Sulfid- und Oxidionen sind zweifach negativ geladen und besitzen beide die Elektronenhülle eines Edelgasatoms.

B1 Elektronenverteilung in der Hülle von Atomen, zugehöriger Ionen und entsprechenden Edelgasatomen

Wenn bei Reaktionen von Atomen Ionen entstehen, so haben diese meist die gleiche Elektronenanzahl und -verteilung in den Schalen wie ein Edelgasatom. Diesen Zusammenhang bezeichnet man als **Edelgasregel**.

Die Vorgänge bei der Ionenbildung können durch Teilreaktionsgleichungen verdeutlicht werden.

$Na \rightarrow Na^+ + 1\,e^-$ $\quad$ $Cl + 1\,e^- \rightarrow Cl^-$
$Mg \rightarrow Mg^{2+} + 2\,e^-$ $\quad$ $O + 2\,e^- \rightarrow O^{2-}$

A1 **a)** Zu welcher Elementgruppe gehören Natrium und Kalium?
b) Warum kann in unserem Körper niemals elementares Natrium sein? (Kap 6.1)

A2 Vergleiche die Protonen-, Neutronen- und Elektronenzahlen eines Natriumatoms mit denen eines Natriumions. Wodurch unterscheidet sich das Ion vom Atom?
Führe diesen Vergleich auch für das Chloratom und Chloridion durch.

A3 Zitate aus einer Zeitung: „Der Körper eines Erwachsenen enthält durchschnittlich 100 g Natrium, 140 g Kalium…" oder: „Der menschliche Körper braucht 14 Metalle, um richtig zu funktionieren…" oder: „Im menschlichen Blut sind 3 g Eisen enthalten. Bei Anämie herrscht oft Eisenmangel im Blut…"
Wie ist diese Ausdrucksweise in der Alltagssprache zu verstehen? Erkläre.

A4 Für das Aufstellen der Verhältnisformel einer Ionenverbindung kann **(a)** das Aufschreiben der Zeichen für die Ionen und **(b)** das anschließende Ausgleichen der Ladungen eine Hilfe darstellen. Beispiel: Verhältnisformel von Natriumsulfid **(c)**:

a) Na^+, S^{2-} **b)** $\genfrac{}{}{0pt}{}{Na^+}{Na^+}$ S^{2-} **c)** Na_2S

Stelle die Verhältnisformeln auf für: Lithiumiodid, Natriumoxid, Aluminiumoxid.

Ionenladungen und Formeln von Ionenverbindungen. Die Einzelladungen der positiv und negativ geladenen Ionen bestimmen gemeinsam das Anzahlverhältnis der Ionen in der Verbindung. Die Gesamtzahl der positiven Ladungen muss mit der Summe der negativen Ladungen übereinstimmen.

Ladung der Metallionen \ Ladung der Nichtmetallionen	–	2–
+	KBr NaCl	Na_2S Li_2O
2+	CaF_2 BaF_2	CaO CaS

Exkurs Erdalkalimetalle

Die 2. Hauptgruppe im Periodensystem der Elemente bilden die Erdalkalimetalle. Wichtige Vertreter sind Calcium und Magnesium. Es sind unedle Metalle, die ähnlich wie Alkalimetalle mit Halogenen zu Salzen reagieren. Mit Wasser reagieren diese Metalle zu alkalischen Lösungen und Wasserstoff, entsprechend den Alkalimetallen.

Element	Zeichen für das Atom	Dichte in g/cm³	Schmelztemperatur in °C	Heftigkeit der Reaktion mit Wasser	Flammenfärbung
Magnesium	Mg	1,74	649	nimmt zu	–
Calcium	Ca	1,54	839		orange
Strontium	Sr	2,60	769		karminrot
Barium	Ba	3,51	725		grün

7.5 Das Natriumchloridgitter

Aus Natrium und Chlor kann sich Natriumchlorid bilden. Natriumchlorid besteht aus Ionen. Kationen und Anionen ziehen sich an. Da Ladungen nach allen Richtungen im Raum wirken, können von einem positiv geladenen Natriumion mehrere benachbarte negativ geladene Chloridionen angezogen werden. Ebenso kann ein Chloridion mehrere Natriumionen anziehen. Dagegen stoßen sich Ionen mit gleichnamiger Ladung ab.

Ionenverband. Bei der Reaktion von Natrium mit Chlor entsteht eine riesige Anzahl von Natriumionen und Chloridionen. Diese gruppieren sich so, dass sich eine *größtmögliche Anziehung* und *geringstmögliche Abstoßung* ergibt.

Die Bindung, die auf der Anziehung entgegengesetzt geladener Ionen beruht, bezeichnet man als Ionenbindung.

Es bildet sich ein *Ionenverband*, in dem die Ionen regelmäßig angeordnet sind. In B3 ist die räumliche Anordnung dieser Ionen zu erkennen. Ein Natriumion ist von sechs Chloridionen umgeben; um jedes Chloridion ordnen sich sechs Natriumionen. Jedes Ion hat also sechs nächste Nachbarn. Insgesamt ist die Anzahl der beiden Ionensorten im Ionenverband gleich; die *Verhältnisformel* NaCl bestätigt sich.

Die regelmäßige Anordnung der Ionen in einem Ionenverband nennt man **Ionengitter**. In B3 erkennt man, dass die Ionen an den Ecken von Würfeln sitzen, die durch die Verbindungslinien zwischen den Mittelpunkten der Ionen gebildet werden.

Berücksichtigt man, dass die Natriumionen nur etwa den halben Durchmesser der Chloridionen haben, und beachtet man außerdem die tatsächlichen Abstände zwischen den Ionen, so ergibt sich das Modell in B2. Sowohl im Kristall als auch im Modell kann man rechtwinklige Strukturen erkennen.

Ionenverbindungen mit Natriumchloridstruktur. Viele Feststoffe sind Ionenverbindungen. In einigen *Salzen* sind die Ionen so angeordnet wie die Natrium- und Chloridionen im festen Natriumchlorid. Beispiele sind viele Halogenide, z. B. Lithiumchlorid, Kaliumchlorid, Kaliumbromid. Man sagt, diese Ionenverbindungen haben *Natriumchloridstruktur*.

A1 Zeichne ein Schnittbild durch den Ionenverband des Natriumchloridgitters.

A2 Suche einen Grund für die unterschiedliche Größe von Natrium- und Chloridionen.

B1 Natriumchloridkristalle

B2 Raumerfüllung im Natriumchloridgitter

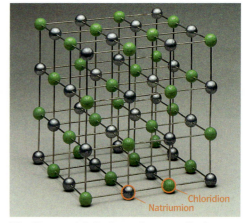

B3 Gittermodell des Ionengitters von Natriumchlorid

7.6 Gitterbildung und Energie

Geschmolzenes Natrium reagiert heftig mit Chlor unter Energieabgabe in Form von Licht und Wärme (Kap 7.2). Was ist die Ursache dafür, dass diese Reaktion exotherm verläuft?

Gitterenergie. Auch bei Zimmertemperatur reagieren Natrium und Chlor miteinander [V1]. Weil die Freisetzung der Energie dabei sehr langsam erfolgt, führt sie nicht zu einer starken Temperaturerhöhung. Die notwendigen Reaktionsschritte von den Ausgangsstoffen bis zum Reaktionsprodukt sind hierbei gleich wie beim Versuch mit dem geschmolzenen Natrium.

Um einzelne Natriumatome aus dem Atomverband zu erhalten, ist Energie erforderlich, ebenso zur Spaltung von Chlormolekülen in Chloratome.

Zur Bildung von Natriumionen muss Energie zugeführt werden (**Ionisierungsenergie**), während bei der Bildung von Chloridionen Energie frei wird. Die bei der Aufnahme eines Elektrons in ein neutrales Atom auftretende Energieänderung heißt **Elektronenaffinität**. Bildet man die Summe aus Ionisierungsenergie und Elektronenaffinität, so stellt man fest, dass ein hoher Energiebetrag aufgebracht werden muss. Aus der Beobachtung, dass sich bei der Reaktion von Natrium mit Chlor das Reaktionsprodukt Natriumchlorid als kristalliner Feststoff zeigt, kann man schließen, dass sich am Ende der Reaktion die Ionen in einer regelmäßigen Teilchenanordnung formiert haben. Bei der Bildung dieses Ionengitters aus den einzelnen Ionen wird sehr viel Energie, die **Gitterenergie**, frei. Die Freisetzung der Gitterenergie ist die Ursache dafür, dass die Reaktion von Natrium und Chlor insgesamt *exotherm* verläuft. Die Folge der *Freisetzung* von Gitterenergie ist, dass im Ionengitter ein Zusammenhalt besteht, welcher der Vergrößerung des Abstands der Ionen entgegenwirkt. Erst bei *Zufuhr* von Energie, z. B. in Form von Wärme, wird die Ionenbeweglichkeit höher und damit der Ionenabstand größer.

> **V1** Ein kleines frisch entkrustetes Natriumstück lässt man in einem mit Chlor gefüllten, abgedeckten Standzylinder ein bis zwei Tage unter dem Abzug stehen. Man löst den entstandenen spröden Stoff in Wasser (Achtung! Natriumreste reagieren mit Wasser! Schutzbrille!) und stellt die Lösung einige Tage an einen ruhigen Ort. Betrachte die Kristalle unter der Lupe.
>
> **A1** Erkläre, warum die Bildung von Natriumchlorid aus den elementaren Stoffen eine exotherme Reaktion ist, obwohl für die Bildung der Ionen ein hoher Energiebetrag aufgebracht werden muss.
>
> **A2** a) Beschreibe in fünf Stichpunkten die in B1 dargestellten Teilschritte.
> b) Stelle die Schritte in Reaktionsgleichungen bzw. schematisch dar.

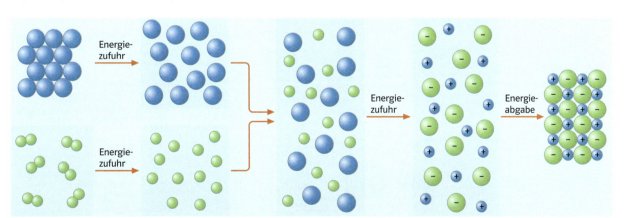

B1 Bildung des Natriumchloridgitters. Die Synthese von Natriumchlorid lässt sich in gedachte Teilschritte zerlegen

7.7 Impulse Geschichte der Salzgewinnung

B1 Lüneburger Heide

Brauch:
Den neuen Haus- bzw. Wohnungsbewohnern bringen Gäste nach dem Umzug Brot und Salz mit. Diese drücken den Wunsch aus, dass kein Mangel an Lebensmitteln eintreten möge.

Natriumchlorid nimmt unter den in der Natur vorkommenden Salzen eine Sonderstellung ein. Es war in der Geschichte das teuer gehandelte „weiße Gold" und aller Einfallsreichtum wurde aufgeboten, um dieses Produkt zu gewinnen.

Siedesalz. Die Salzgewinnung durch Erhitzen von Sole (Salzlösung) war in Mitteleuropa die gebräuchlichste Herstellungsmethode [B2]. Man nutzte Solequellen oder laugte vorhandene Salzlager durch Zuleiten von Wasser aus; die entstehende Sole wurde in Brunnen gefördert und erhitzt. Dies erfolgte in Salinen. Die Betriebe konnten nur wirtschaftlich arbeiten, wenn billiges Brennmaterial in großen Mengen zur Verfügung stand. Viele Jahrhunderte lang war man auf Holz angewiesen; der Betrieb von Salinen führte zur Entwaldung ganzer Landstriche. So bildete sich z.B. die Lüneburger Heide aufgrund der Entwaldung durch den hohen Holzbedarf der Salinen von Lüneburg. Mit Beginn des Eisenbahnzeitalters konnte auch Kohle eingesetzt werden. Je geringer der Massenanteil des Salzes in der Sole ist (z.B. in Bad Kreuznach ca. 2%, in Bad Dürkheim ca. 1%), desto mehr Brennmaterial muss eingesetzt werden, um z.B. 1 kg Salz zu gewinnen. Zur Nutzung auch der salzärmeren Quellen baute man Gradierwerke: große, offene Gebäude mit Gestellen, gefüllt mit Schwarzdornreisig, über die die Sole herabrieselte und mehrfach umgepumpt wurde. Dadurch, dass die Sole über das Gradierwerk rieselte, verdunstete ein Teil des Wassers und hinterließ eine Lösung mit höherem Salzgehalt, die mit einem geringeren Aufwand an Brennmaterial eingedampft werden konnte. Heute spielen die Gradierwerke für die technische Salzgewinnung keine Rolle mehr. Trotzdem stehen sie noch in vielen Solebädern [B3], da der Aufenthalt in „salzhaltiger Luft" in der Umgebung der Gradierwerke eine ähnlich lindernde oder heilende Wirkung auf die Erkrankung der Atemwege besitzt wie ein Spaziergang am Meer.

Steinsalz. Im 19. Jahrhundert wurden neue Salzlager erbohrt (z.B. in Jagstfeld bei Heilbronn oder in Wilhelmsglück bei Schwäbisch Hall), die dann bergmännisch abgebaut werden konnten. Viele Salinen mit salzarmer Sole mussten dieser Konkurrenz weichen.

Hinweise auf Salz in Ortsnamen. Die Salzvorkommen, besonders die Solequellen, waren häufig Keimzellen sich entwickelnder Siedlungen. Orts- und Flussnamen wie -salz, -sulz, -sol oder -hall (von keltisch hal, Salz) weisen noch heute auf alte Stätten der Salzgewinnung hin.

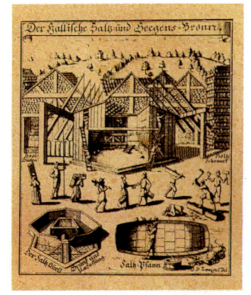

B2 Salzgewinnung in Schwäbisch Hall um 1715

B3 Großes Gradierwerk in Bad Kreuznach

Impulse Geschichte der Salzgewinnung

Salzstraßen. Häufig waren die ersten Straßen und Wege, die angelegt wurden, Salzstraßen, wie z. B. die erste Handelsstraße Roms, die „via salaria". Auch Deutschlands erste Straßen waren Salzhandelswege. So exportierte man z. B. Salz von Reichenhall aus nach Bayern, Württemberg, Böhmen und in die Schweiz oder von Kreuznach und Dürkheim in die umliegenden Regionen.

Wasserwege. Besonders günstig war der Salztransport auf dem Wasser. Lübeck war z. B. der Verschiffungshafen für das Lüneburger Salz, das zunächst mit dem Schiff nach Lauenburg (Elbe) und dann mit Pferdefuhrwerken nach Lübeck transportiert wurde. Von Lübeck ging das Salz nach Friesland und vor allem nach Skandinavien, wo aufgrund des Hering- und Kabeljau-Fangs ein hoher Bedarf bestand. Die Salinen Lüneburgs stellten mit einer Produktion von ca. 22 000 t Salz pro Jahr im 16./17. Jahrhundert die größte Industrieansiedlung in Mitteleuropa dar. Schon 1390 wurde der Elbe-Trave-Kanal gegraben, der Lüneburg direkt mit Lübeck verband. Die Bedeutung Lüneburgs zeigt sich auch in der Aufnahme der Stadt in den Bund der Norddeutschen Hanse.
Wie die Produktion von Salz führte auch der Salzhandel zu Gründungen bzw. zur Entwicklung von Siedlungen, an Furten oder Brücken der Handelsstraßen, an Flussmündungen, Umladeplätzen, Maut- oder Zollstationen.

Salz und Geld. Arabischen Schriftstellern zufolge wurden in manchen Gebieten Afrikas Salz und Gold im Verhältnis 1:1 getauscht. Salz war jedoch nicht nur Tauschmaterial, sondern wurde auch als Zahlungsmittel verwendet.

Auch in Europa verweist Salz auf Geld. Im 13. Jahrhundert wurde in Schwäbisch Hall zur Bezahlung der Salinenarbeiter der „Häller" (später: Heller) geprägt. Er verbreitete sich in ganz Süddeutschland und ist auch heute noch in vielen Redensarten enthalten wie z. B. „auf Heller und Pfennig", „bis zum letzten Heller" oder „keinen roten Heller mehr besitzen".

Die Gewinnung von Salz brachte den entsprechenden Städten Blüte und großen Reichtum. In den Städten kam es zur Herausbildung einer selbstbewussten Bürgerschaft mit wachsendem politischen Einfluss gegenüber den Landesherren. Das städtische Selbstbewusstsein zeigte sich auch im Stadtbild mit entsprechend prachtvollen Bauten.

B4 Händleinheller, Schwäbisch Hall, 14. Jhdt.

A1 Zur Schonung der Salinen-Wälder bestand schon vor ca. 500 Jahren in Bad Reichenhall die Vorstellung des „ewigen Waldes"; d. h., es durfte in einem Jahr nur so viel Holz gefällt werden, wie in dieser Zeit auch wieder nachwuchs. In welchen Bereichen spricht man heute von nachhaltiger Nutzung nachwachsender Rohstoffe?

A2 Schreibe Städtenamen auf, deren Ortsbezeichnung auf alte Stätten der Salzgewinnung hinweisen. Wähle eine Stadt aus und informiere dich über ihre Entwicklung im Lauf der Jahrhunderte.

A3 Informiere dich (z. B. in Geschichtsbüchern oder in einer öffentlichen Bibliothek) über die Handelsbeziehungen wichtiger Salzstädte wie Schwäbisch Hall, Bad Reichenhall, Hallein oder Lüneburg und trage diese in eine Kartenskizze ein.

A4 Welche Bedeutung hatten die Salzgewinnung und der Salzhandel für die wirtschaftliche Entwicklung im Mittelalter?

7.8 Impulse Salz

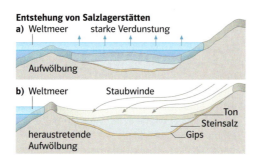

Entstehung von Salzlagerstätten
a) Weltmeer, starke Verdunstung, Aufwölbung
b) Weltmeer, Staubwinde, heraustretende Aufwölbung, Ton, Steinsalz, Gips

Kochsalz (Natriumchlorid), oft nur als „Salz" bezeichnet, war zu allen Zeiten ein wertvolles Wirtschaftsgut. Noch heute zählt dieser lebensnotwendige Stoff zu den wichtigsten mineralischen Rohstoffen. Wir betrachten nun Salz aus verschiedenen Blickwinkeln wie Entstehung und Gewinnung, Verwendung und Bedeutung im Körper.

Entstehung von Salzlagerstätten. Salzlagerstätten sind Meeresablagerungen vergangener Erdzeitalter. Die großen Salzlager Deutschlands entstanden vor ca. 200 Millionen Jahren, als große Teile Mitteleuropas von Meeren bedeckt waren. Die durch Verwitterung von Gesteinen entstandenen löslichen Salze wurden durch Flüsse ins Meer transportiert. Durch Aufwölbung am Meeresgrund entstanden flache Becken, in denen bei dem damals herrschenden heißen Klima das Wasser schnell verdunstete, sodass ständig frisches Meerwasser nachströmte. Dadurch nahm der Salzgehalt in den Becken zu. Zuerst begannen sich die schwer löslichen Salze Kalk und Gips abzusetzen. Mit zunehmendem Salzgehalt des Wassers kam es zur Abscheidung von Kochsalz. Dies erfolgte über große Zeiträume, ohne dass weitere lösliche Salze auskristallisierten. Wurden die Becken vom Meer abgetrennt, bildeten sich Kalium- und Magnesiumsalze über dem Kochsalz. Staub und Sand bedeckten die Salzschichten und schützten sie vor Witterungseinflüssen. Bei einer anschließenden Landsenkung konnte das Becken erneut überflutet werden und der Vorgang wiederholte sich. Im Laufe der Jahrmillionen senkten sich die Salzschichten weiter ab und wurden von neuen Gesteinsschichten überdeckt.

A1 Wo befinden sich in Deutschland große Steinsalzlagerstätten?

A2 Über manchen Steinsalzlagerstätten liegen Kalkstein- und Gipsschichten. Wie lässt sich dies erklären?

Meersalzgewinnung in Salzgärten. In warmen Küstengebieten spielt auch heute noch das Jahrtausende alte Verfahren der Salzgewinnung in Salzgärten eine bedeutende Rolle. Dort wird über Kanäle Meerwasser in flache Becken geleitet. Man lässt das Wasser verdunsten, bis der größte Teil des Kochsalzes auskristallisiert ist. Die restliche Lösung, aus der sich noch zusätzlich die gesamten leichter löslichen Salze abscheiden würden, wird abgeleitet. Aus 1 m³ Meerwasser werden in diesen Salzgärten ca. 23 kg Kochsalz gewonnen.

1000 kg Meerwasser enthalten:
25 kg Kochsalz
0,4 kg Kalk
1 kg Gips
9 kg Kalium- und Magnesiumsalze

Kochsalz aus Meerwasser. Der Gehalt an gelösten Salzen beträgt für die Weltmeere 34 bis 37 g pro kg Meerwasser. Lässt man 1000 kg dieser Lösung verdunsten, so erhält man ca. 25 kg Kochsalz neben ca. 10 kg Kalium-, Magnesium-, Calciumsalzen und Spuren weiterer Salze.

A3 In den Salzgärten leitet man Meerwasser schrittweise in eine Reihe miteinander verbundener Verdunstungsbecken. Warum gelingt es, durch dieses Verfahren fast reines Kochsalz herzustellen?

A4 Bei welchen Gesundheitsstörungen wird ein Aufenthalt am Meer mit Solebädern usw. (Thalassotherapie) empfohlen?

A5 In welchen Produkten des Alltags findet man Meersalz?

Erstarrungstemperatur von Salzlösungen. Um vereiste Straßen aufzutauen oder Eisbildung zu verhindern, kann man Salz streuen. Da hohe Salzkonzentrationen für Pflanzen schädlich sind, wird Auftausalz oft nur noch an gefährlichen Stellen erhöhter Unfallgefahr eingesetzt.
Gibt man Kochsalz auf Eis, so schmilzt dieses. Die Erstarrungstemperatur von Salzlösungen liegt tiefer als die des Wassers. Der Salzbedarf steigt mit fallender Temperatur, unter ca. −21 °C lässt sich Eis durch Salzzugabe nicht mehr schmelzen. Bei sehr tiefer Temperatur ist der Einsatz von Salz aus Umwelt- und Kostengründen nicht vertretbar.

A6 Informiere dich über
a) die Hauptinhaltsstoffe von isotonischen Getränken und erkläre deren Bedeutung.
b) den osmotischen Druck im Biobuch.

A7 Einige der Inhaltsstoffe aus A6 sind auch in Mineralwasser enthalten.
Welche sind es?

Hinweis: Bei den Inhaltsstoffen der Getränke ist in der Regel nicht z. B. Natriumchlorid aufgeführt, sondern „Natrium" und „Chlorid". Außer Natriumchlorid sind noch andere Natriumverbindungen und andere Chloride enthalten.

Salz- und Wasserhaushalt. Betrachtet man rote Blutkörperchen unter dem Mikroskop und gibt wenig Wasser dazu, so ist statt der roten runden Scheibchen nun keine Struktur mehr erkennbar. Die Blutkörperchen sind geplatzt, da Wasser in sie eingedrungen ist. Gibt man die roten Blutkörperchen dagegen in eine Lösung mit hohem Salzgehalt, bewirkt diese, dass Wasser aus ihnen austritt und sie daher schrumpfen. Die Blutkörperchen bleiben unverändert, wenn man sie in eine Salzlösung gibt, deren Salzgehalt dem Gehalt der im Blut gelösten Stoffe entspricht (isotonische Salzlösung). Unser Blut und die übrigen Körperflüssigkeiten müssen einen bestimmten Massenanteil an gelösten Salzen besitzen. Dieser Massenanteil entspricht einer Kochsalzlösung mit w(Natriumchlorid) = 0,9 %, die man auch *physiologische Kochsalzlösung* nennt. Mit ihr kann man bei starkem Blutverlust das Blutvolumen wieder ergänzen.

Salz- und Wasserhaushalt unseres Körpers hängen eng zusammen und werden vor allem durch die Nieren reguliert. Bei Salzüberschuss muss die Niere Salz über den Harn ausscheiden. Überhöhte Salzaufnahme mit der Nahrung kann die Niere überlasten. Mit dem Schweiß verliert unser Körper Salz. Sportler, die sich über längere Zeit größeren körperlichen Anstrengungen aussetzen (z. B. Läufer), nehmen häufig „isotonische" Getränke zu sich.

Eisrezept ohne „Strom" oder „Historisches Eis"

Mische in einem Joghurtbecher 2 Esslöffel süße Sahne mit 1 Teelöffel Zucker und 1 Teelöffel Schokopulver oder Marmelade.
Gib in ein 400-ml-Becherglas ca. 7 Eiswürfel, etwas Wasser und 2–3 Esslöffel Salz. Verfolge mit einem Thermometer die Temperatur der Mischung, gib evtl. noch Salz zu, bis ca. −10 °C erreicht sind. „Bette" den Joghurtbecher in die Kältemischung, umhülle alles mit einem Handtuch, öffne nach ca. 15 min.
Guten Appetit!

Kältemischung. Vermischt man Eis mit Salz, so schmilzt das Eis nicht nur, sondern die Temperatur der Mischung sinkt während des Schmelzens deutlich ab. Diese „künstliche Kälteerzeugung" ist schon seit dem 16. Jahrhundert bekannt. Sie diente zur Kühlung von Getränken und zur Bereitung von Speiseeis. Diese schon von französischen Königen hoch geschätzte Methode hielt sich bis zur Mitte des 20. Jahrhunderts. Sie wurde erst lange nachdem CARL VON LINDE (1842–1934) die Kältemaschine, die heute in jedem Kühlschrank steckt, erfunden hatte, verdrängt.

7.9 Eigenschaften von Ionenverbindungen

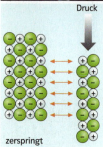

B1 Sprödigkeit der Salzkristalle

Salze haben einige typische Eigenschaften. Salzlösungen und auch Salzschmelzen leiten den elektrischen Strom. Salzkristalle sind hart, spröde und schmelzen erst bei hohen Temperaturen. Ihr Aufbau aus Ionen macht dies verständlich.

Sprödigkeit. Kochsalzkristalle zerspringen, wenn man mit dem Hammer auf sie schlägt. Diese *Sprödigkeit* resultiert daraus, dass bei der *Verschiebung der Schichten* um den Durchmesser eines Ions gleichgeladene Ionen nebeneinander liegen. Die *Abstoßungskräfte* überwiegen, die Schichten stoßen sich ab, der Kristall wird gespalten [B1].

Schmelztemperatur. Bei Energiezufuhr durch Erwärmung schwingen die Ionen immer stärker um ihre Gitterplätze, bis sie bei sehr hohen Temperaturen ihre Gitterplätze verlassen und das Ionengitter zusammenbricht. Das Salz schmilzt. Die Ionenbeweglichkeit ist so hoch, dass eine Ordnung im Gitter nicht mehr möglich ist. Wie in jeder Flüssigkeit gibt es immer noch *Anziehungskräfte* zwischen den Teilchen. Um die Schmelztemperatur zu erreichen, muss ein bestimmter Energiebetrag zugeführt werden. In der Reihe Kaliumchlorid, Kaliumbromid und Kaliumiodid zeigen die Schmelztemperaturen eine regelmäßige Abstufung. Dies gilt auch für die entsprechenden Natriumhalogenide [B3]. Vergleicht man die Anziehungskräfte zwischen den Ionen verschiedener Größe, wird diese Regelmäßigkeit verständlich. Die Anziehungskräfte sind umso größer, je geringer der Abstand zwischen den Mittelpunkten der Ionen ist. Auch die Abstoßungskräfte zwischen gleichnamig geladenen Ionen beeinflussen die Schmelz-

MgO	CaO	NaF	NaCl	NaBr	NaI	KI
2800	2570	992	801	747	660	681

B3 Schmelztemperaturen einiger Salze mit Natriumchloridstruktur (in °C)

temperatur. Dies zeigt sich beim Vergleich der Schmelztemperaturen von Natrium- und Kaliumiodid.
Erdalkalimetalloxide schmelzen bei wesentlich höheren Temperaturen als Alkalimetallhalogenide. Die sehr hohen Schmelztemperaturen der Erdalkalimetalloxide lassen sich auf die großen Anziehungskräfte zwischen den jeweils zweifach geladenen Ionen zurückführen.

Die Anziehungskräfte zwischen Ionen sind umso größer, je höher ihre Ladung und je geringer ihr Abstand ist.

Leitfähigkeit. Auch beim Lösen eines Salzes in Wasser verlassen die Ionen ihre Gitterplätze. In der Flüssigkeit sind Ionen und Wassermoleküle beweglich.

A1 a) Gib eine Erklärung dafür, dass ein Salzkristall spröde ist.
b) Warum bilden die möglichen Spaltebenen bei Natriumchlorid Winkel von 90°?

A2 a) Warum hat Calciumoxid eine niedrigere Schmelztemperatur als Magnesiumoxid?
b) Erkläre die Abnahme der Schmelztemperaturen der Natriumhalogenide.

A3 Vergleiche die Radien der Atome und Ionen in B2. Welche Aussagen lassen sich machen?

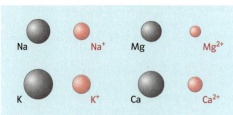

Radien einiger Metallatome und Metallionen

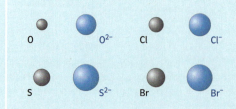

Radien einiger Nichtmetallatome und Nichtmetallionen

B2 Radien von Atomen und Ionen

7.10 Elektronenübergänge – Redoxreaktionen

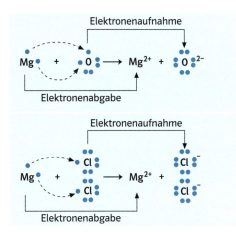

B1 Elektronenübergänge von Metallatomen zu Nichtmetallatomen führen zur Bildung von Ionen

Hält man ein brennendes Magnesiumband in Sauerstoff [B3] oder in Chlor [V1, B2], so bildet sich in beiden Fällen unter Aufleuchten ein weißes Pulver, das zum Teil als Rauch entweicht. Die zu beobachtenden *Veränderungen* der Stoffe sind sehr ähnlich. Die beiden Reaktionsprodukte, Magnesiumoxid bzw. Magnesiumchlorid, sind beide weiße Salze. Aus den *Atomen* des Metalls bzw. den *Atomen* der Nichtmetalle wurden *Ionen* gebildet. Diese Parallelen führten zur Einführung einheitlicher Begriffe in Bezug auf die Veränderungen bei den *Teilchen*.

Oxidation und Elektronenabgabe. Die *stoffliche* Veränderung bei der Reaktion von Magnesium oder anderen Metallen mit Sauerstoff wird als *Oxidation* definiert (Kap. 4.6). Diese Erklärung der Oxidation wird nun vor dem Hintergrund der Kenntnisse über die *Veränderungen in der Elektronenhülle* erweitert und verallgemeinert. Während der Oxidation eines *Metalls* entstehen aus seinen *Atomen* durch Abgabe eines oder mehrerer Elektronen positiv geladene Ionen. Unabhängig vom anderen Reaktionspartner [V1, B2, B3] bekommt der Vorgang der *Elektronenabgabe* aus den Magnesiumatomen die einheitliche Bezeichnung *Oxidation*.

Magnesiumatome werden also bei der Bildung von Magnesiumoxid oder Magnesiumchlorid *oxidiert*.

Dieser Oxidationsbegriff ist auch nicht mehr auf Metalle oder Metallatome beschränkt. *Oxidation* bedeutet nach diesem Verständnis ganz *allgemein* die *Abgabe von Elektronen*. Diese können von einem Atom oder einem anderen Teilchen abgegeben werden.

Reduktion und Elektronenaufnahme. Analog zur Oxidation definiert man *Reduktion* allgemein als *Elektronenaufnahme*. Während der Bildung von Salzen nehmen die Nichtmetallatome ein oder mehrere Elektronen in ihre äußere Schale auf, sie werden reduziert.

Redoxreaktionen. Aus experimentellen und alltäglichen Erfahrungen wissen wir, dass sich z. B. Metalle nicht ohne Weiteres verändern. So wird Eisen erst oxidiert, wenn Sauerstoff und Feuchtigkeit vorhanden sind oder wenn wir es an der Luft erhitzen (Kap. 4.6). Wir haben auch gesehen, dass Eisenpulver in der Brennerflamme sehr viel heftiger zu Eisenoxid verbrennt als Eisenwolle. Die Reaktionsheftigkeit nimmt also mit dem Zerteilungsgrad zu.

Reaktionen können nur dann ablaufen, wenn die reagierenden *Stoffe* in Kontakt sind. Es liegt nahe, dass auch die Veränderung der Teilchen auf direktem Kontakt beruht. Teilchen, können nur dann Elektronen abgeben, wenn andere *Teilchen* sie aufnehmen. Teilchen, die Elektronen abgeben, heißen auch **Donatoren**. Die aufnehmenden Teilchen bezeichnet man als **Akzeptoren**.

Die Abgabe von Elektronen wird Oxidation, die Aufnahme Reduktion genannt. Elektronenübergänge vom Donator zum Akzeptor heißen Redoxreaktionen.

Elektronendonatoren sind Reduktionsmittel

Elektronenakzeptoren sind Oxidationsmittel

B2 Magnesium reagiert mit Chlor

B3 Magnesium reagiert mit Sauerstoff

Ionenverbindungen und Elektronenübergänge

Elektronenübergänge – Redoxreaktionen

In diesem Sinne ist die Bildung eines Metalloxids eine Redoxreaktion.
Man kann den Oxidationsvorgang und den Reduktionsvorgang jeweils als Reaktionsgleichung darstellen.
Beispiel: Bildung von Magnesiumoxid

Oxidation	$2\,Mg \longrightarrow 2\,Mg^{2+} + 4\,e^-$
Reduktion	$O_2 + 4\,e^- \longrightarrow 2\,O^{2-}$
Redoxreaktion	$2\,Mg + O_2 \longrightarrow 2\,Mg^{2+} + 2\,O^{2-}$

Redoxreaktionen finden nicht nur in der chemischen Industrie, sondern auch im Stoffwechsel tierischer und pflanzlicher Zellen statt. Auch Vitamine gehen häufig Redoxreaktionen ein.

Vitamin C als Oxidationshemmer. Beim Stehen an der Luft werden Fleisch und Wurst grau, Apfelmus oder auch ein frisch geschnittener Apfel dunkel. Dies ist Folge der Reaktion natürlicher Inhaltsstoffe mit Sauerstoff, vor allem an deren Oberfläche. Durch Zusatz von „Antioxidantien" wie *Vitamin C* (*Ascorbinsäure*) wird dies verhindert, denn *Vitamin C* wirkt reduzierend [Praktikum].

Durch diese Vitaminfunktion schützt sich unser Organismus vor bestimmten Krankheiten, die durch schädliche Oxidationsvorgänge in den Zellen verursacht werden können. Vitamin-C-reiche Ernährung ist deshalb sinnvoll.
Um die reduzierende Wirkung von *Vitamin C* sichtbar zu machen, bedient man sich der Iod-Stärke-Reaktion [Praktikum, a]. Solange Iod vorhanden ist, sieht man eine tiefblaue oder dunkelviolette Färbung. Durch Vitamin C werden Iodatome zu Iodidionen reduziert, die Farbe verschwindet.
Vitamin-C-Moleküle werden oxidiert.
Insgesamt läuft eine Redoxreaktion ab.

Praktikum Redoxreaktionen in Lebensmitteln

Geräte und Materialien: Becherglas (100 ml), Glasstab, Reagenzgläser mit Gestell, Spatel, 1%ige Lösung von Speisestärke (z. B. Kartoffelmehl oder Püreepulver), Wasser, Iodlösung (z. B. Betaisodona-Lösung® aus der Apotheke), Vitamin C (Ascorbinsäure), frisch gepresster Orangen- oder Zitronensaft.
Durchführung:
a) Rühre 3 g Stärke in 20 ml Wasser und gib diese Suspension in 80 ml siedendes Wasser, lass auf 20 °C abkühlen, füge dann einige Tropfen Iodlösung zu.
b) Fülle 4 Reagenzgläser etwa zur Hälfte mit dieser Flüssigkeit. Gib zum einen etwas Vitamin-C-Pulver, zum anderen wenig Orangensaft, zum dritten Zitronensaft.
c) Du kannst noch weitere Lebensmittel untersuchen, z.B. ausgepressten Saft einer Traubenbeere, Saft von rohem Sauerkraut, Saft einer Tomate usw.

V1 Man entzündet ein Stück Magnesiumband und taucht es in ein hohes mit Chlor gefülltes Glasgefäß, dessen Boden mit Sand bedeckt ist (Abzug!).

V2 a) Stelle einen blank geschmirgelten Eisennagel in Kupfersulfatlösung. Beobachte und erkläre.
Hinweis: Fe^{2+}-Ionen können nachgewiesen werden, wenn man zu der Lösung, in der man diese Ionen vermutet, eine wässrige Lösung von rotem Blutlaugensalz tropft. Wenn Fe^{2+}-Ionen vorliegen, tritt eine tiefblaue Farbe auf.
b) Stelle ein Kupferblech in Silbernitratlösung (Schutzbrille! Nicht in die Augen bringen!). Beschreibe und deute deine Beobachtungen.

V3 Stelle je zwei kurze Reagenzgläser mit Silbernitrat-, Zinkchlorid- und Kupfersulfatlösung bereit. Schmirgle je zwei Blechstücke der Metalle Silber, Zink und Kupfer blank. Tauche jeweils ein Blechstück in die Salzlösungen. Beschreibe und deute.

B4 Vitamin C als Oxidationshemmer

Allgemeine Chemie

Elektronenübergänge – Redoxreaktionen

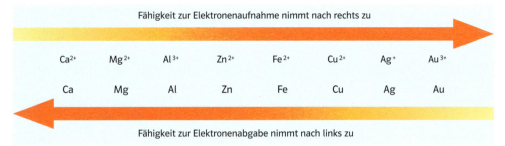

B5 Reihe der Metallionen und Metallatome

Redoxreaktionen in Lösungen. Redoxreaktionen können auch stattfinden, wenn man Metalle und Salzlösungen, die andere Metallionen enthalten, miteinander in Kontakt bringt. Ein Eisennagel überzieht sich in einer Kupfersalzlösung mit einer Kupferschicht [B6]. Zwischen den Eisenatomen und den Kupferionen findet eine Redoxreaktion statt:

Reduktion: $Cu^{2+} + 2\,e^- \longrightarrow Cu$
Oxidation: $Fe \longrightarrow Fe^{2+} + 2e^-$
Redoxreaktion: $Fe + Cu^{2+} \longrightarrow Fe^{2+} + Cu$

Gibt man umgekehrt ein Kupferblech in eine Eisensalzlösung, so scheidet sich kein Eisen ab. Kupferatome geben keine Elektronen an Eisenionen ab. Taucht man dagegen ein Kupferblech in eine Silbersalzlösung, so überzieht es sich mit einer dunkelgrauen Schicht aus fein verteiltem Silber [B7].
Führt man entsprechende Versuche mit weiteren Metallen und Metallsalzlösungen durch, erhält man eine Reihe, in der links unedle und rechts edle Metalle mit ihren Ionen stehen [B5]. Jedes Metallatom dieser Reihe kann an ein rechts von ihm stehendes Metallion Elektronen abgeben. Links stehen Metallatome, die starke Reduktionsmittel sind; rechts angeordnete Metallionen sind starke Oxidationsmittel.

A1 a) Stelle für die Zerlegung von Silberoxid die Reaktionsgleichungen auf.
b) Benenne das Teilchen, das oxidiert wird, und das, welches reduziert wird.

A2 Rotes Eisenoxid reagiert mit Aluminium nach folgender Reaktionsgleichung:
$Fe_2O_3 + 2\,Al \longrightarrow Al_2O_3 + 2\,Fe$
a) Schreibe diese Redoxgleichung mit Ionenladungen auf.
b) Formuliere die Gleichung für die Oxidation und die Reduktion getrennt. Kennzeichne die Elektronenabgabe und die Elektronenaufnahme.
c) Welches Teilchen verändert seine Elektronenanzahl nicht?
d) Nenne die Teilchen, die als Elektronendonatoren bzw. -akzeptoren wirken.

A3 An welche Metallionen in B5 können Kupferatome Elektronen abgeben? Von welchen Metallatomen können Cu^{2+}-Ionen Elektronen aufnehmen?

A4 Findet eine Reaktion statt, wenn ein Kupferblech in eine Calciumchloridlösung taucht? Begründe deine Entscheidung.

A5 Stellt man ein Zinkblech in Silbernitratlösung und tropft nach einiger Zeit Natriumchloridlösung zu, bildet sich kein Niederschlag von Silberchlorid. Deute die beschriebene Beobachtung.

B6 Eisennagel in Kupfersulfatlösung

B7 Kupferblech in Silbernitratlösung

7.11 Elektronenübergänge bei Elektrolysen

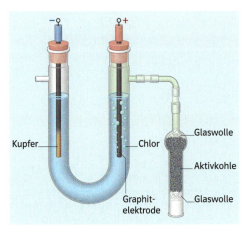

B1 Elektrolyse einer Kupferchloridlösung

B2 Bleibaum

Kationen sind positiv geladene Ionen. Sie wandern bei der Elektrolyse zum negativ geladenen Pol

Anionen sind negativ geladene Ionen. Sie wandern bei der Elektrolyse zum positiv geladenen Pol

Kathode ist der Minuspol bei der Elektrolyse

Anode ist der Pluspol bei der Elektrolyse

Eine der notwendigen Voraussetzungen für den Stromfluss in einer Salzlösung sind bewegliche Ionen. Diese wandern durch das Anlegen einer Spannung jeweils zu der Elektrode, welche die zur Ionenladung entgegengesetzte elektrische Ladung besitzt. Bilden sich auf der Elektrodenoberfläche neue Stoffe, so läuft dort eine chemische Reaktion ab.

Elektrolyse einer Kupferchloridlösung. In eine wässrige Kupferchloridlösung tauchen zwei Elektroden, die mit den Polen einer Gleichspannungsquelle leitend verbunden sind [V1]. An der Elektrode, die mit dem Minuspol verbunden ist, beobachtet man die Abscheidung von rötlich braunem Kupfer [B1]. Diese Elektrode, die **Kathode**, besitzt einen *Elektronenüberschuss* und zieht *positiv geladene Ionen* an. In unserem Beispiel sind dies Cu^{2+}-Ionen. Durch die Aufnahme von je zwei Elektronen werden Kupferionen zu Kupferatomen *reduziert*. Verbinden sich diese Kupferatome zu einem großen Verband, liegt metallisches Kupfer vor.

Kathodenreaktion:
$Cu^{2+} + 2e^- \longrightarrow Cu$

An der Elektrode, die mit dem Pluspol verbunden ist, beobachtet man die Entwicklung von Chlor. An dieser Elektrode, der **Anode**, herrscht *Elektronenmangel*: Sie zieht *negativ geladene Ionen* an, hier Cl^--Ionen (Chlorid-ionen). Die ankommenden Chloridionen geben jeweils ein Elektron an die Anode ab; die entstehenden Chloratome verbinden sich zu Chlormolekülen.

Anodenreaktion:
$2 Cl^- \longrightarrow 2 Cl + 2 e^-$
$2 Cl \longrightarrow Cl_2$

V1 Versuchsaufbau wie in B1. Fülle in ein U-Rohr eine Kupferchloridlösung. Verschließe die beiden Schenkel mit je einem Stopfen, in dem eine Graphitelektrode steckt. Verbinde die Elektroden mit den Polen einer Gleichspannungsquelle und schalte eine Glühlampe (0,1 A) in den Stromkreis. Verschließe das U-Rohr an der Anodenseite mit einem Luftballon oder einem Aktivkohlefilter. Erhöhe langsam die Spannung, bis das Lämpchen leuchtet. Schalte den Strom nach ca. 5 min ab und nimm die Kathode aus der Lösung. (Abzug!)

A1 Bei der Elektrolyse einer Lösung von Bleichlorid (Verhältnisformel $PbCl_2$) bildet sich an einer Elektrode ein „Bleibaum" [B2].
a) An welcher Elektrode scheidet sich das Blei ab?
b) Welcher elementare Stoff bildet sich an der anderen Elektrode?
c) Formuliere die Reaktionsgleichungen für die Reaktionen an den Elektroden und für die Elektrolysereaktion.

Allgemeine Chemie

Elektronenübergänge bei Elektrolysen

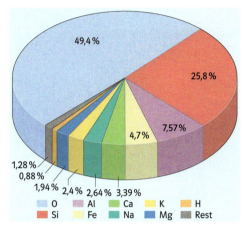

B3 Häufigkeit einiger Elemente in der Erdkruste in Massenanteilen (10 Elemente haben bereits einen Massenanteil von 99,5 %)

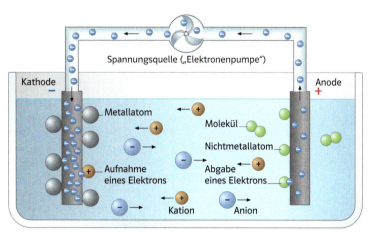

B4 Vorgänge bei der Elektrolyse im Modell auf der Teilchenebene

An der Kathode werden so viele Elektronen abgegeben, wie an der Anode aufgenommen werden.
Die Spannungsquelle liefert der Kathode ständig so viele Elektronen nach, wie sie der Anode entzieht. Die Gleichspannungsquelle kann man sich vorstellen wie eine Elektronenpumpe [B4]. Die gesamte Elektrolysereaktion läuft nur unter Energieaufwand ab. Diese Energie wird durch die Spannungsquelle geliefert.

Die Elektrolyse ist eine endotherme Redoxreaktion, die durch Zufuhr elektrischer Energie beim Anlegen elektrischer Spannung hervorgerufen wird.

Aus einer Lösung des Salzes Kupferchlorid werden durch eine endotherme Redoxreaktion die elementaren Stoffe Kupfer und Chlor gebildet.
Die Elektrolyse von Kupferchlorid ist die Umkehrung der Synthese. Derselbe Energiebetrag, der bei der Synthese aus Kupfer und Chlor (Kap 7.2) freigesetzt wird, muss bei der Elektrolyse zugeführt werden, hier in Form elektrischer Energie.

Sowohl die Synthese als auch die Zerlegung sind Redoxreaktionen. An der positiv geladenen Elektrode gibt der *Elektronendonator* Elektronen ab, an der negativ geladenen Elektrode nimmt der *Elektronenakzeptor* Elektronen auf. Durch das Verbindungskabel und die Elektroden werden die Elektronen vom Donator auf den Akzeptor übertragen.

Aluminiumgewinnung durch Elektrolyse.
Silbrig glänzendes Aluminium hat für den modernen Industriestaat eine ähnliche Bedeutung wie das Eisen für Gallier und Kelten vor 2500 Jahren.
Heute werden weltweit ca. 30 Millionen Tonnen Aluminium pro Jahr elektrolytisch produziert, davon ca. 3 Millionen (10 %) in der Europäischen Union, ca. 650 000 Tonnen in Deutschland.
Der Anteil des Elementes Aluminium in der Erdkruste ist relativ hoch [B3]. Allerdings kommt Aluminium nicht gediegen vor, sondern nur in Form seiner Verbindungen, wie z. B. in Aluminiumoxid („Tonerde").

Erst vor gut 100 Jahren wurde es möglich, diese Verbindungen für die Aluminiumproduktion in einem großtechnischen Verfahren nutzbar zu machen. Wegen seiner hohen Stabilität kann Aluminiumoxid nur durch hohe Energiezufuhr reduziert werden.

Elektronenübergänge bei Elektrolysen

B6 Aluminium – ein Leichtmetall

B7 Verarbeitung von geschmolzenem Aluminium

Als Reduktionsmittel käme nur ein Metall infrage, das noch unedler ist als Aluminium. Dieses müsste ebenfalls erst aufwändig aus seinen Verbindungen hergestellt werden. Als großtechnisches Verfahren eignet sich daher nur die Elektrolyse.

Auf der Pariser Weltausstellung 1867 wurde das neue Prinzip zur Aluminiumgewinnung *durch Elektrolyse aus geschmolzenem Aluminiumoxid* unter dem Titel „*Silber aus Lehm*" eine Sensation.

B5 Küchenutensilien teilweise aus Aluminium

Jedoch ist auch diese Elektrolyse nur unter riesigem Energieaufwand möglich. Für 1 t Aluminium benötigt man etwa 15 000 kWh. Eine mittelgroße *Aluminiumhütte* verbraucht ebenso viel Energie wie der Großraum Stuttgart. Es wird verständlich, dass sich die großtechnische Umsetzung erst verwirklichen ließ, als WERNER VON SIEMENS gegen Ende des 19. Jahrhunderts die *Dynamomaschine* zur Gewinnung elektrischer Energie aus mechanischer Energie entwickelt hatte. Dabei wird eine Turbine durch strömendes Wasser angetrieben, dessen Bewegungsenergie aus der Lageenergie stammt. Auch die hohe Schmelztemperatur von Aluminiumoxid war ein Problem, das erst bewältigt werden musste. Worin liegen die Vorteile von Aluminium als Gebrauchsmetall? Aluminium ist zwar ein sehr unedles Metall, dennoch braucht es keinen Korrosionsschutz. Es ist wegen seiner nur etwa $2/10\,000$ mm dicken, aber sehr dichten Oxidschicht ausreichend korrosionsbeständig und somit ein vielseitig einsetzbares Metall.

Der größte Anteil wird für den Fahrzeugbau benötigt. Neben der Korrosionsbeständigkeit bietet das Leichtmetall den Vorteil eines viel niedrigeren Verbrauchs an Treibstoff. Durch eine hohe *Recyclingrate* wird auch die Produktion wirtschaftlicher, denn dabei wird im Vergleich zur Neuproduktion 95 % weniger an elektrischer Energie verbraucht!

A2 a) Welche Stoffe entstehen bei der Elektrolyse einer wässrigen Zinkiodidlösung?
b) Formuliere die Anoden- und die Kathodenreaktion.
c) Formuliere die Gesamtreaktionsgleichung.
d) Kennzeichne darin die Oxidation/Reduktion als Elektronenübergänge; benenne den Elektronendonator bzw. -akzeptor.

A3 Welches Metall (Kap 7.10) kommt für die Reduktion von Aluminiumoxid infrage? Begründe deine Wahl.

A4 a) Formuliere die Reaktionsgleichung für die Gewinnung von Aluminium aus einer Schmelze von Tonerde durch Elektrolyse. Kennzeichne Oxidation und Reduktion.
b) An welchem Pol wird sich Aluminium abscheiden?

7.12 Metallüberzüge durch Elektrolyse

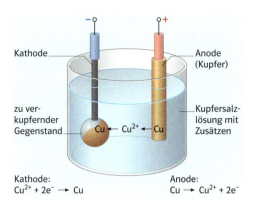

B1 Schema einer elektrolytischen Verkupferung

Kathode:
$Cu^{2+} + 2e^- \rightarrow Cu$

Anode:
$Cu \rightarrow Cu^{2+} + 2e^-$

Viele Gegenstände aus Alltag und Technik erhalten zum Schutz vor Umwelteinflüssen oder aus optischen Gründen Metallüberzüge.

Galvanisieren. In der Technik wird zum Verkupfern, Vernickeln, Versilbern oder Vergolden häufig das Elektrolyseverfahren angewandt.
Dazu wird der Gegenstand aus unedlem Metall, der überzogen werden soll, als Kathode (Minuspol) geschaltet [B1]. Die Lösung enthält die Ionen des Metalls, aus dem der Überzug bestehen soll. Diese positiv geladenen Ionen werden von der Kathode angezogen und dort durch Aufnahme von Elektronen zu Metallatomen reduziert.
Das Metall scheidet sich ab. Der entstehende Überzug ist oft nur wenige hundertstel Millimeter dick.

Um die Konzentration der Metallionen konstant zu halten, kann man eine Anode aus dem Überzugsmetall verwenden. An dieser entstehen dann genauso viele Ionen, die in Lösung gehen, wie an der Kathode Atome des Metalls abgeschieden werden.
Lösungen zum Verkupfern, Vernickeln oder Versilbern kann man auf diese Weise immer wieder verwenden.
Zum Vergolden ist eine spezielle Lösung notwendig, deren Gehalt an Ionen nicht aus einer entsprechenden Anode „nachgeliefert" wird. Diese Lösung muss immer wieder erneuert werden.
Die Salzlösungen enthalten noch Zusätze, die dazu beitragen, dass ein möglichst gleichmäßiger halbglänzender oder hochglänzender Metallüberzug entsteht.

Soll ein nichtmetallischer Gegenstand mit Metall überzogen werden, muss er zunächst durch Auftragen eines graphit- oder metallhaltigen Leitlackes elektrisch leitfähig gemacht werden, damit er als Kathode geschaltet werden kann.

Bevor Gegenstände verchromt, versilbert oder vergoldet werden, wird zuerst eine Schicht Nickel aufgebracht. Ein Fahrradlenker aus Stahl wird z. B. zunächst verkupfert, damit er nicht rostet. Kupfer aber bildet mit Stoffen aus der Luft einen dunklen oder gar grünen Belag. Da sich eine Chromschicht nicht direkt auf Kupfer auftragen lässt, wird der Fahrradlenker anschließend vernickelt und erhält erst dann einen dünnen, glänzenden und harten Chromüberzug.

B3 Vergoldetes Schmuckstück

B4 Verkupfert, vernickelt, verchromt

B2 Vergoldeter Füllfederhalter

A1 Hochwertige Brillengestelle werden galvanisch vergoldet. Welche Elektrode bildet das Brillengestell?

A2 Benenne die Reaktionen, die bei der elektrolytischen Verkupferung an der Kathode bzw. an der Anode ablaufen.

Ionenverbindungen und Elektronenübergänge

7.13 Praktikum Vergolden eines Kupfergegenstandes

Stromdichte J
$J = \frac{I}{A}$
I: Stromstärke
A: Elektrodenfläche

$1\,\mu m = \frac{1}{1\,000\,000}\,m$
$= \frac{1}{1000}\,mm$

V1 Vergolden auf Kupfer

Geräte, Materialien, Chemikalien:
Kleine Bürste, feinkörniges Scheuermittel, sauberer Lappen oder Silberputztuch, Papiertücher, Elektroden aus Edelstahl [B1], Glasstab, Kristallisierschale, Gefäß für die Entfettung (b), 3 Kaffeefilter oder Filterpapiere, Edelstahlblechstreifen, evtl. Glasmurmeln, Pinzette, Spannungsquelle, Stromstärkemessgerät, 2 Krokodilklemmen, 2 Experimentierkabel, Gegenstand mit Kupferoberfläche (z. B. Kupfermünze), Messingbürste, Brennspiritus oder Aceton (z. B. ölfreier Nagellackentferner), Goldelektrolyt (gebrauchsfertig käuflich).

Durchführung:

a) Der Gegenstand mit Kupferoberfläche muss zuerst mithilfe der kleinen Bürste und der Scheuermilch sehr gründlich gereinigt und abgespült werden. Poliere ihn anschließend mit einem fettfreien Tuch oder einem Silberputztuch blank.

b) Bedecke dann den Gegenstand zur völligen Entfettung in einem Gefäß mit Aceton oder Spiritus.

Alle weiteren Schritte werden mit einer Pinzette ausgeführt.

c) Nimm die Münze aus der Flüssigkeit und halte sie unter fließendes Wasser. Wenn die Münze fettfrei ist, muss sie überall vom Wasser benetzt werden. Im anderen Fall muss das Entfetten wiederholt werden.

d) Lege den Boden einer möglichst kleinen Kristallisierschale mit drei Schichten Filterpapier aus. Lege den Gegenstand darauf und bedecke ihn gerade mit Goldsalzlösung. Erhöhe den Flüssigkeitsspiegel evtl. mithilfe von Murmeln, um Goldsalzlösung zu sparen.

e) Lege den Edelstahlblechstreifen von innen an die Wand der Schale und schließe daran den Pluspol an. Verbinde die andere Edelstahlelektrode mit dem Minuspol und bringe den Gegenstand damit in Kontakt.

f) Elektrolysiere bei 4–5 Volt ca. 2 min. Notiere die Stromstärke und vergleiche mit den Angaben im Text.

g) Spüle mit Wasser ab und poliere eventuell. Die Lösung wird aufbewahrt.

Das eigentliche Vergolden läuft sehr schnell ab. Bereits nach 30 Sekunden ist die Auflage so stark, dass der Gegenstand eine geschlossene Goldoberfläche hat. Nach zwei Minuten Beschichtungszeit ist eine Stärke erreicht, die derjenigen einer professionellen Vergoldung entspricht.

Der Prozess läuft deshalb so schnell ab, weil eine relativ hohe Stromdichte von $J = 100$ bis $500\,mA/cm^2$ vorliegt. Im Vergleich zu den Schichtdicken beim Verkupfern ist diese Goldschicht immer noch hauchdünn. Vergoldet oder echt vergoldet darf ein Gegenstand dann genannt werden, wenn seine Goldschicht $0{,}1\,\mu m$ stark ist. Bei nicht allzu teurem Schmuck wird diese Stärke kaum überschritten. Bei teuren Brillengestellen und Uhrgehäusen kann man von ungefähr $0{,}2\,\mu m$ Goldauflage ausgehen.

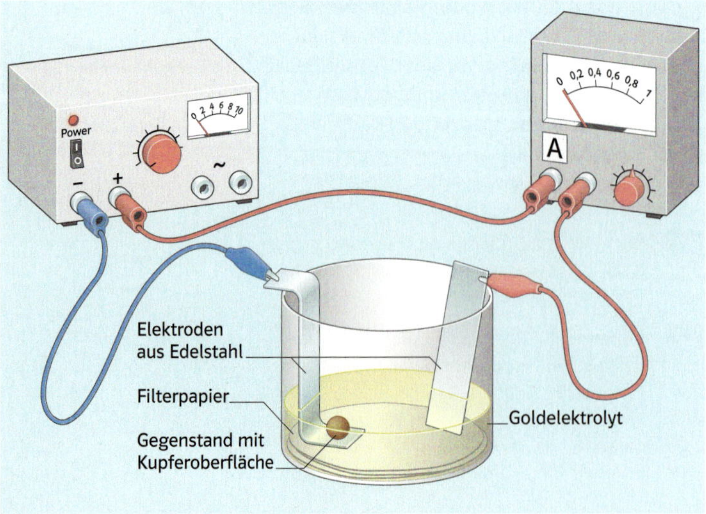

B1 Versuchsanordnung zum Vergolden

Allgemeine Chemie

7.14 Durchblick Zusammenfassung und Übung

B1 Verwendung von Aluminium (Angaben in %)

Halogene
Fluor, Chlor, Brom und Iod gehören zur Elementgruppe der Halogene. Halogene bilden häufig Salze.

Oxidation, Reduktion und Redoxreaktion
Oxidation ist die Abgabe von Elektronen. Reduktion ist die Aufnahme von Elektronen. Oxidation und Reduktion laufen zugleich ab. Es findet ein Elektronenübergang, also eine Donator-Akzeptor-Reaktion statt [B3].

Kationen und Anionen
Wenn Atome ein oder mehrere Elektronen abgeben, entstehen elektrisch positiv geladene Ionen, die Kationen.
Bei der Aufnahme von einem oder mehreren Elektronen in die äußere Schale entstehen elektrisch negativ geladene Ionen, die Anionen.

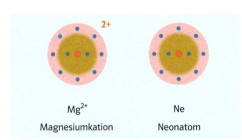

B2 Mg^{2+}-Ion mit allen Elektronen dargestellt. Zum Vergleich ein Ne-Atom

Edelgasregel
Die Ionen weisen oft die gleiche Elektronenanzahl und -anordnung in den Schalen auf wie ein Edelgasatom.

Salze sind Ionenverbindungen.
Bei der Reaktion eines Metalls mit einem Nichtmetall entstehen durch Elektronenübergänge Kationen und Anionen. Die entstandenen Ionen können nach allen Richtungen entgegengesetzt geladene Ionen anziehen. Sie bilden einen riesigen geordneten Ionenverband, ein **Ionengitter**. Es liegt dann eine Ionenverbindung, ein Salz, vor.

Verhältnisformel
Das Produkt aus Ladung und Anzahl der Ionen muss für beide Ionenarten einer Verbindung gleich sein.

z. B. $(Al^{3+})_2 (O^{2-})_3$
$2 \cdot (+3) + 3 \cdot (-2) = 0$, also $2 \cdot 3 = 3 \cdot 2$

Ionenbindung
Der Zusammenhalt, der auf der Anziehung geladener Ionen beruht und der Vergrößerung des Abstands der Ionen entgegenwirkt, heißt Ionenbindung.

Eigenschaften von Salzen
Salze
– haben hohe Schmelz- und Siedetemperaturen,
– sind nicht verformbar, sondern spröde,
– leiten als Schmelze oder in wässriger Lösung den elektrischen Strom.

Viele Eigenschaften der Salze erklären sich aus dem Zusammenhalt der Ionen im Gitter. Dieser wird durch die Freisetzung eines sehr hohen Energiebetrages bei der Gitterbildung verursacht.

Elektrolyse ist eine Redoxreaktion, die beim Anlegen einer Spannung durch Zufuhr elektrischer Energie bewirkt wird.

An der Anode findet die Oxidation statt:
$X^- \rightarrow X + e^-$
An der Kathode findet die Reduktion statt.
$M^+ + e^- \rightarrow M$

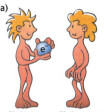
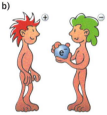

B3 Elektronenübergang-Cartoon

B4 Iod – ein Halogen – sublimiert und resublimiert

Ionenverbindungen und Elektronenübergänge

Durchblick Zusammenfassung und Übung

m(Kochsalz) in 100 g Wasser gelöst (in g)	Erstarrungstemperatur (in °C)
1	–0,6
5	–3,2
10	–6,4
15	–9,5
18,8	–12
23	–21

B5 Zu Aufgabe 2

Ionenradien in pm (1 pm = 10⁻¹² m)			
Li⁺ 60	Be²⁺ 31	O²⁻ 140	F⁻ 136
Na⁺ 95	Mg²⁺ 65	S²⁻ 184	Cl⁻ 181
K⁺ 133	Ca²⁺ 99	Se²⁻ 198	Br⁻ 195
Rb⁺ 148	Sr²⁺ 113	Te²⁻ 211	I⁻ 216
Cs⁺ 169	Ba²⁺ 135		

B6 Zu Aufgabe 6

A1 Fluor, Chlor und Brom treten in der Natur nicht als elementare Stoffe auf, dagegen gibt es viele Verbindungen dieser Elemente. Gib eine Erklärung.

A2 Gibt man Kochsalz auf Eis, so schmilzt dieses. Die notwendige Dosierung des Streusalzes hängt von der Außentemperatur und der Schichtdicke ab. Stelle die Wertepaare von B5 in einem Diagramm dar (horizontale Achse: m(Salz)) und ermittle graphisch, wie viel Salz nötig ist, um bei einer Temperatur von –16 °C eine 1 m² große Eisschicht mit der Dicke von 1 mm zum Schmelzen zu bringen. Verwende als Dichte für Eis $\varrho = 1\,\text{g/cm}^3$.

A3 Magnesiumoxid soll aus Magnesium und Sauerstoff hergestellt werden.
a) Welche Ionen bilden sich während dieser chemischen Reaktion?
b) Welche Edelgasatome weisen dieselbe Elektronenanordnung auf wie Magnesium- bzw. Oxidionen?

A4 Gib die Elektronenanzahl und -verteilung auf die verschiedenen Energiestufen für die folgenden Ionen an:
Na⁺, Mg²⁺, Al³⁺, N³⁻, O²⁻, F⁻.

A5 Von wie vielen entgegengesetzt geladenen Ionen als nächsten Nachbarn ist jedes Kation bzw. Anion im Zinksulfidgitter umgeben (B7)?

B8 Zu Aufgabe 2

A6 Die Energie, die bei der Bildung eines Ionengitters aus den isolierten Ionen frei wird, heißt Gitterenergie.
a) Welche Regeln lassen sich aus der Tabelle in B9 ableiten?
b) Suche mithilfe von B6 nach Ursachen.

A7 Bilde aus den folgenden Begriffspaaren fachlich und grammatikalisch korrekte Sätze:
a) Kation – Anion
b) Kathode – Anode
c) Elektronendonator – Elektronenakzeptor
d) Natriumatome – Elektronenoktett
e) Elektrolyse – Elektroden

A8 Stoffe können aus Ionen, Molekülen oder Atomen aufgebaut sein. Ordne jedem Stoff die entsprechende Teilchenart zu: Alkohol, Aluminiumoxid, Sauerstoff, Stickstoff, Neon, Kupfer, Natriumiodid, Wasser, Eis, Zucker, Kohlenstoffdioxid, Zinkbromid, Silberchlorid.

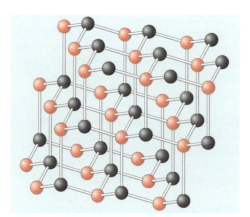

B7 Zinksulfidgitter

Gitterenergien in kJ/mol				
LiF –1039	LiCl –850	LiBr –802	LiI –742	
NaF –920	NaCl –780	NaBr –740	NaI –692	MgO –3929
KF –816	KCl –710	KBr –680	KI –639	CaO –3477
RbF –780	RbCl –686	RbBr –558	RbI –621	SrO –3205
CsF –749	CsCl –651	CsBr –630	CsI –599	BaO –3042

B9 Zu Aufgabe 6

8 Atombindung und molekulare Stoffe

Typische Eigenschaften von Salzen lassen sich mit ihrem Aufbau aus Ionen erklären. Es gibt aber auch Stoffe mit gänzlich anderen Eigenschaften.

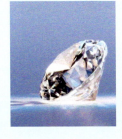

■ Die elementaren Stoffe Wasserstoff, Sauerstoff und Stickstoff sind Gase, Brom und Iod gehen leicht in den Gaszustand über. Diesen Stoffen ist gemeinsam, dass sie aus Molekülen bestehen, die nur aus zwei Atomen aufgebaut sind.

■ Die leichte Verdampfbarkeit molekularer Stoffe weist darauf hin, dass zwischen den Molekülen nur schwache Kräfte wirken. Die Moleküle selbst bleiben aber auch im Gaszustand erhalten. In den Molekülen müssen die Atome also fest aneinander gebunden sein.

■ Zwischen den Molekülen verschiedener Stoffe gibt es Unterschiede in den Wechselwirkungen, die unter anderem von ihrem Molekülbau abhängen. Warum besitzt die Verbindung aus Wasserstoff und Sauerstoff so ganz andere Eigenschaften als die gasförmigen elementaren Stoffe, aus denen Wasser entstehen kann?

8.1 Die Bindung in Molekülen

Um eine Vorstellung davon zu bekommen, wie die Atome in Molekülen zusammenhalten, betrachten wir zunächst einmal das einfachste Molekül, das Wasserstoffmolekül.

Die Bindung im Wasserstoffmolekül. Aus Kapitel 6 ist bekannt, dass sich in einem Atom die Elektronen in einem Raumbereich befinden, der den Kern kugelförmig umgibt. Im Wasserstoffatom wird dieser Raum von einem Elektron eingenommen. Die negative Ladung ist über den ganzen Bereich verteilt und hat keine scharfe Begrenzung. Man spricht daher von einer *Elektronenwolke*.

Im Wasserstoffmolekül durchdringen sich die Elektronenwolken der beiden Wasserstoffatome, die beiden Elektronen befinden sich bevorzugt im Anziehungsbereich beider Kerne. Zwischen diesen kommt es zu einer Verdichtung der negativen Ladung, zu der beide Elektronen gleich viel beitragen. Die beiden Elektronen bilden eine gemeinsame Elektronenwolke um beide Kerne, die dadurch zusammengehalten werden [B2]. Die Bindung zwischen den beiden Wasserstoffatomen wird **Atombindung** genannt, die beiden Elektronen, die die Bindung bewirken, bezeichnet man als **bindendes Elektronenpaar**. Statt Atombindung sagt man daher zu dieser Bindung auch *Elektronenpaarbindung*.
Das Elektronenpaar wird in der Molekülformel durch einen Strich zwischen den Atomsymbolen angegeben:

H—H

Zur Trennung verbundener Atome ist Energie erforderlich. Die vom Betrag her gleiche Energie – die **Bindungsenergie** – wird frei, wenn zwischen Atomen eine Bindung entsteht. Das Wasserstoffmolekül ist also energieärmer und damit stabiler als die beiden einzelnen Wasserstoffatome.
Die beiden verbundenen Atomkerne haben keinen festen Abstand voneinander. Sie schwingen aufeinander zu oder voneinander weg, daraus ergibt sich ein mittlerer Abstand, der **Bindungsabstand**.

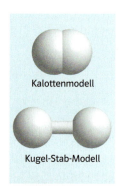

B1 Molekülmodelle des Wasserstoffmoleküls

Kalotte, (fr.): Kugelabschnitt

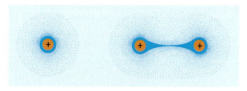

B2 Wasserstoffatom und Wasserstoffmolekül

Das Heliumatom. Die Hülle des Heliumatoms enthält nur ein Elektron mehr als die eines Wasserstoffatoms. Trotz dieses scheinbar geringen Unterschieds bilden Heliumatome keine Moleküle.
Der Grund besteht darin, dass bereits die Elektronenwolke eines Heliumatoms von zwei Elektronen gebildet wird. In einer gemeinsamen Elektronenwolke mit einem weiteren Heliumatom müssten sich mehr als zwei Elektronen aufhalten. Es hat sich jedoch gezeigt, dass eine Elektronenwolke aus höchstens zwei Elektronen bestehen kann. Das Elektronenpaar des Heliumatoms wird durch einen Strich am Atomsymbol angegeben:

He|

Elektronenanordnung weiterer Atome. In der zweiten Periode des PSE finden auf der äußersten Schale maximal acht Elektronen Platz, die Außenelektronen. Ihnen stehen insgesamt vier Elektronenwolken zur Verfügung. Von den Atomen des Lithiums bis zu denen des Kohlenstoffs werden nach und nach vier Elektronenwolken mit *je einem* Elektron gebildet. Beginnend mit den Atomen des Stickstoffs werden Elektronenwolken mit einem weiteren Elektron aufgefüllt, sodass jeweils *Elektronenpaare* vorhanden sind. Die acht Außenelektronen der Neonatome bilden schließlich vier Elektronenpaare.

Li· ·Be· ·Ḃ· ·Ċ· ·Ṅ· ·O̤ ·|F̤ |Ne̤|

170 Allgemeine Chemie

Die Bindung in Molekülen

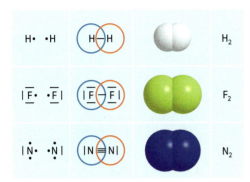

B3 Bildung von Molekülen aus Atomen. Es bilden sich bindende Elektronenpaare

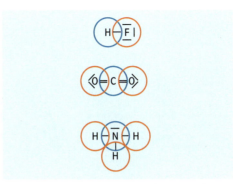

B4 Anwendung der Edelgasregel zur Ermittlung der bindenden und nicht bindenden Elektronenpaare in Molekülen

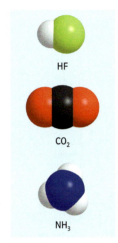

B5 Kalottenmodelle einiger Moleküle

Die im Periodensystem jeweils unter Lithium bis Neon angeordneten Elemente weisen die gleiche Anordnung ihrer Außenelektronen auf.

Halogenwasserstoffmoleküle. Bei der Bildung von Molekülen spielen nur die Valenzelektronen der Atome eine Rolle. Das Fluorwasserstoffmolekül besteht aus einem Fluoratom und einem Wasserstoffatom, seine Summenformel ist HF. Beide Atome liefern je ein Elektron zum bindenden Elektronenpaar. Die übrigen drei Elektronenpaare des Fluoratoms sind an der Bindung nicht beteiligt, man nennt sie **nicht bindende Elektronenpaare**. Auch für die übrigen Halogenwasserstoffverbindungen ergibt sich diese Elektronenanordnung.

H—F| H—Cl| H—Br| H—I|

Mehrfachbindungen. Auch Stickstoffmoleküle bestehen aus zwei Atomen. Die Bindung zwischen den Stickstoffatomen erfolgt durch drei Elektronenpaare. Man bezeichnet diese Bindung als **Dreifachbindung** [B3]. Sind zwei Elektronenpaare an einer Bindung beteiligt, spricht man von einer **Doppelbindung (Zweifachbindung)**. Man findet sie z. B. im Kohlenstoffdioxidmolekül [B4].

Anwendung der Edelgasregel. Atomen vieler Moleküle kann man acht Außenelektronen, d. h. vier Elektronenpaare, zurechnen [B4]. Es liegt also die gleiche Anzahl an Außenelektronen vor wie bei den Edelgasatomen. Die bereits für Ionen formulierte Edelgasregel (Kap. 7.4) lässt sich auch auf Moleküle übertragen:

In vielen Molekülen kann man jedem Atom so viele Elektronenpaare zurechnen wie dem Edelgasatom, das in derselben Periode des PSE wie das betreffende Atom steht.

So kann man im Fluorwasserstoffmolekül dem Fluoratom acht Elektronen, dem Wasserstoffatom zwei Elektronen zurechnen, die bindenden Elektronen werden dabei für jedes Atom gezählt [B3, B4].

A1 Gib die Anordnung der Außenelektronen für die Atome der Elemente der 3. Periode an.

A2 Erläutere, warum Edelgase aus einzelnen Atomen und nicht aus Molekülen bestehen.

A3 Formuliere entsprechend B3 die Bildung eines **a)** Wassermoleküls (H_2O) und **b)** eines Kohlenstoffdioxidmoleküls (CO_2).

A4 Ermittle unter Anwendung der Edelgasregel die Molekülformel für ein Molekül aus einem Kohlenstoff- und mehreren Chloratomen.

8.2 Der räumliche Bau von Molekülen

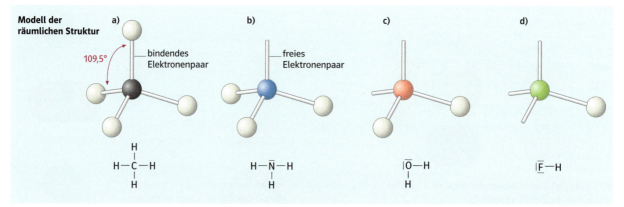

B1 Ableitung einiger Molekülstrukturen aus der tetraedrischen Anordnung der bindenden und nicht bindenden Elektronenpaare:
a) tetraedrisch, **b)** pyramidal, **c)** gewinkelt, **d)** linear (gestreckt)

Während man für Moleküle, die nur aus zwei Atomen bestehen, keine Überlegungen zum räumlichen Aufbau anstellen muss, sind bereits bei dreiatomigen Molekülen verschiedene räumliche Anordnungen denkbar. So findet man z. B. beim Wassermolekül eine gewinkelte Struktur, im Kohlenstoffdioxidmolekül dagegen sind die Atome linear angeordnet.

Elektronenpaare und Molekülstruktur. Eine Modellvorstellung, die diese Befunde erklärt, ist das **E**lektronen**p**aar-**A**bstoßungs-Modell (EPA-Modell), das 1957 von RONALD J. GILLESPIE entwickelt wurde. Er nahm an, dass sich Elektronenpaarwolken im Molekül gegenseitig abstoßen. Sie ordnen sich so an, dass sie den größtmöglichen Abstand voneinander einnehmen. Für ein Molekül, in dem ein Atom mit vier weiteren Atomen verbunden ist, ergibt sich die Form eines Tetraeders [B2]. Tatsächlich findet man diese Struktur bei den Molekülen der einfachsten Kohlenstoff-Wasserstoff-Verbindung, dem Methan CH_4. Im Methanmolekül bilden die Verbindungslinien von zwei Wasserstoffatomen mit dem Kohlenstoffatom einen Winkel von 109,5°, den Tetraederwinkel. Das Kohlenstoffatom befindet sich im Zentrum des Tetraeders [B1a]. Für die zeichnerische Darstellung ist es bequemer, statt der voluminösen „Wolken" Elektronenpaare gemäß dem Kugel-Stab-Modell (Kap. 8.1) darzustellen.

Neben den bindenden Elektronenpaaren werden in gleicher Weise auch die nicht bindenden Elektronenpaare im EPA-Modell berücksichtigt. Im NH_3-Molekül stoßen sich die bindenden Elektronenpaare der Wasserstoffatome und das nicht bindende Elektronenpaar gegenseitig ab. Dadurch ergibt sich wie im CH_4-Molekül eine tetraedrische Anordnung der Elektronenpaare, allerdings sind nur drei Ecken des Tetraeders mit Wasserstoffatomen besetzt [B1b].

Auch im Wassermolekül sind vier Elektronenpaare tetraedrisch angeordnet. Aus der Lage der beiden bindenden Elektronenpaare ergibt sich ein gewinkeltes Molekül [B1c].

B2 Vier Elektronenpaarwolken ordnen sich durch Abstoßung tetraedrisch an

Der räumliche Bau von Molekülen

Um den räumlichen Aufbau eines Moleküls zu zeichnen, ist es nicht immer sinnvoll, auch die Bindungswinkel exakt anzugeben. Besonders schwierig ist dies bei Molekülen, deren Atome nicht in einer Ebene liegen. Man zeichnet daher in der **Strukturformel** die Bindungspartner und die freien Elektronenpaare der Atome jeweils rechtwinklig an die vier Seiten des Atomsymbols [B1]. Die bindenden Elektronenpaare sind dann auf den Bindungspartner gerichtet.

Mehrfachbindungen im EPA-Modell. Im EPA-Modell werden Mehrfachbindungen gebogen dargestellt. Auf andere Elektronenpaare wirkt die Doppel- oder Dreifachbindung jeweils fast wie eine einfache Bindung.

So betragen die Bindungswinkel zwischen den Bindungen eines C-Atoms im Ethenmolekül und den drei Bindungspartnern jeweils 120° [B3]. Im Ethinmolekül ist das C-Atom nur mit zwei weiteren Atomen verbunden, es tritt eine Dreifachbindung auf. Die Bindungspartner des C-Atoms sind linear angeordnet, sie haben den bei festen Bindungslängen größtmöglichen Abstand voneinander [B3]. Die gleichen Verhältnisse liegen vor, wenn das C-Atom mit zwei Bindungspartnern über jeweils eine Doppelbindung verbunden ist. Auch das Molekül des Kohlenstoffdioxids ist linear gebaut [B4].

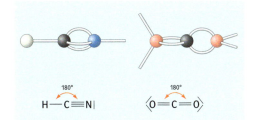

B4 Gestreckter Molekülbau bei C-Atomen mit zwei Bindungspartnern

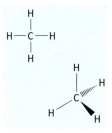

B5 Strukturformeln von Methan

B6 Tetraeder

B7 Schnittanleitung zu A1

A1 a) Baue ein Tetraeder aus Pappe oder Papier. Zeichne dazu ein gleichseitiges Dreieck (a = 16 cm) mit Klebelaschen [B7]. Zeichne zwischen den Mittelpunkten der Seiten Verbindungslinien. Falte die nun entstandenen äußeren Dreiecke nach innen. Verklebe die Kanten.
b) Wie kannst du mit zwei Tetraedermodellen Einfach-, Doppel- und Dreifachbindungen darstellen?

A2 Warum sind die vier H-Atome des CH_4-Moleküls nicht quadratisch angeordnet? Begründe mit dem EPA-Modell.

A3 Baue Strukturmodelle von CCl_4, H_2S, C_2H_6, C_2H_4, C_2H_2. Zeichne auch die Strukturformeln.

A4 Erläutere die unterschiedliche Darstellung der Formel des Methanmoleküls in B5.

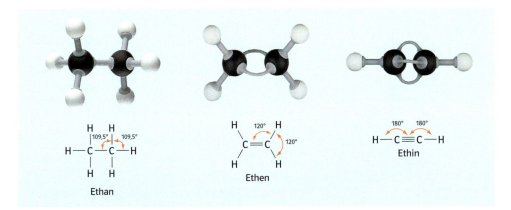

B3 Kohlenwasserstoffmoleküle mit Einfach-, Zweifach- und Dreifachbindung

8.3 Riesenmoleküle aus Kohlenstoffatomen

Modifikationen sind elementare Stoffe derselben Atomart. Nur die Anordnung der Atome ist in den verschiedenen Modifikationen unterschiedlich

Diamant	Graphit
farblos, durchsichtig, stark lichtbrechend	schwarz, glänzend
sehr hart	sehr weich
schwer spaltbar	leicht spaltbar
keine elektrische Leitfähigkeit	gute elektrische Leitfähigkeit
Dichte 3,5 g/cm³	Dichte 2,3 g/cm³
schmilzt nicht, sondern wandelt sich in Graphit um	Sublimationstemperatur ca. 3650 °C

B2 Eigenschaften von Diamant und Graphit

Graphit, 15 000fach vergrößert — Bleistiftspitze

B4 Bleistiftminen. Beim Reiben spalten sich Graphitblättchen ab

Brillant-Vollschliff

B1 Diamantschmuck. Der farblose Edelstein kann durch Lichtbrechung farbenprächtig funkeln

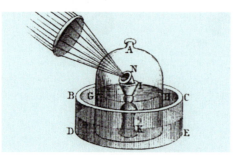

B3 Verbrennung eines Diamanten. Zeichnung aus den „Œuvres" von ANTOINE LAURENT LAVOISIER (1743–1794)

Im Jahre 1772 veröffentlichte der französische Gelehrte ANTOINE LAURENT LAVOISIER die Ergebnisse seines berühmten Experiments „La destruction du diamant par le feu". Während man bereits früher festgestellt hatte, dass Diamanten bei hohen Temperaturen „verschwinden", wies LAVOISIER nach, dass beim Verbrennen eines Diamanten Kohlenstoffdioxid entsteht. Ein Diamant muss demnach aus Kohlenstoffatomen bestehen, wie auch Graphit (Ruß), der ebenfalls nur zu Kohlenstoffdioxid verbrennt. Man bezeichnet Diamant und Graphit als **Modifikationen** des Elements Kohlenstoff.

Diamant ist der härteste aller natürlich vorkommenden Stoffe. Diamanten sind farblos und leiten den elektrischen Strom nicht. Man findet sie im Gestein alter Vulkanschlote und deren Verwitterungsschutt. Nur ein kleiner Teil dieser Rohdiamanten ist zur Herstellung von Schmuckstücken geeignet [B1]. Die meisten finden als Industriediamanten Verwendung z. B. in Bohrköpfen und Schneidwerkzeugen. Diamanten lassen sich unter hohem Druck und bei hohen Temperaturen aus Graphit herstellen.

Graphit ist ein schwarzer, sehr weicher Stoff, der in kristallinem Zustand glänzt. Beim Gleiten über Papier spalten sich kleine Plättchen ab und hinterlassen eine schwarze Spur [B4]. Aus dieser Eigenschaft leitet sich sein Name ab (von griech. graphëin, schreiben). Zur Herstellung von Elektroden und als Schleifkontakt in Elektromotoren wird Graphit wegen seiner guten Leitfähigkeit für den elektrischen Strom verwendet. Graphit ist Bestandteil von Tonern, also Pulvergemischen, die in Kopierern und Laser-Druckern z. B. die Schrift auf dem Papier erzeugen. Graphit kann aus Koks gewonnen werden. Auch Ruß und Holzkohle bestehen zum größten Teil aus winzigen Graphitkristallen.

A1 Ermittle aus B3, wie LAVOISIER nachgewiesen hat, dass der Diamant nur aus Kohlenstoff besteht.

A2 Erkläre die unterschiedlichen Dichten von Diamant und Graphit mit ihrem Aufbau.

A3 Erkläre die Unterschiede in der elektrischen Leitfähigkeit von Diamant und Graphit mit ihrem Aufbau.

174 Allgemeine Chemie

Riesenmoleküle aus Kohlenstoffatomen

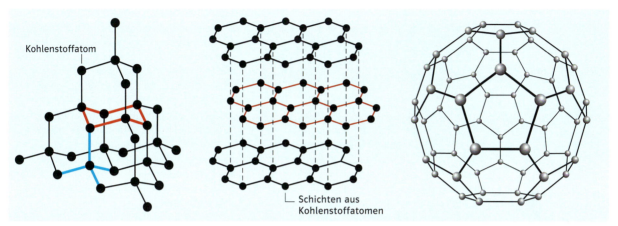

B5 Aufbau von Diamant (links), Graphit (Mitte) und Buckminsterfulleren (rechts). Das Molekül ist aus 60 C-Atomen aufgebaut

Aufbau von Diamant und Graphit. Im Kristallgitter des Diamanten hat jedes Kohlenstoffatom vier Nachbarn, die es tetraedrisch umgeben. Zwischen den Kohlenstoffatomen bestehen Elektronenpaarbindungen, von jedem C-Atom gehen vier Einfachbindungen zu seinen Nachbarn aus. Damit erklärt man die große Härte des Diamanten. In dem sich so ergebenden **Diamantgitter** liegt jedes Atom einer Schicht in den Lücken der Atome der vorherigen Schicht. Man kann *gewellte Sechsringe* von C-Atomen erkennen, vier Atome eines solchen Rings bilden ein Rechteck, ein Atom liegt über dessen Ebene, eins darunter [B5].

Das **Graphitgitter** besteht aus vielen übereinanderliegenden ebenen Schichten. Jedes C-Atom ist mit drei weiteren C-Atomen verbunden, die Bindungswinkel betragen 120°. Je drei Elektronen eines C-Atoms sind an diesen Bindungen beteiligt, das vierte Elektron ist ähnlich wie bei Metallen über die ganze Schicht beweglich. Dies erklärt die gute elektrische Leitfähigkeit des Graphits. In jeder Schicht kann man ebene Sechsringe von C-Atomen erkennen [B5]. Der Abstand zwischen den verschiedenen Schichten beträgt etwa das Zweieinhalbfache des Abstandes zwischen den Atomen derselben Schicht. Die Schichten lassen sich leicht gegeneinander verschieben, Graphit ist daher sehr weich.

Fullerene. In neuerer Zeit gelang es Forschern, eine dritte Modifikation des Kohlenstoffs aus Graphit z. B. durch Verdampfung im elektrischen Lichtbogen herzustellen. Nach dem amerikanischen Ingenieur BUCKMINSTER FULLER, der durch den Bau von Kuppeln bekannt geworden ist, werden die käfigartigen Moleküle Fullerene genannt. Die aus diesen Molekülen aufgebauten Stoffe heißen **Fullerite**. Sie sind bei Zimmertemperatur kristallin, weich und sehr elastisch. Das bekannteste Fulleren ist das Buckminsterfulleren, ein aus 60 C-Atomen bestehendes kugelförmiges Molekül, dessen Struktur an einen Fußball erinnert [B5, rechts]. Wie im Graphit hat auch hier jedes Atom drei Bindungspartner, das vierte Elektron ist über die Kugeloberfläche frei beweglich.

Eine weitere Klasse der Fullerene bilden die Nanotubes, Röhren aus Sechsecknetzen von Kohlenstoffatomen [B6]. Nanotubes können je nach der Geometrie der Sechsecknetze als elektrische Leiter oder als Halbleiter verwendet werden. Sie werden z. B. in der Nanoelektronik verwendet. Hier versucht man winzige Schaltkreise im Nanometerbereich (1 Nanometer = 1 millionstel Millimeter) herzustellen, die Nanotubes dienen darin als elektrische Leiter.

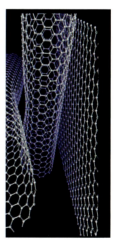

B6 Nanotubes aus Sechsecknetzen von Kohlenstoffatomen. In Längsrichtung sind die Röhrchen elektrische Leiter

8.4 Die polare Atombindung

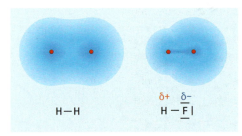

B2 Wasserstoff- und Fluorwasserstoffmolekül

In Molekülen, die wie das Wasserstoffmolekül aus zwei gleichen Atomen bestehen, erfolgt die Bindung zwischen den Atomen durch eine gemeinsame Elektronenwolke. Die beiden Elektronen, die sie bilden, befinden sich im Anziehungsbereich der Kerne. Die Bindung führt zu einer Verdichtung der negativen Ladung zwischen den Kernen [B2]. Die bindende Elektronenwolke ist symmetrisch um beide Kerne angeordnet. Sind zwei unterschiedliche Atome verbunden, wie z. B. im Fluorwasserstoffmolekül, hat das Auswirkungen auf die Ladungsverteilung.

Die Bindung im Fluorwasserstoffmolekül. Das Fluorwasserstoffmolekül ist ein Dipolmolekül, die Ladungsverteilung zwischen den verbundenen Atomkernen ist unsymmetrisch. Die Bindungselektronen im Fluorwasserstoffmolekül werden von den beiden Kernen verschieden stark angezogen; die Elektronenwolke ist zum Fluoratom verschoben [B2].

Dadurch besitzt das Fluoratom einen Überschuss an negativer Ladung. Hier befindet sich die negativ geladene Seite des Dipols, während die Wasserstoffseite positiv geladen ist. Die Ladungen beider Seiten heben sich nach außen auf. An der Fluorseite des Moleküls befindet sich die negative **Teilladung** (Zeichen: δ−), an der Wasserstoffseite die entsprechende positive Teilladung (Zeichen: δ+) [B2]. Immer wenn zwei unterschiedliche Atome durch eine Atombindung miteinander verbunden sind, können Teilladungen vorliegen. Diese Art der Bindung bezeichnet man als **polare Atombindung**.

Elektronegativität. Die Art und die Größe der Teilladung eines gebundenen Atoms wird durch seine Anziehungskraft auf die Bindungselektronen bestimmt. Diese Anziehung hängt ab von der Ladung des Atomkerns und der Anzahl der Elektronenschalen. Bei gleicher Anzahl von Schalen werden die Außenelektronen und damit auch die Bindungselektronen umso stärker angezogen, je größer die Ladung des Kerns ist.

Mit zunehmender Anzahl der Schalen wird die Anziehung zwischen Kern und Außenelektronen schwächer. Um die Fähigkeit eines Atoms, Bindungselektronen anzuziehen, mit anderen Atomen vergleichen zu können, führte LINUS PAULING 1932 das Konzept der Elektronegativität ein. Die Elektronegativität (*EN*) eines Atoms wird durch eine Zahl angegeben. Da von allen Atomen das Fluoratom die Elektronen einer Atombindung am stärksten anzuziehen vermag, ordnete PAULING ihm den größten Elektronegativitätswert, die Zahl 4, zu. Die Elektronegativität nimmt bei den Elementen einer Periode von links nach rechts zu, in einer Hauptgruppe dagegen von oben nach unten ab [B1]. Da auch Metallatome Atombindungen ausbilden können, wurden auch ihnen Elektronegativitätswerte zugeordnet.

Sind zwei Atome miteinander verbunden, so besitzt das elektronegativere die negative Teilladung. Die Bindung ist in der Regel umso polarer, je größer die Differenz der Elektronegativitätswerte (Δ*EN*) ist.

Hauptgruppen						
I	II	III	IV	V	VI	VII
H 2,1						
Li 1,0	Be 1,5	B 2,0	C 2,5	N 3,0	O 3,5	F 4,0
Na 0,9	Mg 1,2	Al 1,5	Si 1,8	P 2,1	S 2,5	Cl 3,0
K 0,8	Ca 1,0	Ga 1,6	Ge 1,8	As 2,0	Se 2,4	Br 2,8
Rb 0,8	Sr 1,0	In 1,7	Sn 1,8	Sb 1,9	Te 2,1	I 2,5

B1 Elektronegativitätswerte von einigen Hauptgruppenelementen nach PAULING

Die polare Atombindung

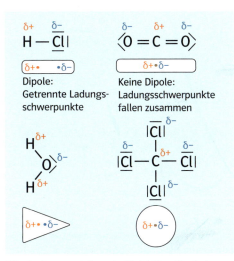

B3 Ladungsverteilung in Molekülen. Nur bei unsymmetrischen Molekülen ergibt sich aus der Ladungsverteilung ein Dipol

Moleküle mit Teilladungen. Alle Halogenwasserstoffmoleküle sind wie das Fluorwasserstoffmolekül **Dipole**. Da die Elektronegativität vom Fluoratom zum Iodatom abnimmt, ist das Fluorwasserstoffmolekül von allen Halogenwasserstoffmolekülen der stärkste Dipol. Man kann das mithilfe der Elektronegativitätsdifferenzen, ΔEN, zeigen. So ist ΔEN(HF) = 4,0 – 2,1 = 1,9 und ΔEN(HI) = 2,5 – 2,1 = 0,4.

Im Kohlenstoffdioxidmolekül liegen zwei polare Bindungen vor. Die elektronegativeren Sauerstoffatome tragen jeweils eine negative Teilladung. Das Kohlenstoffatom trägt die positive Teilladung, die so groß ist wie der Betrag der beiden negativen Teilladungen zusammen. Bei der Angabe von Teilladungen wird nur das Vorzeichen, jedoch nicht die Größe der Ladung berücksichtigt [B3]. Obwohl die Bindungen im Kohlenstoffdioxidmolekül polar sind, ist es kein Dipol, da der Schwerpunkt der negativen Teilladungen mit dem Zentrum der positiven Teilladung zusammenfällt [B3]. Dies ist bei allen Molekülen der Fall, bei denen die Teilladungen symmetrisch angeordnet sind. Auch das tetraedrisch gebaute CCl_4-Molekül ist deshalb kein Dipol.

Exkurs LINUS PAULING

Unsere heutige Vorstellung von der Bindung in Molekülen wurde wesentlich beeinflusst durch den amerikanischen Chemiker LINUS C. PAULING. Er war einer der wenigen Forscher, die zwei Nobelpreise erhielten. Der Nobelpreis für Chemie wurde ihm 1954 für seine Forschungen über die Molekülstruktur der Proteine verliehen, den Friedensnobelpreis bekam er 1962 für seine Bemühungen, die Kernwaffentests zu beenden.
LINUS PAULING wurde am 28. Februar 1901 in Portland im US-Bundesstaat Oregon geboren. 1925 schloss er sein Studium mit der Promotion in Chemie, Physik und Mathematik ab. Bereits seit 1919 befasste er sich mit der Natur der chemischen Bindung. Er zeigte, dass die Ionenbindung in Kristallen und die Elektronenpaarbindung in Molekülen nur die Grenzformen der Bindung von Atomen darstellen und fand, dass die polare Atombindung als Übergangsform in den meisten Verbindungen anzutreffen ist. Das Ausmaß der Polarität zwischen den Atomen versuchte er mithilfe seiner Elektronegativitätswerte zu bestimmen. 1939 veröffentlichte er seine Ergebnisse in dem wegweisenden Buch „The Nature of the Chemical Bond and the Structure of Molecules and Crystals". Seine große Begabung als Lehrer setzte er in vielen Vorlesungen und Büchern ein. Ein Standardlehrbuch ist das 1947 erschienene „General Chemistry", das 1956 auch als deutsche Ausgabe herauskam und für viele Schullehrbücher ein Vorbild war.
LINUS PAULING starb am 19. August 1994.

A1 Was versteht man unter Elektronegativität?

A2 Erkläre die erkennbaren Tendenzen zwischen den Elektronegativitätswerten der Elemente in B2 mithilfe des Aufbaus der Atome.

A3 Was bedeuten die Zeichen δ+ und δ–, die Atomsymbolen in Strukturformeln zugeordnet werden?

A4 Ordne die folgenden Bindungen nach steigender Polarität: N—H, C—H, F—H, O—H. Begründe mithilfe der ΔEN-Werte.

A5 Zeige, dass das Ammoniakmolekül, NH_3, ein Dipol ist.

A6 Untersuche die Ladungsverteilung im Formaldehydmolekül:

$$\begin{array}{c} H \\ \diagdown \\ C=O \\ \diagup \\ H \end{array}$$

Zu welchen Aussagen kommst du?

8.5 Wasser – Molekülbau und Stoffeigenschaften

Wasser ist ein außergewöhnlicher Stoff, der erst bei 100 °C siedet. Stoffe die aus Molekülen ähnlicher Größe bestehen, weisen viel niedrigere Siedetemperaturen auf. Eisberge schwimmen auf Meerwasser, d. h., festes Wasser hat eine geringere Dichte als flüssiges. Bei allen anderen Stoffen ist die Dichte der festen Form größer als die der flüssigen. Diese und weitere interessante Eigenschaften des Wassers werden vom Bau des H_2O-Moleküls bestimmt.

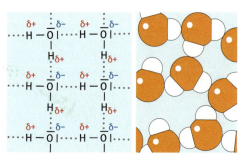

B2 Wasserstoffbrücken zwischen Wassermolekülen

Exkurs Wechselwirkungen zwischen unpolaren Molekülen

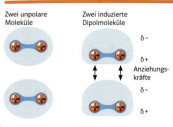

Die elementaren Stoffe Wasserstoff, Stickstoff, Sauerstoff, Fluor und Chlor sind bei Zimmertemperatur gasförmig. Ihre niedrigen Siedetemperaturen lassen darauf schließen, dass in den Gasen nur geringe Kräfte zwischen den jeweiligen Molekülen wirken. Die Siedetemperaturen sind allerdings nicht gleich, sie steigen vom Wasserstoff zum Chlor hin an. Die unterschiedlichen Siedetemperaturen zeigen, dass die Kräfte, die zwischen den jeweiligen Molekülen (H_2, N_2, O_2, F_2, Cl_2) wirken, unterschiedlich groß sind. Man erklärt die Wechselwirkungen zwischen unpolaren Molekülen mit dem kurzzeitigen Auftreten einer unsymmetrischen Verteilung der Elektronen im einzelnen Molekül. So entstehen schwache Dipole („spontane Dipole"), die auf benachbarte Teilchen einwirken und auch sie zu Dipolen machen („induzierte Dipole"). Diese relativ schwachen Anziehungskräfte nennt man **Van-der-Waals-Kräfte** (Kap. 12.4). Sie werden in der Regel bei gleichem Bau der Moleküle mit steigender Elektronenzahl stärker. Die Kräfte zwischen den ebenfalls zweiatomigen Molekülen von Brom und Iod sind bereits so stark, dass diese Stoffe bei Zimmertemperatur flüssig bzw. fest sind.

Das Wassermolekül als Dipol. Als Verbindung zwischen Wasserstoff- und Sauerstoffatomen ist das Wassermolekül ein Dipol. Wegen der stark polaren O—H-Bindungen (Elektronegativitätsdifferenz $\Delta EN(O-H) = 1{,}4$) und der gewinkelten Molekülstruktur sind H_2O-Moleküle Dipole. Das Sauerstoffatom trägt eine negative Teilladung, die Wasserstoffatome jeweils eine positive.

Wasserstoffbrücken. Die für derart kleine Moleküle hohe Siedetemperatur des Wassers deutet auf einen besonders starken Zusammenhalt zwischen den Wassermolekülen hin. Dieser ist auf eine Wechselwirkung zwischen den Molekülen zurückzuführen, die man **Wasserstoffbrücke** nennt. Wasserstoffbrücken bilden sich zwischen Wasserstoffatomen eines Wassermoleküls und Sauerstoffatomen eines anderen. Ein Wasserstoffatom kann sich dem Sauerstoffatom sehr stark nähern und eine Wechselwirkung mit einem nicht bindenden Elektronenpaar eingehen. Da das Sauerstoffatom im Wassermolekül zwei nicht bindende Elektronenpaare besitzt und mit zwei Wasserstoffatomen verbunden ist, kann ein Wassermolekül mit jeweils vier Nachbarmolekülen über Wasserstoffbrücken verbunden sein [B2]. Wasserstoffbrücken können ständig wieder gelöst und mit anderen Molekülen neu gebildet werden.

Auch zwischen anderen Molekülen, wie z. B. HF (Fluorwasserstoff) und NH_3 (Ammoniak), können sich Wasserstoffbrücken ausbilden. Bei diesen Molekülen sind ebenfalls stark elektronegative Atome, die nicht bindende Elektronenpaare aufweisen, mit Wasserstoffatomen verbunden.

B1 Eisberg. Ca. ein Zwölftel davon ragt aus dem Wasser

Wasser – Molekülbau und Stoffeigenschaften

B3 Ein Wassertropfen

Die Oberflächenspannung des Wassers. Die Wasseroberfläche eines gefüllten Glases lässt sich über den Rand hinaus vergrößern, wenn man weitere Wassertropfen hinzugibt – die Wasseroberfläche scheint mit einer Haut umgeben [V2]. Dieses Phänomen beruht ebenfalls auf den Wechselwirkungen zwischen den Wassermolekülen – den Wasserstoffbrücken. Diese werden von den Molekülen im Inneren der Flüssigkeit nach allen Seiten ausgebildet [B6]. Da alle Moleküle an der Oberfläche zum Inneren der Flüssigkeit gezogen werden, sie diesem Zug wegen der dort schon vorhandenen Moleküle jedoch nicht folgen können, erscheint die Oberfläche wie eine gespannte elastische Haut.

Das Molekülgitter von Eis. Die regelmäßige Form von Schneekristallen gibt einen Hinweis darauf, dass die Wassermoleküle im festen Zustand regelmäßig angeordnet sind. Im Eis bilden die Wassermoleküle ein Kristallgitter, in dem jedes Sauerstoffatom tetraedrisch von vier Wasserstoffatomen umgeben ist. Zwei dieser Wasserstoffatome sind über Atombindungen mit dem Sauerstoffatom verbunden, zwei über Wasserstoffbrücken. Da der O-H-Abstand im Wassermolekül geringer ist als der in einer Wasserstoffbrücke, sind die H-Atome nicht symmetrisch zwischen den O-Atomen verteilt. Es ergibt sich ein weitmaschiges Gitter mit durchgehenden Hohlräumen von sechseckigem Querschnitt [B4]. Wegen dieser Struktur besitzt Eis eine geringere Dichte als Wasser und schwimmt auf diesem. Das Schmelzen von Eis und das Erstarren von Wasser ist mit dem Auflösen und Bilden der Wasserstoffbrücken verbunden. Wenn Eis schmilzt, bricht sein Kristallgitter zusammen. Es bilden sich kleinere Bruchstücke und die Anzahl der Hohlräume nimmt ab. Als Folge davon nimmt die Dichte zu. Auch im flüssigen Wasser existieren noch Bruchstücke des Eisgitters, sie werden mit zunehmender Temperatur kleiner. Dadurch nimmt das Volumen der Wasserportion weiter ab und die Dichte zu. Ab 4 °C dehnt sich das Wasser aus wie andere Flüssigkeiten auch, weil seine Moleküle wegen der stärker werdenden Molekülbewegung mehr Platz benötigen. Es werden immer mehr Wasserstoffbrücken gelöst, aber auch neue gebildet. Gewässer frieren wegen dieser „Dichteanomalie" des Wassers von ober her zu [B5].

B6 Kräfte zwischen den Teilchen einer Flüssigkeit

B7 Eiskristall

V1 Gib einen Wassertropfen auf eine Münze. Berühre seine Oberfläche mit einer Nadel, beobachte durch eine Lupe.

V2 Fülle ein Reagenzglas mit Wasser. Gib mithilfe einer Pipette vorsichtig weitere Wassertropfen hinzu.

A1 Gefrierendes Wasser kann Steine sprengen. Worauf beruht diese Sprengwirkung?

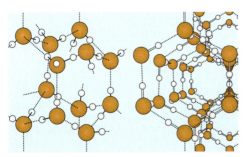

B4 Molekülgitter von Eis. Es entstehen Hohlräume

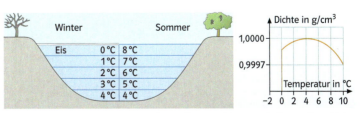

B5 Wasser hat bei 4 °C seine größte Dichte. Das Wasser mit der größten Dichte befindet sich am Boden des Teichs

8.6 Wasser als Lösungsmittel

Hydratation von griech. hydor, Wasser

B2 Wetteranzeiger

Wasser ist für viele Salze und molekulare Stoffe ein gutes Lösungsmittel. So findet man z. B. im Mineralwasser verschiedene Ionen und gelöste Gase.

Vorgänge beim Lösen eines Salzkristalls. Beim Lösen von Natriumchlorid werden die Ionen des Gitters voneinander getrennt und sind in der Lösung beweglich. Wie kommt es, dass ein Ionengitter, in dem große Anziehungskräfte wirken, durch Wassermoleküle „zerteilt" werden kann?
Von den Ionen an der Oberfläche des Kristalls werden die Dipolmoleküle des Wassers angezogen und lagern sich am Gitter an [B1]. Sie umgeben die Ionen und bewirken so deren Trennung vom Gitter. Ionen, die sich an Ecken und Kanten befinden, sind besonders leicht zugänglich. Auf diese Ionen wirken geringere Gitterkräfte ein als auf die Ionen im Inneren. Dieser Vorgang kann sich bis zum völligen Abbau des Gitters wiederholen.

In der Lösung besitzen alle Ionen eine vollständige Hülle von Wassermolekülen, die **Hydrathülle**. Um hydratisierte Ionen zu kennzeichnen, verwendet man das Zeichen aq (von lat. aqua, Wasser) und schreibt z. B. Na^+(aq) bzw. Cl^-(aq).

Salzhydrate. Viele Ionen verlieren ihre Hydrathülle nicht vollständig, wenn das Wasser einer Salzlösung verdampft oder verdunstet. Ein Teil der Wassermoleküle wird mit in das Kristallgitter eingebaut. Es entstehen Salzhydrate. Die Anzahl der zu einer Elementargruppe gehörenden Wassermoleküle wird in der Formel angegeben: z. B. $CoCl_2 \cdot 6\ H_2O$ [sprich: Cobaltchlorid mit 6 H_2O], Cobaltchlorid-Hexahydrat. Dieses Salz wird z. B. in Feuchtigkeitsanzeigern eingesetzt [B2]. Das rosafarbene Hexahydrat kann bei trockenerer Umgebungsluft Kristallwasser abgeben und wird dann zum tiefblauen Tetrahydrat, $CoCl_2 \cdot 4\ H_2O$. In feuchterer Luft wird der Vorgang umgekehrt, es entsteht wieder das Hexahydrat. Durch Erwärmen lässt sich auch das blassblaue wasserfreie Cobaltchlorid ($CoCl_2$) herstellen.

Wasser als Lösungsmittel für molekulare Stoffe. Nicht nur an Ionen, sondern auch an Dipolmoleküle können sich Wassermoleküle anlagern und sie aus einem Molekülgitter abtrennen. Aus diesem Grund sind auch Stoffe, die nicht aus Ionen aufgebaut sind, wie z. B. Zucker, wasserlöslich.

a)
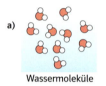
Wassermoleküle

b)
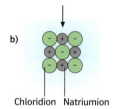
Chloridion   Natriumion

c)
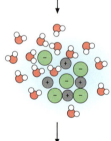

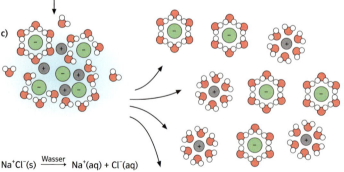

Na^+Cl^-(s) $\xrightarrow{Wasser}$ Na^+(aq) + Cl^-(aq)

B1 Zerteilung des Ionengitters durch Wassermoleküle

A1	Deute die in B1 dargestellten Vorgänge beim Lösen von Natriumchlorid in Wasser.
A2	Erläutere, warum und wie Wassermoleküle in der Lage sind, sowohl positiv als auch negativ geladene Ionen zu umhüllen.
A3	Gib an, was mit dem Begriff Hydratation ausgedrückt wird, und erläutere die Bedeutung des Zeichens „aq".
A4	Was bedeutet die Formel $CaCl_2 \cdot 6\ H_2O$?

8.7 Exkurs Temperaturänderung beim Lösen von Salzen

Löst man wasserfreies Calciumchlorid in Wasser, stellt man einen starken Anstieg der Temperatur fest. Beim Lösen von Kaliumchlorid jedoch sinkt die Temperatur [V1].

Lösen von Salzen unter Erwärmen. Viele Lösungsvorgänge verlaufen wie das Lösen von Calciumchlorid unter Temperaturerhöhung ab. Hier wird offenbar bei der Bildung hydratisierter Ionen mehr Energie frei, als für das Herauslösen der Ionen aus dem Ionengitter aufgewendet werden muss. Beim Umhüllen eines Ions mit Wassermolekülen, der **Hydratation**, wird Energie frei, man bezeichnet sie als **Hydratationsenergie**. Um ein Ion aus dem Kristallgitter herauszulösen, muss diese dem Betrag nach mindestens so groß sein wie die Energie, die die Ionen im Gitter zusammenhält, die **Gitterenergie**. Wenn der Betrag der Hydratationsenergie größer ist als der der Gitterenergie, erfolgt eine Ablösung unter Wärmeabgabe. Man spricht von einem **exothermen Lösungsvorgang** [B2].

Lösen von Salzen unter Abkühlen. Manche Salze wie z. B. Kaliumchlorid lösen sich unter Abkühlung [V1]. In diesen Fällen wird die Gitterenergie nicht ganz von der Hydratation aufgebracht. Den fehlenden Anteil liefert die thermische Energie des Wassers, das sich dadurch abkühlt. Hier findet ein **endothermer Lösungsvorgang** statt [B2].

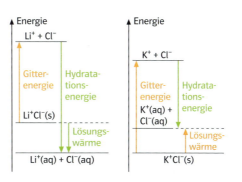

B2 Hydratationsenergie und Gitterenergie beim Lösen von Lithiumchlorid und Kaliumchlorid in Wasser

Gitterenergie und Löslichkeit. Ist die Gitterenergie dem Betrage nach viel größer als die Hydratationsenergie, ist die Löslichkeit der Salze sehr gering. Die unterschiedlichen Gitterenergien sind die Ursache für die unterschiedlichen Löslichkeiten der Salze.

Lösungsvorgang ohne Temperaturänderung der Lösung:
Hydratationsenergie = Gitterenergie
Exothermer Lösungsvorgang:
|Hydratationsenergie| > |Gitterenergie|
Endothermer Lösungsvorgang:
|Hydratationsenergie| < |Gitterenergie|

Betrag Der (absolute) Betrag |x| eines Wertes x ist der betreffende Wert ohne Vorzeichen.
Beispiel: |−5| = 5

V1 Fülle in je ein Reagenzglas etwa 0,5 cm hoch **a)** Calciumchlorid, **b)** Kaliumchlorid, **c)** Natriumchlorid. Gib in jedes Reagenzglas etwa 3 cm hoch Wasser mit bekannter Ausgangstemperatur. Bestimme die Temperaturänderung und erkläre die Unterschiede.

A1 Wasserfreies Calciumchlorid wird als Trocknungsmittel für feuchte Räume eingesetzt. Erläutere seine Trocknungseigenschaft unter Verwendung der Begriffe Hydratationsenergie und Gitterenergie.

A2 Beschreibe die in B2 dargestellten Lösungsvorgänge. Welcher ist exotherm, welcher endotherm?

A3 Beim Auflösen von Natriumchlorid tritt keine Temperaturänderung ein. Erkläre.

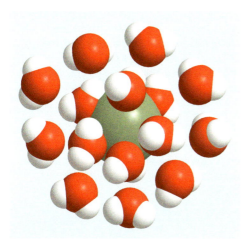

B1 Kation in einer Hydrathülle

B3 Trocknungsmittel

8.8 Praktikum Kristallisationswärme

V1 Kristallisationswärme von Natriumacetat

Geräte, Materialien, Chemikalien: Reagenzglas, Becherglas, Thermometer, Waage, Natriumacetat-Trihydrat ($CH_3COONa \cdot 3\,H_2O$) (Natriumacetat ist ein Salz der Essigsäure).

Durchführung: Gib etwa 5 g Natriumacetat-Trihydrat und einige Tropfen Wasser in ein Reagenzglas und stelle es so lange in ein Bad mit siedendem Wasser, bis eine völlig klare Flüssigkeit entstanden ist. Schwenke das Glas vorsichtig so, dass Reste von Natriumacetat-Trihydrat, die an der Wand beim Einfüllen hängen geblieben sind, von der Schmelze aufgenommen werden. Stelle das Glas in einen Ständer und lass die Flüssigkeit langsam bis auf Zimmertemperatur abkühlen. (Hinweis: Wenn während des Abkühlens Kristalle erscheinen, muss das Glas erneut in siedendes Wasser gestellt werden.) Gib anschließend einige Kristalle Natriumacetat-Trihydrat hinzu. Beobachte den Inhalt des Reagenzglases und prüfe die Temperatur mit dem Handballen.

Auswertung: Deute die Beobachtungen, die im Verlauf des Experiments gemacht wurden.

V1 „Wärme aus dem Plastikbeutel"

Geräte, Materialien, Chemikalien: Plastikbeutel, Bügeleisen oder Folienschweißgerät, 2 Blätter Papier, leere Getränkedose, Schere, Thermometer, Waage, Natriumacetat-Trihydrat ($CH_3COONa \cdot 3\,H_2O$).

Durchführung:
a) Fertige aus einem Plastikbeutel (Tiefkühlbeutel oder Klarsichthülle) mit einem Bügeleisen (Einstellung „Seide", Andrückzeit ca. 2 – 3 Sekunden) einen Beutel von etwa 8 cm Kantenlänge an. Bei Verwendung des Bügeleisens muss darauf geachtet werden, dass das angeschmolzene Plastikmaterial weder an der Unterlage noch am Bügeleisen festklebt. Deshalb wird der zu schweißende Bereich zwischen zwei Papierblätter gelegt. Sie werden unmittelbar nach dem Bügelvorgang entfernt.
b) Schneide aus dem Blech einer Getränkedose ein rundes Stück mit einem Durchmesser von etwa 2,5 cm aus und entferne mit Schmirgelpapier sorgfältig scharfe Schnittkanten. Ritze in die Mitte zwei gewinkelte Kerben ein und drücke mit dem Daumen eine Wölbung hinein. Es entsteht ein unter Spannung stehendes Metallplättchen („Knackfrosch").
c) Gib in den angefertigten Beutel 30 g Natriumacetat-Trihydrat, etwa 3 ml Wasser und das vorbereitete Metallplättchen. Drücke möglichst vollständig die Luft aus dem Beutel und schweiße ihn mit dem Folienschweißgerät oder dem Bügeleisen zu.
d) Lege den Beutel für ca. 5 bis 10 Minuten in kochendes Wasser, bis das Natriumacetat vollständig geschmolzen ist.
e) Lass danach den Beutel langsam erkalten. (Der Inhalt soll flüssig bleiben. Falls doch Kristalle erscheinen, muss der Beutel noch einmal in kochendes Wasser gelegt werden.)
f) Knicke das im Beutel eingeschlossene Metallplättchen einige Male hin und her, bis die Kristallisation beginnt.
g) Verfolge den Ablauf der Kristallisation und prüfe mit der Hand oder einem Thermometer die Temperatur.

Nach Ablauf des Experiments kann der Beutel erneut in heißes Wasser gelegt werden, bis wieder eine klare Schmelze entstanden ist. Nach dem Abkühlen ist er wieder einsatzbereit.

B1 Herstellung eines Wärmebeutels

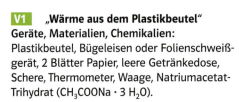

Gebrauchsanleitung

Aktivieren: Fassen Sie das im Beutel befindliche Metallplättchen mit Daumen und Zeigefinger beider Hände an und biegen Sie es leicht hin und her. Der flüssige Inhalt beginnt zu kristallisieren

Reaktivieren: Legen Sie den Beutel für etwa 6 Minuten in kochendes Wasser, bis der Inhalt vollständig geschmolzen ist. Lassen Sie den Beutel abkühlen. Er ist nun für weitere Einsätze als Taschenofen bereit.

Bitte beachten: Zum Reaktivieren keinen Mikrowellenherd benutzen!

B2 Der Taschenwärmer erzeugt angenehme Wärme

8.9 Durchblick Zusammenfassung und Übung

In **Elektronenpaarbindungen** werden Atome in einem Molekül über gemeinsame Elektronenpaare zusammengehalten.

H–H	ein Elektronenpaar	Einfachbindung
⟨O=C=O⟩	zwei Elektronenpaare	Doppelbindung
|N≡N|	drei Elektronenpaare	Dreifachbindung

bindendes Elektronenpaar zwischen den Atomkernen bewirkt die Bindung

H–F\|

nicht bindendes Elektronenpaar gehört zu einem Atom, trägt nicht zur Bindung bei

Edelgasregel
Bei vielen Molekülen befinden sich 4 Elektronenpaare um einen Atomrumpf. Bei diesen 4 Elektronenpaaren handelt es sich sowohl um bindende als auch nicht bindende.

Elektronenpaarabstoßungs(EPA)-Modell
Das EPA-Modell erklärt den räumlichen Bau von Molekülen mit mehr als zwei Atomen. Bindende und nicht bindende Elektronenpaare nehmen den größtmöglichen Abstand zueinander ein (4 Elektronenpaare: Tetraeder, 3 Elektronenpaare: Dreieck, 2 Elektronenpaare: Linie). Elektronenpaare in einer Doppelbindung (Dreifachbindung) werden wie ein Elektronenpaar gesehen.

Modifikationen
Die Atome eines Elements sind im elementaren Stoff unterschiedlich angeordnet. Beispiel für Kohlenstoffmodifikationen: Graphit und Diamant.

Polare Atombindung
Eine Bindung zwischen zwei Atomen unterschiedlicher Elektronegativität führt zur polaren Atombindung. Die Ladungsverteilung zwischen den verbundenen Atomkernen ist unsymmetrisch. Das eine Atom des Moleküls trägt eine positive ($\delta+$), das andere eine negative Teilladung ($\delta-$).

Elektronegativität
Zahl, die angibt, wie stark ein Atom die Elektronen einer Bindung zu sich zieht.

Elektronegativität nimmt zu →			
C 2,5	N 3,0	O 3,5	F 4,0
Si 1,8	P 2,1	S 2,5	Cl 3,0
Ge 1,8	As 2,0	Se 2,4	Br 2,8

(Elektronegativität nimmt zu ↑)

Die Polarität einer Bindung steigt mit zunehmender **Elektronegativitätsdifferenz ΔEN**.

	H–I	H–Br	H–Cl	H–F
ΔEN:	0,4	0,7	1,4	1,9

Dipol	kein Dipol	kein Dipol
|O–H | H	⟨O=C=O⟩	|Cl| | |Cl|–C–|Cl| | |Cl|

Unsymmetrische Moleküle mit mehreren polaren Bindungen sind **Dipole**. Symmetrische Moleküle können keine Dipole sein.

Wasserstoffbrücken
Polar gebundene Wasserstoffatome in Dipolmolekülen, deren weitere Atome nicht bindende Elektronenpaare aufweisen, bilden Wasserstoffbrücken aus. Diese sind die stärksten zwischenmolekularen Wechselwirkungen, die man kennt.

Mit Wasserstoffbrücken zwischen Wassermolekülen lassen sich die besonderen **Eigenschaften des Wassers** wie die hohe Siedetemperatur, die Dichteanomalie und die Oberflächenspannung erklären.

Durchblick Zusammenfassung und Übung

A1 Gib die Strukturformeln folgender Verbindungen mit bindenden und nicht bindenden Elektronenpaaren an: CF_4, NH_3, $CHCl_3$, H_2S. Welche der Moleküle sind Dipole? Versieh die Atome mit den jeweiligen Teilladungen.

A2 Ermittle unter Anwendung der Edelgasregel die Strukturformel des Moleküls CH_2O (Methanal, Formaldehyd). Gib auch die Bindungswinkel an.

A3 Ordne folgende Atome nach steigender Elektronegativität:
a) O, F, H, Na, S, Al,
b) Br, C, O, H, Cl, Mg.

A4 Ordne folgende Bindungen nach steigender Polarität. Ermittle zuvor die Differenzen der Elektronegativitätswerte (ΔEN).
Cl—H, O—H, C—H, Br—H, C—I, C—O, F—H, O—Cl

A5 Erkläre die Unterschiede in der Härte von Graphit und Diamant.

A6 Gletscher können langsam talwärts fließen. Durch vertikal und seitlich einwirkende Kräfte, die von den gewaltigen Eismassen ausgehen, wird eine plastische Verformung des Eises möglich. Durch Abschürfung von Gestein und Mitnahme von Geröll haben Gletscher große Teile Mitteleuropas geformt. Erkläre das Fließen des Gletschers unter Berücksichtigung der Wasserstoffbrücken im Eisgitter.

A7 Feuchte Schwammtücher saugen Wasser besser auf als trockene. Trockene Erde nimmt Wasser nicht so gut auf wie feuchte. Man erklärt dieses Phänomen mit Wasserteilchen, die, wenn sie erst einmal einen Kontakt zu einer Oberfläche haben, andere Wasserteilchen über ...
Erkläre weiter.

A8 Ketchup bekommt man häufig nur schwer aus einer Flasche heraus. Eine Möglichkeit, den Ketchupfluss zu beschleunigen, besteht darin, kurz auf den Boden der Flasche zu klopfen [B1]. Der Ketchup fließt dann, dünnflüssig geworden, schnell heraus. Man nennt dieses Phänomen Thixotropie. Eine Erklärung des Phänomens geht von Wasserstoffbrücken aus, die im Ketchup Bestandteile zusammenhalten, die dreidimensionale Strukturen erzeugen. Wenn man nun die Mischung in Bewegung setzt ...
Erkläre weiter.

A9 Im flüssigen Ammoniak können sich Wasserstoffbrücken zwischen NH_3-Molekülen ausbilden. Zeichne einen Ausschnitt aus dem Molekülverband.

A10 Schlingt man bei einer Temperatur von unter 0 °C eine Drahtschlaufe um einen Eisblock und hängt ein Gewicht daran, so wandert der Draht langsam durch den Eisblock, ohne ihn zu zerteilen [B3]. Erkläre diese Erscheinung mit der Gitterstruktur des Eises.

B2 Zu Aufgabe 6

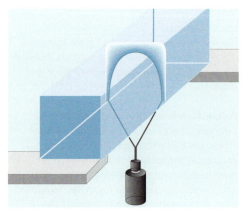

B3 Zu Aufgabe 10

B1 Zu Aufgabe 8

Allgemeine Chemie

9 Saure und alkalische Lösungen – Protonenübergänge

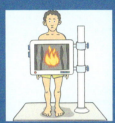

Salzsäure und Natronlauge sind bekannte saure bzw. alkalische Lösungen.
Welche Bedeutung haben sie im Alltag?

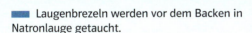 Laugenbrezeln werden vor dem Backen in Natronlauge getaucht.

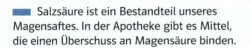 Salzsäure ist ein Bestandteil unseres Magensaftes. In der Apotheke gibt es Mittel, die einen Überschuss an Magensäure binden.

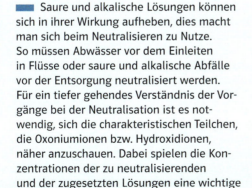 Saure und alkalische Lösungen können sich in ihrer Wirkung aufheben, dies macht man sich beim Neutralisieren zu Nutze. So müssen Abwässer vor dem Einleiten in Flüsse oder saure und alkalische Abfälle vor der Entsorgung neutralisiert werden. Für ein tiefer gehendes Verständnis der Vorgänge bei der Neutralisation ist es notwendig, sich die charakteristischen Teilchen, die Oxoniumionen bzw. Hydroxidionen, näher anzuschauen. Dabei spielen die Konzentrationen der zu neutralisierenden und der zugesetzten Lösungen eine wichtige Rolle.

Saure und alkalische Abfälle

 Wenn ¾ voll, mit Natronlauge bzw. Salzsäure neutralisieren (pH = 7). Neutrale Flüssigkeit in den Abguss. Schlamm in Flasche oder Kunststoffbeutel bzw. nach Verfestigen durch Einzementieren zum Müll.

Kunststoff- oder Glasflasche 2,5 l – 10 l

9.1 Salzsäure und Chlorwasserstoff

Eine im Labor häufig gebrauchte Säure ist **Salzsäure**, eine farblose, stark ätzende Flüssigkeit. Man verwendet sie z. B. zum Reinigen oxidierter Metalle („Lötwasser") oder zum Entfernen von Kalkbelägen an Glasgeräten. Stark verdünnte Salzsäure ($w \approx 0{,}3\,\%$) ist Bestandteil des Magensaftes.

Untersuchung von Salzsäure. Öffnet man eine Flasche mit konzentrierter Salzsäure, so entweicht ein stechend riechendes, farbloses Gas, das mit der Feuchtigkeit der Luft Nebel bildet [B1] und ein angefeuchtetes Universalindikatorpapier rot färbt.
Erhitzt man konzentrierte Salzsäure [V1] und leitet das entweichende „Salzsäuregas" auf eine Wasseroberfläche, beobachtet man, dass sich Schlieren bilden. Diese Beobachtung kann man dadurch erklären, dass das Gas sich in Wasser löst und die Lösung eine größere Dichte hat als Wasser. Ein zugesetzter Indikator zeigt an, dass eine saure Lösung vorliegt. Die Vermutung liegt nahe, dass wieder Salzsäure entstanden ist.

B1 Konzentrierte Salzsäure bildet an der Luft Nebel

Zusammensetzung von Salzsäure. Der Name „Salzsäure" leitet sich von einem Herstellungsverfahren ab, bei dem man Schwefelsäure mit Natriumchlorid – „Salz" – reagieren lässt [V2, B3]. Dabei entsteht ein Gas, das die oben beschriebenen Eigenschaften zeigt und in Wasser eingeleitet Salzsäure bildet. Die Zusammensetzung von Salzsäure kann durch folgende Versuche ermittelt werden.
Gibt man zu Salzsäure Silbernitratlösung [V3], fällt ein weißer Niederschlag von Silberchlorid aus. Salzsäure enthält offenbar Chloridionen. Der Aggregatzustand des „Salzsäuregases" legt die Vermutung nahe, dass es sich nicht um ein Metallchlorid handelt, sondern um ein Nichtmetallchlorid. Da Salzsäure mit einigen Metallen unter Bildung von Wasserstoff [V4] reagiert, kann man annehmen, dass das „Salzsäuregas" eine Verbindung aus Chlor und Wasserstoff ist. Allerdings könnte der bei der Reaktion eines Metalls mit Salzsäure freigesetzte Wasserstoff auch aus der Reaktion mit dem Lösungsmittel Wasser stammen.

B2 Reaktion von Wasserstoff mit Chlor

B3 Herstellung von Chlorwasserstoff aus Natriumchlorid und Schwefelsäure

Zur Überprüfung dieser Vermutung versucht man, „Salzsäuregas" aus Wasserstoff und Chlor herzustellen.

Chlorwasserstoff. Taucht man eine Wasserstoffflamme langsam in einen mit Chlor gefüllten Zylinder [V5, B2], so stellt man fest, dass Wasserstoff mit fahlweißer Flamme weiterbrennt und dabei die Farbe des Chlors verschwindet. Es entsteht ein stechend riechendes, farbloses Gas, das mit Feuchtigkeit, die im Zylinder enthalten ist, Nebel bildet. Das in der Reaktion von Wasserstoff mit Chlor entstandene Gas heißt **Chlorwasserstoff**.

$$\text{Wasserstoff} + \text{Chlor} \longrightarrow \text{Chlorwasserstoff}$$
$$H_2 + Cl_2 \longrightarrow 2\,HCl$$

Löst man Chlorwasserstoff in Wasser und untersucht die entstandene Lösung mit Universalindikator- bzw. Silbernitratlösung, beobachtet man eine Rotfärbung bzw. die Bildung eines weißen Niederschlags.

Die Lösung von Chlorwasserstoff in Wasser besitzt also dieselben Eigenschaften wie Salzsäure. Folglich sind Chlorwasserstoff und „Salzsäuregas" identische Gase.

Salzsäure und Chlorwasserstoff

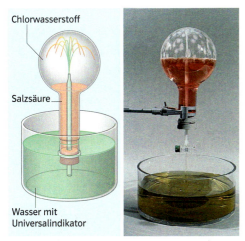

B4 Der Springbrunnenversuch beruht auf der außerordentlich guten Löslichkeit von Chlorwasserstoff in Wasser.

Aus Chlorwasserstoff und Wasser entsteht Salzsäure.

Löslichkeit von Chlorwasserstoff. In welchem Ausmaß sich Chlorwasserstoff in Wasser löst, zeigt der „*Springbrunnenversuch*" [B4, V6] besonders eindrucksvoll. Sobald die ersten Wassertropfen in den mit Chlorwasserstoff gefüllten Kolben gelangen, löst sich in ihnen ein großer Teil der Chlorwasserstoffportion. Dadurch entsteht ein starker Unterdruck, der den Springbrunnen entstehen lässt. Ein Liter Wasser kann bei 0 °C und einem Druck von 1013 hPa etwa 500 l Chlorwasserstoff aufnehmen. Verglichen mit anderen Gasen ist diese Löslichkeit ungewöhnlich groß, denn bei gleichen Bedingungen lösen sich etwa 1,7 l Kohlenstoffdioxid bzw. nur 0,05 l Sauerstoff in einem Liter Wasser. Aus der Farbänderung im Kolben kann man schließen, dass sich eine saure Lösung gebildet hat. Die saure Lösung ist Salzsäure.

Magensäure ist Salzsäure. In der Magenschleimhaut wird in speziellen Zellen, den so genannten Belegzellen, die Magensäure produziert. Als Bestandteil des Magensaftes hat sie mehrere Funktionen. Sie hemmt das Bakterienwachstum und ermöglicht die Verdauung eiweißhaltiger Nahrung.

V1 Konzentrierte Salzsäure wird erhitzt. Das freigesetzte Gas wird durch ein doppelt rechtwinklig gebogenes Glasrohr mit einem umgedrehten Trichter zunächst auf Wasser, dann auf Wasser mit zugesetztem Universalindikator geleitet.

V2 In einem Gasentwickler wird auf Natriumchlorid konz. Schwefelsäure getropft. Das entstehende Gas leitet man auf Wasser, das mit Universalindikator angefärbt wurde [B3].

V3 Gib zu verdünnter Salzsäure einige Tropfen Silbernitratlösung. (Vorsicht! Silbernitratlösung darf nicht in die Augen gelangen!)

V4 Gib in ein Reagenzglas verdünnte Salzsäure und füge ein Stück Magnesiumband (oder eine Spatelspitze Eisenpulver) zu. Fange das entstehende Gas in einem Reagenzglas auf und führe die Knallgasprobe damit durch. (Vorsicht!)

V5 Eine Wasserstoffflamme wird langsam in einen Standzylinder mit Chlor getaucht [B2] (Abzug!). Nach Beendigung der Reaktion gießt man etwas Wasser in den Zylinder, verschließt ihn sofort mit einer Glasplatte und schüttelt. Der Inhalt des Zylinders wird auf 2 Reagenzgläser verteilt und Universalindikator- bzw. Silbernitratlösung zugesetzt (Vorsicht! Silbernitratlösung darf nicht in die Augen gelangen!).

V6 Wie in V2 stellt man Chlorwasserstoff her und füllt damit einen trockenen Rundkolben (Abzug!). Als Verschluss dient ein durchbohrter Gummistopfen mit einem ausgezogenen Glasrohr (die Spitze zeigt in den Kolben) [B4]. Das andere Ende des Glasrohres wird in eine Wanne mit Wasser getaucht, das mit Universalindikator angefärbt wurde. (Schutzscheibe!)

A1 Beschreibe zwei Methoden zur Herstellung von Salzsäure.

A2 Warum kann man durch Eindampfen von konzentrierter Salzsäure (w = 37 %) keine wasserfreie Salzsäure (w = 100 %) erhalten?

A3 Erkläre das Zustandekommen des Springbrunnens in B4 in Einzelschritten.

Salzsäure ist eine saure Lösung, die durch exotherme Reaktion von Chlorwasserstoff mit Wasser entsteht

9.2 Gemeinsamkeiten saurer Lösungen

B1 Essig
w(Essigsäure) ≈ 5 %

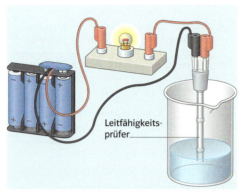

B4 Leitfähigkeitsprüfung einer Citronensäurelösung

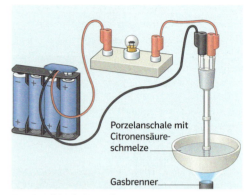

B5 Leitfähigkeitsprüfung einer Citronensäureschmelze

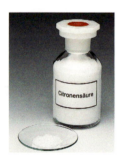

B2 Citronensäure ist ein Reinstoff

B3 Salzsäure ist eine saure Lösung

Säuren werden in Alltag und Technik für viele Zwecke verwendet. So findet man z. B. Citronensäure in Limonade, Essigsäure in Sauerkonserven oder in Haushaltsreinigern. Salzsäure dient in Spezialreinigern zur Entfernung von Ablagerungen. Dabei nutzt man die unterschiedlichen Eigenschaften dieser Stoffe. Der Sammelbegriff „Säuren" lässt jedoch vermuten, dass sie auch Gemeinsamkeiten aufweisen.

Säuren und saure Lösungen. Säuren sind feste, flüssige oder gasförmige Reinstoffe. Häufig spricht man auch dann von Säuren, wenn die wässrigen Lösungen der Säuren gemeint sind [B1, B3]. Bei sauren Lösungen wird *je nach dem Anteil der gelösten Säure* häufig auch von **konzentrierten** oder **verdünnten Säuren** gesprochen.

Gemeinsamkeiten saurer Lösungen. Zitronensaft und Speiseessig schmecken sauer und bewirken wie Salzsäure charakteristische Farben von Indikatorlösungen (Kap. 1.9, V1). In Autobatterien dient verdünnte Schwefelsäure zur Ermöglichung des Stromflusses. Eine Überprüfung verschiedener saurer Lösungen ergibt [V2a, b; B4], dass sie alle den elektrischen Strom leiten.

Saure Lösungen leiten den elektrischen Strom.

Saure Lösungen zeigen hier die gleichen Eigenschaften wie Salzlösungen.
Da die elektrische Leitfähigkeit von Lösungen nur durch frei bewegliche Ionen verursacht werden kann, müssen in sauren Lösungen Ionen vorhanden sein.
Prüft man dagegen die elektrische Leitfähigkeit einer Citronensäureschmelze [B5], so zeigt sich, dass diese im Gegensatz zur Salzschmelze den elektrischen Strom nicht leitet.

Genau wie geschmolzene Säuren zeigen meist auch wasserfreie flüssige Säuren keine Leitfähigkeit. Sie tritt erst ein, wenn man die Säure mit Wasser versetzt.
Aus diesen Beobachtungen kann man schließen, dass Säuren aus *Molekülen* bestehen. Die Ionen *bilden* sich also erst dann, wenn eine Säure zu Wasser gegeben wird, durch eine chemische Reaktion.

Säuren bestehen aus Molekülen. In sauren Lösungen liegen Ionen vor.

Die Beobachtung, dass alle sauren Lösungen z. B. mit dem Indikator Bromthymolblau gelb gefärbte Lösungen bilden, deutet darauf hin, dass diese Lösungen gleiche Ionen enthalten. Welche Ionen das sind, soll nun am Beispiel der Salzsäure dargestellt werden.

Allgemeine Chemie

Gemeinsamkeiten saurer Lösungen

Welche Ionen enthält Salzsäure? Gibt man zu Salzsäure Silbernitratlösung, bildet sich ein weißer Niederschlag aus Silberchlorid. Aus der Bildung von Silberchlorid muss man folgern, dass in Salzsäure Chloridionen (Cl^--Ionen) enthalten sein müssen. Da Salzsäure aus Chlorwasserstoff und Wasser gebildet wird, müssen die Chloridionen in der Salzsäure aus Chlorwasserstoffmolekülen entstanden sein. Nach Abtrennung des Chloridions bleibt ein Wasserstoffion zurück.
Wasserstoffionen (H^+-Ionen) sind identisch mit Protonen. Da Protonen keine Elektronenhülle besitzen, sind sie extrem klein. Sie haben nur $1/100000$ der Größe anderer Ionen und üben folglich sehr hohe Anziehungskräfte auf die Elektronen der Wassermoleküle in ihrer näheren Umgebung aus. Jedes Proton wird deshalb sofort von einem Wassermolekül [B6] gebunden. Für die Bindung stellt das Wassermolekül ein nicht bindendes Elektronenpaar zur Verfügung, das damit zum bindenden Elektronenpaar wird. Dieses aus einem Proton und einem Wassermolekül gebildete H_3O^+-**Ion** wird **Oxoniumion** genannt.
Bei der Bildung des Oxoniumions aus einem Chlorwasserstoff- und einem Wassermolekül findet ein **Protonenübergang** statt.

Sowohl die H_3O^+- als auch die Cl^--Ionen sind zusätzlich von einer Hülle aus Wassermolekülen, einer **Hydrathülle**, umgeben. Die hydratisierten Oxoniumionen werden manchmal auch **Hydroniumionen** genannt.

Typische Teilchen in sauren Lösungen. Welche Ionen in Salzsäure bewirken die gelbe Farbe der Bromthymolblaulösung? Wären die Chloridionen die Ursache für diese Farbänderung, so müsste der Indikator die Farbe auch in einer Natriumchloridlösung zeigen. Da diese Lösung aber neutral ist, muss die saure Wirkung der Salzsäure auf die H_3O^+-Ionen zurückzuführen sein. Alle sauren Lösungen enthalten diese Ionen. Die Oxoniumionen bewirken also die charakteristischen Eigenschaften saurer Lösungen.

Oxoniumionen (H_3O^+-Ionen) sind die für alle sauren Lösungen typischen Teilchen.

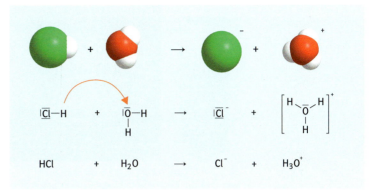

B6 Bildung eines Oxoniumions durch Abgabe eines Protons von einem Chlorwasserstoffmolekül an ein Wassermolekül

Die Bildung von sauren Lösungen ist durch Protonenübergänge erklärbar. *Teilchen*, die bei einer Reaktion Protonen abgeben, werden **Protonendonatoren** genannt. Allerdings kann ein Proton nur deshalb übergehen, weil ein Akzeptor vorhanden ist. Diejenigen *Teilchen*, die Protonen aufnehmen, werden **Protonenakzeptoren** genannt. Bei der Bildung der sauren Lösung Salzsäure aus Chlorwasserstoff und Wasser ist das Chlorwasserstoffmolekül der Protonendonator und das Wassermolekül der Protonenakzeptor.

Donator von lat. donare, geben

Akzeptor von lat. acceptare, annehmen

V1 Prüfe verdünnte Salzsäure sowie Lösungen von Citronensäure oder Essigsäure mit Bromthymolblau als Indikatorlösung.

V2 Prüfe die elektrische Leitfähigkeit [B4 und B5] **a)** von verdünnter Salzsäure **b)** einer Citronensäurelösung **c)** einer Citronensäureschmelze.

A1 Eine Essigsäurelösung (z. B. Essig) leitet im Gegensatz zu reiner Essigsäure den elektrischen Strom. Deute diesen Unterschied.

A2 Warum kommen in sauren Lösungen keine freien Protonen (H^+-Ionen) vor?

A3 Welche Ionen liegen **a)** in verdünnter Salzsäure und **b)** in Natriumchloridlösung vor? **c)** Welche dieser Ionen sind für die Eigenschaften der sauren Lösung verantwortlich?

9.3 Saure Lösungen und Salzbildung

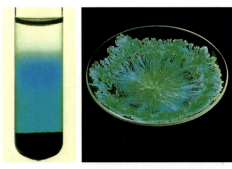

B2 Links: Kupferoxid reagiert mit Salzsäure.
Rechts: Beim Eindampfen bleibt Kupferchlorid zurück

Kennzeichnend für saure Lösungen ist, dass sie manche Metalle „angreifen". Worin besteht dieser „Angriff"?

Reaktionen von sauren Lösungen mit Metallen. Gibt man Natrium zu konzentrierter Salzsäure, so bildet sich neben Wasserstoff ein weißer Niederschlag [V1, B1] aus Natriumchlorid. Nicht immer lässt sich jedoch die Salzbildung direkt beobachten. Reagiert z. B. Magnesium mit Salzsäure, so entsteht eine Lösung. Wird diese eingedampft, so bleibt ein weißer Feststoff zurück, dessen Lösung den elektrischen Strom leitet. Sie enthält also Ionen. Aus den Magnesiumatomen sind Magnesiumionen entstanden. Sie liegen in der Lösung neben den Chloridionen der Salzsäure hydratisiert vor (Kap. 8.6). Beim Eindampfen bleibt dann festes Magnesiumchlorid zurück.

$$Mg + 2\ H_3O^+ + 2\ Cl^- \longrightarrow Mg^{2+} + 2\ Cl^- + H_2 + 2\ H_2O$$

Die Chloridionen bleiben bei der Reaktion unverändert; die eigentliche Reaktion erfolgt nur zwischen den Oxoniumionen und Magnesiumatomen. Dabei läuft folgende Redoxreaktion ab: Magnesiumatome geben Elektronen ab und aus den H_3O^+-Ionen entstehen durch Elektronenaufnahme Wasserstoffmoleküle [B4].
Wie Magnesium reagieren auch andere unedle Metalle [B3] mit Salzsäure oder anderen sauren Lösungen. Kupfer, Quecksilber und Edelmetalle reagieren nicht.

Unedle Metalle reagieren mit sauren Lösungen unter Bildung von Wasserstoff und den entsprechenden Salzen, die häufig gelöst vorliegen.

Reaktionen von sauren Lösungen mit Metalloxiden. Lässt man Metalloxide mit Salzsäure oder anderen sauren Lösungen reagieren, bilden sich auch Salzlösungen, aber es ist keine Gasentwicklung zu beobachten.
So bildet sich z. B. bei der Reaktion von schwarzem Kupferoxid mit Salzsäure [B2] eine blaue Lösung. Nach dem Eindampfen erhält man blaugrünes Kupferchlorid. Die eigentliche Reaktion lässt sich als Protonenübergang von den Oxoniumionen auf die Oxidionen des Kupferoxids beschreiben.

$$Cu^{2+}O^{2-} + 2\ H_3O^+ + 2\ Cl^- \longrightarrow Cu^{2+} + 2\ Cl^- + 3\ H_2O$$

Metalloxide reagieren mit sauren Lösungen zu Wasser und den entsprechenden Salzlösungen.

B1 Reaktion von Natrium mit konz. Salzsäure

B3 Magnesium reagiert mit Salzsäure, Kupfer nicht

V1 Man gibt in einem kleinen Standzylinder ein linsengroßes Natriumstückchen (Schutzbrille!) auf konz. Salzsäure und fügt nach der Reaktion jeweils ein weiteres Natriumstückchen hinzu. Man gießt die überstehende Lösung ab, löst einen Teil des Salzes in wenig Wasser und dampft einen Teil der Lösung ein (Abzug!). Den übrigen Teil lässt man verdunsten und betrachtet die auftretenden Kristalle unter der Lupe.

V2 a) Gib in ein Reagenzglas zu verdünnter Salzsäure Calciumkörner. Fange das entstehende Gas auf und führe mit ihm die Knallgasprobe durch.
b) Gib anschließend so lange Calciumkörner zu der Salzsäure, bis die Gasentwicklung aufhört. Filtriere die Calciumreste ab und dampfe die Lösung ein. Löse den eingedampften Stoff in Wasser. Prüfe die elektrische Leitfähigkeit der Lösung, auch im Vergleich zu Wasser, und setze anschließend einige Tropfen Silbernitratlösung zu.
c) Wiederhole den Versuch (a) und setze einmal anstelle der Calciumkörner Kupferblech ein, das nächste Mal Zinkblech.

V3 a) Gib in ein Reagenzglas etwas schwarzes Kupferoxid, setze verdünnte Salzsäure zu und erwärme kurz.
b) Filtriere die Kupferoxidreste ab und dampfe die Lösung in einer Porzellanschale vorsichtig ein.
c) Wiederhole (a) und (b) mit Magnesiumoxid und Zinkoxid.

Oxidation: $Mg \longrightarrow Mg^{2+} + 2\ e^-$

Reduktion: $2\ H_3O^+ + 2\ e^- \longrightarrow H_2 + 2\ H_2O$

Die Wasserstoffbildung aus H_3O^+-Ionen in Teilreaktionsgleichungen zerlegt:

$$H_3O^+ \longrightarrow H_2O + H^+$$
$$H^+ + e^- \longrightarrow H$$
$$2\ H \longrightarrow H_2$$

B4 Reaktion von Magnesium mit Salzsäure als Redoxreaktion

Exkurs Elektrolyse von Salzsäure

Mit verdünnter Salzsäure wird eine Elektrolyse durchgeführt. Man beobachtet an beiden Elektroden eine Gasentwicklung. Am Minuspol (Kathode) entsteht Wasserstoff und am Pluspol (Anode) Chlor.

Anode: $2\ Cl^- \longrightarrow Cl_2 + 2\ e^-$
Kathode: $2\ H_3O^+ + 2\ e^- \longrightarrow H_2 + 2\ H_2O$

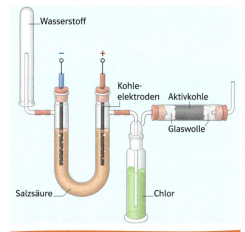

A1 Formuliere die Reaktionsgleichung für die Reaktion von Aluminiumoxid mit Salzsäure und markiere darin den Protonenübergang. Benenne die Teilchen, die als Protonendonator bzw. Protonenakzeptor fungieren.

A2 Notiere die Reaktionsgleichung für die Reaktion von Zink mit Salzsäure zu Zinkchlorid, Wasserstoff und Wasser. Stelle dabei die Elektronenübergänge (Oxidation und Reduktion) als Teilgleichungen dar.

A3 Notiere zu V3c die Reaktionsgleichungen und benenne die Verbindungen, die nach dem Eindampfen der Salzlösungen übrig bleiben.

A4 a) Beschreibe, wie man die beiden Gase nachweisen kann, die bei der Elektrolyse von Salzsäure (Exkurs) entstehen.
b) Welche Rückschlüsse auf die Zusammensetzung von Salzsäure kann man aus dem Experiment ziehen?

9.4 Natriumhydroxid und Natronlauge

B1 Natrium reagiert mit Wasser, das mit Phenolphthalein versetzt wurde

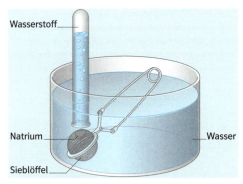

B4 Auffangen des Wasserstoffs bei der Reaktion von Natrium mit Wasser

Einige unedle Metalle reagieren mit Wasser unter Bildung von Wasserstoff und einer alkalischen Lösung. Am Beispiel von Natrium soll diese Reaktion betrachtet werden.

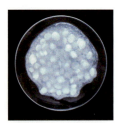

B2 Natriumhydroxid zerfließt an der Luft

Natrium reagiert mit Wasser. Lässt man ein Natriumstückchen mit einer größeren Wasserportion reagieren [V1], bildet sich aus dem kantigen Metallstückchen sofort eine Kugel, die sich zischend auf der Wasseroberfläche hin und her bewegt und Schlieren bildet. Dabei wird die Natriumkugel schnell kleiner und verschwindet. Führt man die Reaktion mit Wasser durch, dem Phenolphthalein zugesetzt ist, zeigt Rotviolettfärbung die Bildung einer **alkalischen Lösung** an [B1]. Das zischende Geräusch rührt von einem entstehenden Gas her. Die Gasentwicklung kann man beobachten, wenn man ein Natriumstück mit einem Sieblöffel unter Wasser drückt [B4]. Bei dem Gas handelt es sich um *Wasserstoff*. Lässt man Natrium mit einer kleinen Wasserportion reagieren [V3] und dampft die entstandene Lösung ein, erhält man einen weißen Feststoff [B5]. Um welche Verbindung handelt es sich dabei? Es gibt zwei Möglichkeiten:

$$2\ Na + H_2O \longrightarrow Na_2O + H_2$$
$$2\ Na + 2\ H_2O \longrightarrow 2\ NaOH + H_2$$

Sowohl Natriumoxid (Na_2O) als auch Natriumhydroxid (NaOH) sind weiße Feststoffe. Beide sind Salze, und zwar Verbindungen aus Metall und Nichtmetall. Die Erklärung erfolgt durch ein Experiment.

Natriumhydroxid. Erhitzt man den Feststoff, der aus der Reaktion von Natrium mit Wasser [V3] stammt, zusammen mit Zinkpulver, entsteht ein Gas, das man als Wasserstoff identifizieren kann [V4]. Offensichtlich stammt der Wasserstoff aus dem untersuchten Feststoff, d.h., die Verbindung enthält gebundene Wasserstoffatome. Sie heißt **Natriumhydroxid**, die Verhältnisformel ist **NaOH**. Die Reaktionsgleichung für die Reaktion von Natrium mit Wasser lautet:

$$2\ Na + 2\ H_2O \longrightarrow 2\ NaOH + H_2$$

Im Handel ist Natriumhydroxid meist in Form kleiner Körner oder Plätzchen [B3] erhältlich. Lässt man Natriumhydroxidplätzchen offen stehen, so zerfließen sie allmählich [B2]. Natriumhydroxid entzieht der Luft Wasserdampf – es ist **hygroskopisch**.
Natriumhydroxid kann starke Verätzungen auf der Haut verursachen. Besonders gefährdet sind Augen und Schleimhäute.
Die ältere Benennung **Ätznatron** weist unter anderem auf diese Gefahren hin. In einigen Haushaltsreinigern, z.B. Abflussreinigern oder Backofenreinigern, ist Natriumhydroxid enthalten.

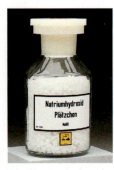

B3 Natriumhydroxidplätzchen

B5 Eindampfen der alkalischen Lösung aus der Reaktion von Natrium und Wasser. Es bleibt ein weißer Feststoff zurück

Natriumhydroxid und Natronlauge

Natronlauge. Löst man Natriumhydroxid in wenig Wasser [V5], so stellt man eine deutliche *Temperaturerhöhung* fest. Der Lösungsvorgang verläuft also unter Abgabe von thermischer Energie. An der Farbänderung der zugesetzten Phenolphthaleinlösung erkennt man, dass die Lösung alkalisch ist. Die wässrige Lösung von Natriumhydroxid nennt man Natronlauge. Wie Natriumhydroxid, so wirkt auch dessen Lösung ätzend auf Haut und Schleimhäute. Beim Umgang mit Natronlauge ist es daher sehr wichtig, eine Schutzbrille und Schutzhandschuhe zu tragen.

Als sehr bedeutende Industriechemikalie wird Natronlauge in großer Menge durch Elektrolyse aus Natriumchloridlösung erzeugt. Natronlauge wird u.a. bei der Herstellung von Aluminium, Farben, Kunststoffen, Papier, Seife und Textilien benötigt.

Bäcker benutzen zur Herstellung von Laugengebäck Natronlauge mit einem Massenanteil von $w = 4\%$. Der Teig wird vor dem Backen kurz in die Lauge getaucht [B6]. Beim Backen reagiert die Lauge mit dem Teig zu Stoffen, die den typischen Geschmack des Laugengebäcks ausmachen. Außerdem bildet sich dabei die glatte, tiefbraune Oberfläche des Laugengebäcks.

A1 a) Erkläre den Unterschied zwischen Natriumhydroxid und Natronlauge. b) Warum nennt man Natriumhydroxid auch Ätznatron?

A2 Erkläre, warum es zu einer Massenzunahme kommt, wenn Natriumhydroxid in einem offenen Gefäß aufbewahrt wird.

V1 Eine große runde Glaswanne wird etwa zur Hälfte mit Wasser gefüllt und mit einigen Tropfen Spülmittel versetzt (verhindert, dass Natrium an der Glaswand haftet). Man wirft ein sorgfältig entrindetes, etwa linsengroßes Stückchen Natrium auf das Wasser. (Vorsicht, das Reaktionsprodukt kann zerspritzen! Schutzscheibe!)

V2 Ein etwa linsengroßes Stück Natrium mit **frischen(!)** Schnittflächen wird sofort in einen Sieblöffel gegeben und in einer Wanne unter Wasser gedrückt. Das entstehende Gas fängt man in einem großen Reagenzglas auf und führt die Knallgasprobe durch.

V3 Man lässt ein kleines krustenfreies Natriumstückchen in einer Porzellanschale mit wenig Wasser reagieren und dampft die entstandene Lösung ein. (Schutzscheibe!) Dann prüft man, ob sich das entstandene Produkt in Wasser löst, und gibt zu einer Probe etwas Phenolphthaleinlösung.

V4 In einem Reagenzglas werden 20 Natriumhydroxidplätzchen mit etwa 2 g Zinkpulver durch Schütteln vermischt. Man verschließt das Reagenzglas mit einem durchbohrten Stopfen, in dem eine Glasdüse mit Stahlwollesicherung steckt. Das Gemisch wird kräftig erhitzt. Nach der Knallgasprobe kann das entstehende Gas an der Spitze der Glasdüse entzündet werden.

V5 Fülle in ein Reagenzglas ca. 5 ml Wasser und miss die Temperatur. Gib 1 g Natriumhydroxid (ca. 10 Plätzchen) hinzu, rühre und verfolge die Temperaturänderung. Verdünne eine Probe mit etwas Wasser und setze Indikatorlösung zu.

V6 Fülle ein Reagenzglas ca. 2 cm hoch mit Wasser und erhitze Haar- oder Wollebüschel darin. Stelle das Glas danach in den Regenzglasständer und füge sofort 3 Natriumhydroxidplätzchen zu. (Achtung, heftige Reaktion möglich!)

Hydroxid Verkürzte Form des Hydrogeniumoxids

hygroskopisch von griech. hygros, feucht oder nass und skopein, anschauen, auf etwas gerichtet sein

B6 Laugenbrezeln werden vor dem Backen in verdünnte Natronlauge getaucht

B7 Laugengebäck

Saure und alkalische Lösungen – Protonenübergänge

9.5 Gemeinsamkeiten alkalischer Lösungen

B1 Calcium reagiert mit Wasser

Wie Natrium reagieren auch die Alkalimetalle (Kap. 6.1) Lithium und Kalium mit Wasser in exothermen Reaktionen zu Wasserstoff und den entsprechenden Hydroxiden.

Kaliumhydroxid mit der Verhältnisformel **KOH** hat ähnliche Eigenschaften wie Natriumhydroxid. So löst es sich auch exotherm in Wasser. Die Lösung nennt man **Kalilauge**. Sie wird u.a. in der Seifenindustrie und in Batterien eingesetzt.

Lithiumhydroxid hat die Verhältnisformel **LiOH**. Aus ihm werden z.B. „Lithiumseifen" hergestellt, die als Schmiermittel im Kfz-Bereich eingesetzt werden.

Calciumhydroxid. Das Erdalkalimetall Calcium verhält sich gegenüber Wasser ähnlich wie die Alkalimetalle. Gibt man einige Calciumstückchen auf Wasser [V1], sinken diese zunächst aufgrund ihrer höheren Dichte zu Boden. Gleichzeitig trübt sich die Flüssigkeit und die Calciumstückchen werden kleiner. Calcium reagiert mit Wasser unter Bildung eines brennbaren Gases – Wasserstoff. Zurück bleibt eine weiße Suspension. Durch Filtration erhält man einen weißen Feststoff und eine alkalische Lösung.

Der weiße Feststoff ist auch ein Hydroxid: **Calciumhydroxid** mit der Verhältnisformel CaO_2H_2. Das Entstehen der alkalischen Lösung ist auch hier auf die **OH-Atomgruppe** zurückzuführen. Man schreibt deshalb **Ca(OH)$_2$**. Damit lautet die Reaktionsgleichung:

$$Ca + 2\,H_2O \longrightarrow Ca(OH)_2 + H_2$$

Die Löslichkeit von Calciumhydroxid in Wasser ist im Gegensatz zu den Alkalimetallhydroxiden nur gering. Die **Calciumhydroxidlösung** nennt man auch **Kalkwasser** [B3]. Es wird unter anderem als Nachweismittel für Kohlenstoffdioxid eingesetzt.

Wie saure Lösungen besitzen auch alkalische Lösungen einige gemeinsame Eigenschaften. Diese Lösungen leiten den elektrischen Strom und bewirken bei Indikatorlösungen charakteristische Farben.
Welche Teilchen haben die alkalischen Lösungen gemeinsam?

Hydroxidionen. Da alkalische Lösungen den elektrischen Strom leiten [V3a], bestätigt sich, dass sie als Salzlösungen Ionen enthalten.

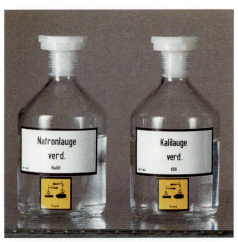

B2 Alkalische Lösungen

B3 Herstellen von Kalkwasser aus einer Suspension von Calciumhydroxid

Gemeinsamkeiten alkalischer Lösungen

Aus der Tatsache, dass auch die Schmelzen der genannten Hydroxide den elektrischen Strom leiten [V2], kann man folgern, dass sie aus Ionen bestehen. Es liegen Metallionen und OH^--Ionen vor. Man bezeichnet die OH^--Ionen als **Hydroxidionen**. Die Kationen und Anionen sind schon im festen Zustand vorhanden und bilden ein Ionengitter.

Aus festem Natriumhydroxid werden beim Lösen bewegliche, hydratisierte Na^+- und OH^--Ionen und die Temperatur der Lösung nimmt zu [B5]. Es wird also *Hydratationsenergie* freigesetzt. Die Reaktionsgleichung für das Lösen von Natriumhydroxid lautet:

$$Na^+OH^-(s) \xrightarrow{Wasser} Na^+(aq) + OH^-(aq) \,|\, exotherm$$

Da in den genannten alkalischen Lösungen unterschiedliche Metallionen enthalten sind, müssen die gemeinsamen Eigenschaften auf die Hydroxidionen zurückgeführt werden.

Alle alkalischen Lösungen enthalten Hydroxidionen (OH^--Ionen).

Alkalische Lösungen entstehen nicht nur bei Lösungsvorgängen von Hydroxiden, sondern auch z. B. bei der Reaktion von Calciumoxid mit Wasser. Die Hydroxidionen entstehen hier in einer exothermen Reaktion:

$$Ca^{2+}O^{2-}(s) + H_2O \longrightarrow Ca^{2+}(aq) + 2\,OH^-(aq)$$

Bei dieser Reaktion werden die Hydroxidionen durch einen Protonenübergang von Wassermolekülen auf die Oxidionen im Calciumoxid gebildet.

Stoff	Formel (Ionen)	wässrige Lösung
Natriumhydroxid	Na^+OH^-	Natronlauge
Kaliumhydroxid	K^+OH^-	Kalilauge
Calciumhydroxid	$Ca^{2+}(OH^-)_2$	Kalkwasser

B4 Hydroxide und Laugen im Überblick

V1 In ein Becherglas (250 ml), das zur Hälfte mit Wasser gefüllt ist, gibt man zwei Spatellöffel voll Calciumstückchen. Mit einem brennenden Holzspan entzündet man anschließend das sich bildende Gas. Nachdem die Reaktion beendet ist, wird die Suspension filtriert und das klare Filtrat mit Phenolphthaleinlösung geprüft.

V2 Sorgfältig entwässertes Natriumhydroxid wird in einem Nickeltiegel, der in einem Tondreieck sitzt, geschmolzen. Dann prüft man mit zwei Zinkelektroden die elektrische Leitfähigkeit der Schmelze. (Schutzhandschuhe und Schutzscheibe!)

V3 a) Prüfe die Leitfähigkeit von verdünnter Natron- oder Kalilauge.
b) Prüfe die Lösungen mit Phenolphthaleinlösung.

A1 Benenne alle Teilchen, die in verdünnter Kalilauge vorkommen.

A2 Stelle die Lösungsvorgänge für Kalium- und Calciumhydroxid in Wasser mit Formeln dar.

A3 Gibt man Lithiumoxid in Wasser, entsteht eine alkalische Lösung. Erkläre, wie die für eine alkalische Lösung typischen Teilchen entstehen.

A4 Eine Citronensäureschmelze leitet den elektrischen Strom nicht, jedoch leitet eine Schmelze aus Natriumhydroxid. Erkläre.

B6 Hydroxidion, Kalottenmodell

OH^- Verhältnisformel

Strukturformel

B5 Natriumhydroxid löst sich unter Erwärmen in Wasser. Die Lösung ist alkalisch

9.6 Praktikum Untersuchung eines Abflussreinigers

Ein Abflussreiniger bietet scheinbar eine problemlose Möglichkeit, Verstopfungen im Abfluss zu beseitigen. Ein Blick auf die Liste der Inhaltsstoffe zeigt jedoch, dass diese Mittel für die Umwelt und für die eigene Gesundheit nicht unbedenklich sind [B2].

V1 Inhaltsstoffe und Wirkung

Der Abflussreiniger ist ein Gemisch verschiedener Stoffe. Die Liste der Inhaltsstoffe nennt drei Bestandteile: Aluminium, Natriumhydroxid und „Salze". Diese Stoffe sollen Haare und Seifenreste im Abfluss zersetzen und „lösen".

Wichtige Zusatzinformation:
Eine Blaufärbung von feuchtem Universalindikatorpapier rührt von dem Gas Ammoniak her. Ammoniak entsteht z. B. in einer Reaktion von Wasserstoff mit Kalium- oder Natriumnitrat.

Geräte und Chemikalien:
Schutzhandschuhe, Petrischale, Holzstäbchen, Reagenzgläser, Reagenzglashalter und -ständer, Löffelspatel, Holzspan, Thermometer, Abflussreiniger, Natriumhydroxidplätzchen, Universalindikatorpapier, Wasser, Nitrat-Teststäbchen, Phenolphthaleinlösung, Natronlauge mit $c(NaOH) = 1\,mol/l$.

Durchführung:
a) Gib einen Spatellöffel Abflussreiniger in eine Petrischale und sortiere die drei Bestandteile mit einem Holzstäbchen.
b) Zur Identifizierung der weißen Bestandteile wird eine kleine Probe der „glasig-weißen" Kügelchen im Reagenzglas in wenig Wasser gelöst und mit Phenolphthaleinlösung geprüft. Eine Probe der „reinweißen" Kügelchen in wässriger Lösung wird mit Nitrat-Teststäbchen getestet.
c) Nach Identifikation der Bestandteile werden deren Funktionen überprüft:

– *Natriumhydroxid:* Fülle in ein Reagenzglas ca. 2 cm hoch Wasser und erhitze ein Haarbüschel darin. Stelle das Reagenzglas in den Ständer und füge mit der Pinzette drei Natriumhydroxidplätzchen zu. (Achtung, heftige Reaktion möglich!)
Eine weitere Funktion von Natriumhydroxid findest du, indem du drei Natriumhydroxidplätzchen im Reagenzglas in wenig Wasser (etwa 1 cm hoch) löst und die Temperaturänderung erfasst.

– *Aluminium:* Gib zu einigen Aluminiumkörnchen im Reagenzglas höchstens 1 cm hoch Natronlauge (Vorsicht!). Beobachte die Mischung eine Zeit lang. Zur Durchführung der Knallgasprobe wird ein brennender Holzspan so in den oberen Teil des Reagenzglases gehalten, dass er die Reagenzglaswand nicht berührt (Vorsicht!).

– *Salze:* Gib zu einer kleinen Probe des original Abflussreinigers im Reagenzglas vorsichtig etwas Wasser. Halte ein angefeuchtetes Stück Indikatorpapier *über* die Öffnung des Reagenzglases. Führe anschließend die Knallgasprobe wie unter „Aluminium" beschrieben durch.

Auswertung:
1. Welche wichtige Sicherheitsvorschrift fehlt auf dem Etikett des Abflussreinigers?
2. Welchen Bestandteil des vorliegenden Gemisches kannst du in der Petrischale ohne Weiteres identifizieren? An welcher Eigenschaft hast du ihn erkannt?
3. Erkläre die Funktionen der drei Bestandteile beim Reinigungsvorgang.
4. Welche Sicherheitsfunktion haben die Salze?
5. Bewerte den Einsatz des Abflussreinigers im Haushalt und nenne Alternativen.

B1 Abflussreiniger

B2 Etikett mit Inhaltsstoffen im Abflussreiniger

9.7 Praktikum Formeln von Hydroxiden

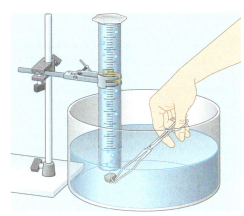

B1 Versuchsaufbau zu V1

Aus Experimenten mit Alkali- und Erdalkalimetallen (Kap. 6.1 und Kap. 9.5) wissen wir, dass bei der Reaktion dieser Metalle mit Wasser die entsprechenden Metallhydroxide (bzw. deren wässrige Lösungen) und Wasserstoff entstehen.

Lithiumhydroxid und Calciumhydroxid.
Vergleicht man die Reaktionsgleichungen für die erwarteten Reaktionen der Metalle M und M mit Wasser, fällt auf, dass sich bei gleichen Stoffmengen der eingesetzten Metalle die Stoffmengen des entstehenden Wasserstoffs um den Faktor zwei unterscheiden:

$$2\,M + 2\,H_2O \longrightarrow 2\,M(OH) + 1\,H_2$$
$$2\,M + 4\,H_2O \longrightarrow 2\,M(OH)_2 + 2\,H_2$$

Arbeitsauftrag:
Experimentell sollen die Wasserstoffvolumina bestimmt werden, die jeweils aus einer genau abgewogenen Lithium- bzw. Calciumportion bei der Reaktion mit Wasser entstehen. Aus diesen Volumina [B2] berechnet man dann jeweils die Stoffmengen des freigesetzten Wasserstoffs und aus den eingewogenen Metallportionen die Metallstoffmengen. Man bildet dann das Stoffmengenverhältnis von Lithium bzw. Calcium zu Wasserstoff und vergleicht mit den aus der Reaktionsgleichung abgeleiteten Stoffmengenverhältnissen.

V1 Reaktion von Lithium bzw. Calcium mit Wasser
Geräte und Chemikalien:
Messzylinder (100 ml), Glasschale, Tiegelzange, Lithium, Calcium, Phenolphthaleinlösung, Wasser.
a) Reaktion von Lithium mit Wasser
Durchführung:
Versuchsaufbau wie in B1. Halte ein genau abgewogenes Stück Lithium ($m(Li) = 50\,mg$) mit der Tiegelzange unter die Öffnung des mit Wasser gefüllten Messzylinders. Lies nach Beendigung der Reaktion das Volumen des entstandenen Wasserstoffs ab und prüfe die Flüssigkeit in der Glasschale mit Phenolphthaleinlösung.
b) Reaktion von Calcium mit Wasser
Durchführung:
Wie in (a), nur Calcium statt Lithium.
Auswertung:
1. Notiere deine Beobachtungen.
2. Berechne jeweils die Stoffmenge [B2] der eingesetzten Lithium- bzw. Calciumportion.
3. Berechne jeweils die Stoffmenge [B2] der entstandenen Wasserstoffportion (setze $V_m = 24\,l/mol$ ein).
4. Berechne das Stoffmengenverhältnis $n(Li) : n(H_2)$ bzw. $n(Ca) : n(H_2)$ und notiere die Verhältnisformeln der beiden Hydroxide.

Die Stoffmenge n der Metallatome erhält man, wenn die Masse der eingesetzten Metallportion m (in g) durch die molare Masse M des Metalls (in g/mol) dividiert wird.

$$n(Li) = \frac{m(Lithium)}{M(Li)} \qquad n(Ca) = \frac{m(Calcium)}{M(Ca)}$$

Die Stoffmenge der Wasserstoffmoleküle erhält man, wenn das Volumen der Wasserstoffportion (in l) durch das molare Volumen (in l/mol) dividiert wird.

$$n(H_2) = \frac{V(Wasserstoff)}{V_m}$$

B2 Beispiel zur Berechnung der Stoffmengenverhältnisse

9.8 Ammoniak und Ammoniumchlorid

B1 Dunkles Haar mit blonden Strähnen

B2 Der Ammoniakspringbrunnen

B3 Ammoniakwasser

Den typischen stechenden Geruch von **Ammoniak** kann man in Friseursalons beim Blondieren oder Färben der Haare wahrnehmen. Durch Ammoniak quillt das Haar auf und wird so zur Aufnahme von Farbstoffmolekülen vorbereitet. Auch bei der Benutzung von Fensterreinigern fällt häufig Ammoniakgeruch auf. Ammoniak ist ein farbloses, stechend riechendes Gas mit der Molekülformel NH_3.

Ammoniak und Ammoniaklösung. Von Wasser werden beträchtliche Portionen Ammoniak aufgenommen [V1, B2], bei Zimmertemperatur etwa 700 l Ammoniak von 1 l Wasser. Die dabei entstandene Ammoniaklösung wird auch *Ammoniakwasser* genannt. Die Ammoniaklösung ist alkalisch, sie muss also Hydroxidionen enthalten. Wie werden diese Hydroxidionen gebildet? Sie entstehen durch eine Reaktion der Ammoniakmoleküle mit den Wassermolekülen. Dabei gehen Protonen von den Wassermolekülen auf die Ammoniakmoleküle über. Die bei dieser Protonenübergangsreaktion [B5a] gebildeten positiv geladenen Ionen heißen **Ammoniumionen (NH_4^+)**.

$$NH_3(g) + H_2O(l) \longrightarrow NH_4^+(aq) + OH^-(aq)$$

Insgesamt reagiert aber nur ein geringer Anteil der Ammoniakportion mit Wasser, der größte Teil liegt in Wasser nur gelöst vor und entweicht daraus schon bei Zimmertemperatur.

Aufbau des Ammoniakmoleküls und zwischenmolekulare Wechselwirkungen. Im Ammoniakmolekül sind die drei polaren N—H-Bindungen und das freie Elektronenpaar tetraedrisch angeordnet (Kap. 8.2). Somit ergibt sich eine unsymmetrische Ladungsverteilung, die Ammoniakmoleküle sind Dipole. Die Polarität der N—H-Bindung ist so groß, dass *Ammoniakmoleküle untereinander* und in der Ammoniaklösung *mit Wassermolekülen Wasserstoffbrücken* ausbilden können. Hierauf ist die gute Löslichkeit des Ammoniaks in Wasser zurückzuführen.

Bedeutung des Ammoniaks. Die Weltproduktion an Ammoniak beläuft sich auf etwa 100 Millionen Tonnen pro Jahr. Ammoniak wird nach dem Haber-Bosch-Verfahren aus Stickstoff und Wasserstoff hergestellt. Drei Viertel der Produktion werden zur Herstellung von Düngemitteln verwendet. Daneben bildet Ammoniak die Basis zur Herstellung von Kunststoffen, Farb- und Sprengstoffen sowie Medikamenten und Pflanzenschutzmitteln. Flüssiges Ammoniak wird u. a. in Kältemaschinen eingesetzt.

In der Natur entsteht Ammoniak bei der bakteriellen Zersetzung pflanzlicher und tierischer Eiweiße, so z. B. durch Zersetzung der in den Exkrementen der Nutztiere enthaltenen Eiweiße. Der Stallgeruch bei der Viehhaltung ist daher vor allem auf Ammoniak zurückzuführen.

Ammoniumchlorid. Bringt man konzentrierte Ammoniaklösung in die Nähe von konzentrierter Salzsäure [V2], so entsteht ein weißer Rauch, ohne dass die Flüssigkeiten miteinander in Kontakt kommen. Es müssen also die Gase Ammoniak und Chlorwasserstoff miteinander reagiert haben. Dieser Vorgang wird häufig zum Nachweis einer der beiden Stoffe benutzt. Führt man die Reaktion in einer geschlossenen Apparatur durch [B4], scheidet sich ein weißer Stoff ab. Er ist in Wasser leicht löslich und in der Lösung lassen sich Chloridionen nachweisen. Aus den beiden Gasen ist also ein Salz entstanden [B5b]:

$$HCl(g) + NH_3(g) \longrightarrow NH_4^+Cl^-(s)$$

Das Salz heißt **Ammoniumchlorid**, umgangssprachlich nennt man es **Salmiak** [B6]. Die Ammonium- und Chloridionen bilden im Ammoniumchlorid ein Ionengitter.

Die Bildung von Ammoniumchlorid ist ein weiteres Beispiel für eine Protonenübergangsreaktion. Das Chlorwasserstoffmolekül ist der Protonendonator und das Ammoniakmolekül der Protonenakzeptor.

Ammoniak und Ammoniumchlorid

Brønsted-Säuren und -Basen. Um die Gemeinsamkeiten von Protonenübergangsreaktionen als Funktionen von Teilchen herauszustellen, wurden 1923 von dem dänischen Wissenschaftler JOHANNES NICOLAUS BRØNSTED (1879–1947) die Begriffe Säure und Base definiert.

Teilchen, die bei einer Reaktion Protonen abgeben, nennt man Brønsted-Säuren (**Protonendonatoren**). Teilchen, die bei einer Reaktion Protonen binden, nennt man Brønsted-Basen (**Protonenakzeptoren**).

Beispiel: Bei der Bildung von Ammoniumchlorid ist das Chlorwasserstoffmolekül die Brønsted-Säure und das Ammoniakmolekül die Brønsted-Base [B5b].

Das Donator-Akzeptor-Prinzip. Das allgemeine Funktionsprinzip, nach dem sowohl die Säure-Base-Reaktionen als auch die Redoxreaktionen (Kap. 7.10) erklärt werden können, ist das Donator-Akzeptor-Prinzip. Bei Säure-Base-Reaktionen sind es Protonendonatoren bzw. -akzeptoren und bei Redoxreaktionen die Elektronendonatoren bzw. -akzeptoren.

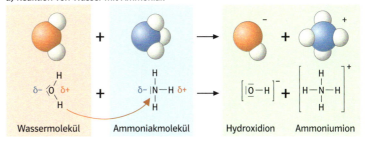

a) Reaktion von Wasser mit Ammoniak

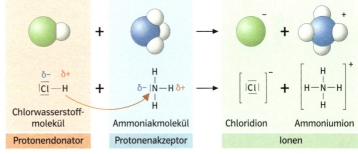

b) Reaktion von Chlorwasserstoff mit Ammoniak

B5 Protonenübergangsreaktionen

B4 Bildung von Ammoniumchlorid aus Ammoniak und Chlorwasserstoff

V1 Man füllt einen Rundkolben mit Ammoniakgas und verschließt ihn mit einem Stopfen, in dem ein Glasrohr steckt. Die Öffnung des Glasrohres hält man dann in Wasser, dem Indikator zugesetzt ist [B2]. (Schutzscheibe!)

V2 Man nimmt zwei gleichgroße Standzylinder und pipettiert in den ersten 2–3 Tropfen konzentrierte Salzsäure und in den zweiten 2–3 Tropfen konz. Ammoniaklösung. Dann stellt man den Zylinder, der Chlorwasserstoff enthält, mit der Öffnung auf den Zylinder mit Ammoniak [B4].

A1 Warum kann das Ammoniakmolekül ein Proton binden?

A2 Leitet eine Ammoniaklösung den elektrischen Strom? Begründe deine Entscheidung.

A3 Ammoniak weist im Vergleich zu Stickstoff oder Chlorwasserstoff eine hohe Siedetemperatur (−33 °C) auf. Worauf könnte dies beruhen?

B6 Ammoniumchlorid in Salmiakpastillen wirkt schleimlösend

9.9 Die Neutralisation

B1 Neutralisation von Salzsäure mit Natronlauge. Ein zugesetzter Indikator zeigt den Neutralpunkt an

B2 Eindampfen der neutralisierten Lösung. Natriumchlorid bleibt zurück

Nach einem Experiment sollte Natronlauge nicht in den Ausguss geschüttet werden. Wie könnte sie entsorgt werden? In der Schule gibt es Entsorgungsgefäße, z. B eines für saure und alkalische Lösungen.

Alkalisch und sauer ergibt neutral? Mischt man verdünnte Natronlauge, der Universalindikatorlösung zugesetzt wurde, tropfenweise mit verdünnter Salzsäure [V1], so ändert das Gemisch seine Farbe und die Temperatur nimmt zu. Nach dem Zusatz einer bestimmten Salzsäureportion wird es gelbgrün. Es ist somit eine Lösung entstanden, die weder alkalisch noch sauer ist. Sie ist neutral und der pH-Wert ist 7.

Stellt man mit Stoffportionen von Natronlauge und Salzsäure gleicher Stoffmenge ohne Indikatorzusatz die neutrale Lösung her und dampft die Lösung ein, bleibt ein weißes Salz als Rückstand [B2]. Aus den Natrium- und Chloridionen ist Natriumchlorid entstanden.

A1 Welche Hinweise gibt es dafür, dass beim Zusammengeben von Salzsäure und Natronlauge eine chemische Reaktion stattfindet?

A2 Formuliere die Reaktionsgleichungen in der Ionenschreibweise für die Reaktionen von a) Kalilauge mit Salzsäure und b) Kalkwasser (Calciumhydroxidlösung) mit Salzsäure. Markiere jeweils die Protonenübergänge.

A3 Warum fällt bei der Reaktion von konz. Natronlauge mit konz. Salzsäure Natriumchlorid aus, bei der Reaktion der verdünnten Lösungen dagegen nicht?

A4 Zum Kalken des Bodens gegen die Folgen des sauren Regens wird häufig Calciumoxid (Branntkalk) eingesetzt. Welche Reaktionsprodukte entstehen bei der Reaktion von Calciumoxid mit Salzsäure? Warum kann man diese Reaktion auch als Neutralisation bezeichnen?

Exkurs Antazida

Im Magensaft befindet sich Salzsäure mit $w = 0{,}1$ bis $0{,}5\,\%$. Sie aktiviert die eiweißspaltenden Enzyme. Da Salzsäure ätzend wirkt, kann es bei Störungen der Magensäureproduktion zu „Sodbrennen" kommen. Dabei steigt Magensaft in der Speiseröhre auf und verursacht ein unangenehmes Brennen.

Es gibt verschiedene säurebindende Medikamente, die die Magensäure teilweise neutralisieren und damit dem Sodbrennen entgegenwirken. Sie werden als **Antazida** bezeichnet und sind in Apotheken erhältlich. Als Antazida kommen unterschiedliche anorganische Substanzen zum Einsatz, z. B. ein Gemisch aus Aluminiumhydroxid [$Al(OH)_3$] und Magnesiumhydroxid [$Mg(OH)_2$].

Die Neutralisation

Beim Zusammengeben von Salzsäure und Natronlauge ist eine Temperaturerhöhung messbar, dies weist auf eine chemische Reaktion hin. Die Reaktionsgleichung in Ionenschreibweise lautet:

[Na^+, OH^-] + [H_3O^+, Cl^-] ⟶ [Na^+, Cl^-] + 2 H_2O

Ionen in der Natronlauge · Ionen in der Salzsäure · Ionen in der neutralen Lösung

Aus der Reaktionsgleichung geht hervor, dass nicht alle Teilchen an der Reaktion beteiligt sind. *Nur die H_3O^+- und OH^--Ionen reagieren miteinander* unter Bildung von Wassermolekülen. Die Natriumionen aus der Natronlauge und die Chloridionen aus der Salzsäure verändern sich nicht, sie liegen demnach auch in der neutralen Lösung vor.
Reagiert konzentrierte Salzsäure mit konzentrierter Natronlauge, so ist das gebildete Salz als Feststoff sichtbar [V2]. Es entsteht so viel Natriumchlorid, dass seine Löslichkeit überschritten wird und es ausfällt.

Neutralisation. Nicht nur Salzsäure und Natronlauge, sondern auch andere saure und alkalische Lösungen können miteinander zu neutralen Lösungen reagieren. Dabei entstehen immer Wasser und ein Salz, das meistens gelöst vorliegt.

Bei der Reaktion wird immer Energie freigesetzt.
Berücksichtigt man bei der Formulierung der Reaktionsgleichung für die Neutralisation in wässrigen Lösungen nur die reagierenden Teilchen, ergibt sich eine vereinfachte Schreibweise [B3, vorletzte Zeile].

Bei einer Neutralisation reagieren Oxoniumionen mit Hydroxidionen exotherm zu Wassermolekülen.

Führt man die Neutralisation als Feststoffreaktion von Natriumhydroxid mit Citronensäure durch, kann man auch die Wasserbildung beobachten [V3].

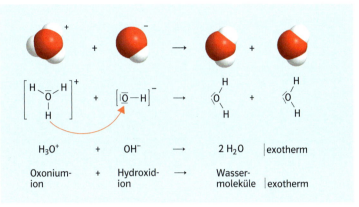

B3 Neutralisation und Protonenübergang im Modell und mit Formeln

V1 a) Gib in einem Reagenzglas zu verdünnter Natronlauge (w = 5 %), der Universalindikator zugesetzt ist, tropfenweise verdünnte Salzsäure (w = 5 %), bis der Indikator gelbgrün ist. Miss die Temperatur der Natronlauge, der Salzsäure und der entstandenen Lösung.
b) Schüttle die Lösung zur Entfernung des Indikators mit Aktivkohle und filtriere. Lass die Flüssigkeit des Filtrats verdunsten und betrachte den Rückstand unter der Lupe.

V2 Man gibt in einen Erlenmeyerkolben konz. Natronlauge und setzt langsam tropfenweise konz. Salzsäure zu. (Vorsicht, starke Wärmeentwicklung! Schutzbrille und Schutzscheibe!)

V3 Ein im Mörser pulverisiertes Gemisch aus 1,6 g Citronensäure (wasserfrei) und 1,0 g Natriumhydroxid wird mit einem langen Trichter so in ein Reagenzglas gefüllt, dass der Reagenzglasrand sauber bleibt. Dann wird das Glas schräg über dem Gasbrenner vorsichtig erhitzt. Sobald die Reaktion einsetzt, wird das Reagenzglas aus der Flamme genommen. Der Beschlag am Glas kann mit einem Wassernachweismittel geprüft werden.

9.10 Die Konzentration saurer und alkalischer Lösungen

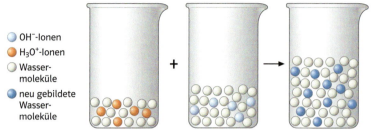

- ○ OH⁻-Ionen
- ● H₃O⁺-Ionen
- ○ Wassermoleküle
- ● neu gebildete Wassermoleküle

B1 Neutralisation unterschiedlicher Volumina einer sauren und einer alkalischen Lösung. Es sind nur die reagierenden Ionen berücksichtigt

Gibt man jeweils eine beliebige Portion Salzsäure und Natronlauge zusammen, so ist die erhaltene Lösung entweder noch sauer oder bereits alkalisch. Nur eine der Portionen hat vollständig reagiert, von der anderen ist noch ein Rest vorhanden.
Unter welchen Bedingungen reagieren eine saure und eine alkalische Lösung zu einer neutralen Lösung?

Lösungen mit gleicher Teilchenanzahl. Aus der Reaktionsgleichung der bei der Neutralisation reagierenden Ionen ergibt sich:

$$H_3O^+ + OH^- \rightarrow 2\,H_2O$$

Eine *vollständige Reaktion* erfolgt nur dann, wenn die *Anzahl der Oxoniumionen und der Hydroxidionen gleich* ist [B1]. Mithilfe der Teilchenmassen m_t lassen sich Portionen mit einer bestimmten Anzahl N von Teilchen herstellen. Es besteht folgender Zusammenhang:

$1\,u \cdot 6 \cdot 10^{23} = 1\,g$ (Kap. 3.12)

und damit $1\,u = 1\,\frac{g}{mol}$

$$HCl + H_2O \rightarrow H_3O^+ + Cl^-$$

$n(HCl) = n(H_3O^+) = 1\,mol$
$N(HCl) = N(H_3O^+) = 6 \cdot 10^{23}$

$m_t(HCl) = 36{,}5\,u$
$m(\text{Chlorwasserstoff}) = m_t(HCl) \cdot N$
$= 36{,}5\,u \cdot 6 \cdot 10^{23}$
$= 36{,}5\,g$

$n(NaOH) = n(OH^-) = 1\,mol$
$N(NaOH) = N(OH^-) = 6 \cdot 10^{23}$

$m_t(NaOH) = 40\,u$
$m(\text{Natriumhydroxid}) = m_t(NaOH) \cdot N$
$= 40\,u \cdot 6 \cdot 10^{23}$
$= 40\,g$

B2 Herstellung von Lösungen mit Stoffmengen von jeweils 1 mol Oxonium- bzw. Hydroxidionen

Wird die Teilchenanzahl $N = 6 \cdot 10^{23}$ durch die Einheit 1 mol zusammengefasst, so wird die Größe Teilchenanzahl N durch die Größe Stoffmenge n beschrieben. Dieser Sachverhalt wird in B2 für Portionen von Natronlauge und Salzsäure mit gleicher Anzahl von Hydroxid- bzw. Oxoniumionen veranschaulicht.

Die Stoffmengenkonzentration. Die Teilchenanzahl N in einer Lösung ist proportional zu ihrem Volumen. Damit ist der Quotient aus Teilchenanzahl und Volumen der Lösung eine konstante Größe, die **Teilchenanzahlkonzentration**.
Der Quotient aus Stoffmenge und Volumen der Lösung ist die **Stoffmengenkonzentration** c.

$$c = \frac{n}{V(\text{Lösung})} \qquad \text{Einheit: } \frac{mol}{l}$$

Am Beispiel $c(NaOH) = 0{,}5\,mol/l$ wird der Zusammenhang von Stoffmengenkonzentration, Masse der Natriumhydroxidportion und dem Volumen der Natronlauge erläutert [B3].

Welche Masse hat die Natriumhydroxidportion, die zur Herstellung von 1 l einer Natronlauge mit der Stoffmengenkonzentration $c(NaOH) = 0{,}5\,mol/l$ benötigt wird?

$c(NaOH) = \frac{n(NaOH)}{V(\text{Natronlauge})} = 0{,}5\,\frac{mol}{l}$

$n(NaOH) = c(NaOH) \cdot V(\text{Natronlauge})$
$= 0{,}5\,mol/l \cdot 1\,l = 0{,}5\,mol$

$m(\text{Natriumhydroxid}) = 0{,}5\,mol \cdot m_t(NaOH)$
$= 0{,}5\,mol \cdot 40\,u$
$= 0{,}5\,mol \cdot 40 \cdot 1\,\frac{g}{mol}$
$= 20\,g$

B3 Zusammenhang Stoffmengenkonzentration und Masse des gelösten Stoffs

Die Konzentration saurer und alkalischer Lösungen

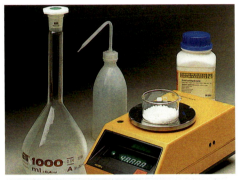

1. Es werden z. B. 40,0 g Natriumhydroxid abgewogen, in einem Becherglas in wenig destilliertem Wasser gelöst und anschließend in einen Messkolben (1 l) gegossen.
2. Das Becherglas wird mit dest. Wasser nachgespült und der Becherglasinhalt ebenfalls in den Messkolben geleert.
3. Der Messkolben wird nach und nach mit dest. Wasser bis zur Ringmarke gefüllt, dabei wird das Gemisch mehrmals gut geschüttelt.

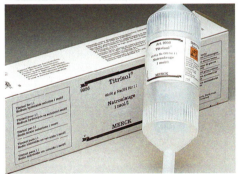

B4 Beispiel für die Herstellung einer Natronlauge mit der Stoffmengenkonzentration $c(NaOH) = 1 \frac{mol}{l}$

Die Herstellung einer Lösung bestimmter Stoffmengenkonzentration, z. B. Salzsäure, durch abgewogene Stoffportionen ist oft nicht genau genug. Salzsäure ließe sich auf diese Weise nicht herstellen.

Maßlösungen. Zur Herstellung von Lösungen genauer Konzentrationen sind im Handel Ampullen mit Lösungen erhältlich, die nur verdünnt werden müssen. Der Ampulleninhalt wird in einen Messkolben gegeben und mit destilliertem Wasser bis zur Ringmarke aufgefüllt, um die auf dem Etikett angegebene Konzentration zu erreichen [B4]. Noch einfacher, aber teuer ist der Einsatz von Maßlösungen, die schon mit der gewünschten Konzentration geliefert werden [B5].

Häufig ist eine Maßlösung der Konzentration $c = 1 \, mol/l$ vorrätig, die bei Bedarf einer Lösung geringerer Konzentration entsprechend verdünnt werden muss.

Beispiel: Benötigt wird ein Volumen von 100 ml Salzsäure der Konzentration $c = 0,1 \, mol/l$. Man füllt eine kleine Portion Salzsäure der Konzentration $c_1 = 1 \, mol/l$ in ein Becherglas, entnimmt mit einer Pipette $V_1 = 10 \, ml$, gibt diese in einen Messkolben ($V_2 = 100 \, ml$) und füllt schrittweise unter mehrmaligem Umschwenken bis zur Ringmarke mit dest. Wasser auf. Dabei bleibt die Stoffmenge $n(H_3O^+)$ gleich, es gilt:

$$n(H_3O^+) = c_1(H_3O^+) \cdot V_1(\text{Salzsäure})$$
$$= c_2(H_3O^+) \cdot V_2(\text{Salzsäure})$$

Die Konzentration der verdünnten Lösung ist:

$$c_2(H_3O^+) = \frac{c_1(H_3O^+) \cdot V_1(\text{Salzsäure})}{V_2(\text{Salzsäure})}$$
$$= \frac{1 \, mol/l \cdot 10 \, ml}{100 \, ml}$$
$$= 0,1 \frac{mol}{l}$$

A1 In 0,5 l Natronlauge ist 1 mol Natriumhydroxid gelöst. Welche Stoffmengenkonzentration hat die Lösung?

A2 a) Welches Volumen einer Natronlauge der Konzentration $c(NaOH) = 0,1 \, mol/l$ benötigt man, um 250 ml Natronlauge der Konzentration $c(NaOH) = 0,05 \, mol/l$ herzustellen?
b) Welche Masse hat die darin gelöste Natriumhydroxidportion?

A3 Wie viele H_3O^+-Ionen sind in 100 ml Salzsäure der Konzentration $c(HCl) = 0,1 \, mol/l$?

A4 Wie viele OH^--Ionen sind in 100 ml Natronlauge der Konzentration $c(NaOH) = 1 \, mol/l$ enthalten?

A5 Welche Masse hat eine Kaliumhydroxidportion, die in 1 l Kalilauge der Konzentration $c(KOH) = 0,5 \, mol/l$ gelöst ist?

B5 Eine saure und eine alkalische Maßlösung

Saure und alkalische Lösungen – Protonenübergänge

9.11 Praktikum Konzentrationsermittlung durch Titration

In einem Labor muss häufig die Konzentration einer sauren oder alkalischen Lösung bestimmt werden. Dabei nutzt man die Tatsache, dass sich Lösungen mit jeweils gleicher Anzahl von H_3O^+- bzw. OH^--Ionen neutralisieren, wie aus der Reaktionsgleichung für die Neutralisation folgt.

$$H_3O^+ + OH^- \longrightarrow 2\,H_2O$$

Titration. Bei der Durchführung der Neutralisation gibt man eine saure oder alkalische Lösung bekannter Konzentration (**Maßlösung**) zu einer alkalischen bzw. sauren Lösung unbekannter Konzentration (**Probelösung**), die einen Indikator enthält. Es wird so viel Maßlösung zugegeben, bis der Indikator eine neutrale Lösung anzeigt. Aus dem Volumen der verbrauchten Maßlösung, ihrer Konzentration und dem Volumen der Probelösung lässt sich die Konzentration der Probelösung bestimmen.

Beispiel: Zur Neutralisation von 20 ml Natronlauge (Probelösung) werden 25 ml Salzsäure der Konzentration $c(HCl) = 0{,}1$ mol/l (Maßlösung) benötigt.

Berechne
a) die Konzentration der Natronlauge sowie
b) die Stoffmenge und
c) die Masse des in der Probelösung gelösten Natriumhydroxids.

a) Konzentration der Natronlauge:
$n(NaOH) = n(OH^-) = n(H_3O^+) = n(HCl)$
$c(NaOH) \cdot V(\text{Natronlauge}) = c(HCl) \cdot V(\text{Salzsäure})$

$$c(NaOH) = \frac{c(HCl) \cdot V(\text{Salzsäure})}{V(\text{Natronlauge})} = \frac{0{,}1\,\text{mol/l} \cdot 25\,\text{ml}}{20\,\text{ml}} = 0{,}125\,\text{mol/l}$$

b) Stoffmenge des Natriumhydroxids in der Probelösung:
$n(NaOH) = n(HCl) = c(HCl) \cdot V(\text{Salzsäure})$
$= 0{,}1\,\text{mol/l} \cdot 0{,}025\,\text{l}$
$= 0{,}0025\,\text{mol}$

c) Masse des Natriumhydroxids in der Probelösung:
$m(\text{Natriumhydroxid}) = n(NaOH) \cdot m_r(NaOH)$
$= 0{,}0025\,\text{mol} \cdot 40\,u$
$= 0{,}0025\,\text{mol} \cdot 40\,\text{g/mol}$
$= 0{,}1\,\text{g}$

V1 Bestimmung der Konzentration einer Natronlauge

Geräte und Chemikalien:
Stativmaterial, Bürette, Erlenmeyerkolben (100 ml), Pipette (20 ml), Pipettierhilfe, Tropfpipette, Bromthymolblaulösung oder Phenolphthaleinlösung, Salzsäure ($c(HCl) = 0{,}1$ mol/l), Natronlauge unbekannter Konzentration.

Durchführung:
a) Fülle die Bürette mit Salzsäure und notiere den genauen Flüssigkeitsstand.
b) Gib mithilfe der Pipette genau 20 ml der Natronlauge in den Erlenmeyerkolben.
c) Setze drei Tropfen Bromthymolblau- oder Phenolphthaleinlösung zu und tropfe Salzsäure unter ständigem Umschwenken des Erlenmeyerkolbens zu, bis der Indikator von Blau nach Grün bzw. von Rotviolett nach Farblos umschlägt.
d) Lies den Flüssigkeitsstand an der Bürette ab und ermittle das Volumen der verbrauchten Salzsäure.
e) Überprüfe das ermittelte Volumen durch eine zweite Titration.

Aufgabe:
Berechne die Konzentration der Natronlauge, die Stoffmenge und Masse des gelösten Natriumhydroxids.

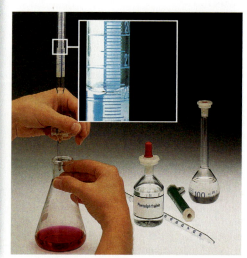

B1 Durchführung einer Titration von Natronlauge (Probelösung) mit Salzsäure (Maßlösung)

9.12 Durchblick Zusammenfassung und Übung

Saure Lösungen
enthalten Ionen, die den Farbumschlag des Universalindikators nach Rot bewirken: H_3O^+-Ionen (Oxoniumionen).

Säuren
Essigsäure und andere Säuren bestehen aus Molekülen. In sauren Lösungen liegen Ionen vor.

Chlorwasserstoff
– ist eine Säure
– ist gasförmig
– besteht aus HCl-Molekülen

Ammoniak
– ist ein stechend riechendes Gas
– löst sich sehr gut in Wasser und reagiert auch zu einem geringen Teil mit Wasser, dabei bildet sich eine alkalische Lösung
– besteht aus NH_3-Molekülen

Neutralisation
Reagieren OH^--Ionen mit H_3O^+-Ionen zu H_2O-Molekülen, so handelt es sich um eine Neutralisation.

Protonenübergang
Voraussetzungen:
– Teilchen, das ein Proton abgibt (Protonendonator)
– Teilchen, das ein nichtbindendes Elektronenpaar besitzt und damit ein Proton aufnehmen kann (Protonenakzeptor)

B1 Alkalische Lösungen

Alkalische Lösungen
enthalten Ionen, die den Farbumschlag des Universalindikators nach Blau bewirken: OH^--Ionen (Hydroxidionen).

Hydroxide
Beispiele [B2]. Hydroxide bilden mit Wasser alkalische Lösungen.

Salzsäure
– ist eine wässrige Lösung
– kann aus Chlorwasserstoff und Wasser gebildet werden
– enthält u.a. Oxonium- und Chloridionen

Ammoniaklösung (Ammoniakwasser)
– ist eine alkalische Lösung
– enthält NH_3-Moleküle, Ammoniumionen (NH_4^+) und OH^--Ionen in Wasser gelöst

Stoff	Verhältnisformel	wässrige Lösung (Lauge)
Natriumhydroxid	NaOH	Natronlauge
Kaliumhydroxid	KOH	Kalilauge
Calciumhydroxid	$Ca(OH)_2$	Kalkwasser

B2 Hydroxide, deren Verhältnisformeln und Bezeichnung der wässrigen Lösungen

Saure und alkalische Lösungen leiten den elektrischen Strom
Sie enthalten Ionen, die diese Leitfähigkeit bewirken.

Titration
Die Konzentration von alkalischen oder sauren Lösungen kann durch eine Titration auf Basis der Neutralisation ermittelt werden.

Stoffmengenkonzentration c
Für c gilt: $c = n/V$, Einheit: mol/l.
Beispielsweise enthält eine alkalische Lösung mit $c(OH^-) = 1\,mol/l$
1 mol oder $6 \cdot 10^{23}$ Hydroxidionen pro 1 Liter Lösung.

B3 Oxoniumion, Kalottenmodell

B4 Hydroxidion, Kalottenmodell

B5 Chlorwasserstoff färbt feuchtes Universalindikatorpapier rot

Durchblick Zusammenfassung und Übung

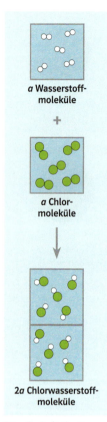

a Wasserstoffmoleküle
+
a Chlormoleküle
↓
2*a* Chlorwasserstoffmoleküle

B6 Zu Aufgabe 2

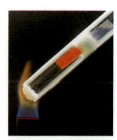

B7 Thermische Zerlegung von Ammoniumchlorid

A1 Schlage vier unterschiedliche Möglichkeiten vor, Calciumchlorid herzustellen, und formuliere hierfür die Reaktionsgleichungen.

A2 In einer geschlossenen Apparatur lässt man $V = 30\,ml$ Chlor mit Wasserstoff gleichen Volumens reagieren. Nach Abschluss der Reaktion ist das Gesamtgasvolumen unverändert. Gibt man nun etwas Wasser in das Gefäß, verringert sich das Gasvolumen um 60 ml. Deute mithilfe von B6 und dem Satz von AVOGADRO das Ergebnis des Experiments.

A3 Ammoniumchlorid wird durch Energiezufuhr in Ammoniak und Chlorwasserstoff zerlegt. Notiere die Reaktionsgleichung und markiere den Protonendonator und den Protonenakzeptor. Erkläre außerdem die in B7 erkennbaren Farben des feuchten Universalindikatorpapieres.

A4 Zur Neutralisation von $V = 100\,ml$ Natronlauge der Konzentration $c(NaOH) = 1\,mol/l$ benötigt man $V = 100\,ml$ Salzsäure mit $c(HCl) = 1\,mol/l$. Um die gleiche Portion Kalkwasser (Calciumhydroxidlösung) mit $c(Ca(OH)_2) = 1\,mol/l$ zu neutralisieren, benötigt man das doppelte Volumen an gleichkonzentrierter Salzsäure. Gib eine Erklärung für diesen Unterschied.

A5 Erkläre folgendes Versuchsergebnis: Das beim Auftropfen von konzentrierter Schwefelsäure auf Natriumchlorid (Kochsalz) entstehende Gas wird über geschmolzenes Natrium geleitet. Unter grellem Aufleuchten bildet sich ein weißer, salzartiger Feststoff und ein Gas, das mit der Knallgasprobe identifiziert werden kann.

A6 Für die Neutralisation von $V = 100\,ml$ Salzsäure der Konzentration $c(HCl) = 0{,}1\,mol/l$ werden $V = 10\,ml$ Natronlauge der Konzentration $c(NaOH) = 1\,mol/l$ verbraucht. Berechne die Masse der Natriumchloridportion, die beim Eindampfen der neutralen Salzlösung zurückbleibt.

A7 Protonenpumpenhemmer vermindern die Bildung von Magensäure. Recherchiere im Internet.

A8 Gibt man Silbernitratlösung zu Leitungswasser, so tritt eine schwache weiße Trübung auf. Gib eine Erklärung.

A9 Konzentrierte Salzsäure ($w = 37\%$) wird auch rauchende Salzsäure genannt. Warum ist diese Bezeichnung nicht korrekt.

Rätsel

Schreibe die in den Klammern jeweils fett gedruckten Buchstaben der Begriffe von (1.) bis (14.) hintereinander, dann ergibt sich das Lösungswort. Die zweite Zahl in der Klammer gibt an, wie viele Buchstaben der jeweilige Begriff hat.

1. Name des Gases, dessen Molekülformel NH_3 ist (**5**, 8)
2. Eigenschaft einer Lösung mit pH < 7 (**4**, 5)
3. das typische Ion in allen sauren Lösungen (**6**, 10)
4. andere Benennung für ein „freies" H⁺-Ion (**4**, 6)
5. Eigenschaft einer Lösung, deren pH = 7 ist (**5**, 7)
6. Trivialname für Magnesiumoxid (**2**, 8)
7. Eigenschaft einer Lösung mit pH > 7 (**5**, 9)
8. Produkt der Reaktion von Ammoniak mit Chlorwasserstoff (**6**, 15)
9. Produkt aus der Reaktion von Chlorwasserstoff mit Wasser (**5**, 10)
10. die bekannteste alkalische Lösung (**2**, 11)
11. Bedeutung des Gefahrensymbols „N" (**6**, 17)
12. das typische Ion in allen alkalischen Lösungen (**7**, 11)
13. Teilchen in Schmelzen und Lösungen von Salzen, die die elektrische Leitfähigkeit bewirken (**2**, 5)
14. Bedeutung des Gefahrensymbols „C" (**6**, 7)

10 Wichtige Säuren und ihre Salze

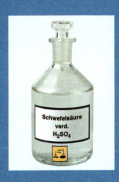

In fast allen Bereichen der Chemie spielen Säuren und saure Lösungen eine große Rolle. In diesem Kapitel werden wichtige Säuren – Schwefelsäure, Salpetersäure, Phosphorsäure – und ihre Salze vorgestellt.

■ Zu diesen Stoffen gehören Industriechemikalien, die z.T. in großen Mengen produziert oder auch als Mineralien abgebaut werden. Sie dienen als Grundstoffe zur Herstellung weiterer Produkte: Waschmittel, Dünger, Farb-, Kunst- und Sprengstoffe.

■ Säuren entstehen auch bei der Verbrennung von Holz, Kohle und Erdölprodukten als unerwünschte Stoffe durch die nachfolgende Reaktion der Abgase in der Atmosphäre.

■ Die Säuren bilden mit Wasser saure Lösungen, die z.B. mit Metallen und Metalloxiden reagieren und als saurer Regen umweltschädlich wirken. Es werden auch Aspekte der Umweltgefährdung durch den sauren Regen behandelt und Maßnahmen zur Verringerung der Umweltbelastung vorgestellt.

■ Salzsäure ist ebenfalls eine wichtige Säure. Sie wird aber bereits in Kap. 9 behandelt.

10.1 Schwefeldioxid und Schweflige Säure

B1 Mit Schwefeldioxid haltbar gemachtes Trockenobst

In Vulkangasen kommt das stechend riechende Schwefeldioxid vor. Auch bei der Verbrennung von Kohle und Heizöl entsteht Schwefeldioxid, da diese Stoffe Schwefelverbindungen enthalten, die mitverbrennen.

Eigenschaften von Schwefeldioxid. Schwefeldioxid ist ein giftiges Gas mit einem stechenden Geruch. Weil es Schimmelpilze und Bakterien abtötet, wird Schwefeldioxid u. a. zum Desinfizieren („Ausschwefeln") von Fässern vor der Wein- und Mostbereitung, zur Gärungshemmung in Wein und Fruchtsäften und zur Konservierung von Lebensmitteln verwendet [B1].

Da Schwefeldioxid Farbstoffe zerstören kann [B2], wird es auch als Bleichmittel eingesetzt. Schwefeldioxid ist ein Umweltgift, das mitverantwortlich ist für den „sauren Regen" (Kap. 10.8).

Schweflige Säure. Schwefeldioxid bildet wie Kohlenstoffdioxid mit Wasser ebenfalls eine saure Lösung [V2]. Dies lässt sich dadurch erklären, dass Schwefeldioxid zunächst mit Wasser zu **Schwefliger Säure** reagiert:

$$H_2O + SO_2 \longrightarrow H_2SO_3$$

B2 Entfärbung von Blüten durch Schwefeldioxid. Die Farbstoffe werden zerstört

Sie bildet in Wasser H_3O^+-Ionen und zwei Arten von Anionen. Die Oxoniumionen und die Anionen sind für die elektrische Leitfähigkeit verantwortlich [V2].

$$H_2SO_3 + H_2O \longrightarrow H_3O^+ + HSO_3^-$$

$$HSO_3^- + H_2O \longrightarrow H_3O^+ + SO_3^{2-}$$

Die SO_3^{2-}-Ionen heißen **Sulfitionen**, die HSO_3^--Ionen **Hydrogensulfitionen** (von lat. hydrogenium, Wasserstoff), da sie noch gebundene Wasserstoffatome enthalten. Aus einem H_2SO_3-Molekül können demnach zwei Wasserstoffionen (Protonen) abgespalten werden. Wie andere saure Lösungen bildet auch die Schweflige Säure Salze. Außer den **Sulfiten**, z. B. Magnesiumsulfit ($MgSO_3$), gibt es – entsprechend den in der Lösung enthaltenen Anionen – eine weitere Reihe von Salzen, die **Hydrogensulfite**, z. B. Calciumhydrogensulfit ($Ca(HSO_3)_2$).

Durch Eindampfen der sauren Lösung aus V2 erhält man keine konzentrierte Lösung, da Schweflige Säure beim Erwärmen in Schwefeldioxid und Wasser zerfällt. Schon bei Zimmertemperatur ist dieser Zerfall durch den Geruch nach Schwefeldioxid erkennbar. Säuren, die wie die Schweflige Säure in Nichtmetalloxide und Wasser zerfallen, bezeichnet man als **unbeständige Säuren**.

V1 Zerreibe einen Apfel. Lass einen Teil des Breis an der Luft stehen und gib den Rest in ein Gefäß mit Schwefeldioxid (Abzug!). Vergleiche nach einigen Stunden.

V2 Man prüft die elektrische Leitfähigkeit von Wasser, dem etwas Universalindikator zugesetzt wurde. Man hält brennenden Schwefel in das Gefäß, schüttelt und prüft erneut (Abzug!).

A1 Schweflige Säure riecht nach Schwefeldioxid. Gib dafür eine Erklärung.

10.2 Schwefeltrioxid und Schwefelsäure

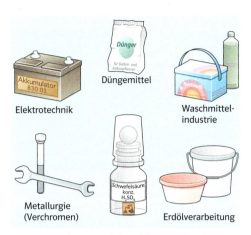

B1 Verwendung von Schwefelsäure. Sie wird zur Herstellung vieler Produkte gebraucht

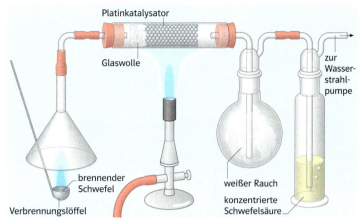

B2 Herstellung von Schwefeltrioxid im Laborversuch

Beim Verbrennen von Schwefel in Sauerstoffatmosphäre entsteht neben unsichtbarem Schwefeldioxid in geringem Ausmaß ein *weißer Rauch*.

Schwefeltrioxid. Dieser Rauch entsteht auch bei der Reaktion von Schwefeldioxid mit Sauerstoff an geeigneten Katalysatoren [V1, B2]. Bei der Oxidation von Schwefeldioxid entsteht Schwefeltrioxid (SO_3), der weiße Feststoff, der in geringem Maße auch bei der Verbrennung von Schwefel entsteht. Das Ausmaß der Reaktion von Schwefeldioxid zu Schwefeltrioxid ist stark temperaturabhängig. Oberhalb von 600 °C zerfällt das Schwefeltrioxid in Schwefeldioxid und Sauerstoff.

Schwefelsäure. Schwefeltrioxid bildet mit Wasser eine saure Lösung [V1]. Zunächst entsteht dabei Schwefelsäure:

$$SO_3 + H_2O \longrightarrow H_2SO_4$$

Im Gegensatz zu Schwefliger Säure ist Schwefelsäure eine beständige Säure. Sie ergibt mit weiterem Wasser eine saure Lösung.

Verwendung der Schwefelsäure. Sie ist eine der wichtigsten Industriechemikalien. Aufgrund ihrer vielseitigen Verwendbarkeit wurde die *Schwefelsäureproduktion* oft sogar als *Maß für die Leistungsfähigkeit der chemischen Industrie eines Landes* betrachtet. Der größte Teil der Schwefelsäure wird zu anderen chemischen Produkten weiterverarbeitet wie z. B. Düngemitteln, Farbstoffen, Waschmitteln, Sprengstoffen und Arzneimitteln. Daneben ist sie eine im Labor häufig eingesetzte Chemikalie. Ferner wird sie in der Mineralölindustrie, beim Verchromen sowie in der Elektrotechnik verwendet („Batteriesäure" für ca. 560 Millionen Fahrzeuge weltweit).

V1 Versuchsaufbau wie in B2. Nach Entzünden des Schwefels wird der Katalysator vorsichtig erhitzt, bis weißer Rauch entsteht. Man versucht, diese Temperatur zu halten. Nachdem der Rundkolben mit Rauch gefüllt ist, wird der Katalysator kurzzeitig stark erhitzt und die Veränderung der Rauchbildung beobachtet.
Dann wird etwas Wasser mit Universalindikator in den Kolben eingefüllt und geschüttelt. Ein Teil der Flüssigkeit wird im Abzug etwa eine Minute zum Sieden erhitzt.

A1 Stelle Reaktionsgleichungen auf für die Bildung von Schwefeltrioxid durch Oxidation von
a) Schwefel und
b) Schwefeldioxid.

10.3 Eigenschaften und Reaktionen der Schwefelsäure

B1 Schwefelsäure zerstört Baumwollgewebe

Konzentrierte Schwefelsäure besitzt einen Massenanteil von 96 % bis 98 %. Sie ist eine farblose, ölige Flüssigkeit mit einer Siedetemperatur von 338 °C und einer Dichte von $\varrho = 1{,}84\,\text{g/ml}$. Im Gegensatz zur Schwefligen Säure ist Schwefelsäure eine **beständige Säure**.

Schwefelsäure ist hygroskopisch. Konzentrierte Schwefelsäure nimmt aus feuchter Luft Wasserdampf auf. Sie ist hygroskopisch und wird daher als Trockenmittel in **Exsikkatoren** (von lat. exsiccare, austrocknen) und zum Trocknen von Gasen verwendet. Aus Stoffen wie Zucker oder Holz, die hauptsächlich aus Kohlenstoff-, Wasserstoff- und Sauerstoffatomen aufgebaut sind, spaltet konzentrierte Schwefelsäure Wasser ab; die Säure wirkt verkohlend [V2]. Auch Kleidungsstücke [B1], Haut und Haare werden zerstört.

Verdünnen von Schwefelsäure. Bei der Herstellung von Schwefelsäurelösungen ist besondere Vorsicht angebracht. Gibt man konzentrierte Schwefelsäure in Wasser, wird eine erhebliche Wärmemenge frei [V1]. Schwefelsäure darf man nur verdünnen, indem man kleine Portionen unter Umrühren in Wasser gibt.
Man darf niemals Wasser in konzentrierte Schwefelsäure gießen. Aufgrund seiner geringeren Dichte vermischt es sich nicht sofort mit der Schwefelsäure.

An der Berührungsfläche von Wasser und Säure bilden sich durch örtliche Überhitzung Dampfblasen, sodass Säure aus dem Gefäß spritzen kann. Die starke Wärmeentwicklung deutet auf eine chemische Reaktion von Schwefelsäure mit Wasser hin. Konzentrierte Schwefelsäure enthält im Wesentlichen H_2SO_4-Moleküle. Mit zunehmender Verdünnung reagieren diese vermehrt mit Wassermolekülen zu hydratisierten Ionen. Es entstehen H_3O^+-Ionen und zwei Arten von Anionen:

$$H_2SO_4 + H_2O \longrightarrow H_3O^+ + HSO_4^-$$

$$HSO_4^- + H_2O \longrightarrow H_3O^+ + SO_4^{2-}$$

Die HSO_4^--Ionen heißen **Hydrogensulfationen**, die SO_4^{2-}-Ionen **Sulfationen**. In verdünnter Schwefelsäure liegen fast ausschließlich Sulfationen vor.

Reaktionen der verdünnten Schwefelsäure. Verdünnte Schwefelsäure zeigt die typischen Reaktionen saurer Lösungen. Mit unedlen Metallen, z. B. Magnesium, entstehen Wasserstoff und eine Lösung von Magnesiumsulfat ($MgSO_4$). Mit Metalloxiden entstehen die entsprechenden Salzlösungen; so entsteht z. B. mit Kupferoxid (CuO) eine Lösung von blauem Kupfersulfat ($CuSO_4 \cdot 5\,H_2O$).

V1 Man gibt unter Umrühren konzentrierte Schwefelsäure in kleinen Mengen zu Wasser und stellt die Temperaturänderung fest. (Schutzbrille, Schutzhandschuhe!)

V2 In einem Becherglas, das in einer Glasschale steht, wird ein dickflüssiger Sirup aus etwas Zucker und wenig Wasser hergestellt. Man gießt ebenso viel konzentrierte Schwefelsäure zu. (Schutzbrille, Schutzhandschuhe, Abzug!)

A1 Stelle die Reaktionsgleichungen für die folgenden Reaktionen auf:
a) Magnesium und verdünnte Schwefelsäure,
b) Kupferoxid und verdünnte Schwefelsäure.

B2 Erst das Wasser, dann die Säure, sonst geschieht das Ungeheure!

10.4 Praktikum Schwefelsäure und Sulfate

B1 Magnesiumband

B2 Abb. zu Versuch 2

V1 Reaktion mit Magnesium oder Zink
Geräte und Chemikalien: Reagenzglas, Holzspan, Gasbrenner, Magnesiumband (ca. 2 cm), Zinkpulver, Schwefelsäure ($c = 0{,}5$ mol/l).
Durchführung: Fülle das Reagenzglas zu etwa einem Drittel mit verdünnter Schwefelsäure. Gib das Magnesiumband bzw. eine Spatelspitze Zinkpulver hinein. Entzünde den Holzspan am Gasbrenner und halte ihn dicht über die Öffnung des Reagenzglases.
Auswertung: Fertige ein Versuchsprotokoll an und stelle für die im Reagenzglas ablaufende Reaktion eine Reaktionsgleichung auf.

V2 Reaktion mit Kupferoxid (CuO)
Geräte und Chemikalien: 2 Bechergläser (100 ml), Glasstab, Waage, Gasbrenner, Dreifuß mit Keramiknetz, Schwefelsäure ($c = 0{,}5$ mol/l), Kupferblech (ca. 3 cm x 5 cm), Metallzange, Kupferoxid (CuO).
Durchführung A: Gib etwa 30 ml Schwefelsäure in das Becherglas. Halte das Kupferblech in die nicht leuchtende Flamme, bis es vollständig von schwarzem Kupferoxid überzogen ist, und stelle es sofort in das Glas mit der verdünnten Schwefelsäure.
Durchführung B: Gib etwa 30 ml Schwefelsäure in das Becherglas, füge 1,2 g Kupferoxid hinzu und erwärme bis zum Sieden. Lass unter gelegentlichem Umrühren so lange sieden, bis etwa die Hälfte der Flüssigkeit verdampft ist. Dekantiere die noch warme Flüssigkeit in die Kristallisierschale und stelle sie bis zur nächsten Chemiestunde ab.
Auswertung: Erkläre die Beobachtungen. Erstelle eine Reaktionsgleichung.

V3 Natronlauge als Reaktionspartner
Geräte und Chemikalien: Gasbrenner, Dreifuß mit Keramiknetz, Becherglas (100 ml), Uhrglas, 2 Porzellanschalen, 2 Messpipetten (10 ml), Pipettierhilfe, Spatel, Indikatorpapier, Tropfpipette, Schwefelsäure ($c = 0{,}5$ mol/l), Natronlauge ($c = 1$ mol/l), Aktivkohle.
Durchführung: a) Gib 10 ml Schwefelsäure in das Becherglas und füge 10 ml Natronlauge hinzu. Prüfe, ob die Lösung neutral ist und füge, falls notwendig, tropfenweise Schwefelsäure oder Natronlauge hinzu, bis eine neutrale Lösung vorliegt.
Dampfe die Lösung so weit ein, bis ein Feststoff auskristallisiert.
b) Gib 10 ml Schwefelsäure in das Becherglas und füge 5 ml Natronlauge hinzu. Gib das Gemisch in eine Prozellanschale und erhitze es – zum Schluss mit sehr kleiner Flamme. Wenn nur noch wenig Flüssigkeit vorhanden ist, entferne die Porzellanschale von der heißen Unterlage und lass abkühlen. Kratze mit dem Spatel eine Probe der übrig gebliebenen festen Substanz ab, lege sie auf ein Stück Universalindikatorpapier auf einem Uhrglas und füge einen Tropfen Wasser hinzu.
Auswertung: Gib an, welche Stoffe in den beiden Teilexperimenten entstehen und belege dies durch Aufstellung von Reaktionsgleichungen.

10.5 Sulfate – Salze der Schwefelsäure

Kupfersulfat. Erhitzt man blaues Kupfersulfat, so entweicht Wasserdampf, und es entsteht ein weißes Salz [B2]. Diese Reaktion ist umkehrbar. Bei Zugabe von Wasser bildet sich in exothermer Reaktion wieder das blaue Salz [V1]. Der Vorgang beruht darauf, dass blaues Kupfersulfat **Kristallwasser** enthält, das heißt, dass Wassermoleküle in einem bestimmten Anzahlverhältnis in das Ionengitter des Salzes eingebaut sind. Diese Wassermoleküle können beim Erwärmen abgegeben und andererseits bei Zugabe von Wasser wieder ins Kristallgitter eingebaut werden. Auf dem dabei zu beobachtenden Farbwechsel beruht der Einsatz von weißem Kupfersulfat zum Wassernachweis.
Da der Kristallwasseranteil für bestimmte Salze typisch ist, wird er auch in der Verhältnisformel angegeben. Sie lautet für das blaue Kupfersulfat $CuSO_4 \cdot 5\, H_2O$ (lies: Kupfersulfat mit 5 H_2O).
Das weiße Kupfersulfat ist kristallwasserfrei.

$$CuSO_4 \cdot 5\, H_2O \longrightarrow CuSO_4 + 5\, H_2O$$
blaues Kupfersulfat → weißes Kupfersulfat

In Salzhydraten sind Wassermoleküle in die Ionengitter der Salze eingebaut. Wassermoleküle und Ionen stehen jeweils in einem bestimmten Anzahlverhältnis.

Calciumsulfat. Das Salz mit der Verhältnisformel $CaSO_4 \cdot 2\, H_2O$ kommt als **Gips** in der Natur vor. Gips bildet oft schöne Kristalle [B1] und ist in durchsichtigen Plättchen („Marienglas") anzutreffen.
Gips fällt auch in großen Mengen bei der Rauchgasentschwefelung in Kraftwerken an. Durch Erhitzen auf ca. 130 °C („Gips brennen") erhält man **gebrannten Gips** [V2]. Er besitzt nur noch ein Viertel des Kristallwassers. Angerührt mit Wasser, erhärtet der gebrannte Gips innerhalb kurzer Zeit („der Gips bindet ab") [V3]. In einer exothermen Reaktion entstehen durch Aufnahme von Kristallwasser feine nadelförmige Kristalle, die ineinander verfilzt sind. Das Volumen vergrößert sich dabei um etwa 1%.
Gebrannten Gips verwendet man zur Herstellung von Innenputz, Gipskartonplatten zur Konstruktion von Trennwänden und Gipsverbänden [B3].
In der Natur kommt ferner noch kristallwasserfreies Calciumsulfat (*Anhydrit*) vor, das man auch erhält, wenn man Gips auf ca. 1000 °C erhitzt („totgebrannter Gips"). Dieser setzt sich nur schwer mit Wasser um.

B1 Gipskristalle

B2 Kristallwasserhaltiges Kupfersulfat verändert beim Erhitzen seine Farbe

V1 a) Erhitze in einem waagerecht gehaltenen Reagenzglas vorsichtig einige Kristalle von blauem Kupfersulfat. Beobachte den kälteren Teil des Reagenzglases und den Feststoff. Lass das Glas in waagerechter Stellung erkalten. Gib danach einige Tropfen Wasser zu. Beobachte die Farbe des Salzes und prüfe die Temperaturänderung.
b) Gib zu Alkohol mit w = 40% bzw. w = 90% wasserfreies Kupfersulfat, schüttle.

V2 Erhitze Fasergips oder Marienglas in einem waagerecht gehaltenen Reagenzglas.

V3 Rühre gebrannten Gips (Stuckgips) mit Wasser zu einem Brei an. Gib den Gipsmörtel in eine Form (z. B. Streichholzschachtel). Drücke eine mit Öl oder Glycerin bestrichene Münze in die Gipsmasse und entferne sie nach etwa 20 min wieder.

A1 Weshalb wird die Oberfläche von blauem Kupfersulfat weiß, wenn man Schwefelsäure dazugibt?

Sulfate – Salze der Schwefelsäure

Bariumsulfat. Der Name Schwerspat für das in der Natur vorkommende Mineral weist auf die hohe Dichte des Bariumsalzes hin (ϱ(Bariumsulfat) = 4,5 g/cm³).
Bariumsulfat wird als weißes Füllmaterial zur Herstellung von Kunstdruckpapier verwendet. Im Gegensatz zu anderen Bariumverbindungen ist Bariumsulfat wegen seiner äußerst geringen Löslichkeit ungiftig. Es wird daher auch in der Medizin als Kontrastmittel beim Röntgen eingesetzt.

Nachweis von Sulfationen. Gibt man Bariumchloridlösung zu Schwefelsäure- oder Sulfatlösungen, so fällt ein weißer, feinkristalliner Niederschlag aus. Aus Barium- und Sulfationen entsteht schwer lösliches Bariumsulfat [V4].

$$Ba^{2+}(aq) + SO_4^{2-}(aq) \longrightarrow BaSO_4(s)$$

Diese Reaktion wird zum Nachweis von Sulfationen eingesetzt und ist so empfindlich, dass auch die im Trinkwasser enthaltenen Sulfationen erfasst werden können.

Hydrogensulfate, saure Salze. Nicht nur Lösungen von „Säuren", sondern auch manche Salzlösungen sind sauer [V5]. Die die sauren Eigenschaften verursachenden H_3O^+-Ionen müssen demnach durch die Reaktion dieses Salzes mit Wasser entstehen. Kaliumhydrogensulfat ($KHSO_4$) bzw. Natriumhydrogensulfat ($NaHSO_4$) enthalten Hydrogensulfationen, die mit Wassermolekülen H_3O^+-Ionen bilden.

$$HSO_4^- + H_2O \longrightarrow H_3O^+ + SO_4^{2-}$$

Natriumhydrogensulfat ist Bestandteil mancher WC-Reiniger.
Eine wässrige Lösung von Natriumsulfat bzw. Kaliumsulfat ist dagegen nicht sauer.

Name	Formel	Verwendung
blaues Kupfersulfat	$CuSO_4 \cdot 5\ H_2O$	Bekämpfung von Pilzkrankheiten (Obst- und Weinbau); Kunstseideherstellung
Calciumsulfat (Gips)	$CaSO_4 \cdot 2\ H_2O$	Stuckarbeiten, Tafelkreide, Gipsabdrücke, Estrichgips
Bariumsulfat	$BaSO_4$	Röntgenkontrastmittel, Füllmaterial für Kunstdruckpapiere
Natriumsulfat (Glaubersalz)	$Na_2SO_4 \cdot 10\ H_2O$	Bestandteil von Heilwässern, Glasherstellung, Färberei
Magnesiumsulfat (Bittersalz)	$MgSO_4 \cdot 7\ H_2O$	Bestandteil von Heilquellen, Herstellung von Düngern und Feuerlöschmitteln
Natriumhydrogensulfat	$NaHSO_4$	WC-Reiniger

B4 Zusammensetzung und Verwendung der wichtigsten Sulfate im Überblick

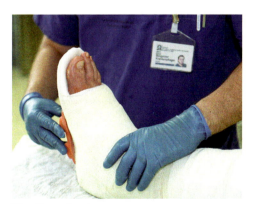

B3 Gipsverband

V4 Gib zu Schwefelsäure- bzw. Sulfatlösungen einige Tropfen Bariumchloridlösung. Wiederhole den Versuch mit Leitungswasser.

V5 Löse etwas Natriumhydrogensulfat in Wasser (Schutzbrille!) und prüfe die Lösung mit Universalindikator. Wiederhole den Vorgang mit Natriumsulfat.

A2 Warum ist Gips zum Fixieren von Wandhaken geeignet?

A3 a) Wie kann man prüfen, ob Gips in Wasser zu einem geringen Teil löslich ist?
b) Wie kann man hart gewordenen (abgebundenen) Gips wieder verwendungsfähig machen?

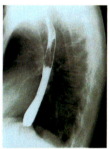
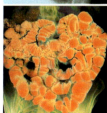

B5 Bariumsulfat als Kontrastmittel in Speiseröhre und Darm

Wichtige Säuren und ihre Salze

10.6 Salpetersäure und Nitrate

B1 Stickstoffdünger

Reine Salpetersäure (Summenformel HNO₃) mit w = 100 % ist eine farblose Flüssigkeit (Siedetemperatur 84 °C), die an der Luft Nebel bildet. Sie wird auch als **„rauchende Salpetersäure"** bezeichnet. Eine Salpetersäurelösung mit einem Massenanteil von 65 bis 69 % wird **konzentrierte Salpetersäure** genannt. Verdünnt man Salpetersäure mit Wasser, reagiert sie vollständig zu H_3O^+- und hydratisierten Nitrationen (NO_3^--Ionen).

$$HNO_3 + H_2O \longrightarrow H_3O^+ + NO_3^-$$

Verwendung. In Deutschland werden jährlich ca. 3 Millionen Tonnen Salpetersäure produziert. Der größte Teil davon dient der Gewinnung von Nitraten für Düngemittel. Ferner wird die Salpetersäure zur Herstellung von Medikamenten, Pflanzenschutzmitteln, Farb-, Kunst- und Sprengstoffen (z. B. Dynamit) verwendet.

Herstellung von Salpetersäure. Aufgrund des schon gegen Ende des 19. Jahrhunderts stark zunehmenden Bedarfs an Stickstoffdünger versuchte man, mit Stickstoff und Sauerstoff aus der Luft Salpetersäure zu gewinnen. Eines dieser Verfahren ist die „Luftverbrennung" [B3], bei der der reaktionsträge Stickstoff mit Sauerstoff im elektrischen Lichtbogen bei über 3000 °C in einer stark endothermen Reaktion zu Stickstoffmonooxid reagiert, das weiter zu Stickstoffdioxid oxidiert wird. Es bildet mit Wasser und Sauerstoff Salpetersäure [B3]. Das Verfahren spielte wegen des hohen Energiebedarfs nur für kurze Zeit eine Rolle.

Großtechnisch wird Salpetersäure folgendermaßen hergestellt: Zunächst verbrennt man Ammoniak zu Stickstoffmonooxid mit Platin als Katalysator. Die weiteren Schritte, vom Stickstoffmonooxid ausgehend, können B4 entnommen werden.

Vorkommen und Verwendung einiger Nitrate. Bedeutende Lagerstätten für Kaliumnitrat (Kalisalpeter von lat. sal petrae, Felsensalz) liegen in Indien und China, für Natriumnitrat (Natronsalpeter) vor allem in der Wüste Atacama in Nordchile (Chilesalpeter). Chilesalpeter war lange Zeit ein wichtiges Welthandelsgut, um dessen Lagerstätten sogar Krieg geführt wurde (Salpeterkrieg 1879–1883). Früher diente Salpeter vor allem zur Herstellung von Schießpulver und Sprengmitteln für den Bergbau.
Seit Mitte des 19. Jahrhunderts finden Nitrate immer stärker Anwendung als Mineraldünger (Kap. 11.3).

Die Lösung von Silbernitrat ($AgNO_3$) dient zum Nachweis von Halogeniden (Kap. 7.2).

A1 In der Luft liegt Stickstoff neben Sauerstoff vor, ohne dass eine Reaktion eintritt. In B3 läuft jedoch eine Reaktion ab. Erkläre den Unterschied.

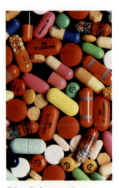

B2 Salpetersäure dient zur Herstellung von Medikamenten

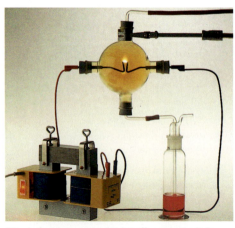

B3 Luftverbrennung. Stickstoff reagiert mit Sauerstoff im elektrischen Lichtbogen

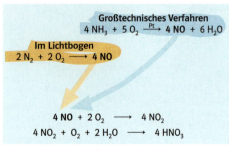

B4 Herstellung von Salpetersäure

10.7 Phosphorsäure und Phosphate

Phosphorsäure. Reine Phosphorsäure ist ein Feststoff (Schmelztemperatur 42 °C). Eine Phosphorsäurelösung mit einem Massenanteil von w(Phosphorsäure) = 85 % wird **konzentrierte Phosphorsäure** genannt und ist eine farblose, ölige Flüssigkeit. Phosphorsäure kann aus Phosphorpentaoxid hergestellt werden, das beim Verbrennen von Phosphor entsteht. Der Feststoff ist aus Molekülen aufgebaut, die die Formel P_4O_{10} haben. **Phosphorpentaoxid** bildet mit Wasser in einer exothermen Reaktion Phosphorsäure.

$$P_4O_{10} + 6\,H_2O \longrightarrow 4\,H_3PO_4$$

Phosphorsäure ergibt mit Wasser eine saure Lösung, die H_3O^+-Ionen und Anionen, hier **Dihydrogenphosphat** ($H_2PO_4^-$)-, **Hydrogenphosphat** (HPO_4^{2-})- und **Phosphat** (PO_4^{3-})-Ionen enthält. Die Konzentration der Hydrogenphosphationen in der Lösung ist gering, noch geringer ist die der Phosphationen. Den Anionen entsprechend bildet Phosphorsäure *drei Reihen von Salzen*, die *Dihydrogenphosphate*, die *Hydrogenphosphate* und die *Phosphate*.
Phosphorsäure wird vor allem zur Herstellung von Düngemitteln und Rostumwandlern [V1] gebraucht. Da sie ungiftig ist, wird Phosphorsäure als Zusatz zu Erfrischungsgetränken verwendet, um diesen einen sauren Geschmack zu verleihen.

Phosphate. Das wichtigste in der Natur vorkommende Phosphat ist Calciumphosphat (Apatit, Phosphorit), das große Lager in Nordafrika, den USA und in der GUS bildet. Calciumphosphat ist in Wasser nur sehr wenig löslich. Durch „Aufschließen" mit Schwefelsäure kann es in lösliches Dihydrogenphosphat überführt werden.

$$Ca_3(PO_4)_2 + 2\,H_2SO_4 \longrightarrow 2\,CaSO_4 + Ca(H_2PO_4)_2$$

Das entstehende Salzgemisch („Superphosphat") ist ein wichtiger Mineraldünger. Für seine Erzeugung werden etwa 60 % der Weltproduktion an Schwefelsäure eingesetzt.

Phosphate in Organismen. Phosphationen sind für alle Organismen lebenswichtig. Diese Ionen sind am Aufbau der Zellmembranen und der Erbsubstanz (DNA) beteiligt. Auch ATP-Moleküle (Adenosintriphosphat), die in Organismen als universelle Energieüberträger fungieren, können ohne Phosphationen nicht gebildet werden. Knochen und Zähne haben einen hohen Anteil an Calciumphosphat. Pflanzen entziehen die für ihr Wachstum notwendigen Phosphationen dem Boden. Menschen und Tiere nehmen sie mit der Nahrung auf.
Phosphationen führen in Gewässern zu einer starken Förderung des Pflanzenwachstums, v.a. der Algen („Überdüngung", Kap. 11.5), und können so zu einer Gefährdung der Umwelt führen.

B1 Eiskristallbildung wird durch Phosphate verhindert

Phosphorsäure und Phosphate in Lebensmitteln

Cola-Getränke: Phosphorsäure zur Geschmacksgebung und Säuerung
Backwaren: Phosphate begünstigen die Entwicklung von Kohlenstoffdioxid beim Backen
Brühwürste: Phosphate erhöhen die Wasserbindefähigkeit
Schmelzkäse: Phosphate als Schmelzsalz verhindern das Verklumpen
Speiseeis: Phosphate verhindern die Bildung von Eiskristallen und geben Cremigkeit
Instantpudding: Phosphate erhöhen die cremige Konsistenz

V1 Streiche Phosphorsäure dünn auf ein rostiges Eisenblech und trockne durch Erwärmen. Versuche, den Belag abzuwaschen. (Schutzbrille!)

A1 Nenne Namen und Formeln von Alkalimetallsalzen, die sich von der Phosphorsäure ableiten.

A2 Warum ist Calciumphosphat zur Düngung ungeeignet. Wie lässt sich daraus ein geeigneter Dünger herstellen?

B2 Rostumwandlung durch Phosphorsäure. Dabei entsteht eine schützende Phosphatschicht

Wichtige Säuren und ihre Salze

10.8 Waldschäden durch Verbrennungsprodukte

Fotooxidantien sind starke Oxidationsmittel, die unter dem Einfluss des Sonnenlichtes entstehen

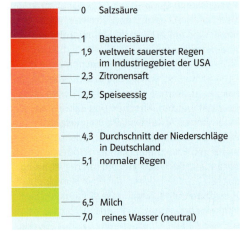

B2 pH-Werte von saurem Regen im Vergleich

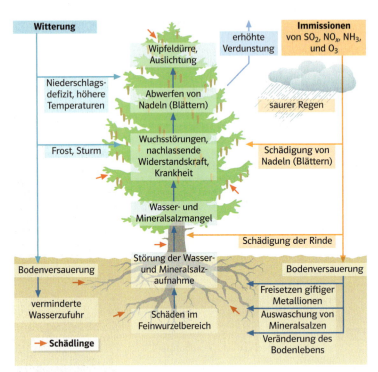

B1 Entstehung und Wirkung von saurem Regen

Da Kohle, Erdöl und Erdölprodukte (z. B. Benzin, Diesel- und Heizöl) unter anderem Schwefelverbindungen enthalten, entsteht bei deren Verbrennung auch Schwefeldioxid (Kap. 10.1). Laufen die Verbrennungsvorgänge bei hohen Temperaturen ab, wird zudem der Stickstoff der Luft oxidiert (Kap. 10.6) und es entstehen Stickstoffoxide. Sie sind z. B. in den Abgasen von Kraftfahrzeugen enthalten. Dabei werden zuerst NO-Moleküle gebildet, die in einem zweiten Schritt in der Atmosphäre zu NO_2-Molekülen oxidiert werden. Häufig wird von Stickstoffoxiden (NO_x) gesprochen, wenn es unerheblich ist, welches Oxid gemeint ist.

Entstehung des sauren Regens. Die gebildeten Oxide – SO_2 und NO_2 – reagieren mit Luftfeuchtigkeit und Wasser zu Schwefliger Säure bzw. Salpetersäure. Aus Schwefliger Säure entsteht z. T. unter der katalytischen Einwirkung von Staubpartikeln Schwefelsäure. Diese Säuren liegen dann in feinster Verteilung in der Luft vor (z. B. als winzige Tröpfchen, Aerosole). Durch den Regen werden die Säuren aus der Luft ausgewaschen, sodass eine saure Lösung, der **saure Regen**, entsteht [B1, B2].

Saurer Regen und Waldschäden. Der saure Regen gilt als ein Verursacher von Waldschäden, die in den 80er-Jahren des vergangenen Jahrhunderts aufgetreten sind. Nach heutigen Erkenntnissen ist die Gesamtheit der Luftverschmutzungen dafür verantwortlich. Als mögliche Auslöser oder Verstärker werden auch Schwermetallverbindungen und Fotooxidantien (z. B. Ozon) genannt. Sie entstehen unter Einfluss des Sonnenlichtes aus Stickstoffoxiden und Kohlenwasserstoffen und schädigen durch ihre oxidierende Wirkung. Insgesamt kennt man etwa 3000 Verbindungen, die zur Luftverschmutzung beitragen. Über die genauen Zusammenhänge von Luftverschmutzung und Waldsterben gibt es jedoch verschiedene Theorien. Ziemlich sicher ist, dass bei einer Vorbelastung durch klimatische Schwankungen mehrere Faktoren zusammenwirken, z. B. Luftschadstoffe, Übersäuerung, Mangel an Mineralsalzen, tierische Schädlinge (z. B. Borkenkäfer) und Mikroorganismen.

Waldschäden durch Verbrennungsprodukte

Auswirkungen von übersäuertem Boden.
Durch die Übersäuerung des Bodens wird zunächst seine natürliche Zusammensetzung gestört. So tötet die saure Lösung nützliche Bodenbakterien ab, die aus dem Humus Mineralstoffe freisetzen, welche für das Wachstum der Bäume notwendig sind. Außerdem werden giftige Schwermetallionen aus nicht löslichen und daher unschädlichen Verbindungen im Boden freigesetzt. Als Folge dieser Veränderungen sterben die Feinwurzeln ab und es kommt zu Störungen im Wasserhaushalt und bei der Versorgung mit Mineralsalzen. Die Widerstandskraft der Bäume wird geschwächt. Sie werden anfällig für Krankheiten und andere natürliche Belastungen wie Trockenperioden, Frost und Schädlingsbefall. Unter normalen Verhältnissen können sie den Bäumen in der Regel wenig anhaben.

Ein hoher Nitratgehalt des Bodens stellt ebenfalls ein großes Problem dar. Vor allem Nadelbäume wachsen dann sehr schnell und entziehen dem Boden viele Mineralstoffe. Das Wurzelsystem wird nicht ausreichend entwickelt. Darunter leidet die Wasserversorgung der Bäume in Trockenzeiten, die Standfestigkeit ist verringert.
Durch den sauren Regen werden nicht nur Jungbäume im Aufwachsen behindert, sondern auch ausgewachsene Bäume erheblich geschädigt. Äußerlich sind diese Schädigungen zunächst an Blatt- und Nadelabwurf zu erkennen. Schließlich sterben die Bäume ab [B3].

Luftverunreinigungen schädigen mehrfach.
Neben den Schädigungen, die über die Wurzeln einwirken, können gasförmige Schadstoffe auch direkt auf Nadeln und Blätter der Bäume einwirken. Über die Spaltöffnungen kann Schwefeldioxid in das Blattinnere eindringen und dort mit Wasser zu Schwefliger Säure reagieren. Diese zerstört den für die Fotosynthese wichtigen Pflanzenfarbstoff Chlorophyll und die Zellmembranen [V1]. Bei Nadelbäumen zeigen sich die Schäden in Nadelverlust und schlaff herabhängenden Zweigen v. a. bei Fichten („Lamettasyndrom"). Die Blätter erkrankter Laubbäume haben nur matte Farben, vergilben früh und fallen schneller ab.
In einigen Gebieten ist es zu einem großflächigen **Waldsterben** gekommen. Die Folgen sind unabsehbar, v. a. für den Schutz des Grundwassers, die Speicherung der Niederschläge, das Klima, die Vermeidung von Bodenerosion und die Beschaffenheit der Luft.

Einwirkung auf Bauwerke. Auch Gebäude werden durch den sauren Regen geschädigt [B4]. Er bewirkt, dass aus Kalkstein oder Sandstein mit kalkhaltigen Bindemitteln Gips entsteht.

$$CaCO_3 + 2\ H_3O^+ + SO_4^{2-} \longrightarrow CaSO_4 \cdot 2\ H_2O + CO_2 + H_2O$$

Bei feuchter Witterung löst sich der Gips allmählich auf.

V1 Man gibt in zwei Petrischalen mit angefeuchtetem Filterpapier je 25 Kressesamen und stellt eine davon in eine mit Autoabgasen gefüllte Plastiktüte. Nach 60 min nimmt man die Schale heraus. Stelle beide Schalen an einen hellen Ort und vergleiche nach 2 bis 3 Tagen die Spross- und Wurzellängen der Keimlinge.

A1 Was ist mit NO_x gemeint?

A2 a) Erstelle ein Pfeilschema, das – beginnend mit der Verbrennung von Benzin oder Kohle – die Entstehung des sauren Regens aufzeigt. b) Auf welche Weise werden Bäume durch sauren Regen geschädigt?

B3 Waldschäden als Folge des sauren Regens und anderer Luftschadstoffe

B4 Gesteinskorrosion. Figur an der Esslinger Frauenkirche oben 1900, unten 1985, später restauriert

Wichtige Säuren und ihre Salze

10.9 Übersäuerung des Bodens – Gegenmaßnahmen

Als direkte Gegenmaßnahme gegen die Übersäuerung des Bodens wird versucht, z. B. durch „Kalken" von Böden und Gewässern den pH-Wert anzuheben.

$$CaCO_3 + 2\ H_3O^+ \longrightarrow Ca^{2+} + CO_2 + 3\ H_2O$$

Die auf lange Sicht einzige wirksame Maßnahme, die in der Vergangenheit schon Wirkungen gezeigt hat, ist aber die Verringerung des Schadstoffausstoßes, z. B. durch Verwendung schwefelarmer Brennstoffe, Abgasreinigung oder verbesserte Feuerungstechnik.

Rauchgasentschwefelung. In den meisten Anlagen großer Kraftwerke kommt das „Nassverfahren" zur Anwendung [B1]. Beim Kalkstein-Waschverfahren werden die schwefeldioxidhaltigen Rauchgase in einem Absorberturm mit einer Suspension von Calciumcarbonat besprüht. Dabei entsteht zunächst Calciumsulfit. Durch Einblasen von Luft und anschließenden Wasserentzug entsteht Gips. Deshalb ist der Abbau von mineralischem Gips weitgehend zum Erliegen gekommen.

$$CaCO_3 + SO_2 \longrightarrow CaSO_3 + CO_2$$

$$2\ CaSO_3 + 4\ H_2O + O_2 \longrightarrow 2\ (CaSO_4 \cdot 2\ H_2O)$$

Entfernung von Stickstoffoxiden. Während der Ausstoß an Schwefeldioxid auf schwefelhaltige Verbindungen in den Brennstoffen zurückzuführen ist, entstehen Stickstoffoxide (NO_x) durch Oxidation des Luftstickstoffs bei hohen Temperaturen im Brennraum. Sie können in einer **Rauchgas-„Entstickungs"-anlage** (**DENOX**-Anlage, **Den**itrifikation durch **Ox**idation) weitgehend entfernt werden [B1]. Die in den Rauchgasen enthaltenen Stickstoffoxide reagieren mit zugesetztem Ammoniak zu Stickstoff und Wasser.
Die Reaktion verläuft an speziellen Katalysatoren bei Temperaturen zwischen 350 und 400 °C.

$$4\ NO + 4\ NH_3 + O_2 \longrightarrow 4\ N_2 + 6\ H_2O$$

Die Wirkung von Kfz-Katalysatoren ist in Kap. 5.5 dargestellt.

Wirbelschichtfeuerung. Durch eine besondere Verbrennungstechnik lässt sich der Anteil an Schwefel- und Stickstoffoxiden im Abgas von Kohlekraftwerken erheblich senken. Bei der Wirbelschichtfeuerung wird gemahlene Kohle mit eingeblasener Luft unter Zusatz von Asche oder Sand verwirbelt und bei Temperaturen von 800 – 900 °C schwebend verbrannt. Bei diesen relativ niedrigen Temperaturen wird der Stickstoff der eingeblasenen Luft in wesentlich geringerem Maße oxidiert als bei herkömmlicher Feuerung. Durch Zugabe von Kalkmehl gelingt es außerdem, Schwefeldioxid zu Gips reagieren zu lassen.

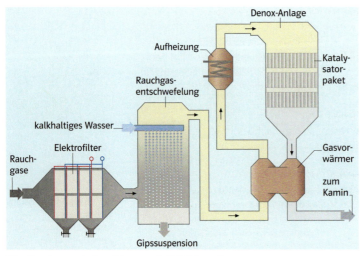

B1 Rauchgasentschwefelung und „Entstickung"

A1 Weshalb werden bei der Rauchgasentschwefelung den Abgasen Kalkstein und auch Sauerstoff zugesetzt?

A2 Stelle das Wirkungsprinzip einer DENOX-Anlage dar. Weshalb werden die Abgase, nachdem sie die Entschwefelungsanlage durchlaufen haben, wieder aufgeheizt?

A3 Zeige die Vorzüge der Wirbelschichtfeuerung auf.

10.10 Durchblick Zusammenfassung und Übung

Säure		Anionen		Formel eines Salzes (Beispiel)
Schweflige Säure	H_2SO_3	Hydrogensulfition	HSO_3^-	$NaHSO_3$
		Sulfition	SO_3^{2-}	Na_2SO_3
Schwefelsäure	H_2SO_4	Hydrogensulfation	HSO_4^-	$NaHSO_4$
		Sulfation	SO_4^{2-}	Na_2SO_4
Salpetersäure	HNO_3	Nitration	NO_3^-	$NaNO_3$
Phosphorsäure	H_3PO_4	Dihydrogenphosphation	$H_2PO_4^-$	NaH_2PO_4
		Hydrogenphosphation	HPO_4^{2-}	Na_2HPO_4
		Phosphation	PO_4^{3-}	Na_3PO_4
Schwefelwasserstoff	H_2S	Hydrogensulfidion	HS^-	$NaHS$
		Sulfidion	S^{2-}	Na_2S
Chlorwasserstoff *)	HCl	Chloridion	Cl^-	$NaCl$

*) Das Reaktionsprodukt von Chlorwasserstoff und Wasser ist Salzsäure. Sie enthält H_3O^+- und Cl^--Ionen.

B1 Wichtige Säuren und ihre Salze

Wichtige Säuren und ihre Salze
Schweflige Säure, Schwefelsäure, Salpetersäure und Phosphorsäure sind wichtige Säuren. Ihre sauren Lösungen enthalten neben Oxoniumionen die entsprechenden Anionen [B1]. Durch Reaktion mit Oxiden oder Hydroxidlösungen entstehen Salze.

Schweflige Säure
ist eine unbeständige Säure, die aus Schwefeldioxid und Wasser entsteht. Schwefeldioxid wird zur Desinfektion eingesetzt.

Schwefelsäure
ist eine beständige Säure. Sie entsteht, wenn Schwefeltrioxid mit Wasser reagiert. Gegenüber organischen Verbindungen wirkt konz. Schwefelsäure verkohlend. Sie ist hygroskopisch und reagiert exotherm mit Wasser. Beim Verdünnen von Schwefelsäure mit Wasser ist deshalb Vorsicht geboten. **Gips** (Calciumsulfat) ist ein Salz der Schwefelsäure und kommt in der Natur als Salzhydrat vor ($CaSO_4 \cdot 2\ H_2O$). Beim Erhitzen auf ca. 130 °C entsteht ein wasserärmeres Salzhydrat ($CaSO_4 \cdot \frac{1}{2}\ H_2O$, gebrannter Gips). Angerührt mit Wasser erhärtet er innerhalb weniger Minuten unter Bildung des ursprünglichen Salzhydrates.

Salpetersäure
ist eine farblose Flüssigkeit. Sie wird großtechnisch durch Oxidation von Ammoniak (NH_3) hergestellt. Salze der Salpetersäure, **Nitrate**, werden zur Herstellung von Schießpulver und Sprengstoffen, vor allem aber als Düngemittel eingesetzt.

Phosphorsäure
ist ein hygroskopischer Feststoff. Die Salze der Phosphorsäure heißen **Phosphate**. Sie sind wichtiger Bestandteil von Düngemitteln. Alle Lebewesen brauchen Phosphationen, um z. B. die Erbsubstanz DNA und den Energieüberträger ATP herstellen zu können. Knochen und Zähne enthalten Calciumphosphat.

Saurer Regen
entsteht, wenn durch Verbrennungsvorgänge Schwefeldioxid/Schwefeltrioxid und Stickstoffoxide (NO_x) in die Atmosphäre gelangen. Neben anderen Faktoren wird der saure Regen für die seit einigen Jahrzehnten auftretenden **Waldschäden** verantwortlich gemacht.

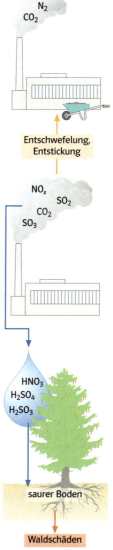

B2 Rauchgase mit und ohne Entschwefelung bzw. Entstickung

Durchblick Zusammenfassung und Übung

B3 Zu Aufgabe 6

A1 Gib an, wie Schwefelsäure bzw. Salpetersäure hergestellt werden können.

A2 Begründe, weshalb es sehr gefährlich ist, Wasser in konzentrierte Schwefelsäure zu gießen. Warum ist das umgekehrte Vorgehen weniger gefährlich?

A3 Formuliere eine Reaktionsgleichung für die Reaktion von Zink bzw. Zinkoxid (ZnO) mit verdünnter Schwefelsäure.

A4 Bei der Reaktion von Eisen mit verdünnter Schwefelsäure entsteht Eisensulfat ($FeSO_4$). Stelle die Reaktionsgleichung auf.

A5 Gib an, wie Sulfationen bzw. Chloridionen im Trinkwasser nachgewiesen werden können.

A6 Welche Vorgänge laufen bei der Verarbeitung von Gips ab [B3]?

A7 Bilde die Verhältnisformeln folgender Salze: Natriumsulfit, Calciumdihydrogenphosphat, Magnesiumnitrat, Aluminiumsulfat, Kaliumhydrogensulfat, Eisenphosphat. Gib an, aus welchen Ionen diese Salze aufgebaut sind.

A8 Begründe, warum Kaliumhydrogensulfat ($KHSO_4$) als saures Salz bezeichnet wird.

A9 Erkläre, warum es bei Gewittern [B5] zur Bildung von Salpetersäure in der Luft kommt.

A10 Stelle tabellarisch wichtige Verwendungszwecke von Schwefelsäure/Sulfaten, Salpetersäure/Nitraten und Phosphorsäure/Phosphaten zusammen.

A11 Phosphorpentaoxid ist eine stark hygroskopische Substanz. Welcher Stoff entsteht bei Wasseraufnahme? Erstelle die Reaktionsgleichung.

A12 Nenne Faktoren, die nach heutigem Kenntnisstand Verursacher der Waldschäden sind.

A13 Aus welchem Grund werden Waldböden mit Kalkmehl bestäubt?

A14 Wie entsteht der saure Regen? Welche Auswirkungen hat er auf **a)** Bäume und **b)** Bauwerke?

A15 Stelle die chemischen Vorgänge dar, die bei der Rauchgasentschwefelung ablaufen.

A16 Zur Verringerung des Gehalts an Stickstoffoxiden in den Abgasen von Kraftwerken werden „Entstickungsanlagen" (DENOX-Anlagen) eingesetzt. Beschreibe die dabei ablaufenden Reaktionen [B4] und stelle Reaktionsgleichungen auf.

A17 Wie unterscheiden sich Wirbelschichtfeuerung und herkömmliche Feuerung mit einem Rost? Welche von beiden ist weniger umweltschädlich? Begründe.

A18 Was ist es? Übertrage die Fragen und Antworten in dein Chemieheft.
a) Es entsteht bei der Verbrennung von Schwefel und Schwefelverbindungen, die Molekülmasse beträgt 64 u.
b) Schwefelsäure hat die gesuchte Eigenschaft, es bedeutet Wasser an sich ziehend.
c) Bei der Rauchgasentschwefelung fällt er in großen Mengen an.
d) Es kann als Füllmaterial für Kunstdruckpapiere, aber auch als Röntgenkontrastmittel eingesetzt werden.
e) Sie werden häufig in Brühwürsten, Schmelzkäse und Instantpudding angetroffen.

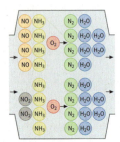

B4 Zu Aufgabe 16

B5 Zu Aufgabe 9

220 Allgemeine Chemie

11 Mineralsalze – Düngung – Boden

Angesichts der steil anwachsenden Weltbevölkerung und des in vielen Teilen der Welt herrschenden Hungers spielt die Versorgung mit Lebensmitteln eine sehr große Rolle.

▬ Im 19. Jahrhundert, als große Hungersnöte in Europa vorkamen, erkannte der Chemiker Justus von Liebig, dass die Pflanzen zum Wachsen bestimmte Mineralstoffe in einem ausgewogenen Verhältnis benötigen. Justus von Liebig wurde damit zum Begründer der Mineraldüngung. Seitdem konnten durch gezielten Einsatz von Mineraldünger die Ernteerträge erheblich gesteigert werden.

▬ Die Verwendung von Mineraldünger kann aber auch Nachteile mit sich bringen. Aus überdüngten Böden können Düngesalze ausgeschwemmt werden, welche dann über das Grundwasser ins Trinkwasser gelangen und so unsere Gesundheit beeinträchtigen.

▬ In Oberflächengewässern führen ausgewaschene Düngesalze zu übermäßigem Pflanzenwachstum („Eutrophierung"). Durch Zersetzung des biologischen Materials entsteht Sauerstoffmangel, der Gewässer zum „Umkippen" bringen kann.

11.1 Pflanzenwachstum und Düngung

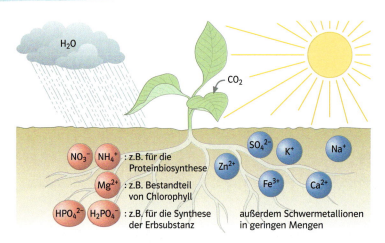

B1 Lebensgrundlage der Pflanze. Neben Licht, Wärme, Wasser und Kohlenstoffdioxid benötigt sie außerdem verschiedene Elemente in Form gelöster Salze

Die enorme Zunahme der Erdbevölkerung verschärft zunehmend das Problem der Versorgung mit Nahrungsmitteln. Eine ausreichende *Ernährung* ist nur dann möglich, wenn die nutzbaren Flächen bestmöglich bewirtschaftet werden. Ihr Ertrag hängt u. a. stark vom Ausmaß der Düngung ab.

Nährstoffe der Pflanzen. Basis für das pflanzliche Wachstum ist die Fotosynthese. Zum Aufbau von Kohlenstoffverbindungen entnehmen die Pflanzen der Luft Kohlenstoffdioxid. Alle übrigen Substanzen, Wasser und die Ionen der Mineralsalze, stammen aus dem Boden. Die Ionen werden von den Wurzeln aufgenommen [B1]. Insgesamt gibt es 17 für alle Pflanzen essenzielle (lebenswichtige) Elemente.

Warum gedüngt werden muss. Die Elemente durchlaufen in der unberührten Natur einen geschlossenen Kreislauf.
Auf landwirtschaftlich intensiv genutzten Flächen werden die Stoffe diesem Kreislauf mit der Ernte entzogen. Die geernteten Produkte werden u. U. weit wegtransportiert und gelangen nicht mehr in den Boden zurück, der dadurch rasch an Mineralsalzen verarmt. Die Erträge nehmen ab. Die verloren gegangenen Salze müssen durch Wirtschaftsdünger (Mist, Gülle, Kompost) oder industriell hergestellten Mineraldünger wieder zugeführt werden.

Exkurs Hydrokultur zur Identifizierung essenzieller Elemente

Mithilfe von Hydrokulturen lässt sich feststellen, ob ein bestimmtes Element für eine Pflanze essenziell ist. Dazu werden zwei Lösungen von Mineralsalzen hergestellt. Eine Lösung enthält zum Vergleich alle notwendigen Ionen im richtigen Verhältnis zueinander und in einer für die Pflanze verwertbaren Form. Der anderen Lösung fehlen z. B. Kaliumionen. Sie ist aber ansonsten genauso zusammengesetzt. Geringes Wachstum und verfärbte Blätter zeigen, dass Kaliumionen für die getestete Pflanze essenziell sind.

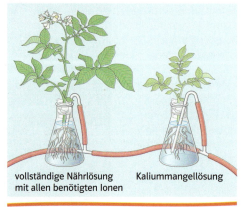

vollständige Nährlösung mit allen benötigten Ionen | Kaliummangellösung

V1 Gib zu Holzkohlenasche verdünnte Salzsäure und filtriere den Rückstand ab (Schutzbrille!). Führe mit dem Filtrat Nachweisproben auf Kalium-, Phosphat- und Sulfationen durch (Kap. 11.4).
Prüfe mit Teststäbchen auf Calcium- und Eisenionen.

A1 Erstelle eine Tabelle mit den Ionen aus B1 und deren Namen, z. B. NO_3^-/Nitration.

11.2 Der Kreislauf des Stickstoffs

Die Tatsache, dass die für das Wachstum wichtigen *Elemente* Kreisläufe durchlaufen, hat schon der Chemiker Justus von Liebig 1840 formuliert [B2]. Zu den Elementen, die von besonderer Bedeutung für das Wachstum von Pflanzen, Tieren und Menschen sind, gehört der Stickstoff.

Kreislauf des Elements Stickstoff. Stickstoffverbindungen dienen den Pflanzen z. B. zum Aufbau von Eiweißstoffen. Nur wenige Pflanzen wie die Leguminosen, zu denen Lupine und Klee gehören, können mithilfe von Bakterien in ihren Wurzeln (Knöllchenbakterien) Stickstoff aus der Luft verarbeiten. Die anderen sind auf Nitrat- oder Ammoniumionen aus dem Boden angewiesen. Tiere und Menschen können ihren Stickstoffbedarf aus pflanzlichem Eiweiß decken.

Ausscheidungen von Tieren und Menschen sowie abgestorbene Pflanzen und Körper toter Tiere werden im Boden unter Bildung von Ammoniak bzw. Ammoniumsalzen abgebaut. Diese können wieder zu Nitraten oxidiert werden.

Ein Teil des Ammoniaks wird diesem Kreislauf durch Bakterien entzogen, die Ammoniak in Stickstoff umwandeln. Der gebildete Stickstoff wird an die Atmosphäre abgegeben. Bei Gewittern können mithilfe von Blitzen aus Stickstoff und Sauerstoff Stickstoffoxide entstehen. Diese können zu Salpetersäure reagieren und mit dem Regenwasser in den Boden gelangen.

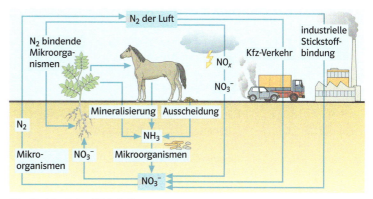

B1 Kreislauf des Stickstoffs

Der Stickstoffkreislauf wird durch die landwirtschaftliche Nutzung gestört, da ein großer Teil der Stickstoffverbindungen mit der Ernte weggeführt wird. Mit der Wirtschaftsdüngung durch Mist oder Gülle können dem Boden entzogene Stickstoffverbindungen zumindest teilweise wieder ersetzt werden.
Bis zum Anfang des 20. Jahrhunderts stand im Wesentlichen nur der hauptsächlich in Chile abgebaute Natronsalpeter (Chilesalpeter, $NaNO_3$) als zusätzlicher Dünger zur Verfügung (Kap. 10.6).

Seit 1913 kann mit dem Haber-Bosch-Verfahren großtechnisch Ammoniak aus Wasserstoff und Stickstoff hergestellt werden. Durch eine nachfolgende Oxidation des Ammoniaks können Nitrate zur Herstellung von Düngemitteln gewonnen werden. Etwa 85 % des weltweit produzierten Ammoniaks werden zu Düngemitteln verarbeitet.

A1 Beschreibe durch Auswertung von B1, auf welchen Wegen Stickstoffverbindungen in den Boden gelangen können.

A2 In der ökologischen Landwirtschaft verzichtet man auf Mineraldünger. Wie können dem Boden trotzdem die notwendigen Stickstoffverbindungen zugeführt werden?

A3 Erstelle mithilfe von Kap. 10.6, B4 ein Pfeilschema, das die Herstellung von Natriumnitrat aus Luftstickstoff mithilfe der technischen Ammoniaksynthese zeigt.

> Kohlensäure, Ammoniak und Wasser enthalten in ihren Elementen die Bedingungen zur Erzeugung aller Thier- und Pflanzenstoffe, während ihres Lebens. Kohlensäure, Ammoniak und Wasser sind die letzten Producte des chemischen Processes ihrer Fäulniß und Verwesung. Alle die zahllosen, in ihren Eigenschaften so unendlich verschiedenen, Producte der Lebenskraft nehmen nach dem Tode die ursprünglichen Formen wieder an, aus denen sie gebildet worden sind. Der Tod, die völlige Auflösung einer untergegangenen Generation, ist die Quelle des Lebens für eine neue.

B2 Text von Justus von Liebig über den Kreislauf der Elemente aus dem Jahre 1840 (Auszug)

11.3 Mineraldünger

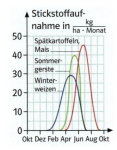

B1 Stickstoffbedarf einiger Pflanzen während des Wachstums

Durch landwirtschaftliche Nutzung werden den Böden wichtige, essenzielle Elemente entzogen. Dieser Verlust kann durch den Einsatz von Wirtschaftsdünger nur teilweise und unter Verzicht auf Höchsterträge ausgeglichen werden.
Durch Mineraldünger können dem Boden die Nährstoffe zugeführt werden, die für einen optimalen Ertrag notwendig sind.

Richtiges Düngen. Vor dem Einsatz von Mineraldünger wird häufig eine Bodenuntersuchung durchgeführt. Danach wird der richtige Dünger ausgewählt. Aber nicht nur die richtige Zusammensetzung des Düngers, auch die Wahl des Zeitpunktes der Düngung ist von großer Wichtigkeit [B1].
Pflanzen haben nicht in allen Entwicklungsstadien den gleichen Bedarf. Dünger, der zum falschen Zeitpunkt eingesetzt wird, kann durch Auswaschung zu einer Belastung der Umwelt führen.

A1 Erläutere LIEBIGS Fassmodell.

A2 Ermittle aus B1 den richtigen Zeitpunkt für die Düngung von Winterweizen, Sommergerste und Mais.

Exkurs JUSTUS VON LIEBIG

JUSTUS VON LIEBIG

Entzug mit der Erntemasse in kg pro ha		
Element	Weizen	Mais
N	25 bis 35	18 bis 22
P	4 bis 6	3 bis 4
K	17 bis 21	3 bis 5
Ca	3 bis 6	1
Mg	1 bis 3	1 bis 2

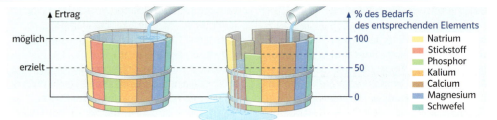

Der Chemiker J. v. LIEBIG (1803 – 1873) wirkte von 1824 bis 1852 als Professor an der Universität Gießen und danach an der Universität München. Viele seiner Studenten sind bedeutende Chemiker geworden. Zu seinen wichtigsten Verdiensten gehören die Entwicklung der organischen Elementaranalyse und die Förderung der Agrarchemie.

Unter dem Eindruck von Hungersnöten in Europa erforschte LIEBIG Möglichkeiten, durch gezielte Düngung die Ernteerträge zu steigern. Seine Forschungen ergaben, dass Pflanzen bestimmte Elemente in einer verwertbaren Form und in einem ausgewogenen Verhältnis zueinander benötigen. Er veranschaulichte dies mit dem **Fassmodell**. 100 %ige Bedarfsdeckung bedeutet z. B. beim Weizen für das Element Stickstoff 25 – 35 kg/ha bzw. für Phosphor 4 – 6 kg/ha. Die ersten der von LIEBIG entwickelten Düngemittel erwiesen sich allerdings als Fehlschläge. Aus Angst, dass die Mineralsalze mit dem Regen ausgewaschen werden, brachte er diese in wasserunlöslicher Form ein. Dadurch standen die Mineralstoffe aber nur in einer Form zur Verfügung, die die Pflanzen nicht aufnehmen konnten.

Fassmodell	Realität
Fassdaube	Element
Wasserstand	Ertrag
Länge der Fassdaube	Verhältnis der vorhandenen Menge des Elements im Boden zum Bedarf am Element
Länge der Fassdaube im intakten Fass	100%ige Bedarfsdeckung des Elements
Die kürzeste Fassdaube begrenzt die Höhe des Wasserstands im Fass.	Das im Vergleich zu seinem Bedarf im geringsten Maße vorhandene Element begrenzt den Ertrag.
Eine andere, höhere Fassdaube als die kürzeste ermöglicht nicht, dass der Wasserstand im Fass erhöht wird.	Ein verstärkter Einsatz eines anderen Elements ermöglicht keinen höheren Ertrag.

11.4 Praktikum Mineraldünger

Ein Volldünger ist ein mineralischer Dünger mit Düngesalzen in einem Mischungsverhältnis, das auf durchschnittliche Böden abgestimmt ist. Er enthält Stickstoffverbindungen wie Nitrate und Ammoniumverbindungen, zudem Phosphate und Sulfate. Als Kationen liegen in diesen Salzen außer Ammonium meist Kalium-, Magnesium- und Calciumionen vor.
Wir werden einen Volldünger auf die Anwesenheit verschiedener wichtiger Ionen überprüfen. Um die Ergebnisse der Untersuchung festzuhalten, wird ein Protokoll angefertigt.

Du erhältst von deinem Lehrer eine Düngerprobe. Löse sie in destilliertem Wasser und filtriere, falls die Flüssigkeit trübe ist.

V1 Prüfung auf Kaliumionen
Geräte und Chemikalien: Magnesiastäbchen, Cobaltglas, Brenner, gelöste Düngerprobe.
Durchführung: Befeuchte ein Magnesiastäbchen mit der Düngerlösung und halte es in die nicht leuchtende Brennerflamme. Betrachte die Flamme durch das Cobaltglas. Eine violette Flammenfärbung zeigt die Anwesenheit von Kaliumionen an.

V2 Prüfung auf Calciumionen
Geräte und Chemikalien: Reagenzglas, Essigsäure ($c = 2$ mol/l), gelöste Düngerprobe, Ammoniumoxalatlösung (gesättigt).
Durchführung: Gib zu 2 ml der Probe 1 ml Essigsäure und versetze mit 5 Tropfen Ammoniumoxalatlösung. Eine sofortige Bildung eines farblosen Niederschlages zeigt größere Mengen an Calciumionen an, bei geringeren Konzentrationen tritt der Niederschlag erst nach längerer Zeit oder nach Erwärmen auf.

V3 Prüfung auf Eisenionen
Geräte und Chemikalien: Reagenzgläser, Lösung von rotem Blutlaugensalz ($\beta = 0{,}5$ g/(100 ml)), Lösung von gelbem Blutlaugensalz ($\beta = 0{,}5$ g/(100 ml)).
Durchführung: Gib zu 10 ml der Probe 0,5 ml der Lösung von rotem Blutlaugensalz. Ein tiefblaue Färbung zeigt Fe^{2+}-Ionen an.
Gib zu 10 ml der Probe 0,5 ml der Lösung von gelbem Blutlaugensalz. Eine tiefblaue Färbung zeigt Fe^{3+}-Ionen an.

V4 Prüfung auf Ammoniumionen
Geräte und Chemikalien: Reagenzglas, Brenner, Natriumhydroxidplätzchen, gelöste Düngerprobe.
Durchführung: Mische im Reagenzglas eine Probe des Düngers (fest) mit einigen Natriumhydroxidplätzchen (Schutzbrille!). Erhitze das Gemisch mit der nicht leuchtenden Brennerflamme (Abzug!). Halte über die Reagenzglasöffnung ein angefeuchtetes Indikatorpapier. Blaufärbung zeigt Ammoniak an, das aus den Ammoniumionen entsteht.

V5 Prüfung auf Sulfationen
Geräte und Chemikalien: Reagenzglas, Brenner, Salzsäure ($c = 2$ mol/l), Bariumchloridlösung ($\beta = 10$ g/(100 ml)), gelöste Düngerprobe.
Durchführung: Gib zu ca. 2 ml der Probe 1 ml Salzsäure und 5 Tropfen Bariumchloridlösung. Ein feinkristalliner Niederschlag zeigt Sulfationen an. Evtl. muss etwas erwärmt werden.

V6 Prüfung auf Nitrationen
Geräte und Chemikalien: Reagenzglas, Teststäbchen Nitrat-Test, gelöste Düngerprobe.
Durchführung: nach Gebrauchsanweisung.

V7 Prüfung auf Phosphationen
Geräte und Chemikalien: Reagenzglas, Teststäbchen Phosphat-Test, gelöste Düngerprobe.
Durchführung: nach Gebrauchsanweisung.

B1 Ein Volldünger

B2 Mineraldünger

11.5 Belastung der Umwelt durch Nitrate und Phosphate

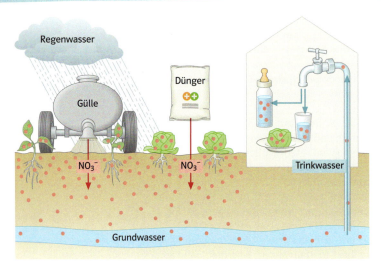

B1 Überschüssige Nitrationen werden aus dem Boden ausgewaschen und gelangen ins Trinkwasser

B2 Nitratnachweis

Das Düngen mit Kompost, der aus abgestorbenen Pflanzen entsteht, ist eine sehr umweltverträgliche Methode, die oft in Gärten angewandt wird. Die im Kompost gebundenen Mineralsalze werden infolge des bakteriellen Abbaus nur schrittweise freigesetzt. Dagegen sind die Bestandteile des Mineraldüngers zwar sofort verfügbar, sie können andererseits aber auch z. B. durch Regen ausgewaschen werden und die Umwelt belasten.

Trinkwassergefährdung. Wenn Düngemittel bei sehr intensiv betriebener Landwirtschaft oder intensiv betriebenem Gartenbau in zu großen Mengen eingesetzt werden, können sie durch Regenwasser ausgewaschen werden und ins Oberflächen- oder Grundwasser gelangen. Vor allem die gut löslichen Nitrate können zur Belastung des Trinkwassers führen. Durch bestimmte Bakterien können Nitrationen (NO_3^-) zu Nitritionen (NO_2^-) reduziert werden. Letztere gehen mit dem Hämoglobin des Blutes eine chemische Reaktion ein. Das so veränderte Hämoglobin ist nicht mehr in der Lage, seine Funktion als Sauerstofftransportmittel zu erfüllen. Besonders gefährdet sind Säuglinge.

Aus Nitriten können im menschlichen Körper auch krebserregende Stoffe (Nitrosamine) entstehen.

Nitrat in Lebensmitteln. Düngung kann zu einer Anreicherung von Nitrationen in Pflanzen und damit auch in unserer Nahrung führen. Produkte aus ökologischem Landbau schneiden in dieser Hinsicht in vielen Fällen besser ab als konventionell produzierte.

Eutrophierung von Gewässern. Die Zufuhr an Mineralsalzen, vor allem an Phosphaten und Nitraten, hat für Gewässer ein starkes Pflanzenwachstum zur Folge. Dieser Vorgang wird **Eutrophierung** genannt. Übermäßiges Pflanzenwachstum führt zu einer entsprechenden Vermehrung tierischer Organismen, die den Sauerstoff des Gewässers verbrauchen. Pflanzen und tierische Organismen sterben ab und sinken zu Boden. Bei ihrer Zersetzung wird zusätzlich Sauerstoff verbraucht. Schließlich kann Fäulnis eintreten, wobei Giftstoffe, u. a. auch Schwefelwasserstoff, entstehen. Tiere und Pflanzen sterben. Man sagt, das Gewässer „kippt um".

Kläranlagen. Da auch Haushaltsabwässer große Mengen an Nitraten und Phosphaten enthalten, ist es notwendig, diese in Kläranlagen zu entfernen. Phosphate werden durch Zusatz von Eisenverbindungen als schwer lösliches Eisenphosphat ausgefällt. Nitrationen werden durch Bakterien unter Bildung von Stickstoffmolekülen (Kap 11.2) entfernt.

V1 Untersuche Proben verschiedener Gewässer mit Teststäbchen auf Ammonium-, Nitrat- und Phosphationen.

V2 Gib zu einer Gewässerprobe bzw. zu einer Lösung von Kaliumdihydrogenphosphat Eisenchloridlösung ($FeCl_3$) mit $w = 10\%$.

A1 Welche Gefährdungen für den Menschen gehen von Nitrationen in Lebensmitteln oder Trinkwasser aus?

A2 Gut mit Nährstoffen versorgte, eutrophe Gewässer können für die meisten Organismen lebensfeindlich werden. Beschreibe die Folgenkette.

A3 Gib an, wie in Kläranlagen gelöste Phosphate und Nitrate entfernt werden.

11.6 Untersuchung eines Bodens

Der Boden ist ein Teil der belebten oberen Erdkruste. Er ist Lebensraum für viele Pflanzen und Tiere. Unsere Ernährung hängt von der Qualität landwirtschaftlich genutzter Böden ab.

Aufbau des Bodens. Bodenanschnitte [B2] legen oft ein vertikales Profil frei, das drei Schichten erkennen lässt. Die oberste Schicht, der A-Horizont, ist der durchwurzelte Oberboden, der verwittertes Gestein, organisches Material und lebende Organismen enthält. Der B-Horizont beinhaltet nur wenig organisches Material. Der C-Horizont besteht aus dem nur teilweise verwitterten Gestein.

Humus. Das sich zersetzende organische Material, das aus abgefallenen Blättern und anderen Pflanzenteilen, toten Organismen, Pilzen und Bakterien besteht, wird Humus genannt. Er entsteht durch die Aktivität von zahlreichen Organismen, z. B. Bakterien oder Pilzen. Sie bauen das organische Material nach und nach ab und setzen die mineralischen Bestandteile frei. Diese werden, sofern sie nicht sofort von Pflanzen bzw. ihren Wurzeln aufgenommen werden, von Bodenpartikeln aufgrund ihrer Ladung festgehalten.

Ionenaustauschprozesse im Boden. Vor allem Kationen wie K^+-, Ca^{2+}- und Mg^{2+}-Ionen werden an negativ geladenen Oberflächen von Tonpartikeln gebunden. Anionen sind weniger fest an Bodenpartikel gebunden und werden leicht durch z. B. Chloridionen ersetzt.
Andererseits müssen die Tonpartikel die gebundenen Kationen auch wieder zur Aufnahme durch Pflanzenwurzeln freigeben. Dies geschieht durch Austausch der Kationen mit Oxoniumionen. Auch Pflanzen steuern Oxoniumionen zur Bodenlösung bei: Kohlenstoffdioxid wird über die Wurzel abgegeben, bildet mit Wasser Kohlensäure, die dann zu Oxonium-, Hydrogencarbonat- und Carbonationen reagiert [B1].
Durch die Einwirkung von Streusalz können Na^+-Ionen in den Boden gelangen und die von Pflanzen benötigten Kationen verdrängen, die dann mit dem Regen ausgewaschen werden. Dadurch gehen wichtige Pflanzennährsalze verloren.

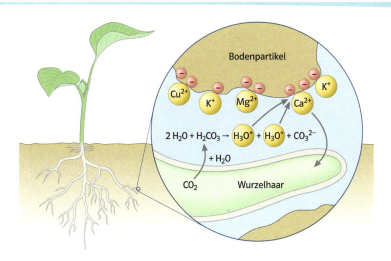

B1 Kationenaustausch im Boden

pH-Wert des Bodens. Vom pH-Wert des Bodens hängt es ab, wie gut die Mineralsalze für die Pflanzen verfügbar sind. Der optimale pH-Wert liegt für die meisten Pflanzen bei pH = 6,5. In einem schwach alkalischen Boden können schwer lösliche Verbindungen, z. B. Eisenhydroxid oder Eisenphosphat entstehen. Die Eisenionen dieser Salze stehen den Pflanzen nicht mehr zur Verfügung. Unterhalb von pH = 6 werden viele Kationen durch Ionenaustausch ausgewaschen und gehen für die Pflanzen verloren.

Probenentnahme. Bodenproben werden aus der durchwurzelten Zone entnommen, und zwar bei Grünland aus einer Tiefe bis zu 10 cm, bei Ackerland aus bis zu 30 cm. Sie werden luftdicht verpackt und mit Angaben zur Nutzungsart des Bodens und Tiefe der Probenentnahme gekennzeichnet.

Bodenextrakte. Für die Bestimmung der Ionen müssen diese von den Bodenpartikeln, an die sie gebunden sind, getrennt und in Lösung gebracht werden. Dazu stellt man bestimmte Auszüge her. Ein Extrakt mit Calciumchloridlösung dient zur Bestimmung von pH-Wert, Nitrit-, Nitrat- und Ammoniumionen. Ein Extrakt mit Calciumlactatlösung (Salz der Milchsäure) wird zur Bestimmung von Phosphat- und Kaliumionen verwendet (Kap. 11.7).

B2 Bodenprofil mit erkennbaren Horizonten

Mineralsalze – Düngung – Boden

11.7 Praktikum Untersuchung eines Bodens

V1 Bestimmung des pH-Wertes
Geräte und Chemikalien: Becherglas (500 ml), Messzylinder (100 ml), Waage, pH-Messgerät, Teststäbchen oder Reagenzien zur Untersuchung von Aquarienwasser, Spatel, Glasstab, Calciumchloridlösung ($c(CaCl_2)$ = 0,0125 mol/l), Bodenproben.
Durchführung: Vermische im Becherglas 100 g einer Bodenprobe und 100 ml Calciumchloridlösung und rühre das Gemisch ca. 1 min mit dem Glasstab. Filtriere, nachdem die Suspension weitere 5 min gestanden hat. Bestimme anschließend den pH-Wert.

V2 Bestimmung des Kalkgehaltes
Geräte und Chemikalien: Laborwaage (Ablesbarkeit 0,01 g), Erlenmeyerkolben (200 ml), Becherglas (100 ml), Spatel, Bodenproben (ca. 1 Std. bei 105 °C getrocknet), verd. Salzsäure (c = 2 mol/l, vom Lehrer vorher durch Zugabe von ca. 1 g Marmor mit Kohlenstoffdioxid gesättigt).
Durchführung: Wiege im Erlenmeyerkolben ca. 20 g der Bodenprobe ab und notiere den genauen Wert. Gib in das Becherglas etwa 50 ml der verdünnten Salzsäure. Stelle beide Gefäße auf die Waage und stelle die Anzeige auf Null. Gieße die Salzsäure zur Bodenprobe, stelle das entleerte Becherglas wieder auf die Waage und verfolge die Massenabnahme. Blase nach Beendigung der Gasentwicklung kräftig in den Erlenmeyerkolben, um das noch im Kolben verbliebene Kohlenstoffdioxid zu entfernen. Bestimme anschließend die Abnahme der Masse.
Auswertung: Die Massenabnahme ist auf das entwichene Kohlenstoffdioxid zurückzuführen. Aus 2,27 g Kalk (Calciumcarbonat, $CaCO_3$) entsteht 1 g Kohlenstoffdioxid.
Berechne die Masse des Kalks in der Bodenprobe und den Massenanteil w in Prozent.

$$w = \frac{m(\text{Kalk})}{m(\text{Bodenprobe})} \cdot 100\%$$

V3 Boden als Ionenaustauscher
Geräte und Chemikalien: Blumentopf, Watte, 2 Bechergläser (250 ml), 3 Bechergläser (50 ml), Stativ mit Ring, Messzylinder (100 ml), Bodenprobe, Eisenchloridlösung ($w(FeCl_3)$ = 0,4 %), verd. Schwefelsäure (c = 1 mol/l), Kaliumthiocyanat-Lösung ($w(KSCN)$ = 10 %).
Durchführung: Lege etwas Watte auf das Abflussloch des Blumentopfes und fülle ihn mit der gut durchfeuchteten Bodenprobe. Hänge den Topf in den Stativring und stelle das Becherglas darunter. Übergieße die Bodenprobe mit 100 ml Eisenchloridlösung. Prüfe die durchgelaufene Flüssigkeit mit 2 bis 3 Tropfen Kaliumthiocyanat-Lösung auf Fe^{3+}-Ionen (eine rote Färbung zeigt Fe^{3+}-Ionen an). Spüle mit ca. 100 ml Wasser nach. Fange die Spüllösung portionsweise in den kleinen Bechergläsern auf, prüfe sie jeweils auf Fe^{3+}-Ionen. Nimm ein neues Becherglas und gib 50 ml Schwefelsäure auf die Probe. Gieße Wasser nach, prüfe die ablaufende Lösung erneut auf Fe^{3+}-Ionen.

B1 Arbeitsschema zur Bodenanalyse: Bestimmung des pH-Werts, der Anwesenheit von Ammonium- und Nitrationen, Kalium- und Phosphationen

Allgemeine Chemie

11.8 Durchblick Zusammenfassung und Übung

Mineralsalze
Pflanzen benötigen zahlreiche lebenswichtige Elemente. Kohlenstoff nehmen sie in Form von Kohlenstoffdioxid aus der Luft auf. Alle anderen Elemente werden aus dem Boden aufgenommen. Dazu gehören Stickstoff, Phosphor und Schwefel in ihren Verbindungen (NO_3^-, HPO_4^{2-}, $H_2PO_4^-$ und SO_4^{2-}-Ionen). Außerdem werden verschiedene Metallkationen benötigt, zum Teil in sehr geringen Mengen als Spurenelemente.

Notwendigkeit der Düngung
In naturbelassenen Bereichen durchlaufen die benötigten Elemente geschlossene Kreisläufe. Aus landwirtschaftlich genutzten Böden werden ständig Mineralsalze entnommen und den Kreisläufen entzogen. Ziel der Düngung ist es, die Differenz zwischen dem Mineralsalzbedarf der angebauten Pflanzen und dem Angebot des Bodens auszugleichen.

Düngerarten
Mist, Gülle und Kompost werden als Wirtschaftsdünger bezeichnet. Industriell hergestellter Dünger wird Mineraldünger („Kunstdünger") genannt. Es gibt sehr unterschiedlich zusammengesetzte Mineraldünger. Aus organischen Düngern entstehen nur langsam die verwertbaren Mineralsalze, aus Mineraldünger jedoch unmittelbar nach der Düngung.

Minimumgesetz von Liebig
Auf den Chemiker J. v. Liebig, der als Begründer der Agrikulturchemie gilt und den Mineraldünger eingeführt hat, geht die Erkenntnis zurück, dass der landwirtschaftliche Ertrag von dem Element begrenzt wird, das im Vergleich zum Bedarf im geringsten Maße vorhanden ist.

Gefährdung der Umwelt
Mineraldünger, der von Pflanzen nicht aufgenommen wird, kann ausgewaschen werden und z. B. in Gewässer gelangen. Vor allem Nitrat- und Phosphationen können z. B. für Gewässer sehr negative Auswirkungen haben. Nitrationen in Trinkwasser und Lebensmitteln können für den Menschen schädlich sein.

Eutrophierung
Die Anreicherung eines Gewässers an Mineralsalzen führt zu einer starken Vermehrung von Pflanzen (z. B. Algen) und Tieren. Durch Abbau von Pflanzenteilen und toten Organismen kann der Sauerstoff eines Gewässers vollständig aufgezehrt werden. Fäulnisprozesse unter Bildung von giftigen Stoffen treten als Folge auf und zerstören die Lebensgrundlage der meisten Organismen des Gewässers.

Boden als Ionenaustauscher
Vor allem Kationen werden durch Ionenbindung an negativ geladenen Oberflächen von Tonpartikeln gebunden. Die Kationen können im Austausch mit Oxoniumionen freigesetzt werden und liegen dann in der Bodenlösung vor. Somit wird eine Aufnahme durch die Wurzeln möglich.

pH-Wert des Bodens
Ein zu niedriger pH-Wert führt zur Auswaschung von Kationen, die damit den Pflanzen nicht mehr zur Verfügung stehen. Ein zu hoher pH-Wert lässt schwer lösliche Hydroxide, z. B. $Fe(OH)_3$, entstehen. Die so gebundenen Metallionen stehen für Pflanzen auch nicht zur Verfügung.

Humus
Das organische Material der obersten Bodenschicht, das durch die Tätigkeit zahlreicher Kleintiere und Mikroorganismen entstanden ist und weiterzersetzt wird, wird Humus genannt. Humus sorgt für die Krümelstruktur des Bodens, hält Wasser und stellt ein Reservoir für mineralische Stoffe dar. Er ermöglicht auch die Durchlüftung des Bodens.

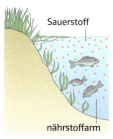
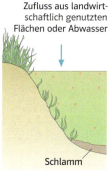

B1 Eutrophierung eines Gewässers durch Phosphate.
Oben: Normales Gewässer.
Mitte: Starkes Pflanzenwachstum durch eingeleitete Phosphate.
Unten: Das Gewässer ist „umgekippt"

Durchblick Zusammenfassung und Übung

B2 Zu Aufgabe 3

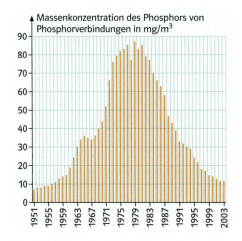

B4 Entwicklung der Phosphatkonzentration im Bodensee

A1 In B4 ist die Entwicklung der Phosphatkonzentration im Bodensee angegeben. Interpretiere die Abbildung.

A2 In einem naturbelassenen Biotop sind im Boden alle benötigten Mineralsalze vorhanden. Bei landwirtschaftlicher Nutzung müssen diese durch Düngung zugeführt werden, damit die Erträge nicht sinken. Warum ist Düngen nur beim Eingriff des Menschen in die Natur nötig?

A3 Eine „Großvieheinheit", das entspricht einer Kuh oder sieben Schweinen oder 50 Hühnern, produziert je nach Tierart und Fütterung zwischen 50 und 100 kg Stickstoffverbindungen pro Jahr. Davon entweichen etwa 20–40 kg in Gasform als Ammoniak auf dem Weg vom Tier zum Feld. Berechne die Masse der Stickstoffverbindungen, die ein Bauernhof mit 50 Kühen durch Mist oder Gülle auf die Felder ausbringt.

A4 Beschreibe und erkläre die Rolle der Bodenbakterien für den Stickstoffhaushalt des Bodens [B3].

A5 Obst und Gemüse, das aus biologischem Anbau, d.h. ohne Einsatz von Mineraldünger, angebaut wurde, ist zwar etwas teurer als herkömmlich produziertes, wird aber von vielen Verbrauchern bevorzugt. Stelle in einem Vergleich Vor- und Nachteile des Düngens mit Wirtschaftsdünger bzw. Mineraldünger gegenüber. Berücksichtige auch Umweltaspekte.

A6 Nenne wichtige für Pflanzen essenzielle Elemente.

A7 Warum ist es wichtig, den Nitratgehalt von Lebensmitteln und Trinkwasser so niedrig wie möglich zu halten?

A8 Stelle am Beispiel des Magnesiums dar, wie wissenschaftlich ermittelt werden kann, dass ein Element essenziell für eine Pflanzenart ist.

A9 Viele Bauern lassen Bodenuntersuchungen durchführen, um auf dieser Basis die richtige Düngerkombination auszuwählen. Warum ist dies nicht nur aus finanziellen Gründen (Kosten, Ernteertrag) wichtig?

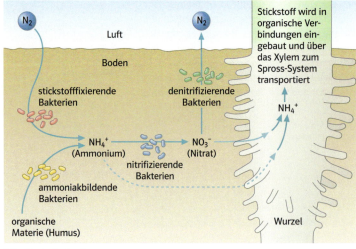

B3 Zu Aufgabe 4

Allgemeine Chemie

Organische Chemie

Noch zu Beginn des 19. Jahrhunderts glaubten die Chemiker, dass viele Stoffe wie Zucker und Fette nur in lebenden Körpern aufgebaut werden könnten, aber niemals in den Apparaturen eines Laboratoriums.

▬ In den Organismen sollte eine besondere Lebenskraft wirken, die Vis vitalis. Vor diesem Hintergrund führte 1806 JÖNS JACOB BERZELIUS (1779–1848) den Begriff organische Chemie für die Chemie der Stoffe ein, die von Organismen hergestellt werden.

▬ Der organischen stand die anorganische Chemie gegenüber. Die Auffassung von einem grundsätzlichen Unterschied zwischen beiden Bereichen der Chemie wurde 1828 durch FRIEDRICH WÖHLER (1800–1882) erschüttert. WÖHLER gelang es, im Labor aus dem anorganischen Salz Ammoniumcyanat die organische Verbindung Harnstoff zu erhalten.

▬ Die Begriffe „organisch" und „anorganisch" haben historische Bedeutung. Die organischen Verbindungen sind Kohlenstoffverbindungen. Zu diesen gehören so unterschiedliche Stoffe wie Erdöl, Erdgas, Kunststoffe, Waschmittel, Arzneimittel, Farbstoffe, Kosmetika und viele weitere Stoffe.

Friedrich Wöhler und die Harnstoffsynthese

B1 Friedrich Wöhler (1800–1882)

B2 Wöhlers Entdeckung im Lehrbuch

$$[N\equiv C-\bar{O}]^- NH_4^+ \xrightarrow{\text{Erwärmen}} \begin{array}{c} H_2\bar{N} \\ H_2\bar{N} \end{array} C=\bar{O}$$

Harnstoff entsteht auf natürliche Weise im Körper von Mensch und Tier als Abbauprodukt von Eiweißen und ist im Urin enthalten.

Wöhler berichtete in einem Brief vom 22. Februar 1828 seinem Freund und Lehrer Berzelius: „… *muß ich Ihnen erzählen, daß ich Harnstoff machen kann, ohne dazu Nieren oder überhaupt ein Thier, sey es Mensch oder Hund nöthig zu haben … Es bedürfte nun weiter Nichts als einer vergleichenden Untersuchung mit Pisse-Harnstoff, den ich in jeder Hinsicht selbst gemacht hatte, und dem Cyan-Harnstoff.*"

Herkunft und Studium. Friedrich Wöhler wurde am 31. Juli 1800 in Eschersheim bei Frankfurt am Main als Sohn eines fürstlichen Stallmeisters geboren. Der Vater erwarb 1806 ein Gut und bewirtschaftete es erfolgreich. Er wurde einer der angesehensten Bürger Frankfurts. In dieser bürgerlichen Umgebung wuchs F. Wöhler auf, er entwickelte in der Schulzeit erste Interessen an der Chemie und Mineralogie.

1820 begann er das Medizinstudium in Marburg. Im folgenden Jahr wechselte er nach Heidelberg, um dort neben dem Studium der Medizin im chemischen Laboratorium von Professor Leopold Gmelin zu experimentieren. 1823 schloss er das Medizinstudium mit der Promotion ab und wandte sich ganz der Chemie zu. Im gleichen Jahr erhielt er die Gelegenheit, in Stockholm bei Jöns Jakob Berzelius zu arbeiten. Im Laufe des einjährigen Aufenthalts entwickelte sich zwischen dem jungen Chemiker und dem viel älteren Großmeister der damaligen Chemie eine Freundschaft, die trotz fachlicher Kontroversen ein Leben lang Bestand hatte.

Erfolgreicher Forscher. Von 1825 bis 1831 unterrichtete und forschte Wöhler in Berlin an der Städtischen Gewerbeschule. 1827 gelang ihm dort die erste Reindarstellung von Aluminium. Er erhielt es durch die Reaktion von Aluminiumchlorid mit Kalium. 1828 folgte die Zufallssynthese des Harnstoffs aus Ammoniumcyanat, die ihn weltberühmt machte.

Noch im Jahr der Harnstoffsynthese, mit 28 Jahren, wurde Wöhler zum Professor ernannt. 1831 wechselte er von Berlin nach Kassel an die Höhere Gewerbeschule. 1836 übernahm er den Lehrstuhl für Chemie und Pharmazie an der Universität Göttingen. Unter seiner Leitung wurde das Göttinger Labor eine berühmte Lehrstätte, die Studenten aus vielen Ländern anzog. Bis zu seinem Tod im Jahr 1882 wirkte Wöhler dort.

A1 Recherchiere, auf welchen Gebieten der Chemie Wöhler im Laufe seines Lebens forschte.

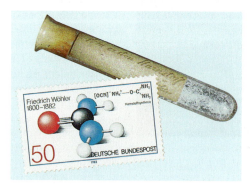

B3 Reagenzglas von Wöhler mit von ihm hergestelltem Harnstoff heute im Deutschen Museum in München

Organische Chemie

Praktikum Qualitative Analyse organischer Verbindungen

V1 Nachweis von Kohlenstoff- und Wasserstoffatomen

Geräte und Chemikalien: Schutzbrille, Porzellanschale, Weithals-Erlenmeyerkolben (250 ml) mit Stopfen, Reagenzglas, durchbohrter Stopfen mit Gasableitungsrohr, Stativ, Doppelmuffe, Universalklemme, Becherglas (100 ml), Gasbrenner, Spatel, Holzspan, frisch filtriertes Kalkwasser, Kupferoxid in Drahtform, weißes Kupfersulfat oder Watesmopapier, Ethanol, Puderzucker.

Durchführung:

a) Gib 2 bis 3 ml Ethanol in die Porzellanschale und entzünde den Stoff mit dem Holzspan. Halte den Weithals-Erlenmeyerkolben mit der Öffnung nach unten über die Flamme. Schütte dann etwas Kalkwasser in den Kolben, verschließe und schüttle kräftig.

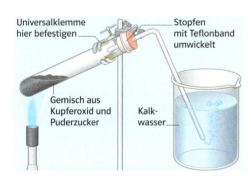

b) Vermische in dem Reagenzglas eine Spatelspitze Puderzucker mit etwa 5 Spatel Kupferoxid. Verschließe das Reagenzglas mit dem durchbohrten Stopfen mit dem Gasableitungsrohr und befestige das Reagenzglas so an dem Stativ, dass das Gasableitungsrohr in das Kalkwasser ragt. Nimm den Brenner in die Hand und erhitze das Reaktionsgemisch kräftig. Ziehe kurz vor dem Ende des Erhitzens das Gasableitungsrohr durch Anheben des Stativs aus dem Kalkwasser. Führe mit den Tröpfchen im Reagenzglas nach Abkühlen den Wassernachweis durch.

Aufgaben:

a) Beschreibe und deute die Beobachtungen.
b) Warum muss bei Durchführung b das Gasableitungsrohr vor dem Ende des Erhitzens aus dem Kalkwasser gezogen werden?

V2 Hinweis auf Sauerstoffatome

Information: Eine Lösung von Iod in flüssigen Sauerstoffverbindungen ist gelb bis braun, eine Lösung von Iod in Verbindungen, die keine Sauerstoffatome enthalten, in der Regel rotviolett bis violett. Ausnahmen bilden einige Schwefel- und Stickstoffverbindungen, die hier aber keine Rolle spielen.

Aufgaben:

a) Wähle eine organische Sauerstoffverbindung und eine organische Kohlenwasserstoffverbindung aus, schlage die Stoffe deiner Lehrkraft als Testsubstanzen vor.
b) Überprüfe die Verbindungen anschließend mit Iod, stelle dazu die Geräte und Materialien zusammen.

V3 Nachweis von Stickstoffatomen und Schwefelatomen

Geräte und Chemikalien: Schutzbrille, Gasbrenner, Reagenzglas, Spatel, Pinzette, konz. Natronlauge in einer Tropfflasche ($w \approx 30\%$), gekochtes Eiweiß, Universalindikatorpapier, Bleiacetatpapier, Uhrglas.

Hinweis: (Schutzbrille!) Durch Natronlauge können schwere Verätzungen hervorgerufen werden! Es kann auch zum Herausspritzen heißer Lauge kommen, wenn das Reagenzglas schon aus der Flamme genommen worden ist! Das Bleiacetatpapier ist nur mit der Pinzette anzufassen!

Durchführung:

a) Erhitze in dem Reagenzglas eine kleine Portion gekochtes Hühnereiweiß mit etwa 3 ml konz. Natronlauge kurz zum Sieden. Nimm das Reagenzglas aus der Flamme.
b) Halte mit der Pinzette ein feuchtes Indikatorpapier in die entweichenden Dämpfe über der Reagenzglasöffnung.
c) Gib ein bis zwei Tropfen Flüssigkeit aus dem Reagenzglas auf Bleiacetatpapier, das auf einem Uhrglas liegt.

Aufgaben:

a) Beschreibe und deute die Beobachtungen.
b) Hält man in die Dämpfe über der Reagenzglasöffnung einen Glasstab mit einem Tropfen konz. Salzsäure, bildet sich ein Rauch. Deute diese Beobachtungen.

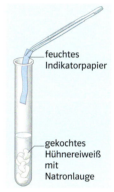

B1 Zum Nachweis von Stickstoffatomen

Organische Kohlenstoffverbindungen

B1 Häufige Elemente in organischen Verbindungen

Heute zählt man zur organischen Chemie die Verbindungen, die aus *Kohlenstoff* und weiteren Elementen aufgebaut sind. Die häufigsten davon sind neben dem Kohlenstoff: *Wasserstoff*, *Sauerstoff* und *Stickstoff*.

Außer diesen vier Elementen spielen noch Schwefel, Phosphor, die Halogene und einige Metalle (Eisen, Magnesium, Kupfer) in manchen organischen Verbindungen eine Rolle.
Auffallend ist, dass nur *wenige Elemente viele Millionen organischer Verbindungen* bilden. Dagegen sind von allen übrigen Elementen zusammen „nur" einige Hunderttausend Verbindungen bekannt.

Vielfalt durch Kohlenstoffatome. Das Kohlenstoffatom steht in der 2. Periode und IV. Gruppe des Periodensystems. Es geht aufgrund seiner vier Valenzelektronen vier Atombindungen (Elektronenpaarbindungen) ein.

Man sagt, es ist „vierbindig". Diese Vierbindigkeit ermöglicht eine große Vielfalt der Bildung von Verbindungen. Dazu kommt, dass Kohlenstoffatome untereinander Bindungen eingehen können und dadurch die Anzahl der Verknüpfungsvariationen immens zunimmt.

V1 Entzünde eine kleine Portion Alkohol (Ethanol) und sauge die Verbrennungsgase durch ein gekühltes U-Rohr und eine Waschflasche mit Kalkwasser [B4]. Bestreue die Flüssigkeit im U-Rohr mit weißem Kupfersulfat oder berühre die Tröpfchen mit Watesmopapier.

V2 In ein Reagenzglas füllt man 2 cm hoch Sand und tränkt diesen mit Alkohol. Man bringt in das waagerecht eingespannte Reagenzglas eine Magnesiarinne mit Magnesiumpulver und verschließt mit einem durchbohrten Stopfen mit Gasableitungsrohr [B5]. Zunächst wird das Magnesiumpulver stark erhitzt, danach werden durch gleichzeitiges schwaches Erhitzen des Sandes Alkoholdämpfe darübergeleitet. Die aus dem Rohr entweichenden Gase werden über Wasser aufgefangen und entzündet. (Schutzbrille!) Man gibt das feste Reaktionsprodukt in Wasser und prüft den pH-Wert.

A1 Die experimentelle Untersuchung einer organischen Verbindung hat ergeben, dass die Moleküle dieser Verbindungen aus Kohlenstoff-, Wasserstoff- und Sauerstoffatomen aufgebaut sind. Ein Molekül hat die Masse 46 u.
a) Ermittle mögliche Summenformeln.
b) Baue mithilfe eines Molekülbaukastens verschiedene mögliche Molekülmodelle. Wie viele verschiedene Molekülmodelle lassen sich zusammenbauen?

A2 Wie viele Wasserstoffatome können maximal von 2 Kohlenstoffatomen, die miteinander verknüpft sind, gebunden werden?

B2 Modelle für Atome organischer Moleküle

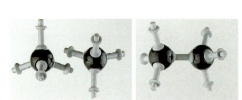

B3 Vierbindigkeit der Kohlenstoffatome

Bei der Untersuchung einer organischen Verbindung versucht man herauszufinden, aus welchen Atomarten die Verbindung aufgebaut ist.

Nachweis von Kohlenstoff- und Wasserstoffatomen in Verbindungen. Beim Erhitzen von manchen organischen Verbindungen wie z. B. Zucker bleibt *Kohlenstoff* zurück. Hier ist es offensichtlich, dass am Aufbau der Moleküle der Verbindung Kohlenstoffatome beteiligt sind. Die meisten organischen Verbindungen können verbrannt werden. Häufig *leuchtet* die *Flamme* durch die in ihr *glühenden Rußpartikel* oder sie *rußt* gar. Auch dies ist ein sehr direkter Hinweis auf Kohlenstoffatome. Verbrennt eine Verbindung vollständig, zeigt sich kein Kohlenstoff, aber es bildet sich *Kohlenstoffdioxid*. Leitet man die bei der Verbrennung gebildeten Gase in Kalkwasser ein, entsteht ein weißer Niederschlag von Calciumcarbonat.

$$CO_2(g) + \underbrace{Ca^{2+}(aq) + 2\,OH^-(aq)}_{\text{Kalkwasser}} \longrightarrow CaCO_3(s) + H_2O(l)$$

Meist bildet sich bei der Verbrennung der organischen Verbindung auch Wasser, das an kalten Stellen kondensiert und mit weißem Kupfersulfat oder Watesmopapier nachgewiesen werden kann.

Entstehen *Kohlenstoffdioxid* und *Wasser* bei der Verbrennung, weist dies auf *Kohlenstoff- und Wasserstoffatome* in der Verbindung hin. Zur Oxidation organischer Verbindungen wird häufig schwarzes Kupferoxid eingesetzt.

Nachweis von Sauerstoffatomen in Verbindungen. Entsteht bei der Reaktion einer organischen Verbindung unter Ausschluss von Sauerstoff ein Oxid, so lässt dieses auf Sauerstoffatome in der Verbindung schließen. So bildet sich z. B. bei der Reaktion von Alkohol mit Magnesium Magnesiumoxid.

Nachweis von weiteren Atomarten in Verbindungen. Beim Erhitzen einer organischen Halogenverbindung mit einem Kupferdraht bilden sich flüchtige Kupferhalogenide, die der Flamme eine grüne bis blaugrüne Farbe verleihen [B6]. Dieser Nachweis wird nach dem Chemiker FRIEDRICH BEILSTEIN als **Beilsteinprobe** bezeichnet.

Aus vielen organischen *Stickstoffverbindungen* entwickelt sich beim Erhitzen mit Natriumhydroxid Ammoniak, das ein feuchtes *Universalindikatorpapier blau* färbt und mit *Chlorwasserstoff* einen *weißen Rauch* bildet. Auch *Schwefelatome* können in organischen Verbindungen nachgewiesen werden, wenn sie mit Natronlauge erhitzt werden. Es entstehen Sulfidionen (S^{2-}-Ionen), die mit Bleiionen (Pb^{2+}-Ionen) *schwarzes Bleisulfid* bilden.

B6 Beilsteinprobe zum Nachweis organischer Halogenverbindungen

A3 Kalkwasser reagiert mit Kohlenstoffdioxid zu Calciumcarbonat und Wasser. Gibt man zu der Suspension Salzsäure, verschwindet der Niederschlag. Deute diesen Sachverhalt.

A4 Welche Stoffe entstehen bei der vollständigen Oxidation einer Verbindung, die nur aus Kohlenstoff- und Wasserstoffatomen aufgebaut ist?

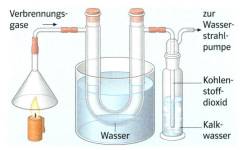

B4 Nachweis von Kohlenstoffdioxid und Wasser als Verbrennungsprodukte organischer Verbindungen

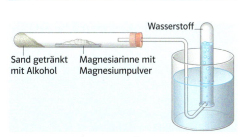

B5 Nachweis der Sauerstoffatome. Die organische Verbindung oxidiert Magnesium

Impulse Das Ende des Ölzeitalters?

B1 Erdölförderanlage

Billiges Öl ist passé
„Wir nähern uns unerbittlich dem Fördermaximum" – ein Gespräch mit dem Geowissenschaftler Professor FRIEDRICH-WILHELM WELLMER, dem Präsidenten der Bundesanstalt für Geowissenschaften und Rohstoffe in Hannover.

DIE ZEIT: Herr Wellmer, Benzin und Diesel sind sündhaft teuer. Geht uns das Öl aus?
Friedrich-Wilhelm WELLMER: Kurzfristig natürlich nicht. Zwar sind die Ölvorräte in der Erdkruste begrenzt. Irgendwann wird nichts mehr da sein. Aber von diesem Zeitpunkt sind wir noch weit entfernt.
ZEIT: Noch 43 Jahre, wenn Ihre Statistik stimmt.
WELLMER: Vorsicht! 43 Jahre beträgt zwar die so genannte statistische Reichweite des Erdöls, da haben Sie Recht. Das ist aber nur eine Momentaufnahme. Tatsächlich besagt die magische Reichweitenziffer nur eins: Bei gegenwärtigem Verbrauch reichen die heute bekannten Ölreserven rein rechnerisch noch 43 Jahre. In Wirklichkeit aber wachsen die Ölreserven, weil der technische Fortschritt die Ausbeutung von Vorkommen ermöglicht, die früher unerreichbar waren. Zum Beispiel können wir heute Erdöl aus 2000 Meter unter dem Meeresspiegel fördern.
ZEIT: Erleben wir denn nicht schon, dass die weltweite Ölförderung mit der Nachfrage nicht mehr Schritt halten kann?
WELLMER: Richtig. Aber es ist nicht der Mangel an Ölreserven, der die Preise hat steigen lassen, sondern der Mangel an Förderanlagen. Dieser Mangel und die steigende Ölnachfrage, vor allem aus China, haben den Markt aus dem Gleichgewicht gebracht. Es hakt also an der Technik, nicht an vermeintlich leer gepumpten Lagerstätten.
ZEIT: Wirklich? Die größten Ölfelder der Erde geben schon seit Jahren immer weniger her. Gleichzeitig werden immer weniger neue große Vorkommen entdeckt. Ist das nicht eher bedrohlich?

WELLMER: Jeder Rohstoff und jedes Rohstofflager durchläuft einen typischen Lebenszyklus: Zunächst steigt die Förderung, dann verharrt sie auf einem Plateau, um anschließend zu sinken. Dieses Abflachen der Förderung beobachten wir tatsächlich schon bei vielen Ölfeldern – in den USA, in der Nordsee und zunehmend auch anderswo. Deshalb sagen wir, dass das Fördermaximum bei konventionellem Erdöl zwischen 2015 und 2020 erreicht sein wird.
ZEIT: Die Multis beruhigen die Verbraucher mit dem Hinweis auf angeblich riesige Mengen vor allem kanadischer Ölsande.
WELLMER: Die Vorräte davon sind tatsächlich riesig. Sämtliche Ölmultis verfügen auch über Konzessionen, diese Vorkommen auszubeuten. Obendrein haben sie keinerlei Explorationsrisiko, das Öl ist da. Und trotzdem wird es bisher nicht in großem Maßstab gewonnen, weil die Gewinnung teuer ist. Wenn der Ölpreis hoch bleibt oder noch steigt, werden die Multis mit Sicherheit dort investieren. Das heißt aber auch: 30 Dollar pro Fass – das ist passé.
ZEIT: Müssen sich Verbraucher und Politiker auf dauerhaft teures Öl einstellen?
WELLMER: Auf jeden Fall. Die Zeit des billigen Öls ist vorbei.
Ausschnitt aus einem Interview der Wochenzeitschrift Die Zeit, Nr. 36, 26.8.2004; Die Fragen stellte Fritz Vorholz.

A1 Stelle aus dem Interview Faktoren zusammen, die darüber entscheiden, wie lange die Erdölvorräte reichen.
A2 Aus welchen Abschnitten besteht der „Lebenszyklus" eines Rohstofflagers?
A3 Recherchiere die drei Länder, die die größten Erdölverbraucher sind.
A4 Erkunde, was Ölsande sind.
A5 Recherchiere, was Erdöl heute kostet.

12 Kohlenwasserstoffe – Energieträger und Rohstoffe

Erdöl und Erdgas sind überwiegend Gemische von Kohlenwasserstoffen, deren Moleküle nur aus Kohlenstoff- und Wasserstoffatomen aufgebaut sind.

■ Obwohl nur Atome zweier Elemente am Aufbau dieser Verbindungen beteiligt sind, gibt es eine Vielzahl von Stoffen ähnlicher und sehr unterschiedlicher Eigenschaften. Wie dies möglich ist, wird in diesem Kapitel geklärt.

■ Die meisten Autos fahren mit Benzin oder Diesel, dies sind Erdölprodukte. Mit Erdgas wird geheizt und gekocht. Erdöl und Erdgas decken noch immer den größten Teil des Energiebedarfs.

■ Erdöl bzw. Erdölprodukte sind eigentlich zu wertvoll, um sie zu verbrennen. Erdöl ist beispielsweise auch die Basis für Kunststoffe.

■ Erdöl und Erdgas werden in naher oder ferner Zukunft verbraucht sein. Es wird intensiv nach Alternativen für diese Energieträger gesucht, Wasserstoff könnte ein Ersatzstoff sein.

12.1 Erdgas und Erdöl

fossil von lat. fossilis, ausgegraben. „Fossil" bedeutet: urzeitlich, als Versteinerung erhalten

Fossilien sind versteinerte Reste von Pflanzen oder Tieren der erdgeschichtlichen Vergangenheit

fossile Brennstoffe Erdöl, Erdgas, Stein- und Braunkohle zählen zu den fossilen Brennstoffen

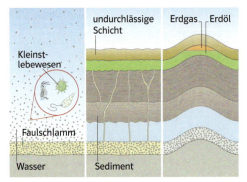

B1 Entstehung von Erdgas und Erdöl

Alle der Erde entstammenden organischen, brennbaren, gasförmigen oder flüssigen Stoffe zählt man zum Erdgas oder Erdöl.

Entstehung. Nach dem heutigen Kenntnisstand sind Erdgas und Erdöl aus den Kohlenhydraten, Eiweißstoffen und Fetten von winzigen Wassertieren und -pflanzen entstanden, die vor Jahrmillionen in riesiger Anzahl flache, küstennahe Gewässer besiedelten. Aus absterbenden Mikroorganismen und Sanden, Tonen und Kalken, die meist von Flüssen in die Gewässer verfrachtet wurden, bildete sich eine mächtige, sauerstoffarme Faulschlammschicht [B1].
Nach Überdeckung mit weiteren Sedimenten wandelten sich die organischen Bestandteile der Faulschlammschicht unter dem Einfluss von Druck, Wärme, Bakterien sowie mineralischen und organischen Katalysatoren in die Verbindungen des Erdgases und Erdöls um. Erdgas kann auch im Zusammenhang mit der Bildung von Kohle entstehen.
Erdgas und Erdöl werden, ebenso wie die Kohle, als **fossile Brennstoffe** bezeichnet, weil sie sich aus abgestorbenen Pflanzen und Kleinstlebewesen gebildet haben.

Lagerstätten und Förderung. Erdgas und Erdöl findet man in porösen Ablagerungsgesteinen, die von undurchlässigen Schichten abgeschlossen sind. In die Speichergesteine sind sie häufig erst aus ihren weit entfernten Entstehungsorten hineingewandert. Auf der Suche nach dem Erdgas und Erdöl werden Bohrungen bis zu den Lagerstätten vorgetrieben. Wird das Erdölspeichergestein angebohrt, kann das Erdöl durch den Druck des begleitenden Erdgases und Wassers aus der Bohrmündung fließen. Genügt der Lagerstättendruck nicht oder lässt er im Laufe der Förderung nach, wird das Erdöl an die Erdoberfläche gepumpt.
Die größten Erdgas- und Erdölreserven lagern nach dem heutigen Kenntnisstand im Mittleren Osten, in Russland, einigen zentralasiatischen Staaten und in China.

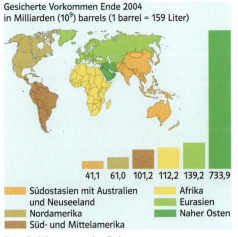

B2 Erdölreserven der Erde

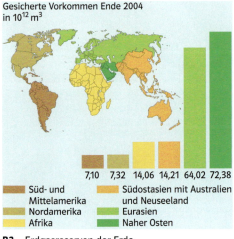

B3 Erdgasreserven der Erde

Organische Chemie

Erdgas und Erdöl

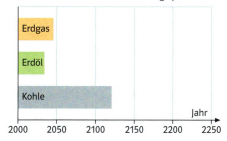

B4 Reichweiten einiger Energieträger

Genaue Voraussagen über das Ende der Förderung und des Einsatzes der fossilen Energieträger sind schwierig. Diese Voraussagen hängen von Faktoren ab wie: Förderung und Verbrauch, Entdeckung neuer Quellen, Erdgas- und Erdölpreisen und alternativem Energieeinsatz. Allerdings ist es recht sicher, dass die in der Grafik [B4] angegebenen Zeiträume nicht wesentlich überschritten werden können.

Transport. Die meisten Erdgas- und Erdölquellen liegen weit entfernt von den Verbraucherzentren. Das frisch geförderte Rohöl wird an Ort und Stelle in großen Tanks gespeichert und durch Rohrleitungen (Pipelines, [B7]) zur nächsten Erdölraffinerie zur Weiterverarbeitung oder zum nächsten Hafen transportiert. Vor dem Transport muss das Rohöl entgast (von gelöstem Erdgas befreit), entwässert und wegen der Korrosionsgefahr auch entsalzt werden. Rohöl kann bis zu 0,2 % Wasser und 0,02 % Salze gelöst enthalten.
Erdgas ist nur in Rohrleitungen wirtschaftlich transportfähig. Um über weite Entfernungen in Schiffen transportiert zu werden, muss Erdgas vom gasförmigen in den flüssigen Zustand versetzt werden.

Dies geschieht, indem man Erdgas auf −162 °C abkühlt. Dadurch sinkt sein Volumen auf $1/600$ seines Ausgangsvolumens. In Spezialschiffen, deren Tanks besonders gut isoliert sind, wird das flüssige Erdgas zum Bestimmungshafen transportiert und dort in das Versorgungsnetz eingespeist. Enthält Erdgas Schwefelwasserstoff, muss dieser vor der Nutzung des Erdgases entfernt werden. Der Erdgasverbrauch schwankt im Verlauf eines Jahres. In Tiefen von 180 m bis zu 3000 m wird das Gas in eigens ausgewählten Lagerstätten gespeichert.

Gefährdung der Umwelt. Durch Tankerunfälle, Tankerspülungen bzw. Leckagen in Rohrleitungen gelangen Millionen Tonnen Erdöl in die Umwelt. Eine Ölpest führt dazu, dass Fischbestände, Muschelbänke und Böden auf Jahrzehnte verseucht werden.

A1 Warum ist es schwierig, genau das jeweilige Jahr vorauszusagen, in dem das Erdöl bzw. das Erdgas verbraucht sein wird?

A2 Die Alaskapipeline ist in vielen Abschnitten auf Stelzen verlegt worden. Erkläre.

A3 Welche politischen Probleme ergeben sich, wenn die größten Erdgas- und Erdölverbraucher ihr Erdgas und Erdöl importieren müssen?

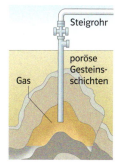

B6 Erdgasspeicher

B7 Pipeline

B5 Erdölraffinerie

Kohlenwasserstoffe – Energieträger und Rohstoffe

12.2 Methan – Hauptbestandteil des Erdgases

Land	Deutschland		Niederlande	Frankreich
Fördergebiet	Weser-Ems Löningen	Emsland Bentheim	Groningen	Lacq
Methan	91,1	85,7	81,4	69,3
Ethan	5,1	1,2	2,7	3,1
Propan	2,1	0,4	0,4	1,1
Butan	0,8	0,2	0,2	0,6
Stickstoff	0,4	6,5	14,3	0,4
Kohlenstoffdioxid	0,1	5,6	0,9	9,6
Schwefelwasserstoff	—	—	Spuren	15,2

B1 Zusammensetzung einiger Naturgase (Erdgase), Volumenanteile in Prozent

Vorkommen von Methan. Das in Steinkohlelagerstätten eingeschlossene Grubengas enthält hauptsächlich Methan. Beim Faulen organischer Stoffe unter Luftabschluss in Sümpfen oder am Grunde stark verschmutzter Gewässer bildet sich Sumpfgas, ein Gemisch aus Methan und Kohlenstoffdioxid.

Heute wird die bakterielle Zersetzung organischer Stoffe zunehmend wirtschaftlich genutzt, indem man z. B. aus Gülle oder Klärschlamm Biogas gewinnt [B3]. Biogas besteht überwiegend aus Methan und Kohlenstoffdioxid, daneben enthält es noch Wasserstoff, Stickstoff und Schwefelwasserstoff. Wird Gülle nicht auf die Felder ausgebracht, kann dies dazu beitragen, dass die Umweltbelastung der Felder und Gewässer vermindert wird und wertvolle Rohstoffe geschont werden.
Pflanzenanbau zur Energiegewinnung lohnt sich nur bei hohen Energiepreisen, außerdem werden landwirtschaftliche Flächen der Nahrungsmittelproduktion entzogen.

Eigenschaften des Methans. Methan ist ein farb- und geruchloses Gas, dessen Dichte kleiner als die der Luft ist. Es ist brennbar. Mit Sauerstoff bildet es hochexplosive Gemische. Durch unbemerktes Ausströmen von Erdgas kommt es immer wieder zu folgenschweren Gasexplosionen. Auch die gefürchteten Grubengasexplosionen in Kohlebergwerken („Schlagende Wetter") sind auf Zündung des Methan-Luft-Gemisches zurückzuführen.

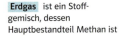

B2 Methan-Luft-Gemische sind explosiv

Erdgas ist ein Stoffgemisch, dessen Hauptbestandteil Methan ist

> **V1** Man führt in einen mit Methan gefüllten und mit der Öffnung nach unten eingespannten, dickwandigen Zylinder rasch eine brennende Kerze ein und zieht sie wieder heraus. (Schutzbrille, -scheibe!)
>
> **V2** Man leitet nach B2 in eine dickwandige Abklärflasche Methan ein und entzündet es nach negativem Ausfall der Knallgasprobe am Ende des Glasrohrs ($l \approx 25\,cm$, $d \approx 1\,cm$). Nach kurzer Zeit wird die Gaszufuhr unterbrochen und das Gaseinleitungsrohr aus der Flasche entfernt. (Schutzbrille, -scheibe!)

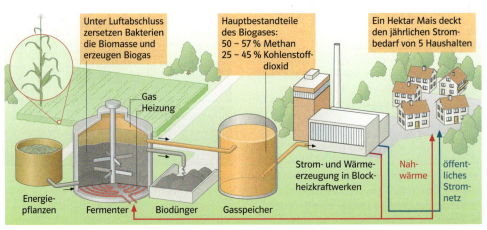

B3 Strom und Wärme aus einer Biogasanlage

Methan – Hauptbestandteil des Erdgases

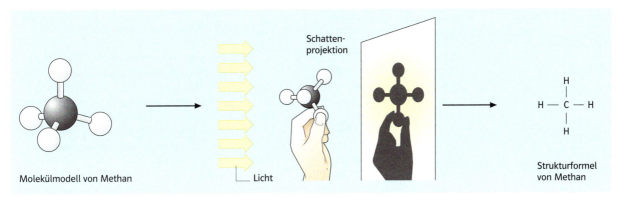

B4 Ableitung der Strukturformel des Methanmoleküls aus der Schattenprojektion des Kugel-Stab-Modells

V3 Man verbrennt Methan unter einem Trichter und saugt die Verbrennungsgase durch ein gut gekühltes U-Rohr und eine Waschflasche mit Kalkwasser. Mit der Flüssigkeit im U-Rohr führt man den Wassernachweis durch.

V4 Sauge mit einem Kolbenprober 200 ml Luft aus einer Gaswägekugel. Bestimme die Masse der Gaswägekugel, fülle anschließend 100 ml Methan in die Gaswägekugel und bestimme erneut die Masse. Berechne die Dichte und mit der Gleichung $M = \varrho \cdot V_m$ die molare Masse des Methans ($V_m = 24\,l \cdot mol^{-1}$) (Kap. 5.7). Gib die Masse für ein Methanmolekül an. Wie viele Kohlenstoffatome sind in einem Methanmolekül. Wie lautet die Summenformel?

A1 Warum wird Erdgas mit einem Geruchsstoff versetzt, bevor es dem Verbraucher zugeleitet wird?

A2 Welches Edelgasatom hat die gleiche Elektronenanzahl wie das Kohlenstoffatom im Methanmolekül?

A3 Beschreibe und erläutere den Weg zur Ermittlung der Summenformel des Methanmoleküls.

Die Summenformel des Methanmoleküls. Bei der Verbrennung von Methan entstehen Kohlenstoffdioxid und Wasser [V3]. Dies ist ein Nachweis dafür, dass am Aufbau eines Methanmoleküls Kohlenstoff- und Wasserstoffatome beteiligt sind.

Kennt man außer den Atomarten, die ein Molekül aufbauen, noch seine Masse, lassen sich Rückschlüsse auf die Summenformel ziehen.
Die Ermittlung der Molekülmasse für ein Methanmolekül ergibt die Masse 16 u [V4]. Am Aufbau eines Methanmoleküls kann nur 1 Kohlenstoffatom beteiligt sein, bei 2 Kohlenstoffatomen müsste die Masse schon größer als 24 u sein. Aus der Differenz von 16 u und 12 u ergibt sich, dass 4 Wasserstoffatome am Aufbau eines Methanmoleküls beteiligt sind. Damit lautet die Summenformel C_1H_4.

Der räumliche Aufbau des Methanmoleküls.
Im Methanmolekül bildet jeweils ein Außenelektron des Kohlenstoffatoms mit dem Elektron eines Wasserstoffatoms ein bindendes Elektronenpaar. Werden die vier bindenden Elektronenpaare so um den Atomrumpf des Kohlenstoffatoms angeordnet, dass ihre Winkel maximal sind, ergibt sich daraus eine **tetraedrische Anordnung** der Wasserstoffatome um das Kohlenstoffatom [B5].

Das Kugel-Stab-Modell gibt die räumliche Anordnung der Atome im Molekül zueinander wieder. Bei einer zeichnerischen Darstellung in der Ebene ist die räumliche Wiedergabe nur unzulänglich möglich oder umständlich. Ersetzt man in einer Schattenprojektion des Kugel-Stab-Modells die schwarzen Kreisflächen durch die entsprechenden Zeichen für die Atome, so erhält man die **Strukturformel** des Moleküls [B4].

B5 Modell des Methanmoleküls. Das Kohlenstoffatom bildet die Mitte eines Tetraeders

Kohlenwasserstoffe – Energieträger und Rohstoffe

12.3 Die Alkane – eine homologe Reihe

Name	Summenformel	Strukturformel	Kugel-Stab-Modell
Methan	CH_4	H–C(H)(H)–H	
Ethan	C_2H_6	H–C(H)(H)–C(H)(H)–H	
Propan	C_3H_8	H–C(H)(H)–C(H)(H)–C(H)(H)–H	
Butan	C_4H_{10}	H–C(H)(H)–C(H)(H)–C(H)(H)–C(H)(H)–H	

B1 Die ersten Glieder der Alkanreihe

Name des Alkans	Summenformel
Methan	CH_4
Ethan	C_2H_6
Propan	C_3H_8
Butan	C_4H_{10}
Pentan	C_5H_{12}
Hexan	C_6H_{14}
Heptan	C_7H_{16}
Octan	C_8H_{18}
Nonan	C_9H_{20}
Decan	$C_{10}H_{22}$
Undecan	$C_{11}H_{24}$

B2 Homologe Reihe der Alkane

Neben Methan enthält Erdgas Ethan, Propan und Butan. Auch sie sind nur aus Kohlenstoff- und Wasserstoffatomen aufgebaut. Diese Verbindungen sind damit **Kohlenwasserstoffe**.

Homologe Reihe. Ein Vergleich der Kohlenwasserstoffmoleküle in B1 zeigt, dass jedes Glied dieser Reihe eine CH_2-Gruppe mehr aufweist als das vorhergehende Molekül. Eine solche Reihe von Verbindungen, bei denen sich die Moleküle aufeinanderfolgender Glieder jeweils um eine CH_2-Gruppe unterscheiden, nennt man eine **homologe Reihe**.
Bei bekannter Anzahl n der Kohlenstoffatome eines Moleküls kann man die Anzahl m der im Molekül gebundenen Wasserstoffatome mit $m = 2n + 2$ berechnen. Daraus ergibt sich die allgemeine Summenformel (Molekülformel): C_nH_{2n+2}. Eine Summenformel ergibt sich durch die Addition aller Atome einer Art. Die Kohlenwasserstoffe, deren Moleküle sich nach dieser Formel aufbauen lassen, heißen **Alkane**. Man erkennt sie an der Endsilbe „-an".

Die ersten vier Glieder der Alkane haben traditionelle Namen. Ab fünf C-Atomen im Molekül werden die Namen aus dem griechischen oder lateinischen Wort für die Zahl der Kohlenstoffatome und der Nachsilbe „-an" gebildet [B1, B2].

Isomerie. Versucht man zur Summenformel C_4H_{10} eine Strukturformel zu zeichnen, so kann man auf zwei Strukturformeln kommen. Das eine Molekül ist aus einer Kette von vier Kohlenstoffatomen aufgebaut, das andere aus einer Kette von drei, wobei das mittlere mit einem weiteren Kohlenstoffatom verknüpft ist. Es gibt damit zwei Verbindungen mit unterschiedlichen Eigenschaften. Butan und Isobutan sind ein Beispiel für **Isomere**.

Butan
Sdt. –1 °C

Isobutan
Sdt. –12 °C

Moleküle, die bei gleicher Summenformel unterschiedliche Strukturformeln haben, bezeichnet man als Strukturisomere.

Zur deutlicheren Unterscheidung des Moleküls mit der unverzweigten Kette der Kohlenstoffatome von seinem Isomer wird häufig vor den Namen noch ein „n" gesetzt, also n-Butan (von normales Butan oder Normalbutan).
Da die Zahl der Isomere mit zunehmender Zahl der Kohlenstoffatome [B3] rasch zunimmt, kommt man beim Vorliegen vieler Isomere nicht mit dem Namen für die Anzahl der Kohlenstoffatome und einer Vorsilbe aus. Da die Summenformel eines Alkans ab vier C-Atomen sich nicht nur einem Alkanmolekül

Summenformel	Anzahl der Strukturisomere
C_4H_{10}	2
C_5H_{12}	3
C_6H_{14}	5
C_7H_{16}	9
C_8H_{18}	18
C_9H_{20}	35
$C_{10}H_{22}$	75

B3 Strukturisomere in der Reihe der Alkane

Organische Chemie

Die Alkane – eine homologe Reihe

Strukturformel:

(H-C-H structure with branched chain)

Halbstrukturformel:
CH₃—CH—CH—CH₂—CH₃
        | |
       C₂H₅
       CH₃

oder: (CH₃)₂CH—CH(C₂H₅)₂

B4 Struktur- und Halbstrukturformel eines Alkans

zuordnen lässt, ist man zur eindeutigen Kennzeichnung eines solchen Moleküls auf die Strukturformel angewiesen.

Halbstrukturformeln. Statt der oft unübersichtlichen vollständigen Strukturformeln verwendet man auch vereinfachte Strukturformeln, die Halbstrukturformeln [B4].
In ihnen werden nach jeweiligem Bedarf Formelteile wie in Summenformeln zusammengefasst. Die Art der Atomverknüpfungen muss dabei eindeutig erkennbar bleiben.
Mithilfe der Strukturformeln bzw. der übersichtlichen Halbstrukturformeln lassen sich auch Alkanmoleküle mit mehr als drei C-Atomen durch Anwendung eindeutiger Regeln benennen [B5].

1. **Längste Kette aus Kohlenstoffatomen** ermitteln und benennen. Aus der Zahl der Kohlenstoffatome ergibt sich der Name der Hauptkette.

2. **Seitenketten** benennen und alphabetisch ordnen. Seitenketten erhalten ebenfalls ihren Namen nach der Zahl der Kohlenstoffatome. Anstelle der Endung „an", erhalten die Seitenketten die Endung „yl". Der Name der Seitenkette wird dem Namen der Hauptkette vorangestellt.

3. **Anzahl der gleichen Seitenketten** ermitteln und durch das entsprechende griechische Zahlwort (di-, tri-, tetra-, …) kennzeichnen.

4. **Verknüpfungsstellen zwischen Haupt- und Seitenketten** ermitteln, dabei Hauptketten so durchnummerieren, dass die Verknüpfungsstellen kleinstmögliche Zahlen enthalten.

→ 4-Ethyl-3,3-dimethylheptan

B5 Benennung eines Alkans. Die Länge der Hauptkette bestimmt den Grundnamen der Verbindung

Alkylgruppe:

Allgemein wird der aus einem Alkanmolekül durch Abspaltung eines Wasserstoffatoms hervorgehende „Molekülrest" als Alkylrest oder Alkylgruppe bezeichnet.
Alkylgruppe: —C_nH_{2n+1};
Methylgruppe: —CH_3,
Ethylgruppe: —CH_2—CH_3
oder —C_2H_5

A1 Benenne Isobutan nach der systematischen Nomenklatur.

A2 a) Stelle die Halbstrukturformeln für die Moleküle der folgenden Verbindungen auf: 3,3-Dimethylpentan, 3-Methylhexan, 3-Ethylheptan, 3-Ethyl-2-methylhexan, 2,3,3-Trimethylhexan.
b) Welche der Moleküle und Verbindungen sind isomer zueinander?

A3 Benenne die folgenden Alkane:
a) $(C_2H_5)_2CH(C_3H_7)$,
b) $(C_2H_5)(CH_3)CH-CH(C_2H_5)-CH_2-CH(C_2H_5)(CH_3)$

Strukturformel	Name	Siedetemperatur in °C
CH₃—CH₂—CH₂—CH₂—CH₂—CH₃	Hexan	68

CH₃—CH—CH₂—CH₂—CH₃
     |
     CH₃
	2-Methylpentan	60

CH₃—CH₂—CH—CH₂—CH₃
           |
           CH₃
	3-Methylpentan	63

CH₃ | CH₃—C—CH₂—CH₃ | CH₃	2,2-Dimethylbutan	50

CH₃—CH—CH—CH₃
     | |
     CH₃ CH₃
	2,3-Dimethylbutan	58

B6 Beispiele für Isomere der Summenformel C_6H_{14}

12.4 Eigenschaften der Alkane

Name	Summenformel	Schmelztemperatur in °C	Siedetemperatur in °C	Dichte in g/cm³	Viskosität
Methan	CH_4	−182	−161	0,47*	
Ethan	C_2H_6	−183	−88	0,57*	
Propan	C_3H_8	−186	−42	0,59*	
Butan	C_4H_{10}	−135	−1	0,60*	
Pentan	C_5H_{12}	−129	36	0,63	nimmt zu
Hexan	C_6H_{14}	−94	68	0,66	
Heptan	C_7H_{16}	−90	98	0,68	
Octan	C_8H_{18}	−56	126	0,70	
Nonan	C_9H_{20}	−53	150	0,72	
Decan	$C_{10}H_{22}$	−30	174	0,73	
⋮	⋮				
Hexadecan	$C_{16}H_{34}$	18	287	0,77	
Heptadecan	$C_{17}H_{36}$	22	302	0,78	

* im flüssigen Zustand (nahe der Siedetemperatur)

B1 Eigenschaften der Alkane im Vergleich

Erdgas und Erdöl sind die Rohstoffquellen für die Alkane. Sie werden hauptsächlich als Energieträger und Ausgangsstoffe in der chemischen Industrie verwendet. Die Verwandtschaft der Glieder der homologen Reihe der Alkane zeigt sich in ihren Eigenschaften und Reaktionen, die sich auf Gemeinsamkeiten des Molekülaufbaus zurückführen lassen.

Eigenschaften und zwischenmolekulare Kräfte. Innerhalb der homologen Reihe der Alkane steigen die Siede- und ab Butan auch die Schmelztemperaturen an [B1]. Dies lässt auf steigende Anziehungskräfte zwischen den Molekülen mit zunehmender Länge der Kohlenwasserstoffketten schließen. Die C—H-Bindungen der Alkanmoleküle weisen wegen der geringen Elektronegativitätsunterschiede der Bindungspartner nur eine geringe Polarität auf; aufgrund der tetraedrischen Anordnung der Bindungspartner um die Kohlenstoffatome haben Alkanmoleküle keinen Dipolcharakter. Ursache der Anziehung zwischen den unpolaren Molekülen ist eine nicht immer symmetrische Verteilung der Elektronen [B3]. So entstehen für kurze Zeit Dipole, die auf die Elektronenhülle benachbarter Moleküle Anziehungs- bzw. Abstoßungskräfte ausüben und diese dadurch ebenfalls polarisieren. Diese so entstandenen Dipole nennt man **induzierte Dipole**, die daraus resultierenden Anziehungskräfte **Van-der-Waals-Kräfte**.

Mit wachsender Kettenlänge der unverzweigten Alkanmoleküle und damit wachsender Oberfläche nehmen gegenseitige Berührungs- und Polarisierungsmöglichkeiten und damit die Anziehungskräfte zu [B3]; die Siede- und Schmelztemperaturen steigen deshalb. Abweichungen von dieser Regel bei den Schmelztemperaturen rühren daher, dass für die Schmelztemperatur auch die Anordnung der Moleküle im Molekülgitter verantwortlich ist. Bei den höheren Alkanen sind die Anziehungskräfte so groß, dass eine Energiezufuhr eher die Spaltung von Bindungen bewirkt als die Aufhebung der Anziehungskräfte zwischen den Molekülen. Deshalb zersetzen sich Alkane ab etwa Icosan ($C_{20}H_{42}$) unterhalb der Siedetemperatur (bei Normdruck).

Die Anziehungskräfte zwischen den Alkanmolekülen nehmen mit wachsender Kettenlänge zu.

Löslichkeit. Alle Alkane sind ineinander löslich, in Wasser lösen sie sich nur in Spuren. Ob zwei Stoffe ineinander löslich sind, hängt weitgehend von den Eigenschaften der Teilchen ab. Zwischen den unpolaren Alkanmolekülen herrschen Van-der-Waals-Kräfte; zwischen den polaren Wassermolekülen bestehen aber zusätzlich Wasserstoffbrücken.

Methan ist Hauptbestandteil des Erdgases, Camping- und Feuerzeuggas bestehen überwiegend aus Propan und Butan. Flüssige Alkane sind in Benzinen, Diesel- und Heizöl enthalten. Feste Alkane bilden die Paraffine, diese findet man z. B. in Kerzen, Wachsmalstiften und in der Schutzhülle von Schnittkäse.

B2 Verwendung der Alkane im Alltag

Eigenschaften der Alkane

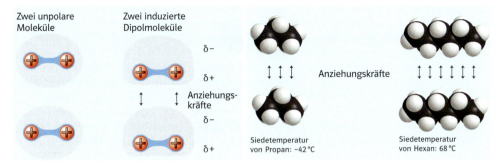

B3 Durch Elektronenverschiebung können Alkanmoleküle zu Dipolmolekülen werden. Die Anziehungskräfte nehmen mit wachsender Kettenlänge zu

Gibt man z. B. Heptan zu Wasser, so können die starken Wasserstoffbrücken zwischen Wassermolekülen nicht durch die viel schwächeren Anziehungskräfte zwischen Heptan- und Wassermolekülen ersetzt werden.

Gibt man Heptan zu Decan, so können die Anziehungskräfte, die die Heptan- und Decanmoleküle jeweils untereinander zusammenhalten, durch die Anziehungskräfte zwischen Heptan- und Decanmolekülen ersetzt werden. Die an den Beispielen gewonnenen Einsichten lassen sich verallgemeinern:

Je ähnlicher sich die Teilchen zweier Stoffe in Bezug auf die Polarität sind, desto besser lösen sich die Stoffe ineinander.

Zur Charakterisierung des Lösungsverhaltens eines Stoffes gegenüber Wasser verwendet man häufig den Begriff **hydrophil** (wasserfreundlich) für Stoffe mit guter Wasserlöslichkeit und **hydrophob** (wassermeidend) für ein gegenteiliges Lösungsverhalten. Außer den Alkanen zählen vor allem Fette zu den ausgesprochen hydrophoben Stoffen. Fettlösliche Stoffe bezeichnet man als **lipophil**, wenig fettlösliche als **lipophob**. Alkane sind lipophil bzw. hydrophob.

Viskosität. In Motoren oder Getrieben verhindern Öl oder Fett, dass sich die bewegenden Teile direkt berühren. Die Reibung ungeschmierter Metallteile führt zu ihrer Erwärmung (Folge ist z. B. der „Kolbenfresser") und raschen Abnutzung. Die Schmierfähigkeit eines Öls hängt von seiner Viskosität (Zähflüssigkeit) ab. Sie muss immer groß genug sein, dass ein ausreichender Schmierfilm an den Oberflächen bewegter Teile bestehen bleibt. Gemische von Kohlenwasserstoffen sind die Grundsubstanzen mineralischer Motorenöle.

Kettenlänge und Viskosität. Das Fließverhalten einer Flüssigkeit bezeichnet man als Viskosität. Sie kann im Kugelfall-Viskosimeter [B4] ermittelt werden. Hohe Viskosität bedeutet Dickflüssigkeit, niedrige Dünnflüssigkeit. Beim Fließen gleiten Moleküle der Flüssigkeit aneinander vorbei, was umso schwieriger ist, je größer die zwischenmolekularen Kräfte sind. Zwischen längerkettigen Kohlenwasserstoffmolekülen herrschen größere Anziehungskräfte als zwischen kürzerkettigen. Daher haben flüssige Kohlenwasserstoffe, die aus erstgenannten Molekülen aufgebaut sind, eine größere Viskosität. Mit steigender Temperatur nimmt die Viskosität einer Flüssigkeit ab.

lipophil von griech. lipos, Fett

B5 Der Schmierfilm des Öls vermindert den Verschleiß

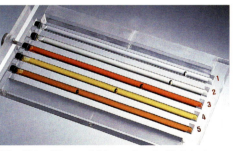

B4 Viskositätsvergleich von Benzin (1), Petroleum (2), Heizöl (3), Fahrradöl (4) und Motoröl (5)

Eigenschaften der Alkane

Hochentzündlich
Flammtemperatur
unter 21 °C

Leicht entzündlich
Flammtemperatur
von 21° C bis 55°

Entzündlich
Flammtemperatur
über 55° bis 100 °C

B6 Flammtemperaturen

Brennbarkeit. Alkane werden meist verbrannt, um die dabei frei werdende Reaktionswärme zu nutzen. Bei ausreichender Sauerstoffzufuhr und genügend hoher Temperatur verbrennen Alkane zu Kohlenstoffdioxid und Wasser.

Verbrennen Alkane an der Luft, so nehmen innerhalb der homologen Reihe die Leuchtkraft der Flamme und die Rußentwicklung zu [B8]. Das Leuchten der Flamme ist auf das Glühen winziger Rußpartikel zurückzuführen, die bei unvollständiger Verbrennung entstehen und erst am Flammensaum mit Luftsauerstoff zu Kohlenstoffdioxid reagieren.
Da die Anzahl und der Anteil der Kohlenstoffatome in den Alkanmolekülen innerhalb der homologen Reihe zunimmt, findet bei gleichem Luftzustrom eine zunehmend unvollständige Verbrennung statt. Die Rußpartikel gelangen zum Teil unverbrannt bis in kältere Randbereiche der Flamme, wo sie nicht mehr reagieren und als Ruß in Erscheinung treten.

Entflammbarkeit und Gefahrenklassen.
Brennbare Flüssigkeiten werden nach ihrer Flammtemperatur [B6] in Gefahrenklassen für Transport und Lagerung eingeteilt. Die wasserunlöslichen Flüssigkeiten werden in drei Gefahrenklassen eingeteilt.

Alkane, deren Moleküle klein sind, lassen sich leicht entflammen, da sie bereits bei Zimmertemperatur stark verdunsten. Von diesen Alkanen gehen deshalb Brand- und Explosionsgefahren aus.

Propan, Butan, Pentan und Gemische dieser Alkane werden als Treibmittel eingesetzt, z. B. in Haarsprays, Deodorantsprays, Backofenreinigerschäumen und Sprühlacken. Der Verzicht auf Lacke, Reiniger und Pflegemittel mit Treibmitteln schützt die Umwelt und verringert die Unfallgefahren. Für die Entfernung von Öl, Fett und Kerzenwachs kann Reinigungsbenzin verwendet werden. Dieses besteht im Wesentlichen aus flüssigen Alkanen.
Beim Einsatz von Reinigungsbenzin müssen die Sicherheitsratschläge beachtet werden.

A1 Was sind zwischenmolekulare Kräfte? Ordne die dir bekannten zwischenmolekularen Kräfte nach ihrer Stärke und gib jeweils ein Beispiel für einen Stoff mit den entsprechenden zwischenmolekularen Kräften.

A2 Erkläre die Zunahme der Siedetemperatur und Viskosität von Hexan bis Decan.

A3 Ein Sicherheitshinweis auf einem Reinigerspray für Backofen und Grill lautet: „Nur wenige Sekunden sprühen, um Bildung explosionsfähiger Gemische zu vermeiden." Warum können sich bei diesem Spray explosionsfähige Gemische bilden?

B7 Reinigungsbenzin

B8 Flammenvergleich
(von links: Butan, Benzin, Paraffinöl)

B9 Flammtemperaturbestimmung. Bei langsamem Erwärmen wird die Temperatur der Flüssigkeit abgelesen, bei der sich die Dämpfe über ihr erstmals entflammen lassen

12.5 Impulse Lernzirkel: Alkane

Station Grundlagen
Aufgaben:
a) Welche allgemeine Summenformel weisen die Alkane auf?
b) Wie viele Isomere gibt es zur Formel C_6H_{14}?
c) Formuliere die Struktur- oder Halbstrukturformeln für die Moleküle der folgenden Alkane: Octan, 3,3-Dimethylhexan; 2-Methylhexan; 3-Ethylhexan; 3-Ethyl-2-methylpentan; 2,3,4-Trimethylhexan. Welche der Moleküle und Verbindungen sind isomer zueinander?
d) In welchen Produkten des Alltags und der Technik kommen die folgenden Alkane vor: Methan, Propan, Butan, Heptan, Paraffin?

Station Entflammbarkeit
Geräte/Materialien/Chemikalien: Schutzbrille, 3 Porzellanschalen, feuerfeste Unterlage, Keramik-Drahtnetz, Holzspan, Feuerzeug, Heptan, Paraffinöl (niederer Siedetemperaturbereich), Paraffinöl (hoher Siedetemperaturbereich).
Durchführung: Gib einige Tropfen der drei Flüssigkeiten in jeweils eine Porzellanschale, die auf der feuerfesten Unterlage steht. Nähere die Flamme eines brennenden Holzspans der Oberfläche der Flüssigkeit. Streiche evtl. mehrmals über die Oberfläche der Flüssigkeit. Lösche die brennende Flüssigkeit durch Auflegen des Keramik-Drahtnetzes.

Aufgaben:
a) Beschreibe und deute die Beobachtungen.
b) Welcher Zusammenhang besteht zwischen der Entflammbarkeit eines Alkans und den Gefahren, die von dem Alkan ausgehen?

Station Löslichkeit
Geräte/Materialien/Chemikalien: 4 Reagenzgläser, passende Stopfen, Reagenzglasständer, Hexan, Heptan, Paraffinöl, dest. Wasser.

Durchführung:
a) Gib in je ein Reagenzglas einen Fingerbreit Heptan bzw. Paraffinöl. Füge das gleiche Volumen Wasser zu. Schüttle kräftig.
b) Wiederhole das Experiment, gib jetzt aber Hexan zu Heptan bzw. Paraffinöl.
Aufgaben:
a) Beschreibe und deute die Beobachtungen. Gehe dazu auch auf die Anziehungskräfte zwischen den Teilchen ein.
b) Erläutere die Begriffe: hydrophil, hydrophob, lipophil, lipophob.

Station Viskosität
Geräte/Materialien/Chemikalien: 3 Reagenzgläser, Reagenzglasständer, 3 kleine Stahl- oder Glaskugeln, Magnet, Stoppuhr, Heptan, Decan, Paraffinöl.
Durchführung: Fülle je ein Reagenzglas etwa 10 cm hoch mit Decan, Heptan oder Paraffinöl. Die Füllhöhen müssen genau gleich sein. Lass dann aus Höhe der Reagenzglasöffnung eine Kugel in die jeweilige Flüssigkeit fallen und miss die Zeit, bis die Kugel den Boden des Reagenzglases erreicht hat. Tipp: Wenn du mit dem Magneten außen am Reagenzglas entlangfährst, kannst du so die Stahlkugel wieder aus der Flüssigkeit holen.
Aufgaben:
a) Beschreibe und deute die Beobachtungen. Gehe dazu auch auf die Anziehungskräfte zwischen den Teilchen ein.
b) Gib Beispiele für Produkte aus dem Alltag an, bei denen die Viskosität eine Rolle spielt.

Station Dichte
Geräte/Materialien/Chemikalien: 3 Schnappdeckelgläschen, 3 Vollpipetten (10 ml), Pipettierhilfe, Waage, Paraffinöl (niederer Siedetemperaturbereich), Paraffinöl (hoher Siedetemperaturbereich).
Aufgaben:
a) Entwirf eine Versuchsanleitung zur Bestimmung der Dichten von Heptan und den Paraffinölen und bestimme die Dichten der Flüssigkeiten.
b) Warum sollte ein kleiner Benzinbrand durch Abdecken und keinesfalls durch Bespritzen mit Wasser gelöscht werden?

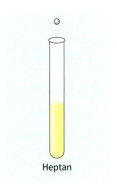

B1 Zur Ermittlung der Viskosität

B2 Zur Ermittlung der Dichte

12.6 Halogenierung von Alkanen

$$H_3C-CH_2-CH_2-CH_2-CH_2-CH_2-CH_2-H + |\overline{Br}-\overline{Br}| \longrightarrow H_3C-CH_2-CH_2-CH_2-CH_2-CH_2-CH_2-\overline{Br}| + H-\overline{Br}|$$

B1 Heptan und Brom reagieren zu Bromheptan und Bromwasserstoff

Substitution von lat. substituere, ersetzen

Alkane reagieren nicht mit vielen als sehr reaktionsfähig bekannten Stoffen, wie z. B. Salzsäure oder Natronlauge. Die Alkane wurden deshalb früher auch als Paraffine bezeichnet. Dieser Name bedeutet sinngemäß „reaktionsträge". Heute wird er nur noch für die festen Alkane verwendet (z. B. Paraffinkerzen). Halogene reagieren mit sehr vielen Stoffen. Was passiert, wenn ein Alkan und ein Halogen zusammengebracht werden?

Bromierung von Heptan. Gibt man Brom zu Heptan [B2, V1], so entsteht zunächst eine rotbraune Lösung. Diese ist im Dunkeln beständig, entfärbt sich im Licht jedoch langsam. Über der Flüssigkeit erfolgt an feuchter Luft Nebelbildung. Diese ist auf Bromwasserstoff zurückzuführen, der auch die Rotfärbung des feuchten Universalindikatorpapiers hervorruft. Im Reaktionsgefäß bleibt eine farblose Flüssigkeit zurück. Die Beilsteinprobe [V1b] verläuft mit dieser Flüssigkeit positiv. Es ist eine organische Halogenverbindung entstanden.

Substitution. Bei der Reaktion des Heptans mit Brom sind im Heptanmolekül ein oder mehrere Wasserstoffatome durch Bromatome ersetzt (substituiert) worden.

Eine Reaktion, bei der Atome (oder Atomgruppen) durch andere Atome (oder Atomgruppen) ersetzt werden, nennt man Substitution.

Beim Ersatz mehrerer Wasserstoffatome nimmt die Zahl der Reaktionsprodukte stark zu. Die aus Alkanen und Halogenen gebildeten Reaktionsprodukte heißen Halogenalkane. Sie wurden früher in großen Mengen zur Entfettung, als Treibmittel in Spraydosen, als Kühl- und Feuerlöschmittel eingesetzt. Da einige die Ozonschicht schädigen, ist ihr Einsatz immer stärker eingeschränkt oder verboten worden. Durch die Halogenierung können die reaktionsträgen Alkane in reaktionsfähige Ausgangsstoffe für viele organische Verbindungen überführt werden.

$CH_2-(CH_2)_5-CH_3$ 1-Bromheptan
$|\overline{Br}|$

$CH_3-CH-(CH_2)_4-CH_3$ 2-Bromheptan
$|\overline{Br}|$

$CH_3-CH_2-CH-(CH_2)_3-CH_3$ 3-Bromheptan
$|\overline{Br}|$

B3 Einige Bromheptane

Die Lösung von Heptan und Brom entfärbt sich bei Belichtung rasch.

Die Bromwasserstoff-Nebel verursachen die Farbänderung des feuchten Indikatorpapiers.

B2 Reaktion von Heptan mit Brom

V1 **a)** Man gibt zu Heptan einige Tropfen Brom (Schutzbrille! Schutzhandschuhe! Abzug!) und stellt den Kolben mit einem Aktivkohlestopfen auf einen Tageslichtprojektor. Dann hält man ein feuchtes Indikatorpapier über die Öffnung des Kolbens. (Abzug!)
b) Zur Entfernung von gelöstem Bromwasserstoff und Brom versetzt man einen Teil des Kolbeninhalts in einem Schütteltrichter mit verd. Natronlauge und schüttelt. Einige Tropfen der organischen Flüssigkeit gibt man auf einen ausgeglühten Kupferblechstreifen und hält diesen in die nicht leuchtende Flamme. (Abzug!)

A1 Formuliere die Strukturformel von 1,1,2-Tribromheptan.

12.7 Exkurs Die radikalische Substitution

Reagieren Alkane mit Halogenen, werden Wasserstoffatome der Alkanmoleküle durch Halogenatome ersetzt; diese Reaktionen werden deshalb als **Substitutionsreaktionen** bezeichnet. Sie sind genau untersucht worden, sodass man heute die Hauptschritte kennt, in denen eine solche Reaktion abläuft. Dies wird am Beispiel von Methan und Chlor dargestellt.

1. Durch Zufuhr von Energie (thermischer Energie oder Licht) werden in der **Startreaktion** Chlormoleküle in Chloratome gespalten. Teilchen, die wie die Chloratome einzelne Elektronen aufweisen, bezeichnet man als **Radikale**. Wegen dieser einzelnen Elektronen können Radikale leicht Bindungen eingehen. Radikale sind sehr reaktionsfreudig.

2. In der auf die Startreaktion folgenden **Reaktionskette** bilden sich abwechselnd Methyl- und Chlorradikale (Chloratome).

3. Neben Reaktionen, die zur Bildung von Chlormethan- und Chlorwasserstoffmolekülen führen, finden auch **Abbruchreaktionen** statt, bei denen die für die Reaktionskette notwendigen Radikale miteinander reagieren.

Die gesamte Reaktion bezeichnet man wegen der daran beteiligten Radikale als **radikalische Substitution**. Die Substitutionsprodukte aus der Reaktion der Alkane mit den Halogenen sind Halogenalkane. Je nach Reaktionsbedingungen (Dauer, Konzentration der verschiedenen Bestandteile, Temperatur, Katalysator) werden unterschiedlich viele Wasserstoffatome eines Alkanmoleküls ersetzt.

A1 Formuliere und erläutere die Reaktionsschritte zur Bildung von Dibrommethan aus Methan und Brom.

Radikale in Organismen. Jedes Lebewesen produziert bei der Zellatmung „freie Radikale", die sich per Kettenreaktion im Körper ausbreiten. Radikale sind Atome oder Moleküle mit einem oder mehreren ungepaarten Elektronen. Radikale sind nützlich, indem sie Mikroorganismen abwehren und Fremdsubstanzen abbauen. Doch die meisten in den Industriestaaten lebenden Menschen haben zu viele Radikale in ihrem Körper. Die überschüssigen Radikale zerstören Zellbausteine, Membranen und Erbsubstanz. Der Körper ist im Allgemeinen in der Lage, Radikale abzufangen. Durch Umwelteinflüsse oder z. B. übermäßigen Alkoholkonsum kann jedoch der Stoffwechsel gestört sein. Radikale können dann eher angreifen. Die Aufnahme der Vitamine C und E schützt Körperzellen vor dem Angriff durch Radikale.

Radikal von lat. radix, die Wurzel. Durch den in der Biologie verwendeten Begriff „freies Radikal" soll die Reaktionsfähigkeit dieses Teilchens betont werden. „Frei" bedeutet „noch bindungsfähig"

1. Startreaktion

$$|\overline{\underline{Cl}} - \overline{\underline{Cl}}| \longrightarrow |\overline{\underline{Cl}}\cdot + \cdot\overline{\underline{Cl}}|$$

2. Reaktionskette

2.1
$$|\overline{\underline{Cl}}\cdot + H-\underset{\underset{H}{|}}{\overset{\overset{H}{|}}{C}}-H \longrightarrow H-\overline{\underline{Cl}}| + \cdot\underset{\underset{H}{|}}{\overset{\overset{H}{|}}{C}}-H$$

2.2
$$H-\underset{\underset{H}{|}}{\overset{\overset{H}{|}}{C}}\cdot + |\overline{\underline{Cl}} - \overline{\underline{Cl}}| \longrightarrow H-\underset{\underset{H}{|}}{\overset{\overset{H}{|}}{C}}-\overline{\underline{Cl}}| + \cdot\overline{\underline{Cl}}|$$

2.3
$$|\overline{\underline{Cl}}\cdot + H-\underset{\underset{H}{|}}{\overset{\overset{H}{|}}{C}}-H \longrightarrow \text{usw.}$$

3. Abbruchreaktionen

3.1 $\quad |\overline{\underline{Cl}}\cdot + \cdot\overline{\underline{Cl}}| \longrightarrow |\overline{\underline{Cl}} - \overline{\underline{Cl}}|$

3.2
$$H-\underset{\underset{H}{|}}{\overset{\overset{H}{|}}{C}}\cdot + \cdot\underset{\underset{H}{|}}{\overset{\overset{H}{|}}{C}}-H \longrightarrow H-\underset{\underset{H}{|}}{\overset{\overset{H}{|}}{C}}-\underset{\underset{H}{|}}{\overset{\overset{H}{|}}{C}}-H$$

3.3
$$H-\underset{\underset{H}{|}}{\overset{\overset{H}{|}}{C}}\cdot + \cdot\overline{\underline{Cl}}| \longrightarrow H-\underset{\underset{H}{|}}{\overset{\overset{H}{|}}{C}}-\overline{\underline{Cl}}|$$

B1 Ablauf der radikalischen Substitution bei der Reaktion von Methan mit Chlor

12.8 Ethen – ein Alken

Polyethen (Polyethylen, PE) ist vielen als Material für Plastiktragetaschen bekannt. Polyethen wird aus Ethen hergestellt. Ethen gehört zu den bedeutendsten Ausgangsstoffen der chemischen Industrie. In Westeuropa gibt es ein ausgedehntes Ethenfernleitungsnetz, das die Produzenten und Verbraucher von Ethen miteinander verbindet. Im Folgenden wird dargestellt, warum aus Ethen und ähnlich aufgebauten Stoffen sehr viele weitere Stoffe hergestellt werden können.

Eigenschaften des Ethens. Ethen ist eine farblose, süßlich riechende, bei Zimmertemperatur gasförmige Kohlenwasserstoffverbindung. Vermischt man Ethen und Brom, verschwindet die Farbe des Bromdampfes viel schneller als bei einem Gemisch aus Brom und einem Alkan. Die Beilsteinprobe mit einigen Tröpfchen des Reaktionsprodukts ist positiv. Bromwasserstoff lässt sich hier nicht nachweisen. Es ist also keine Substitution wie an einem Alkan erfolgt. Dieses Reaktionsverhalten sollte sich aus dem Aufbau der Ethenmoleküle erklären lassen.

Aufbau des Ethenmoleküls. Die Summenformel für Ethen lautet C_2H_4. In einem Ethenmolekül sind also zwei Wasserstoffatome weniger gebunden als in einem Ethanmolekül. So stehen zwei weitere Elektronen für eine zweite Bindung zwischen den Kohlenstoffatomen zur Verfügung. Im Ethenmolekül sind die beiden Kohlenstoffatome durch eine Doppelbindung verbunden.

Kugel-Stab-Modell

Strukturformel

Ethenmoleküle können aufgrund der Doppelbindung zusätzlich andere Atome oder Atomgruppen binden. Man spricht von einer **Additionsreaktion**.

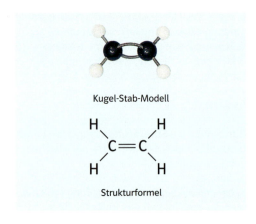

Ethen + Brom → 1,2-Dibromethan

Exkurs Welche Rolle spielt Ethen beim Reifungsprozess von Früchten?

Ethen wird von vielen Pflanzen gebildet und an die Umgebung abgegeben. So produzieren viele Früchte während einer bestimmten Reifungsphase besonders viel Ethen, das auch benachbarte, noch unreife Früchte schneller reifen lässt. In der Praxis wird dieser Einfluss des Ethens auf die Reifung genutzt. So werden Bananen, die ganzjährig grün geerntet werden, in den Verbraucherländern in Reifekammern mit Ethen begast. Die Bananen reifen dadurch in wenigen Tagen. Legt man zu unreif geernteten Tomaten reife Äpfel, reifen die Tomaten nach, weil die Äpfel Ethen abgeben. Im Freien und in Gewächshäusern lässt sich Ethen nicht anwenden, weil sich das Gas zu schnell verdünnen würde. Deshalb werden Lösungen und Emulsionen von Verbindungen eingesetzt, die erst auf der Pflanze Ethen abgeben. So können Ananaspflanzen eines Feldes mit einem Mittel, das auf der Pflanze Ethen abgibt, besprüht werden, damit alle Pflanzen gleichzeitig reif werden. Sie können dann zu einem vorbestimmten Termin geerntet und an die Fruchtmärkte geliefert werden.

V1 (Anstelle des Ethens wird Propen aufgrund der Giftigkeit und Umweltgefährlichkeit des Dibromethans vorgezogen!) Der Inhalt eines Standzylinders mit Bromdampf und der eines Standzylinders mit Propen werden vermischt.
Mit den öligen Tröpfchen wird die Beilsteinprobe durchgeführt. (Abzug!)

Ethen – ein Alken

Ethen ist ein Alken. Das einfachste Kohlenwasserstoffmolekül, das eine C=C-Doppelbindung hat, ist das Ethenmolekül. Es weist zwei Wasserstoffatome weniger als das Ethanmolekül auf. Auch andere Kohlenwasserstoffmoleküle haben zwei Wasserstoffatome weniger als die entsprechenden Alkanmoleküle und dementsprechend Summenformeln, die sich aus der allgemeinen Summenformel C_nH_{2n} ableiten lassen. Diese Verbindungen bilden die homologe Reihe der Alkene, ihre Namen enden mit der Nachsilbe „-en", z. B. Ethen, Propen. Gebräuchliche Namen im Alltag sind auch Ethylen und Propylen.

Da die Moleküle der Alkene C=C-Doppelbindungen besitzen und damit weitere Atome oder Atomgruppen binden können, gehören die Alkene zu den *ungesättigten Kohlenwasserstoffen*.

Ethen kann mit sehr vielen Stoffen, wie z. B. Brom, Wasserstoff, Ammoniak und Wasser, Additionsreaktionen eingehen. Deshalb gehört Ethen zu den wichtigsten Ausgangsstoffen für die Herstellung organischer Verbindungen.

Durch die Reaktion mit Wasserstoff kann aus einem ungesättigten Kohlenwasserstoff ein gesättigter Kohlenwasserstoff, ein Alkan, hergestellt werden. Bei dieser Reaktion, der **Hydrierung**, entsteht z. B. Ethan aus Ethen.

Dehydrierung. Man kann umgekehrt aus Alkanmolekülen durch Abspaltung von Wasserstoffmolekülen Alkenmoleküle herstellen. Diese Reaktion ist eine Dehydrierung.

Die Dehydrierung ist ein Beispiel für eine Reaktion, bei der aus Molekülen kleine Moleküle abgespalten werden. Solche Reaktionen heißen **Eliminierungsreaktionen**.

Name des Alkens	Schmelztemperatur	Siedetemperatur
Ethen	−169 °C	−104 °C
Propen	−185 °C	−48 °C
But-1-en	−185 °C	−6 °C
Pent-1-en	−165 °C	30 °C
Hex-1-en	−140 °C	63 °C

B1 Eigenschaften der ersten fünf Alkene

A1 Welche der in Tabelle B1 aufgeführten Alkene sind bei Zimmertemperatur (20 °C) flüssig, welche gasförmig?

A2 Erkläre die Zunahme der Siedetemperaturen innerhalb der homologen Reihe der Alkene. Zwischen Alkenmolekülen wirken die Van-der-Waals-Kräfte.

A3 Formuliere die Reaktionsgleichungen mit Strukturformeln für die Addition von Wasser an Ethen und die Eliminierung von Bromwasserstoff aus 2-Brompropan. Ermittle auch die Namen der Reaktionsprodukte.

B3 Halbstrukturformeln von Alkenmolekülen

In einem Ethenmolekül können sich die beiden Molekülhälften nicht um die Bindungsachse zwischen den beiden Kohlenstoffatomen drehen. Es gilt: Um die C=C-Bindungsachse einer Doppelbindung besteht keine freie Drehbarkeit. Aus dieser Tatsache folgt, dass es zwei verschiedene 1,2-Dichlorethene gibt, ein *cis-* und ein *trans-*1,2-Dichlorethen. Beim *cis-*1,2-Dichlorethen liegen die beiden Chloratome auf der gleichen Seite der C—C-Achse, beim *trans-*1,2-Dichlorethen stehen sie sich gegenüber.

Hier liegt ein weiterer Fall für eine Isomerie vor. Zwei Moleküle haben zwar dieselbe Summenformel, aber verschiedene Strukturformeln. Diese Isomerie nennt man *cis-trans-*Isomerie. Wie andere Isomere unterscheiden sich auch *cis-trans-*Isomere in ihren Eigenschaften.

B2 *Cis-trans-*Isomerie

12.9 Die Vielfalt der Kohlenwasserstoffe

B1 Räumliche Molekülmodelle unterstützen das Vorstellungsvermögen

B3 Vertreter wichtiger homologer Reihen von Kohlenwasserstoffen

Kohlenstoffatome können nicht nur durch Einfach-, sondern auch durch Doppel- oder Dreifachbindungen verbunden sein. Zudem gibt es Kohlenwasserstoffmoleküle mit ringförmigen (cyclischen) Molekülgerüsten.

Alkine. Kohlenwasserstoffe, deren Moleküle eine C≡C-Dreifachbindung aufweisen, gehören zu den Alkinen. Die allgemeine Summenformel lautet: C_nH_{2n-2}. Das erste und wichtigste Glied der Alkine ist Ethin. Aufgrund der Dreifachbindung zählt Ethin zu den ungesättigten Verbindungen.

Ethin wird häufig Acetylen genannt. Es kommt in Stahlflaschen in den Handel. Reines Ethin kann explosionsartig zerfallen. Es muss deshalb unter besonderen Bedingungen aufbewahrt werden. Ethin verbrennt an der Luft mit hell leuchtender und stark rußender Flamme. Verbrennt man Ethin in Schweiß- und Schneidbrennern zusammen mit Sauerstoff, so erhält man eine nur wenig rußende, sehr helle und heiße Flamme, die Flammentemperatur kann bis zu etwa 3000 °C betragen, sodass sogar Stoffe wie Stahl leicht geschmolzen werden können.

B2 Schweißen und Schneiden

B4 Schweißen mit Acetylen; oben: Schnitt durch den Brenner

Cyclohexan (Summenformel: C_6H_{12}) ist ein **Cycloalkan**, das die Eigenschaften und das Reaktionsverhalten eines vergleichbaren offenkettigen Alkans aufweist. So ist es eine farblose, hydrophobe Flüssigkeit. Der Cyclohexanring ist nicht eben gebaut, bei allen Bindungen liegt auch hier ein Tetraederwinkel vor [B5]. Solche Sechsringe sind die Bausteine vieler Naturstoffe.

Cycloalkene. In ihren Eigenschaften und ihrem Reaktionsverhalten ähneln die Cycloalkene weitgehend den offenkettigen Alkenen. Cyclohexen (Summenformel: C_6H_{10}) ist eine farblose Flüssigkeit mit benzinartigem Geruch. Sie ist löslich in Alkohol, aber unlöslich in Wasser. Cyclohexen wird u.a. als Lösungsmittel in Klebstoffen eingesetzt.

Benzol (Summenformel: C_6H_6) ist eine hydrophobe Flüssigkeit, die an der Luft mit stark rußender Flamme verbrennt. Benzol ist giftig und cancerogen (kann Krebs erzeugen). Trotzdem ist es auch heute noch Bestandteil des Benzins, da Benzol die Qualität des Benzins erhöht.

Auch bei Benzol handelt es sich um einen cyclischen Kohlenwasserstoff. Es lässt sich eine Strukturformel aufstellen, in der sich C—C-Einfachbindungen und C═C-Doppelbindungen abwechseln. Tatsächlich liegen aber im Benzolmolekül weder C—C-Einfach- noch C═C-Doppelbindungen vor. Im Benzolmolekül ist jedes Kohlenstoffatom mit je einem Elektronenpaar mit zwei weiteren Kohlenstoffatomen und einem Wasserstoffatom verbunden. Die verbleibenden sechs Elektronen, von jedem Kohlenstoffatom eines, lassen sich nicht zuordnen. Sie sind über den ganzen Ring verteilt (delokalisiert). Für das Benzolmolekül wird deshalb häufig eine besondere Strukturformel gebraucht, die die Delokalisierung der sechs Elektronen andeuten soll [B6].

Viele Verbindungen, die sich vom Benzol ableiten lassen, sind wohlriechende Stoffe. Sowohl Benzol als auch diese Benzolabkömmlinge gehören zu den Aromaten (von lat. aroma, Wohlgeruch), sie sind wichtige Ausgangsstoffe und Zwischenprodukte für die Herstellung von Farbstoffen, Kunststoffen und Medikamenten.

Wundbenzin. In den verschiedenen Benzinsorten sind unterschiedliche Kohlenwasserstoffe vertreten. Zur Entfernung von Fettflecken oder Pflasterrückständen sollten benzolfreie lipophile Lösungsmittel wie z.B. Wundbenzin verwendet werden. Dieses enthält im Wesentlichen Pentan und seine Isomere. Bei der Verwendung muss das Wundbenzin von Zündquellen ferngehalten werden.

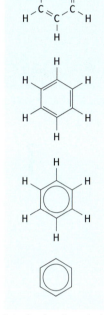

B6 Strukturformeln für Benzolmoleküle

A1 Beschreibe und vergleiche den Molekülaufbau von Ethan, Ethen und Ethin.

A2 Ermittle die Summenformeln von Hexan, Cyclohexan und Cyclohexen.

A3 Bei der Reaktion eines Moleküls eines unbekannten Kohlenwasserstoffs mit Sauerstoffmolekülen werden Kohlenstoffdioxidmoleküle der Gesamtmasse 132 u und Wassermoleküle der Gesamtmasse 54 u gebildet.
a) Stelle die Summen- und Strukturformel für dieses Molekül auf.
b) Zu welcher Stoffklasse gehört dieser Kohlenwasserstoff?

A4 Formuliere eine Reaktion zur Gewinnung von Ethan aus Ethen. Wie heißt diese Reaktion?

B5 Modell des Cyclohexanrings

B7 Benzol verbrennt mit rußender Flamme

12.10 Vom Ethen zum Polyethen

B1 Eimer aus Polyethen

Plastiktüten, Gefrierbeutel, Eimer, Wäschekörbe, Getränkekisten, Mülltonnen, Rohre usw. bestehen häufig aus Polyethen.
Polyethen, in Alltag und Technik meist Polyethylen genannt, wird aus Ethen gewonnen. Warum können aus Ethen Polyethen und viele weitere Stoffe hergestellt werden?

Polyethen – ein Polymer. Ethenmoleküle können aufgrund ihrer Doppelbindung mit anderen Moleküle eine Additionsreaktion eingehen. Ethenmoleküle können sich aber auch z. B. unter dem Einfluss eines Katalysators zu Makromolekülen (von griech. makros, groß) vereinigen [B3].

Dieses ist ein Beispiel für die Bildung von Riesenmolekülen aus kleinen Molekülen. Die kleinen Moleküle heißen **Monomere** (von griech. monos, eins; meros, Teil), die Makromoleküle dementsprechend **Polymere** (von griech. polys, viel).

Alle Kunststoffe bestehen aus Polymeren, die Ausgangsmoleküle können aber sehr unterschiedlich sein [B2].
Bei der Bildung von Kunststoffen werden aus vielen Monomermolekülen lange Polymerketten gebildet. Bei Einsatz geeigneter Monomere können aber die Ketten auch untereinander vernetzt sein, dies ergibt die Vielfalt und die besonderen Eigenschaften der Kunststoffe.

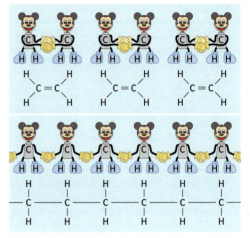

B3 Veranschaulichung der Bildung einer Polyethenkette aus Monomeren

Kunststoffe bestehen aus Makromolekülen. Makromoleküle sind Polymere. Sie können aus vielen Monomeren gebildet werden.

Die Moleküle des Polyethens sind Molekülketten, deren Kettenlängen in weiten Grenzen schwanken. Es können bis zu 200 000 Kohlenstoffatome aneinandergereiht sein.

Für Kunststoffe gibt es eine internationale, nicht auf der Formel beruhende Bezeichnung. Polyethen hat z. B. das Kurzzeichen PE. Diese Kennzeichnung ist für die Sortierung und Verwertung gebrauchter Kunststoffe wichtig.

Name	Polyethen (PE)	Polyvinyl-chlorid (PVC)	Polytetrafluor-ethen (PTFE)	Polystyrol (PS)	Polypropen (PP)	Polyacrylnitril (PAN)	Polymethylmethacrylat (PMMA)
Monomeres	$H_2C=CH_2$	$H_2C=CHCl$	$F_2C=CF_2$	$H_2C=CH(C_6H_5)$	$H_2C=CH(CH_3)$	$H_2C=CH(CN)$	$H_2C=C(CH_3)(COOCH_3)$
	Ethen	Vinylchlorid	Tetrafluor-ethen	Styrol	Propen	Acrylnitril	Methacrylsäure-methylester
Verwendungs-beispiele	Tragetaschen Eimer Mülltonnen	Bodenbeläge Rohre Schläuche Schallplatten	Rohre Dichtungen Pfannen-auskleidungen	Verpackungen Vorratsdosen Isoliermaterial	Dichtungen Batteriekästen Schalen	Synthesefasern	Sonnenbrillen Lichtkuppeln Uhrgläser

B2 Einige wichtige Kunststoffe und ihre Verwendung. Die jeweiligen Monomere leiten sich von Ethen ab, wobei die Wasserstoffatome des Ethenmoleküls ganz oder teilweise ersetzt sind

Eigenschaften von Kunststoffen. Kunststoffe können weich oder hart, spröde oder elastisch, trüb oder transparent sein. Diese Eigenschaften hängen wesentlich vom Aufbau der Kunststoffe ab.

Die **Thermoplaste** bestehen aus fadenförmigen oder leicht verzweigten Makromolekülen [B4]. Zwischen den Molekülen wirken Van-der-Waals-Kräfte. Beim Erwärmen können die Ketten aneinander vorbeigleiten. Dabei wird der Kunststoff verformbar oder flüssig. Beim Abkühlen wird er wieder fest. Thermoplaste weisen Bereiche mit parallel angeordneten Molekülteilen auf. In diesen Abschnitten, die man als kristalline Bereiche bezeichnet, sind die Van-der-Waals-Kräfte besonders groß. Teilkristalline Kunststoffe sind trüb.

Elastomere sind gummielastisch und bestehen aus weitmaschigen Makromolekülnetzen [B5]. Molekülteile sind nur beschränkt gegeneinander beweglich.

In **Duroplasten** sind die Makromoleküle engmaschig vernetzt [B6]. Beim Erwärmen können sich die Molekülabschnitte dieses Netzes nicht bewegen, der duroplastische Kunststoff schmilzt nicht. Bei hohen Temperaturen werden die Atombindungen gespalten, der Kunststoff zersetzt sich. Duroplaste werden in Schichtwerkstoffen verwendet. Zusammen mit Glas- oder Kohlefasern liefern sie sehr leichte, aber extrem beanspruchbare Platten, Rohre und Stäbe, die z. B. im Flugzeugbau sowie bei Sportgeräten eine Rolle spielen.

A1 In welchen Gegenständen sind folgende Kunststoffe verarbeitet: PE, PTFE, PMMA?

A2 Recherchiere z. B. im Internet oder in einer Bücherei die Eigenschaften und Verwendung von PVC.

A3 Welche Stoffe entstehen bei der vollständigen Verbrennung von Polyethen?

A4 Erkunde, was mit Kunststoffabfällen gemacht werden kann.

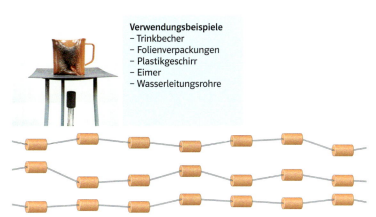

Verwendungsbeispiele
- Trinkbecher
- Folienverpackungen
- Plastikgeschirr
- Eimer
- Wasserleitungsrohre

B4 Kunststoffbecher nach dem Einschmelzen, Thermoplaste sind beim Erwärmen verformbar

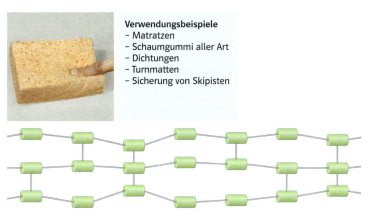

Verwendungsbeispiele
- Matratzen
- Schaumgummi aller Art
- Dichtungen
- Turnmatten
- Sicherung von Skipisten

B5 Der Schwamm nimmt nach Beendigung des Zusammendrückens seine Ausgangsform wieder an, Elastomere sind gummielastisch

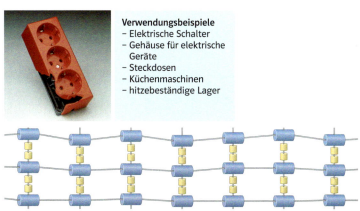

Verwendungsbeispiele
- Elektrische Schalter
- Gehäuse für elektrische Geräte
- Steckdosen
- Küchenmaschinen
- hitzebeständige Lager

B6 Duroplaste sind nicht verformbar, sondern zerbrechen bei Krafteinwirkung

12.11 Gewinnung von Kohlenwasserstoffen aus Erdöl

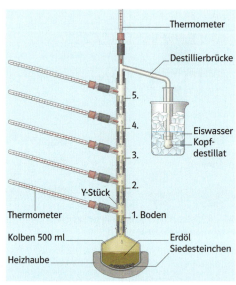

B2 Rohöldestillation im Schulversuch

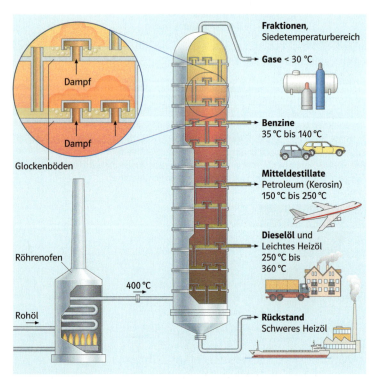

B1 Fraktionierende Destillation bei Atmosphärendruck

Das je nach seiner Herkunft hellbraune bis pechschwarze, dünn- bis dickflüssige Rohöl ist ein Gemisch von weit mehr als tausend verschiedenen Kohlenwasserstoffen. Neben diesen enthält es noch geringe Anteile an organischen Sauerstoff-, Stickstoff- und Schwefelverbindungen. Erst durch die Destillation und Aufarbeitung des Rohöls erhält man Produkte wie z. B. Benzin und Heizöl.

Fraktionierende Destillation. In einer Erdölraffinerie wird das Rohöl schnell in einem Röhrenofen auf 360 °C bis 400 °C erhitzt, wobei es zum größten Teil verdampft. Das Dampf-Flüssigkeits-Gemisch wird seitlich in den unteren Teil des Destillationsturmes geleitet. Dieser ist in seinem Innern durch zahlreiche Zwischenböden („Glockenböden") stockwerkartig unterteilt. Entsprechend der von unten nach oben abnehmenden Temperatur sammeln sich die Bestandteile des Rohöls mit den höheren Siedetemperaturen auf den unteren, die niedriger siedenden auf den oberen Böden. Zur besseren Trennung werden die aufsteigenden Dämpfe durch die über die Durchlässe gestülpten Glocken so umgeleitet, dass sie durch die Flüssigkeitsschichten auf den Boden strömen.

In der Flüssigkeit gelöste noch niedriger siedende Bestandteile verdampfen, im Dampf enthaltene höher siedende Verbindungen kondensieren. Steigt das Niveau der Flüssigkeit über die Oberkante des Durchlassrohres, läuft sie in den nächsttieferen Boden zurück. So findet zwischen zwei Böden ständig eine Destillation statt. Durch diese Destillation erhält man nicht einzelne Reinstoffe, sondern Gemische von Stoffen mit ähnlichen Siedetemperaturen, die **Rohölfraktionen**.

V1
a) In einer Apparatur nach B2 wird Erdöl (aus Gesundheitsgründen: künstliches Rohöl) erhitzt.
b) Die Fraktionen von den verschiedenen Böden werden auf Aussehen, Geruch, Viskosität und Entflammbarkeit untersucht.

Die stufenweise Destillation des Rohöls in Fraktionen wird **fraktionierende Destillation** genannt. Die Rohölfraktionen werden dabei auf bestimmten Böden gesammelt und in Vorratstanks abgeleitet.

Vakuumdestillation – Destillation unter vermindertem Druck. Am Boden des Destillationsturms sammelt sich ein Rückstand, der sich unter Normdruck nicht mehr verdampfen lässt, da sich seine Verbindungen bei Temperaturen über 400 °C zersetzen. Den Rückstand leitet man deshalb nach erneutem Aufheizen in einen zweiten Destillationsturm, in dem eine Destillation unter vermindertem Druck (etwa 50 hPa) stattfindet. Durch die Verminderung des Druckes werden die Siedetemperaturen der Verbindungen des Rückstandes um bis zu 150 °C gesenkt, sodass der Rückstand schon bei niedrigeren Temperaturen in weitere Fraktionen aufgetrennt werden kann.

Fraktionen	Siede-temperatur-bereich in °C	Flamm-temperatur-bereich in °C	Dichtebereich in g/cm³	Viskosität
Benzine:				
Leichtbenzin	40 bis 80	−55 bis −35	0,63 bis 0,68	
Mittelbenzin	80 bis 110	−35 bis −15	0,68 bis 0,73	
Schwerbenzin	100 bis 140	−15 bis 21	0,73 bis 0,78	nimmt zu
Mitteldestillate:				
Petroleum/Kerosin	150 bis 250	21 bis 55	0,77 bis 0,83	
Dieselöl/ leichtes Heizöl	250 bis 360	55 bis 100	0,81 bis 0,86	
Schweres Heizöl	nur im Vakuum unzersetzt destillierbar	100 bis 270	0,90 bis 0,98	
Schmieröle		>200	0,80 bis 0,95	

B4 Eigenschaften einiger Rohölfraktionen im Vergleich

Rohölfraktionen. Die gasförmigen Kohlenwasserstoffe werden z.T. zu Heizwecken in der Raffinerie verbrannt. Propan und Butane kommen auch als „Flüssiggase" in den Handel. Um bei entstehendem Überdruck austretende Gase kontrolliert verbrennen zu können, gibt es die Fackel. Benzine und Mitteldestillate müssen vor ihrer Weiterverwendung noch aufbereitet werden. Wichtig ist die Entfernung der Schwefelverbindungen, da bei deren Verbrennung Schwefeldioxid entsteht. Aus den Mitteldestillaten werden Flugzeugtreibstoff (Kerosin), Dieselöl und leichtes Heizöl gewonnen. Ein Teil des bei 400 °C und 1013 hPa nicht mehr verdampfbaren Rückstandes wird als schweres Heizöl in Kraftwerken und Schiffsmotoren eingesetzt. Bei der Vakuumdestillation gewinnt man Schmieröle und feste Kohlenwasserstoffe, die z. B. zu Kerzen (Paraffinkerzen) weiterverarbeitet werden können. Das Bitumen, der Rückstand der Vakuumdestillation, wird z. B. für Straßenbeläge verwendet.

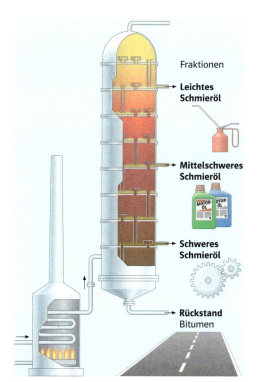

B3 Destillation des Rückstandes der Destillation unter vermindertem Druck

A1 a) Was ist eine Erdölfraktion? b) Warum wird der Erdölrückstand bei vermindertem Druck destilliert?

A2 Leichtbenzin weist einen Siedebereich und keine Siedetemperatur auf. Erkläre.

A3 Warum müssen die Schwefelverbindungen aus dem leichten Heizöl entfernt werden?

12.12 Kraftfahrzeugbenzin – Verbrennung und Katalysator

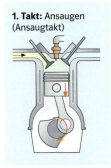

1. Takt: Ansaugen (Ansaugtakt)

2. Takt: Verdichten (Verdichtungstakt)

3. Takt: Arbeiten (Arbeitstakt)
Zündkerze

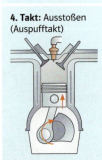

4. Takt: Ausstoßen (Auspufftakt)

B1 Die vier Takte des Ottomotors

Dieselöl und Benzine werden hauptsächlich als Treibstoffe für Motoren verwendet. Für manche Benzinmotoren reicht Normalbenzin, andere benötigen Super oder Super-Plus.

Verbrennung im Benzinmotor. Beim einfachen Ottomotor wird in die Zylinder des Motors ein Gemisch aus Benzin und Luft gesaugt. Bei moderneren Motoren wird das Benzin in den Zylinder gespritzt. Das Benzin-Luft-Gemisch wird durch den Kolben verdichtet (komprimiert). Dabei erwärmt es sich stark und wird schließlich durch den Funken der Zündkerze entzündet. Die entstehenden Verbrennungsgase beanspruchen einen viel größeren Raum als das Ausgangsgemisch. Der Druck im Zylinder wächst deshalb an, der Kolben wird weggedrückt. Durch eine gleichmäßig fortschreitende Verbrennung steigt der Druck zwar rasch, aber nicht schlagartig an; dadurch bewegt sich der Kolben relativ „weich" nach unten.

Die klopfende Verbrennung. Das im Motorzylinder verdichtete Benzin-Luft-Gemisch wird durch den Funken der Zündkerze gezündet. Die Flammfront breitet sich in den Zylinder aus, verdichtet und erwärmt das noch unverbrannte Benzin-Luft-Gemisch.

Dies kann zur Zündung von Gemischbestandteilen führen, bevor diese von der Flammfront erreicht werden, die von der Zündkerze ausgeht. Durch solche unerwünschten Sekundärzündungen steigt der Druck im Zylinder plötzlich an. Die harten Druckstöße erzeugen Klopfgeräusche, verringern die Leistung des Motors und erhöhen den Verschleiß.

Klopffestigkeit und Octanzahl. Die Klopffestigkeit von Benzin ist von seiner Zusammensetzung abhängig. In den Motorbenzinen können mehr als 150 verschiedene Kohlenwasserstoffe nachgewiesen werden. Alkangemische aus kettenförmigen, unverzweigten Molekülen sind klopffreudig, da sie sich schon bei niedrigen Temperaturen entzünden. Alkane sind umso klopffester, je mehr Verzweigungen ihre Moleküle aufweisen.

Um die **Klopffestigkeit** von Benzinen vergleichen zu können, benutzt man das besonders klopffeste 2,2,4-Trimethylpentan (Isooctan) als Maß für die Klopffestigkeit. Es besitzt die **Octanzahl** 100, das klopffreudige Heptan die Octanzahl 0. Verhält sich ein Kraftstoff in einem Prüfmotor wie ein Gemisch aus 20 % Heptan und 80 % Isooctan, so hat er die Octanzahl 80.

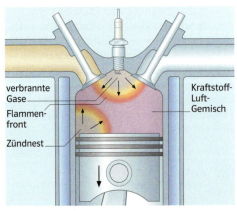

B2 Klopfende Verbrennung

verbrannte Gase
Flammenfront
Zündnest
Kraftstoff-Luft-Gemisch

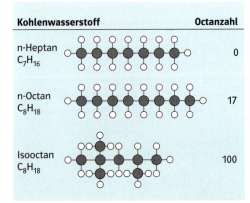

B3 Octanzahl und Kettenlänge bzw. Verzweigung

Kohlenwasserstoff	Octanzahl
n-Heptan C_7H_{16}	0
n-Octan C_8H_{18}	17
Isooctan C_8H_{18}	100

Organische Chemie

Kraftfahrzeugbenzin – Verbrennung und Katalysator

Schadstoffe bei der Verbrennung. Beim Verbrennen des Benzins entstehen nicht nur Kohlenstoffdioxid und Wasser. So bildet sich durch die unvollständige Verbrennung auch Kohlenstoffmonooxid. Ein geringer Teil des Benzins verbrennt überhaupt nicht, sondern wird zu neuen Kohlenwasserstoffen umgewandelt. Außerdem reagiert bei den hohen Temperaturen im Zylinder ein Teil des Stickstoffs der eingesaugten Luft zu Stickstoffoxiden. Diese Nebenprodukte sind giftig, und die Stickstoffoxide werden auch für Waldschäden mitverantwortlich gemacht. Es ist deshalb erforderlich, den Anteil dieser Schadstoffe in den Autoabgasen so gering wie möglich zu halten.

Wirkungsweise des Autoabgaskatalysators. Mit dem Einsatz eines geregelten Katalysators ist es möglich, den Schadstoffanteil der Abgase eines Benzinmotors zu verringern. Ein Abgaskatalysator besteht aus einem Keramikwabenkörper, durch den zahlreiche dünne Kanäle mit nahezu quadratischem Querschnitt verlaufen. Auf der rauhen Aluminiumoxidschicht der Kanäle sind Platin, Rhodium und zu einem geringen Teil Palladium aufgebracht. Für einen Katalysator werden etwa 2 g bis 3 g der Metalle benötigt.

Die vom Motor kommenden Abgase strömen durch die Kanäle des Keramikwabenkörpers und kommen mit dem Edelmetall, dem eigentlichen Katalysator, in Berührung.
An der Oberfläche laufen Reaktionen der Schadstoffe zu Kohlenstoffdioxid, Wasser und Stickstoff ab.
Für eine möglichst hohe Schadstoffminderung sorgt die Lambda-Sonde. Sie ist vor dem Katalysatorblock als Messfühler eingelassen und misst den Anteil des Restsauerstoffs im Abgas. Über eine Regelungsautomatik ist diese Sonde mit der Gemischaufbereitung von Benzin und Luft verbunden, sodass ein optimal zusammengesetztes Gemisch im Zylinder verbrennt. Die Schadstoffe in den Abgasen aus dem Zylinder werden durch den geregelten Katalysator um ca. 90 % vermindert.

Rußfilter. Busse und Lastkraftwagen fahren meist mit Dieselmotoren, aber auch der Anteil der Pkws mit Dieselmotoren nimmt zu. Bei der Verbrennung von Dieselkraftstoff entstehen Rußpartikel, die im Verdacht stehen, krebserzeugend zu wirken. Um Rußpartikel aus dem Abgas zu entfernen, benötigt man einen Filter. In den feinen Kanälen des Filters aus Siliciumcarbid werden die Rußpartikel zurückgehalten. Sie werden zu Kohlenstoffdioxid verbrannt. Siliciumcarbid ist eine harte Keramik, die auch hohe Temperaturen aushält.

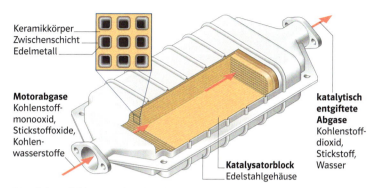

B5 Schemabild eines Abgaskatalysators mit vergrößerter Darstellung des platinbeschichteten Keramikkörpers

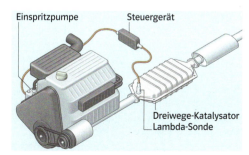

B4 Katalysator und Lambda-Sonde.

B6 Rußfilter

A1 Ergänze in deinem Heft die folgenden Reaktionsgleichungen für die drei Reaktionen (drei „Wege"), die im Katalysator ablaufen können:
 a) $C_2H_6 + O_2 \longrightarrow$
 b) $CO + NO \longrightarrow$
 c) $2\,CO + O_2 \longrightarrow$

A2 Ermittle die Octanzahlen für verschiedene Benzinsorten.

12.13 Kraftfahrzeugbenzin – Veredelung

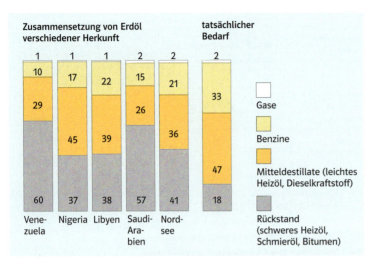

B1 Bedarf an Erdölbestandteilen und deren Vorkommen (in Prozent)

B3 Gefahrenhinweise an einer Tanksäule

B2 Gasrückführung an der Tankstelle

Die bei der Erdöldestillation gewonnenen Benzinfraktionen haben zu niedrige Octanzahlen bzw. zu hohe Siedetemperaturen. Mithilfe welcher Verfahren kann man dies ändern?

Erhöhung der Klopffestigkeit. Zur Erhöhung der Klopffestigkeit leitet man Benzin bei etwa 500 °C und unter Druck über Platinkatalysatoren. Dabei werden kettenförmige und unverzweigte Kohlenwasserstoffmoleküle in verzweigte und ringförmige umgewandelt. Auf diese Umwandlung von Molekülen, das **Reformieren**, ist es zurückzuführen, dass Benzin einen hohen Anteil an Benzol und insbesondere Benzolabkömmlingen enthält. Benzol ist krebserzeugend, auch viele im Benzin enthaltene Kohlenwasserstoffe sind zumindestens gesundheitsschädlich.

Beim Reformieren werden Kohlenwasserstoffe mit stark verzweigten und ringförmigen Molekülen gewonnen. Dies erhöht die Klopffestigkeit des Kraftfahrzeugbenzins.

Gasrückführung. Bei der Füllung von Tanks z. B. von Tankstellen oder Kraftfahrzeugen verdunsten Kohlenwasserstoffe (etwa 1,4 g pro 1 l Benzin) und damit auch Benzol. Mithilfe von Einrichtungen zur Gasrückführung an Tankstellen [B2] und von Aktivkohlefiltern lassen sich Emissionen um mehr als 90 % vermindern.

Benzin durch Cracken. Der Anteil an Benzin, Dieselkraftstoff und leichtem Heizöl ist im Erdöl wesentlich niedriger als der Anteil am tatsächlichen Bedarf [B1]. In den Raffinerien werden daher die hoch siedenden Fraktionen zu Benzin und Dieselkraftstoff bzw. leichtem Heizöl weiterverarbeitet.
Die Verbindungen des Benzins und Dieselkraftstoffs bestehen aus kleineren und kürzeren Molekülen von Kohlenwasserstoffen als die des schweren Heizöls und Rückstandes der fraktionierenden Destillation. Zur Herstellung von Benzin müssen deshalb die langen Moleküle des schweren Heizöls und Rückstandes aus der Raffinerie in kürzere zerlegt werden. Diese Zerlegung nennt man **Cracken** (von engl. to crack, aufbrechen) [B4].

Kraftfahrzeugbenzin – Veredelung

Crackverfahren. In der Technik werden verschiedene Crackverfahren angewandt. Beim thermischen Cracken werden die hoch siedenden Fraktionen unter Druck auf etwa 450 °C bis 500 °C erhitzt. Durch die hohe Temperatur geraten die langen Moleküle so stark in Schwingung, dass die C—C-Bindungen aufbrechen.

Beim katalytischen Cracken, das bei etwa 450 °C in Gegenwart eines Katalysators erfolgt, werden ein wesentlich höheres Umwandlungsergebnis und eine bessere Qualität erreicht. Neben Benzin werden beim Cracken, besonders beim katalytischen Cracken, gasförmige, gesättigte und ungesättigte Kohlenwasserstoffe und auch Ruß gewonnen, der sich auf dem Katalysator niederschlägt. Die Trennung des Kohlenwasserstoffgemisches erfolgt durch Destillation.

Der Katalysator wird heute meist in Form eines feinen Pulvers eingesetzt. Dieses Pulver kann wie eine Flüssigkeit fließen und transportiert werden. Der nach der Crackreaktion mit Kohlenstoff beladene Katalysator wird kontinuierlich regeneriert, indem der Ruß abgebrannt wird [B6].

Beim Cracken werden langkettige Moleküle von Kohlenwasserstoffen in kleinere Moleküle zerlegt. Dies erniedrigt die Siedetemperatur.

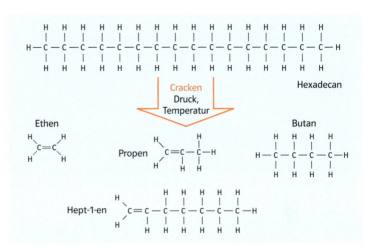

B4 Cracken schematisch. Lange Moleküle werden unter dem Einfluss von Druck und Temperatur in kleinere gespalten

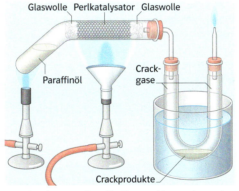

B5 Cracken von Paraffinöl unter Verwendung eines Katalysators

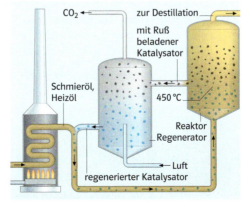

B6 Crackanlage in der Technik

V1 Man erhitzt in einer Apparatur nach B5 zunächst den Katalysator und bringt dann das Paraffinöl zum Sieden.
a) Die entweichenden Dämpfe werden durch eine Kühlfalle geleitet und nach Durchführung der Knallgasprobe über einer Glasrohrspitze entzündet.
b) In der gekühlten Vorlage sammelt sich eine Flüssigkeit. Prüfe Entflammbarkeit, Viskosität und Geruch.
Vergleiche mit Benzin und Paraffinöl.

A1 Warum sollte man sich zur Fettentfernung die Hände nicht mit Kraftfahrzeugbenzin waschen?

12.14 Erdgas und Wasserstoff in der Energietechnik

Gas	volumenbezogener Brennwert	volumenbezogener Heizwert
Methan	11,1 kWh/m³	10,0 kWh/m³
Propan	28,2 kWh/m³	25,9 kWh/m³
Butan	37,3 kWh/m³	34,4 kWh/m³
Erdgas (Groningen)	9,8 kWh/m³	8,8 kWh/m³

Der Brennwert ist die Energie, die bei vollständiger Verbrennung frei wird, wenn das Abgas auf die Bezugstemperatur (25 °C) zurückgekühlt wird. Hierbei kondensiert der Wasserdampf (der Abgase) und gibt seine Kondensationswärme ab. Um für einen Brennstoff charakteristische Werte zu erhalten, kann man auf das Volumen oder die Masse der Brennstoffportion beziehen.

Heizwert = Brennwert − Kondensationswärme
Brennwert = Heizwert + Kondensationswärme

B1 Brenn- und Heizwerte einiger Gase

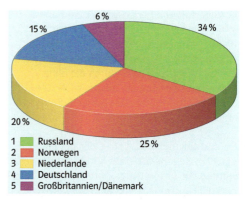

1. Russland
2. Norwegen
3. Niederlande
4. Deutschland
5. Großbritannien/Dänemark

B3 Erdgasbezugsquellen Deutschlands (2005)

In vielen Haushalten wird Erdgas zum Heizen und Kochen verwendet. In Gaskraftwerken nutzt man Erdgas zur Stromerzeugung. Auch Kraftfahrzeuge lassen sich mit Erdgas betreiben.

Erdgas als Energieträger. Wenn Methan verbrennt, wird die frei werdende thermische Energie genutzt. Es werden aber auch die Verbrennungsprodukte Wasser und Kohlenstoffdioxid auf etwa 150 °C erwärmt. Diese Energie wird in alten Heizungsanlagen benötigt, um das Wasser gasförmig durch den Schornstein abzuleiten. Durch Kondensation des Wasserdampfes innerhalb der Anlage würde der Kamin langsam zerstört. In modernen Heizungsanlagen werden die aufgeheizten Gase auf etwa 40 °C gekühlt, dabei kondensiert auch der Wasserdampf schon innerhalb des Brennwertkessels und gibt seine Kondensationswärme, die auch noch genutzt werden kann, ab.

Da Erdgas kaum Schwefelverbindungen enthält oder diese weitgehend entfernt werden, entsteht bei seiner Verbrennung nur sehr wenig Schwefeldioxid. Erdgas enthält keine Stickstoffverbindungen. Allerdings wird dem Erdgas zur Verbrennung Luft zugeführt. Bei hohen Flammentemperaturen wird ein Teil des Stickstoffs oxidiert. Eine Verringerung der Stickstoffoxidemissionen kann durch Flammenkühlung und Verbesserung der Brenner erreicht werden. Staub und Ruß fallen bei der Verbrennung von Erdgas kaum an.

Erdgasautos. Erdgasfahrzeuge werden von einigen Autoherstellern in Serienproduktion hergestellt. Diese Autos sind dann entweder rein erdgasbetrieben oder weisen zusätzlich noch einen Benzintank auf [B4]. Letztere werden als bivalente (zweiwertige) Fahrzeuge bezeichnet.
Bei Neufahrzeugen befinden sich mehrere kleine Tanks meist platzsparend unter dem Fahrzeugboden [B2].

B2 Erdgasfahrzeug. Die Tanks befinden sich platzsparend unter dem Fahrzeugboden

B4 Tankanschluss eines Fahrzeugs mit Benzinanschluss (rechts) und Erdgasanschluss (links)

Erdgas und Wasserstoff in der Energietechnik

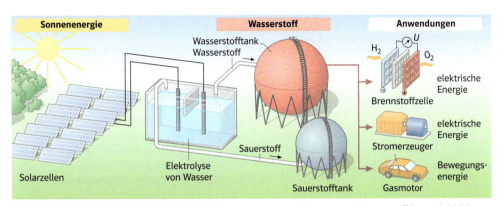

B5 Wasserstoff als Energieträger. Der mithilfe der Sonnenenergie erzeugte Wasserstoff kann vielseitig genutzt werden

B6 Wasserzerlegung mithilfe des elektrischen Stroms

Jeden Tag werden Kohle, Erdgas und Erdölprodukte wie Benzin und Heizöl zum Kochen und Heizen, zum Antrieb von Fahrzeugen und zur Erzeugung elektrischer Energie verbrannt. Es gibt unterschiedliche Voraussagen, wie lange Kohle, Erdgas und Erdöl noch in ausreichenden Mengen und zu bezahlbaren Preisen zur Verfügung stehen werden.

Es ist jedoch eine Tatsache, dass die einmal verbrannten Stoffe nicht wieder zur „Energiegewinnung" herangezogen werden können. Sonne, Wind und Wasserkraft hingegen sind unerschöpfliche Energiequellen.

Erneuerbare Energiequellen. Die Ressourcen zur Energieversorgung durch Wasserkraft werden in Deutschland schon fast vollständig ausgenutzt. Unter den klimatischen Bedingungen Mitteleuropas ist das „Einsammeln" der Wind- und insbesondere der Sonnenenergie und ihre Umwandlung in eine nutzbare Energieform noch immer erheblich teurer als die Nutzung der nicht erneuerbaren Energieträger. Wind- und Sonnenenergie haben den Nachteil, dass sie nicht gelagert und transportiert werden können. Die Lücke zwischen der Sonnenenergie als Energiequelle und der Nutzung der Energie in ihren benötigten Formen kann der Wasserstoff schließen.

Wasserstoff als Energieträger. Wasser lässt sich mithilfe elektrischer Energie in Wasserstoff und Sauerstoff zerlegen [V1].

Wasserstoff kann gespeichert und über Gasleitungen transportiert werden. Die in Wasserstoff gespeicherte Energie kann dann durch Verbrennen des Wasserstoffs oder mithilfe von Brennstoffzellen freigesetzt werden.

Wird die elektrische Energie zur Zerlegung des Wassers durch die Verbrennung nicht erneuerbarer Energieträger gewonnen, bietet Wasserstoff als Energieträger keine Vorteile. Mit Solarzellen kann Sonnenenergie aber direkt in elektrische Energie umgewandelt werden, die dann zur Spaltung des Wassers eingesetzt werden kann.

V1 Man elektrolysiert im Hofmann'schen Zersetzungsapparat [B6] mit verd. Schwefelsäure oder mit Kalilauge versetztes Wasser. Ist der eine Schenkel bis zur Hälfte mit Gas gefüllt, unterbricht man die Elektrolyse und leitet die Gase in Reagenzgläser. Mit dem am Pluspol entstehenden Gas wird die Glimmspanprobe, mit dem anderen die Knallgasprobe durchgeführt.

A1 Schreibe die Stoffe auf, die bei der Verbrennung von Erdgas mit Luft entstehen können.

A2 Welche Energie wird in modernen Heizungsanlagen im Vergleich zu Altanlagen zusätzlich genutzt?

Erdgas und Wasserstoff in der Energietechnik

Heizwerte von 1 kg des Stoffes in MJ	
Holz	14
Braunkohlenbriketts	20
Erdgas	29
Steinkohle	31
Heizöl	41
Benzin	44
Wasserstoff	120

B7 Heizwerte von einigen Brennstoffen und von Wasserstoff

Primärenergieverbrauch in Megajoule bei einer Reiseentfernung von 100 km je Person	
Flugzeug	1500
Pkw mit Katalysator	1100
Bahn	730
Bus	410

Quelle: Umweltbundesamt

B8 Primärenergieverbrauch verschiedener Verkehrsmittel

Speicherung von Wasserstoff. In der Schule wird Wasserstoff häufig in 10-l-Stahlflaschen aufbewahrt. In einer gefüllten Stahlflasche steht Wasserstoff meist unter einem Druck von etwa 180 000 hPa (180 bar). Aus der Stahlflasche lassen sich damit etwa 1800 l Wasserstoff entnehmen. Da Wasserstoff bei 20 °C und 1013 hPa eine Dichte von 0,083 g/l hat, haben 1800 l Wasserstoff eine Masse von 150 g. Bei der Verbrennung von 150 g Wasserstoff wird eine Verbrennungswärme von 21 300 kJ (= 21,3 MJ) frei.

Um ein Einfamilienhaus zu beheizen, benötigt man pro Jahr rund 1500 kg Heizöl. Wenn dieses Haus mit Holz geheizt würde, wären rund 4 400 kg Holz notwendig. Beim Verbrennen der Brennstoffe wird der Unterschied der Energieinhalte der Ausgangsstoffe und Reaktionsprodukte in Form von Wärme abgegeben. Der Energieinhalt von 1 kg Heizöl ist z. B. ca. dreimal so groß wie der von 1 kg Holz.

Energiebeträge werden in der Einheit Joule angegeben. Um z. B. die Temperatur von 1 kg Wasser um 1 °C zu erhöhen, ist eine Energie von ca. 4,2 kJ erforderlich.

In der Gas- und Elektrizitätswirtschaft wird meist die Kilowattstunde (kWh) als Einheit für die Energie verwendet:
1 kWh = 3600 kJ = 3,6 MJ

B9 Die Einheit der Energie

Der Tank eines großen Pkws fasst etwa 100 l Benzin. Wollte man mit Wasserstoff die gleiche Fahrstrecke zurücklegen wie mit Benzin, müsste das Volumen des Tanks 15-mal so groß sein. Außerdem müsste er einem Druck von 180 000 hPa standhalten. Ein solcher Tank hätte eine recht große Masse, während der Benzintank aus Kunststoff wenig wiegt. Flüssiger Wasserstoff hat eine wesentlich größere Dichte als gasförmiger. Doch kondensiert Wasserstoff erst bei −253 °C. Auch unter Druck lässt sich Wasserstoff erst bei −240 °C verflüssigen. Flüssiger Wasserstoff kommt daher als Treibstoff für Fahrzeuge nicht infrage.

Eine technische Lösung für die Zukunft könnten Metallhydridtanks sein. Wasserstoff wird in einen Tank gepresst, der z. B. eine Eisen-Titan-Legierung enthält. Dabei kann durch das beim Befüllen entstehende Metallhydrid fast so viel Wasserstoff in den Tank gefüllt werden wie bei einem Tank für flüssigen Wasserstoff. Wird die Legierung erwärmt, wird Wasserstoff abgegeben. Bei dieser Form der Speicherung kann es keinesfalls zu einem Unfall durch „Knallgasexplosion" kommen.

Wasserstoff kann in Verbrennungsmotoren eingesetzt werden. Häufiger wird Wasserstoff aber in Brennstoffzellen für elektrisch angetriebene Prototypen von Fahrzeugen genutzt. Im Folgenden wird eine Brennstoffzelle vorgestellt, der eine gute Zukunft vorausgesagt wird.

A3 Wie groß ist die Masse des Erdgases, die man zur Beheizung des Einfamilienhauses pro Jahr [B9] benötigt?

A4 Die einfache Reiseentfernung Deutschland – Mallorca beträgt ca. 2000 km. Berechne die Masse und das Volumen (20 °C, 1013 hPa) des Wasserstoffs bezogen auf eine Person für einen One-Way-Flug mit 200 Personen. Wie vielen 10-l-Flaschen entspricht dies?

Aufbau einer PEM-Brennstoffzelle. Eine PEM-Brennstoffzelle (von engl. proton exchange membran, weitere Bedeutung: polymer elektrolyt membran) besteht aus drei Teilen: einer *negativ geladenen Elektrode*, einer *Elektrolytmembran* und einer *positiv geladenen Elektrode*. Zusammen bilden sie eine Zelle. Mehrere Zellen in Reihe bilden einen Stapel, einen so genannten Stack. Zwischen den Zellen befinden sich Bipolarplatten. Diese haben mehrere Aufgaben: Verteilung der Gase auf die Elektroden, Verknüpfung der Einzelzellen, Ableitung der Wärme und der Reaktionsprodukte.

Chemische Reaktionen in der Brennstoffzelle. Wasserstoff wird auf eine Elektrode geleitet. Die Wasserstoffmoleküle werden unter Einfluss des katalytisch wirkenden Metalls der Elektrode in Atome gespalten. Jedes Wasserstoffatom gibt ein Elektron ab, die Elektrode ist negativ geladen. Es entstehen Wasserstoffionen (Protonen), die die Elektrolytmembran durchdringen.

$$2\,H_2 \longrightarrow 4\,H^+ + 4\,e^-$$

An der positiv geladenen Elektrode reagieren die Sauerstoffmoleküle unter Aufnahme der Elektronen, die durch den Verbraucher geflossen sind, mit den Protonen zu Wasser.

$$O_2 + 4\,H^+ + 4\,e^- \longrightarrow 2\,H_2O$$

Es wird entweder reiner Sauerstoff oder Luft auf die positiv geladene Elektrode geleitet.

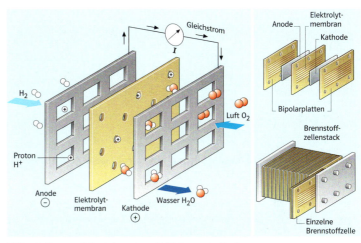

B11 Aufbau und Funktion einer PEM-Brennstoffzelle

Die Zelle hat eine theoretische Spannung von ca. 1,2 V. Erreicht werden in der Praxis allerdings nur 0,6 bis 0,9 V. Die in Kraftfahrzeugen eingesetzten Stacks weisen eine Leistung von 150 bis 250 kW auf.

Verwendung von PEM-Brennstoffzellen. PEM-Brennstoffzellen werden für viele Anwendungsbereiche konstruiert, einige wenige Beispiele sind Mobiltelefone, Laptops, elektrische Arbeitsgeräte im Heimwerker- und Profibereich, Kraftfahrzeuge.

Anode Die Elektrode, an der Teilchen Elektronen abgeben, ist die Anode

Kathode Die Elektrode, an der Teilchen Elektronen aufnehmen, ist die Kathode

A5 Welche Spannung weist ein Stapel aus 50 Zellen in etwa auf?

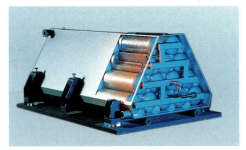

B10 Wasserstoffspeicher in einem Kraftfahrzeug

B12 Modellauto mit Brennstoffzelle

12.15 Durchblick Zusammenfassung und Übung

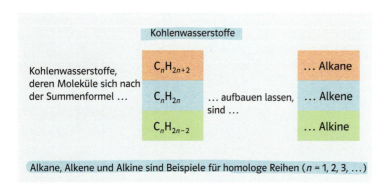

Alkane, Alkene und Alkine sind Beispiele für homologe Reihen ($n = 1, 2, 3, \ldots$)

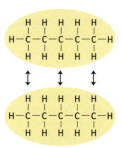

nehmen mit wachsender Kettenlänge und damit auch wachsender Oberfläche zu.

Kohlenwasserstoffe
Verbindungen, die nur aus Kohlenstoff- und Wasserstoffatomen aufgebaut sind, gehören zu den Kohlenwasserstoffen.

Homologe Reihe
Eine Reihe von Verbindungen, bei denen sich die Moleküle aufeinanderfolgender Glieder jeweils um eine CH_2-Gruppe unterscheiden, bilden eine homologe Reihe.

Strukturformel
Eine Formel des Moleküls, in der die bindenden Elektronenpaare angegeben sind und die räumliche Anordnung der Atome berücksichtigt wird. Oft werden auch die nicht bindenden Elektronenpaare angegeben, da auch sie den räumlichen Bau der Moleküle beeinflussen.

Halbstrukturformel
Vereinfachte Strukturformel, in der Formelteile wie in einer Summenformel zusammengefasst werden. Dabei muss erkennbar bleiben, welche Atome miteinander verbunden sind.

Eine Halbstrukturformel für 3-Methylpentan:

$$C_2H_5 - CH(CH_3) - C_2H_5$$

Isomere
Moleküle, die bei gleicher Summenformel unterschiedliche Strukturformeln haben, bezeichnet man als Isomere (Strukturisomere).

Van-der-Waals-Kräfte
Anziehungskräfte zwischen Teilchen, die unter dem Einfluss benachbarter Teilchen temporäre Dipole bilden. Die Van-der-Waals-Kräfte

Viskosität
Die Viskosität bezeichnet das Fließverhalten einer Flüssigkeit. Hohe Viskosität bedeutet Dickflüssigkeit, niedrige Dünnflüssigkeit.

Hydrophil und hydrophob
Stoffe mit guter Wasserlöslichkeit bezeichnet man als hydrophil. Die Moleküle sind polar. Stoffe mit geringer Wasserlöslichkeit nennt man hydrophob. Die Moleküle sind unpolar.

Lipophil und lipophob
Fettlösliche Stoffe bezeichnet man als lipophil, wenig fettlösliche als lipophob.

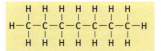

Heptan ist lipophil und hydrophob

Drei-Wege-Katalysator
Im Drei-Wege-Katalysator reagieren die drei Hauptschadstoffe des Abgases auf drei Wegen: Kohlenstoffmonooxid wird oxidiert zu Kohlenstoffdioxid, Kohlenwasserstoffe werden oxidiert zu Wasser und Kohlenstoffdioxid, Stickstoffoxide werden reduziert zu Stickstoff.

Erdöl und Erdgas
Gemische, die im Wesentlichen aus Kohlenwasserstoffen bestehen.

Benzine
Gemische von flüssigen Kohlenwasserstoffen mit einem Siedetemperaturbereich bis ca. 150 °C.

Durchblick Zusammenfassung und Übung

Organische Reaktionstypen

Substitutionsreaktionen
Reaktionen, bei denen Atome (oder Atomgruppen) durch andere Atome (oder Atomgruppen) ersetzt werden.

$$H_3C-H + |\overline{Br}-\overline{Br}| \rightarrow H_3C-\overline{Br}| + H-\overline{Br}|$$

In diesem Beispiel wird ein H-Atom durch ein Br-Atom substituiert.

Additionsreaktionen
Reaktionen, bei denen Moleküle aufgrund ihrer Doppel- oder Dreifachbindung unter Auflösung derselben zusätzlich weitere Atome oder Atomgruppen binden.

$$H_2C=CH_2 + |\overline{Br}-\overline{Br}| \rightarrow H_2\overset{|\overline{Br}|}{C}-\overset{H}{\underset{|\overline{Br}|}{C}}H$$

Eliminierungreaktionen
Reaktionen, bei denen aus Molekülen kleine Moleküle abgespalten werden.

$$H_3C-CH_3 \rightarrow H_2C=CH_2 + H-H$$

Die Dehydrierung, die Abspaltung von Wasserstoffmolekülen, ist ein wichtiges Beispiel für eine Eliminierungsreaktion.

Fraktionierende Destillation von Rohöl
Die Trennung des Rohöls durch Destillation in Fraktionen heißt fraktionierende Destillation.

Rohölfraktion
Gemisch von Kohlenwasserstoffen mit ähnlichen Siedetemperaturen.

Reformieren
Kettenförmige Kohlenwasserstoffmoleküle werden in verzweigte oder ringförmige Moleküle zur Erhöhung der Klopffestigkeit umgewandelt.

Cracken
Langkettige Kohlenwasserstoffmoleküle werden in kurzkettige gespalten, damit die Siedetemperatur erniedrigt wird.

Octanzahl
Die Octanzahl gibt die Klopffestigkeit eines Benzins an. Kohlenwasserstoffe aus verzweigten Molekülen sind klopffester als entsprechende Kohlenwasserstoffe, die aus unverzweigten Molekülen bestehen.

A1 Ein Alkanmolekül hat die Masse 72 u. Gib die Summenformel und die möglichen Strukturformeln an. Benenne die Verbindungen.

A2 Butan hat die Siedetemperatur −1 °C, Isobutan (2-Methylpropan) −12 °C. Deute den Unterschied mithilfe der zwischenmolekularen Kräfte.

A3 Begründe, warum man für die Herstellung von 1 t PVC weniger Erdöl benötigt als für 1 t Polyethen.

A4 Ermittle in Form von Steckbriefen die Vorzüge und Nachteile der in B1 angegebenen Energieträger.

A5 Erkläre, weshalb sich Henicosan ($C_{21}H_{44}$) zersetzt, ohne zu sieden.

A6 Bei der Reaktion von Propen mit Wasserstoff entsteht Propan.
a) Formuliere die Reaktionsgleichung.
b) Um welchen Reaktionstyp handelt es sich?

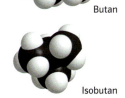

Butan

Isobutan

B2 Zu Aufgabe 2

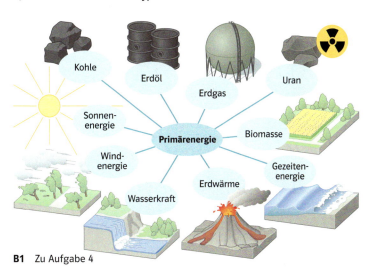

B1 Zu Aufgabe 4

Durchblick Zusammenfassung und Übung

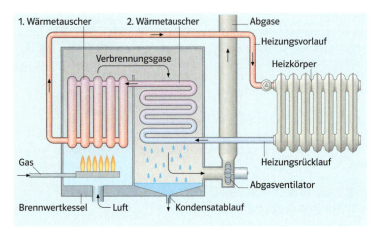

B3   Zu Aufgabe 7

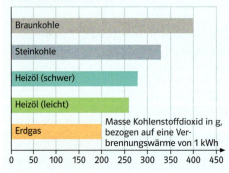

B5   Zu Aufgabe 9

Die Männer des kanadischen Fischtrawlers Ocean Selector waren überrascht, als sie im November 2000 ihr Grundschleppnetz vor Vancouver Island an Bord zogen. Ihr Fang aus etwa 800 Meter Tiefe bestand nicht aus Fisch, sondern aus rund 1000 kg weißlich aussehender Brocken, die zischten und brennbar waren. Die Brocken waren Methanhydrat. Methanhydrat ist ein Feststoff aus Wasser und Methan, in dem Methan in hoher Dichte in ein Gitter aus Wassermolekülen eingelagert ist. Aus 1 m³ festem Methanhydrat entweichen bei 20 °C und 1013 hPa bis zu 164 m³ Methan und 0,8 m³ Wasser. Methanhydrat bildet sich bei hohen Methangehalten unter Druck und bei niedrigen Temperaturen, z. B. in Meerestiefen ab ca. 400 m. Das Methan stammt meist aus dem Abbau organischer Substanzen. Schätzungen zufolge übertrifft Methanhydrat die Vorkommen an Erdgas und Erdöl bei weitem.
Methanhydrat ist also ein interessanter „Energievorrat". Allerdings soll es bei der Förderung des Methanhydrats zu schwierig zu bewältigenden Umweltproblemen kommen können. Das Methanhydrat festigt den Meeresboden. Methan bewirkt einen viel höheren Treibhauseffekt als Kohlenstoffdioxid.

B4   Zu Aufgabe 8

A7   a) Ein Bauteil von bestimmten Heizungsanlagen ist der Brennwertkessel. Erläutere das abgebildete Funktionsschema [B3].
b) Wodurch wird der Wasserdampf des Abgases zur Kondensation gebracht? Was bewirkt diese Kondensation im Heizkreislauf?
c) Leite die wahrscheinliche Herkunft der Bezeichnung „Brennwertkessel" her.
Tipp: In anderen Heizungsanlagen müsste der Kessel analog als „Heizwertkessel" bezeichnet werden.

A8   Recherchiere die Vorkommen von Methanhydraten und einige der Probleme, die mit der Förderung der Methanhydrate verknüpft sein sollen [B4].

A9   Es gibt mehrere Gründe dafür, Erdgas als einen weniger schädlichen Brennstoff anzusehen als Heizöl. Trage einige Gründe zusammen und beziehe auch B5 ein.

A10   Überlege und notiere, wie du selbst dazu beitragen kannst, dass weniger fossile Brennstoffe verbrannt und damit Ressourcen eingespart werden und der Ausstoß von Kohlenstoffdioxid reduziert wird.

A11   Wasserstoff bietet als Energieträger nicht unter allen Umständen Vorteile. Was muss bei seiner Herstellung beachtet werden, damit die Vorteile überwiegen?

268   Organische Chemie

13 Alkohole

Lässt man zuckerhaltige Säfte, z. B. Apfel- oder Traubensaft, längere Zeit stehen, so beginnen sie zu gären. Dieser chemische Vorgang läuft von alleine ab und wird von Hefepilzen ausgelöst.

▬ Schon seit Jahrtausenden werden auf diese Weise alkoholische Getränke hergestellt. Sie enthalten Ethanol. Dieser ist auch ein wichtiger Grundstoff der chemischen Industrie.

▬ Es gibt weitere Alkohole, die mit dem Ethanol chemisch verwandt sind und die alle eine Gemeinsamkeit im Bau ihrer Moleküle aufweisen.
Trotz dieser Gemeinsamkeit treten auch unterschiedliche Eigenschaften und Reaktionsweisen auf.

▬ Zwischen dem Molekülbau, den Eigenschaften der Alkohole und dem Reaktionsverhalten gibt es einen Zusammenhang; dabei lassen sich Ordnungsprinzipien und Regeln erkennen.
Aus den Eigenschaften der Alkohole ergeben sich vielfältige Verwendungsbereiche in Technik und Alltag.

13.1 Die Herstellung von Alkohol

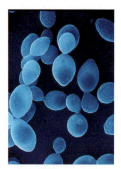

B1 Hefezellen (mikroskopisches Bild)

enzymatisch
mithilfe von Enzymen, die als Biokatalysatoren wirken

Alkoholische Getränke sind weit verbreitet. In diesen ist Alkohol in Wasser gelöst enthalten. Der Alkohol wird diesen Getränken meist nicht zugesetzt, sondern entsteht durch eine chemische Reaktion bei der Herstellung dieser Getränke. Die Zubereitung alkoholischer Getränke ist schon seit Jahrtausenden bekannt. Die frühe Fähigkeit Alkohol herzustellen ist wohl darauf zurückzuführen, dass die Alkoholentstehung auch ohne Zutun des Menschen in der Natur abläuft.

Alkoholische Gärung. Alkohol entsteht aus Traubenzucker (Glucose), der in vielen Früchten enthalten ist. Unter dem Einfluss der **Enzyme** (Biokatalysatoren) von *Hefepilzen* [B1] entsteht neben Alkohol ein weiteres Reaktionsprodukt, Kohlenstoffdioxid:

$$\text{Traubenzucker} \xrightarrow[\text{Wasser}]{\text{Enzyme}} \text{Alkohol} + \text{Kohlenstoffdioxid}$$

Diesen Vorgang nennt man alkoholische Gärung. Bei vielen Früchten sind auf ihren Schalen bereits Hefepilze vorhanden, sodass der Gärvorgang von selbst beginnen kann. Er liefert den Hefezellen die für sie lebensnotwendige Energie. Der Presssaft der Früchte reichert sich durch den Gärvorgang langsam mit Alkohol an. So entsteht z. B. Apfelwein. Den Gärvorgang kann man anhand der Bildung von Kohlenstoffdioxid verfolgen. Verschließt man die Gärgefäße, bevor die Gärung völlig beendet ist, so löst sich unter dem steigenden Druck ein großer Teil des Kohlenstoffdioxids in der Flüssigkeit.

Auch aus Pflanzen, die Stärke enthalten, können alkoholische Getränke hergestellt werden, da in Pflanzenzellen aus Stärke enzymatisch Traubenzucker entstehen kann. Dies nutzt man z. B. bei der Bierherstellung, für die man u. a. Gerste benötigt. Auch aus anderen stärkehaltigen Früchten und Knollen, wie Reis und Kartoffeln, kann Alkohol hergestellt werden. In einem *Hefeteig* läuft ebenfalls eine *alkoholische Gärung* ab. Das Kohlenstoffdioxid treibt das Gebäck auf und macht es locker. Der ebenfalls entstehende Alkohol verdampft beim Backvorgang.

Destillation. Die alkoholische Gärung hört von alleine auf, sobald eine Volumenkonzentration von ca. 15 % erreicht ist, da dann die Hefezellen absterben. Höhere Alkoholkonzentrationen lassen sich durch Destillieren („Brennen") erreichen [B2, B3]. Man erhält so *Branntwein*. Im Destillat liegt maximal eine Volumenkonzentration von 96 % vor. Lösungen mit diesem Alkoholgehalt nennt man *Spiritus*, er wird u. a. zur Herstellung von Spirituosen verwendet. Aus steuerlichen Gründen durch Zusätze ungenießbar gemacht („vergällt") dient er als *Brennspiritus*. Um wasserfreien Alkohol herzustellen, muss das restliche Wasser durch Zusatz eines hygroskopischen Stoffes, z. B. Calciumoxid, entfernt werden.

B2 Technische Alkoholherstellung

B3 Historische Apparatur zur Branntweinherstellung

Organische Chemie

13.2 Praktikum Alkoholische Gärung

V1 Vergärung von Fruchtsäften
Geräte und Materialien: Weintrauben oder Äpfel (jeweils ungewaschen), Kalkwasser, Erlenmeyerkolben (Enghals, 250 ml), passender Stopfen (einfach durchbohrt), Glasrohr (doppelt gewinkelt, U-Form), Becherglas (100 ml, hohe Form), Reibschale mit Pistill, Reibe mit Teller für Äpfel.
Durchführung: Drücke in einer Reibschale Weintrauben oder geriebenen Apfel mit einem Pistill aus und fülle den Saft dieser Früchte in den Erlenmeyerkolben. Verschließe ihn mit einem durchbohrten Gummistopfen mit doppelt gewinkeltem Glasrohr, das in das Becherglas mit Kalkwasser eintaucht. Lass die Lösung für Versuch 3 mindestens eine Woche stehen.
Aufgabe: Beschreibe und deute die Beobachtungen.

V2 Bedeutung der Hefe
Geräte und Materialien: 2 Erlenmeyerkolben (Enghals, 250 ml), 2 Stopfen (einfach durchbohrt), 2 Gärröhrchen, Waage, Kalkwasser, Wasser, Hefe, Traubenzucker.
Durchführung: Gib jeweils 15 g Traubenzucker und 150 ml Wasser in die Erlenmeyerkolben. Füge einer der Lösungen noch 2 g Hefe zu, schwenke gut um und markiere diesen Kolben. Verschließe die Kolben mit Stopfen und Gärröhrchen mit Kalkwasser. Stelle die Kolben für etwa eine Woche an einen warmen Ort.
Aufgabe: Beschreibe und deute die Beobachtungen.

V3 Brennprobe auf Alkohol
Geräte und Materialien: Schutzbrille, Stativ, Doppelmuffe, Universalklemme, Dreifuß mit Keramik-Drahtnetz, Gasbrenner, Holzspan, Siedesteinchen, Rundkolben (100 ml), Glasrohr (ca. 80 cm), Stopfen (einfach durchbohrt), Ansätze von Versuch 1 und 2.
Durchführung: Baue die Apparatur nach B1 zusammen und befülle den Rundkolben etwa zur Hälfte mit dem Ansatz von Versuch 1. Setze einige Siedesteinchen zu und erhitze langsam bis zum Sieden. Versuche, die Dämpfe mit einem brennenden Holzspan am Ende des Steigrohres zu entzünden. Führe die Probe ebenso mit den Ansätzen von Versuch 2 durch.

Aufgabe: Beschreibe und deute deine Beobachtungen.

V4 Bestimmung des Zuckergehalts von Fruchtsäften
Das Ausmaß der Alkoholbildung bei der Gärung hängt ab vom Zuckergehalt der eingesetzten Lösung. So ist es z. B. im Weinbau sehr wichtig, den Zuckergehalt des Traubensafts zu kennen. Die Bestimmung erfolgt mithilfe eines Aräometers (Senkwaage). Durch Zucker und einige andere Inhaltsstoffe besitzen die Lösungen höhere Dichten als reines Wasser (ϱ = 1000 g/l). Als Maß für den Zuckergehalt, v. a. von vergärbarem Fruchtsaft (Most), wird häufig das „Mostgewicht" in der Einheit Oechslegrad (Zeichen: °Oe) angegeben:

$$\text{Mostgewicht} = \left(\frac{\varrho(\text{Lösung})}{\text{g/l}} - 1000\right) °\text{Oe}$$

Aus dem Mostgewicht lässt sich die Zuckerkonzentration β(Zucker) und die maximal bei vollständiger Vergärung erreichbare Alkoholkonzentration σ(Alkohol) nach folgenden Beziehungen grob abschätzen:

$$\beta(\text{Zucker}) \approx \frac{\text{Mostgewicht}}{°\text{Oe}} \cdot 2 \frac{\text{g}}{\text{l}}$$

$$\sigma(\text{Alkohol}) \approx \frac{\text{Mostgewicht}}{8 \, °\text{Oe}} \, \%$$

Geräte und Materialien: Aräometer mit Standzylinder („Oechslewaage"), verschiedene klare Mostsorten.
Durchführung: Fülle den Standzylinder mit Most und tauche das Aräometer langsam ein. Lies die Skala, wenn das Aräometer frei schwimmt, an der Grenzfläche Luft – Flüssigkeit ab.
Aufgabe: Schätze aus den Messwerten die Zuckerkonzentration der Moste sowie die erreichbare Alkoholkonzentration ab.

B1 Zu Versuch 3

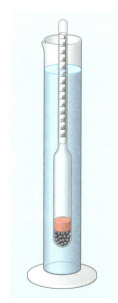

B2 Dichtebestimmung

13.3 Exkurs Die Herstellung von Bier

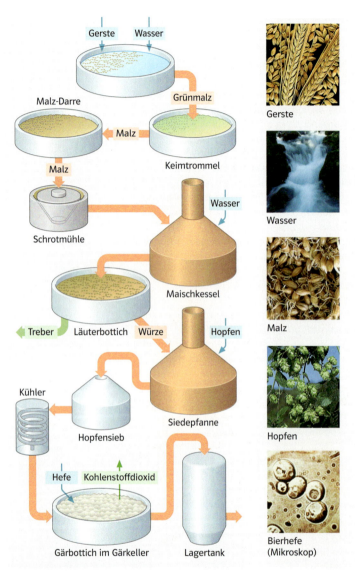

B1 Stationen der Bierherstellung

Nach dem deutschen Reinheitsgebot dürfen zur Bereitung von Bier nur Hopfen, Malz, Hefe und Wasser verwendet werden.

Mälzen. Zur Malzherstellung werden Gerstenkörner mit Wasser zum Keimen gebracht. Dabei entsteht Grünmalz, das auf einem gitterartigen Boden, der Darre, getrocknet wird. Das Malz wird geschrotet und in großen Kupferkesseln, den Maischkesseln, mit Wasser auf 50 °C bis 75 °C erwärmt. Dabei entsteht aus Stärke Malzzucker. Der Rückstand (Treber) wird im Läuterbottich abgetrennt. Malztreber ist ein Futtermittel.

Sieden. Nach Zugabe von Hopfen wird die Würze in der Siedepfanne gekocht [B3]. Aroma- und Bitterstoffe des Hopfens gehen in Lösung und verleihen dieser einen herben Geschmack. Die Gerbstoffe machen das Bier haltbar. Nach Abtrennen der Hopfenrückstände wird die Würze auf etwa 5 °C bis 10 °C gekühlt.

Gären. Die Würze wird in Gärbottichen [B2] mit Reinzuchthefe versetzt und bei einer Temperatur von 5 °C bis 10 °C etwa 8 bis 10 Tage vergoren. Die Hefe setzt sich am Boden ab, es entsteht untergäriges Bier. In Lagertanks kommt es bei 0 °C bis 2 °C zu einer Nachgärung. Dabei reichert sich Kohlenstoffdioxid an.

Alkoholfreies Bier. Diese Biere können eine Volumenkonzentration an Alkohol bis 0,5 % besitzen. Zu ihrer Herstellung wird dem Bier der Alkohol weitgehend entzogen. Hierbei werden z. B. Membranen eingesetzt, die unter Druck die kleinen Alkohol- und Wassermoleküle durchlassen, nicht jedoch die größeren Moleküle der Aromastoffe. Das entfernte Alkohol-Wasser-Gemisch wird danach durch Wasser ersetzt. Alternativ lässt man Bier und Wasser, durch eine semipermeable Membran getrennt, gegenläufig aneinander vorbeiströmen. Durch Diffusion gelangen die Alkoholmoleküle auf die Seite des Wassers und werden so entfernt. Auch können spezielle Hefesorten zur Gärung eingesetzt werden.

B2 Gärbottich

B3 Hopfenzugabe

13.4 Alkoholgenuss – Alkoholmissbrauch

Der Genuss von Alkohol erfolgt häufig wie selbstverständlich. Oft wird der Alkohol auch als „Freudenbringer" und „Problemverdränger" angesehen, der das Leben scheinbar leichter macht. Diese Einstellung zum Alkoholkonsum kann jedoch bereits der erste Schritt zur Alkoholabhängigkeit sein. Besonders groß ist die Gefahr der Gewöhnung durch den Konsum der auf den Geschmack von Jugendlichen abgestimmten Mixgetränke (Alcopops), da der Alkoholgeschmack durch die Süße der Getränke überdeckt wird. Damit können v. a. Jugendliche, denen die üblichen Alkoholika zu bitter oder zu scharf schmecken, zum Konsum von Alkohol verführt werden. Meist bedenken sie jedoch nicht, dass eine Flasche dieser Mixgetränke häufig mehr Alkohol enthält als zwei Gläser Weinbrand (2 x 0,02 l; [B1]). Die kurz- und langfristige Wirkung des Alkohols wird unterschätzt.

Die Wirkung von Alkohol auf den Körper. In Deutschland werden jährlich mehr als 25 Milliarden € für alkoholische Getränke ausgegeben. Durchschnittlich nimmt jeder Einwohner täglich 35 ml (ca. 28 g) reinen Alkohol zu sich. Alkohol ist ein giftiger Stoff, die tödliche Dosis für ein Kleinkind liegt bei 7 g bis 17 g reinem Alkohol. Dies entspricht etwa einem Glas Wein [B1]. Da Alkohol direkt in den Blutkreislauf gelangt, zeigen auch beim Erwachsenen bereits geringe Mengen sehr schnell Auswirkungen auf Befinden und Verhalten. Durch Alkohol werden Nervenzellen schnell und nachhaltig in ihrer Funktion gestört. Die direkten Folgen sind Minderung des logischen Denkvermögens und der Selbstkontrolle sowie der Abbau von Hemmungen. Der Genuss größerer Alkoholmengen führt zum „Rausch". Dabei werden bis zu 10 Millionen Gehirnzellen zerstört. Langfristig wird die Leber geschädigt, in der der Alkohol abgebaut wird. Pro Stunde werden etwa 7 g bis 9 g Alkohol abgebaut. Je nach *Konstitution* kann eine tägliche Aufnahme von 20 g bis 60 g Alkohol über längere Zeit zu lebensbedrohlicher Leberschrumpfung (Leberzirrhose) führen. Auch andere Organe werden geschädigt [B3].

B1 Alkoholanteil einiger Getränke im Vergleich

Konstitution
Körperbau und körperliche Verfassung

B2 Betrunkener Jugendlicher

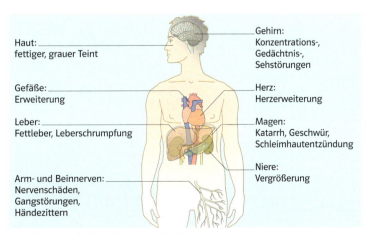

B3 Alkohol schädigt die Organe des Menschen

Alkohole

Alkoholgenuss – Alkoholmissbrauch

Promille Ein Promille ist ein Tausendstel.

$1‰ = \frac{1}{1000} = 10^{-3}$

Diese Einheit kann bei allen Anteilen (z. B. Massenanteil, Volumenanteil) verwendet werden

Unter 0,5‰: Bereits 0,3‰ erschweren den schnellen Überblick über eine ständig wechselnde Verkehrslage. Das Reaktionsvermögen verschlechtert sich.

0,5 bis 0,8‰: Reaktion auf optische und akustische Signale wird deutlich verlangsamt. Bremsweg verlängert sich bei 50 km/h um 14 m, Blickfeld ist eingeengt („Tunnelblick"), Minderung der Konzentrationsfähigkeit; Unfallhäufigkeit mit Personenschäden verdoppelt sich.

0,8 bis 1,2‰: Erhebliche Minderung der Aufmerksamkeit und Konzentrationsfähigkeit, stark verzögerte Reaktionsabläufe; euphorische Überschätzung der eigenen Fähigkeiten.

1,2 bis 2,4‰: Absolute Fahruntüchtigkeit, bei 1,5‰ sechzehnfaches Risiko für einen Unfall mit Personenschäden; Gleichgewichts- und Koordinationsstörungen; stark gestörte Reaktionsabläufe bei gleichzeitiger Überschätzung der eigenen Fähigkeiten.

B4 Gefahren durch Alkoholmissbrauch im Straßenverkehr

$$w(\text{Alkohol im Blut}) = \frac{m(\text{aufgenommener Alkohol})}{m(\text{Person}) \cdot r}$$

r ist ein Faktor, der u. a. vom Geschlecht und der Konstitution abhängt.
Durchschnittswerte: $r(\text{Mann}) = 0{,}68$; $r(\text{Frau}) = 0{,}55$.

Beispiel: Ein Mann ($m = 75$ kg) trinkt ein Glas Bier ($V = 0{,}3$ l) mit einer Volumenkonzentration

$\sigma(\text{Alkohol}) = \frac{V(\text{Alkohol})}{V(\text{Getränk})} = 0{,}05$ (5%)

Schätze seinen Blutalkoholgehalt ab.

$V(\text{Alkohol}) = \sigma(\text{Alkohol}) \cdot V(\text{Getränk}) = 0{,}05 \cdot 0{,}3\,l = 0{,}015\,l = 15\,ml$
$m(\text{Alkohol im Blut}) = \rho(\text{Alkohol}) \cdot V(\text{Alkohol}) = 0{,}785\,g/ml \cdot 15\,ml = 11{,}8\,g$

$w(\text{Alkohol im Blut}) = \frac{11{,}8\,g}{75\,000\,g \cdot 0{,}68} = 0{,}00023 = 0{,}23‰$

B5 Berechnung des Blutalkoholgehalts

Alkohol und Sucht. Eine seelische Abhängigkeit von Alkohol kann sich bereits bei relativ geringer täglicher Aufnahme einstellen und zur Alkoholsucht führen. Der Abhängige steht unter einem Wiederholungszwang, in einer seelischen und körperlichen Abhängigkeit von ständiger Alkoholzufuhr in immer kürzeren Zeitabständen. Nur eine Entziehungskur und lebenslanger Verzicht auf Alkohol können die Sucht zum Stillstand bringen.

Alkohol und Verkehr. Besonders gefährlich sind die Auswirkungen von Alkohol auf den Menschen im Straßenverkehr [B4]. Vor allem führt die enthemmende Wirkung von Alkohol zur Selbstüberschätzung und zu riskantem Verhalten. Allein ein Viertel der im Straßenverkehr Getöteten sind Opfer alkoholbedingter Verkehrsdelikte. Bei Verdacht auf „Alkohol am Steuer" werden von der Polizei nicht nur bei Autofahrern Kontrollen durchgeführt, sondern auch bei allen anderen Verkehrsteilnehmern, wie z. B. Fahrern von Fahrrädern. Dabei wird zunächst der Alkoholgehalt in der Atemluft mit einem elektronischen Messgerät bestimmt. Ab einem bestimmten Wert wird eine Blutprobe zur Bestimmung des Blutalkoholgehalts veranlasst. Ein Massenanteil von 1‰ bedeutet, dass sich 1 mg Alkohol in 1000 mg (1 g) Blut befindet. Mit der in B5 angegebenen Formel lässt sich der Blutalkoholgehalt nach Alkoholkonsum näherungsweise abschätzen.

A1 Warum ist die Unfallgefahr nach Alkoholkonsum erhöht? Welche Wirkungen hat Alkohol auf das Gehirn und das Sehvermögen?

A2 Die „Promillegrenze" für Verkehrsteilnehmer liegt z. B. in Schweden bei 0,2‰, in der Türkei sogar bei 0,0‰. Ermittle, welche „Promillegrenzen" im Straßenverkehr bei uns von Bedeutung sind. Welche Gründe sprechen dafür, diese „Promillegrenzen" bei uns weiter herabzusetzen?

A3 Welcher Alkoholgehalt (Massenanteil in Promille) lässt sich bei einer 50 kg schweren Frau nach zwei Flaschen Alcopops ($\sigma = 5{,}5\%$; je 0,33 l) etwa feststellen?

13.5 Der Aufbau des Ethanolmoleküls

Der durch die alkoholische Gärung entstehende Alkohol wird genauer als **Ethanol** bezeichnet. Da Ethanol ein bei Zimmertemperatur flüssiger, leicht flüchtiger Stoff ist, liegt es nahe, anzunehmen, dass er aus Molekülen und nicht aus Ionen aufgebaut ist. Durch geeignete Experimente erhält man Hinweise auf die *Atomarten*, die am *Aufbau* des Ethanol*moleküls* beteiligt sind, und auf deren *Verknüpfung*.

Elementare Zusammensetzung. Bei der Verbrennung von Ethanol entstehen Kohlenstoffdioxid und Wasser [V1]. Am Aufbau des Ethanolmoleküls müssen also *Kohlenstoff- und Wasserstoffatome* beteiligt sein. Durch weitere Experimente [V2, V3] erhält man den Hinweis auf Sauerstoffatome. Weitere Atomarten lassen sich nicht nachweisen. Eine quantitative Analyse liefert das Atomanzahlverhältnis $N(C):N(H):N(O) = 2:6:1$. Über die Ermittlung der Molekülmasse erhält man daraus die Summenformel C_2H_6O.

Struktur des Ethanolmoleküls. Zu der Summenformel C_2H_6O lassen sich zwei Strukturformeln aufstellen [B2]. In der einen (I) sind *alle* Wasserstoffatome an Kohlenstoffatome gebunden. In der anderen (II) nimmt *ein* Wasserstoffatom eine Sonderstellung ein.
Die unterschiedliche Verknüpfung der Atome in den beiden denkbaren Molekülen muss Auswirkungen auf ihr *Reaktionsverhalten* haben. Auffällig ist, dass in Struktur II mit der OH-Gruppe eine Atomgruppierung vorliegt, wie sie auch im Wassermolekül vorkommt. Es ist zu erwarten, dass der Stoff, der aus Molekülen dieser Struktur besteht, einige dem Wasser ähnliche Eigenschaften und Reaktionen zeigt. Eine solche Ähnlichkeit besteht in der *Reaktion mit Natrium*.

Natrium reagiert mit Ethanol unter *Wasserstoffentwicklung* [V4]. Der Verlauf dieser Reaktion ist beim Ethanol allerdings weniger heftig als bei der entsprechenden Reaktion mit Wasser.

Durch weitere Versuche wurde bestätigt, dass das Ethanolmolekül tatsächlich eine OH-Atomgruppierung besitzt, also Struktur II

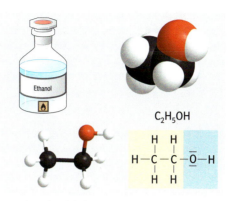

B1 Ethanolmolekül – Modelle und Formeln; Hydroxylgruppe blau hinterlegt

zutrifft. So kann man zeigen, dass der bei dieser Reaktion mit Natrium entstehende Wasserstoff *ausschließlich Wasserstoffatome* enthält, die zuvor an das *Sauerstoffatom im Ethanolmolekül* gebunden waren. Um die Sonderstellung des an das Sauerstoffatom gebundenen Wasserstoffatoms zu kennzeichnen, schreibt man C_2H_5OH statt der Summenformel C_2H_6O. Die OH-Gruppe wird als **Hydroxylgruppe** bezeichnet.

Das Ethanolmolekül besitzt die Formel C_2H_5OH. Es enthält eine Ethylgruppe und eine Hydroxylgruppe (OH-Gruppe).

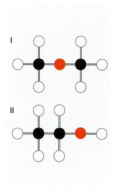

B2 Verschiedene Molekülmodelle zur Summenformel C_2H_6O

V1	Wiederhole V1 (Kap. Organische Chemie).
V2	Man wiederholt V2 (Kap. Organische Chemie).
V3	Wiederhole V2 (Kap. Organische Chemie, Praktikum).
V4	Man gibt eine kleine Portion Natrium in ein Reagenzglas mit Ethanol (wasserfrei), fängt das entstehende Gas über Wasser auf und führt die Knallgasprobe durch.
A1	Formuliere die Reaktionsgleichung der vollständigen Verbrennung von Ethanol.
A2	Die Molekülmasse eines Ethanolmoleküls beträgt $m = 46\,u$. Wie erhält man daraus die Summenformel?

Alkohole

13.6 Eigenschaften und Verwendung von Ethanol

Ethanol ist nicht nur als Bestandteil alkoholischer Getränke, sondern in vielen Bereichen des täglichen Lebens und in der Technik zu finden. Die besonderen Eigenschaften und damit die Anwendungsbereiche des Ethanols lassen sich durch den Bau der Moleküle erklären.

Auswirkungen der Hydroxylgruppe. Das Ethanolmolekül besitzt eine *OH-* bzw. *Hydroxylgruppe*. Die Bindung zwischen dem Wasserstoff- und dem Sauerstoffatom ist stark polar, mit einer positiven Teilladung am Wasserstoffatom und einer negativen am Sauerstoffatom. Es liegt ein Dipolmolekül vor (Kap. 8.4). Zwischen Ethanolmolekülen können sich Wasserstoffbrücken ausbilden [B2] (Kap. 8.5). Jedes Ethanolmolekül stellt im Unterschied zu einem Wassermolekül hierbei nur ein Wasserstoffatom zur Verfügung, das eine Wasserstoffbrücke zum Nachbarmolekül ausbilden kann.

Die zwischenmolekularen Kräfte sind insgesamt schwächer als beim Wasser. Dementsprechend ist auch die Siedetemperatur mit 78 °C tiefer. Sie ist allerdings wesentlich höher als die Siedetemperatur von Stoffen, deren Moleküle unpolar sind und zwischen denen ähnlich große Van-der-Waals-Kräfte wirken wie zwischen Ethanolmolekülen (z. B. Propanmoleküle).

Auch die Tatsache, dass Ethanol in Wasser löslich ist [V1], ist auf die polare Hydroxylgruppe zurückzuführen. Zwischen Ethanol- und Wassermolekülen können sich ebenfalls Wasserstoffbrücken ausbilden.

Ethanol als Lösungsmittel. Die Farbflecke mancher Filzstifte lassen sich nicht gut mit Wasser, dagegen sehr gut mit Ethanol entfernen. Offenbar hat Ethanol andere Lösungseigenschaften als Wasser. Versuche zum Lösungsverhalten des Ethanols ergeben, dass es nicht nur in Wasser, sondern auch in Benzin löslich ist [V1]. Dieses Verhalten ist erstaunlich, da Wasser und Benzin sich nicht ineinander lösen.

Benzin setzt sich vorwiegend zusammen aus Molekülen, an deren Aufbau nur Wasserstoff- und Kohlenstoffatome beteiligt sind. Es sind also **Kohlenwasserstoffe**. Im einfachsten Fall sind in diesen Molekülen alle Atome durch Einfachbindungen verbunden (Kap. 12.3). Stoffe, deren Moleküle dieses Bauprinzip aufweisen, gehören zur Stoffgruppe der Alkane. Aufgrund ihres räumlichen Baus sind Alkanmoleküle unpolar. Zwischen ihnen wirken nur Van-der-Waals-Kräfte (Kap. 8.5 und 12.4). Ein Teil des Ethanolmoleküls, die C_2H_5-Gruppe, zeigt dasselbe Bauprinzip wie die Alkanmoleküle. Dieser Molekülteil ist ebenfalls unpolar und verantwortlich für die Löslichkeit von Ethanol in Benzin.

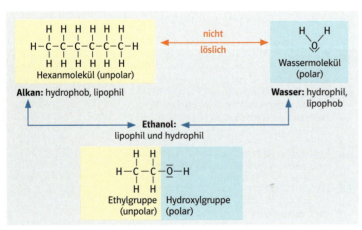

B1 Struktur und Löslichkeit. Ethanol löst sich aufgrund seines Molekülbaus in Wasser und Benzin

B2 Wasserstoffbrücken zwischen Wassermolekülen (links) und zwischen Ethanolmolekülen (rechts)

Das Lösungsverhalten von Ethanol wird also bestimmt durch die unterschiedlichen Polaritäten seiner beiden Molekülteile. Stoffe lösen sich in solchen Lösungsmitteln, deren Moleküle ähnliche Strukturen und damit ähnliche Polarität besitzen wie die Moleküle des zu lösenden Stoffes [B1]. Man sagt:

„Je ähnlicher die Polaritäten der Teilchen zweier Stoffe sind, desto besser lösen sich die Stoffe ineinander."

Zur Charakterisierung des Lösungsverhaltens eines Stoffes gegenüber Wasser verwendet man den Begriff **hydrophil (wasserfreundlich)** bei guter Wasserlöslichkeit und **hydrophob (wassermeidend)** bei schlechter Wasserlöslichkeit. Außer den Alkanen zählen vor allem Fette und Öle zu den ausgesprochen hydrophoben Stoffen. Fettlösliche Stoffe bezeichnet man als **lipophil** (von griech. lipos, Fett), wenig fettlösliche als **lipophob**. Ethanol ist demnach *sowohl hydrophil als auch lipophil*.

Verwendung von Ethanol. Eine Eigenschaft, die Ethanol mit den Kohlenwasserstoffen gemeinsam hat, ist die Brennbarkeit. Außer bei seiner Verwendung als Brennspiritus wird diese Eigenschaft bei der Verwendung als Treibstoff genutzt (Kap. 13.8). Auch Lösungen mit Wasser sind bis zu einer Alkoholkonzentration von ca. 50% noch brennbar.
Der Bedarf an Ethanol zur industriellen Verwendung ist sehr groß. Der größte Teil wird nicht über eine alkoholische Gärung hergestellt, sondern durch Reaktion von aus Erdöl gewonnenem Ethen mit Wasser. So werden in Deutschland jährlich etwa 100 000 t „technischer Alkohol" hergestellt.

B3 Alltagsprodukte mit Alkoholgehalt

Aufgrund seiner Fähigkeit, sowohl hydrophile als auch hydrophobe Stoffe zu lösen, wird Ethanol in vielen Bereichen als Lösungsmittel verwendet, besonders dann, wenn *zugleich* hydrophile und hydrophobe Stoffe, z. B. Wirkstoffe in einem Arzneimittel, gelöst werden sollen [B5]. Ein weiterer Vorteil ist, dass solche Lösungen noch bis zu einem bestimmten Grad mit Wasser verdünnbar sind, bevor sich eine Emulsion bildet [V2b]. Außer in der pharmazeutischen Industrie nutzt man dies bei der Herstellung von Kosmetika, wie Rasier-, Gesichts-, Mund- und Duftwasser [B3], sowie in der Lack- und Farbenindustrie. Auch viele Filzstifte und Tinten enthalten Ethanol als Lösungsmittel. Ferner wird es als Extraktions-, Reinigungs-, Desinfektions- und Konservierungsmittel verwendet. Für nicht zu hohe Temperaturen ersetzt Ethanol als Thermometerfüllung das giftige Quecksilber [B4].

B4 Ethanol als Thermometerfüllung

V1 Gib in je ein Reagenzglas etwas Wasser bzw. Benzin, füge etwa die gleiche Menge Ethanol (Brennspiritus) zu und schüttle.

V2 a) Gib in ein Reagenzglas zu 1 ml Benzin 1 ml Wasser und schüttle. Füge anschließend portionsweise etwa 20 ml Brennspiritus zu. b) Gib in ein Reagenzglas etwas alkoholischen Anisextrakt und füge tropfenweise Wasser hinzu.

A1 Nenne jeweils Eigenschaften des Ethanols, die auf den Einfluss der Hydroxyl- bzw. Ethylgruppe zurückzuführen sind, und begründe die Zuordnung.

A2 a) Welche zwischenmolekularen Kräfte sind hauptsächlich für die Höhe der Siedetemperaturen von Wasser und Ethanol verantwortlich?
b) Erkläre, warum Ethanol bei einer tieferen Temperatur siedet als Wasser.

A3 Zeichne einige Ethanol- und Wassermoleküle mit den zwischen ihnen auftretenden Wechselwirkungen und erkläre damit die Löslichkeit von Ethanol in Wasser.

A4 Welche Eigenschaften von Ethanol nutzt man bei seiner Verwendung in „Kölnisch Wasser"?

B5 Ethanol als Lösungsmittel für Pflanzenwirkstoffe

13.7 Homologe Reihe der Alkanole

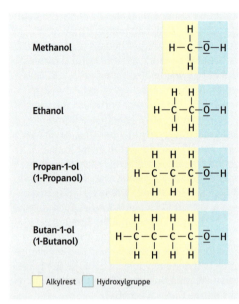

B2 Strukturformeln einiger Alkanolmoleküle

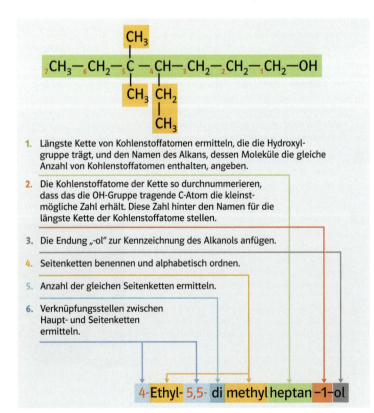

1. Längste Kette von Kohlenstoffatomen ermitteln, die die Hydroxylgruppe trägt, und den Namen des Alkans, dessen Moleküle die gleiche Anzahl von Kohlenstoffatomen enthalten, angeben.
2. Die Kohlenstoffatome der Kette so durchnummerieren, dass das die OH-Gruppe tragende C-Atom die kleinstmögliche Zahl erhält. Diese Zahl hinter den Namen für die längste Kette der Kohlenstoffatome stellen.
3. Die Endung „-ol" zur Kennzeichnung des Alkanols anfügen.
4. Seitenketten benennen und alphabetisch ordnen.
5. Anzahl der gleichen Seitenketten ermitteln.
6. Verknüpfungsstellen zwischen Haupt- und Seitenketten ermitteln.

B1 Benennung eines Alkanols

Alkohole sind organische Stoffe, deren Moleküle *mindestens eine* OH-Gruppe besitzen. Diese muss an ein C-Atom gebunden sein, von dem keine Mehrfachbindungen ausgehen. Diese Stoffe sind sich in vielen Eigenschaften und Reaktionen ähnlich, da die allen Molekülen gemeinsame OH-Gruppe das Verhalten der Alkoholmoleküle wesentlich beeinflusst. Sie wird daher als **funktionelle Gruppe** der Alkoholmoleküle bezeichnet.

Homologe Reihe der Alkanole. Ersetzt man in einem Alkanmolekül (Kap. 12.3) ein Wasserstoffatom formal durch eine Hydroxylgruppe, erhält man das Molekül eines **Alkanols**. Jedes Alkanol ist ein Alkohol, aber nicht umgekehrt.
Die Endung „-ol" bedeutet, dass im Molekül eine OH-Gruppe als funktionelle Gruppe vorhanden ist, also ein Alkohol vorliegt. Der alkanähnliche Molekülteil wird als **Alkylgruppe** oder **Alkylrest** bezeichnet. Die Alkanole lassen sich in einer Reihe anordnen [B2]. Aufeinander folgende Glieder dieser Reihe unterscheiden sich dadurch, dass ihre Moleküle immer einen um eine CH$_2$-Gruppe erweiterten Alkylrest aufweisen. Dies ist eine **homologe Reihe** [B4]. Die Alkanole besitzen die allgemeine Formel C$_n$H$_{2n+1}$OH.

Benennung der Alkanole. Der Name eines Alkanols wird dadurch gebildet, dass man an den Namen des Alkans, dessen Moleküle die gleiche Anzahl von Kohlenstoffatomen enthalten wie der Alkylrest des Alkanolmoleküls, die Endung „-ol" anfügt. Davor steht die Nummer des C-Atoms, das die OH-Gruppe trägt [B1]. Während die Namen der ersten vier Alkanole der homologen Reihe auf Eigennamen zurückgehen, lassen sich die Namen der folgenden Glieder aus dem griechischen oder lateinischen Wort für die Anzahl der C-Atome des Alkylrests ableiten (z. B. von griech. penta, fünf). In B4 sind für die Alkanolmoleküle vereinfachte Strukturformeln (**Halbstrukturformeln**) angegeben.

Isomerie und Nomenklatur. Das Propanolmolekül besteht aus der OH-Gruppe und einem Alkylrest (Propylrest). Es gibt zwei verschiedene Propylreste und somit zwei unterschiedliche Propanolmoleküle [B3]. Außer diesen beiden Möglichkeiten gibt es keine weiteren Propanolmoleküle. Die beiden Propanolmoleküle besitzen zwar dieselbe *Summenformel*, jedoch eine unterschiedliche *Verknüpfung der Atome (Struktur)*. Propan-1-ol und Propan-2-ol sind **Isomere** (Kap. 12.3). Sie haben verschiedene Eigenschaften.

Besteht der Alkylrest aus mehr als drei Kohlenstoffatomen, so können sich die isomeren Moleküle nicht nur durch die Stellung der OH-Gruppe unterscheiden, sondern auch durch eine unterschiedliche Verknüpfung der Kohlenstoffatome untereinander [B3]. Mit zunehmender Anzahl der Kohlenstoffatome nimmt die Anzahl der isomeren Moleküle sehr stark zu. Um die Isomere eindeutig zu benennen und umgekehrt aus dem Stoffnamen Rückschlüsse auf die Struktur der Moleküle ziehen zu können, gibt es eindeutige Benennungsregeln [B1].

Ist an das Kohlenstoffatom, das die Hydroxylgruppe trägt, *eine* weitere Alkylgruppe oder ein Wasserstoffatom gebunden, so spricht man auch von einem *primären Alkanol*. Sind zwei oder drei Alkylgruppen gebunden, liegt ein *sekundäres* bzw. *tertiäres Alkanol* vor [B3].

A1 a) Baue mit einem Molekülbaukasten alle isomeren Alkanolmoleküle mit der Formel C_4H_9OH.
b) Welche davon sind primäre, sekundäre bzw. tertiäre Alkanole?

A2 a) Wende bei folgenden Beispielen die Regeln zur Benennung eines Alkanols an:
$C_3H_7-CH(C_2H_5)-CH(CH_3)-CH_2OH$,
$C(CH_3)_3-CH_2OH$
b) Zeichne die Strukturformeln der Moleküle 2,3,4-Trimethylpentan-2-ol und 3-Ethyl-4,5,5-trimethyloctan-1-ol.

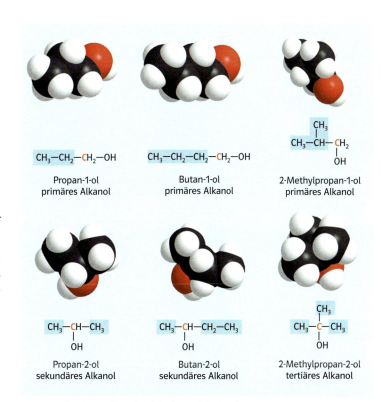

B3 Verschiedene Alkanolmoleküle. Molekülmodelle und Halbstrukturformeln

Name	Halbstrukturformel
Methanol	CH_3-OH
Ethanol	CH_3-CH_2-OH
Propan-1-ol	$CH_3-CH_2-CH_2-OH$
Butan-1-ol	$CH_3-CH_2-CH_2-CH_2-OH$
Pentan-1-ol	$CH_3-CH_2-CH_2-CH_2-CH_2-OH$
Hexan-1-ol	$CH_3-CH_2-CH_2-CH_2-CH_2-CH_2-OH$
Heptan-1-ol	$CH_3-CH_2-CH_2-CH_2-CH_2-CH_2-CH_2-OH$
Octan-1-ol	$CH_3-CH_2-CH_2-CH_2-CH_2-CH_2-CH_2-CH_2-OH$
Nonan-1-ol	$CH_3-CH_2-CH_2-CH_2-CH_2-CH_2-CH_2-CH_2-CH_2-OH$
Decan-1-ol	$CH_3-CH_2-CH_2-CH_2-CH_2-CH_2-CH_2-CH_2-CH_2-CH_2-OH$

B4 Homologe Reihe der Alkanole. Der Alkylrest wird jeweils um eine CH_2-Gruppe verlängert

Alkohole

13.8 Eigenschaften und Verwendung der Alkohole

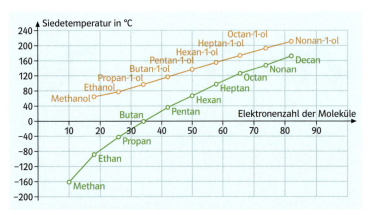

B1 Siedetemperaturen von Alkanolen und Alkanen im Vergleich

Die Stoffeigenschaften eines Alkohols werden sowohl von der polaren OH-Gruppe als auch von dem unpolaren Alkylrest geprägt. Es besteht somit ein direkter Zusammenhang zwischen der *Struktur der Moleküle* und den *Eigenschaften der Stoffe*.

Homologe Reihe und Siedetemperaturen. Innerhalb der homologen Reihe steigen die Siedetemperaturen der Alkanole an [B1]. Diese liegen wesentlich höher als die Siedetemperaturen von Alkanen mit ähnlicher Kettenlänge und Elektronenanzahl.

Dies ist auf die Polarität der OH-Gruppe zurückzuführen, die zur Ausbildung von Wasserstoffbrücken zwischen den Alkanolmolekülen führt. Mit zunehmender Kettenlänge nähern sich allerdings die Siedetemperaturen von Alkanen und entsprechenden Alkanolen an, da die Van-der-Waals-Kräfte zwischen den Alkanmolekülen bzw. Alkylgruppen mit zunehmender Molekülgröße und damit zunehmender Elektronenanzahl immer größer werden. Sie gewinnen gegenüber den Wasserstoffbrücken einen immer größeren Anteil an den zwischenmolekularen Kräften. Der erste bei Zimmertemperatur feste Alkohol ist Dodecan-1-ol.

Homologe Reihe und Viskosität. Die mit der größer werdenden Kettenlänge zunehmenden Van-der-Waals-Kräfte sind auch die Ursache für die im Verlauf der homologen Reihe zunehmende *Zähflüssigkeit (Viskosität)* der Alkanole [B2].

Homologe Reihe und Löslichkeit. Der Einfluss des Alkylrests bzw. der Hydroxylgruppe wirkt sich auch auf das Lösungsverhalten der Alkanole aus [B2]. Zwischen der polaren OH-Gruppe der Alkanolmoleküle und den Wassermolekülen können sich Wasserstoffbrücken ausbilden. Die ersten drei Glieder der homologen Reihe lösen sich deshalb unbegrenzt in Wasser. Ab Butan-1-ol nimmt die Wasserlöslichkeit immer mehr ab, da der größer werdende unpolare Alkylrest zunehmend das Lösungsverhalten bestimmt. In Benzin und anderen lipophilen Lösungsmitteln sind alle Alkohole unbegrenzt löslich [V1, B2].

Name	Schmelztemperatur in °C	Siedetemperatur in °C	Löslichkeit in Wasser	Löslichkeit in Benzin	Viskosität
Methanol	−98	65	unbegrenzt	unbegrenzt	nimmt zu
Ethanol	−117	78			
Propan-1-ol	−126	97			
Butan-1-ol	−89	117	nimmt zu		
Pentan-1-ol	−79	138			
Hexan-1-ol	−47	157			
Dodecan-1-ol	26	256			
Hexadecan-1-ol	50	344			

B2 Die homologe Reihe der Alkanole. Zusammenhang zwischen Struktur und Eigenschaften

V1 Gib zu einigen Millilitern Wasser bzw. Benzin tropfenweise verschiedene Alkanole und prüfe, ob sich eine Lösung bildet. Interpretiere die Ergebnisse.

A1 Propan-1-ol siedet bei 97 °C, Butan bei −1 °C. Erkläre den Unterschied.

A2 Kommentiere den Satz: „Eine OH-Gruppe zieht drei Kohlenstoffatome ins Wasser."

Außer Ethanol sind vor allem Methanol und Propan-2-ol technisch von Bedeutung.

Methanol ist der wichtigste Alkohol mit einer Jahresproduktion in Deutschland von ca. 1 Mio. t. Es vermag sowohl hydrophile als auch hydrophobe Stoffe zu lösen und wird deshalb als wichtiges Lösungsmittel eingesetzt. Der größte Teil des Methanols wird zur Herstellung von Ausgangsstoffen für die Kunststoffproduktion benötigt. Ferner ist Methanol wegen des geringeren Schadstoffausstoßes als Treibstoff für Verbrennungsmotoren interessant. In Fahrzeugen mit Brennstoffzellen-Antrieb kann es als Quelle für die Herstellung von Wasserstoff dienen (Kap. 12.14). Hierfür vorteilhaft ist eine bereits bestehende Infrastruktur für flüssige Treibstoffe, die man auch für Methanol nutzen kann.
In Geruch und Geschmack ähnelt es stark dem Ethanol, ist jedoch weitaus giftiger. Der Genuss von 5 bis 10 Millilitern Methanol führt zu Erblindung und Gehirnschädigungen, bereits 20 bis 50 Milliliter Methanol sind tödlich. Die Giftwirkung zeigt sich allerdings erst nach 15 bis 20 Stunden, zunächst hat Methanol eine ähnlich berauschende Wirkung wie Ethanol. Methanol und Ethanol lassen sich durch die Boraxprobe [V2] leicht voneinander unterscheiden, wobei mit Methanol sofort eine grüne Flammenfärbung entsteht.

Propan-2-ol („Isopropylalkohol") ist in vielen Eigenschaften dem Ethanol sehr ähnlich und ersetzt dieses in verschiedenen Anwendungsbereichen. Wegen seines guten Lösungsvermögens, seiner die Hautdurchblutung anregenden und desinfizierenden Wirkung ist es ein verbreitetes Lösungsmittel in einigen Kosmetika. Auch als Frostschutzmittel in Scheibenwaschanlagen von Autos und in Enteisern findet es Verwendung, ferner als Lösungsmittel in vielen Farben und Lacken sowie in Haushaltsreinigern.

Exkurs Ethanol als Treibstoff

Schon seit einigen Jahrzehnten wird der Einsatz von Ethanol als Treibstoff in der Praxis erprobt. Ethanol kann im Gemisch mit Benzin (z.B. 20% Ethanol: E 20) oder als Reinsubstanz (E 100) eingesetzt werden: In Schweden wird z.B. E 85 angeboten, in der Schweiz E 95, in den USA können dem Benzin bis zu 10% Ethanol beigemischt werden, in Brasilien sind ca. 26% Ethanol in Benzin enthalten. Seit der Steuerbefreiung für Biotreibstoffe am 1.1.2003 können auch in Deutschland dem Benzin bis zu 5% Ethanol zugesetzt werden. Eine andere Möglichkeit besteht in der Beimischung von Ethyl-tertiär-Butylether (ETBE), einem Reaktionsprodukt aus 2-Methylpropen („Isobuten", Nebenprodukt in Raffinerien) und Ethanol. ETBE kann den als Antiklopfmittel eingesetzten giftigen und umweltschädlichen Methyltertiär-Butylether (MTBE) ersetzen. Einige Hersteller bieten heute schon Fahrzeuge mit Motoren an, die mit Alkohol, Benzin oder mit Alkohol-Benzin-Gemischen beliebiger Zusammensetzung betrieben werden können (Flexible-Fuel-Technik).

Der Einsatz von Ethanol hilft auch, die Abhängigkeit von Erdölimporten zu mindern, und führt so zu einem längeren Erhalt der Vorräte dieses wertvollen Chemierohstoffes. Einer breiteren Anwendung stehen jedoch zur Zeit noch die um etwa ein Drittel höheren Kosten entgegen. Der Einsatz kann bei weiter steigenden Erdölpreisen allerdings bald rentabel werden.

Während die Produktion von Benzin auf dem begrenzten fossilen Rohstoff Erdöl basiert, spricht man bei den Rohstoffen zur Gewinnung von „Bioethanol" (Ethanol durch Gärung) von ständig nachwachsenden Rohstoffen wie z.B. Zuckerrüben, Zuckerrohr, Getreide usw. So können diese zucker- und stärkehaltigen Agrarprodukte in Ländern mit einer Überschussproduktion sinnvoll genutzt werden. Die Rohstoffe können aber auch speziell für die Treibstoffherstellung angebaut werden. Die Verwendung von reinem Bioethanol führt zu einer günstigen Kohlenstoffdioxid-Bilanz, je nach Pflanze und Verarbeitung werden zwischen 40% und 80% weniger Kohlenstoffdioxid freigesetzt als bei Verwendung fossiler Treibstoffe.

Aufgabe: Informiere dich über das „Proalcool-Programm" in Brasilien und stelle in einer Tabelle Vor- und Nachteile dar.

V2 Gib zu 2 bis 3 Millilitern Methanol bzw. Ethanol in einer Porzellanschale jeweils etwas Borax und entzünde die Proben (Abzug!).

A3 Nenne einige Vorteile der Verwendung nachwachsender Rohstoffe als Treibstoffe.

Eigenschaften und Verwendung der Alkohole

H₂C—CH₂
  | |
 OH OH
Ethandiol

H₂C—CH—CH₂
  | | |
 OH OH OH
Propantriol

B3 Ethandiol und Propantriol. Halbstrukturformeln

B4 Beeren der Eberesche enthalten Sorbit

Es gibt auch Alkohole mit zwei oder mehr Hydroxylgruppen in ihren Molekülen [B3]. Prinzipiell kann *jedes* Kohlenstoffatom eines Moleküls mit *einer* OH-Gruppe verbunden sein. Moleküle mit mehr als einer OH-Gruppe an *einem* C-Atom sind meist nicht beständig (**Erlenmeyer-Regel**). Bei *zwei OH-Gruppen* im Molekül spricht man von **Diolen**, bei *drei OH-Gruppen* von **Triolen** usw.

Ethandiol ist eine dickflüssige, giftige, süß schmeckende Flüssigkeit, die auch *Glykol* (von griech. glykys, süß) genannt wird. Aufgrund der zwei OH-Gruppen im Molekül [B3] herrschen relativ starke zwischenmolekulare Kräfte (Wasserstoffbrücken). Diese verleihen dem Ethandiol im Vergleich zu Ethanol eine deutlich höhere Siedetemperatur (198 °C) und Viskosität [V3]. Wässrige Ethandiollösungen besitzen tiefe Erstarrungstemperaturen [V4]. Sie werden daher zum Enteisen von Flugzeugen eingesetzt [B5] und als Frostschutzmittel in Kühlern von Kraftfahrzeugen, da Ethandiol aus der heißen Kühlerflüssigkeit nicht verdampft. Außerdem ist es ein wichtiger Grundstoff für die Herstellung von Kunststoffen.

Propantriol (*Glycerin*) ist ein Molekül mit drei OH-Gruppen [B3]. Aufgrund der dadurch noch stärkeren Kräfte zwischen den Molekülen ist seine Viskosität im Vergleich zum Ethandiol nochmals größer, auch seine Siedetemperatur liegt höher (290 °C). Propantriol ist in Benzin nicht, in Wasser dagegen unbegrenzt löslich, also stark hydrophil. Es ist ungiftig und besitzt wie Glykol einen süßen Geschmack, daher rührt auch die Bezeichnung Glycerin. Wegen seiner hygroskopischen Wirkung sorgt es z. B. in Cremes, Zahnpasten, Druck- und Stempelfarben für genügend Feuchtigkeit. In Fahrzeugen dient es als Bremsflüssigkeit und als Frostschutzmittel. Es ist ein Grundstoff für die Kunststoff- und Sprengstoffindustrie.

Hexanhexol (*Sorbit*), ein Alkohol mit sechs OH-Gruppen im Molekül, ist ein weißer, süß schmeckender Feststoff. Er kommt in der Natur z. B. in Äpfeln, Birnen, Kirschen und Beeren der Eberesche [B4] vor. Auch hier ist der süße Geschmack auf viele OH-Gruppen im Molekül zurückzuführen. Wegen dieser OH-Gruppen ist Sorbit wasser-, aber nicht benzinlöslich und, wie Glycerin, hygroskopisch. Es wird deshalb als Feucht- und Weichhaltemittel für Back- und Süßwaren eingesetzt. Sorbit findet auch als Zuckeraustauschstoff für Diabetikersüßwaren und in „zuckerfreien" Kaugummis Verwendung. Es besitzt zwar nur die halbe Süßkraft von Zucker, wirkt allerdings nicht wie dieser kariesfördernd. Ähnliche Eigenschaften bei allerdings gleicher Süßkraft wie Zucker besitzt *Pentanpentol (Xylit)*.

V3 Gib jeweils gleich große Portionen von Propan-1-ol, Ethandiol und Propantriol in Reagenzgläser und vergleiche die Viskositäten durch Schütteln.

V4 Stelle jeweils ein Reagenzglas mit Wasser bzw. einem Wasser-Ethandiol-Gemisch in eine Eis-Kochsalz-Mischung und beobachte.

A4 Deute: **a)** Hexan-1-ol ist eine Flüssigkeit, Hexanhexol dagegen ein Feststoff. **b)** Octan-1-ol und Ethandiol besitzen etwa gleiche Siedetemperaturen.

A5 Paraffinöl und Propantriol sind beide farblose, viskose Flüssigkeiten. Durch welchen einfachen Versuch können sie unterschieden werden?

A6 Zeichne die Strukturformeln von Pentanpentol und Hexanhexol.

B5 Enteisung eines Flugzeugs

13.9 Impulse Lernzirkel Alkohole

Station 1: Grundlagen
Aufgaben:
a) Welche allgemeine Formel haben die Alkanole?
b) Kennzeichne die funktionelle Gruppe in der Formel.
c) Formuliere die Strukturformeln aller Isomeren mit der Formel C_4H_9OH und benenne sie.
d) Informiere dich im Buch über primäre, sekundäre und tertiäre Alkanole. Kennzeichne die Alkanole von (c) entsprechend.
e) Was besagt die Erlenmeyer-Regel?
f) Formuliere jeweils die Halbstrukturformel eines tertiären und eines Alkohols mit drei OH-Gruppen im Molekül und benenne den jeweiligen Alkohol.
g) Deute die Unterschiede in den Siedetemperaturen anhand der Strukturformeln: Ethanol siedet bei 78 °C, Chlorethan bei 12 °C und Propan bei −42 °C.

Station 2: Eigenschaften und Verwendung von Alkoholen
Aufgaben:
a) Lege eine Tabelle mit den Spalten „Alkohol", „Eigenschaften" und „Verwendung" an.
b) Trage zu folgenden Alkoholen: Methanol, Ethanol, Propan-2-ol, Ethandiol, Propantriol und Hexanhexol die Eigenschaften und Verwendungen zusammen. Gib auch ihre Halbstrukturformeln an.

Station 3: Viskosität
Geräte/Materialien/Chemikalien: 4 Reagenzgläser, Reagenzglasgestell, 4 kleine Stahl- oder Glaskugeln, Stoppuhr, Pinzette, Ethanol, Butan-1-ol, Ethandiol, Propantriol.
Durchführung: Fülle je ein Reagenzglas etwa 10 cm hoch mit den Alkoholen. Die Füllhöhe muss genau gleich sein. Lass dann aus der Höhe der Reagenzglasöffnung eine Kugel in die jeweilige Flüssigkeit fallen und miss die Zeit, bis die Kugel den Boden des Reagenzglases erreicht hat.
Aufgaben:
a) Beschreibe und deute deine Beobachtungen. Gehe dazu auch auf die Anziehungskräfte zwischen den Teilchen ein.
b) Welche Flüssigkeit hat eine größere Viskosität: Butan-1-ol oder Pentan? Schätze ab und begründe.

Station 4: Löslichkeit
Geräte/Materialien/Chemikalien: 10 Reagenzgläser, Reagenzglasgestell, 2 Stopfen, 2 Tropfpipetten (eine für Wasser, eine für Heptan), Ethanol, Propan-1-ol, Pentan-1-ol, Dodecan-1-ol, Heptan, Wasser.
Durchführung:
a) Gib von Heptan und den Alkoholen jeweils einen Fingerbreit in die Reagenzgläser und setze tropfenweise Wasser zu. Schüttle um.
b) Gib von Wasser und den Alkoholen jeweils einen Fingerbreit in die Reagenzgläser und setze tropfenweise Heptan zu. Schüttle um.
Aufgabe: Beschreibe und deute deine Beobachtungen. Ziehe zur Deutung auch die Halbstrukturformeln der Moleküle der eingesetzten Stoffe heran.

Station 5: Ethanol als Treibstoff
Aufgaben:
a) Nenne Vor- und Nachteile der Verwendung von Ethanol als Treibstoff.
b) Erkläre, warum Benzin leichter verdunstet als Ethanol.
c) Formuliere die Reaktionsgleichung für die Verbrennung von Ethanol.
d) Vergleiche die Einsatzmöglichkeiten von Erdgas und Ethanol in ihrer Funktion als Treibstoffe.
e) Ethanol und Zuckerrohr werden als „nachwachsende Rohstoffe" bezeichnet. Was bedeutet dies? Nenne weitere Beispiele für die Verwendung nachwachsender Rohstoffe.
f) Warum verringert der Einsatz von Treibstoffen aus nachwachsenden Rohstoffen die Zunahme der Konzentration des Treibhausgases Kohlenstoffdioxid? Wieso wird in der Gesamtbilanz bei Verwendung von „nachwachsenden Rohstoffen" als Treibstofflieferant trotzdem mehr Kohlenstoffdioxid freigesetzt, als von den Pflanzen aufgenommen wird?

B1 Zuckerrohr

B2 Zuckerrüben

13.10 Oxidation von Alkoholen

Oxidation von Ethanol. Taucht man eine heiße, durch Kupferoxid an der Oberfläche geschwärzte Kupferdrahtnetzrolle in Ethanol [V1a], so zeigt die Farbänderung, dass das Kupferoxid zu Kupfer reduziert worden ist [B1]. Ethanol muss also oxidiert worden sein:

$$H_3C-CH_2-OH + CuO \longrightarrow$$
Ethanol   Kupferoxid

$$H_3C-CHO + Cu + H_2O$$
Ethanal   Kupfer   Wasser

Das Reaktionsprodukt *Ethanal* ist auch unter der Bezeichnung *Acetaldehyd* bekannt und gehört zur Stoffgruppe der **Aldehyde**. Die Bezeichnung Aldehyd ist ein aus „**al**cohol **dehyd**rogenatus" gebildetes Kunstwort und bedeutet: Alkohol, dem Wasserstoff entzogen worden ist (siehe Exkurs auf dieser Seite).

Oxidation primärer und sekundärer Alkohole.
Nicht nur Ethanol lässt sich zu einem Aldehyd oxidieren, sondern alle *primären Alkohole* können durch *Oxidation* bzw. *Dehydrierung* in Aldehyde überführt werden.

Diejenigen Aldehyde, die aus *primären Alkanolen* gebildet werden können, heißen mit dem systematischen Namen **Alkanale**. Ihre Benennung erfolgt durch Anhängen der Silbe „-al" an den Namen des entsprechenden Alkans. So entsteht z. B. aus Propan-1-ol durch Oxidation Propanal [V1b, B2].

B1 Oxidation von Ethanol durch Kupferoxid

Methanal	H—CHO
Ethanal	CH_3—CHO
Propanal	C_2H_5—CHO
Butanal	C_3H_7—CHO
Pentanal	C_4H_9—CHO
Hexanal	C_5H_{11}—CHO
Heptanal	C_6H_{13}—CHO

B2 Homologe Reihe der Alkanale

Wird der sekundäre Alkohol Propan-2-ol oxidiert bzw. dehydriert, so entsteht *Propanon (Aceton)* [V1c]:

$$H_3C-CH(OH)-CH_3 + CuO \longrightarrow$$
Propan-2-ol   Kupferoxid

$$H_3C-CO-CH_3 + Cu + H_2O$$
Propanon   Kupfer   Wasser

Propanon gehört zur *Stoffgruppe* der **Ketone**. Die Ketone, die sich von sekundären Alkanolen ableiten lassen, werden **Alkanone** genannt. Sie werden durch die Endsilbe „-on" gekennzeichnet, die dem Namen des entsprechenden Alkans angehängt wird. Die Stellung der funktionellen Gruppe im Molekül wird analog der Benennung der Alkanole angegeben.

Exkurs Oxidation und Dehydrierung

Das Kunstwort **Aldehyd** (aus: **al**cohol **dehyd**rogenatus, dehydrierter Alkohol) geht auf Justus von Liebig zurück, der diesen Begriff 1835 prägte. Er stellte bei der Analyse des Reaktionsprodukts der Oxidation von Ethanol fest, dass ein Molekül dieses Reaktionsprodukts zwei Wasserstoffatome weniger aufweist als ein Ethanolmolekül. Mit einem geeigneten Experiment kann man diese Wasserstoffatome in Form von Wasserstoffmolekülen auch isolieren: Beim Überleiten von Ethanol über erhitztes Platin oder Silber entstehen Ethanal (Acetaldehyd) und Wasserstoff, der z. B. durch die Knallgasprobe nachgewiesen wird.

$$H_3C-CH_2-OH \xrightarrow{Pt} H_3C-CHO + H_2$$

Aus den Molekülen des primären Alkohols wurden demnach zwei Wasserstoffatome entfernt, der primäre Alkohol wurde dehydriert. Da diese Dehydrierung *dasselbe Reaktionsprodukt wie eine Oxidation liefert*, betrachtet man die Dehydrierung auch als Oxidation.

Eine andere Möglichkeit ist die Benennung der an der funktionellen Gruppe gebundenen Alkylreste unter Nachstellung des Wortes „-keton". Pentan-2-on kann auch als Methylpropylketon bezeichnet werden.

Aldehyd- und Ketonmoleküle weisen als *gemeinsame funktionelle Gruppe* die **Carbonylgruppe** auf:

$$\diagdown \atop C=O$$

Ist an die Carbonylgruppe ein Wasserstoffatom gebunden, so handelt es sich um eine **Aldehydgruppe** (vereinfachte Schreibweise –CHO), liegen zwei Kohlenstoffatome als Bindungspartner vor, handelt es sich um eine **Ketogruppe**.

Aldehydgruppe   Ketogruppe

Während die Carbonylgruppe der Ketogruppe demnach immer *in* einer C-Kette liegt, bildet eine Aldehydgruppe immer das Ende einer Kette.

Tertiäre Alkohole lassen sich unter diesen Bedingungen nicht oxidieren.

> **V1**
> **a)** Man erhitzt eine Rolle aus einem Kupferdrahtnetz in der Brennerflamme, bis es an der Oberfläche oxidiert ist, und taucht es heiß in ein Becherglas mit Ethanol. (Vorsicht, brennbare Dämpfe, Abzug!)
> **b)** Man wiederholt den Versuch mit Propan-1-ol. **c)** Man wiederholt den Versuch mit Propan-2-ol.
>
> **A1** Wie verhalten sich primäre, sekundäre und tertiäre Alkanole gegenüber heißem Kupferoxid?
>
> **A2** Formuliere die Halbstrukturformeln von allen Isomeren mit der Formel C_4H_9OH. Welche Produkte entstehen jeweils bei der Reaktion mit Kupferoxid?
>
> **A3** Formuliere die Strukturformeln aller Hexanonmoleküle. Benenne die Verbindungen.

Oxidation von Aldehyden. Aldehyde können weiter oxidiert werden. Die Reaktion erfolgt an der *Aldehydgruppe*:

Ethanal + Kupferoxid → Ethansäure + Kupfer

Ethansäure ist auch unter der Bezeichnung *Essigsäure* bekannt und gehört zur Stoffgruppe der **Carbonsäuren**. Deren Moleküle besitzen die **Carboxylgruppe** –COOH als *funktionelle Gruppe*.

Primäre Alkohole ergeben bei der Oxidation Aldehyde, sekundäre Alkohole reagieren zu Ketonen. Tertiäre Alkohole reagieren unter den gleichen Bedingungen nicht. Aldehyde können zu Carbonsäuren weiter oxidiert werden.

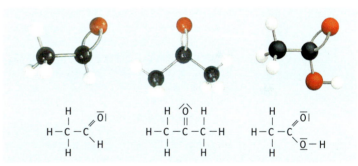

B3 Moleküle von Ethanal, Propanon und Ethansäure in Modell- und Formeldarstellung

Aldehydnachweise. Die Aldehyde wirken aufgrund der Aldehydgruppe, die zur Carboxylgruppe oxidiert werden kann, reduzierend. Darauf beruht der Nachweis von Aldehyden durch die **Silberspiegelprobe** [B4]. Aus einer ammoniakalischen Silbernitratlösung entsteht hier Silber, das zum Teil in sehr feiner Verteilung vorliegt und der Flüssigkeit eine grauschwarze Färbung verleiht oder zum Teil als Silberspiegel an der Gefäßwand anliegt. Nach Zugabe eines Aldehyds zu **Fuchsinschwefliger Säure** tritt eine rotviolette bis blauviolette Farbe auf [B5]. Dieser Aldehydnachweis ist jedoch wenig spezifisch.

B4 Silberspiegelprobe. Aldehyde wirken reduzierend

B5 Aldehydnachweis mit Fuchsinschwefliger Säure

Alkohole **285**

13.11 Wichtige Aldehyde und Ketone

Die technisch wichtigsten Aldehyde sind *Methanal (Formaldehyd)* und *Ethanal (Acetaldehyd)*. Vor allem Methanal wird industriell in großen Mengen produziert. Beide Aldehyde sind wichtige Ausgangsprodukte für Synthesereaktionen, die unter bestimmten Sicherheitsbedingungen ablaufen müssen, denn beide Aldehyde sind gesundheitsschädlich bis giftig.

Methanal (Formaldehyd) HCHO ist ein giftiges, stechend riechendes Gas mit einer Siedetemperatur von −21 °C. Eine wässrige Lösung mit einem Massenanteil von w = 35 bis 40 % wird *Formalin* genannt. Formalin wird u. a. zur Konservierung anatomischer und biologischer Präparate verwendet [B2].
Methanal wird in großen Mengen durch katalytische Oxidation von Methanol mit Luftsauerstoff hergestellt.
Wegen seiner guten Reaktionsfähigkeit kann Methanal zu einer Vielzahl von Produkten weiterverarbeitet werden. Der größte Teil wird jedoch zur Herstellung von Kunststoffen benötigt. Auch der erste vollsynthetische Kunststoff, Bakelit (genannt nach seinem Erfinder Leo Hendrik Baekeland), wurde aus Formaldehyd hergestellt. Er diente z. B. zur Herstellung von Gehäusen von Telefonapparaten, Radios oder Lichtschaltern, mit einer charakteristischen braunen bis schwarzen Farbe [B1]. Ein bedeutendes Einsatzgebiet von Methanal ist die Synthese von Bindemitteln für die Herstellung von Spanplatten.
Methanal entsteht in geringen Mengen auch bei der unvollständigen Verbrennung von Holz, Kohle und anderen organischen Stoffen. Die desinfizierende Wirkung des Räucherns wird auf geringe Anteile von Methanal im Holzrauch zurückgeführt. Auch der Rauch von Zigaretten enthält Methanal.
Methanal kann Allergien auslösen und bereits in geringer Konzentration die Augen, die Atemwege und die Haut reizen. Es steht im Verdacht krebserzeugend zu sein, da bei hohen Konzentrationen an Formaldehyd bei Ratten entsprechende Symptome festgestellt wurden. Zum Schutz der Gesundheit werden daher für die Verwendung von Formaldehyd Grenzwerte festgelegt, so darf z. B. in Wohnräumen ein Grenzwert von 0,1 ml/m³ nicht überschritten werden. Zum Möbelbau müssen entsprechend Spanplatten verwendet werden, die nur sehr wenig ungebundenes Formaldehyd frei setzen können.

B1 Gerätegehäuse aus Bakelit

Exkurs Duft- und Aromastoffe

Der Duft einer Blume, der Geruch oder Geschmack von Gewürzen und Früchten wird durch Stoffe verursacht, die meist schon in geringen Mengen den jeweiligen Sinneseindruck bewirken. Das Gesamtaroma entsteht häufig durch Kombination vieler Stoffe. Die Moleküle dieser Stoffe besitzen meist polare funktionelle Gruppen. Eine dieser „geruchsgebenden" Gruppen ist auch die Carbonylgruppe. Unter den Duft- und Aromastoffen finden sich deshalb viele Aldehyde.

	Vorkommen	Verwendung	Sonstiges
Vanillin	In Vanilleschoten und Gewürznelken	Synthetisch hergestelltes Vanillin als Aromastoff für Schokolade, Backwaren und Vanillinzucker	Verzögert den Verderb von Lebensmitteln durch Schimmelpilze, Hefen und Sauerstoff
Zimtaldehyd	Bestandteil der Myrrhe, in Zimtöl	In Gewürzen, zur Parfümierung von Seifen	Wirkt als Insektizid
2-Hexenal (Blätteraldehyd) $CH_3-(CH_2)_2-CH=CH-CHO$	In grünen Blättern, z. B. auch Tee, wesentlicher Bestandteil des Olivenöl- und Apfelaromas	Für Parfümöl	Stoff, an dem Heuschrecken ihr Futter erkennen, Geruch nach grünem Gras

Wichtige Aldehyde und Ketone

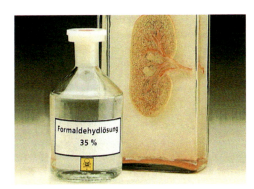

B2 Formaldehydlösung zur Konservierung biologischer Präparate

Ethanal (Acetaldehyd) CH_3-CHO ist das zweite Glied der homologen Reihe der Alkanale. Es stellt eine leicht verdunstende Flüssigkeit mit stechendem, betäubendem Geruch dar, die wegen ihrer Siedetemperatur von 21 °C im Kühlschrank aufbewahrt werden muss. Ethanal ist ein Zwischenprodukt des Stoffwechsels von Pflanzen, Tieren und Menschen. Nach Alkoholgenuss läuft in der Leber des Menschen mithilfe des Enzyms Alkoholdehydrogenase die Oxidation des Ethanols zu Ethanal ab, das die Leberzellen schädigt. Einige Symptome des „Katers" führt man darauf zurück.
In der chemischen Industrie wird Ethanal zu Essigsäure, Farbstoffen, Arzneimitteln sowie zu synthetischem Kautschuk verarbeitet. Wie Methanal steht auch Ethanal im Verdacht, krebserzeugend zu sein.

V1 Versuche, Wasser, Benzin, Ethanol und Fett in Aceton (Propanon) zu lösen.

V2 Gib in ein kleines Becherglas zu wenig Propanon einige Styroporstückchen.

A1 Butan-1-ol siedet bei 117 °C, Pentan bei 36 °C und Butanon bei 79 °C. Formuliere die Halbstrukturformeln der Moleküle und erkläre die Unterschiede in den Siedetemperaturen der Stoffe.

A2 Formuliere die möglichen Strukturformeln zur Summenformel C_3H_6O und benenne die Moleküle.

Aceton (Propanon) $CH_3-CO-CH_3$, das einfachste und wichtigste Glied in der Reihe der Alkanone, ist eine Flüssigkeit mit einer Siedetemperatur von 56 °C und einem angenehmen aromatischen Geruch. Aceton ist in Spuren im menschlichen Harn enthalten, bei Zuckerkrankheit (Diabetes) wird es vom Körper in größeren Mengen ausgeschieden.

Da sowohl hydrophile als auch hydrophobe Stoffe in Propanon löslich sind [V1], ist es in Industrie und Technik ein viel verwendetes Lösungsmittel [V2], vor allem für Lacke, Harze und Klebstoffe. In Aceton lässt sich auch der beim Komprimieren explosionsartig zerfallende ungesättigte Kohlenwasserstoff Ethin, C_2H_2, unter Druck lösen (Kap. 12.9). Er wird vor allem zum Betrieb von Schweiß- und Schneidbrennern benötigt. Auf diese Weise kann man Ethin, in Aceton gelöst, in Stahlflaschen aufbewahren und transportieren.

Auch in manchen Nagellackentfernern sowie in Abbeizmitteln für Lack- und Ölfarben ist Aceton enthalten.

Eigenschaften der Alkanale und Alkanone. Die Eigenschaften der beiden Stoffgruppen werden wesentlich durch die Carbonylgruppe bestimmt. Aufgrund der Elektronegativitätsdifferenz zwischen dem Kohlenstoff- und dem Sauerstoffatom ist die Carbonylgruppe stark polar.
Die Siedetemperaturen der niederen Alkanale und Alkanone liegen deutlich über denen der Alkane mit ähnlicher Größe und Elektronenanzahl, sind jedoch niedriger als die der entsprechenden Alkanole. Dies wird dadurch verständlich, dass zwischen Alkanal- bzw. Alkanonmolekülen zwar Dipolkräfte wirken, jedoch keine Wasserstoffbrücken ausgebildet werden können.
Wassermoleküle sind dagegen durchaus in der Lage, über ihre Wasserstoffatome Wasserstoffbrücken zu den Sauerstoffatomen der Carbonylgruppen auszubilden. Deshalb sind die *ersten Glieder* der beiden homologen Reihen in Wasser gut löslich.

Carbonylgruppe

Wasserstoffbrücken bei Carbonylverbindungen mit Wassermolekülen

B3 Aceton als Lösungsmittel

Wichtige Aldehyde und Ketone

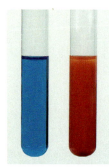

B4 Fehling-Probe

Viele Nahrungsmittel (z. B. Früchte und Honig) schmecken süß. Sie enthalten neben anderen Zuckern auch Traubenzucker (Glucose), der dem menschlichen Körper als Energielieferant für die Zellatmung dient. Glucose zählt zur Stoffgruppe der **Kohlenhydrate**.

Glucose – Alkohol und Aldehyd? Glucose ist ein farbloser, kristalliner Stoff, der in Wasser sehr gut löslich, in Heptan dagegen unlöslich ist. Die Lösung leitet den elektrischen Strom nicht. Glucose ist demnach ein hydrophiler Stoff, dessen Moleküle polare Atomgruppen besitzen. Die Summenformel lautet $C_6H_{12}O_6$. Glucose schmeckt süß, dies deutet darauf hin, dass im Glucosemolekül mehrere OH-Gruppen vorhanden sind. Die Silberspiegelprobe auf Aldehyde verläuft positiv (Versuch 2, Praktikum). Glucose ist also ein Alkohol *und* ein Aldehyd. Das kettenförmige Molekül weist fünf OH-Gruppen und eine Aldehydgruppe auf [B5].

Glucosemoleküle können sowohl in Ketten- als auch in Ringform vorkommen [B5]. Vorherrschend ist die Ringform (ca. 99,9 %), in wässriger Lösung können die Moleküle in die jeweils andere Form übergehen.

Eine weitere Nachweisreaktion für Aldehydgruppen ist die **Fehling-Probe**. Die tiefblaue Lösung aus Fehling I und II reagiert mit Aldehyden zu einem ziegelroten Niederschlag aus Cu_2O [Versuch 3, Praktikum, B4].

B5 Glucosemolekül, Strukturformeln von Ketten- und Ringform

Praktikum Oxidationsprodukte der Alkohole

V1 Oxidation von Alkanolen
Geräte und Chemikalien: Tiegelzange, Gasbrenner, 2 Bechergläser (100 ml, hohe Form), Tropfpipette, Kupferdrahtnetz (gerollt), Propan-1-ol, Propan-2-ol, Fuchsinschweflige Säure.
Hinweis: Vorsicht! Brennbare Dämpfe, Abzug!
Durchführung:
a) Gib etwa 20 ml Propan-1-ol in eines der Bechergläser.
b) Erhitze die Kupferdrahtnetzrolle, bis sie an der Oberfläche mit schwarzem Kupferoxid überzogen ist, und tauche sie in das Propan-1-ol. Wiederhole das Erhitzen und Eintauchen mehrmals.
c) Gib mit der Tropfpipette etwas Fuchsinschweflige Säure zu der Flüssigkeit.
d) Wiederhole den Versuch mit Propan-2-ol.
Aufgaben: Beschreibe und deute die Beobachtungen. Formuliere die Reaktionsgleichungen zu (b) und (d).

V2 Silberspiegelprobe
Geräte und Chemikalien: Becherglas (250 ml), 2 Reagenzgläser (neu), 2 Tropfpipetten, Spatel, Silbernitratlösung ($w = 1 \%$), Aceton, Ammoniaklösung ($w \approx 15 \%$), Glucose.
Durchführung:
a) Gib zu etwa 5 ml Silbernitratlösung tropfenweise so viel Ammoniaklösung, bis sich der gebildete Niederschlag gerade auflöst.
b) Setze etwas Glucose zu und stelle das Reagenzglas in das Wasserbad (70 bis 80 °C).
c) Wiederhole den Versuch mit Aceton.
Aufgabe: Beschreibe und deute die Beobachtungen.

V3 Fehling-Probe
Geräte und Chemikalien: Becherglas (250 ml), Reagenzglas, Reagenzglasgestell, 2 Tropfpipetten, Spatel, Fehling-Lösung I und II, Glucose, Wasser.
Durchführung:
a) Gib je 2 ml der Lösungen Fehling I und II in ein Reagenzglas, schüttle um und verdünne mit etwas Wasser.
b) Gib eine kleine Portion Glucose zu, und erwärme im Wasserbad (50 – 70 °C).

13.12 Durchblick Zusammenfassung und Übung

Ethanol
Durch alkoholische Gärung aus Traubenzucker (Glucose) entsteht mithilfe von Enzymen Ethanol:

$C_6H_{12}O_6 \rightarrow 2\ C_2H_5OH + 2\ CO_2$

Ethanol ist der wichtigste Vertreter der Gruppe der Alkanole.

Alkanole
Alkanole gehören zur Stoffklasse der Alkohole, deren funktionelle Gruppe ist die **Hydroxylgruppe (OH-Gruppe)**. Diese bestimmt wesentlich die Eigenschaften und das Reaktionsverhalten.
Beispiel Ethanol: CH_3-CH_2-OH

Strukturformel des Ethanolmoleküls

Homologe Reihe der Alkanole
Die allgemeine Formel der Alkanole lautet $C_nH_{2n+1}OH$.

Primäre, sekundäre und tertiäre Alkanole

primäres Alkanol   sekundäres Alkanol   tertiäres Alkanol

Alkohole mit mehreren OH-Gruppen im Molekül
Nach der **Erlenmeyer-Regel** sind Moleküle mit mehreren OH-Gruppen an einem Kohlenstoffatom meist nicht beständig. Alkohole mit mehreren OH-Gruppen im Molekül schmecken süß. Beispiel:

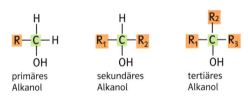

Propantriol

Eigenschaften der Alkanole
Alkoholmoleküle besitzen eine unpolare Alkylgruppe, die Van-der-Waals-Kräfte ausbilden kann, und eine oder mehrere polare OH-Gruppen, die Wasserstoffbrücken bilden können.

$CH_3CH_2CH_2CH_2-\overset{\delta-}{\underset{}{O}}-\overset{\delta+}{H} \quad \overset{\delta-}{H}-\overset{}{\underset{}{O}}-CH_2CH_2-\overset{\delta-}{\underset{}{O}}-\overset{\delta+}{H}$

unpolar: Van-der-Waals-Kräfte
polar: Wasserstoffbrücken

Aufgrund der Wasserstoffbrücken schmelzen und sieden Alkohole bei wesentlich höheren Temperaturen als Alkane mit Molekülen ähnlicher Elektronenanzahl und Größe der Van-der-Waals-Kräfte.
Die Länge der Alkylgruppe bzw. die Anzahl der OH-Gruppen entscheidet darüber, ob ein Alkohol eher **lipophil** oder eher **hydrophil** ist:

zunehmende Länge des Alkylrests →

$CH_3-\underline{O}-H \quad CH_3CH_2CH_2CH_2-\underline{O}-H \quad CH_3CH_2CH_2CH_2CH_2CH_2CH_2CH_2-\underline{O}-H$

Einfluss der polaren OH-Gruppen
Einfluss der Wasserstoffbrücken
Hydrophiles Verhalten
Löslichkeit in Wasser

Einfluss der unpolaren Alkylgruppe
Einfluss der Van-der-Waals-Kräfte
Lipophiles Verhalten
Löslichkeit in Benzin und Heptan

Alkohole mit hydrophilen *und* lipophilen Eigenschaften, z. B. Methanol, Ethanol und die Propanole, sind bedeutende Lösungsmittel, da sie nebeneinander sowohl hydrophile als auch lipophile Stoffe lösen können.

Ketogruppe

Oxidationsreaktionen der Alkohole

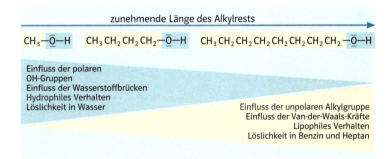

Nachweisreaktionen für Aldehyde sind die Probe mit Fuchsinschwefliger Säure, die Silberspiegelprobe und die Fehling-Probe.

Durchblick Zusammenfassung und Übung

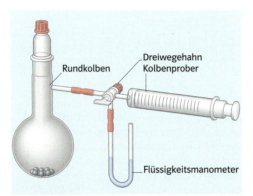

B2 Zu Aufgabe 4

B1 Zu Aufgabe 1

A1 Welche in der Werbung für alkoholische Getränke unterstellte Wirkung von Alkoholgenuss wird in B1 parodiert? Die Werbung nutzt Wünsche oder Sehnsüchte für den Verkauf von alkoholischen Getränken. Nenne Beispiele.

A2 In Brasilien ist die Verwendung von Ethanol als Treibstoff für Automotoren stark verbreitet [B3]. Der Alkohol wird durch Vergären von Zucker aus Zuckerrohr gewonnen.
a) Welche Vorteile soll die Verwendung von Ethanol dem Land bringen?
b) Zähle Nachteile und Probleme auf, die damit verbunden sind.
c) Welche Vorteile bringt die Verwendung von Treibstoffen aus nachwachsenden Rohstoffen gegenüber Treibstoffen aus fossilen Energieträgern mit sich?

B3 Zu Aufgabe 2

A3 Benzin und Wasser sind zwei ineinander nicht lösliche Flüssigkeiten. Fügt man jedoch dem Gemisch eine größere Portion Ethanol zu, so entsteht eine homogene Lösung. Erkläre dies.

A4 Mithilfe der Apparatur von B2 kann man die molare Masse leicht verdampfbarer oder verdunstender Flüssigkeiten, z. B. die des Ethanols, bestimmen.
Die molare Masse benötigt man, um mit dem Ergebnis einer quantitativen Analyse, das die Verhältnisformel liefert, die Summenformel einer Verbindung berechnen zu können.
Für Ethanol ist das Ergebnis $N(C) : N(H) : N(O)$ = 2:6:1, d.h., die Verhältnisformel lautet $(C_2H_6O_1)_x$. x könnte 1, 2, 3 usw. sein.
Zur Bestimmung der molaren Masse zieht man etwa 0,1 ml Ethanol mit einer Spritze auf, wiegt diese genau und spritzt das Ethanol in den Rundkolben. Die Spritze wird erneut gewogen. Das Ethanol lässt man durch Umschwenken verdunsten. Nach Druckausgleich wird die Volumenzunahme am Kolbenprober abgelesen.
a) Rechenbeispiel (für alle Gase gilt:
$V_m = \frac{V}{n} \approx 24$ l/mol; siehe Kap. 5.7):
Berechnung der molaren Masse von Ethanol
m(Ethanol) = 0,085 g; V(Ethanoldampf) = 44 ml

$$n((C_2H_6O)_x) = \frac{V}{V_m} = \frac{44 \text{ ml}}{24\,000 \frac{\text{ml}}{\text{mol}}} = 0,00183 \text{ mol}$$

$$M((C_2H_6O)_x) = \frac{m(\text{Ethanol})}{n((C_2H_6O)_x)} = \frac{0,085 \text{ g}}{0,00183 \text{ mol}} = 46,4 \frac{\text{g}}{\text{mol}}$$

Da bei $(C_2H_6O_1)_x$ das Ergebnis nur $M = 46$ g · mol^{-1} oder ein Mehrfaches sein kann, ist $x = 1$ und die Summenformel von Ethanol $C_2H_6O_1$.
b) Bei einem ähnlichen Versuch wurde zur Bestimmung der molaren Masse eines Ketons m(Keton) = 0,095 g eingesetzt. Seine Verhältnisformel lautet: $(C_3H_6O_1)_x$
Ergebnis: V(Keton-Dampf) = 39,1 ml.
Berechne die molare Masse des Ketons. Um welches Keton handelt es sich?

290 Organische Chemie

14 Carbonsäuren und Ester

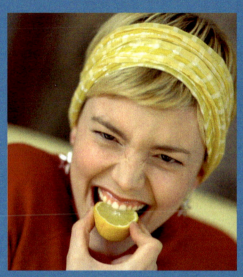

In diesem Kapitel lernen wir eine Reihe von Stoffen näher kennen, die uns vor allem aus dem Lebensmittelbereich vertraut sind. Manche dieser Stoffe haben eine große Bedeutung in der Technik. Viele kommen auch in der Natur vor.

■ Essig ist die älteste verwendete saure Lösung. Sie enthält Essigsäure, die aus Ethanol gewonnen werden kann.
Essigsäure ist ein Vertreter der Stoffgruppe der Carbonsäuren. Zu ihr gehören auch z. B. die Citronensäure, Äpfel- und Weinsäure, welche für den sauren Geschmack vieler Früchte verantwortlich sind. Diese und andere Carbonsäuren finden auch als Lebensmittelzusatzstoffe Verwendung.

■ Aus der übel riechenden Buttersäure kann mit Ethanol ein nach Banane duftender Stoff hergestellt werden. Generell lassen sich aus Säuren und Alkoholen Düfte und Aromen herstellen. Diese sind oft Vertreter der Stoffgruppe der Ester. Wir werden den Aufbau ihrer Moleküle näher betrachten. Zu den Estern zählen weitere wichtige Stoffe aus Alltag und Technik.

14.1 Impulse Organische Säuren

Sauer macht lustig? Der Geschmackssinn hat die für Tier und Mensch lebenswichtige Funktion, die Nahrung auf Qualität und Bekömmlichkeit zu überprüfen. Er leitet uns bei der Auswahl der Nahrung, indem er positive oder negative Gefühle erzeugt. Die Tatsache, dass „sauer" eine unserer Geschmackskomponenten ist, zeigt, dass Menschen schon immer mit sauer schmeckenden Nahrungsmitteln konfrontiert wurden. Tatsächlich enthält fast jede pflanzliche Nahrung, wie z. B. Früchte, organische Säuren. Dies erklärt auch, warum Kenntnisse über diese Säuren und die Herstellung saurer Lösungen für vielerlei Zwecke zu den frühen Errungenschaften der menschlichen Zivilisation gehören.

Organische Säuren finden wir in der Natur, in Lebensmitteln und Alltagsprodukten. Einige haben wichtige Funktionen in unserem Körper. Bearbeitet die Aufgaben auf diesen beiden Seiten und erstellt anschließend eine *Mindmap* zum Thema „Organische Säuren".

Säuren machen haltbar! Lebensmittel haltbar zu machen, ist ein jahrtausendealtes Problem. In früheren Zeiten standen dafür nur wenige Methoden zur Verfügung. Eine sehr alte Methode ist der Zusatz von Essig. Auch einige andere organische Säuren wirken konservierend, da sie das Wachstum unerwünschter Bakterien und Pilze verhindern.
Suche auf Lebensmittelverpackungen bei den Inhaltsstoffen nach Säuren. Informiere dich über deren Eigenschaften, Vorkommen und Entstehung sowie über den Aufbau der Moleküle. Stelle deine Ergebnisse in einer Liste zusammen.

Säuren machen sauber! Viele Haushaltsreiniger enthalten organische Säuren. Schau bei den Inhaltsstoffen nach, welche Säuren in verschiedenen Reinigern enthalten sind. Teste die Wirkung der Reiniger auf Kalk, indem du in einem Schälchen kleine Marmorstückchen in den Reiniger legst. Beschreibe deine Beobachtungen und formuliere ein Ergebnis.

Alles sauer! Teste mit dem Geschmackssinn und mit einem Indikator verschiedene Getränke und Nahrungsmittel. Recherchiere, welche Säure jeweils für die saure Eigenschaft verantwortlich ist.

Impulse Organische Säuren

Wer einem betrübten Herzen Lieder singt, das ist wie wenn einer das Kleid ablegt am kalten Tage und wie Essig auf die Kreide.

Altes Testament, Sprüche 25.20

Säuren schützen! Unsere Haut schützt sich durch den Aufbau eines „Säureschutzmantels". Informiere dich über die Schutzwirkung dieser Schicht und über die beteiligten Säuren. Wodurch kann diese Schutzschicht zerstört werden?

Säuren zerstören! Welche chemische Substanz verbirgt sich hinter der Bezeichnung „Kreide"? Führe den Versuch „Essig auf Kreide" durch, beschreibe deine Beobachtungen und gib eine Erklärung.
Gib in einem weiteren Experiment kleine Magnesiumstücke in Essig. Beobachte und erkläre.

Exkurs Alles Essig

Essig war schon im Altertum bekannt und ist die älteste verwendete saure Lösung. Bei Griechen und Römern wurde das Wort „Säure" in der gleichen Bedeutung gebraucht wie das Wort „Essig". Erkläre, warum Essig schon so früh in der Geschichte bekannt war.

Vom Altertum bis ins Mittelalter wurde Essig einfach durch Stehenlassen von Wein an der Luft hergestellt. Im 14. Jahrhundert entwickelte sich zuerst in Frankreich die Zunft der „Essigsieder", die durch spezielle Herstellungsverfahren die Essigbildung beschleunigen und die Qualität des Essigs verbessern konnten. Informiere dich über heutige Verfahren der Essigherstellung.

Die Essigsieder stellten in ihren „Essigstuben" auch Saucen, Senf und pharmazeutische Produkte her. Diese Räume lagen an der warmen Südseite der Häuser und waren beheizbar. Für Bau und Verputz der Wände wurde Gips anstelle des sonst üblichen Kalkmörtels verwendet. Gib eine Erklärung für die besondere Lage und Ausstattung der Essigstuben.

Exkurs Teures Getränk

Der römische Geschichtsschreiber Plinius d. Ä. berichtet von einer Wette Kleopatras mit Antonius. Danach behauptete Kleopatra, die sich über dessen tägliche Schlemmereien lustig machte, sie könne eine Mahlzeit im Wert von 10 Millionen Sesterzen verzehren. Sie gewann die Wette, indem sie eine der beiden wertvollsten Perlen der damaligen Zeit in ein Gefäß mit Essig warf.
Warum konnte Kleopatra die „Perle" trinken?

Säuren reizen! Wer sich schon einmal „in die Nesseln gesetzt" hat, weiß, was gemeint ist! „Reizend" ist auch der Biss einer Ameise. Recherchiere über die Säure der Ameisen und über den Inhaltsstoff der Brennhaare von Brennnesseln.

Carbonsäuren und Ester **293**

14.2 Essig und Essigsäure

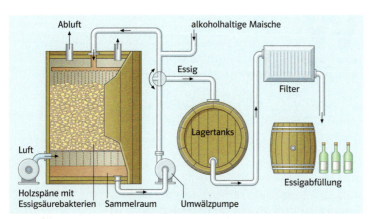

B1 Industrielle Herstellung von Speiseessig. Ethanol wird durch Essigsäurebakterien mithilfe von Luftsauerstoff zu Essigsäure oxidiert

Wein, dem keine konservierenden Stoffe zugesetzt wurden und der einige Zeit in einem offenen Gefäß an der Luft gestanden hat, schmeckt sauer und riecht nach Essig [B2, V1]. An der Oberfläche der Flüssigkeit hat sich eine dünne, graue Haut von Essigsäurebakterien gebildet. Enzyme dieser Bakterien katalysieren die Oxidation des im Wein enthaltenen Ethanols mit dem Sauerstoff der Luft zu Essigsäure.

$$\text{H}_3\text{C}-\text{CH}_2-\text{OH} + \text{O}_2 \xrightarrow{\text{Enzyme}} \text{H}_3\text{C}-\text{COOH} + \text{H}_2\text{O}$$

B2 Essig aus Wein. Wein wird an der Luft sauer

Die funktionelle Gruppe des Essigsäuremoleküls ist die Carboxylgruppe —COOH (**Car**bonyl-hyd**roxyl**gruppe), sie bestimmt im Wesentlichen die Eigenschaften und das Reaktionsverhalten der Essigsäure. Verbindungen, deren Moleküle die Carboxylgruppe aufweisen, heißen **Carbonsäuren**.
Der systematische Name für die Essigsäure lautet **Ethansäure**.

Industrielle Essig- und Essigsäureherstellung. Essig wird auch heute noch durch enzymatische Oxidation von Ethanol gewonnen. Dazu lässt man aus einem Spritzrad Wein, Most (Obstwein) oder andere Flüssigkeiten, die Ethanol enthalten, über Buchenholzspäne rieseln, die mit Essigsäurebakterien geimpft sind. Von unten strömt im Gegenstrom die zur Oxidation benötigte Luft entgegen [B1]. Die Flüssigkeit wird mehrmals umgepumpt, bis das gesamte Ethanol zu Essigsäure oxidiert worden ist. Vor dem Abfüllen wird der Essig so verdünnt, dass der Massenanteil der Essigsäure 5 % bis 6 % beträgt.
Im modernen Verfahren sind die Buchenholzspäne durch Schaum ersetzt, der durch Einblasen von Luft erzeugt wird. Da der Schaum eine größere Oberfläche besitzt, können darauf mehr Essigsäurebakterien angesiedelt werden. Dadurch verläuft die Oxidation des Ethanols schneller.
Der überwiegende Teil der Essigsäure wird durch Oxidation von Kohlenwasserstoffen aus Erdöl hergestellt. Der größte Teil der Essigsäure dient der chemischen Industrie zur Herstellung von Lösungsmitteln, Kunstseide (Acetatseide), Kunststoffen und Medikamenten.

Verwendung von Essig. Haushaltsessig ist eine verdünnte Lösung von Essigsäure. Die Lösung ist sauer, da Essigsäuremoleküle mit Wassermolekülen zu H_3O^+-Ionen und Anionen reagieren. Vor allem darauf beruht die Verwendung von Essig zum Konservieren von Nahrungsmitteln, z. B. Gewürzgurken und Heringen. In 2 %iger bis 3 %iger Essigsäurelösung sind viele Bakterien nicht mehr lebensfähig.

V1 Stelle ein Glas mit vergorenem Traubensaft einige Tage offen an einen warmen Ort. Prüfe den Geruch und teste mit Universalindikatorpapier.

A1 Welche Rolle spielt die eingeblasene Luft bei der industriellen Gewinnung von Essig?

A2 Beschreibe die Schritte, die bei der Herstellung von Branntweinessig, ausgehend von Getreide, ablaufen.

Essig und Essigsäure

Zum Würzen von Speisen werden verschiedene Essigsorten verwendet, die aus unterschiedlichen alkoholischen Lösungen gewonnen werden, z. B. *Obstessig* aus Apfelwein. *Weinessig* wird nur aus Wein hergestellt. *Branntweinessig (Tafelessig)* entsteht aus Alkohol, der aus Getreide, Kartoffeln oder Zuckerrüben gewonnen wurde. Durch Einwirkung von Tafelessig auf Kräuter lassen sich verschiedene Arten von Kräuteressig herstellen. Der Massenanteil von Essigsäure in Essig beträgt meist 5 % bis 6 %, in „Essigessenz" 25 %. Diese muss vor Gebrauch verdünnt werden. Senf wird ebenfalls unter Verwendung von Essig hergestellt. Viele Haushaltsreiniger enthalten Essig, da die saure Lösung Kalkflecken entfernt und desinfizierend wirkt. Essigsäurelösung wird auch zur Rostentfernung verwendet, da diese mit Eisenoxid reagiert. Dabei entstehen lösliche Salze.

Eigenschaften der Essigsäure. Reine 100%ige Essigsäure ist ein farbloser, ätzend wirkender und stechend riechender Stoff, der bei 118 °C siedet und bei 16 °C erstarrt [B3] und **Eisessig** genannt wird. Essigsäure weist im Vergleich zu Propan-1-ol (Siedetemperatur 97 °C) und Propanal (Siedetemperatur 49 °C) eine hohe Siede- und Schmelztemperatur auf, obwohl die Moleküle aller drei Stoffe ähnliche Kettenlängen und Moleküloberflächen haben. Diese hohe Siede- und Schmelztemperatur ist auf die stark polare *Carboxylgruppe* zurückzuführen. Die Carboxylgruppe enthält die polare C=O-Doppelbindung und die O—H-Bindung. Essigsäuremoleküle können zwei Wasserstoffbrücken ausbilden, z. B.:

$$H_3C-C\begin{smallmatrix}\underline{\overline{O}}|\cdots\cdots H-\underline{\overline{O}}\\ \underline{\overline{O}}-H\cdots\cdots|\underline{\overline{O}}\end{smallmatrix}C-CH_3$$

Essigsäure bildet mit Wasser eine saure Lösung. Ein Essigsäuremolekül kann ein Proton an ein Wassermolekül abgeben. Das Proton wird von der stark polaren OH-Gruppe der Carboxylgruppe abgespalten. Das dabei gebildete Anion heißt **Acetation** (von lat. acetum, Essig) oder mit dem systematischen Namen *Ethanoation*.

$$H_3C-C\begin{smallmatrix}\underline{\overline{O}}\\ \underline{\overline{O}}-H\end{smallmatrix} + H_2O \longrightarrow H_3C-C\begin{smallmatrix}\underline{\overline{O}}\\ \underline{\overline{O}}|^-\end{smallmatrix} + H_3O^+$$

Allerdings liegen in verdünnter Essigsäure überwiegend Essigsäuremoleküle, aber nur wenige Oxonium- und Acetationen vor. Die Reaktion der Essigsäure mit Wasser verläuft unvollständig, nur ca. 1 % der Essigsäuremoleküle reagieren. Der Geruch von verdünnter Essigsäure beruht auf dem Vorhandensein von Essigsäuremolekülen. Ein geringer Anteil davon tritt aus der Lösung in die Luft über.

Salze der Essigsäure. Verdünnte Essigsäure reagiert mit unedlen Metallen, mit Metalloxiden [V2a] und alkalischen Lösungen, dabei entstehen Acetate (*Ethanoate*). *Kupferacetat* ist Bestandteil des giftigen „Grünspans" [B4], der sich bildet, wenn Kupfer oder Messing mit verdünnter Essigsäure und Luft in Berührung kommt [V2b].

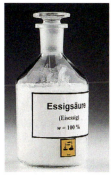

B3 Eisessig. Reine Essigsäure ist unter 16 °C fest

V2 **a)** Gib in ein Reagenzglas eine Spatelspitze Eisenpulver, in ein weiteres Kupferpulver, in ein drittes schwarzes Kupferoxid und setze anschließend jeweils verdünnte Essigsäure zu. Erhitze das zweite und dritte Reagenzglas vorsichtig. (Siedesteinchen, Schutzbrille!)
b) Stelle ein blank geschmirgeltes Kupferblech so für einige Tage in verdünnte Essigsäure, dass das Blech etwa zur Hälfte in die Flüssigkeit eintaucht.

A3 Warum sind Metallgefäße, sofern ihre Oberfläche nicht besonders geschützt ist, zur Aufbewahrung von mit Essig konservierten Speisen nicht geeignet?

B4 Grünspan, ein giftiges Salz der Essigsäure

14.3 Praktikum Essig im Alltag

Essig wird im Haushalt nicht nur zum Würzen von Speisen verwendet, sondern findet auch in anderen Bereichen Verwendung, z. B. als Bestandteil von Essigreinigern, zum Entkalken und als Rostentferner.

V1 Essig als Entkalker
Grundlagen: Kalk reagiert mit vielen sauren Lösungen unter Bildung von wasserlöslichen Verbindungen und Kohlenstoffdioxid. Die Verwendung von Essig zu diesem Zweck ist besonders preiswert und umweltfreundlich.
Geräte und Materialien: Becherglas (100 ml), Objektträger mit Kalkflecken (vorbereitet durch Eintauchen in Kalkwasser und Trocknen an der Luft), Essig oder Essigreiniger, Indikatorpapier.
Durchführung:
a) Prüfe Essig und Essigreiniger mit einem Indikatorpapier.
b) Tauche den Objektträger zur Hälfte einige Minuten in die saure Lösung, spüle anschließend mit Wasser ab und betrachte das Glas.

B1 Essigessenz entfernt Kalkablagerungen

V2 Bestimmung des Essigsäuregehalts in Essig, Essigreiniger und Essigessenz
Grundlagen: Essigsäure reagiert mit alkalischen Lösungen zu Wasser und Acetaten. Bei Verwendung einer alkalischen Lösung bekannter Konzentration kann man mit einem geeigneten Indikator den Essigsäuregehalt einer Lösung aus dem Verbrauch an zugetropfter alkalischer Lösung bestimmen. Dabei reagiert ein Hydroxidion mit einem Essigsäuremolekül.
Geräte und Materialien: Schutzbrille, Weithals-Erlenmeyerkolben, Bürette mit Natronlauge ($c = 1$ mol/l), Messpipette (10 ml), Pipettierhilfe, Essig, Essigreiniger, Essigessenz, Phenolphthaleinlösung, dest. Wasser.
Aufgabe: Plane und entwickle das Experiment und führe es durch. Notiere die einzelnen Schritte der Durchführung.

B2 Essigreiniger enthält Essig und waschwirksame Substanzen

Auswertung: Berechne zunächst den Verbrauch an Natronlauge in Milliliter und mithilfe der Beziehung $n = c \cdot V$ die Stoffmenge $n(OH^-)$. Diese ist identisch mit $n(CH_3COOH)$ in der Probe. Mit der Beziehung $m(Essigsäure) = M(CH_3COOH) \cdot n(CH_3COOH)$ erhält man die Masse der Essigsäure in der Probe. Berechne die Masse der Essigsäure in der 100-ml-Probe und daraus den Massenanteil der Essigsäure, $w(Essigsäure)$, in %:

$$w(Essigsäure) = \frac{m(Essigsäure)}{m(Probe)}$$

Nimm dazu vereinfacht an, dass die Probe eine Dichte von $\varrho = 1$ g/ml besitzt.

V3 Essig als Rostentferner
Grundlagen: Essigsäure bildet mit Rost wasserlösliche Salze.
Geräte und Materialien: kleines Becherglas, rostiges Eisenstück (Nagel, Schraube, Blech usw.), Pinzette, (Papier-)Tuch, Essig oder Essigessenz.
Durchführung: Gib den rostigen Gegenstand in Essig oder Essigessenz. Schüttle nach einigen Minuten vorsichtig und beobachte. Lass den Versuchsansatz bis zur nächsten Chemiestunde stehen. Entnimm dann den Gegenstand mit der Pinzette, spüle ihn mit Wasser und reibe ihn mit dem Tuch ab.

B3 Essigsorten im Haushalt und Essigsäure aus dem Labor

14.4 Alkansäuren

Wie Ethanol lassen sich auch andere Alkohole zu Carbonsäuren oxidieren. Die bei der Oxidation von Alkanolen entstehenden Carbonsäuren nennt man **Alkansäuren**.
Zur systematischen Benennung wird die Endung *„säure"* an den Stammnamen angehängt. Der Stammname ergibt sich aus der längsten Kohlenstoffatomkette des Moleküls, wobei das Kohlenstoffatom der Carboxylgruppe mitgezählt wird. Viele Alkansäuren sind schon sehr lange bekannt und ihre gebräuchlichen Namen weisen auf ihre Herkunft und ihr Vorkommen hin.

Methansäure (Ameisensäure) ist die Alkansäure mit den am einfachsten gebauten Molekülen. Der Name Ameisensäure deutet bereits darauf hin, dass das Sekret der Ameisen diese Säure enthält [B1]. Bei manchen Ameisenarten besteht die Körpermasse bis zu 20 % aus Ameisensäure. Auch das Gift vieler Insekten wie das der Bienen und das Gift in den Nesselkapseln mancher Hohltiere (Quallen) sowie die Brennhaare der Brennnesseln enthalten diese Säure [V1]. Ameisensäure riecht stechend und wirkt ätzend. Verdünnte Methansäure reagiert wie verdünnte Ethansäure mit unedlen Metallen, Metalloxiden und alkalischen Lösungen. Die dabei entstehenden Salze heißen Methanoate oder Formiate (von lat. formica, Ameise). Im Haushalt kann Methansäure zum Entkalken von Warmwasserbereitern, Wasserkesseln u. a. [V2] verwendet werden. Sie wird auch als Konservierungsmittel für Fruchtsäfte und Silofutter eingesetzt.

Propansäure (Propionsäure) ist in der Natur ziemlich selten. Sie entsteht z. B. bei der Reifung mancher Käsesorten durch Propionsäurebakterien [B2]. Ein weiteres Produkt dabei ist Kohlenstoffdioxid, das für die Lochbildung verantwortlich ist.

Butansäure (Buttersäure) wird beim Ranzigwerden der Butter frei und verursacht den typischen unangenehmen Geruch. Auch der Schweiß von Säugetieren enthält Buttersäure. Ihr Geruch wird noch in geringen Konzentrationen von blutsaugenden Insekten, Zecken und vielen anderen Tieren wahrgenommen. Ein Hund riecht noch ein Billionstel Gramm (10^{-12} g) Buttersäure in einem Kubikmeter Luft. Buttersäure entsteht auch aus Stärke durch Buttersäurebakterien [V3].

Alkansäuren, deren Moleküle sehr lange Ketten aus Kohlenstoffatomen aufweisen, sind bei Zimmertemperatur fest. Sie können aus Fetten gewonnen werden. Man bezeichnet sie deshalb auch als **Fettsäuren**. Es sind dies vor allem die *Dodecansäure* (*Laurinsäure*), die *Hexadecansäure* (*Palmitinsäure*) und die *Octadecansäure* (*Stearinsäure*). Technisches Stearin ist im Wesentlichen ein Gemisch aus Palmitin- und Stearinsäure und wird z. B. zur Herstellung von Kerzen, in kosmetischen Präparaten und in der Seifen- und Gummiindustrie verwendet.

B2 Emmentaler Käse. Bei der Reifung entstehen Propionsäure und Kohlenstoffdioxid

V1 Zerreibe Brennnesseln in Wasser. Destilliere und prüfe das Destillat mit Universalindikator.

V2 Gib zu einer Spatelspitze Magnesium- oder Calciumcarbonat verdünnte Methansäure. Beschreibe und deute die Beobachtungen.

V3 Schneide aus einer Kartoffel einen Kegel und gib in die Vertiefung Erde. Setze den Kegel wieder ein, lege die Kartoffel in ein Einmachglas, dessen Boden mit Wasser bedeckt ist, und schließe den Deckel. Teste nach einigen Tagen den Geruch.

A1 Beschreibe, wie die Löcher in manche Käsesorten kommen.

B1 Ameisen produzieren Ameisensäure

14.5 Homologe Reihe der Alkansäuren

Auch die Alkansäuren bilden eine homologe Reihe [B1], innerhalb derer sich die Eigenschaften der Stoffe in charakteristischer Weise unterscheiden.

Eigenschaftsänderungen innerhalb der homologen Reihe. Die Eigenschaften der ersten vier Alkansäuren werden am stärksten durch die polare Carboxylgruppe bestimmt. Die Moleküle können mit anderen geeigneten Molekülen, wie z. B. Wassermolekülen, *Wasserstoffbrücken* eingehen. Diese Säuren lösen sich in jedem Verhältnis in Wasser. Bei Zugabe von Wasser findet zusätzlich zum Lösungsvorgang auch ein Protonenübergang statt, sodass neben den Alkansäuremolekülen auch in geringer Konzentration Säureanionen und Oxoniumionen in der Lösung vorliegen. Alkansäuren, deren Moleküle mehr als vier Kohlenstoffatome enthalten, lösen sich nur wenig in Wasser, da die Wirkung der polaren Carboxylgruppe gegenüber der sich vergrößernden, unpolaren Alkylgruppe in den Hintergrund tritt. Diese Alkansäuren sind zunehmend hydrophob. Schon ab der Ethansäure bilden Säuren mit Benzin in jedem Verhältnis eine Lösung; die bei Zimmertemperatur festen Alkansäuren lösen sich bei höherer Temperatur in Benzin.

Die *Siedetemperaturen* der Alkansäuren liegen wegen der polaren Carboxylgruppe deutlich über denen der Alkanole mit Molekülen ähnlicher Kettenlänge und Moleküloberfläche. Auch bei den Alkansäuren steigen mit wachsender Anzahl der Kohlenstoffatome ihrer Moleküle die Siedetemperaturen, da die Van-der-Waals-Kräfte eine zunehmend größere Rolle spielen.

Der *Geruch* der Alkansäuren verändert sich vom stechenden Geruch der Methan- und Ethansäure zum widerwärtigen Geruch der Butansäure und der folgenden Säuren. Die bei Zimmertemperatur festen Alkansäuren riechen wegen ihrer geringen Flüchtigkeit kaum.

A1 Warum besitzt Essigsäure eine höhere Siedetemperatur als Ethanol?

A2 a) Begründe, warum die Siedetemperaturen der Alkansäuren innerhalb der homologen Reihe ansteigen.
b) In B1 werden die Siedetemperaturen ab der Dodecansäure bei vermindertem Druck angegeben. Erkläre.

Name (Trivialname)	Formel	Schmelztemperatur (°C)	Siedetemperatur (°C)	Namen der Salze
Methansäure (Ameisensäure)	HCOOH	8	100	Methanoate (Formiate)
Ethansäure (Essigsäure)	CH_3COOH	16	118	Ethanoate (Acetate)
Propansäure (Propionsäure)	C_2H_5COOH	−22	141	Propanoate (Propionate)
Butansäure (Buttersäure)	C_3H_7COOH	−7	164	Butanoate (Butyrate)
Dodecansäure (Laurinsäure)	$C_{11}H_{23}COOH$	44	225*	Dodecanoate (Laurate)
Hexadecansäure (Palmitinsäure)	$C_{15}H_{31}COOH$	63	269*	Hexadecanoate (Palmitate)
Octadecansäure (Stearinsäure)	$C_{17}H_{35}COOH$	69	287*	Octadecanoate (Stearate)

* bei 133 hPa

B1 Homologe Reihe der Alkansäuren und ihre Salze

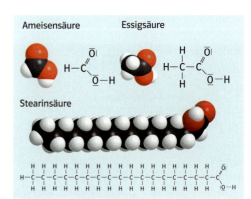

B2 Einige Alkansäuren mit Strukturformel und Molekülmodell

14.6 Ungesättigte Fettsäuren

Es gibt Carbonsäuren, deren Moleküle in ihrem Kohlenwasserstoffrest eine oder mehrere Doppelbindungen aufweisen. Drei wichtige Säuren, die aus festen Fetten und auch aus flüssigen Fetten, den fetten Ölen, gewonnen werden können, sind die *Öl-,* die *Linol-* und die *Linolensäure.* Da aufgrund der Doppelbindung weitere Atome in das Molekül aufgenommen werden können, bezeichnet man diese Säuren auch als **ungesättigte Fettsäuren**. So reagieren sie z. B. rasch mit einer Bromlösung [B2, V1], die dadurch entfärbt wird. Durch Reaktion mit Wasserstoff („Hydrieren") können diese Säuren in gesättigte Fettsäuren überführt werden [B1, oben].

Schmelztemperatur und Molekülaufbau.
Obwohl ein Ölsäuremolekül ($C_{17}H_{33}COOH$) nur zwei Wasserstoffatome weniger aufweist als ein Stearinsäuremolekül ($C_{17}H_{35}COOH$), liegt die *Schmelztemperatur* der Stearinsäure wesentlich höher als die der Ölsäure. Ölsäure ist bei Zimmertemperatur flüssig, Stearinsäure fest.
Im festen Zustand liegen die Moleküle eines Stoffes dicht aneinander. Je enger sie gepackt sind, desto stärker wirken sich die zwischenmolekularen Kräfte aus und desto höher liegt die Schmelztemperatur. Die Molekülketten der *gesättigten* Fettsäuren können eine *linear* gestreckte Form annehmen und sich so eng zusammenlagern.

Die Moleküle der ungesättigten Fettsäuren weisen an den Doppelbindungen Knicke auf [B1, unten]. In dieser Stellung sind die Kohlenstoffatom-Ketten fixiert, da die Doppelbindung eine Drehung des Moleküls um die C—C-Bindungsachse verhindert. Wegen dieser Form können sich die Moleküle nicht so eng aneinander lagern. Somit wirken sich die zwischenmolekularen Kräfte schwächer aus und die Schmelztemperatur ist niedriger [B1]. Die *mehrfach ungesättigten* Fettsäuren Linol- und Linolensäure (mehrere Doppelbindungen im Molekül) sind für den menschlichen Körper lebensnotwendig (essenziell), da sie vom Körper selbst nicht hergestellt werden können. Sie müssen daher mit der Nahrung, z. B. durch Pflanzenöle, aufgenommen werden.

V1 Man löst jeweils Ölsäure und Stearinsäure in Propan-1-ol, fügt tropfenweise eine Lösung von Brom in Propan-1-ol (frisch angesetzt) hinzu und schüttelt. (Abzug!)

A1 Formuliere die Reaktionsgleichungen für die Hydrierung von
a) Ölsäure und b) Linolsäure.
Benenne jeweils das Reaktionsprodukt.

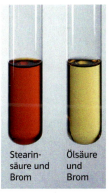

Stearinsäure und Brom · Ölsäure und Brom

B2 Ungesättigte Fettsäuren addieren Brom

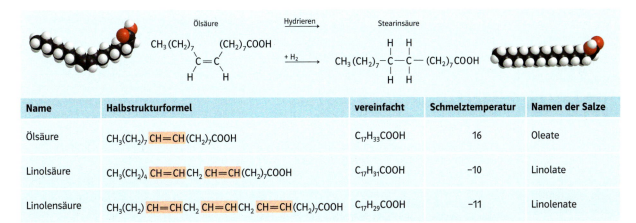

Name	Halbstrukturformel	vereinfacht	Schmelztemperatur	Namen der Salze
Ölsäure	$CH_3(CH_2)_7$ CH=CH $(CH_2)_7COOH$	$C_{17}H_{33}COOH$	16	Oleate
Linolsäure	$CH_3(CH_2)_4$ CH=CH CH_2 CH=CH $(CH_2)_7COOH$	$C_{17}H_{31}COOH$	−10	Linolate
Linolensäure	$CH_3(CH_2)$ CH=CH CH_2 CH=CH CH_2 CH=CH $(CH_2)_7COOH$	$C_{17}H_{29}COOH$	−11	Linolenate

B1 (Oben) Hydrieren ungesättigter Fettsäuren führt zu gesättigten Fettsäuren. (Unten) Wichtige ungesättigte Fettsäuren. Die Doppelbindungen sind rot unterlegt

14.7 Exkurs Carbonsäuren in der Natur

HOOC—CH(OH)—CH(OH)—COOH
Weinsäure

Außer den Alkansäuren, wie z. B. Essigsäure und Buttersäure, kommen in der Natur noch viele weitere Carbonsäuren vor. Ihre Moleküle sind meist komplizierter gebaut und dadurch gekennzeichnet, dass sie nicht nur *eine funktionelle Gruppe* tragen [Randspalte]. Häufig sind zusätzlich weitere Carboxylgruppen (*Di-* und *Tricarbonsäuren*) sowie Hydroxylgruppen (*Hydroxycarbonsäuren*) vorhanden. Viele dieser Säuren findet man in Pflanzen bzw. Pflanzenteilen, z. B. Früchten (*Fruchtsäuren*). Auch im Stoffwechsel von Tieren und Menschen sind solche Säuren zu finden.

Milchsäure. Sie entsteht bei der Vergärung von Zuckern durch bestimmte Bakterien, z. B. beim Sauerwerden von Milch, und befindet sich deshalb in Produkten wie Joghurt, Kefir und Buttermilch. Auch bei der Herstellung von Sauerkraut und Silofutter bildet sich Milchsäure, ferner tritt sie beim Abbau des Kohlenhydrats Glykogen im arbeitenden Muskel auf.

Milchsäure
$H_3C-CH(OH)-COOH$

Oxalsäure. Sie ist die Dicarbonsäure mit den am einfachsten gebauten Molekülen und bildet farblose Kristalle. Da jedes Oxalsäuremolekül zwei Protonen abspalten kann, gibt es zwei Reihen von Salzen, die Hydrogenoxalate und die Oxalate. Der saure Geschmack von Sauerklee (Oxalis acetosella), Sauerampfer, Rhabarber und Stachelbeeren wird überwiegend durch Kaliumhydrogenoxalat (K^+ $^-OOC-COOH$) hervorgerufen. Oxalsäure ist giftig. 5 g davon können tödlich wirken, da sich mit Calciumionen schwer lösliches Calciumoxalat bildet, das die feinen Nierenkanälchen verstopfen kann. Auch Harn- und Nierensteine enthalten häufig Calciumoxalat.

Oxalsäure
HOOC—COOH

Fruchtsäuren sind Feststoffe, die in Früchten in gelöster Form vorliegen. Die meisten haben ihren Namen nach einer Frucht erhalten, in der sie überwiegend vorkommen. So kommt **Weinsäure** in Weintrauben vor. Als Dicarbonsäure kann auch sie zwei Reihen von Salzen bilden, die *Hydrogentartrate* und die *Tartrate* (von frz. tartre, Weinstein). Der sich beim Lagern von Wein abscheidende Weinstein ist ein Gemisch aus Kaliumhydrogen- und Calciumtartrat. **Citronensäure** kommt nicht nur

Citronensäure
$H_2C-COOH$
$HO-C-COOH$
$H_2C-COOH$

in Zitronen vor (im Saft: w(Citronensäure) = 5% bis 7%), sie ist als eine der häufigsten Fruchtsäuren auch in vielen anderen Früchten wie Orangen, Ananas und Preiselbeeren enthalten. Zudem kommt im menschlichen Stoffwechsel Citronensäure vor. Die Salze der Citronensäure heißen *Citrate*. Die **Äpfelsäure** ist neben der Citronensäure die verbreitetste Fruchtsäure. Sie kommt in vielen Obstarten wie Äpfeln, Birnen, Quitten, Aprikosen, Kirschen und Pflaumen vor. Die Salze der Äpfelsäure sind die Malate (von lat. malum, Apfel).

Äpfelsäure
HOOC—CH(OH)—CH₂—COOH

Vitamin C gegen Skorbut

Vitamin C, auch Ascorbinsäure genannt, ist eine organische Säure mit kompliziertem Molekülbau. Sie ist für den menschlichen Körper unentbehrlich, kann von ihm jedoch selbst nicht gebildet werden und muss in der Nahrung enthalten sein. Besonders Hagebutten, Sanddorn, schwarze Johannisbeeren, Kiwi, Paprika, Petersilie und Grünkohl sind reich an Vitamin C. Eine unzureichende Versorgung mit Vitamin C führt zu speziellen Mangelkrankheiten. Eine Folge extremen Vitamin-C-Mangels, der Skorbut, war in den früheren Jahrhunderten bei Seefahrern eine gefürchtete Krankheit. Sie war darauf zurückzuführen, dass vor allem wegen fehlender Konservierungsmöglichkeiten auf langen Reisen kein frisches Obst und Gemüse zur Verfügung standen. Später wurde dem Skorbut z. B. durch Verzehr von Sauerkraut oder Zitronensaft begegnet.
Schilderung von Skorbut (Scharbock) während einer Schiffsreise (1740):

Drittens hatten auch viele den Scharbock, welcher eine schmerzliche Krankheit ist und auf dem Land selten gefunden wird. Es fanget zuerst in denen Zähnen an, daß das Zahnfleisch gantz faul wird, und man den gantzen Kiefer wegnehmen kan; sie werden gantz steiff an dem gantzen Leib, daß sie sich weder wenden noch regen können; sie bekommen auch faul Fleisch an dem Leib, daß man gantze Stücker ausschneiden kan.

14.8 Exkurs Carbonsäuren als Lebensmittelzusatzstoffe

Organische Säuren sind nicht nur Bestandteile vieler Naturprodukte, sondern finden auch in vielen Bereichen des Alltags und der Technik Verwendung. Außer als Bestandteil z. B. von Entkalkern und industriellen Reinigern für Metalloberflächen in der Elektronikindustrie (Citronensäure) oder Rost- und Tintenfleckentfernern (Oxalsäure) werden organische Säuren wegen ihrer besonderen Eigenschaften vielen Lebensmitteln zugesetzt [B1]. Auswahl und erlaubte Mengen sind durch das Lebensmittelgesetz geregelt. Die zugesetzten Stoffe müssen entweder durch die Stoffnamen oder ihre E-Nummern auf der Verpackung angegeben werden [B2].

Organische Säuren als Konservierungsstoffe. Viele leicht verderbliche Nahrungsmittel können durch Zusatz von organischen Säuren länger haltbar gemacht werden. Sie verhindern, dass z. B. durch Fäulnisbakterien und Schimmelpilze Giftstoffe in diesen Lebensmitteln entstehen können. Zur Verhinderung der Schimmelbildung in Brot wird vielfach Sorbinsäure (Formel: C_5H_7COOH) zugesetzt [B3], eine ungesättigte Carbonsäure, die im Körper des Menschen vollständig abgebaut wird. Benzoesäure (Formel: C_6H_5COOH) ist für saure Lebensmittel zugelassen und wird z. B. Fleischsalat und Fischkonserven zugesetzt. Propionsäure (Propansäure) als Konservierungsstoff wird wegen der erforderlichen hohen Dosierung und der dadurch entstehenden Geschmacksveränderung zunehmend durch Sorbinsäure ersetzt.

Säuerungsmittel. Sauer schmeckende Getränke wirken besonders erfrischend. Zu diesem Zweck werden Fruchtsaftgetränken, Nektaren und Limonadengetränken organische Säuren als Säuerungsmittel zugesetzt. Hierbei finden vor allem die Citronensäure, Weinsäure und Äpfelsäure Verwendung. In Brausepulver dient der Zusatz von Citronen- bzw. Weinsäure sowohl dem Geschmack als auch der Entwicklung von Kohlenstoffdioxid durch die Reaktion mit Natriumhydrogencarbonat. Da es sich um feste Säuren handelt, erfolgt diese Reaktion erst nach Zusatz von Wasser. Dadurch ist eine lange Lagerfähigkeit in trockenem Zustand gewährleistet.

Oxidationshemmer. Beim Stehen an der Luft verändern viele Lebensmittel ihre Farbe und bekommen ein unappetitliches Aussehen (z. B. „Grauwerden" von Fleisch und Wurst, Dunkelfärbung von Apfelmus). Dies ist auf eine Reaktion von natürlichen Inhaltsstoffen mit Sauerstoff, vor allem an der Oberfläche zurückzuführen. Durch Zusatz von „Antioxidantien", z. B. Vitamin C (Ascorbinsäure), kann die Bildung solcher (z. T. farbiger) Oxidationsprodukte verhindert werden [V1]. Vitamin C wirkt reduzierend.

V1 Reibe einen Apfel und/oder eine Kartoffel zu Mus und verteile dies auf zwei Schälchen. Vermische eine der beiden Proben sofort nach dem Reiben mit ca. zwei Messerspitzen Vitamin C. Beurteile das Aussehen der beiden Proben nach 20–30 Minuten.

A1 Überlege, warum nach dem Lebensmittelgesetz Höchstwerte für den Zusatz von Konservierungsstoffen in Lebensmitteln festgelegt werden.

E 200 Sorbinsäure
E 210 Benzoesäure
E 211 Natriumbenzoat
E 220 Schwefeldioxid
E 260 Essigsäure
E 270 Milchsäure
E 296 Äpfelsäure
E 300 Vitamin C
E 330 Citronensäure
E 334 Weinsäure
E 420 Sorbit
E 422 Glycerin

B2 E-Nummern von Lebensmittelzusatzstoffen

B1 Warensortiment. Vielen Lebensmittel werden organische Säuren zugesetzt

B3 Sorbinsäure hemmt das Wachstum von Schimmelpilzen

14.9 Praktikum Organische Säuren in Lebensmitteln

V1 Fällung der Calciumsalze

Grundlagen: Oxalsäure, Weinsäure und Citronensäure bilden mit Calciumionen schwer lösliche Salze.

Geräte und Materialien: Reagenzgläser, Bechergläser (250 ml), Spatel, Dreifuß, Keramikdrahtnetz, Gasbrenner, 2 Messpipetten (10 ml), Pipettierhilfe, Siedesteinchen, Oxal-, Wein- und Citronensäure, Calciumchloridlösung ($w = 20\%$), Kalkwasser, Rhabarbersaft, Zitronensaft, Brausepulver.

Durchführung:
a) Löse eine Spatelspitze Oxalsäure in wenig Wasser und gib etwas Calciumchloridlösung zu. Gib auch zu ca. 5 ml Rhabarbersaft (zuvor filtriert) etwas Calciumchloridlösung.
b) Löse jeweils eine Spatelspitze Wein- bzw. Citronensäure in wenig Wasser und füge jeweils 40 ml Kalkwasser zu. Gib zu dem Ansatz mit Citronensäure Siedesteinchen und koche auf.
c) Prüfe entsprechend (b) ca. 5 ml Brausepulverlösung (zur Entfernung von Kohlenstoffdioxid vorher auskochen) auf Weinsäure und ca. 1 ml Zitronensaft auf Citronensäure.

V2 Säuregehalt von Milch und Milchprodukten

Grundlagen: Milchsäurebakterien bauen Milchzucker zu Milchsäure ab. Bei Frischmilch gibt der Milchsäuregehalt einen Hinweis auf Alter und Lagerung der Milch. Bei Sauermilchprodukten ist ein bestimmter Milchsäuregehalt erwünscht. Da Milch außer Milchsäure in geringem Umfang andere Säuren enthält, gibt man zur Beurteilung die Gesamtsäurekonzentration an, die durch Titration mit Natronlauge bestimmt wird.

Geräte und Materialien: Schutzbrille, Weithals-Erlenmeyerkolben (200 ml), Stativmaterial, Bürette, Messzylinder, Natronlauge ($c = 0{,}1$ mol/l), Phenolphthaleinlösung ($w = 2\%$), verschiedene (flüssige) Milchprodukte.

Aufgabe: Plane und entwickle ein Experiment zur Bestimmung der Säurekonzentration. Notiere die einzelnen Schritte der Durchführung. Führe das Experiment mit verschiedenen Milchprodukten durch. Notiere die Ergebnisse und werte sie aus.

B1 Bestimmung des Säuregehalts von Lebensmitteln durch Titration

V3 Bestimmung des Vitamin-C-Gehalts

Grundlagen: Vitamin C wirkt reduzierend. Durch Reaktion mit Iod wird dieses zu Iodid reduziert. Der Gehalt an Vitamin C kann somit durch den Verbrauch an Iod ermittelt werden. Der Endpunkt der Titration wird durch die Iod-Stärke-Reaktion angezeigt (Blaufärbung).

Geräte und Materialien: Schutzbrille, Stativmaterial, Bürette, Messzylinder, 2 Messpipetten (10 ml), Pipettierhilfe, Weithals-Erlenmeyerkolben (200 ml), Iodlösung (2,5 g Iod und 5 g Kaliumiodid in 1 l Lösung; $c \approx 0{,}01$ mol/l), Salzsäure ($c \approx 1$ mol/l), Stärkelösung ($w = 1\%$), Vitamin-C-Teststäbchen, Ascorbinsäure oder Vitamin-C-Tablette, Zitronensaft (frisch und Konserve), Orangensaft, Apfelsaft, Kiwisaft, Vitamin-C-Bonbons (vorher zu 25 ml Lösung in Wasser lösen), evtl. weitere Vitamin-C-haltige Getränke.

Durchführung:
a) Bestimme den Vitamin-C-Gehalt der Proben mit Teststäbchen.
b) Gib 2 ml Salzsäure und 5 ml Stärkelösung zu 25 ml der Probe und titriere mit der Iodlösung.
c) Stelle mit Ascorbinsäure oder einer Vitamin-C-Tablette (Gehaltsangabe auf der Packung beachten) eine Standardlösung her, die 100 mg Ascorbinsäure in 100 ml Lösung enthält. Titriere diese Lösung wie in (b).

Auswertung:
Zu c): Trage in ein Diagramm (Abszisse: V(Iodlösung) in ml; Ordinate: m(Vitamin C) in der Probe in mg) die Werte für die Standardlösung ein. Zeichne eine Ursprungsgerade durch diesen Punkt. Ermittle aus dieser Eichkurve den Vitamin-C-Gehalt der übrigen Proben unter Verwendung der Ergebnisse von (b).
Zu a) und b): Vergleiche die verschiedenen Proben hinsichtlich der Gehaltsangaben (Teststäbchen) und aufgrund des Verbrauchs an Iodlösung.

14.10 Esterbildung – eine Kondensationsreaktion

Mit den Alkoholen und den Carbonsäuren haben wir Stoffe kennen gelernt, bei denen die Eigenschaften und das Reaktionsverhalten entscheidend von den funktionellen Gruppen der Moleküle beeinflusst werden. Wie verhalten sich Vertreter der beiden Stoffe, wenn sie zusammengegeben werden?

Die Reaktion der Essigsäure mit Ethanol. Essigsäure (Ethansäure) und Ethanol lösen sich ineinander und zeigen zunächst keine Reaktion. Erst wenn das Gemisch mit etwas Schwefelsäure erhitzt wird [V1], lässt sich eine Veränderung feststellen. Gießt man die erhaltene Flüssigkeit in Wasser, so bilden sich zwei Flüssigkeitsschichten [B2], und ein eigenartiger Geruch, der an Alleskleber erinnert, ist deutlich wahrnehmbar. Da die Ausgangsstoffe in Wasser löslich sind, muss eine chemische Reaktion stattgefunden haben.

Essigsäure und Ethanol reagieren unter dem katalysierenden Einfluss von konzentrierter Schwefelsäure zu Essigsäureethylester und Wasser [B1, oben]. Ohne Katalysator verläuft die Reaktion von Essigsäure und Ethanol selbst bei Temperaturen zwischen 70 und 90 °C nur sehr langsam.
Essigsäureethylester bzw. Ethansäureethylester wird auch als Ethylacetat bezeichnet.

Ester. Auch andere Alkohole und Carbonsäuren reagieren zu Estern und Wasser [B1, unten]. Die Esterbildung ist eine **Kondensationsreaktion**.

Eine Reaktion, bei der sich Moleküle unter Abspaltung von Wassermolekülen oder anderen kleinen Molekülen verbinden, heißt Kondensationsreaktion. Säuren reagieren dabei mit Alkoholen zu Estern und Wasser.

Alle Estermoleküle, die aus Carbonsäuren hergestellt werden, enthalten die funktionelle Gruppe:

—C(=O)—O—R

Vereinfachte Schreibweise: —COOR
(R bezeichnet hier die Alkylgruppe des Alkoholmoleküls).

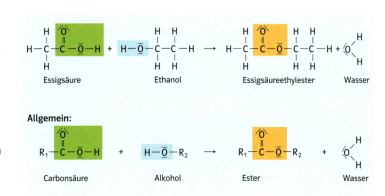

B1 Esterbildung. Oben: Bildung von Essigsäureethylester. Unten: Allgemeines Schema der Esterbildung

Der *Name eines Esters* setzt sich zusammen aus dem *Namen der Säure*, dem *Namen für die Alkylgruppe des Alkohols und der Bezeichnung „ester"*.

V1 Man erhitzt ein Gemisch aus 20 ml Eisessig, 20 ml Ethanol und 3 ml konz. Schwefelsäure (Schutzbrille, Schutzhandschuhe!) ca. 10 Minuten im Kolben mit aufgesetztem Rückflusskühler. Danach wird die Flüssigkeit in einen kleinen Standzylinder mit Wasser gegossen. Der Geruch wird vor und nach der Reaktion geprüft.

V2 Man stellt in einem Reagenzglas ein Gemisch aus 3 ml Butan-1-ol und 2,5 ml Essigsäure her und gibt einige Tropfen konz. Schwefelsäure dazu (Schutzbrille, Schutzhandschuhe!). Man schüttelt, erwärmt kurz und lässt das Reagenzglas einige Minuten stehen. Der Inhalt wird in ein Becherglas mit verdünnter Natronlauge gegossen. Der Geruch wird geprüft.

A1 Formuliere für die Reaktion der Essigsäure mit Butan-1-ol die Reaktionsgleichung. Benenne die Produkte.

A2 Zeichne die Strukturformel von Butansäureethylester.

B2 Herstellung von Essigsäureethylester. Reaktionsprodukt in Wasser

14.11 Ester – Eigenschaften und Verwendung

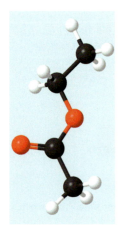

B1 Modell eines Essigsäureethylester-Moleküls

Durch die Esterbildung haben wir Moleküle mit einer neuen funktionellen Gruppe kennen gelernt, die die Eigenschaften der Ester beeinflusst. Die Ester unterscheiden sich deutlich von den Stoffen, aus denen sie gebildet wurden.

Eigenschaften. Essigsäureethylester ist in Wasser begrenzt löslich (8,5 g in 100 g Wasser), mit Benzin bildet dieser Ester in jedem Verhältnis eine Lösung [B2]. Dies liegt daran, dass der Einfluss der unpolaren Methyl- und Ethylgruppe gegenüber der polaren CO-Gruppe in den Estermolekülen überwiegt. Da die Estermoleküle keine Hydroxylgruppen aufweisen, können sie untereinander keine Wasserstoffbrücken bilden. Die Siedetemperaturen der Ester liegen deshalb weit niedriger als die der Alkohole und Carbonsäuren mit Molekülen ähnlicher Kettenlänge.

Ester, die aus Carbonsäuren und Alkoholen mit jeweils kurzkettigen Molekülen gewonnen werden können, sind leicht flüchtig. Sie haben einen angenehm fruchtartigen oder blumigen Geruch, ganz im Gegensatz zum stechenden Geruch der Carbonsäuren, die an deren Bildung beteiligt sind.

B2 Essigsäureethylester in Benzin (links) und in Wasser (rechts)

Esterbildung und Esterspaltung. Die Esterbildung ist eine unvollständig, sehr langsam ablaufende Reaktion. Wird Schwefelsäure als Katalysator eingesetzt, reichen einige Tropfen, um die Reaktion zu beschleunigen.

Durch die Reaktion mit Wasser können Ester wieder in Alkohol und Säure gespalten werden. Auch diese Reaktion verläuft unvollständig und wird durch Schwefelsäure katalysiert. Die Esterspaltung ist die Umkehrung der Esterbildung und ist ein Beispiel für eine **Hydrolyse**.

Esterbildung
Säure + Alkohol $\longrightarrow$ Ester + Wasser

Esterspaltung:
Ester + Wasser $\longrightarrow$ Säure + Alkohol

Die Esterbildung (Kondensationsreaktion) und die **Esterspaltung (Hydrolyse)** sind Beispiele für *umkehrbare Reaktionen*.

Bei einer Hydrolyse entstehen aus einem großen Molekül durch Reaktion mit einem Wassermolekül zwei kleinere Moleküle.

V1 Befülle vier Reagenzgläser mit jeweils: 2 ml Wasser, 20 ml Wasser, 2 ml Benzin, 2 ml Pflanzenöl. Gib in jedes Reagenzglas zusätzlich 2 ml Essigsäureethylester. Schüttle.

V2 Fülle in ein Reagenzglas 2 ml Essigsäure und 2 ml Ethanol. Gib zum Inhalt so viel Ionenaustauscher (stark sauer) als Katalysator, dass die Schicht etwa 1 cm hoch ist. Setze ein Steigrohr auf das Reagenzglas und stelle es in ein Wasserbad mit schwach siedendem Wasser. Schüttle den Inhalt mehrfach. Prüfe nach 10 min vorsichtig den Geruch. Dekantiere in ein Becherglas mit stark verdünnter Natronlauge. Prüfe wieder den Geruch.

V3 Ersetze in V2 den Ionenaustauscher durch Kaliumhydrogensulfat und führe den Versuch in gleicher Weise durch.

V4 Gib in ein Reagenzglas 2 Tropfen Essigsäureethylester und füge 3 ml verd. Natronlauge (c ≈ 2 mol/l) hinzu (Schutzbrille!). Erwärme im Wasserbad (60 bis 70 °C). Prüfe am Anfang und nach 10 min den Geruch.

A1 Vergleiche die Siedetemperatur des Essigsäureethylesters (ϑ_{sd} = 77 °C) mit der Siedetemperatur der isomeren Carbonsäure und erkläre den Unterschied.

A2 Ameisensäuremethylester ist in Wasser besser löslich als Essigsäureethylester. Erkläre.

A3 Warum wird bei den Versuchen V2 und V3 vor der Geruchsprobe das Reaktionsprodukt in Natronlauge gegeben?

Ester – Eigenschaften und Verwendung

Butansäuremethylester
$C_3H_7\text{—}COOCH_3$

Butansäureethylester
$C_3H_7\text{—}COOC_2H_5$

Pentansäurepentylester
$C_4H_9\text{—}COOC_5H_{11}$

Ethansäurehexylester
$CH_3\text{—}COOC_6H_{13}$

B3 Aromen von Früchten. Manche werden von Estern geprägt

Vorkommen und Verwendung. Ester, deren Moleküle kurzkettige Alkylgruppen besitzen, sind vielfach *Duft- und Aromastoffe* [B3]. Es sind Stoffe, die sowohl in der Natur vorkommen als auch synthetisch hergestellt werden. Manche finden zudem als *Lösungsmittel* für organische Stoffe und zum Verdünnen von Lacken und Anstrichfarben Verwendung. Essigsäureethylester ist der Hauptbestandteil einiger Nagellackentferner, Essigsäurebutylester ein Lösungsmittel vieler Klebstoffe. Die Lösungsmitteldämpfe dürfen nicht in größeren Mengen und über einen längeren Zeitraum eingeatmet werden, da dabei Leberschäden und eine bleibende Schädigung des Gehirns auftreten können.

Ester von Carbonsäuren und Alkoholen mit jeweils langkettigen Molekülen sind Wachse, die in der Natur als Schutzschicht auf Blättern, Nadeln, Blüten oder Früchten vorkommen. Wachse werden in Pflegemitteln für Schuhe, Böden, Möbeln und als Salbengrundlagen verwendet. Der Hauptbestandteil des Bienenwachses ist ein Ester aus Palmitinsäure und einem Alkanol mit langkettigen Molekülen ($C_{30}H_{61}OH$).

Fette sind die *Ester des Propantriols (Glycerin) mit Fettsäuren*. Aus Di- bzw. Triolen und Dicarbonsäuren werden Kunststoffe („Polyester") hergestellt.

B4 Salicylsäure

Exkurs Aromastoffe

Zwiebel oder Apfel? Mit zugehaltener Nase fällt es uns schwer zu unterscheiden, ob wir ein Kartoffel-, Zwiebel- oder Apfelstückchen auf der Zunge haben. Auch bei Schnupfen „schmeckt" vieles ähnlich.
Bei unserer Nahrung spielen Aromastoffe eine entscheidende Rolle. Das Gesamtaroma entsteht meist durch ein Gemisch von vielen flüchtigen Stoffen. So sind z. B. am Aroma der Erdbeere mehr als 300 Stoffe beteiligt. Auch viele Reinstoffe erzeugen oft einen typischen Geruchseindruck. Häufig sind dies bei Früchten die Ester von Carbonsäuren [B3].

Für manche Lebens- und Genussmittel ist der Zusatz von Aromastoffen erlaubt. Dabei unterscheidet man drei Gruppen:
Natürliche Aromastoffe werden aus den entsprechenden Pflanzenteilen gewonnen. Es handelt sich dabei meist um Stoffgemische.
Naturidentische Aromastoffe werden zwar synthetisch hergestellt, kommen jedoch auch in der Natur vor. Ein bekanntes Beispiel ist das Vanillin.
Künstliche Aromastoffe haben keine Entsprechung in der Natur und wurden in Laboratorien entwickelt. Sie sind als Zusätze nur für bestimmte Lebensmittel, wie z. B. Pudding, Kunstspeiseeis oder Zuckerwaren, erlaubt.

V5 Mische in einem Reagenzglas 2,5 ml Essigsäure mit 2 ml Pentan-1-ol. Die Lösung wird mit einigen Tropfen konz. Schwefelsäure versetzt (vom Lehrer). Erhitze im schwach siedendenden Wasserbad. Gieße den Inhalt nach 10 min in stark verdünnte Natronlauge. Prüfe den Geruch und zeichne die Strukturformel.

V6 Mische in einem Reagenzglas etwa 0,5 g Salicylsäure mit 2 ml Methanol, versetze mit 1 ml Schwefelsäure und erhitze. Prüfe den Geruch.

A4 Essigsäurehexylester ist ein Bestandteil des Birnenaromas. Nenne einen dazu isomeren Ester.

A5 Der in V6 gebildete Ester wird häufig als Kaugummiaroma verwendet. Formuliere die Reaktionsgleichung.

14.12 Riesenmoleküle durch Esterbildung

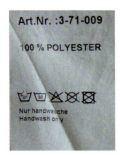

B1 Pflegehinweis für Polyestertextilien

B2 PET-Flaschen (**P**olyester aus **E**than-diol und **T**erephthal-säure)

Alkansäurealkylester erhalten wir durch die Reaktion von Alkansäuren mit Alkanolen. Dabei entsteht aus jeweils einem Molekül mit einer Carboxylgruppe bzw. Hydroxylgruppe ein Estermolekül. Wie reagieren Moleküle, die sowohl Carboxyl- als auch Hydroxylgruppen besitzen?

Polyester. Erwärmt man Milchsäure, eine Hydroxycarbonsäure, längere Zeit, so beobachtet man, dass die eingesetzte Stoffportion zunehmend zähflüssiger wird. Am Ende erhält man ein festes, klebriges Reaktionsprodukt [V1]. Ein Milchsäuremolekül reagiert zunächst mit einem zweiten zu einem Estermolekül. Dieses besitzt noch jeweils eine Carboxylgruppe und eine Hydroxylgruppe. Mit zwei weiteren Milchsäuremolekülen kann das zunächst gebildete Estermolekül zu einem Molekül mit vier Baueinheiten reagieren, die durch drei Estergruppen miteinander verbunden sind. In gleicher Weise reagieren weitere Milchsäuremoleküle unter Abspaltung von Wassermolekülen zu langkettigen Riesenmolekülen [B3]. Solche Moleküle werden als *Makromoleküle* (von griech. makros, groß) bezeichnet.

Kettenförmige Makromoleküle bilden sich auch, wenn Dicarbonsäuren mit Diolen reagieren. An beiden Carboxylgruppen der Säuremoleküle und an beiden Hydroxylgruppen der Alkoholmoleküle bilden sich Estergruppen unter Abspaltung von Wassermolekülen.

Haben die Carbonsäure- oder Alkoholmoleküle mehr als zwei funktionelle Gruppen, so entstehen durch Abspaltung von Wassermolekülen Produkte mit vernetzten Makromolekülen [V2 und V3].

Riesenmoleküle, die aus vielen Baueinheiten bestehen, werden als *Polymere* (von griech. polys, viel) bezeichnet. Polymere, die durch Esterbildung vieler Moleküle hergestellt wurden, heißen Polyester. Die Bildung von Polyestermolekülen durch vielfache Abspaltung von Wassermolekülen zwischen kleinen Molekülen ist eine *Polykondensation*. Polyester zählen zu den Kunststoffen.

Verwendung von Polyestern. Zur Herstellung von Textilfasern werden Dicarbonsäuren und Diole verestert. Handelsnamen für Textilien aus Polyester sind z. B. Trevira und Diolen. Polyestertextilien sind immer mit einem Pflegehinweis versehen.

Aus dem Polyester PET werden leichte und bruchsichere Flaschen hergestellt [B2]. Die Produkte aus vernetzten Polyestermolekülen bezeichnet man nach ihren Eigenschaften als Polyesterharze. Sie sind wichtige Rohstoffe für Lacke und Beschichtungen.

V1 Eine Teelichthülle wird mit Milchsäure gefüllt und 24 Stunden bei einer Temperatur von ca. 200 °C in den Trockenschrank gestellt.

V2 Gib in einem Reagenzglas zu 3,5 g Bernsteinsäure 1 ml Glycerin und erhitze drei Minuten lang mit kleiner Flamme.

V3 Gib in einem Reagenzglas zu 3 g Äpfelsäure 1,4 ml Glycerin. Erhitze das Gemisch, neige dazu das Reagenzglas. Lass nach fünf Minuten abkühlen.

A1 Zeichne einen Ausschnitt aus einem Polyestermolekül, das durch Polykondensation aus Bernsteinsäure (Butandisäure) und Butan-1,4-diol gebildet wird.

A2 Was muss bei der Pflege von Polyestertextilien berücksichtigt werden? Nenne Beispiele für Textilien aus Polyester.

B3 Bildung eines Polyestermoleküls

14.13 Aufbau und Zusammensetzung der Fette

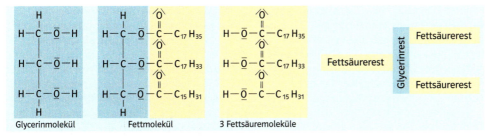

B1 Aufbau eines Fettmoleküls. Rechts: Aufbauschema

Fette kommen in vielen Lebensmitteln tierischer und pflanzlicher Herkunft vor.

Aufbau der Fettmoleküle. Fette lassen sich durch eine Reaktion mit Wasserdampf zerlegen. Dabei entstehen Glycerin (Propantriol) und Fettsäuren. Die Reaktion ist eine Esterspaltung. Fette sind *Fettsäureglycerinester* [B1]. In Fettmolekülen ist ein Glycerinmolekül meist mit zwei oder drei verschiedenen Fettsäuremolekülen verestert.

Fette sind keine Reinstoffe, sondern Gemische verschiedener Glycerinester. Ihre Moleküle enthalten Fettsäurereste, die aus einer geraden Anzahl von Kohlenstoffatomen (meist zwischen 12 und 18) aufgebaut sind. Dabei handelt es sich sowohl um gesättigte Fettsäuren (Alkansäuren mit meist längeren Molekülen) als auch um einfach oder mehrfach ungesättigte Fettsäuren. Die Geradzahligkeit beruht darauf, dass im Stoffwechsel der Lebewesen die Fettsäuremoleküle aus Baueinheiten, die zwei Kohlenstoffatome enthalten, zusammengefügt werden.

Zusammensetzung der Fette. Aus der Zahl der gesättigten und ungesättigten Fettsäuren, ihren Kombinationsmöglichkeiten und dem Mischungsverhältnis der verschiedenen Fettmoleküle ergibt sich eine Vielzahl verschiedener Fette. Daher besitzt jede Pflanzen- oder Tierart bestimmte arteigene Fette. Es ist schwierig, aus einem Fett die verschiedenen Fettsäureglycerinester zu isolieren. Zur Charakterisierung eines Fettes spaltet man es in Glycerin und Fettsäuren und gibt den Massenanteil der einzelnen Fettsäuren an, die bei dieser Reaktion entstehen [B3].

B2 Fettmolekül. Kalottenmodell

A1 Wie viele verschiedene Fettsäureglycerinester können bei der Reaktion von Glycerin mit einem Gemisch aus Palmitin- und Stearinsäure gebildet werden? Zeichne die verschiedenen Möglichkeiten schematisch wie das Aufbauschema in B1.

Fettsäuren	Name Molekülformel	tierische Fette		pflanzliche Fette			
		Butterfett	Schweinefett	Kokosfett	Olivenöl	Sonnenblumenöl	Leinöl
gesättigte	Buttersäure C_3H_7COOH	3	–	–	–	–	–
	Laurinsäure $C_{11}H_{23}COOH$	3	–	48	–	–	–
	Myristinsäure $C_{13}H_{27}COOH$	9	2	15	2	–	–
	Palmitinsäure $C_{15}H_{31}COOH$	24	27	9	15	5	7
	Stearinsäure $C_{17}H_{35}COOH$	13	14	3	2	2	3
ungesättigte	Ölsäure $C_{17}H_{33}COOH$	30	45	6	71	27	18
	Linolsäure $C_{17}H_{31}COOH$	2	8	2	8	65	14
	Linolensäure $C_{17}H_{29}COOH$	1	–	–	–	–	58

B3 Einige Fettsäuren (Durchschnittswerte der Massenanteile in %)

14.14 Eigenschaften der Fette

B1 Fettfleck

Fette werden nach ihrem Aggregatzustand bei Zimmertemperatur in feste, halbfeste und flüssige Fette eingeteilt. Die bei Zimmertemperatur zähflüssigen Fette bezeichnet man auch als fette Öle, um sie eindeutig von den Mineralölen zu unterscheiden, bei denen es sich um Kohlenwasserstoffgemische handelt.

Fettnachweis. Fette verdunsten nur langsam. Sie bilden daher auf saugfähigem Papier bleibende Flecke. Durch eine einfache Fettfleckprobe [V1, B1] können Fette z. B. in Pflanzensamen nachgewiesen werden.

Aggregatzustand der Fette. Die festen Fette erweichen bei Temperaturerhöhung allmählich. Für Fette kann keine bestimmte Schmelztemperatur, sondern nur ein Schmelztemperatur*bereich* angegeben werden. Fette sind keine Reinstoffe, sondern Gemische verschiedener Glycerinester.
Die Eigenschaften eines Fettes werden von der Kettenlänge der Fettsäuremoleküle beeinflusst und davon, ob es überwiegend aus Fettsäureglycerinestern gesättigter oder ungesättigter Fettsäuren besteht. Mit steigender Kettenlänge der Fettsäurereste steigt der Schmelztemperaturbereich. Je mehr Fettsäureglycerinester gesättigter Fettsäuren ein Fett enthält, desto härter ist es. Öle enthalten einen hohen Anteil von Estern der ungesättigten Fettsäuren Öl-, Linol- und Linolensäure.

B2 Flüssiges Fett brennt mit stark rußender Flamme

Brennbarkeit. Flüssiges Fett lässt sich bei Zimmertemperatur nicht mit einem Streichholz entzünden. In einem Docht steigt flüssiges Fett auf, verdampft in der Flamme des Streichholzes und kann dadurch entzündet werden. Fettdampf brennt mit stark rußender Flamme [B2]. Gerät heißes Fett z. B. in einer Pfanne in Brand [B3], darf es zum Löschen keinesfalls mit Wasser übergossen werden. Gibt man Wasser zu heißem oder brennendem Fett, sinkt ein Teil des Wassers wegen der größeren Dichte unter das Fett. Das Wasser verdampft wegen der hohen Temperatur des Fettes schlagartig. Mit dem Wasserdampf wird heißes, brennendes Fett emporgeschleudert, das in der feinen Verteilung besonders heftig mit dem Sauerstoff

B3 Fettbrand

der Luft reagiert. Fettbrände werden durch Abdecken, z. B. mit einem Topfdeckel, gelöscht. Dadurch wird die Luftzufuhr unterbunden.

Löslichkeit. In Wasser sind Fette nicht löslich, da ihre Moleküle keine hydrophilen Gruppen besitzen. Wegen der langen Alkylgruppen ihrer Moleküle sind für Fette nur lipophile Lösungsmittel wie Benzin geeignet [V3]. In Ethanol lösen sie sich nur bei höheren Temperaturen. Zum Entfernen eines Fettflecks benutzt man deshalb Gemische lipophiler Lösungsmittel. Sie werden „Fleckenwasser" genannt. Fleckenpasten enthalten neben dem Lösungsmittel noch ein Bindemittel, z. B. Magnesiumoxid. Es nimmt beim Verdunsten des Lösungsmittels das extrahierte Fett auf und lässt sich ausbürsten. Mischt man ein flüssiges Fett und Wasser durch kräftiges Schütteln, bildet sich eine Emulsion, die sich bald wieder entmischt. Da die Dichte des Fettes kleiner ist als die des Wassers, schwimmt das Fett auf dem Wasser.

V1 Presse Nusskerne, Sonnenblumenkerne oder Mohn zwischen zwei Filterpapieren.

V2 Gib Proben verschiedener Fette (z. B. Butter, Schweineschmalz und Kokosfett) in je ein Reagenzglas. Erwärme die Proben im Wasserbad und ermittle den Schmelztemperaturbereich.

V3 Untersuche die Löslichkeit von Speiseöl und Kokosfett in Benzin, Propanon (Aceton), Wasser und Ethanol. Erwärme die Proben im Wasserbad.

A1 Wovon hängt es ab, ob ein Fett bei Zimmertemperatur fest, halbfest oder flüssig ist. Erläutere mithilfe der Tabelle (Kap. 14.13).

A2 Fleckenpasten werden eingesetzt, um Fettflecken zu entfernen. Worauf beruht ihre Wirkung?

A3 Was geschieht, wenn Fette ranzig werden?

Eigenschaften der Fette

Fettemulsionen. Schüttelt man ein Gemisch aus Speiseöl und Wasser mit etwas Eigelb, dauert der Entmischungsvorgang wesentlich länger als ohne Eigelbzusatz [V4]. Stoffe, die dafür sorgen, dass sich eine Emulsion nicht oder nur sehr langsam entmischt, nennt man **Emulgatoren**.

Milch ist eine Fett-in-Wasser-Emulsion [B5]. Durch enthaltene Eiweißstoffe, welche die kleinen Fetttröpfchen von etwa 0,001 bis 0,01 mm Durchmesser umhüllen, erfolgt eine Entmischung sehr langsam und nur teilweise. Zur Buttergewinnung muss man diese Eiweißumhüllungen durch Schlagen zerstören, sodass die Fetttröpfchen zusammenfließen können. Bei der Mayonnaiseherstellung [B6] werden Speiseöl und Wasser emulgiert, wobei Eigelb als Emulgator dient. In dieser Emulsion liegen sehr kleine Wassertröpfchen im Öl vor. Mayonnaise ist eine Wasser-in-Öl-Emulsion. Weitere Beispiele für diesen Emulsionstyp sind Butter und Margarine. Wird Mayonnaise tiefgekühlt, friert das Wasser aus, die Emulsion entmischt sich. Bei der Herstellung vieler Nahrungsmittel werden Emulgatoren eingesetzt.

Iodzahl. Ungesättigte Fettsäuren und ihre Ester reagieren mit Bromchlorid- oder mit Iodchloridlösung. Dabei werden die Lösungen entfärbt [V5]. Aus dem Volumen der entfärbten Iodchloridlösung wird in der Lebensmittelchemie die Iodzahl bestimmt. Sie gibt an, wie viel Gramm Iod von 100 g Fett gebunden wird. Fette mit einem hohem Anteil an Estern mit ungesättigten Fettsäuren besitzen eine hohe Iodzahl [B4].

Alterung von Fetten. Bei längerem Lagern verderben Fette unter dem Einfluss von Licht, Sauerstoff und Mikroorganismen. Die Fette werden ranzig. Dabei werden sie in Glycerin und Fettsäuren gespalten. Frei werdende Fettsäuren mit kurzkettigen Molekülen, z. B. Buttersäure, verursachen den typischen, unangenehmen Geruch und Geschmack [B7].

	Kokosfett	Olivenöl	Sonnenblumenöl	Leinöl
Schmelztemperaturbereich in °C	23 bis 28	−3 bis 0	−18 bis −11	−20 bis −16
Iodzahl	7	80	130	180

B4 Schmelztemperaturbereiche und Iodzahlen einiger Fette

Als weiterer Schritt erfolgt der Abbau der Fettsäuren, wobei ebenfalls unangenehm riechende und schmeckende Stoffe entstehen. Fette mit einem hohen Anteil an ungesättigten Fettsäureresten verderben besonders schnell.

V4 Schüttle ein Gemisch aus Speiseöl und Wasser kräftig. Beobachte die Entmischung der Emulsion. Setze dem Gemisch etwas Eigelb zu und wiederhole den Versuch.

V5 Man löst je 1 g Kokosfett, Butter, Olivenöl, Sonnenblumenöl und Leinöl in je 10 ml Propan-1-ol. Aus einer Bürette lässt man so lange frisch zubereitete Bromlösung (ca. 1 bis 2 ml Brom in 50 ml Propan-1-ol) zufließen, bis die Bromfarbe etwa 2 Minuten bestehen bleibt (Abzug!). Man vergleicht den Bromverbrauch.

V6 Gib etwas ranzige Butter in heißes Wasser und schüttle. Prüfe mit Universalindikator.

A4 Warum lassen sich für Fette nur Schmelztemperaturbereiche angeben?

A5 Was bedeutet eine große Iodzahl?

A6 Erläutere den Unterschied zwischen einer Öl-in-Wasser-Emulsion und einer Wasser-in-Öl-Emulsion.

A7 Welche beiden Emulsionstypen gibt es? Notiere Beispiele für beide Typen.

B5 Milch unter dem Mikroskop. Tröpfchen von emulgiertem Fett

B6 Herstellung von Mayonnaise

B7 Ranzige Butter riecht nach Buttersäure

14.15 Bedeutung der Fette

Nahrungsmittel	Fettanteil in g/(100 g)	Spezifischer Brennwert in kJ/(100 g)
Erdnüsse	49,4	2450
Kartoffelchips	39,4	2254
Bratwurst	32,4	1433
Vollmilchschokolade	30,0	2200
Edamer (45 % Fett i.Tr.)	28,6	1481
Fleischwurst	27,1	1241
Schmelzkäse (45 % Fett i.Tr.)	23,6	1130
Rührkuchen	22,0	1747
Heringsfilet	15,0	842
Pommes frites	14,5	1105
Kotelett	13,0	808
Eiscreme	10,0	680

B1 Versteckte Fette. Fettanteil und Brennwerte einiger Lebensmittel (Durchschnittswerte)

Für den Körper sind Fette eine wichtige Energiequelle. Sie sind in vielen Nahrungsmitteln enthalten, nicht nur als sichtbares Fett in Butter, Margarine oder Öl, sondern auch als verstecktes Fett, z. B. in Käse, Wurst, Kartoffelchips, Erdnüssen und Schokolade [B1].

Fette als Energiespender. Beim Abbau der Fette wird mehr als doppelt so viel Energie frei wie bei einer Kohlenhydrat- oder Eiweißportion gleicher Masse. Der tägliche Energiebedarf von Erwachsenen und Jugendlichen sollte nur zu etwa 30 bis 35 % durch den Verzehr von Fetten gedeckt werden. Dies entspricht je nach Körpergröße und Belastung einer Aufnahme von ca. 60 bis 80 g Fett pro Tag.
In Deutschland wird aber täglich pro Einwohner etwa das Doppelte des Bedarfs an Fett verzehrt. Der erhöhte Fettverzehr führt zum Aufbau von Reservefett und ist eine Ursache für das Übergewicht vieler Menschen. Viele Krankheiten, z. B. Herzleiden, können als Folge von zu fettreicher Nahrung auftreten.

Weitere Aufgaben von Fetten. Fett stellt für den menschlichen Körper nicht nur ein Energiedepot dar. Es isoliert auch gegen Wärmeverlust und schützt empfindliche Organe vor Stößen.
Obwohl Fette als Energiespender durch Kohlenhydrate ersetzbar sind und auch Körperfett aus Kohlenhydraten aufgebaut werden kann, erkranken Menschen bei einer völlig fettfreien Ernährung. Einige der in den Fetten gebundenen Fettsäuren werden zur Aufrechterhaltung wichtiger Körperfunktionen benötigt, können aber nicht vom menschlichen Stoffwechsel hergestellt werden. Diese essenziellen Fettsäuren müssen mit der Nahrung aufgenommen werden. Zu ihnen gehört die Linolsäure zusammen mit anderen mehrfach ungesättigten Fettsäuren. Der tägliche Bedarf dieser essenziellen Fettsäuren wird mit 10 g angegeben. Es ist deshalb notwendig, dass in der Nahrung Fette vorhanden sind, in denen ein hoher Anteil an Glycerinestern mit essenziellen Fettsäuren vorliegt [B2].

Bestimmte Vitamine können nur zusammen mit Fetten aufgenommen werden, da sie fettlöslich, aber nicht wasserlöslich sind. Dazu gehören die Vitamine E, D, K und A.

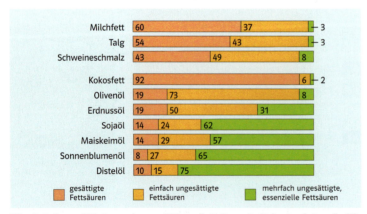

B2 Anteile gesättigter und ungesättigter Fettsäuren in Nahrungsfetten (in %) Oben: Tierische Fette. Unten: Pflanzliche Fette

A1 Nenne möglichst viele Funktionen von Fetten im menschlichen Körper.

A2 Welche Portionen von Erdnüssen, Kartoffelchips bzw. Vollmilchschokolade reichen für den täglichen Energiebedarf aus
a) von weiblichen (10000 kJ),
b) von männlichen (12500 kJ) Jugendlichen.
Berechne mithilfe von B1.

14.16 Gewinnung der Fette

Zur Gewinnung von Fetten pflanzlicher und tierischer Herkunft gibt es verschiedene Verfahren.

Gewinnung der Pflanzenfette. Fetthaltige Samen bzw. Früchte werden nach der Reinigung in Brechern und Walzen zerkleinert, um die Zellen zu öffnen. Pflanzliche Fette und Öle gewinnt man durch folgende Verfahren [B1].

1. Auspressen: Die erste Pressung bei niedrigen Temperaturen (30 bis 40 °C) liefert hochwertige Speiseöle, sie werden als *kaltgepresste Öle* bezeichnet. Durch die schonende Behandlung sind sie reich an Vitaminen. Ein nachfolgender Pressvorgang bei höheren Temperaturen liefert zusätzlich Öl geringerer Qualität, da ein Teil der Vitamine zerstört wird und außerdem störende Geschmacksstoffe in das Öl übergehen.

2. Extrahieren: Z. B. mit Hexan wird das Fett in einer Reihe von Extraktionsgefäßen schrittweise aus der gemahlenen Ölsaat herausgelöst. Nach dem Filtrieren wird das Lösungsmittel abdestilliert [V1].

Raffination. Für die meisten der gewonnenen pflanzlichen Öle ist eine Reinigung, eine Raffination, erforderlich, bevor sie als Speiseöle verwendet werden können. Hierbei werden freie Fettsäuren mit Natronlauge neutralisiert und entfernt. Durch Zugabe von Bleicherde (Aluminium-magnesium-silicat) und anschließende Filtration werden unerwünschte Begleitstoffe entfernt. Mit Wasserdampf wird das Öl von Resten störender Geschmacks- und Geruchsstoffe befreit.

Fetthärtung. Ein Teil der gewonnenen Öle wird gehärtet. Dazu werden die Öle, die einen hohen Anteil an Glycerinestern ungesättigter Fettsäuren enthalten, unter dem Einfluss eines Katalysators mit Wasserstoff umgesetzt (hydriert). Dabei werden die ungesättigten Fettsäuren in gesättigte umgewandelt. Der Anteil essenzieller Fettsäuren in einem Öl bzw. Fett sinkt dadurch, aber es entstehen festere („härtere") bzw. streichfähigere Fette. Für diese ist der Bedarf größer als das Angebot.

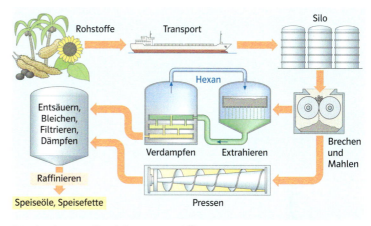

B1 Gewinnung pflanzlicher Fette und Öle in schematischer Darstellung

Tierische Fette. Schweineschmalz und Rindertalg werden vorwiegend durch Ausschmelzen (Auslassen) gewonnen. Butter erhält man aus Rahm durch Schlagen. Dies führt zu einem Zusammenklumpen der Fettkügelchen.

V1 Ölhaltige Samen werden zerkleinert und mit Heptan in einem Rundkolben am Rückflusskühler gekocht. Nach 5 bis 10 Minuten wird das Gemisch filtriert. Aus dem Filtrat wird Heptan abdestilliert. Mit dem zurückbleibenden Öl macht man die Fettfleckprobe. (Schutzbrille!)

A1 Nenne Früchte und Samen, aus denen sich pflanzliche Fette herstellen lassen.

A2 Formuliere am Beispiel eines Moleküls eines flüssigen Fetts die Reaktion, die bei der Fetthärtung abläuft.

A3 Auf manchen Margarinepackungen ist zu lesen, dass die Margarine essenzielle Fettsäuren enthalte. Ist diese Aussage ganz korrekt?

Olio ExtraVergine di oliva

Kaltgepresst von frischen Oliven.
Reich an Geschmack, eine ideale Vervollständigung der feinen Küche.
Unter +6 °C gefriert Olivenöl teilweise und wird flockig ohne Qualitätsbeeinflussung. Bei Zimmertemperatur und durch Schütteln wird das Olivenöl wieder klar.

Carbonsäuren und Ester

14.17 Exkurs Margarineherstellung

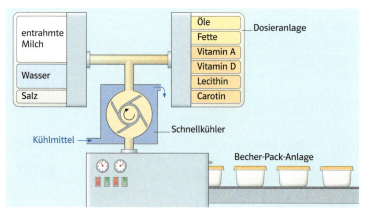

B1 Schema der technischen Herstellung von Margarine. Das Produkt ist keimfrei und lange haltbar

Herstellung der Margarine. Zu den wichtigsten Rohstoffen der Margarine zählen folgende pflanzliche Öle/Fette: Sojaöl, Sonnenblumenöl, Erdnussöl, Baumwollsaatöl, Palmöl, Rapsöl, Kokosfett und Palmkernfett. Die ausgewählten Fette und Öle werden in einem bestimmten Mischungsverhältnis unter leichtem Erwärmen zusammengegeben. Emulgatoren und fettlösliche Vitamine werden zugefügt.
Dieses Fettgemisch einerseits und Wasser, Kochsalz, entrahmte Milch oder Sauermilch andererseits werden im Mischungsverhältnis 4:1 in einen Schnellkühler gegeben [B1].

Die Mischung erfolgt unter Luftabschluss. Unter dem Einfluss von Emulgatoren (z. B. Lecithin) entsteht in wenigen Minuten unter ständigem Rühren und Kneten eine stabile Emulsion. Mit automatischen Packmaschinen wird die Margarine in Becher abgefüllt. Der Fettgehalt der fertigen Margarine entspricht einem Massenanteil von 80%. Die restlichen 20% entfallen auf Wasser und Zusatzstoffe. Halbfettmargarine hat einen Fettgehalt von nur 40% und kann als diätetisches Lebensmittel eingesetzt werden. Die gelbe Farbe der Margarine rührt von dem Farbstoff Carotin her, der z. B. im Palmöl enthalten ist, aber auch zugesetzt werden kann. Wegen des hohen Anteils an Fettsäureglycerinestern essenzieller Fettsäuren und der Vitaminzusätze ist Margarine ein vollwertiges Speisefett.

Zur Geschichte der Margarine. In den Jahrhunderten vor der Industrialisierung wurden zur Fettversorgung vor allem Schlachtfette wie Speck, Schmalz und Rindertalg und die aus Milchrahm gewonnene Butter verwendet. Durch die Zunahme der Bevölkerungszahl wurde die Fettversorgung immer schwieriger. Vor allem nahm die Nachfrage nach Streichfetten zu. Fett wurde Mangelware und für einen großen Teil der Bevölkerung unerschwinglich.
Der französische Kaiser NAPOLEON III. beauftragte 1869 den Wissenschaftler HIPPOLYTE MÈGE-MOURIÈS, nach einem preiswerten, streichfähigen und haltbaren Nahrungsfett als Ersatz für die teure Butter zu suchen. Der Forscher beobachtete, dass Kühe selbst dann noch Milch und Milchfett erzeugen, wenn sie tagelang kein Futter erhalten. Er folgerte, dass das Milchfett aus dem Reservefett der Tiere, dem Rindertalg, stammte; er schmolz aus diesem das reine Fett heraus, presste daraus die weichen, öligen Bestandteile aus und „verbutterte" sie mit Magermilch. Das Produkt war ein streichbares und haltbares Speisefett von gutem Geschmack. Wegen seines perligen Schimmers wurde dieses Streichfett „Margarine" (von griech. margaron, Perle) genannt.

Praktikum Rezept zur Herstellung von Margarine

Zutaten und Geräte: 15 g Kokosfett, 1 Esslöffel Olivenöl, 1 Teelöffel fettarme Milch, 1 Teelöffel Eigelb, 1 Prise Salz, 1 Becherglas, 1 Schüssel mit eisgekühltem Wasser.
Durchführung: Erwärme im Becherglas das Kokosfett über kleiner Flamme, bis es geschmolzen ist. Lösche die Flamme und gib unter Rühren das Olivenöl zu. Stelle das Becherglas in das Eiswasser und füge unter ständigem Rühren Milch und Eigelb zu und je nach Geschmack eine Prise Salz. Rühre kräftig, bis die Masse steif ist. Prüfe Streichfähigkeit und Geschmack auf einer Brötchenhälfte. Das Produkt ist nicht steril und muss bald verzehrt werden.

14.18 Durchblick Zusammenfassung und Übung

Alkansäuren
Stoffe, deren Moleküle eine Carboxylgruppe tragen, zählt man zu den **Carbonsäuren**. Befindet sich die Carboxylgruppe an einer Alkylgruppe, nennt man die entsprechenden Stoffe Alkansäuren.

Essigsäure (Ethansäure)
Essigsäure entsteht durch Oxidation von Ethanol. Die Reaktion wird durch die Enzyme in Essigsäurebakterien katalysiert.

$$H-\underset{H}{\overset{H}{C}}-\underset{H}{\overset{H}{C}}-\bar{O}-H + O_2 \xrightarrow{Enzyme} H_3C-C\underset{\bar{O}-H}{\overset{\bar{O}|}{\diagup\!\!\!\diagdown}} + H_2O$$

Die funktionelle Gruppe des Essigsäuremoleküls ist die **Carboxylgruppe –COOH**. Sie bestimmt im Wesentlichen die Eigenschaften und das Reaktionsverhalten.
Die hohe Siede- und Schmelztemperatur ist auf die **starke Polarität der Carboxylgruppe** zurückzuführen. Je zwei Essigsäuremoleküle können durch zwei **Wasserstoffbrücken** miteinander verknüpft sein.

$$H_3C-C\underset{\bar{O}-H\cdots|\bar{O}}{\overset{\bar{O}|\cdots H-\bar{O}}{\diagup\!\!\!\diagdown}}C-CH_3$$

Essig
Essig ist eine wässrige Lösung von Essigsäure. Die Lösung ist sauer, da je ein Essigsäuremolekül ein Proton von der OH-Gruppe der Carboxylgruppe abspalten und auf ein Wassermolekül übertragen kann. Dabei entstehen das Acetation (Ethanoation) und ein Oxoniumion.

$$H_3C-C\underset{\bar{O}-H}{\overset{\bar{O}|}{\diagup\!\!\!\diagdown}} + H_2O \longrightarrow H_3C-C\underset{\bar{O}|^-}{\overset{\bar{O}|}{\diagup\!\!\!\diagdown}} + H_3O^+$$

Auf der sauren Eigenschaft von Essig beruht seine Verwendung als **Konservierungs-** und **Würzmittel**. Die verschiedenen Essigsorten werden aus unterschiedlichen alkoholischen Lösungen (z. B. Wein) hergestellt.

Essigsäurelösungen reagieren, wie andere saure Lösungen auch, mit Kalk zu wasserlöslichen Produkten. Dies nutzt man z. B. in „**Essigreinigern**" zum Entfernen von Kalkflecken. Da Essigsäure mit Rost wasserlösliche Salze bildet, kann Essig auch zur **Rostentfernung** benutzt werden.

Ester
Ester entstehen bei der Reaktion von Säuren mit Alkoholen durch Abspaltung von Wasser. Für die Bildung von Carbonsäureestern gilt allgemein:

$$R_1-C\underset{\overset{|}{H}}{\overset{\overset{\frown}{O}}{\diagup\!\!\!\diagdown}}\bar{O} + \bar{O}-R_2 \longrightarrow R_1-C\overset{\overset{\frown}{O}}{\diagup\!\!\!\diagdown}\bar{O}-R_2 + H_2O$$
$$\qquad\qquad\qquad H\quad\qquad\qquad\qquad\quad Ester$$

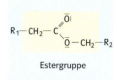

Estergruppe

Ester sind lipophile Stoffe. Die Siedetemperaturen sind niedriger als die der Ausgangsstoffe, da Estermoleküle keine Hydroxylgruppen besitzen und damit keine Wasserstoffbrücken als zwischenmolekulare Wechselwirkungen möglich sind.
Ester sind wichtige Lösungsmittel für lipophile Stoffe.
Ester mit kurzen Alkylgruppen riechen angenehm, sie sind Bestandteile von Aromen.

Benennung eines Esters
An den Namen der Carbonsäure wird der des Alkylrestes des Alkohols und schließlich die Endung „-ester" angehängt.

Polyester
Durch Wasserabspaltung aus Hydroxycarbonsäuren oder aus Dicarbonsäuren und Diolen entstehen Polyester.
Aus Polyestern werden wichtige Textilfasern hergestellt. Weit verbreitet sind auch Flaschen für Erfrischungsgetränke aus Polyester (PET).

Ein **bifunktionelles Molekül** ist ein Molekül mit zwei funktionellen Gruppen.

Polykondensation
Durch vielfache Abspaltung von Wassermolekülen bilden sich aus kleineren bifunktionellen Molekülen **Makromoleküle**.

Carbonsäuren und Ester

Durchblick Zusammenfassung und Übung

„Immerwährender Essigkrug" der Landleute in einigen Gegenden Deutschlands

Man hat zwei beliebig große Gefäße, von Holz oder nicht mit Blei glasiertem Steinzeug (A und B), die leicht zugedeckt werden. Diese Gläser sind mit einem Hahn zum Abziehen versehen und werden an einen mäßig warmen Ort, z. B. in die Nähe eines geheizten Ofens, gestellt.

Gefäß A wird mit starkem fertigen Essig vollgefüllt. In Gefäß B gießt man ebenfalls fertigen Essig, macht dasselbe aber nicht voll damit.

Gebraucht man Essig, so zieht man ihn vom Gefäß B ab, und gießt wieder eben so viel von Gefäß A in Gefäß B. Im Gefäß A aber ersetzt man das Weggenommene durch essiggebende Flüssigkeit, z. B. Überreste von Wein, Bier, Branntwein, Obst oder eine Mischung von 1 Teil Weingeist und 12 Teilen Wasser. Auf diese Art kann man Jahre, ja Jahrhunderte lang in diesen Gefäßen Essig erzeugen.

(Text von 1863)

B1 Zu Aufgabe 5

A1 Essig erhält man beispielsweise, wenn man Wein an der Luft stehen lässt. Um die Entstehung von Essig aus alkoholischen Lösungen zu beschleunigen, wurden diese in früherer Zeit in flache Pfannen mit großem Durchmesser gegeben.
a) Erkläre, warum diese Vorgehensweise zur Beschleunigung der Essigbildung führte.
b) Wodurch wird bei heutigen Verfahren zur Essigherstellung die Essigbildung beschleunigt?

A2 Wie viel Essigessenz mit einem Massenanteil w(Essigsäure) = 25 % benötigt man, um sich damit z. B. einen Liter Kräuteressig mit w(Essigsäure) = 5 % herzustellen?

B2 Zu Aufgabe 7

A3 Welche Sicherheitsvorschriften sind bei der Verwendung von methansäurehaltigen Kalklösern zu beachten?

A4 Warum hat Essigsäure eine höhere Siedetemperatur als Ethanol?

A5 Im Jahre 1863 wurde ein „Immerwährender Essigkrug" beschrieben [B1], der in einigen Gegenden Deutschlands in Gebrauch war. Erläutere die Funktionsweise.

A6 Ester lassen sich durch Natronlauge spalten. Welche Produkte erhält man bei der Reaktion des Essigsäureethylesters mit Natronlauge? Formuliere die Reaktionsgleichung.

A7 Nachwachsende Rohstoffe gewinnen in der Energiewirtschaft und der chemischen Industrie immer mehr an Bedeutung. So lassen sich z. B. aus Rapsöl Fettsäuremethylester herstellen, durch die Dieselkraftstoff teilweise ersetzt werden kann. Fettsäuren, die aus Ölen und Fetten durch Hydrolyse entstehen, können zu Fettalkoholen reduziert werden, die z. B. als Rohstoffe für die Herstellung von Waschmitteln und Lacken sowie in der Textil-, Papier- und Lederindustrie Verwendung finden.
a) Begründe die zunehmende Nutzung nachwachsender Rohstoffe. Berücksichtige auch Aspekte wie Umwelt- und Klimaschutz sowie die wirtschaftliche Lage der Landwirtschaft.
b) Formuliere die Reaktionsgleichungen für die Reduktion einer Fettsäure zu einem Fettalkohol.

A8 Das Reaktionsprodukt aus Salicylsäure (Kap. 14.11) und Essigsäure ist unter der Bezeichnung „Acetylsalicylsäure" (Aspirin®, ASS) als wirksame Substanz in Schmerztabletten enthalten.
a) Formuliere die Reaktionsgleichung für die Herstellung dieses Stoffes mit Strukturformeln und gib an, zu welcher Stoffgruppe er gehört.
b) Bei längerer, unsachgemäßer Lagerung solcher Tabletten riechen sie nach Essig. Erkläre.

15 Anorganische Kohlenstoffverbindungen und Kohlenstoffkreislauf

Das Element Kohlenstoff nimmt wegen der Vielfalt seiner Verbindungen eine Sonderstellung unter den chemischen Elementen ein. Die meisten Kohlenstoffverbindungen gehören zur organischen Chemie.

■ Die weitaus größte Menge des Kohlenstoffs ist jedoch in einer einzigen Verbindung, in Calciumcarbonat („Kalk") enthalten. Kalkstein ist in der Natur weit verbreitet.

■ Calciumcarbonat, ein Salz der Kohlensäure, ist in Wasser nahezu unlöslich. Wie ist es möglich, dass dort, wo Kalkstein den Untergrund bildet, große Höhlen entstehen konnten?

■ Die Salze der Kohlensäure zählt man zur anorganischen Chemie. Bei den chemischen Reaktionen der Kohlensäure und ihrer Salze spielt Kohlenstoffdioxid eine bedeutende Rolle.

■ Wir erfahren in diesem Kapitel auch, wie der Gehalt des Kohlenstoffdioxids in der Luft mit einem globalen Kreislauf, dem Kohlenstoffkreislauf zusammenhängt.

15.1 Kohlenstoffoxide und Kohlensäure

	Kohlenstoffdioxid	Kohlenstoffmonooxid
Farbe, Geruch	farb-, geruchlos	farb-, geruchlos
Dichte bei 20 °C	1,83 g/l	1,16 g/l
molare Masse	44,0 g/mol	28,0 g/mol
Schmelztemperatur		−204 °C
Siedetemperatur		−192 °C
Sublimationstemperatur	−78 °C	
Löslichkeit in Wasser (20 °C) (0 °C)	880 ml/l 1710 ml/l	23 ml/l 33 ml/l

B1 Eigenschaften von Kohlenstoffdioxid und Kohlenstoffmonooxid

Hämoglobin ist der rote Blutfarbstoff

Bei der Verbrennung von Kohlenstoff oder Kohlenstoffverbindungen kann neben Kohlenstoffdioxid auch **Kohlenstoffmonooxid** entstehen. Die beiden Oxide unterscheiden sich in ihren Eigenschaften deutlich voneinander (Kap. 4.7 und B1). Im Gegensatz zum Kohlenstoffdioxid ist Kohlenstoffmonooxid äußerst giftig. Ein bedeutender Unterschied besteht im Verhalten gegenüber Wasser. Kohlenstoffdioxid löst sich gut in Wasser und reagiert mit diesem zu einem geringen Teil zu Kohlensäure, deren Salze ganze Gebirge bilden.

Exkurs Entkoffeinierung von Rohkaffee mit Kohlenstoffdioxid

Die grünen Kaffeebohnen werden zunächst mit Wasserdampf auf einen höheren Wassergehalt gebracht. Durch Extraktion mit wassergesättigtem Kohlenstoffdioxid wird die Löslichkeit des Coffeins erhöht und das pflanzliche Gewebe kann im gequollenen Zustand besser von Kohlenstoffdioxid durchdrungen werden. Die Extraktion erfolgt oberhalb von 40 °C und 120 000 hPa. Das gelöste Coffein wird im Abscheider an Aktivkohle adsorbiert. Kohlenstoffdioxid wird so lange im Kreislauf geführt, bis der Rohkaffee einen Rest von weniger als 0,1 % Coffein aufweist. Die Aromastoffe bleiben bei diesem Verfahren im Rohkaffee. Nach der Entnahme werden die grünen Kaffeebohnen getrocknet und in üblicher Weise geröstet.

Kohlenstoffdioxid, Vorkommen und Verwendung. Das Gas entsteht bei der Verbrennung von organischen Brennstoffen. Auch bei der Atmung [V1], Gärung und Zersetzung abgestorbener Organismen wird Kohlenstoffdioxid gebildet. Es ist Bestandteil von vulkanischen Gasen und von Erdgas. Der Volumenanteil von Kohlenstoffdioxid in der Atmosphäre beträgt 0,038 %, in der ausgeatmeten Luft 4 bis 5 %. Pflanzen benötigen zur Fotosynthese Kohlenstoffdioxid.

Hohe Volumenanteile des Gases können in Bergwerken und Höhlen sowie in Gärkellern und Futtersilos auftreten. Kohlenstoffdioxid wird hauptsächlich als Getränkezusatz und im festen Zustand („Trockeneis") als Kühlmittel verwendet.

Ein weiterer Anwendungsbereich ist der Einsatz des Kohlenstoffdioxids in Hochdruckextraktionsverfahren als schonendes Lösungsmittel für empfindliche Naturstoffe (Exkurs). Dabei liegt bei sehr hohem Druck Kohlenstoffdioxid als Gas mit hoher Dichte vor, in dem ähnlich geringe Abstände zwischen den Molekülen vorliegen wie bei herkömmlichen Lösungsmitteln.

Kohlenstoffmonooxid. Leitet man Kohlenstoffdioxid bei hohen Temperaturen über Kohlenstoff, so entsteht Kohlenstoffmonooxid.

$$C + CO_2 \longrightarrow 2\,CO$$

Bei unvollständiger Verbrennung von Kohle, Erdölprodukten und Erdgas bildet sich Kohlenstoffmonooxid, indem überschüssiger Kohlenstoff mit Kohlenstoffdioxid reagiert. Dadurch gelangen beträchtliche Mengen Kohlenstoffmonooxid in die Atmosphäre. Die Verbesserung der Verbrennungsprozesse und der Einsatz von Abgaskatalysatoren haben zu einer Verringerung der Abgabe dieses Schadstoffs geführt.

Die Giftigkeit des Kohlenstoffmonooxids beruht auf der Reaktion dieses Gases mit *Hämoglobin*. Dadurch wird der Sauerstofftransport im Blut blockiert. Kohlenstoffmonooxid ist auch Bestandteil des Zigarettenrauchs.

Kohlenstoffoxide und Kohlensäure

Kohlensäure. Leitet man Kohlenstoffdioxid in Wasser ein, so entsteht eine schwach saure Lösung [V2]. Aus diesem Grund wird Kohlenstoffdioxid oft auch fälschlich als *Kohlensäure* bezeichnet. Diese entsteht allerdings erst durch die Reaktion des Kohlenstoffdioxids mit Wasser:

$$CO_2 + H_2O \longrightarrow H_2CO_3$$

Die Kohlensäuremoleküle reagieren mit weiteren Wassermolekülen. Dabei entstehen Hydrogencarbonat- und Oxoniumionen:

$$H_2CO_3 + H_2O \longrightarrow HCO_3^- + H_3O^+$$

Auch die Hydrogencarbonationen können mit Wassermolekülen reagieren, dabei entstehen Carbonat- und Oxoniumionen:

$$HCO_3^- + H_2O \longrightarrow CO_3^{2-} + H_3O^+$$

Von der Kohlensäure gibt es also zwei Arten von Anionen, die **Hydrogencarbonationen** und die **Carbonationen**.

Kohlensäure ist eine unbeständige Säure.

Von den Molekülen des gelösten Kohlenstoffdioxids reagieren nur etwa 0,1 % mit Wassermolekülen. Die Bildung von Kohlensäuremolekülen ist eine *unvollständig ablaufende Reaktion*. Auch die Folgereaktionen verlaufen unvollständig.
Öffnet man eine Flasche, die Sprudel enthält, so entweicht Kohlenstoffdioxid. Bei längerem Stehen oder Erwärmen [V3] verliert der Sprudel durch Abgabe von Kohlenstoffdioxid auch seine saure Eigenschaft [B4]. Nimmt der Anteil der Kohlenstoffdioxidmoleküle in der Lösung ab, so wird auch der Anteil der Kohlensäuremoleküle kleiner. Sie zerfallen wieder in die Moleküle, aus denen sie entstanden sind. Die Bildung der Kohlensäure ist nicht nur eine *unvollständig ablaufende*, sondern auch eine *umkehrbare Reaktion*. Kohlensäure als Reinstoff ist nur bei völliger Abwesenheit von Wasser stabil.
Die Löslichkeit von Kohlenstoffdioxid ist außer von der Temperatur auch vom Druck abhängig [V4, B3]. Zur Herstellung von Sprudel wird Kohlenstoffdioxid deshalb unter Druck in Mineralwasser gepresst.

Kohlensäure in unserer Umwelt. An Orten, wo Kohlenstoffdioxid vulkanischen Ursprungs vorkommt, führen Quellen kohlenstoffdioxidreiches Wasser. Sie werden als Säuerlinge bezeichnet. Die Säure entsteht in der Natur auch, indem Regenwasser aus der Luft Kohlenstoffdioxid aufnimmt. Durch die saure Lösung werden Korrosionsvorgänge, wie z. B. das Rosten von Eisen, beschleunigt.

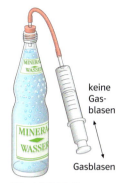

B3 Löslichkeit von Kohlenstoffdioxid unter Druck

V1 Blase mit einem Trinkhalm vorsichtig Atemluft durch Kalkwasser.

V2 Leite Kohlenstoffdioxid längere Zeit durch kaltes, mit Universalindikator versetztes Wasser.

V3 Fülle etwas Sprudelwasser und Universalindikatorlösung in ein Reagenzglas, dem dann ein Stopfen mit Gasableitungsrohr aufgesetzt wird. Erhitze bis zum Sieden und leite das Gas in Kalkwasser.

V4 Öffne und schließe eine Sprudelflasche und beobachte die Gasblasen. Verbinde die Flaschenöffnung mit einem Kolbenprober. Erhöhe bzw. verringere den Druck in der Flasche durch Bewegung des Kolbens [B3].

A1 Formuliere die Reaktionsgleichungen für die Reaktionen, die nach dem Einleiten von Kohlenstoffdioxid in Wasser ablaufen.

B2 Mineralwasser mit Kohlensäure

B4 Sprudel ist nach dem Erhitzen nicht mehr sauer

15.2 Carbonate und Hydrogencarbonate

Name	Formel	Verwendung
Natriumcarbonat (Soda)	$Na_2CO_3 \cdot 10\, H_2O$	bei der Herstellung von Glas, Seife, Waschmitteln und Farbstoffen
Natriumhydrogencarbonat (Natron)	$NaHCO_3$	bei der Herstellung von Brause- und Backpulver; in Feuerlöschern; als Mittel gegen Sodbrennen
Kaliumcarbonat (Pottasche)	K_2CO_3	bei der Herstellung von Kaliseifen (Schmierseifen) und Glas
Calciumcarbonat (Kalk)	$CaCO_3$	als Baustein und Schotter; bei der Herstellung von Zement, Branntkalk, Löschkalk und Düngemitteln

B1 Wichtige Carbonate und Hydrogencarbonate

Kohlensäure bildet zwei Reihen von Salzen.
Lösungen der Kohlensäure enthalten zwei verschiedene Sorten von Anionen, die Hydrogencarbonat- und die Carbonationen. Dementsprechend gibt es zwei Reihen von Salzen: Die **Hydrogencarbonate** mit den HCO_3^--Ionen und die **Carbonate** mit den CO_3^{2-}-Ionen. Zur Herstellung dieser Salze geht man von Hydroxidlösungen aus, in die Kohlenstoffdioxid geleitet wird. Verwendet man Natronlauge, so entsteht eine Natriumcarbonatlösung. Nach dem Eindampfen bleibt **Natriumcarbonat**, Soda, als weißer Feststoff zurück.

$$2\, Na^+ + 2\, OH^- + CO_2 \longrightarrow 2\, Na^+ + CO_3^{2-} + H_2O$$

B2 Kalksteinbruch

Natriumcarbonatlösung reagiert bei weiterem Einleiten von Kohlenstoffdioxid zu **Natriumhydrogencarbonat**, das als kristallines, weißes Reaktionsprodukt ausfällt.

$$2\, Na^+ + CO_3^{2-} + CO_2 + H_2O \longrightarrow 2\, NaHCO_3$$

Kohlenstoffdioxid wird mit Kalkwasser nachgewiesen, dabei entsteht schwer lösliches **Calciumcarbonat** als weißer Niederschlag.

$$Ca^{2+} + 2\, OH^- + CO_2 \longrightarrow CaCO_3 + H_2O$$

Nach längerem Einleiten von Kohlenstoffdioxid löst sich dieser Niederschlag durch die Bildung von hydratisierten Calcium- und Hydrogencarbonationen wieder auf.

$$CaCO_3 + CO_2 + H_2O \longrightarrow Ca^{2+} + 2\, HCO_3^-$$

Mit Ausnahme der Alkalimetallcarbonate sind Carbonate in Wasser schwer löslich [V1].

Vorkommen der Carbonate und Hydrogencarbonate. Diese Verbindungen sind in der Natur in großen Mengen anzutreffen. *Kalkstein* (der im Wesentlichen aus Calciumcarbonat besteht) und *Dolomit* (vor allem aus dem Doppelsalz Calcium-magnesium-carbonat, $MgCa(CO_3)_2$ zusammengesetzt) bilden ganze Gebirgsmassive, wie z. B. die Kalkalpen. Auch Kreide-Kalk, Jura-Kalk (Schwäbische Alb), Muschelkalk und *Travertin* bestehen zum größten Teil aus Calciumcarbonat. *Kalkspat* (Calcit), dessen Kristalle durch ihre Doppelbrechung des Lichts bekannt sind, ist ganz reines Calciumcarbonat. *Marmor* und *Tropfstein* sind ebenfalls fast reines Calciumcarbonat.

Soda (Natriumcarbonat) und Natron (Natriumhydrogencarbonat) kommen in den Salzseen und Salzpfannen vieler Trockengebiete vor und werden dort bei anhaltender Trockenheit ausgeschieden [B3], z. B. in Ägypten (Natrontal), Ostafrika, USA (Nevada) und Mexiko. Eisenspat (Eisencarbonat, $FeCO_3$), Manganspat (Mangancarbonat $MnCO_3$) und Zinkspat (Zinkcarbonat, $ZnCO_3$) sind wichtige Erze.

Wichtige Carbonate und Hydrogencarbonate. Neben Kalk ist Soda das von der Menge her wichtigste Carbonat [B1]. Bis ca. Mitte des 19. Jahrhunderts wurde sie aus bestimmten

Salzseen gewonnen. Heute wird Soda in einem technischen Prozess hergestellt. Natriumcarbonat kommt wasserfrei oder als Salzhydrat, NaCO₃ · 10 H₂O, Kristallsoda, in den Handel. Kaliumcarbonat findet ähnliche Verwendung wie Soda. Es wird auch als Pottasche bezeichnet, da man es früher in großen Töpfen (Pötten) aus Holzasche [V3] durch Auslaugen (Herauslösen) gewonnen hat.

Reaktion mit sauren Lösungen. Durch saure Lösungen werden Carbonate und Hydrogencarbonate zersetzt, dabei entweicht Kohlenstoffdioxid [V2]. Wegen der leicht wahrnehmbaren Entwicklung des Gases (Aufschäumen) dient diese Reaktion als *Nachweis für Kalkstein* und andere Carbonate [V2b]:

$CaCO_3 + 2\,H_3O^+ \longrightarrow Ca^{2+} + 3\,H_2O + CO_2$

Die Eigenschaft der Carbonate und Hydrogencarbonate, mit sauren Lösungen zu reagieren, macht man sich häufig zunutze. So verwendete man früher Natron (Natriumhydrogencarbonat) gegen Sodbrennen (Überschuss an Salzsäure im Magen). Auch beim *Entkalken* von Geräten und Töpfen spielt diese Reaktion eine Rolle. Natriumhydrogencarbonat verwendet man zur Herstellung von *Back-* und *Brausepulver* [B4]. Sie enthalten Gemische aus Natron und festen Säuren. Da sich erst mit Wasser Oxoniumionen bilden, sind die trockenen Gemische beständig.
In Feuerlöschern findet Natriumhydrogencarbonat Verwendung. Das entstehende Kohlenstoffdioxid ist beim *Schaumlöscher* (*Nasslöscher*) Treibgas und Löschmittel zugleich (Kap. 4.11).

Reaktionen beim Erwärmen. Da die Hydrogencarbonate schon bei mäßigem Erhitzen unter Freisetzung von Kohlenstoffdioxid zerfallen, verwendet man Natriumhydrogencarbonat auch in *Pulverlöschern* (*Trockenlöschern*) [V4]. Das in die Flammen geblasene Natron bildet bei den herrschenden Temperaturen Kohlenstoffdioxid, das die Flamme erstickt.

$2\,NaHCO_3 \longrightarrow Na_2CO_3 + H_2O + CO_2$

Ammoniumhydrogencarbonat ist ein Bestandteil des *„Hirschhornsalzes"*, das beim Backen als Treibmittel zur Lockerung des Teigs verwendet wird, da es ausschließlich in gasförmige Produkte zerfällt.

B4 Natriumhydrogencarbonat im Haushalt

V1 Gieße verdünnte Calcium- bzw. Magnesiumchloridlösung und Natriumcarbonatlösung zusammen.

V2 a) Gib zu wässriger Natriumcarbonat- bzw. Natriumhydrogencarbonatlösung etwas verdünnte Salzsäure. Prüfe das entstehende Gas mit Kalkwasser.
b) Tropfe verdünnte Salzsäure auf Kalkstein, ein Schneckenhaus, eine Muschelschale, Eierschalen und auf verschiedene Gesteins- und Bodenproben.

V3 Gib etwas Holzasche in ein Reagenzglas, versetze mit einigen Tropfen verdünnter Salzsäure und halte einen Tropfen Kalkwasser an einem Glasstab über das Gemisch.

V4 Erhitze Natriumhydrogencarbonat in einem Reagenzglas. Leite das entstehende Gas in ein Becherglas, in dem eine brennende Kerze steht.

A1 Stelle Reaktionsgleichungen auf:
a) Die wässrigen Lösungen von Calciumchlorid und Natriumcarbonat reagieren miteinander.
b) Natriumhydrogencarbonat reagiert mit Salzsäure.
c) Natriumcarbonat reagiert mit Salzsäure.

A2 Was lässt sich beobachten, wenn Sodalösung mit Kalkwasser versetzt wird? Begründe!

B3 Natronsee in Ostafrika

15.3 Praktikum Untersuchung Brausepulver und Backpulver

Brausepulver. Brausepulver prickelt auf der Zunge und schmeckt sauer und süß zugleich. Eine solche Kombination dürfte vermutlich von mehreren Stoffen, einem Stoffgemisch, herrühren. Brausepulver kann man selbst herstellen. Dazu benötigt man Citronensäure oder Weinsäure, Natron und Zucker. Zucker erhält man in jedem Lebensmittelgeschäft, die restlichen Zutaten in einer Drogerie oder Apotheke. Da es sich um Lebensmittel oder Lebensmittelzusatzstoffe handelt, dürfen mit ihnen auch Geschmacksproben durchgeführt werden. Werden die Versuche im Unterricht durchgeführt, müssen alle Geräte und Materialien vollständig sauber sein, es dürfen sich keine Chemikalienreste auf dem Experimentiertisch befinden. Zur Sicherheit kann man den Experimentiertisch auch mit Zeitungspapier abdecken.
Zwei Stoffe des Brausepulvergemisches kommen auch in anderen Stoffgemischen des Alltags vor. Die Durchführung der folgenden Versuche lässt auch deren Zusammensetzung verstehen.

V1 Untersuchung von Brausepulver
Geräte und Materialien: 1 Blatt glattes Papier, Zahnstocher, Lupe, Glasstab, Papierhandtuch, Brausepulver.
Durchführung und Aufgaben: Gib etwas Brausepulver auf das Papier und sortiere mit dem Zahnstocher die Bestandteile. Betrachte diese unter der Lupe. Tupfe von einem Bestandteil mit dem angefeuchteten Glasstab eine Probe auf und nimm sie mit der Zungenspitze auf. Führe diese Geschmacksprobe auch mit den übrigen Bestandteilen durch. Der Glasstab wird nach jeder Probe abgespült. Wie viele Stoffe lassen sich erkennen? Beschreibe ihr Aussehen und ihren Geschmack.

V2 Aussehen und Geschmack der einzelnen Bestandteile des Brausepulvers
Geräte und Materialien: 1 Blatt schwarzes Papier, Lupe, Glasstab, Papierhandtuch, Citronen- oder Weinsäure, Natron, Zucker.
Durchführung und Aufgaben: Gib auf das Papier jeweils eine sehr kleine Portion Säure, Natron und Zucker. Betrachte die Stoffe unter der Lupe. Führe mit den Stoffen die Geschmacksproben wie in V 1 durch. Beschreibe Aussehen und Geschmack der Stoffe.

V3 Zusammenwirken der einzelnen Stoffe des Brausepulvers
Geräte und Materialien: 3 Bechergläser (100 ml), Spatel, Glasstab, Citronen- oder Weinsäure, Natron, Zucker.
Durchführung und Aufgaben: Fülle jedes der drei Bechergläser bis zur Hälfte mit Leitungswasser. Gib jeweils eine Zweierkombination der oben genannten Stoffe in eines der drei Bechergläser. Rühre jeweils kurz um. Beschreibe deine Beobachtungen und beantworte die folgenden Fragen:
a) Wie kommt das „Prickeln" zustande, wenn Brausepulver in Wasser geschüttet wird?
b) Welche Reaktion führt zur Bildung des Gases?

V4 Mischen eines schmackhaften Brausepulvers
Geräte und Materialien: 3 Bechergläser (100 ml), 3 Schnappdeckelgläser, Spatel, Glasstab, Citronensäure, Natron, Zucker.
Durchführung und Aufgaben: Gib in die drei Schnappdeckelgläser zunächst jeweils ein Gemisch aus zwei Spatelspitzen Säure und einer Spatelspitze Natron. Gib dann in das 1. Glas einen Spatel Zucker, in das 2. Glas zwei Spatel Zucker, in das 3. Glas drei Spatel Zucker. Schüttle die Schnappdeckelgläser, sodass die Stoffe gut vermischt sind, und schütte sie dann in je ein Becherglas mit 50 ml Leitungswasser. Rühre und probiere die Lösungen. Welche Brause schmeckt am besten? Wie könnte man den Geschmack noch verbessern?

Praktikum Untersuchung Brausepulver und Backpulver

Backpulver. Getreideerzeugnisse wie Brot und Gebäck sind wohlschmeckende und bekömmliche Nahrungsmittel. Ihre Bekömmlichkeit beruht auf ihrer porösen und aufgelockerten Beschaffenheit, die das Kauen erleichtert und den Verdauungssäften raschen Zutritt ermöglicht. Das Gas, das ein Aufgehen des Teiges hervorruft, wird durch Hefen in einem Gärungsvorgang (Hefeteig) oder durch eine chemische Reaktion des Backpulvers hervorgerufen. Die Wirkungsweise des Backpulvers ergibt sich aus seiner Zusammensetzung.

V5 Entstehung und Nachweis des Gases aus Backpulver

Geräte und Materialien: 2 Reagenzgläser, durchbohrter Stopfen mit Gasableitungsrohr, Stativ, 2 Doppelmuffen, 2 Stativklemmen, Becherglas (250 ml), Spatel, heißes Wasser, Kalkwasser (frisch filtriert).

Durchführung:
a) Befestige ein Reagenzglas am Stativ und fülle es zu einem Drittel mit dest. Wasser. Gib einen Spatel Backpulver in das Wasser und schüttle kurz. Beobachte den Reagenzglasinhalt einige Minuten. Erwärme die Suspension dann im heißen Wasserbad. Beobachte wiederum einige Minuten.
b) Spüle das Reagenzglas und befestige es erneut am Stativ, fülle es zu einem Drittel mit dest. Wasser und gib zwei Spatel Backpulver hinzu. Verschließe dann mit dem Stopfen mit Ableitungsrohr. Befestige ein Reagenzglas mit Kalkwasser so an dem Stativ, dass das Ableitungsrohr in das Kalkwasser ragt. Erwärme die Backpulver-Suspension im Wasserbad.

Aufgaben:
1. Beschreibe und deute die Beobachtungen.
2. Angabe eines Backpulverherstellers: „Bei einem guten Backtriebmittel (Backpulver) sollte der schon beim Anrühren des Teiges einsetzende Vortrieb im richtigen Verhältnis zum Nachtrieb (Ofentrieb) stehen. Der überwiegende Teil des Gesamttriebes sollte auf den Nachtrieb entfallen". Welcher Teil von Versuch (a) entspricht dem Vortrieb, welcher dem Nachtrieb?
3. Warum sollte Backpulver kühl und trocken gelagert werden?

V6 Bestimmung des Volumens und der Masse des Kohlenstoffdioxids aus Backpulver

Geräte und Materialien: Kolbenprober (100 ml), Stativ, Doppelmuffe, Stativklemme, Erlenmeyerkolben (100 ml), durchbohrter Stopfen mit Glasrohr, Schlauchstück, Gummistopfen, Waage, Becherglas (400 ml), Filterpapier, Thermometer, Messzylinder (50 ml), heißes Wasser, Backpulver, Essigsäure (c = 1 mol/l).

Durchführung:
a) Zunächst wird der Inhalt des Backpulverpäckchens gewogen.
b) Die Apparatur wird wie in der Abbildung aufgebaut. Der Erlenmeyerkolben wird mit 40 ml dest. Wasser und 10 ml verd. Essigsäure gefüllt. (Die Essigsäure beschleunigt die Gasentwicklung, verfälscht sie aber nicht!) In die Lösung werden etwa 0,5 g Backpulver geschüttet, anschließend wird der Erlenmeyerkolben sofort mit dem durchbohrten Stopfen verschlossen und kräftig geschüttelt. Dann wird er für etwa 2 Minuten in heißes Wasser (mind. 90 °C) gestellt. Der Kolben wird wieder kräftig geschüttelt. Nach dem Abkühlen auf Zimmertemperatur wird das Volumen des Kohlenstoffdioxids am Kolbenprober abgelesen.

Aufgaben:
1. Berechne mithilfe des Volumens und der Dichte (ϱ = 1,83 g/l) die Masse des Kohlenstoffdioxids.
2. Backpulver sollte in der für 500 g Mehl bestimmten Menge mindestens 2,35 g und höchstens 3,0 g „wirksames Kohlenstoffdioxid" enthalten. Hat sich aus dem untersuchten Backpulver genügend Kohlenstoffdioxid austreiben lassen?

Beispiele für Backpulvermischungen

Mischung 1:
1,2 g Reinweinstein (Säuerungsmittel)

5,0 g Natriumhydrogencarbonat (Backtriebmittel)

3,8 g Maisstärke (Trennmittel)

Mischung 2:
6,6 g Natriumdiphosphat (Säuerungsmittel)

5,0 g Natriumhydrogencarbonat (Backtriebmittel)

8,4 g Maisstärke (Trennmittel)

Kolbenprober
40 ml destilliertes Wasser
10 ml verdünnte Essigsäure
0,5 g Backpulver
heißes Wasser

Anorganische Kohlenstoffverbindungen und Kohlenstoffkreislauf

15.4 Rund um den Kalk

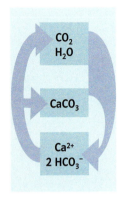

B1 Schema zur Auflösung und Abscheidung des Calciumcarbonats

Als Kalkstein ist Calciumcarbonat, „Kalk", in der Natur weit verbreitet (Kap. 15.2). Es handelt sich meist um Meeresablagerungen. Bei ihrer Bildung waren viele Arten von Organismen wie Muscheln, Korallen, Schnecken, Ammoniten, Seelilien beteiligt. Deren versteinerte Skelette sind in vielen Kalkgesteinen noch erkennbar. Die Kristalle des Marmors haben sich nachträglich aus solchen Ablagerungen in der Tiefe der Erdrinde bei hohen Temperaturen und hohem Druck gebildet.
Kalkstein findet Verwendung als Baustein und zur Herstellung von Zement, Brannt- und Löschkalk.

Auflösung und Abscheidung des Kalks. In Landschaften wie z. B. der Schwäbischen Alb, deren Untergrund aus Kalkstein besteht, gibt es häufig Spalten und Höhlen im Gestein. Sie entstehen durch die Wirkung des kohlenstoffdioxidhaltigen Wassers, das durch Ritzen und Fugen im Gestein sickert.

Calciumcarbonat ist ein schwer lösliches Salz. Leitet man jedoch Kohlenstoffdioxid in eine Suspension des Calciumcarbonats ein, so erhält man eine klare Flüssigkeit, die Ca^{2+}- und HCO_3^--Ionen enthält. Wird Kohlenstoffdioxid abgegeben, z. B. durch Erhitzen der Lösung, scheidet sich wieder Calciumcarbonat ab [V1, B1].

In der Natur vollzieht sich die Reaktion von Calciumcarbonat zum Hydrogencarbonat ständig. Regenwasser nimmt in der Luft und im Boden Kohlenstoffdioxid auf, sodass es auf Kalkgestein einwirken und tiefe Furchen, Spalten und Höhlen bilden kann [B2]. Dabei entsteht Calciumhydrogencarbonat-Lösung. Verdunstet oder verdampft die Lösung, so entweicht Kohlenstoffdioxid. Calciumcarbonat scheidet sich deshalb wieder ab. Dieser Vorgang zeigt sich in der Natur bei der Bildung von Tropfsteinen, von Kalktuff an Quellen und Bächen oder Kalksinterterrassen [B4].

Hartes und weiches Wasser. Schüttelt man destilliertes Wasser einerseits und Leitungswasser andererseits mit Seifenlösung, so beobachtet man unterschiedlich starke Schaumentwicklung [V2]. Bei starker Schaumbildung spricht man von weichem Wasser, bei wenig von hartem Wasser. Die Wasserhärte wird durch *Calcium-* und *Magnesiumionen* verursacht. Beim Erhitzen einer Lösung, die nur Ca^{2+}-, Mg^{2+}- und HCO_3^--Ionen enthält, entsteht schwer lösliches Calcium- und Magnesiumcarbonat. Damit verschwindet die Wasserhärte. Sie wird als *vorübergehende Härte (temporäre Härte oder Carbonathärte)* bezeichnet. Die abgeschiedenen Carbonate setzen sich als Kesselstein in Töpfen, Rohren oder an Heizspiralen fest [B3].

Sind neben Calcium- und Hydrogencarbonationen auch Sulfationen vorhanden, so bleibt nach dem Erhitzen die *gleiche Anzahl an Ca^{2+}- und SO_4^{2-}-Ionen* in der Lösung zurück. Die Löslichkeit von Calciumsulfat beträgt 0,2 g in 100 g Wasser. Die dadurch noch *vorhandene Härte* wird *bleibende Härte (permanente Härte)* genannt.

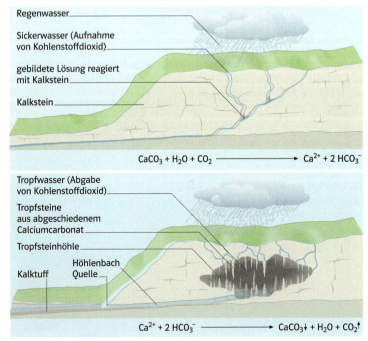

B2 Auflösung und Abscheidung des Kalks in der Natur

322 Allgemeine Chemie

B3 Kalkablagerungen auf Heizstäben

Seife reagiert in hartem Wasser zu schwer löslicher und damit waschinaktiver Kalkseife. Erst wenn Calciumionen ausgefällt sind, kann sich die Waschwirkung der Seife entfalten. Aus diesem Grund hat man früher der Waschlösung als Enthärtungsmittel Soda zugesetzt [V3]. Die Carbonationen reagieren dabei mit den Calciumionen zu schwer löslichem Calciumcarbonat. Heute benutzt man andere Enthärter, die meist schon in den Waschmitteln enthalten sind.

Kalkbrennen und Kalklöschen. In der Technik wird in Steinbrüchen abgebauter Kalkstein auf ca. 1000 °C erhitzt („gebrannt"). Dabei zerfällt Calciumcarbonat in Kohlenstoffdioxid und Calciumoxid [B5]. Calciumoxid wird auch als Branntkalk bezeichnet. Mit Wasser reagiert dieser in einer stark exothermen Reaktion zu Calciumhydroxid, dem Löschkalk [V4]. Man spricht vom „Kalklöschen".
Mischt man Löschkalk mit Sand und Wasser, erhält man Kalkmörtel. Zum Abbinden muss dieser Kohlenstoffdioxid aus der Luft aufnehmen [V5], dabei entsteht wieder Calciumcarbonat. Seine kleinen Kristalle bilden dabei mit den Sandkörnern ein festes Gefüge. Heute wird Kalkmörtel vor allem für den Außenputz von Gebäuden verwendet.

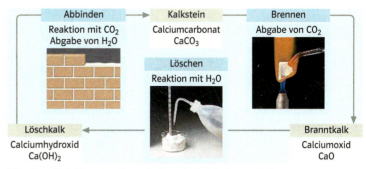

B5 Vom Kalk über den Branntkalk und Löschkalk zum Kalk

V1 Leite in Kalkwasser so lange Kohlenstoffdioxid ein, bis sich der zunächst gebildete Niederschlag von Calciumcarbonat wieder aufgelöst hat. Erhitze die erhaltene Lösung.

V2 Schüttle gleich große Portionen dest. Wasser und Leitungswasser mit der gleichen Menge verd. Seifenlösung. Beobachte die Schaumbildung.

V3 Wiederhole V2 mit Regenwasser, Mineralwasser, gekochtem Wasser und Leitungswasser, dem zuvor Soda zugesetzt wurde.

V4 Man gibt auf Calciumoxidstückchen tropfenweise Wasser und misst die Temperatur. (Schutzscheibe!)

V5 Mische einen Teil Löschkalk mit drei Teilen Sand und Wasser. Lass eine Probe davon einige Tage an der Luft, eine andere in einem mit Kohlenstoffdioxid gefüllten Glas mit Deckel stehen.
Ermittle jeweils die Dauer bis zum Verfestigen des Mörtels. Tropfe nach dem Erhärten verdünnte Salzsäure auf beide Proben.

A1 Erkläre die Entstehung von Deckentropfsteinen (Stalaktiten).

A2 Wie lässt sich Kalkstein von anderem Gestein unterscheiden?

A3 Formuliere die Reaktionsgleichung für die Enthärtung von hartem Wasser mit Soda.

A4 Welcher Stoff verbleibt als Rückstand beim Eindampfen einer Lösung von Calciumhydrogencarbonat?

A5 Stelle die Reaktionsgleichungen auf für:
a) Kalklöschen, b) Abbinden von Löschkalk.

B4 Kalksinterterrassen in Pamukkale (Türkei)

15.5 Praktikum Kalk und Wasserhärte

B2 Kalkhaltige Proben

Bestimmung des Kalkgehalts. Der Kalkgehalt eines Bodens spielt für die landwirtschaftliche Nutzung und für eine sinnvolle und gezielte Düngung eine wichtige Rolle. Auch die Belastbarkeit eines Bodens durch sauren Regen hängt wesentlich von seinem Kalkgehalt ab. Dieser stammt aus der Verwitterung von kalkhaltigem Gestein, auf dem der Boden entstanden ist. Letztlich stammt dieser Kalk aus Meeresablagerungen wie z. B. Muschelschalen und Schneckengehäusen.

Zur Bestimmung des Kalkgehalts kann z. B. die Reaktion von Kalk mit Salzsäure dienen:

$$CaCO_3 + 2\,H_3O^+ + 2\,Cl^- \longrightarrow Ca^{2+} + 2\,Cl^- + 3\,H_2O + CO_2$$

Für die Reaktion des Calciumcarbonats mit Salzsäure ($c(H_3O^+) = 1\,\frac{mol}{l}$) folgt aus der Reaktionsgleichung:

$n(CaCO_3) : n(H_3O^+) = 1/2$

$n(CaCO_3) = 1/2\, n(H_3O^+) = 1/2\, c(H_3O^+) \cdot V(Salzsäure)$

$m(CaCO_3) = n(CaCO_3) \cdot m_t(CaCO_3)$
$ = 0{,}5\, c(H_3O^+) \cdot V(Salzsäure) \cdot m_t(CaCO_3)$

$m_t(CaCO_3) = 101{,}1\,u = 101{,}1\,\frac{g}{mol}$ $\quad\quad (1\,u \cdot 1\,mol = 1\,g)$

$m(CaCO_3) = 0{,}5 \cdot 1\,\frac{mol}{l} \cdot 101{,}1\,\frac{g}{mol} \cdot V(Salzsäure)$
$ = 50{,}55\,\frac{g}{l} \cdot V(Salzsäure)$
$ = 50{,}55\,\frac{mg}{ml} \cdot V(Salzsäure)$

Mit Salzsäure der Konzentration $c(H_3O^+) = 1\,\frac{mol}{l}$ und $V(Salzsäure) = 1\,ml$ reagiert eine Kalkportion der Masse $m(CaCO_3) = 0{,}05\,g$.

B1 Berechnung der Masse der Kalkportion, die mit 1 ml Salzsäure ($c(H_3O^+)$ = 1 mol/l) reagiert

Die Masse des Kalks in der Probe kann z. B. durch Bestimmung des Verbrauchs an Salzsäure berechnet werden.

V1 Bestimmung des Kalkgehalts durch Rücktitration

Grundlagen: Damit eine vollständige Reaktion des Kalks gewährleistet ist, wird die Probe mit einem Überschuss an Salzsäure umgesetzt, deren Konzentration bekannt ist.
Um festzustellen, wie viel Salzsäure für die Reaktion verbraucht wurde, wird der noch verbliebene Rest mit Natronlauge titriert.

Geräte und Chemikalien: Reibschale mit Pistill, Spatel, Weithals-Erlenmeyerkolben (200 ml), Messpipette (20 ml) mit Pipettierhilfe, Bürette am Stativ, Waage, getrocknete kalkhaltige Proben (z. B. Kalkstein, Bodenproben, Muschelschalen, Schneckenhäuser, Eierschalen [B2]), Salzsäure ($c(H_3O^+)$ = 1 mol/l), Natronlauge ($c(OH^-)$ = 1 mol/l), Bromthymolblaulösung.

Durchführung: Pulverisiere die zu untersuchende Probe in der Reibschale, wiege davon genau 0,5 g in den Erlenmeyerkolben ab und füge 20 ml Salzsäure zu. Koche nach beendeter Gasentwicklung die Lösung kurz auf und gib anschließend 5 Tropfen Bromthymolblaulösung dazu. Notiere den Stand der Natronlauge in der Bürette. Tropfe die Natronlauge langsam unter Umschwenken in den Erlenmeyerkolben, bis der Indikator von Gelb nach Grün umschlägt. Lies den Endstand an der Bürette ab und ermittle den Verbrauch an Natronlauge.

Auswertung:

a) Ermittle das Volumen der Salzsäureportion, die mit dem Kalk reagiert hat. Da die Salzsäure und die Natronlauge in derselben Konzentration eingesetzt werden, neutralisieren sich beide Lösungen bei gleichen Volumina. Das Volumen der zugegebenen Natronlauge ist somit dem Volumen der Salzsäure gleich, die nach beendeter Reaktion mit dem Kalk übrig geblieben ist.

b) Berechne die Masse des Kalks in der Probe. Hinweis: 0,05 g Kalk reagieren mit 1 ml Salzsäure ($c(H_3O^+)$ = 1 mol/l) [B1].

Allgemeine Chemie

Praktikum Kalk und Wasserhärte

c) Berechne den Massenanteil w des Kalks der Probe:
$w(\text{Kalk}) = \frac{m(\text{Kalk})}{m(\text{Probe})} \cdot 100\%$

Bestimmung der Wasserhärte. Hartes Wasser bringt in vielen Einsatzbereichen Probleme mit sich. Beim Erhitzen, z. B. in Boilern, Heizungen und Haushaltsgeräten, scheidet sich Kalk ab, der die Leitungen verengt und als Überzug auf Heizelementen zu einem höheren Energieverbrauch führt. Um geeignete Vorkehrungen treffen zu können, wie z. B. den Einbau von Enthärtungsanlagen oder die richtige Dosierung von Enthärtern beim Waschen, ist es wichtig, die Wasserhärte zu kennen.
Temporäre und permanente Härte bilden die *Gesamthärte* des Wassers. Sie wird oft noch in Härtegraden (Grad deutscher Härte, Einheitenzeichen °dH) angegeben. 1 °dH entspricht einer Calciumionenkonzentration $c(\text{Ca}^{2+})$ = 0,1783 mmol/l, die z. B. durch Lösen von 10 mg Calciumoxid in 1 l Wasser erreicht wird.
Die Wasserhärte ist je nach geologischem Untergrund sehr unterschiedlich [B3].
Die Gesamthärte ist in vier Härtebereiche eingeteilt [B4]. Für die Härte des Leitungswassers wird vom Wasserwerk der Härtebereich angegeben.
Eine qualitative Bestimmung der Gesamthärte ist mit Teststäbchen möglich. Durch eine Farbreaktion lässt sich der Härtebereich einer Wasserprobe angeben. Eine Möglichkeit, die Wasserhärte genauer zu bestimmen, lernen wir durch folgenden Versuch kennen.

V2 Bestimmung der Gesamthärte mit einer Seifenlösung
Grundlagen: Der Seifenverbrauch durch die Bildung von schwer löslichen Calcium- und Magnesiumsalzen („Kalkseifen") ist proportional zur Wasserhärte. Solange bei Zusatz von Seifenlösung diese Salze entstehen, besitzt sie keine Waschwirkung. Dies ist daran zu erkennen, dass keine Schaumbildung erfolgt. Bei bekanntem Gehalt der bis zur Schaumbildung zugesetzten Seifenlösung lässt sich aus dem Verbrauch an Seifenlösung die Wasserhärte ermitteln.

Geräte und Chemikalien: Erlenmeyerkolben (250 ml), Stopfen, Messzylinder (100 ml), Bürette, Seifenlösung nach BOUTRON-BOUDET oder PELLET, Wasserproben.
Durchführung: Nach BOUTRON-BOUDET: Gib 40 ml der Probe in den Erlenmeyerkolben. Setze zuerst Portionen von jeweils einem Milliliter, dann kleinere Portionen Seifenlösung aus der Bürette zu. Verschließe und schüttle den Erlenmeyerkolben nach jeder Zugabe kräftig. Die Bildung von Kalkseife ist beendet, wenn sich 5 mm hoch Schaum bildet, der bestehen bleibt. Lies das Volumen der verbrauchten Seifenlösung an der Bürette ab. Wiederhole den Versuch zweimal und ermittle den Mittelwert.
Nach PELLET: Durchführung wie oben, jedoch mit einer Probe von 100 ml.
Hinweis: Bei Wasserhärten über 12 °dH behindert die gebildete Kalkseife die Schaumbildung auch nach dem Endpunkt, sodass dieser schwer zu bestimmen ist. In diesem Fall muss die Probe mit destilliertem Wasser verdünnt werden (BOUTRON-BOUDET: 20 ml Probe + 20 ml dest. Wasser; PELLET: 50 ml Probe + 50 ml dest. Wasser).
Auswertung: Ermittle aus dem Volumen der verbrauchten Seifenlösung die Wasserhärte der Probe nach folgenden Beziehungen:
BOUTRON-BOUDET (bei Verwendung von 40 ml Probe): 1 ml Seifenlösung entspricht 5 °dH.
PELLET (bei Verwendung von 100 ml Probe): 1 ml Seifenlösung entspricht 1 °dH.

Härte-bereich	Härtegrad in °dH
1 weich	0–7
2 mittelhart	7–14
3 hart	14–21
4 sehr hart	über 21

B4 Härtebereiche des Wassers

Herkunft des Wassers	Ort	Wasserhärte in °dH
Buntsandstein	Kaiserslautern	1
Grundgebirge (Granit, Gneis)	Freiburg i. Br.	1,5
Quarzite, Grauwacken (Harz)	Braunschweig	2,5
Basalt (Vogelsberg)	Frankfurt a. M.	5
Ruhrschotter	Essen	9
Braunkohlensande	Kiel	16
Eiszeitl. Sande	Hamburg	20
Keuper	Tübingen	25
Muschelkalk	Würzburg	37
Bodenseewasser	Konstanz	ca. 10

B3 Gestein und Wasserhärte

Anorganische Kohlenstoffverbindungen und Kohlenstoffkreislauf

15.6 Der Kohlenstoffkreislauf

Speicher	Art des Vorkommens	m(Kohlenstoff) in 10^9 t
Sedimente	Calciumcarbonat Calcium-magnesium-carbonat Kerogen (Kohlenwasserstoffe, Bitumen)	80 000 000 20 000 000
Meerwasser	Kohlenstoffdioxid Hydrogencarbonat (jeweils gelöst)	40 000
Fossile Brennstoffe	Kohle, Erdöl, Erdgas	5 000
Tote Biomasse	Humus, Torf	1500
Lebende Biomasse	Pflanzen, Tiere	1000
Atmosphäre	Kohlenstoffdioxid	750

B1 Speicher und Massen des Kohlenstoffs auf der Erde

Das Element Kohlenstoff ist in Verbindungen weit verbreitet. In der Anordnung der Elemente nach der Häufigkeit ihres Vorkommens in der Erdkruste steht der Kohlenstoff mit einem Massenanteil von 0,03 % erst an 17. Stelle. Der Umsatz des Kohlenstoffs zwischen Festland, Meer und Atmosphäre ist für unsere Umwelt jedoch von besonderer Bedeutung. Die Übergänge verlaufen nicht in einer Richtung, sondern in einem Kreislauf, dem Kohlenstoffkreislauf der Erde. Dieser globale Kreislauf umfasst die Vorgänge beim Austausch des Elements Kohlenstoff zwischen den Kohlenstoffspeichern [B1]. Zur besseren Übersicht betrachtet man einen *Kreislauf der belebten Natur*, den *biologischen* und einen *Kreislauf der unbelebten Natur*, den *geologischen* Kohlenstoffkreislauf.

Die Kohlenstoffspeicher der Erde. Etwa 99 % der Masse des gesamten Kohlenstoffs ist in den Sedimenten als Carbonat und Kerogen gespeichert. Kerogen (von griech. keros, Wachs) besteht aus organischen Ablagerungen, die vorwiegend in Tongestein enthalten sind. Aus den Sedimenten kann ein kompliziert zusammengesetztes Gemisch organischer Verbindungen von wachsartiger Beschaffenheit gewonnen werden.

B2 Ölschiefer und Schieferöl

Zu den Kerogensedimenten gehören die auf der Erde weit verbreiteten Ölschiefer, die bis zu 10 % organische Substanz enthalten können [B2]. Wesentliche Bestandteile sind Kohlenwasserstoffe mit sehr großen Molekülen.

Die lebende Biomasse ist gegenüber den Sedimenten verschwindend klein. Sie bestimmt zusammen mit dem toten organischen Bodenmaterial den biologischen Kohlenstoffkreislauf.
Der kleinste Speicher ist die Atmosphäre. Selbst relativ kleine Kohlenstoffzuflüsse aus den anderen Speichern, die nicht durch Abflüsse ausgeglichen werden, können eine erhebliche Änderung des Kohlenstoffdioxidgehalts der Atmosphäre verursachen.

Der geologische Kohlenstoffkreislauf. Bei der Verwitterung der Carbonatgesteine werden diese ständig durch das Kohlenstoffdioxid im Regenwasser in lösliche Hydrogencarbonate umgewandelt:

$$CaCO_3 + CO_2 + H_2O \longrightarrow Ca^{2+} + 2\,HCO_3^- \quad (1)$$

Auch bei der Verwitterung von Silicatmineralien (Siliciumverbindungen), aus denen die meisten Gesteine hauptsächlich bestehen, wird Kohlenstoff in Hydrogencarbonationen gebunden. Für ein einfaches Silicat, das Calciumsilicat, lässt sich dies wie folgt formulieren:

$$CaSiO_3 + 2\,CO_2 + H_2O \longrightarrow Ca^{2+} + 2\,HCO_3^- + SiO_2 \quad (2)$$

A1 Zeichne einen Kohlenstoffkreislauf, der nur Carbonate berücksichtigt. Veranschauliche damit die Verwitterung von Carbonatgestein und die Bildung von Carbonatsedimenten.

A2 Formuliere für die Verwitterung des Dolomits ($CaMg(CO_3)_2$) eine Reaktionsgleichung.

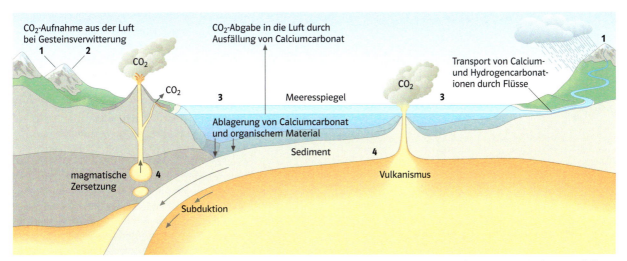

B3 Der geologische Kohlenstoffkreislauf. **1** Verwitterung von Carbonatgestein, **2** Verwitterung von Silicatgestein, **3** Carbonatausfällung im Meer, **4** magmatische Zersetzung von Carbonaten

Bei der Verwitterung des Calciumsilicats bleibt festes Siliciumdioxid zurück. Kerogen verwittert in Gegenwart von Sauerstoff langsam und gibt dabei Kohlenstoffdioxid an die Atmosphäre ab.

Von den gelösten Hydrogencarbonaten wird nur ein geringer Anteil auf dem Festland wieder als Carbonat ausgefällt. Unter Abgabe von Kohlenstoffdioxid an die Atmosphäre bildet sich Kalktuff. Flüsse befördern den größten Teil der Hydrogencarbonate ins Meer. Korallen und die Organismen des Planktons bauen dort aus den Calcium- und Hydrogencarbonationen ihre Außenskelette und Schalen aus Calciumcarbonat auf, dabei wird Kohlenstoffdioxid freigesetzt:

$$Ca^{2+} + 2\,HCO_3^- \longrightarrow CaCO_3 + CO_2 + H_2O \quad (3)$$

Die abgestorbenen Organismen sinken auf den Meeresboden und werden durch weitere Ablagerungen eingebettet. Dieser Vorgang führt zur Neubildung von *Carbonatsedimenten*.

Aus den abgelagerten organischen Stoffen, die teilweise auch durch Flüsse ins Meer geschwemmt werden, entstehen in einem lange andauernden Prozess die Kerogensedimente. Die Carbonatsedimente können durch Verschiebungen in der Erdkruste in große Tiefen gelangen. Dort sind sie sehr hohen Temperaturen ausgesetzt, sodass die Carbonate mit dem umgebenden Gestein aus Quarz und Silicaten reagieren. Bei dieser magmatischen Zersetzung entstehen neue Silicate und Kohlenstoffdioxid [B3].

$$CaCO_3 + SiO_2 \longrightarrow CaSiO_3 + CO_2 \quad (4)$$

Das Gas steigt in Spalten der Erdkruste, oft zusammen mit Magma, nach oben und entweicht entweder in gewaltigen Mengen bei Vulkanausbrüchen oder es tritt in der Umgebung von Vulkanen aus, auch wenn diese längst erloschen sind. Häufig kommt Kohlenstoffdioxid in Mineralwasser gelöst an die Erdoberfläche. Obwohl Kohlenstoffdioxid an allen möglichen Orten austreten kann, geschieht das besonders dort, wo zwei Platten der Erdkruste zusammenstoßen, im Bereich der Subduktionszonen [B3].

Der Kohlenstoffkreislauf

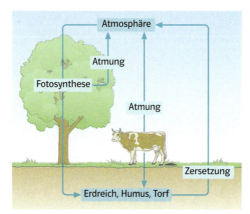

B4 Der biologische Kohlenstoffkreislauf

Bilanz des geologischen Kohlenstoffkreislaufs. Bei der Verwitterung von Carbonat- und Silicatgesteinen und der damit verbundenen Umwandlung in lösliche Hydrogencarbonate wird atmosphärisches Kohlenstoffdioxid verbraucht.

Durch die Bildung von Calciumcarbonat entsteht wieder Kohlenstoffdioxid, das zunächst hauptsächlich im Meerwasser gelöst ist, schließlich aber in die Atmosphäre abgegeben wird. Aus den Reaktionsgleichungen (1), (2) und (3) geht hervor, dass ein Teil des aus der Atmosphäre stammenden Kohlenstoffs bei der Entstehung der Carbonate nicht wieder freigesetzt, sondern in den Sedimenten gespeichert wird. Langfristig würde dies zum Verschwinden des Kohlenstoffdioxids in der Atmosphäre führen.

Durch Untersuchungen der in Eisbohrkernen eingeschlossenen Luft ist der Kohlenstoffdioxidgehalt der Atmosphäre für die letzten 160 000 Jahre ermittelt worden. Es ergaben sich dabei Volumenanteile zwischen ca. 0,02 und 0,03 %. Aus diesen geringen und dazu langsam erfolgenden Schwankungen lässt sich schließen, dass der Atmosphäre in diesem Zeitraum durch den geologischen Kohlenstoffkreislauf in gleichem Maße Kohlenstoffdioxid zugeführt wie entzogen wurde. Über lange Zeiträume hinweg entsprachen die *Abflüsse* des Kohlenstoffs aus der Atmosphäre durch die Verwitterung von Carbonaten und Silicaten und durch die Kerogenbildung den *Zuflüssen* durch die Neubildung von Silicatgestein (4) und durch Kerogenverwitterung.

Der biologische Kohlenstoffkreislauf. Pflanzen entnehmen bei der Fotosynthese Kohlenstoffdioxid aus der Luft. Dabei entsteht in mehreren Schritten zunächst Traubenzucker. Vereinfacht lässt sich die Fotosynthese durch folgende Reaktionsgleichung formulieren:

$$6\,CO_2 \;+\; 6\,H_2O \;\longrightarrow\; C_6H_{12}O_6 \;+\; 6\,O_2$$

Durch weitere Reaktionen entstehen aus Traubenzucker andere Kohlenstoffverbindungen, z. B. Stärke und Cellulose. Zur Gewinnung der Energie für die Stoffwechselprozesse oxidiert die Pflanze einen Teil der Kohlenhydrate zu Kohlenstoffdioxid und Wasser. Diese als Pflanzenatmung bezeichneten Vorgänge lassen sich summarisch als Umkehrung der Fotosynthese formulieren:

$$C_6H_{12}O_6 \;+\; 6\,O_2 \;\longrightarrow\; 6\,CO_2 \;+\; 6\,H_2O$$

Ein Teil des zunächst aufgenommenen Kohlenstoffdioxids gelangt auf diesem Wege wieder in die Atmosphäre.

Auch durch die Atmung der Tiere wird Kohlenstoffdioxid an die Atmosphäre abgegeben. Dieser Beitrag stammt indirekt auch aus Pflanzen, die den Tieren unmittelbar oder über andere tierische Lebewesen als Nahrung dienen.

Nach dem Absterben von Lebewesen beginnt die Zersetzung der organischen Substanz. Aus Pflanzen bildet sich z. B. Humus oder Torf. Bei diesen Abbaureaktionen entsteht neben weiteren Abbauprodukten Kohlenstoffdioxid. Aufbau von Kohlenstoffverbindungen durch Aufnahme von Kohlenstoffdioxid bei der Fotosynthese und Abbau unter Abgabe von Kohlenstoffdioxid durch Pflanzen-, Tier- und Bodenatmung bilden einen Kreislauf des Elements Kohlenstoff, den biologischen *Kohlenstoffkreislauf* [B4]. Auch Meeresorganismen sind an diesem Kreislauf beteiligt. Solange die Biomasse der Erde konstant ist, wird der Gehalt an Kohlenstoffdioxid in der Atmosphäre durch den biologischen Kohlenstoffkreislauf nicht wesentlich verändert.

Atmosphäre und Ozean. An der riesigen Grenzfläche zwischen Meer und Atmosphäre wird Kohlenstoffdioxid in großem Ausmaß, je nach Bedingungen, gelöst oder abgegeben. Der größte Teil des im Oberflächenwasser gelösten Kohlenstoffdioxids gelangt wieder in die Atmosphäre.
Bei der Abkühlung warmer Meeresströmungen nimmt die Dichte des Wassers zu, dieses Wasser sinkt in die Tiefe. Ein Teil des im Oberflächenwasser gelösten Kohlenstoffdioxids wird damit in die Tiefsee befördert und dort gespeichert [B5]. Man nimmt an, dass dadurch der Atmosphäre gegenwärtig mehr Kohlenstoffdioxid entzogen als zugeführt wird.

Fossile Brennstoffe. In bestimmten Epochen der Erdgeschichte erfolgte unter besonderen Bedingungen eine Anhäufung teilweise zersetzter Substanz von Organismen. Diese wurde von Sedimenten überdeckt und unter Sauerstoffabschluss weiter umgewandelt. Produkte dieser Reaktionen findet man heute als Kohle, Erdöl und Erdgas. Bei der Entstehung dieser fossilen Energieträger wurden der Atmosphäre riesige Mengen an Kohlenstoffdioxid entzogen, allerdings sehr langsam und über große Zeiträume.

Heute werden fossile Brennstoffe in großem Ausmaß verbrannt. Dadurch werden der Atmosphäre, gemessen an der Entstehung, in sehr kurzer Zeit große Mengen an Kohlenstoffdioxid zugeführt. Da diese Mengen der Atmosphäre nicht im selben Maße wieder entzogen werden, steigt deren Kohlenstoffdioxidgehalt seit Beginn des Industriezeitalters zunehmend (Kap. 16.1).

Zu dem Anstieg des Kohlenstoffdioxidgehalts der Atmosphäre trägt auch die Brandrodung bei, durch die große Bestände der tropischen Urwälder zerstört werden, um die gerodeten Flächen landwirtschaftlich zu nutzen. Danach wird nur ein geringer Anteil des freigesetzten Kohlenstoffdioxids wieder von Pflanzen einer vergleichsweise spärlichen Vegetation aufgenommen.

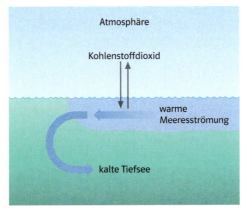

B5 Kohlenstoffdioxid wird durch absinkendes Wasser der Tiefsee zugeführt

Der globale Kohlenstoffkreislauf. Der geologische und der biologische Kohlenstoffkreislauf stehen miteinander in Verbindung. Die Wege des Kohlenstoffs lassen sich in einem Gesamtkreislauf darstellen [B6]. Die auf den verschiedenen Wegen ausgetauschten Kohlenstoffmengen sind durch die Pfeilstärken angedeutet.

A3 Welche Auswirkungen auf den Kohlenstoffdioxidgehalt der Atmosphäre könnte die globale Erwärmung haben?

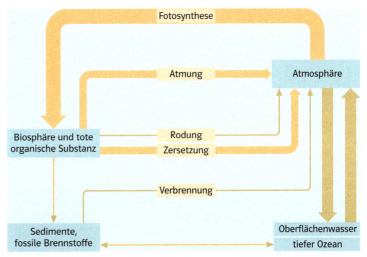

B6 Wege des Kohlenstoffs im Kohlenstoffkreislauf

15.7 Durchblick Zusammenfassung und Übung

Kohlensäure
Durch die Reaktion des Kohlenstoffdioxids mit Wasser entsteht Kohlensäure:

$$CO_2 + H_2O \longrightarrow H_2CO_3$$

Diese Reaktion verläuft unvollständig und ist umkehrbar. Ein Teil der Kohlensäuremoleküle reagiert mit Wassermolekülen zu Oxoniumionen und zu Hydrogencarbonationen

$$H_2CO_3 + H_2O \longrightarrow H_3O^+ + HCO_3^-$$

Die Salze der Kohlensäure
– Hydrogencarbonate mit den HCO_3^--Ionen
– die Carbonate mit den CO_3^{2-}-Ionen

Calciumcarbonat
Kalk (Calciumcarbonat, $CaCO_3$) ist der Hauptbestandteil des Kalkgesteins.

Aus dem schwer löslichen Calciumcarbonat entsteht mit Kohlensäure eine Lösung, die Calcium- und Hydrogencarbonationen enthält.

$$CaCO_3 + H_2CO_3 \longrightarrow Ca^{2+} + 2\ HCO_3^-$$

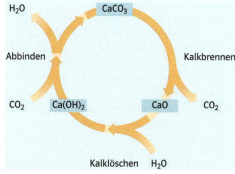

B2 Der Kalk-Kreislauf

Diese Reaktion ist z. B. die Ursache für die Entstehung von Höhlen im Kalkgestein. Die Reaktion ist umkehrbar. Darauf beruht die Bildung von Kalktuff und Kesselstein.

A1 Interpretiere die in B1 dargestellten Wege der Kohlenstoffverbindungen und ordne ihnen so weit wie möglich chemische Reaktionen zu.

A2 Stelle die in B2 dargestellten Prozesse als chemische Reaktionsgleichungen dar.

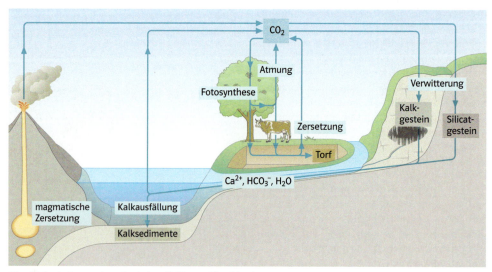

B1 Biologischer und geologischer Kohlenstoffkreislauf

16 Erdatmosphäre – Gefährdung und Schutz

Aus dem Weltraum bietet unsere Erde einen faszinierenden Anblick, sie erscheint als blauer Planet. Der Grund dafür ist die Lufthülle, die zwar bis in große Höhen reicht, im Verhältnis zum Erddurchmesser jedoch nur sehr dünn ist. Sie ermöglicht das Leben auf der Erde, ihr Schutz ist daher lebenswichtig.

■ Seit dem Beginn der Industrialisierung mit dem zunehmenden Ausstoß von „Abfallgasen" und dem rasanten Anwachsen der Weltbevölkerung mit ihrem immer größeren Energiebedarf verändert der Mensch die Erde.

■ Vom Menschen geschaffene globale Probleme sind der zunehmende Treibhauseffekt und das Ozonloch. Sind die Ausweitung von Trockengebieten sowie häufigere und stärkere Stürme und Unwetter beginnende Veränderungen des Klimas?

■ Um auch späteren Generationen ein Leben auf dem Planeten Erde zu ermöglichen, müssen heute Maßnahmen zum Schutz der Erdatmosphäre getroffen werden. In Weltkonferenzen werden Abkommen erarbeitet, die Staaten verpflichten, Emissionen umweltschädlicher Stoffe zu verringern.

16.1 Erdatmosphäre und Treibhauseffekt

Watt Das Watt (Einheitenzeichen W) ist die Einheit der Leistung.

$1\,W = \dfrac{1\,J}{1\,s}$

Das Klima auf der Erde wird durch die Lufthülle, die **Atmosphäre** bestimmt. Sie bildet mit der **Hydrosphäre** (Gewässer), der **Biosphäre** (Flora und Fauna) und der **Pedosphäre** (Böden und Gesteine) ein System. Veränderungen, die dieses System beeinflussen, führen zu Schwankungen des Klimas und beeinflussen dadurch die Lebensbedingungen auf der Erde. Man unterscheidet *natürliche* Veränderungen und *anthropogene* Effekte, d.h. durch den Menschen hervorgerufene Veränderungen.

Der natürliche Treibhauseffekt. Für das Klima der Erde verantwortlich ist die Energie der Sonne, die in Form von Strahlung die Erde erreicht und vom Erdboden und der Atmosphäre absorbiert wird. Die aufgenommene Energie strahlt die Erde wieder in den Weltraum ab. Dabei ist die ausgestrahlte Energie gleich der eingestrahlten Energie, sonst würde die Erde ständig wärmer.

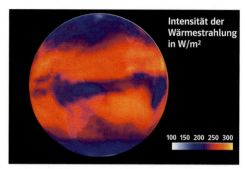

B2 Satellitenaufnahmen zeigen: Die Erde strahlt Wärme ab

Die Strahlung, die die Erdoberfläche aufnimmt, wird von ihr in Form von Wärmestrahlung wieder abgegeben. Die Abgabe in den Weltraum wird allerdings durch einige Luftbestandteile verzögert. Die Gase Wasserdampf, Kohlenstoffdioxid, Methan und Ozon z. B. sind zwar in der Atmosphäre nur zu einem geringen Anteil vorhanden (Spurengase), sie absorbieren jedoch einen Teil der von der Erde abgegebenen Wärmestrahlung. Die Atmosphäre ist also wärmer, als sie ohne diese Stoffe wäre. Die Gase wirken wie das Glasdach eines Treibhauses, das die vom Boden und den Pflanzen abgegebene Wärmestrahlung zurückhält. Man nennt daher die zusätzliche Erwärmung der Atmosphäre den *Treibhauseffekt*. Die danach benannten Treibhausgase sind in unterschiedlichem Maße an dieser Erwärmung beteiligt [B4].

Ohne den natürlichen Treibhauseffekt läge die mittlere Temperatur auf der Erdoberfläche bei ca. −18 °C und nicht bei der heute herrschenden mittleren Temperatur von ca. +15 °C. Der durch den Treibhauseffekt hervorgerufene Temperaturunterschied in der Atmosphäre beträgt also ca. 33 °C.

Stratosphäre. 12 bis 50 km. Die Ozonschicht gehört zur Stratosphäre. Hier wird ein großer Teil der von der Sonne kommenden Strahlung durch Reaktionen von Sauerstoff und Ozon verbraucht. Da die Reaktionen exotherm verlaufen, ist die Temperatur höher als in der Troposphäre. Die Stratosphäre enthält kaum Wasserdampf und ist fast wolkenfrei.

Troposphäre. Bis etwa 12 km. Diese Schicht enthält fast 80 % der gesamten Luftmasse, weil der Luftdruck nach außen geringer wird. Die Temperatur sinkt mit zunehmender Höhe. Wegen der wärmeren Luft in der Stratosphäre findet kaum ein Luftaustausch zwischen den Schichten statt. Die Grenze bildet die Tropopause, deren Höhe zwischen 8 km an den Polen und 18 km am Äquator reicht.

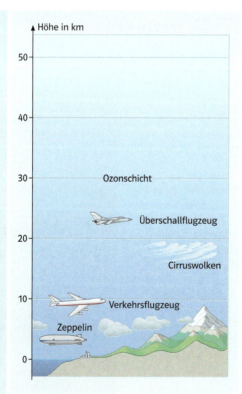

B1 Der Aufbau der unteren Atmosphäre

A1 Hat ein Kohlenstoffdioxid- oder ein Methanmolekül eine höhere Wirksamkeit bezüglich des Treibhauseffekts? Begründe. Setze dazu die betreffenden Zahlen der beiden letzten Spalten [B4] zueinander in Relation.

Allgemeine Chemie

Erdatmosphäre und Treibhauseffekt

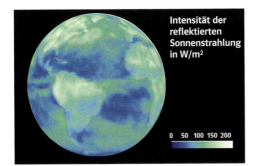

B3 Satellitenaufnahmen zeigen: Sonnenlicht wird reflektiert

Spurengas	Chemische Formel	Volumenanteil an der Atmosphäre	Beitrag zum Treibhauseffekt
Wasser(dampf)	H_2O	2 bis 3 %	61,6 %
Kohlenstoffdioxid	CO_2	0,039 %	22,3 %
Methan	CH_4	0,0017 %	2,4 %
Distickstoffoxid	N_2O	0,0003 %	4,2 %
Ozon	O_3	0,00003 %	7,1 %
Sonstige		< 0,001 %	2,4 %

B4 Spurengase in der Atmosphäre und ihr Beitrag zum Treibhauseffekt

Die eingestrahlte Sonnenenergie wird zu ca. 70 % absorbiert, 30 % wird unmittelbar in den Weltraum reflektiert. Etwa zur Hälfte tragen Wolken und Schwebteilchen in der Luft zur Reflexion bei, weiterhin Wüsten sowie Eis- und Wasserflächen. Man nennt diese Reflexion Albedo.

**Die eingestrahlte Sonnenenergie wird zum größten Teil von der Erdoberfläche absorbiert. Als Wärmestrahlung wird sie wieder an die Atmosphäre und den Weltraum abgegeben. Die Treibhausgase erhöhen die Temperatur der Atmosphäre, auch diese gibt die aufgenommene Energie wieder an den Weltraum ab. Insgesamt gilt:
Einstrahlungsenergie = Ausstrahlungsenergie.**

Der anthropogene Treibhauseffekt. Gase, die sich auf den Treibhauseffekt auswirken, werden auch durch menschliche Aktivitäten erzeugt. So entstehen z. B. beim Verbrennen von Kohlenstoffverbindungen neben Kohlenstoffdioxid und Wasser auch Stickstoffoxide und andere Gase, die Einfluss auf den Strahlungshaushalt der Erde haben. Seit der Industrialisierung im 19. Jahrhundert hat die Konzentration der Treibhausgase ständig zugenommen. So stieg der Anteil an Kohlenstoffdioxid in der Atmosphäre von 0,028 % auf heute 0,039 % an, der Methangehalt verdoppelte sich in etwa von 0,0008 % auf 0,0017 %. Die mittlere Konzentration des Spurengases Ozon, dessen Bildung u. a. durch Stickstoffoxide gefördert wird, hat sich in der Troposphäre in Europa in den vergangenen 100 Jahren verdreifacht und wächst derzeit auf der Nordhalbkugel jährlich um etwa 1 %. Verantwortlich für die Zunahme der Konzentrationen der Treibhausgase sind zu 50 % die Energieerzeugung durch die Verbrennung von Kohle, Erdöl und Erdgas. 20 % trägt die Industrie, 30 % die Landwirtschaft bei. So erzeugen der Nassreisanbau und die Rinderhaltung das Treibhausgas Methan (ein ausgewachsenes Rind kann bis zu 400 l Methan pro Tag abgeben), auch die Stickstoffdüngung und die Rodung der Tropenwälder haben Einfluss auf den Treibhauseffekt.

Emission Abgabe von schädigenden Stoffen, Strahlen und Geräuschen an die Umwelt

A2 Erläutere den Einfluss der Treibhausgase auf den Energiehaushalt der Atmosphäre.

A3 Nenne Ursachen für die Reflexion der Sonneneinstrahlung.

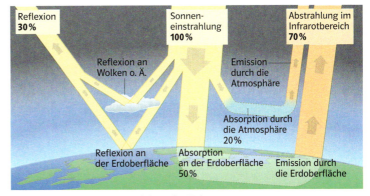

B5 Strahlungs- und Energiebilanz der Erde

Erdatmosphäre – Gefährdung und Schutz

Erdatmosphäre und Treibhauseffekt

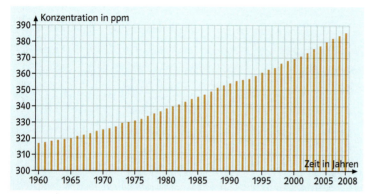

B6 Entwicklung der Kohlenstoffdioxidkonzentration auf der Nordhalbkugel (Mauna Loa, Hawaii)

ppm, parts per million Einheit für Anteile

$1\,\text{ppm} = \frac{1}{1\,000\,000}$

vgl. auch

$1\,\% = \frac{1}{100}$

$1\,‰ = \frac{1}{1000}$

(Die Einheit ppm wird von DIN-Normen nicht empfohlen.)

Treibhauseffekt und Kohlenstoffdioxid. Vor allem der steigende Kohlenstoffdioxidanteil verhindert zunehmend die Wärmeabstrahlung der Erde. In den natürlichen Kreisläufen wird vom Boden und den Ozeanen etwa so viel Kohlenstoffdioxid gebunden wie in die Atmosphäre abgegeben wird. Der Austausch des Kohlenstoffdioxids zwischen Atmosphäre und Biosphäre bzw. dem Oberflächenwasser der Ozeane erfolgt relativ schnell. Er ist verantwortlich für die jährlichen Schwankungen des CO_2-Gehalts in der Atmosphäre. Durch Brandrodung von Waldflächen und ihre anschließende landwirtschaftliche Nutzung greift der Mensch in diesen biosphärischen Kreislauf ein, der Kohlenstoffdioxidanteil in der Atmosphäre wird erhöht [B6].

Der Austausch des in Sedimenten (Kalk), Tiefenwasser der Ozeane sowie Kohle, Erdöl und Erdgas gespeicherten Kohlenstoffs erfordert dagegen lange Zeiträume. Auch in diesen Kreislauf greift der Mensch ein, indem er z. B. die gespeicherten Kohlenstoffverbindungen als Brenn- und Treibstoffe nutzt. Durch diese Aktivitäten ist die Emission von Kohlenstoffdioxid etwa 60-mal so groß wie beim natürlichen Austausch.

Kohlenstoffdioxidgehalt und Erwärmung. Klimaforscher fanden heraus, dass der größte Teil der in den letzten 50 Jahren beobachteten Erwärmung vom Menschen verursacht wurde. Ohne Maßnahmen zur Reduzierung der Kohlenstoffdioxidemission könnte bereits Mitte des Jahrhunderts eine Verdoppelung der CO_2-Konzentration gegenüber dem vorindustriellen Wert von 0,028 % erreicht werden. Bei einem Anwachsen des CO_2-Gehalts der Atmosphäre auf 0,080 %, der unter diesen Umständen etwa 2100 erreicht sein könnte, wäre ein Anstieg der globalen Mitteltemperatur um 4 °C wahrscheinlich [B7].

Bezugstemperatur Die globale Mitteltemperatur wird häufig durch ihre Abweichung von einer Bezugstemperatur dargestellt. Als Bezugstemperatur dient oft die globale Mitteltemperatur der Zeitspanne 1961–1990

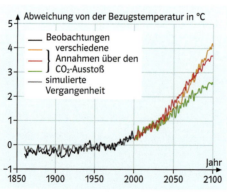

B7 Entwicklung der globalen Mitteltemperatur. Prognosen bei unterschiedlichen Konzentrationen der atmosphärischen Spurengase

A4 Seit Beginn der Messungen der CO_2-Konzentration am Mauna Loa in Hawaii stiegen die Werte jährlich um 1,3 bis 1,6 ml CO_2/m^3, 2003 betrug die Steigerung bereits 2,54 ml/m³. Berechne, wann bei einer jährlichen Steigerung von 1,5 ml CO_2/m^3 die „magische" Grenze einer CO_2-Konzentration von 400 ml/m³ (0,04 % CO_2-Anteil der Luft) überschritten sein wird.

A5 Von 1987 bis 2005 sollten in Deutschland 300 Millionen Tonnen Kohlenstoffdioxid eingespart werden. Berechne, wie viele Tonnen Braunkohle mit einem Kohlenstoffgehalt von 65 % nicht hätten verbrannt werden dürfen, um dieses Ziel zu erreichen.

A6 Erläutere, was man unter der globalen Mitteltemperatur versteht.

A7 Ermittle die nach B8 zu erwartende Änderung der Jahresmitteltemperatur für Spanien in der Zeitspanne von 1960 bis 2040.

Erdatmosphäre und Treibhauseffekt

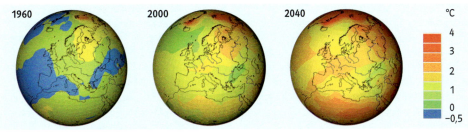

B8 Entwicklung der Temperatur der Erde seit 1960 in Modellrechnungen (wahrscheinliches Szenario)

Szenario in der Klimaforschung Plausible Voraussetzungen über zukünftige Entwicklungen z. B. im Hinblick auf den Ausstoß von Treibhausgasen.
Die Farb-Temperatur-Skala in B8 gibt an, um wie viel Grad Celsius die Temperatur von der Bezugstemperatur abgewichen ist, abweicht bzw. abweichen wird

Die globale Mitteltemperatur wird aus vielen Temperaturmessungen in allen Teilen der Welt berechnet. In Klimastationen misst man die Temperatur in einer Höhe von 2 m über dem Boden. In den Ozeanen werden Meeresoberflächentemperaturen bestimmt. Die erhaltenen Werte mittelt man über große Flächen und Zeiträume, die Datensätze von Land und Ozean werden zusammengefasst. Eine Zunahme der globalen Mitteltemperatur bedeutet demnach nicht, dass die Temperatur überall auf der Welt um diesen Wert steigt, es kann vielmehr an einigen Orten wärmer, an anderen dagegen kälter werden.

Auswirkungen auf das Erdklima. Der Anstieg der globalen Mitteltemperatur durch den anthropogenen Treibhauseffekt kann sich in unterschiedlicher Weise auswirken. Mit Klimamodellen berechnet man mögliche Veränderungen [B8]. Die Modelle zeigen, dass durch eine Erhöhung der Temperatur der Atmosphäre die Luftdruckgegensätze größer werden. Man erwartet daher häufigere und stärkere Stürme. In den Ozeanen können Veränderungen der Temperaturverhältnisse den Verlauf der Meeresströmungen beeinflussen. So sagen einige Modelle voraus, dass eine Erwärmung der Atmosphäre über dem Nordatlantik zu einem Abschmelzen des Eises in der Arktis führt. Wenn dann der Salzgehalt des Meerwassers vor Grönland sinkt, würden die Dichteverhältnisse im Nordatlantik verändert. Dies könnte zum Erliegen des Golfstroms führen. Da er das Klima in Europa wesentlich mitgestaltet, würden einschneidende Klimaveränderungen die Folge sein. Ferner würde die Vergrößerung des Meerwasservolumens durch Erwärmung und Schmelzen des in Grönland gebundenen Eises den Meeresspiegel ansteigen lassen und tiefer gelegene Küstenregionen würden versinken. Man vermutet, dass ca. im Jahr 2100 die Arktis im Spätsommer eisfrei ist, wenn die Konzentration der Treibhausgase weiter ansteigt. Die Erwärmung der Nordhalbkugel fiele wegen der größeren Landmassen größer aus als die der Südhalbkugel. Daher nimmt man an, dass in den Monsungebieten Asiens und in den mittleren Breiten der Nordhalbkugel die Niederschläge zunehmen. Zudem könnten sich die Gegensätze zwischen Feucht- und Trockengebieten verstärken, was wiederum zu Dürren und Unwettern führen kann.

In den vergangenen 150 Jahren beobachtet man ein immer schnelleres Ansteigen der globalen Mitteltemperatur [B7]. Dies ist nach Aussagen von Klimaforschern nicht mehr nur auf natürliche Klimaschwankungen zurückzuführen. Wenn es zu einer Klimakatastrophe kommt, sind die Menschen mit ihrem Ausstoß klimaschädlicher Gase mitverantwortlich.

A8 Der zunehmende Gehalt an Treibhausgasen in der Atmosphäre führt zur Verstärkung des Treibhauseffektes. Welche Gefahren sind damit verbunden?

A9 Recherchiere im „Kyoto-Protokoll", wie stark man die Emission von Kohlenstoffdioxid bis zum Jahr 2012 senken will.

A10 Recherchiere im Internet, z. B. auf den Seiten des DKRZ (Deutsches Klimarechenzentrum) Aussagen über die Klimaentwicklung der nächsten Jahrzehnte.

16.2 Strategien gegen Treibhausgase

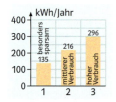

B1 Bedarf elektrischer Energie von Gefrierschränken

B2 Vergleich Waschmaschine 1950 und 2000 mit 4,5 kg Waschfüllung

Die Emission von Treibhausgasen führt zu einer stärkeren Erwärmung der Atmosphäre. Auch durch einen – unrealistischen – Emissionsstopp würde man nicht zum natürlichen Treibhauseffekt zurückkehren. Damit die weitere Erwärmung der Atmosphäre in Grenzen gehalten wird, muss die Verringerung der Emission von Treibhausgasen oberstes Ziel bleiben.

Energiesparen. Verringern wir unseren Energiebedarf, werden weniger Treibhausgase freigesetzt. Spart man z. B. 1 kWh Strom ein, so werden dadurch 690 g Kohlenstoffdioxid weniger emittiert. Moderne Elektrogeräte arbeiten heute Energie sparend [B1, B2]. Niedrigtemperaturheizanlagen arbeiten mit einem höheren Wirkungsgrad, Kessel mit „Brennwerttechnik" nutzen auch noch einen Teil der im Abgas vorhandenen Wärme (Kap. 12.14). Durch verbesserte Isolation der Häuser kann der Energiebedarf für die Raumheizung gesenkt werden.
Etwa 22 % der Kohlenstoffdioxidemission in Deutschland gehen auf den Verkehr zurück. Nur durch eine Reduzierung des Kraftstoffverbrauchs kann eine Verringerung der Emissionen erreicht werden. Jeder Autofahrer kann durch entsprechende Fahrweise (z. B. Beschleunigung) und jeder Einzelne durch sein Verhalten (z. B. Benutzung öffentlicher Verkehrsmittel) einen Beitrag dazu leisten. Erhebliche Energiemengen werden nutzlos bei der Stromgewinnung als Abwärme an die Umwelt abgegeben. Wird die Abwärme des Kraftwerks gleichzeitig zum Heizen benutzt (Kraft-Wärme-Kopplung), so werden die Brennstoffe besser ausgenutzt. Eine geringere energiebezogene Kohlenstoffdioxidemission lässt sich auch durch Verbrennung effektiverer Energieträger erreichen (Kap. 12.14).

Erneuerbare Energiequellen. Erzeugung elektrischer Energie aus Quellen, die keine fossilen Energieträger verbrauchen, kann die Belastung der Atmosphäre wirkungsvoll verringern. Als Energiequellen kommen Sonne, Wind, Wasser und Atomenergie infrage. Da man sich in Deutschland gegen die Atomenergienutzung ausgesprochen hat und die Erzeugung elektrischer Energie aus Wasserkraftwerken nicht mehr zu steigern ist, bleiben Sonnen- und Windenergie als Entwicklungsmöglichkeiten. Die Sonnenenergie kann direkt mithilfe von Solarzellen in elektrische Energie umgewandelt werden, über Wärmetauscher kann sie zum Heizen nutzbar gemacht werden. Diese Art der Bereitstellung nutzbarer Energie stößt in Deutschland wegen seiner geografischen Lage an Grenzen. Derartige Formen der Nutzung der Sonnenenergie bleiben eher südlicheren Ländern vorbehalten. Windenergie wird seit einigen Jahren in größerem Umfang genutzt [B4]. Windparks und „Offshore-Anlagen" vor der Küste erzeugen mittlerweile elektrische Energie in Größenordnungen, die auch industriellen Maßstäben genügen.
Als weitere Energiequelle wird in zunehmendem Maße Wasserstoff eingesetzt (Kap. 12.14). Bevor dieser allerdings verbrannt oder in Brennstoffzellen verwendet werden kann, muss er erzeugt werden, wozu bisher wiederum elektrische Energie benötigt wird.

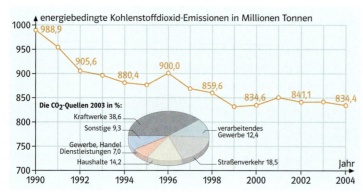

B3 Die deutsche Kohlenstoffdioxid-Bilanz

B4 Offshorewindpark

336 Allgemeine Chemie

Exkurs Halogenkohlenwasserstoffe

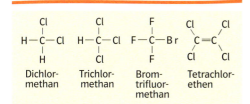

In einem Kohlenwasserstoffmolekül kann jedes Wasserstoffatom durch ein Fluor-, Chlor-, Brom- oder Iodatom, also ein Halogenatom ersetzt werden. Es gibt daher eine Vielzahl von Halogenkohlenwasserstoffen. Sie lösen sich gut in Fetten, sind andererseits auch gute Lösungsmittel für Fette, sie sind lipophile Stoffe. Der Ersatz eines Wasserstoffatoms durch ein Halogenatom führt zu einer höheren Siedetemperatur der gebildeten Verbindung, außerdem wird die Dichte größer. Die Brennbarkeit der Halogenkohlenwasserstoffe ist umso schlechter, je mehr Wasserstoffatome durch Halogenatome ersetzt sind; diese Verbindungen sind reaktionsträge.

Wegen ihrer schädlichen Wirkung auf die Umwelt werden Halogenkohlenwasserstoffe nicht mehr in großem Umfang eingesetzt. Als Lösungsmittel für lipophile Stoffe, z. B. beim Entfetten von Metallteilen, verwendet man Dichlormethan und Trichlormethan (Chloroform). Bis man seine krebserzeugende Wirkung erkannte, wurde Tetrachlormethan im Haushalt als Fleckentferner eingesetzt. In der chemischen Reinigung dient das nicht brennbare, flüssige Tetrachlorethen („Per") als Lösungsmittel für Fette und Öle. Bromfluoralkane werden wegen der Brand hemmenden Wirkung z. B. in Feuerlöscheranlagen für Computerräume eingesetzt, allgemein dürfen sie wegen ihrer umweltschädigenden Wirkung nicht mehr verwendet werden.

Trotz ihrer Reaktionsträgheit haben die gasförmigen **C**hlor**F**luor**K**ohlen**W**asserstoffe (CFKW) einen erheblichen Einfluss sowohl auf die Troposphäre als auch auf die Stratosphäre. Das Treibhauspotential dieser Verbindungen ist 3500- bis 7500-mal so groß wie das von Kohlenstoffdioxid. Durch ihr langes Verweilen in der Troposphäre gelangen sie auch in die Stratosphäre, wo sie die Ozonschicht schädigen.

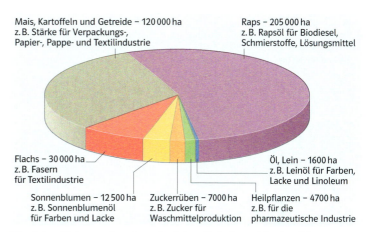

B5 Anbauflächen nachwachsender Rohstoffe in Deutschland und ihre Verwendung

Nachwachsende Rohstoffe. Pflanzen nehmen bei der Fotosynthese Kohlenstoffdioxid aus der Luft auf und geben Sauerstoff ab. Werden Pflanzen anstelle von fossilen Brennstoffen zur Energiegewinnung genutzt, oder als Rohstoffe anstelle von Erdöl eingesetzt, bleibt der Kohlenstoffdioxidanteil in der Atmosphäre nahezu ausgeglichen. Versuchsweise werden heute Rapsöl, z. T. weiterverarbeitet als Rapsölmethylester, und Alkohol (z. B. aus Zuckerrohr) als Treibstoffe eingesetzt (Kap. 13.8). Biogas aus organischen Abfällen wird zur Erzeugung elektrischer Energie und zum Heizen verbrannt.

A1 Im Haushalt wird der größte Teil der Energie für die Raumheizung verwendet. Welche Möglichkeiten gibt es, die Emission von Kohlenstoffdioxid beim Heizen zu beeinflussen?

A2 **a)** Beschreibe den Kohlenstoffdioxidkreislauf (Kap. 15.6) bei der Nutzung nachwachsender Rohstoffe. Vergleiche mit der Verwendung von Erdöl als Rohstoff.
b) Welche Faktoren müssen berücksichtigt werden, wenn der Anbau von nachwachsenden Rohstoffen hinsichtlich seiner Klimawirksamkeit beurteilt werden soll?

16.3 Ozon in der Troposphäre – Sommersmog

ca. 20 μg/m³
Geruchsschwellenwert
160 bis 300 μg/m³
Lungenfunktionsveränderungen bei körperlicher Belastung
ab 200 μg/m³
Tränenreiz, Reizung der Atemwege, Kopfschmerz, Atembeschwerden
240 bis 300 μg/m³
Zunahme der Häufigkeit von Asthmaanfällen
240 bis 700 μg/m³
Abnahme der Leistungsfähigkeit
ab 800 μg/m³
entzündliche Reaktionen des Gewebes

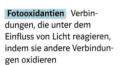

B1 Auswirkungen des bodennahen Ozons auf Menschen

Fotooxidantien Verbindungen, die unter dem Einfluss von Licht reagieren, indem sie andere Verbindungen oxidieren

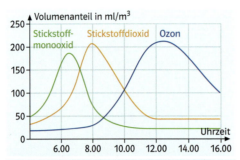

Ein hohes Verkehrsaufkommen führt zu Emissionen von Kohlenwasserstoffen und Stickstoffoxiden. Diese Schadstoffe sind an Folgereaktionen beteiligt, bei denen auch OH-Radikale entstehen.
Mit dem Berufsverkehr steigt der NO-Gehalt, erreicht ein Maximum und fällt wieder ab, obwohl das Verkehrsaufkommen noch hoch ist. Es erfolgt eine Reaktion des NO zu NO_2. Kurze Zeit später reicht die Intensität der Sonnenstrahlung aus, die NO_2-Moleküle zu spalten, es entstehen NO-Moleküle und O-Atome, die mit O_2-Molekülen zu Ozon (O_3) reagieren. Die NO-Moleküle reagieren wieder zu NO_2-Molekülen und die Vorgänge wiederholen sich. In einer Reaktionskette entsteht ständig Ozon.

B2 Ozon durch Emissionen des Verkehrs

„Oben hui, unten pfui" lautete die Überschrift eines Zeitungsartikels zur Ozonproblematik. Während einerseits Ozon in der Stratosphäre vor schädlicher UV-Strahlung schützt, werden an sonnigen, heißen Sommertagen Ozonwarnungen ausgegeben. Bei erhöhten Ozonwerten soll man keinen Sport betreiben, Kleinkinder und alte Menschen sind besonders gefährdet. Vor allem zwischen den Mittags- und Abendstunden werden Rekordwerte erreicht. Wie kommt es zu dieser Entwicklung?

Bildung von Ozon am Boden. Ozon entsteht in den Dunstglocken der Industrie- und Ballungsgebiete. Stickstoffdioxid aus den Auspuffgasen reagiert unter der Einwirkung der Sonnenstrahlung mit Sauerstoff u. a. zu Ozon [B2]. Aus Ozon- und Wassermolekülen entstehen OH-Radikale, Verbindungen, die ungepaarte Elektronen besitzen und daher besonders reaktionsfreudig sind. Ozon, OH-Radikale und andere **Fotooxidantien** oxidieren organische Verbindungen in der Atmosphäre. Unter den Folgeprodukten können weitere Schadstoffe sein. Immer, wenn besonders intensive Sonnenstrahlung und hohe Abgaskonzen-

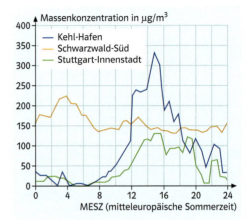

B3 Ozonmesswerte in städtischen und ländlichen Gebieten. Beispiel für einen Tagesgang Ozon

trationen bei bestimmten Wetterlagen zusammentreffen, entstehen besonders viele schädliche Verbindungen. Man spricht dann vom **Sommersmog** oder **Los-Angeles-Smog**. Ab einer Ozonkonzentration von 240 μg/m³ werden Maßnahmen zum Schutz der Bevölkerung, wie z. B. Fahrverbote, eingeleitet. Schadstoffe und Ozon werden durch den Wind weiträumig verteilt. In der Nacht wird Ozon unter Mitwirkung von Schadstoffen abgebaut. In Reinluftgebieten, wo weniger Schadstoffe vorhanden sind, erfolgt dies langsamer, daher können in ländlichen Gebieten über längere Zeit erhöhte Ozonwerte gemessen werden [B3].

Auswirkungen des bodennahen Ozons. Ozon kann Auswirkungen auf die Gesundheit haben [B1], gefährdet sind besonders die Atemwege und die Lunge. Erhöhte Ozonkonzentrationen führen vermehrt zu Asthmaanfällen und mindern die Leistungsfähigkeit. Ozon schädigt Pflanzen, gilt als Mitverursacher für Waldschäden und hat Einfluss auf den Treibhauseffekt (Kap. 16.1).

A1 Stelle die Vorgänge zusammen, die zum Entstehen des Sommersmogs führen.

A2 Beschreibe die Kurvenverläufe in B3 und deute sie.

16.4 Ermittlung von Luftschadstoffen

Praktikum Nachweis von Stickstoffdioxid in Verbrennungsgasen

Hinweis: Stickstoffdioxid in Gasgemischen kann mit einer als Saltzmann-Reagenz bezeichneten Lösung nachgewiesen werden. Je nach Konzentration des Stickstoffdioxids im Gasgemisch färbt sich die Lösung rosa bis rot. Die Versuche können mit derselben Nachweislösung jeweils wiederholt werden, bis die Rotfärbung deutlich genug ist. Die Gasprobe des vorausgegangenen Versuchs muss dann bei senkrecht gehaltenem Kolbenprober (Spitze nach oben!) vorher herausgedrückt werden.

Geräte und Chemikalien: Trichter, Kolbenprober mit Hahn, Schlauch, Stativ mit Klammer; Saltzmann-Reagenzlösung, Streichholz, Kerze, Zigarette.

Durchführung:
a) Ziehe in den Kolbenprober ca. 10 ml Saltzmann-Reagenzlösung auf und verschließe ihn. Befestige ihn waagerecht am Stativ und verbinde ihn über den Schlauch mit dem Trichter. Halte unter den Trichter ein brennendes Streichholz (Kerze) und ziehe langsam den Kolben zurück (Endvolumen ca. 90 ml). Schließe den Hahn. Schüttle den Kolbenprober etwa 1 min lang.
b) Drücke für den nächsten Versuch das Gas aus dem Kolbenprober (siehe oben) und schließe den Hahn. Schiebe nun über das Ansaugrohr des Kolbenprobers einen ca. 3 cm langen Kunststoffschlauch und stecke eine Zigarette in das freie Ende. Ziehe nach Entzünden der Zigarette und Öffen des Hahns den Tabakrauch in den Kolbenprober (Endvolumen ca. 90 ml). Schließe den Hahn und schüttle den Kolbenprober etwa 1 min lang.

A1 Formuliere die Reaktionsgleichung für die Bildungsreaktion von Stickstoffdioxid im Verbrennungsgas.

V1 (Abzug! Ozon ist sehr giftig.) Man baut die Apparatur mit einem HNS-Ozonstrahler nach B1 auf und lässt Sauerstoff durch das Reaktionsgefäß strömen. Man schaltet den Ozonstrahler nach Vorschrift ein und leitet im abgedunkelten Raum das ausströmende Gas bei eingeschalteter UV-Lampe zwischen Lampe und Leuchtschirm. Ozon kann auch mit angefeuchtetem Kaliumiodid-Stärke-Papier nachgewiesen werden.

V2 Während man Ozon in V1 nachweist, spritzt man ca. 10 ml eines gasförmigen Halogenkohlenwasserstoffs (CFKW) durch die Silikonmembran in das Reaktionsgefäß.

Ozon entsteht in der Stratosphäre unter dem Einfluss energiereicher UV-Strahlung.

$$3 O_2 \xrightarrow{\text{UV-Licht}} 2 O_3$$

Diesen Versuch kann man im Experiment nachstellen und so die Bildung, einige Eigenschaften und den Abbau des Ozons zeigen.

Leitet man Ozon zwischen eine UV-Lampe und einen Schirm, der aufleuchtet, wenn UV-Licht ihn trifft, kann man wolkenförmige Schatten erkennen. Das UV-Licht wurde vom Ozon absorbiert und erreicht an diesen Stellen den Schirm nicht. CFKW, die während des Versuchs in das Reaktionsgefäß gegeben werden, zerstören das Ozon, dessen wolkenförmige Schatten dann nicht mehr zu beobachten sind.

Da Iodidionen oxidiert werden, kann Ozon auch mit feuchtem Kalium-Iodid-Stärkepapier nachgewiesen werden. Das in der Reaktion von Iodidionen mit Ozon entstandene Iod bildet mit der Stärke eine farbige Verbindung. Bei Anwesenheit von Ozon wird das Reagenzpapier daher blauschwarz gefärbt [V1].

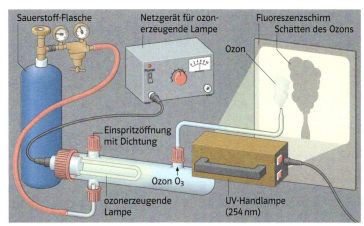

B1 Erzeugung und Nachweis von Ozon mit UV-Licht

16.5 Ozon in der Stratosphäre – die Ozonschicht

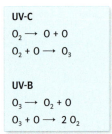

UV-C
$O_2 \longrightarrow O + O$
$O_2 + O \longrightarrow O_3$

UV-B
$O_3 \longrightarrow O_2 + O$
$O_3 + O \longrightarrow 2\, O_2$

B1 Der Ozonkreislauf

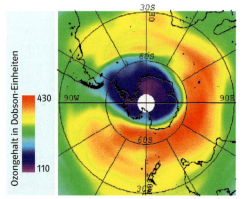

B3 Ozonloch. Satellitenmessung der Ozonschicht über der Antarktis im Sept. 1996 (DLR, Oberpfaffenhofen)

Name: *Ozon* von griech. ozein, nach etwas riechen

Formel: O_3

Schmelztemperatur: −192 °C

Siedetemperatur: −110 °C

Farbe:
$O_3(g)$ *blau*
$O_3(l)$ *blauviolett*
$O_3(s)$ *schwarzviolett*

$O_3(l)$ und $O_3(s)$ *explodieren bei Berührung*

Geruch: *charakteristisch*

Giftigkeit: *T (giftig)*

Toxische Wirkung: *Reizung von Augen und Schleimhäuten; Husten, Kopfschmerzen, Schädigung der Lungenfunktion*

Löslichkeit: *schlecht löslich in Wasser*

Oxidationswirkung: *eines der stärksten Oxidationsmittel*

B2 Ozon-Steckbrief

Oberhalb der Troposphäre ab etwa 12 bis 15 km Höhe beginnt die Stratosphäre, in der die von der Sonne kommende Strahlung die Sauerstoffmoleküle zu Reaktionen anregt.

Die Ozonschicht. Die sehr energiereichen UV-Strahlen, die für Lebewesen gefährlich sind [B1], bewirken eine Spaltung der Sauerstoffmoleküle. Die entstehenden Sauerstoffatome reagieren mit weiteren Sauerstoffmolekülen zu Ozon.
Die bei dieser Reaktion benötigte Strahlungsenergie fehlt in den tieferen Luftschichten, sie wurde absorbiert. Auch für die Rückreaktion, den Zerfall der Ozonmoleküle zu Sauerstoffmolekülen, wird Energie aus dem Strahlungsangebot der Sonne benötigt, auch diese Strahlung liegt im Bereich der energiereichen UV-Strahlung. Zwischen beiden Reaktionen stellt sich ein Zustand ein, in dem Ozonmoleküle sowohl gebildet wie zerstört werden. Der Bereich der Stratosphäre, in dem diese Reaktionen ablaufen, heißt Ozonschicht. Sie ist ein wichtiger Filter der Atmosphäre, der Leben auf dem Planeten Erde überhaupt erst möglich macht.

Gefährdung der Ozonschicht. Ozonmoleküle sind sehr reaktiv und könnten daher gut mit anderen, in der Atmosphäre vorhandenen Teilchen reagieren. Jedoch können nicht alle Moleküle aus der Troposphäre in den Bereich der Stratosphäre gelangen. Dies verhindert die zwischen beiden liegende **Tropopause**. Nur Stoffe mit langen Verweilzeiten in der Troposphäre und solche aus Vulkaneruptionen und Flugzeugabgasen gelangen in den Bereich der Ozonschicht. Aufgrund ihrer Reaktionsträgheit reichern sich Chlorfluorkohlenwasserstoffe (CFKW) über Jahre hinweg in der Troposphäre an und gelangen allmählich in die Stratosphäre, wo sie mit den Ozonmolekülen reagieren können. Sie tragen so zur Zerstörung der Ozonschicht bei.

Exkurs UV-Strahlung und Sonnenschutz

Die UV-Strahlung des Sonnenlichts unterteilt man in drei Wellenlängenbereiche – UV-A, UV-B und UV-C. Der Energiegehalt nimmt von A bis C zu. Aufgrund der Absorptionswirkung des Ozons in der Stratosphäre kommen nur UV-A und UV-B bis zur Erdoberfläche. Der Anteil der energieärmeren UV-A- ist zudem 500- bis 1000-mal so hoch wie der der UV-B-Strahlung. UV-A führt zur Bildung des Hautfarbstoffs Melanin, der die Bräunung der Haut hervorruft.

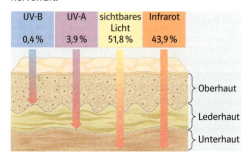

Da UV-A-Strahlung bis zur Lederhaut vordringt, beschleunigt sie die Hautalterung und Faltenbildung. Über längere Zeiträume kann UV-A die Erbsubstanz der Oberhautzellen schädigen und zu Hautkrebs führen. Die energiereichere UV-B-Strahlung kann die Zellen der Oberhaut in weit größerem Maße schädigen und so Hautkrebs auslösen. Intensive oder lange einwirkende Sonnenstrahlung führt zu einer großflächigen Schädigung der Zellen der Oberhaut, es bildet sich ein Ödem, das sich entzündet – ein Sonnenbrand ist entstanden. Schutz vor den schädlichen Wirkungen der UV-Strahlen bieten sonnendichte Kleidung, Sonnenbrille und Kopfbedeckung sowie Sonnencremes und vor allem Vorsicht, wenn man die Haut der Sommersonne aussetzt.

Ozon in der Stratosphäre – die Ozonschicht

Das Ozonloch. Die Ozonschicht wird über der Antarktis bereits seit 1958 genau vermessen [B4]. Man misst den Anteil an Ozon in der Stratosphäre in Dobson-Einheiten (DU), 100 DU entsprechen einer 1 mm hohen Schicht Ozon, wenn alles Ozon in einer Säule über der durchmessenen Fläche bei 0 °C und 1013 hPa zusammengedrückt würde. Die Messungen ergaben, dass die Ozonkonzentration nicht im gesamten Jahr gleich bleibt. Nach einem Maximum im antarktischen Sommer erreicht sie ein Minimum im Frühling. Seit 1979 beobachtet man jedoch eine Verringerung der Ozonkonzentration im Frühjahr. 1992 betrug sie nur noch 35 % der 1970 gemessenen.

Diese Verringerung der Ozonkonzentration in der Stratosphäre wird als **Ozonloch** bezeichnet. Den weitaus größten Einfluss auf die Zerstörung der O_3-Moleküle haben die **CFKW** wie z. B. $CFCl_3$. Wenn $CFCl_3$-Moleküle in den Bereich der energiereichen UV-Strahlung kommen, werden sie in zwei sehr reaktionsfähige Teilchen, Cl und $CFCl_2$, gespalten. Die Chloratome (ein ungepaartes Elektron) greifen nun in die Reaktionen zwischen Sauerstoffmolekülen, Sauerstoffatomen und Ozonmolekülen ein. Sie reagieren mit Ozon und entziehen es so dem Kreislauf [B6]. Das Reaktionsprodukt zerfällt unter den Bedingungen in der Stratosphäre wieder und es entstehen erneut Chloratome, die mit weiteren Ozonmolekülen reagieren. So kann ein Chloratom bis zu 100 000 Ozonmoleküle zerstören.

Im Südpolarwinter werden die zerstörerischen Chlorverbindungen über der Antarktis in stratosphärischen Wolken gespeichert. Im Frühjahr, bei uns also im September/Oktober, können sich aus den gespeicherten Verbindungen durch die stärker werdende Sonnenstrahlung wieder Chloratome bilden. Die jetzt in großer Menge entstehenden Chloratome bewirken einen lawinenartigen Abbau des Ozons. Das Frühjahrs-Ozonloch ist entstanden.

Das Ozonloch hatte sich im Jahr 2000 bereits bis auf eine Fläche von ca. 30 Mio. km² ausgedehnt. Im Süden Australiens müssen sich die Menschen schon vor der energiereichen UV-Strahlung schützen [B5].

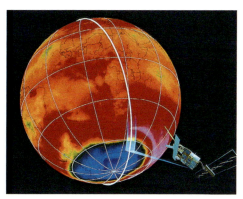

B4 Der Ozongehalt der Atmosphäre wird mit Satelliten gemessen

A1 Warum sind selbst bei einem sofortigen Verbot des Einsatzes von Halogenkohlenwasserstoffen frühestens in 20 Jahren positive Auswirkungen zu erwarten?

A2 Obwohl die Chlorfluorkohlenwasserstoffe nur in sehr geringen Konzentrationen in der Stratosphäre vorliegen, schädigen sie die Ozonschicht doch beträchtlich. Erkläre.

A3 Informiere dich im Internet auf der Seite der NASA über die Messung der Ozonkonzentration in der Atmosphäre.

UV-C

$CFCl_3 \longrightarrow CFCl_2 \cdot + Cl \cdot$

$Cl \cdot + O_3 \longrightarrow ClO \cdot + O_2$

$2 ClO \cdot \longrightarrow Cl_2O_2$

$Cl_2O_2 \longrightarrow 2 Cl \cdot + O_2$

$Cl \cdot + O_3 \longrightarrow \ldots$

B6 Reaktionen beim Ozonabbau

CFKW Chlorfluorkohlenwasserstoffe

3. März 2004. In Australien geht jetzt der Sommer zu Ende. Wenn es in Europa Frühling wird, kommt in „Down under" der Herbst. In diesem Sommer hat die Regierung eine neue Kampagne zur Bekämpfung der Volkskrankheit Nr. 1, des Hautkrebses, gestartet. „Slip, Slap, Slop" steht auf tausenden Plakaten im ganzen Land. Das bedeutet: Den Kopf bedecken, lange Hosen und lange Ärmel tragen und sich eincremen.

Australische Eltern werden seit Langem aufgefordert, ihre Kinder im Sommer nur noch 10 bis 15 Minuten am Tag ins Freie zu lassen. Wer ohne Kopfbedeckung in die Schule kommt, muss die Pausen im Klassenzimmer verbringen. Ursache dieser für Europäer noch unvorstellbaren Maßnahmen ist das „Ozonloch" – die dünner gewordene Ozonschicht, die uns vor UV-Strahlen der Sonne schützt …

B5 Eine Meldung aus Australien

16.6 Durchblick Zusammenfassung und Übung

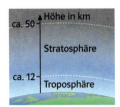

B1 Aufbau der unteren Atmosphäre (Lufthülle der Erde)

Atmosphäre
Lufthülle der Erde [B1].

Treibhausgase
Beispiele: Wasserdampf, Kohlenstoffdioxid, Distickstoffoxid, Methan, Ozon.

Treibhauseffekt
Durch *Treibhausgase* hervorgerufene, zusätzlich zum natürlichen Treibhauseffekt auftretende Erwärmung der Troposphäre. Die Gase speichern die von der Erde abgegebene Wärmestrahlung und geben sie verzögert in den Weltraum ab. Der Temperaturunterschied durch den *natürlichen Treibhauseffekt* beträgt ca. 33 °C. Durch ihn wird die globale *Mitteltemperatur* auf z. Zt. ca. 15 °C erhöht. Der *anthropogene* Treibhauseffekt wird vor allem durch Kohlenstoffdioxid aus fossilen Energieträgern verursacht.

Klima
Zustand der Atmosphäre und des darunter liegenden Landes oder Wassers, der über längere Zeiträume festgestellt wird. Durch die zusätzliche Erwärmung der Atmosphäre kann es zu Klimaveränderungen kommen, die das Leben auf der Erde erschweren.

Sommersmog
Bei bestimmten Wetterlagen reichern sich Stickstoffoxide an, die bei Verbrennungen an der Luft in der Atmosphäre entstehen können. Mithilfe der Stickstoffoxide kann Ozon gebildet werden, das z. B. für die Atemwege gefährlich ist. Ozon schädigt alle Lebewesen.

Ozonschicht
Bereich der Stratosphäre, in der mithilfe kurzwelliger UV-Strahlung Sauerstoff zu Ozon reagiert und Ozon zu Sauerstoff zerfällt. Die Ozonschicht wirkt wie ein Filter für die schädliche UV-Strahlung, die hier absorbiert wird. Durch Chlorfluorkohlenwasserstoffe kann Ozon zerstört werden. Die Folge ist eine Verringerung der Ozonkonzentration in der Ozonschicht. Das geschieht vor allem im antarktischen Frühjahr über dem Südpol. Es entsteht das Ozonloch.

A1 In der Grafik B2 sind neben den Unterzeichnerstaaten auch die Staaten aufgeführt, die das Kyoto-Protokoll nicht unterzeichnet haben. Diskutiere den zu erwartenden Erfolg dieser Vereinbarung.

A2 Welche Auswirkungen sind bei einem Anstieg der Durchschnittstemperatur in Europa zu erwarten?

A3 Interpretiere die Grafik in B3 in Hinblick auf **a)** Gründe für die Höhe der Kohlenstoffdioxidemissionen und **b)** die Angaben der Veränderungen.

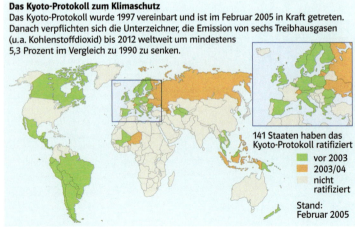

B2 Das Kyoto-Protokoll

B3 Klima-Sünder

Basiskonzepte

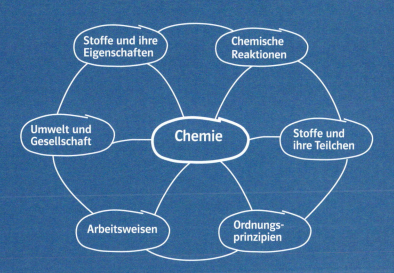

Basiskonzepte sind allgemeine Prinzipien, die sich wie ein roter Faden durch die Chemie ziehen.
Sie sind also etwas Übergreifendes.
Es gibt sechs Basiskonzepte:

▬ Um den Sinn von Basiskonzepten aufzuzeigen, kann man sich des folgenden Modells bedienen: Auf einem Markt gibt es drei Früchtestände jeweils mit diversen Früchten. Nun könnte man ein neues „Standthema" – „rote Beeren" wählen. Dieser neue Stand soll mit den an den drei Ständen vorhandenen Früchten bestückt werden. Am vierten Stand würden dann also Tomaten, Himbeeren, Erdbeeren und Johannisbeeren verkauft werden.

▬ Die drei ersten Stände entsprechen der gesamten Chemie bzw. den einzelnen Kapiteln im Buch. Schaut man die Inhalte unter einem anderen Blickwinkel an, können die Inhalte neu sortiert und unter einer neuen „Überschrift", des Basiskonzepts, dargestellt werden. In diesem Kapitel erfolgt eine zusammenfassende Darstellung dieser Basiskonzepte. Sie sind in den bisherigen Kapiteln des Buches immer wieder zum Ausdruck gekommen, ohne dass sie besonders benannt oder als Prinzip hervorgehoben wurden.

Stoffe und ihre Eigenschaften

B1 Untersuchung von Sprudelwasser

Die Chemie beschäftigt sich mit Stoffen und ihren Eigenschaften. Diese sind von großer Bedeutung, da mit ihrer Hilfe eine riesige Anzahl von Stoffen geordnet und in Gruppen zusammengefasst werden kann. Ebenso dienen die Eigenschaften zur Charakterisierung eines Stoffes, wobei hierfür eine Eigenschaft allein nicht ausreicht, es sind immer mehrere Eigenschaften („Kombination von Eigenschaften, Steckbrief"), die einen Stoff kennzeichnen.

Stoff/Teilchen	Nachweisreaktion
Sauerstoff	Glimmspanprobe
Wasserstoff	Knallgasprobe
Kohlenstoffdioxid	Weißer Niederschlag von Kalk nach Einleiten in Kalkwasser
Wasser	Blaufärbung von weißem Kupfersulfat oder Wasser-Test-Papier
Saure und alkalische Lösungen	Indikatorfärbungen
Chloridionen	Weißer, käsiger Niederschlag von Silberchlorid bei Zusatz von Silbernitratlösung
Alkene	Rasche Entfärbung einer Bromlösung (ohne zu belichten)

1. Stoffklassen
Zahlreiche Stoffe besitzen gemeinsame Eigenschaftskombinationen, diese Stoffe kann man zu Stoffklassen zusammenfassen [B2].

2. Nachweisreaktionen
Häufig ist es in der Chemie notwendig, einen Stoff rasch und zweifelsfrei zu identifizieren. Hierzu wendet man Nachweisreaktionen an, die dadurch gekennzeichnet sind, dass sie unter den gegebenen Versuchsbedingungen für einen Stoff bzw. seine Teilchen eindeutig sind.

A1 Bei der Untersuchung von Sprudelwasser mit entsprechenden Reagenzien kann man die in [B1] dargestellten Beobachtungen machen.
a) Welche Schlüsse lassen sich daraus ziehen?
b) Formuliere für die auftretenden Niederschläge die jeweilige Reaktionsgleichung.

A2 Zur Bestimmung der Temperatur können neben den üblichen Thermometern mit Alkohol- oder Quecksilberfüllung auch nach ganz anderen Prinzipien konstruierte Messgeräte, wie z. B. ein Galilei-Thermometer, verwendet werden [B4]. In diesem Thermometer befinden sich in einer Flüssigkeit Glaskugeln mit Plomben mit eingeprägter Temperaturangabe, die je nach Auftrieb schwimmen, schweben oder am Grund liegen. Die unterste der oben schwimmenden Glaskugeln gibt die momentane Temperatur an. Welche Veränderungen werden die abgebildeten Thermometer bei Erhöhung der Temperatur zeigen? Begründe.

A3 Eine wichtige Aufgabe ist es, aus Gemischen Reinstoffe zu gewinnen. Dabei bestimmen oft die unterschiedlichen Eigenschaften der Stoffe und Gemische die Auswahl der anzuwendenden Trennverfahren. Gib für die folgenden Trennverfahren die jeweils zur Trennung genutzten Eigenschaften der Stoffe an: Filtrieren, Dekantieren, Sedimentieren, Extrahieren, Destillieren, Eindampfen.

A4 Gib für Magnesium und Sauerstoff sowie für Magnesiumoxid typische Stoffeigenschaften an.

B2 Stoffklassen

Stoffe und ihre Eigenschaften

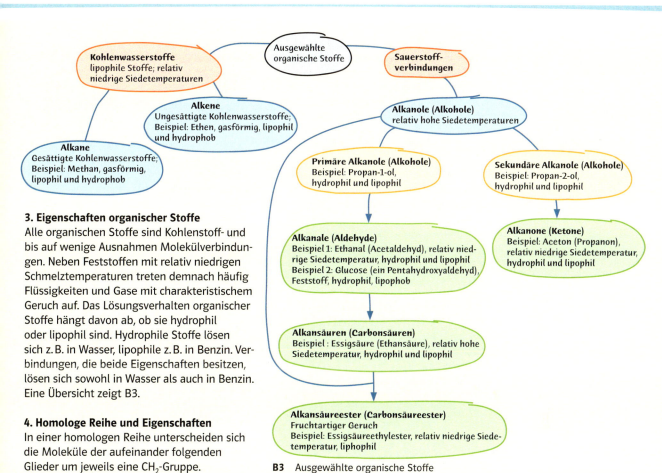

3. Eigenschaften organischer Stoffe
Alle organischen Stoffe sind Kohlenstoff- und bis auf wenige Ausnahmen Molekülverbindungen. Neben Feststoffen mit relativ niedrigen Schmelztemperaturen treten demnach häufig Flüssigkeiten und Gase mit charakteristischem Geruch auf. Das Lösungsverhalten organischer Stoffe hängt davon ab, ob sie hydrophil oder lipophil sind. Hydrophile Stoffe lösen sich z. B. in Wasser, lipophile z. B. in Benzin. Verbindungen, die beide Eigenschaften besitzen, lösen sich sowohl in Wasser als auch in Benzin. Eine Übersicht zeigt B3.

4. Homologe Reihe und Eigenschaften
In einer homologen Reihe unterscheiden sich die Moleküle der aufeinander folgenden Glieder um jeweils eine CH_2-Gruppe.

B3 Ausgewählte organische Stoffe

Homologe Reihe der Alkanole

CH_3-OH
CH_3-CH_2-OH
$CH_3-CH_2-CH_2-OH$
$CH_3-CH_2-CH_2-CH_2-OH$
$CH_3-CH_2-CH_2-CH_2-CH_2-OH$
$CH_3-CH_2-CH_2-CH_2-CH_2-CH_2-OH$
$CH_3-CH_2-CH_2-CH_2-CH_2-CH_2-CH_2-OH$

Innerhalb der homologen Reihe der Alkanole nehmen die Schmelz- und Siedetemperaturen sowie die Viskosität von oben nach unten zu. Während alle Verbindungen der homologen Reihe unbegrenzt in Benzin löslich sind, nimmt die Löslichkeit in hydrophilen Lösungsmitteln, wie z. B. Wasser, von oben nach unten ab.

A5 Nenne jeweils drei Beispiele für saure und alkalische Lösungen.

A6 Gib die jeweilige Stoffgruppe und die typischen Eigenschaften (v. a. Siedetemperaturen und Lösungsverhalten) an von: Ethan, Propen, Methanal, Ethanol, Glucose, Essigsäure, Aceton, Propansäurepropylester.

A7 Wie könnte man aus einem primären Alkohol über mehrere Reaktionsstufen einen Ester synthetisieren? Beschreibe einen Weg und gib die erforderlichen Reaktionstypen an [B3].

A8 Beschreibe die Änderung der Eigenschaften innerhalb der homologen Reihe der Alkane und der Alkansäuren.

B4 Außenthermometer und Galileo-Thermometer

Basiskonzepte 345

Stoffe und ihre Teilchen

Atomaufbau

Elektronen besetzen die Schalen

Atomkern

Protonen   Neutronen

Die Vielfalt der uns umgebenden Stoffe wird durch einige wenige Prinzipien geprägt. Stoffe können aus Atomen, Ionen oder Molekülen aufgebaut sein. Zwischen diesen Teilchen wirken Anziehungskräfte, die z. B. dazu führen, dass die Stoffe bei Zimmertemperatur fest, flüssig oder gasförmig vorliegen. Der räumliche Aufbau der Moleküle beeinflusst die Stärke der Anziehungskräfte zwischen ihnen. Die Lage der Teilchen zueinander im festen und flüssigen Zustand beeinflusst ebenfalls die Anziehungskräfte zwischen den Teilchen.

Wenn wir die Eigenschaften eines Stoffes deuten wollen, so überlegen wir zunächst:
1. aus welchen Teilchen ist der Stoff aufgebaut,
2. welche Anziehungskräfte können zwischen den Teilchen wirken?

Bestehen die Stoffe aus Molekülen, so formulieren wir auch Strukturformeln, um die Anziehungskräfte zwischen den Molekülen und Verknüpfungen zwischen den Atomen hervortreten zu lassen.

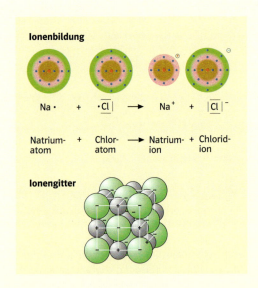

Ionenbildung

Na· + ·$\overline{Cl}|$ → Na^+ + $|\overline{Cl}|^-$

Natrium-   +   Chlor-   →   Natrium-   +   Chlorid-
atom   atom   ion   ion

Ionengitter

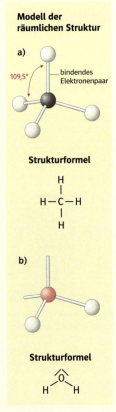

Modell der räumlichen Struktur

a) 109,5° bindendes Elektronenpaar

Strukturformel

H
|
H—C—H
|
H

b)

Strukturformel

H—Ö—H

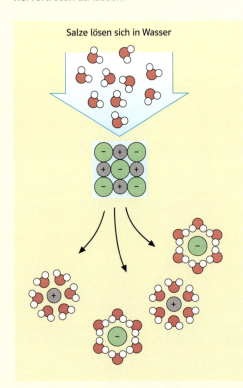

Salze lösen sich in Wasser

A1 Ordne den folgenden Stoffen: Aluminium, Argon, Brom, Natriumbromid, Chlorwasserstoff die Teilchenarten zu, aus denen sie aufgebaut sind.

A2 Erläutere an einem Beispiel den Aufbau der Elektronenhülle. Wodurch lässt sich die energetische Differenzierung der Elektronenhülle nachweisen?

A3 Stelle an einem Beispiel die Salzbildung aus den elementaren Stoffen dar. Erläutere, warum Ionenverbindungen meist spröde sind, eine hohe Schmelztemperatur haben und häufig gut in Wasser löslich sind.

A4 Erläutere die Edelgasregel.

A5 Beschreibe den Aufbau des Wassermoleküls, nenne und begründe die besonderen Eigenschaften des Wassers.

A6 Ordne den folgenden Stoffen: Wasserstoff, Chlorwasserstoff, Methan, Wasser, Kaliumchlorid die folgenden Siedetemperaturen zu: 100 °C, 1420 °C, −182 °C, −253 °C, −85 °C. Begründe deine Zuordnung.

A7 Saure Lösungen weisen Gemeinsamkeiten auf. Nenne und erkläre diese.

A8 Alkalische Lösungen weisen Gemeinsamkeiten auf. Nenne und erkläre diese.

Stoffe und ihre Teilchen

A9 Welche Gemeinsamkeiten und Unterschiede weisen die folgenden Formeln auf: HCl, NaCl, C_3H_8O? Welche Informationen lassen sich den Formeln entnehmen?

A10 Erkläre mithilfe der zwischenmolekularen Wechselwirkungen die Löslichkeit von Ethanol in Wasser und Heptan.

Molekül und Dipol

	unpolare Atombindung	polare Atombindung	polare Atombindung	polare Atombindung
EN	4,0 4,0	2,1 4,0	3,5 2,5 3,5	3,5 2,1
	$\|\overline{F}-\overline{F}\|$	$H-\overline{F}\|$ $\delta^+\ \delta^-$	$\delta^-\ \delta^+\ \delta^-$ $\langle O=C=O\rangle$	$\delta^-\ \delta^+$ $\|\overline{O}-H$ $\|$ H δ^+
	kein Dipol	Dipol	kein Dipol	Dipol

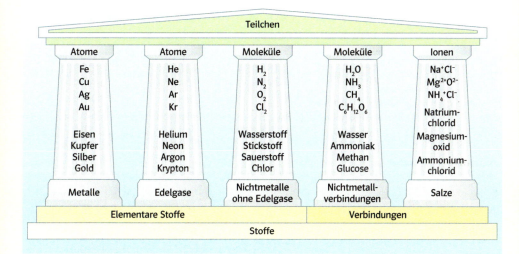

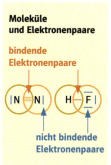

Moleküle und Elektronenpaare

bindende Elektronenpaare

nicht bindende Elektronenpaare

Molekül mit unpolarem und polarem Molekülteil

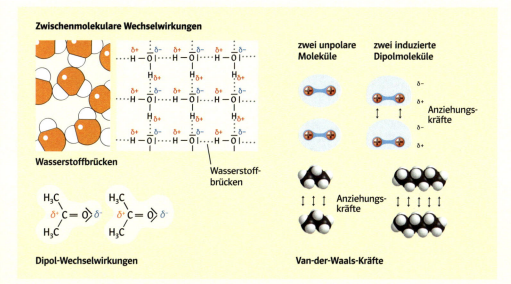

Charakteristische Ionen für saure Lösungen

und für alkalische Lösungen

Basiskonzepte

Chemische Reaktionen

Reaktionsschema:
Ausgangsstoffe → Reaktionsprodukte
z. B. Aluminium + rotes Eisenoxid → Aluminiumoxid + Eisen

Reaktionsgleichung:
$$2\,Al + Fe_2O_3 \longrightarrow Al_2O_3 + 2\,Fe$$

In einer Reaktionsgleichung werden für elementare Stoffe die Zeichen für die Atome bzw. die Molekülformel und für die Verbindungen Formeln angegeben. Dabei müssen die Anzahlen der Atome für jede Atomart auf beiden Seiten des Reaktionspfeils gleich sein.

Täglich kommen wir mit chemischen Reaktionen und Produkten dieser stofflichen Veränderungen in Berührung. Wenn wir chemische Reaktionen durchführen und nach Erklärungen suchen, gewinnen wir ein Verständnis für die uns zunächst rätselhaften Vorgänge. Es gelten für die Massen beteiligter Stoffportionen bestimmte Grundgesetze. Reagieren Stoffe miteinander, wird Energie abgegeben oder aufgenommen. Durch Reaktionsgleichungen lassen sich Teilchenumsätze quantitativ erfassen.
Die Vielzahl chemischer Reaktionen kann durch wenige Reaktionstypen geordnet werden.

Massengesetze
Für eine chemische Reaktion, z. B.:
Stoff A + Stoff B → Stoff C + Stoff D
gelten **zwei Massengesetze**:
das **Gesetz von der Erhaltung der Masse**
$m(\text{Stoff A}) + m(\text{Stoff B}) = m(\text{Stoff C}) + m(\text{Stoff D})$
und
das **Gesetz der konstanten Massenverhältnisse**
$$\frac{m(\text{Stoff A})}{m(\text{Stoff B})} = K_1 \quad \frac{m(\text{Stoff A})}{m(\text{Stoff C})} = K_2$$

$K_1, K_2, \ldots$ sind konstante Zahlenwerte

Bei bekannter Reaktionsgleichung

$$2\,Al + Fe_2O_3 \longrightarrow Al_2O_3 + 2\,Fe$$

lassen sich Massenverhältnisse berechnen, z. B.:

$$\frac{m(\text{Aluminium})}{m(\text{Eisenoxid})} = \frac{2 \cdot m_t(Al)}{m_t(Fe_2O_3)} = \frac{2 \cdot 27\,u}{159{,}6\,u} = 0{,}34$$

Reaktionstypen

Redoxreaktion

A1 Formuliere die Thermitreaktion und kennzeichne den Oxidations- und den Reduktionsvorgang.
Nenne das Oxidations- und das Reduktionsmittel.

Redoxreaktion als **Elektronenübergang**, z. B. von Aluminiumatomen auf Eisenionen:
$2\,Al + Fe_2O_3 \longrightarrow Al_2O_3 + 2\,Fe$
$(2\,Fe^{3+},\ 3\,O^{2-}) \quad (2\,Al^{3+},\ 3\,O^{2-})$

— Elektronenabgabe —
$Al + Fe^{3+} \longrightarrow Al^{3+} + Fe$
— Elektronenaufnahme —

Reaktion von Säuren mit Wasser als Protonenübergang
Es entsteht jeweils eine saure Lösung durch die gebildeten Oxoniumionen, z. B. bei der Reaktion der Essigsäure mit Wasser:

[Strukturformel-Gleichung: Essigsäure + H₂O → Acetat-Ion + H₃O⁺]

Donator   **Akzeptor**

A2 Formuliere die Reaktion, die den Springbrunnen verursacht, als Protonenübergang. Zeichne den Protonenübergang ein.

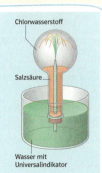

Chlorwasserstoff

Salzsäure

Wasser mit Universalindikator

Chemische Reaktion und Energie

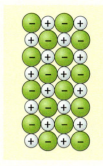

exotherm — Energieabgabe
Stoff A + Stoff B → Stoff C + Stoff D

endotherm — Energieaufnahme
Stoff G + Stoff H → Stoff E + Stoff F

Um die Teilchen der Ausgangsstoffe in einen reaktionsbereiten Zustand zu versetzen, muss die **Aktivierungsenergie** aufgewandt werden. Die frei werdende Reaktionsenergie weniger Teilchen reicht aus, dass sich die Reaktion fortpflanzt.

Umfallende Dominosteine – nur ein Stein muss angestoßen werden.

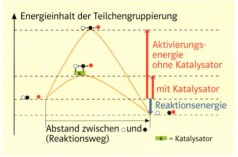

Energieinhalt der Teilchengruppierung
Aktivierungsenergie ohne Katalysator
mit Katalysator
Reaktionsenergie
Abstand zwischen ○ und ● (Reaktionsweg)
K = Katalysator

A3 Beschreibe und formuliere eine exotherme Reaktion, die unter Aufglühen verläuft.

A4 Die Reaktion eines Metalls mit einem Nichtmetall ist eine exotherme Reaktion. Erkläre dies an einem Beispiel.

A5 Gib das Reaktionsschema für eine endotherme Reaktion an, bei der Sauerstoff entsteht.

A6 a) Formuliere eine Reaktion. Berechne das Massenverhältnis zweier beteiligter Stoffportionen mithilfe der Teilchenmassen.
b) Wähle die Masse einer der beiden Stoffportionen und berechne die Masse der anderen.

A7 Beschreibe die Reduktion eines Oxids mit Wasserstoff als Redoxreaktion.

A8 Formuliere die Bildung einer Metall-Nichtmetall-Verbindung aus den elementaren Stoffen als Elektronenübergang.

A9 Handelt es sich bei folgenden Reaktionen um einen Protonen- oder um einen Elektronenübergang?
Magnesium + Chlor
Ammoniak + Chlorwasserstoff
Eisenoxid + Magnesium
Salzsäure + Natronlauge
Begründe deine Entscheidung.

A10 Ethanol reagiert mit Kupferoxid. Formuliere die Redoxreaktion.

A11 Formuliere zwei Reaktionen, die mit Enzymen ablaufen. Was bewirken diese Enzyme?

A12 Was versteht man unter einer Dehydrierung? Erläutere an einem Beispiel.

A13 Erläutere das Aufbauprinzip bei der Bildung von Makromolekülen an einem Beispiel.

Beispiel einer **Dehydrierung**

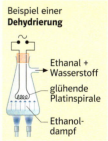

Ethanal + Wasserstoff
glühende Platinspirale
Ethanoldampf

Ausgewählte organische Reaktionstypen

Beispiel einer **Kondensationsreaktion**

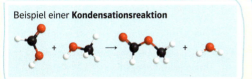

Bildung von **Makromolekülen** am Beispiel einer Polymerisation

Katalysator

Ordnungsprinzipien

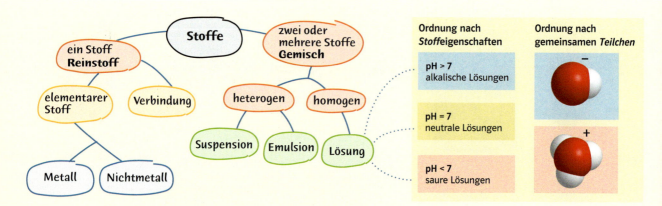

Ordnung zu schaffen ist nicht für jeden ein Vergnügen, sie erleichtert einem aber enorm den Überblick, z. B. über die Gegenstände, die sich in einem Regal befinden. Es gibt verschiedene Möglichkeiten diese Gegenstände des persönlichen Besitzes zu ordnen. So können glücklicherweise auch die zig Millionen verschiedener Stoffe, die in der Natur vorkommen oder durch Synthesen künstlich hergestellt werden, nach klaren Prinzipien übersichtlich geordnet werden.

A1
a) Worin unterscheiden sich Suspension, Emulsion und Lösung?
b) Nenne verschiedene Trennmethoden für Stoffgemische.
c) Begründe, warum man eine Verbindung nicht „trennen" kann, sondern höchstens „zerlegen" oder „zersetzen".
d) Nenne metallische und nichtmetallische Stoffe.

A2 Welche gemeinsamen Eigenschaften haben alkalische Lösungen bzw. saure Lösungen?

A3 Nenne jeweils die Teilchen, die für die saure bzw. alkalische Eigenschaft einer Lösung verantwortlich sind.

A4 Zeichne die Strukturformel eines H_3O^+- bzw. OH^--Ions.

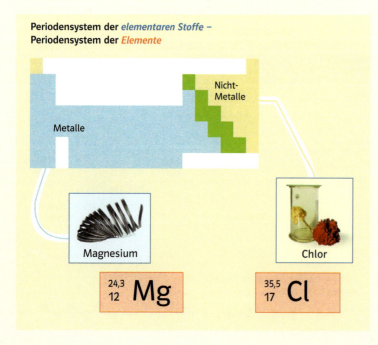

A5 a) Nenne anhand der Daten aus dem PSE mindestens 10 Eigenschaften der beiden Elemente Magnesium und Chlor. b) Stelle die Beziehung zwischen diesen Angaben und der jeweiligen Stellung des Elementes im PSE her. c) Stelle jeweils einen Steckbrief für die elementaren Stoffe Magnesium und Chlor zusammen. d) Nenne wichtige Verbindungen sowohl des Magnesiums als auch des Chlors. e) Ordne die Stoffe in Molekülverbindungen bzw. Salze, gib jeweils auch die Verhältnis- bzw. Valenzstrichformeln an.

A6 a) Vergleiche im PSE die Atomradien innerhalb einer Gruppe bzw. einer Periode.
b) Wie ändern sich die Elektronegativitätswerte innerhalb einer Gruppe bzw. Periode?

Ordnungsprinzipien

Ordnung nach Bindungstypen der Teilchen

$$CH_3(CH_2)_7 \quad (CH_2)_7COOH$$
$$\underset{H}{\diagdown}C=C\underset{H}{\diagup}$$

Ölsäure

Natriumchloridgitter

Ordnung nach gemeinsamem Reaktionsprinzip des Übergangs eines *Teilchens*

Donator-Akzeptor-Prinzip

Protonendonator + Protonenakzeptor

H^+-Übergang

Elektronendonator + Elektronenakzeptor

e^--Übergang

A7 a) Ordne folgende Stoffe in die zwei Gruppen, Ionen- bzw. Molekülverbindungen: Natriumhydroxid, Kohlenstoffdioxid, Ammoniumchlorid, Wasserstoff, Aceton, Stickstoff, Wasser, Natriumsulfat, Kaliumnitrat, Calciumphosphat, Ethanol, Methan, Ethen, Essigsäure, Schwefelsäure.
b) Beschreibe das Bauprinzip einer Ionenverbindung und eines Moleküls.

A8 Wie verändern sich die Teilchen jeweils, wenn eine Ionenverbindung bzw. eine Molekülverbindung schmilzt bzw. zerlegt oder zersetzt wird?

Ordnung ausgewählter organischer *Stoffe* nach ähnlichen Eigenschaften zu homologen Reihen aufgrund gleicher Atomgruppen in den Molekülen (siehe Basiskonzept „Stoffe und ihre Eigenschaften", B3).

A9 a) Zeichne jeweils eine Strukturformel als Beispiel für die genannten Stoffgruppen.
b) Schreibe die allgemeine Formel, welche die homologe Reihe der genannten Verbindungen darstellt.
c) Markiere die funktionellen Gruppen und erkläre, was mit diesem Begriff gemeint ist.
d) Beschreibe die typischen, gemeinsamen Eigenschaften jeder dieser Stoffgruppen und begründe jeweils mithilfe der Molekülstruktur.

A10 a) Welche der Stoffe, deren Moleküle in A9, (a) gezeichnet wurden, sind brennbar?
b) Verbrennung bedeutet Oxidation. Ordne die genannten Stoffe unter dem Gesichtspunkt stufenweise zunehmender Oxidation [vgl. B3, S. 345]. Nenne auch die Kohlenstoffverbindung, die nicht weiter oxidiert werden kann.

A11 Welche Voraussetzungen muss ein Teilchen erfüllen, damit es als Protonendonator oder -akzeptor fungieren kann bzw. als Elektronendonator oder -akzeptor?

A12 a) Schreibe je eine Reaktionsgleichung für einen Protonenübergang, bei dem H_3O^+- bzw. OH^--Ionen entstehen. Kennzeichne den Donator und den Akzeptor.
b) Formuliere jeweils die Protonenabgabe bzw. -aufnahme auch als eine Teilgleichung.
c) Stelle entsprechend ein Beispiel für eine Redoxreaktion dar.
d) Notiere für den Oxidations- und den Reduktionsvorgang jeweils die Teilreaktionsgleichung.

A13 Wende das Donator-Akzeptor-Prinzip auf die Elektrolyse einer wässrigen Lösung von Zinkbromid an.

A14 Beschreibe den Unterschied zwischen den gebräuchlichen Dastellungen der Vorgänge e^--Abgabe/e^--Aufnahme und H^+-Abgabe/H^+-Aufnahme. In welchem Fall wird das Donator-Akzeptor-Prinzip deutlicher herausgestellt?

Basiskonzepte

Arbeitsweisen

Naturwissenschaftliches Experimentieren erfordert Kenntnisse im Umgang mit Geräten und Chemikalien. Beim Experimentieren müssen Gefahren vorab erkannt werden, damit ihnen mit entsprechenden Sicherheitsmaßnahmen begegnet werden kann. Experimentiert wird nicht planlos, sondern mit dem Ziel, neue Erkenntnisse zu gewinnen.

Naturwissenschaftlichem Arbeiten liegen häufig die folgenden Erkenntnisschritte zu Grunde:

a) Zuerst muss das zu lösende Problem erfasst werden.
b) Dann führt Nachdenken über mögliche Lösungen zu einer oder zu mehreren Vermutungen, die zu überprüfen sind.
c) Nun können Lösungsweg(e) und Experiment(e) geplant werden.

Datensuche im Internet

Sicherheit beim Experimentieren

Sicherer Umgang
– mit Essigsäure und Schwefelsäure
– mit Pentan-1-ol
– mit Essigsäurepentylester

Arbeitsauftrag

Planung und Durchführung der Synthese eines Esters am Beispiel des Essigsäurepentylesters (Eisbonbonaroma)

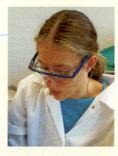

Reaktionsgleichung zur Synthese von Essigsäurepentylester

$$CH_3-COOH + H-O-CH_2-CH_2-CH_2-CH_2-CH_3 \rightarrow CH_3-COO-CH_2-CH_2-CH_2-CH_2-CH_3 + H_2O$$

Essigsäure — Pentanol — Essigsäurepentylester — Wasser

d) Anschließend werden die ausgewählten Experimente sicher durchgeführt, dabei genau beobachtet und vollständig protokolliert.
e) Die abschließende Auswertung führt zur Bekräftigung oder Widerlegung der aufgestellten Hypothese(n). Manchmal sind nicht alle Erkenntnisschritte erforderlich, um ein Problem zu lösen.

Experimentieranleitung zur Synthese eines Esters z. B.
im Chemiebuch Kap. 14.11 oder im Internet unter http://www.xlab-goettingen.de/

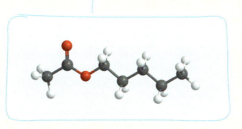

Versuchsprotokoll

1. Aufgabenstellung
2. Zeichnung zum Versuchsaufbau
3. Beschreibung der Durchführung
4. Zusammenstellung der Beobachtungen
5. Auswertung

A1 „Ist die bei der Verbrennung von Steinkohle entstehende Asche ein Oxid des Kohlenstoffs?"
Plane das Vorgehen zur Lösung des Problems und wende dabei die im Text genannten Erkenntnisschritte an.

A2 Silberoxid wird durch Erhitzen in Silber und Sauerstoff zerlegt. Aus 2,32 g Silberoxid entstehen 120 ml Sauerstoff (20 °C, 1013 hPa). Zeichne die Versuchsapparatur und berechne das Massenverhältnis.

A3 Erstelle einen Steckbrief von Silber. Nimm dazu auch Daten auf, die über die Inhalte dieses Buches hinausgehen.

A4 Gib für die folgenden Größen die Größenzeichen und die Einheiten an: Teilchenmasse, molare Masse, Stoffmengenkonzentration.
Beschreibe, wie folgende Stoffeigenschaften experimentell ermittelt werden: Schmelztemperatur, Siedetemperatur, Dichte, elektrische Leitfähigkeit, Löslichkeit.

A5 Neutralisation von Salzsäure mit Natronlauge:
$c(NaOH)$ = 0,1 mol/l
$V(Natronlauge)$ = 20 ml
$V(Salzsäure)$ = 5 ml
Berechne die Konzentration der eingesetzten Salzsäure.

A6 Informiere dich über den sicheren Gebrauch und die Wirkung einer Löschdecke.

A7 Gib an, bei welchen Experimenten im Chemieunterricht Gefahr durch Feuer bestehen kann. Gib Schutzmaßnahmen an und erläutere ihre Wirkung.

Umwelt und Gesellschaft

In unserem Alltag treffen wir, bewusst oder unbewusst, ständig auf chemische Prozesse. Unser tägliches Leben sähe anders aus, gäbe es nicht Produkte der chemischen Industrie; unsere Gesundheit und unsere Lebenserwartung werden durch die pharmazeutische Forschung unterstützt. Die Folgen des zunehmenden Eingriffs des Menschen in natürliche Abläufe sind jedoch an vielen Stellen negativ. Chemische Forschung und verantwortliches Handeln der Industrie und jedes Einzelnen sind notwendig, um die Auswirkungen dieser Einflüsse möglichst gering zu halten und das Überleben der Menschen auf der Erde zu sichern.

Chemische Fachsprache benennt Vorgänge genauer als die Alltagssprache.

> **A1** Erläutere folgende Aussagen mit chemischen Fachbegriffen.
> a) „Wir haben Eisen im Blut."
> b) „Er wurde mit Cyankali vergiftet."
> c) „Es riecht nach Schwefel."
> d) „Magnesium beugt Krämpfen vor."
> e) „Zahnpasta mit Fluor."
> f) „Wir desinfizieren unser Schwimmbadwasser mit Chlortabletten."
> g) „Machen Sie Umschläge mit essigsaurer Tonerde."
> h) „Salpeter wird im Dünger verwendet."

Saure, neutrale und alkalische Lösungen. Am pH-Wert kann man sehen, ob eine Lösung sauer, neutral oder alkalisch ist. Die Einhaltung eines bestimmten pH-Wertes ist notwendig für Menschen, Tiere und Pflanzen.

> **A2** Nenne drei Beispiele, wo im menschlichen Körper ein bestimmter pH-Wert wichtig ist.
>
> **A3** Auch bei der Haltung von Fischen muss das Wasser im Aquarium einen bestimmten pH-Wert-Bereich aufweisen. Nenne Beispiele und gib an, wie man den pH-Wert-Bereich im Aquarium einhalten kann.
>
> **A4** Waldschäden haben etwas mit dem pH-Wert des Bodens zu tun. Erkläre.
>
> **A5** Essigsäure und Citronensäure werden häufig im Haushalt verwendet.
> a) Gib drei Einsatzbereiche der beiden Säuren an. Erläutere jeweils ihre Wirkungsweise.
> b) Ermittle die den Wirkungen zugrunde liegende gemeinsame Eigenschaft und nenne Stoffe, die alternativ eingesetzt werden könnten.

Energieversorgung

> **A6** Vervollständige und erweitere die abgebildete Mindmap. Erläutere die einzelnen Begriffe und die Zusammenhänge zwischen den Begriffen.

Wiederverwertung. Auch die Autoindustrie muss auf Ressourcenschonung und Abfallvermeidung achten. Autos werden daher in weiten Teilen demontierbar gebaut und Kunststoffteile werden aus wieder verwerteten Altkunststoffen hergestellt.

> **A7** Ermittle z. B. mithilfe des Internets, welche Teile am Auto aus Recyclatkunststoffen hergestellt werden.
>
> **A8** Informiere dich z. B. auf den Internetseiten der Autohersteller über die Verwertung von Altfahrzeugen.

Mindmap „Energie": Wasserstoff – Wasserelektrolyse, Solarenergie, Siliciumtechnologie, Kohlenwasserstoffe, Kohlenstoffdioxidproblem, Erdöl, Erdgas

Umwelt und Gesellschaft

Nachhaltigkeit. Als Möglichkeit, die Zunahme des Kohlenstoffdioxidgehalts der Atmosphäre zu verringern, wird der Einsatz von „Biodiesel" propagiert. Zur Erzeugung dieses Kraftstoffs wird aus Rapsöl, das aus landwirtschaftlich erzeugtem Raps gewonnen wird, Rapsölmethylester (RME) hergestellt. Als „Biokraftstoff" bezeichnet kann er in für diese Treibstoffart zugelassenen Motoren verbrannt werden.

A9 Worin besteht der Unterschied zwischen „normalem" Dieselkraftstoff und Biodiesel?

A10 Warum trägt Biodiesel nicht so stark zur Erhöhung des Kohlenstoffdioxidanteils in der Atmosphäre bei wie „normaler" Dieselkraftstoff?

A11 Raps wird auch zu den nachwachsenden Rohstoffen gezählt. Was meint man damit?

A12 Die Herstellung von Biodiesel geschieht nicht umweltneutral. Stelle Teile aus dem Produktionsprozess zusammen, bei denen Energie aus anderen Energiequellen benötigt wird.

Gefahren des Alkohols

A14 Welche Aussagen stecken in der Collage dieser Seite? Deute und nimm Stellung.

Schädliche Wirkungen. Beim Verbrennen von Kohlenwasserstoffen entstehen hohe Temperaturen. Da man keinen reinen Sauerstoff, sondern Luft einsetzt, reagieren unter diesen Bedingungen Stickstoff und Sauerstoff zu Stickstoffoxiden (NO_x). Sie reagieren u. a. in der Luft zu Salpetersäure, die mitverantwortlich ist für eine Übersäuerung des Regens, mit Auswirkungen auf Böden und Gewässer. Durch den Einsatz von Autokatalysatoren will man die Konzentration der Stickstoffoxide in der Atmosphäre gering halten.

A13 Welche für die Umwelt unschädlichen Stoffe sollten nach der Reaktion am Katalysator entstehen?

Mineralstoffe. Wegweisend für die Düngemittel waren die Forschungen Justus von Liebigs im 19. Jahrhundert. Da Dünger aus Lagerstätten gewonnen werden, die in Jahrmillionen aus Meeren entstanden sind, enthalten sie auch Schwermetallionen, die nach Aufnahme in Nahrungspflanzen für Menschen giftig sein können.

A15 Recherchiere,
a) welche Schwermetallionen über Mineraldünger in den Boden gelangen und
b) welche Rolle das auch für Kernreaktoren wichtige Uran bei der Düngung mit Mineraldüngern spielt.

A16 Stelle die Leistungen Justus von Liebigs auf dem Gebiet der Mineraldüngung zusammen. Gib einen Überblick über seine weiteren wissenschaftlichen Leistungen.

Basiskonzepte

Tabellen

Name der chemischen Elemente	Zeichen	Ordnungszahl	Atommasse in u [4]	Dichte [1] in g/cm³ (Gase: g/l)	Schmelztemperatur in °C	Siedetemperatur in °C
Actinium	Ac	89	227,0277	10,1	1050	3200
Aluminium	Al	13	26,981538	2,70	660	2467
Antimon	Sb	51	121,760	6,68	630	1750
Argon	Ar	18	39,948	1,66	−189	−186
Arsen	As	33	74,92160	5,72	613 s	—
Astat	At	85	219,9871	—	302	337
Barium	Ba	56	137,327	3,51	725	1640
Beryllium	Be	4	9,012182	1,85	1278	2970
Bismut	Bi	83	208,98038	9,8	271	1560
Blei	Pb	82	207,2	11,4	327	1740
Bor	B	5	10,811	2,34	2300	2550
Brom	Br	35	79,904	3,12	−7	59
Cadmium	Cd	48	112,411	8,65	321	765
Caesium	Cs	55	132,90545	1,88	28	669
Calcium	Ca	20	40,078	1,54	839	1484
Cer	Ce	58	140,116	6,65	799	3426
Chlor	Cl	17	35,4527	2,99	−101	−35
Chrom	Cr	24	51,9961	7,20	1857	2672
Cobalt	Co	27	58,933200	8,9	1495	2870
Eisen	Fe	26	55,845	7,87	1535	2750
Fluor	F	9	18,9984032	1,58	−219	−188
Francium	Fr	87	223,0197	—	27	677
Gallium	Ga	31	69,723	5,90	30	2403
Germanium	Ge	32	72,61	5,32	937	2830
Gold	Au	79	196,96655	19,32	1064	3080
Hafnium	Hf	72	178,49	13,3	2227	4602
Helium	He	2	4,002602	0,17	−272 p	−269
Indium	In	49	114,818	7,30	156	2080
Iod	I	53	126,90447	4,93	113	184
Iridium	Ir	77	192,217	22,41	2410	4130
Kalium	K	19	39,0983	0,86	63	760
Kohlenstoff	C	6	12,0107	2,25 [2]	3650 s [2]	—
Krypton	Kr	36	83,798	3,48	−157	−152
Kupfer	Cu	29	63,546	8,92	1083	2567
Lanthan	La	57	138,9055	6,17	921	3457
Lithium	Li	3	6,941	0,53	180	1342
Magnesium	Mg	12	24,3050	1,74	649	1107
Mangan	Mn	25	54,938049	7,20	1244	1962
Molybdän	Mo	42	95,94	10,2	2610	5560
Natrium	Na	11	22,989770	0,97	98	883
Neon	Ne	10	20,1797	0,84	−249	−246
Nickel	Ni	28	58,6934	8,90	1455	2730
Niob	Nb	41	92,90638	8,57	2468	4742
Osmium	Os	76	190,23	22,5	2700	5300
Palladium	Pd	46	106,42	12,0	1554	2970
Phosphor	P	15	30,973761	1,82 [3]	44 [3]	280
Platin	Pt	78	195,078	21,4	1772	3827
Polonium	Po	84	208,9824	9,4	254	962
Praseodym	Pr	59	140,90765	6,77	931	3512
Protactinium	Pa	91	231,03588	15,4	1840	4030
Quecksilber	Hg	80	200,59	13,55	−39	356
Radium	Ra	88	226,0254	5,0	700	1140
Radon	Rn	86	222,0176	9,23	−71	−62
Rhenium	Re	75	186,207	20,5	3180	5627
Rhodium	Rh	45	102,90550	12,4	1966	3727
Rubidium	Rb	37	85,4678	1,53	39	686
Ruthenium	Ru	44	101,07	12,3	2310	3900
Sauerstoff	O	8	15,9994	1,33	−219	−183
Scandium	Sc	21	44,955910	3,0	1541	2831
Schwefel	S	16	32,066	2,07 (rh)	119 (mo)	444
Selen	Se	34	78,96	4,81	217	685
Silber	Ag	47	107,8682	10,5	962	2212
Silicium	Si	14	28,0855	2,32	1410	2355
Stickstoff	N	7	14,00674	1,17	−210	−196
Strontium	Sr	38	87,62	2,60	769	1384
Tantal	Ta	73	180,9479	16,6	2996	5425
Technetium	Tc	43	97,9072	11,5	2172	4877
Tellur	Te	52	127,60	6,0	449	990
Thallium	Tl	81	204,3833	11,8	303	1457
Thorium	Th	90	232,0381	11,7	1750	4790
Titan	Ti	22	47,867	4,51	1660	3287
Uran	U	92	238,0289	19,0	1132	3818
Vanadium	V	23	50,9415	5,96	1890	3380
Wasserstoff	H	1	1,00794	0,083	−259	−253
Wolfram	W	74	183,84	19,3	3410	5660
Xenon	Xe	54	131,29	5,49	−112	−107
Yttrium	Y	39	88,90585	4,47	1522	3338
Zink	Zn	30	65,409	7,14	419	907
Zinn	Sn	50	118,710	7,30	232	2270
Zirconium	Zr	40	91,224	6,49	1852	4377

Die Elemente mit den Ordnungszahlen 60 bis 71 und ab 93 sind nicht aufgeführt.
Eine Zusammenstellung aller Elemente befindet sich im Periodensystem am Ende des Buches.

s = sublimiert
p = unter Druck
— = Werte nicht bekannt

[1] Dichteangaben für 20 °C und 1013 hPa
[2] Angaben gelten für Graphit; Diamant: Schmelztemperatur 3550 °C, Dichte 3,51 g/cm³
[3] Angaben gelten für weißen Phosphor; roter Phosphor: Schmelztemperatur 590 °C (p), Dichte 2,34 g/cm³
[4] Atommasseneinheit u: 1 u = 0,000 000 000 000 000 000 000 001 660 54 g

Eigenschaften einiger Gase

Name, Formel	Dichte in g/l [1]	Siedetemp. in °C	Löslichkeit in Wasser [1) 2)]	Name, Formel	Dichte in g/l [1]	Siedetemp. in °C	Löslichkeit in Wasser [1) 2)]
Wasserstoff (H_2)	0,090	−253	0,022	Kohlenstoffdioxid (CO_2)	1,977	−78,5 [3)]	1,71
Helium (He)	0,178	−269	0,01	Luft	1,293	−194,4	0,03
Stickstoff (N_2)	1,250	−196	0,024	Schwefeldioxid (SO_2)	2,926	−10,0	79,8
Sauerstoff (O_2)	1,429	−183	0,05	Methan (CH_4)	0,717	−161,5	0,056
Chlor (Cl_2)	3,214	−35	4,61	Ethan (C_2H_6)	1,356	−88,6	0,099
Ammoniak (NH_3)	0,771	−33,4	1175	Propan (C_3H_8)	2,020	−42,1	0,11
Schwefelwasserstoff (H_2S)	1,539	−60	4,7	n-Butan (C_4H_{10})	2,703	−0,5	0,25
Chlorwasserstoff (HCl)	1,639	−85	525	Ethen (C_2H_4)	1,260	−103,7	0,226
				Ethin (C_2H_2)	1,165	−83,6	1,73

[1)] bei 0 °C und 1013 hPa
[2)] Quotient aus dem Volumen der (lösbaren) Gasportion und dem Volumen des Wassers (bei 0 °C und 1013 hPa)
[3)] Sublimationstemperatur

Größen und Einheiten

Name	Zeichen	Größe, Beziehung	Erläuterungen	Einheitenname	Einheitenzeichen
Masse	m			[Kilo]gramm Atomare Masseneinheit	[k]g $1u = 1,661 \cdot 10^{-24}$ g
Volumen	V		Produkt aus drei Längen	Kubik[zenti]meter Liter Milliliter	[c]m^3 $1 l = 1 dm^3$ $1 ml = 1 cm^3$
Anzahl	N			Eins	1
Stoffmenge	n	$n = \frac{N}{N_A}$	$N_A = 6,022 \cdot 10^{23}$/mol (Avogadro-Konstante)	Mol	mol
Dichte	ϱ	$\varrho = \frac{m}{V}$	m: Masse der Stoffportion V: Volumen der Stoffportion		g/cm^3 $1 g/l = 0,001 g/cm^3$
molare Masse	M	$M = \frac{m}{n}$	m: Masse der Reinstoffportion n: Stoffmenge der Reinstoffportion		g/mol
molares Volumen	V_m	$V_m = \frac{V}{n}$	V: Volumen der Reinstoffportion n: Stoffmenge der Reinstoffportion		l/mol
Stoffmengen-konzentration	c	$c = \frac{n}{V}$	n: Stoffmenge einer Teilchenart V: Volumen der Mischung		mol/l
Massenanteil	w	$w_1 = \frac{m_1}{m_S}$	m_1: Masse des Bestandteils 1 m_S: Summe aller Massen (Gesamtmasse)	Prozent	1 $1\% = \frac{1}{100}$
Volumenanteil	φ	$\varphi_1 = \frac{V_1}{V_S}$	V_1: Volumen des Bestandteils 1 V_S: Summe aller Volumina vor dem Mischen	Prozent	1 $1\% = \frac{1}{100}$
Kraft	F	$F = m \cdot a$	a: Beschleunigung	Newton	$1 N = \frac{1 kg \cdot m}{s^2}$
Druck	p	$p = \frac{F}{A}$	A: Flächeninhalt	Pascal Bar Millibar	$1 Pa = 1 \frac{N}{m^2}$ $1 bar = 10^5 Pa$ $1 mbar = 1 hPa$
Energie	E	$W = F \cdot s$	Energie ist die Fähigkeit zur Arbeit W s: Weglänge	Joule Kilojoule	$1 J = 1 N \cdot m$ kJ
Celsiustemperatur	t, ϑ			Grad Celsius	°C
thermodynamische Temperatur	T	$\frac{T}{K} = \frac{t}{°C} + 273,15$		Kelvin	K
elektrische Ladung	Q			Coloumb	C
elektrische Stromstärke	I	$I = \frac{Q}{t}$	Q: Ladung t: Zeit	Ampere	$1 A = 1 \frac{C}{s}$

Tabellen

Kohlenstoffverbindungen mit funktionellen Gruppen

Namen der Stoffklassen		Beispiele	
Strukturformeln und Namen der funktionellen Gruppen		Namen und Strukturformeln	
Alkene ungesättigte Fettsäuren		Ethen	H₂C=CH₂
C=C-Doppelbindung (C=C-Zweifachbindung)	\C=C/	Ölsäure	CH₃(CH₂)₇–CH=CH–(CH₂)₇COOH
Alkohole		Ethanol	CH₃–CH₂–OH
Hydroxylgruppe	—O—H	Propantriol	H₂C(OH)–CH(OH)–CH₂(OH)
Aldehyde		Methanal (Formaldehyd)	H–CHO
Aldehydgruppe	—CHO	Ethanal (Acetaldehyd)	CH₃–CHO
Ketone		Propanon (Aceton)	CH₃–CO–CH₃
Ketogruppe	—C(O)—C—C—	Butanon (Ethyl-methyl-keton)	CH₃–CO–CH₂–CH₃
Carbonsäuren		Methansäure (Ameisensäure)	H–COOH
Carboxylgruppe	—COOH	Ethansäure (Essigsäure)	CH₃–COOH
Ester Fette (Fettsäureglycerinester)		Ethansäure-butylester (Essigsäure-butylester)	CH₃–CO–O–CH₂–CH₂–CH₂–CH₃
Estergruppe	—CO—O—R	1-Ölsäure-2-linolsäure-3-linolensäure-glycerinester	H–C–O–CO–C₁₇H₃₃ H–C–O–CO–C₁₇H₃₁ H–C–O–CO–C₁₇H₂₉

Griechisches Alphabet
(nach chemischer Nomenklatur)

A	α	Alpha
B	β	Beta
Γ	γ	Gamma
Δ	δ	Delta
E	ε	Epsilon
Z	ζ	Zeta
H	η	Eta
Θ	ϑ (θ)	Theta
I	ι	Jota
K	κ	Kappa
Λ	λ	Lambda
M	μ	My
N	ν	Ny
Ξ	ξ	Xi
O	ο	Omikron
Π	π	Pi
P	ϱ	Rho
Σ	σ(ς)	Sigma
T	τ	Tau
Υ	υ	Ypsilon
Φ	φ	Phi
X	χ	Chi
Ψ	ψ	Psi
Ω	ω	Omega

Griechische Zahlwörter
(nach chemischer Nomenklatur)

½	hemi	11	undeca
1	mono	12	dodeca
2	di	13	trideca
3	tri	14	tetradeca
4	tetra	15	pentadeca
5	penta	16	hexadeca
6	hexa	17	heptadeca
7	hepta	18	octadeca
8	octa	19	enneadeca
9	nona	20	icosa
10	deca		(eicosa)

Dezimale Vielfache und Teile von Einheiten

Vorsatz		Faktor
p	Piko	10^{-12}
n	Nano	10^{-9}
μ	Mikro	10^{-6}
m	Milli	10^{-3}
c	Zenti	10^{-2}
d	Dezi	10^{-1}
da	Deka	10
h	Hekto	10^{2}
k	Kilo	10^{3}
M	Mega	10^{6}
G	Giga	10^{9}

Symbol	Kenn-buch-stabe	Gefahren-bezeich-nung	Gefährlichkeitsmerkmale	Symbol	Kenn-buch-stabe	Gefahren-bezeich-nung	Gefährlichkeitsmerkmale
☠	T+	Sehr giftig	Sehr giftige Stoffe können schon in sehr geringen Mengen zu schweren Gesundheitsschäden führen.	💥	E	Explosionsgefährlich	Dieser Stoff kann unter bestimmten Bedingungen explodieren.
☠	T	Giftig	Giftige Stoffe können in geringen Mengen zu schweren Gesundheitsschäden führen.	🔥	O	Brand fördernd	Brand fördernde Stoffe können brennbare Stoffe entzünden, Brände fördern und Löscharbeiten erschweren.
✕	Xn	Gesundheitsschädlich	Gesundheitsschädliche Stoffe führen in größeren Mengen zu Gesundheitsschäden.	🔥	F+	Hochentzündlich	Hochentzündliche Stoffe können schon bei Temperaturen unter 0 °C entzündet werden.
✕	Xi	Reizend	Dieser Stoff hat Reizwirkung auf Haut und Schleimhäute, er kann Entzündungen auslösen.	🔥	F	Leicht entzündlich	Leicht entzündliche Stoffe können schon bei niedrigen Temperaturen entzündet werden. Mit der Luft können sie explosionsfähige Gemische bilden.
🧪	C	Ätzend	Dieser Stoff kann lebendes Gewebe zerstören.	🌳	N	Umweltgefährlich	Wasser, Boden, Luft, Klima, Pflanzen oder Mikroorganismen können durch diesen Stoff so verändert werden, dass Gefahren für die Umwelt entstehen.

Faktoren zur Umrechnung von Gasvolumina auf Normbedingungen

Wasserdampfdruck (temperaturabhängig)

Temp. (°C)	Druck (hPa)																	Temp. (°C)	Dampfdruck (hPa)
	950	955	960	965	970	975	980	985	990	995	1000	1005	1010	1013	1015	1020	1025	1030		
0	0,938	0,942	0,947	0,952	0,957	0,962	0,967	0,972	0,977	0,982	0,987	0,992	0,997	1,000	1,002	1,007	1,012	1,017	0	6
10	0,904	0,909	0,914	0,919	0,923	0,928	0,933	0,938	0,942	0,947	0,952	0,957	0,962	0,964	0,966	0,971	0,976	0,981	10	12
15	0,889	0,893	0,898	0,903	0,907	0,912	0,917	0,922	0,926	0,931	0,936	0,940	0,945	0,948	0,950	0,954	0,959	0,964	15	17
16	0,886	0,890	0,895	0,900	0,904	0,909	0,914	0,918	0,923	0,928	0,932	0,937	0,942	0,944	0,946	0,951	0,956	0,960	16	18
17	0,883	0,887	0,892	0,897	0,901	0,906	0,911	0,915	0,920	0,924	0,929	0,934	0,938	0,941	0,943	0,948	0,952	0,957	17	19
18	0,880	0,884	0,889	0,894	0,898	0,903	0,907	0,912	0,917	0,921	0,926	0,931	0,935	0,938	0,940	0,944	0,949	0,954	18	21
19	0,877	0,881	0,886	0,890	0,895	0,900	0,904	0,909	0,914	0,918	0,923	0,927	0,932	0,935	0,937	0,941	0,946	0,959	19	22
20	0,874	0,878	0,883	0,887	0,892	0,897	0,901	0,906	0,910	0,915	0,920	0,924	0,929	0,932	0,933	0,938	0,943	0,947	20	23
21	0,871	0,875	0,880	0,884	0,889	0,894	0,898	0,903	0,907	0,912	0,916	0,921	0,926	0,928	0,930	0,935	0,939	0,944	21	25
22	0,868	0,872	0,877	0,881	0,886	0,891	0,895	0,900	0,904	0,909	0,913	0,918	0,923	0,925	0,927	0,932	0,936	0,941	22	26
23	0,865	0,869	0,874	0,878	0,883	0,888	0,892	0,897	0,901	0,906	0,910	0,915	0,919	0,922	0,924	0,928	0,933	0,938	23	28
24	0,862	0,866	0,871	0,875	0,880	0,885	0,889	0,894	0,898	0,903	0,907	0,912	0,916	0,919	0,921	0,925	0,930	0,934	24	30
25	0,859	0,863	0,868	0,872	0,877	0,882	0,886	0,891	0,895	0,900	0,904	0,909	0,913	0,916	0,918	0,922	0,927	0,931	25	32
26	0,856	0,861	0,865	0,870	0,874	0,879	0,883	0,888	0,892	0,897	0,901	0,906	0,910	0,913	0,915	0,919	0,924	0,928	26	34
28	0,850	0,855	0,859	0,864	0,868	0,873	0,877	0,882	0,886	0,891	0,895	0,900	0,904	0,907	0,909	0,913	0,918	0,922	28	38
30	0,845	0,849	0,854	0,858	0,862	0,867	0,871	0,876	0,880	0,885	0,889	0,894	0,898	0,901	0,903	0,907	0,911	0,916	30	42
40	0,818	0,822	0,826	0,831	0,835	0,839	0,844	0,848	0,852	0,857	0,861	0,865	0,869	0,872	0,874	0,878	0,882	0,887	40	74
50	0,793	0,797	0,801	0,805	0,809	0,813	0,818	0,822	0,826	0,830	0,834	0,838	0,843	0,845	0,847	0,851	0,855	0,859	50	123
60	0,769	0,773	0,777	0,781	0,785	0,789	0,793	0,797	0,801	0,805	0,809	0,813	0,817	0,820	0,821	0,825	0,829	0,833	60	199
70	0,746	0,750	0,754	0,758	0,762	0,766	0,770	0,774	0,778	0,782	0,786	0,790	0,793	0,796	0,797	0,801	0,805	0,809	70	312
80	0,725	0,729	0,733	0,737	0,740	0,744	0,748	0,752	0,756	0,760	0,763	0,767	0,771	0,773	0,775	0,779	0,782	0,786	80	474
90	0,705	0,709	0,713	0,716	0,720	0,724	0,727	0,731	0,735	0,739	0,742	0,746	0,750	0,752	0,753	0,757	0,761	0,765	90	701
100	0,686	0,690	0,694	0,697	0,701	0,704	0,708	0,712	0,715	0,719	0,722	0,726	0,730	0,732	0,733	0,737	0,740	0,744	100	1013

Beispiel: Bei einer Temperatur von 20 °C und einem Luftdruck von 995 hPa wurde als Volumen V einer Gasportion 96 ml abgelesen. Welches Volumen V_n hätte diese Gasportion bei Normbedingungen (0 °C, 1013 hPa)?

Lösung: $V_n = V \cdot$ Faktor (Tabelle) $= V \cdot 0{,}915 = 87{,}84$ ml (≈ 88 ml)

Hat man das Gas über Wasser aufgefangen, ist vom gemessenen Luftdruck vor Aufsuchen des Faktors der Wasserdampfdruck (rechter Tabellenteil) abzuziehen.

Hinweise auf besondere Gefahren: R-Sätze

R 1	In trockenem Zustand explosionsgefährlich
R 2	Durch Schlag, Reibung, Feuer oder andere Zündquellen explosionsgefährlich
R 3	Durch Schlag, Reibung, Feuer oder andere Zündquellen besonders explosionsgefährlich
R 4	Bildet hoch empfindliche explosionsgefährliche Metallverbindungen
R 5	Beim Erwärmen explosionsfähig
R 6	Mit und ohne Luft explosionsfähig
R 7	Kann Brand verursachen
R 8	Feuergefahr bei Berührung mit brennbaren Stoffen
R 9	Explosionsgefahr bei Mischung mit brennbaren Stoffen
R 10	Entzündlich
R 11	Leicht entzündlich
R 12	Hochentzündlich
R 14	Reagiert heftig mit Wasser
R 15	Reagiert mit Wasser unter Bildung hochentzündlicher Gase
R 16	Explosionsgefährlich in Mischung mit Brand fördernden Stoffen
R 17	Selbstentzündlich an der Luft
R 18	Bei Gebrauch Bildung explosionsfähiger/leicht entzündlicher Dampf-Luft-Gemische möglich
R 19	Kann explosionsfähige Peroxide bilden
R 20	Gesundheitsschädlich beim Einatmen
R 21	Gesundheitsschädlich bei Berührung mit der Haut
R 22	Gesundheitsschädlich beim Verschlucken
R 23	Giftig beim Einatmen
R 24	Giftig bei Berührung mit der Haut
R 25	Giftig beim Verschlucken
R 26	Sehr giftig beim Einatmen
R 27	Sehr giftig bei Berührung mit der Haut
R 28	Sehr giftig beim Verschlucken
R 29	Entwickelt bei Berührung mit Wasser giftige Gase
R 30	Kann bei Gebrauch leicht entzündlich werden
R 31	Entwickelt bei Berührung mit Säure giftige Gase
R 32	Entwickelt bei Berührung mit Säure sehr giftige Gase
R 33	Gefahr kumulativer Wirkungen
R 34	Verursacht Verätzungen
R 35	Verursacht schwere Verätzungen
R 36	Reizt die Augen
R 37	Reizt die Atmungsorgane
R 38	Reizt die Haut
R 39	Ernste Gefahr irreversiblen Schadens
R 40	Verdacht auf Krebs erzeugende Wirkung
R 41	Gefahr ernster Augenschäden
R 42	Sensibilisierung durch Einatmen möglich
R 43	Sensibilisierung durch Hautkontakt möglich
R 44	Explosionsgefahr bei Erhitzen unter Einschluss
R 45	Kann Krebs erzeugen
R 46	Kann vererbbare Schäden verursachen
R 48	Gefahr ernster Gesundheitsschäden bei längerer Exposition
R 49	Kann Krebs erzeugen beim Einatmen
R 50	Sehr giftig für Wasserorganismen
R 51	Giftig für Wasserorganismen
R 52	Schädlich für Wasserorganismen
R 53	Kann in Gewässern längerfristig schädliche Wirkung haben
R 54	Giftig für Pflanzen
R 55	Giftig für Tiere
R 56	Giftig für Bodenorganismen
R 57	Giftig für Bienen
R 58	Kann längerfristig schädliche Wirkungen auf die Umwelt haben
R 59	Gefährlich für die Ozonschicht
R 60	Kann die Fortpflanzungsfähigkeit beeinträchtigen
R 61	Kann das Kind im Mutterleib schädigen
R 62	Kann möglicherweise die Fortpflanzungsfähigkeit beeinträchtigen
R 63	Kann das Kind im Mutterleib möglicherweise schädigen
R 64	Kann Säuglinge über die Muttermilch schädigen
R 65	Gesundheitsschädlich: Kann beim Verschlucken Lungenschäden verursachen
R 66	Wiederholter Kontakt kann zu spröder und rissiger Haut führen
R 67	Dämpfe können Schläfrigkeit und Benommenheit verursachen
R 68	Irreversibler Schaden möglich

Beispielhafte Kombinationen der R-Sätze (Auszug)

R 14/15	Reagiert heftig mit Wasser unter Bildung hoch entzündlicher Gase
R 15/29	Reagiert mit Wasser unter Bildung giftiger und hoch entzündlicher Gase
R 20/21	Gesundheitsschädlich beim Einatmen und bei Berührung mit der Haut
R 20/22	Gesundheitsschädlich beim Einatmen und Verschlucken
R 20/21/22	Gesundheitsschädlich beim Einatmen, Verschlucken und bei Berührung mit der Haut
R 21/22	Gesundheitsschädlich bei Berührung mit der Haut und beim Verschlucken
R 26/27/28	Sehr giftig beim Einatmen, Verschlucken und bei Berührung mit der Haut
R 36/37/38	Reizt die Augen, Atmungsorgane und die Haut
R 39/23	Giftig: ernste Gefahr irreversiblen Schadens durch Einatmen
R 39/24	Giftig: ernste Gefahr irreversiblen Schadens bei Berührung mit der Haut
R 39/25	Giftig: ernste Gefahr irreversiblen Schadens durch Verschlucken
R 39/23/24	Giftig: ernste Gefahr irreversiblen Schadens durch Einatmen und Berührung mit der Haut
R 39/23/25	Giftig: ernste Gefahr irreversiblen Schadens durch Einatmen und durch Verschlucken
R 39/24/25	Giftig: ernste Gefahr irreversiblen Schadens bei Berührung mit der Haut und durch Verschlucken
R 39/23/24/25	Giftig: ernste Gefahr irreversiblen Schadens durch Einatmen, bei Berührung mit der Haut und durch Verschlucken
R 39/26/27	Sehr giftig: ernste Gefahr irreversiblen Schadens durch Einatmen und bei Berührung mit der Haut
R 39/26/28	Sehr giftig: ernste Gefahr irreversiblen Schadens durch Einatmen und Verschlucken
R 39/27/28	Sehr giftig: ernste Gefahr irreversiblen Schadens bei Berührung mit der Haut und durch Verschlucken
R 68/22	Gesundheitsschädlich: Möglichkeit irreversiblen Schadens durch Verschlucken
R 68/20/21	Gesundheitsschädlich: Möglichkeit irreversiblen Schadens durch Einatmen und bei Berührung mit der Haut

Sicherheitsratschläge: S-Sätze

S 1	Unter Verschluss aufbewahren
S 2	Darf nicht in die Hände von Kindern gelangen
S 3	Kühl aufbewahren
S 4	Von Wohnplätzen fern halten
S 5	Unter ... aufbewahren (geeignete Flüssigkeit vom Hersteller anzugeben)
S 6	Unter ... aufbewahren (inertes Gas vom Hersteller anzugeben)
S 7	Behälter dicht geschlossen halten
S 8	Behälter trocken halten
S 9	Behälter an einem gut gelüfteten Ort aufbewahren
S 12	Behälter nicht gasdicht verschließen
S 13	Von Nahrungsmitteln, Getränken und Futtermitteln fern halten
S 14	Von ... fern halten (inkompatible Substanzen vom Hersteller anzugeben)
S 15	Vor Hitze schützen
S 16	Von Zündquellen fern halten – Nicht rauchen
S 17	Von brennbaren Stoffen fern halten
S 18	Behälter mit Vorsicht öffnen und handhaben
S 20	Bei der Arbeit nicht essen und trinken
S 21	Bei der Arbeit nicht rauchen
S 22	Staub nicht einatmen
S 23	Gas/Rauch/Dampf/Aerosol nicht einatmen (geeignete Bezeichnung[en] vom Hersteller anzugeben)
S 24	Berührung mit der Haut vermeiden
S 25	Berührung mit den Augen vermeiden
S 26	Bei Berührung mit den Augen gründlich mit Wasser abspülen und Arzt konsultieren
S 27	Beschmutzte, getränkte Kleidung sofort ausziehen
S 28	Bei Berührung mit der Haut sofort abwaschen mit viel ... (vom Hersteller anzugeben)
S 29	Nicht in die Kanalisation gelangen lassen
S 30	Niemals Wasser hinzugießen
S 33	Maßnahmen gegen elektrostatische Aufladung treffen
S 35	Abfälle und Behälter müssen in gesicherter Weise beseitigt werden
S 36	Bei der Arbeit geeignete Schutzkleidung tragen
S 37	Geeignete Schutzhandschuhe tragen
S 38	Bei unzureichender Belüftung Atemschutzgerät anlegen
S 39	Schutzbrille/Gesichtsschutz tragen
S 40	Fußboden und verunreinigte Gegenstände mit ... reinigen (vom Hersteller anzugeben)
S 41	Explosions- und Brandgase nicht einatmen
S 42	Beim Räuchern/Versprühen geeignetes Atemschutzgerät anlegen (geeignete Bezeichnung[en] vom Hersteller anzugeben)
S 43	Zum Löschen ... (vom Hersteller anzugeben) verwenden (wenn Wasser die Gefahr erhöht, anfügen: „Kein Wasser verwenden")
S 45	Bei Unfällen oder Unwohlsein sofort Arzt zuziehen (wenn möglich, dieses Etikett vorzeigen)
S 46	Bei Verschlucken sofort ärztlichen Rat einholen und Verpackung oder Etikett vorzeigen
S 47	Nicht bei Temperaturen über ... °C aufbewahren (vom Hersteller anzugeben)
S 48	Feucht halten mit ... (geeignetes Mittel vom Hersteller anzugeben)
S 49	Nur im Originalbehälter aufbewahren
S 50	Nicht mischen mit ... (vom Hersteller anzugeben)
S 51	Nur in gut belüfteten Bereichen verwenden
S 52	Nicht großflächig für Wohn- und Aufenthaltsräume zu verwenden
S 53	Exposition vermeiden. Vor Gebrauch besondere Anweisung einholen
S 56	Diesen Stoff und seinen Behälter der Problemabfallentsorgung zuführen
S 57	Zur Vermeidung einer Kontamination der Umwelt geeigneten Behälter verwenden
S 59	Informationen zur Wiederverwendung/Wiederverwertung beim Hersteller/Lieferanten erfragen
S 60	Dieser Stoff und/oder sein Behälter sind als gefährlicher Abfall zu entsorgen
S 61	Freisetzung in die Umwelt vermeiden. Besondere Anweisungen einholen/Sicherheitsdatenblatt zu Rate ziehen
S 62	Bei Verschlucken kein Erbrechen herbeiführen. Sofort ärztlichen Rat einholen und Verpackung oder dieses Etikett vorzeigen
S 63	Bei Unfall durch Einatmen: Verunfallten an die frische Luft bringen und ruhig stellen
S 64	Bei Verschlucken Mund mit Wasser ausspülen (nur wenn Verunfallter bei Bewusstsein ist)

Beispielhafte Kombination der S-Sätze (Auszug)

S 1/2	Unter Verschluss und für Kinder unzugänglich aufbewahren
S 3/7	Behälter dicht geschlossen halten und an einem kühlen Ort aufbewahren
S 3/14	An einem kühlen Ort entfernt von ... aufbewahren (die Stoffe, mit denen Kontakt vermieden werden muss, sind vom Hersteller anzugeben)
S 3/9/14	An einem kühlen, gut gelüfteten Ort, entfernt von ... aufbewahren (die Stoffe, mit denen Kontakt vermieden werden muss, sind vom Hersteller anzugeben)
S 3/9/49	Nur im Originalbehälter an einem kühlen, gut gelüfteten Ort aufbewahren
S 7/8	Behälter trocken und dicht geschlossen halten
S 7/9	Behälter dicht geschlossen an einem gut gelüfteten Ort aufbewahren
S 20/21	Bei der Arbeit nicht essen, trinken, rauchen
S 24/25	Berührung mit den Augen und der Haut vermeiden
S 36/37	Bei der Arbeit geeignete Schutzhandschuhe und Schutzkleidung tragen
S 36/39	Bei der Arbeit geeignete Schutzkleidung und Schutzbrille/Gesichtsschutz tragen
S 37/39	Bei der Arbeit geeignete Schutzhandschuhe und Schutzbrille/Gesichtsschutz tragen
S 36/37/39	Bei der Arbeit geeignete Schutzkleidung, Schutzhandschuhe und Schutzbrille/Gesichtsschutz tragen
S 47/49	Nur im Originalbehälter bei einer Temperatur von nicht über ... °C (vom Hersteller anzugeben) aufbewahren

Entsorgung von Chemikalienabfällen

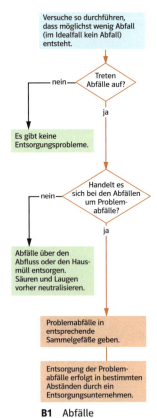

B1 Abfälle beim Experimentieren

Nach der Durchführung von Experimenten bleiben oft Abfälle (z. B. Chemikalienreste oder Reaktionsprodukte) zurück. Diese Abfälle können gesundheits-, luft- oder wassergefährdend, explosionsgefährlich oder brennbar sein. Nach dem Abfallgesetz werden solche Abfälle als **Problemabfälle** bezeichnet. Zur Entsorgung der Problemabfälle stehen im Chemieraum geeignete Sammelgefäße zur Verfügung. Bleiben z. B. nach einem Experiment Benzinreste zurück, so dürfen diese nicht einfach in den Ausguss gegeben werden, da sie auf diese Weise über das Abwasser in die Umwelt gelangen würden. Die Benzinreste müssen deshalb in ein Sammelgefäß für organische Lösungsmittel gegeben werden. Die gesammelten Abfälle werden in bestimmten Abständen von einem Entsorgungsunternehmen abgeholt und wiederaufbereitet oder als Sondermüll beseitigt (Müllverbrennung oder Sondermüll-Deponierung [B2]).

Möglichst wenig Abfälle. Besonders im Chemieunterricht gilt der Grundsatz Abfälle möglichst zu vermeiden [B1]. Gerade die Entsorgung von Problemabfällen ist oft schwierig und mit Umweltgefährdungen verbunden. Bei der Versuchsdurchführung sind deshalb nur möglichst kleine Stoffportionen zu verwenden. In der Regel wird ein Versuchsergebnis durch die Verwendung größerer Stoffportionen nicht verbessert. Entscheidend ist die sorgfältige und genaue Durchführung der Versuche.

B2 Lagerung von Sondermüll in einer Untertage-Deponie

Wassergefährdungsklassen. Viele Problemabfälle aus dem Chemieunterricht sind flüssig. Werden sie über den Ausguss beseitigt, können sie unterschiedlich stark die Umwelt belasten. Zur Unterscheidung der Wassergefährdung teilt man die Chemikalien in **vier Wassergefährdungsklassen (WGK)** ein. Chemikalien, die ungiftig und biologisch abbaubar sind, gehören der Wassergefährdungsklasse 0 an, alle anderen werden je nach ihrem Gefährdungsgrad in die Klassen 1 bis 3 eingestuft.

WGK 0:	im Allgemeinen nicht wassergefährdend, z. B. Alkohol (Ethanol) oder Kochsalzlösung
WGK 1:	schwach wassergefährdend, z. B. Säuren oder Laugen
WGK 2:	wassergefährdend, z. B. Dieselöl oder Benzin
WGK 3:	stark wassergefährdend, z. B. Quecksilber oder Quecksilberverbindungen

Nur Chemikalien, die der Wassergefährdungsklasse 0 angehören, dürfen in kleinen Mengen in den Ausguss gegeben werden. Alle anderen Chemikalien müssen zunächst gesammelt und dann entsorgt werden.

Kennzeichnung der Sammelgefäße. Da viele Chemikalienabfälle Gefahrstoffe sind, müssen die Sammelgefäße mit den international gebräuchlichen Gefahrensymbolen gekennzeichnet werden. Bestehen die Abfälle aus einem Gemisch unterschiedlicher Gefahrstoffe, wird mit dem Gefahrensymbol gekennzeichnet, das den gefährlichsten Stoff des Gemisches angibt.

Entsorgungsplan. Bei der Sammlung der Abfälle ist ein Entsorgungsplan nützlich, der in übersichtlicher Form zeigt, in welcher Weise die Chemikalienreste gesammelt und entsorgt werden. Der abgebildete Entsorgungsplan (nächste Seite) zeigt beispielhaft, wie Chemikalienabfälle gesammelt und weitergeleitet werden können. Fallen im Unterricht noch weitere Abfälle an, muss der Plan ergänzt oder abgeändert werden.

Entsorgung von Chemikalienabfällen

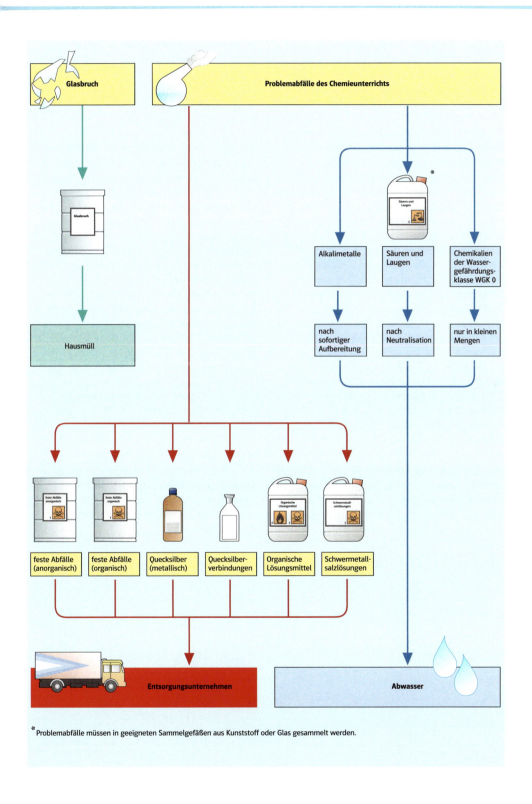

*Problemabfälle müssen in geeigneten Sammelgefäßen aus Kunststoff oder Glas gesammelt werden.

Umgang mit Größen und Einheiten

$\varrho = \frac{m}{V}$
$m = \varrho \cdot V$
$V = \frac{m}{\varrho}$

Ein Goldbarren der Masse $m = 100\,g$ hat das Volumen:

$V = \frac{100\,g}{19{,}32\,g/cm^3}$
$= 5{,}18\,cm^3$

Ein Goldnugget mit dem Volumen $V = 100\,cm^3$ hat die Masse

$m = 19{,}32\,\frac{g}{cm^3} \cdot 100\,cm^3$
$= 1932\,g$
$= 1{,}932\,kg$

B1 Umgang mit den Größen Masse, Volumen und Dichte

Viele Aussagen der Chemie sind deshalb genau, weil sie auf Messungen beruhen. Begriffe, die messbare Eigenschaften von Stoffen, Stoffportionen und Vorgängen beschreiben, heißen Größen.

Soll die Länge eines Kupferstabes bestimmt werden, kann man einen Meterstab anlegen. Muss der Meterstab zweimal angelegt werden, so ist der Kupferstab zweimal so lang wie 1 Meter. Das Messergebnis ist das Produkt aus dem Zahlenwert 2 und der Einheit 1 m. Messen ist also ein Vergleich mit der Einheit.

Masse, Volumen und Dichte. Zur Beschreibung des Umfangs einer Stoffportion werden häufig die Masse und das Volumen genutzt. Die Dichte kann zur Kennzeichnung eines Stoffes herangezogen werden. Mithilfe der Dichte kann das Volumen einer Stoffportion bei bekannter Masse oder die Masse bei bekanntem Volumen berechnet werden.
Bei Berechnungen sollte man die Einheiten nicht vergessen. Hat man eine Berechnung durchgeführt und weist die Größe des Ergebnisses die erwartete Einheit auf, ist dies ein deutlicher Hinweis auf einen richtigen Rechenweg.

Teilchenmasse und Stoffmenge. In der Chemie betrachtet man nicht nur Stoffe, sondern auch die Teilchen, aus denen die Stoffe aufgebaut sind. Alle Stoffe sind aus Atomen, Molekülen oder Ionen aufgebaut.

Die Masse von Atomen (m_t) ist sehr klein, sie wird deshalb in u (von engl. unit, Einheit) angegeben.

Es gilt: $1\,u = 1{,}66054 \cdot 10^{-24}\,g$,
bzw. $1\,g = 6{,}02214 \cdot 10^{23}\,u$

Die Masse eines Moleküls oder einer Elementargruppe für Ionenverbindungen ergibt sich durch Addition der Atommassen. Die Massen von Atomionen entsprechen den Atommassen, da man die sehr kleine Differenz, die sich aus der Aufnahme oder Abgabe der Elektronen ergibt, nicht berücksichtigt.
Die Anzahl der Atome, Moleküle oder Ionen ist selbst in sehr kleinen Stoffportionen riesig groß, deshalb fasst man eine sehr große Anzahl zu einer neuen Einheit zusammen. So wie man z. B. die Anzahl 12 zu der „Zähleinheit Dutzend" zusammenfassen kann, so bildet die Anzahl $6{,}022 \cdot 10^{23}$ die Zähleinheit **Mol** (Einheitenzeichen mol).
Wird für die Teilchenanzahl die Einheit Mol verwendet, spricht man von der Stoffmenge (n). Eine Stoffportion hat die Stoffmenge $n = 1\,mol$, wenn sie $6{,}022 \cdot 10^{23}$ (ca. $6 \cdot 10^{23}$) Teilchen enthält: $1\,mol = 6{,}022 \cdot 10^{23}$.

Die Stoffmenge ist nur ein anderer Name für Teilchenanzahl und wird bevorzugt dann benutzt, wenn die Teilchenanzahl in Mol angegeben wird. Die Stoffmenge hat den Vorteil, dass mit kleinen Zahlen gerechnet werden kann.

$m_t(Na) = m_t(Na^+)$
$m_t(A) = m_t(A^{z+})$

$m_t(Cl) = m_t(Cl^-)$
$m_t(B) = m_t(B^{z-})$

Stoffportion	Teilchen (bzw. Elementargruppe)	Teilchenmasse m_t bzw. molare Masse M		Teilchenanzahl N bzw. Stoffmenge n	
		m_t	M	N	n
12 g Kohlenstoff	C	12 u	12 g/mol	$6{,}022 \cdot 10^{23}$	1 mol
5,6 g Stickstoff	N_2	28 u	28 g/mol	$1{,}2044 \cdot 10^{23}$	0,2 mol
1,1 g Kohlenstoffdioxid	CO_2	44 u	44 g/mol	$1{,}5055 \cdot 10^{22}$	0,025 mol
585 g Natriumchlorid	NaCl	58,5 u	58,5 g/mol	$6{,}022 \cdot 10^{24}$	10 mol

B2 Stoffportion und Teilchenanzahl

Gegeben: $m(\text{Ethanol}) = 9{,}6\,g$
Bekannt: Summenformel Ethanol: C_2H_6O;
$m_t(1\,C) = 12\,u$, $m_t(1\,H) = 1\,u$, $m_t(1\,O) = 16\,u$

Gesucht: Teilchenmasse und Teilchenanzahl

1. Ermittlung Teilchenmasse
$$m_t(C_2H_6O) = 2 \cdot 12\,u + 6 \cdot 1\,u + 16\,u = 46\,u$$
$$= 46\,g/mol$$
$$M(C_2H_6O) = 46\,g/mol$$

2. Ermittlung der Teilchenanzahl
$$n(C_2H_6O) = \frac{m(\text{Ethanol})}{M(C_2H_6O)} = \frac{9{,}2\,g}{46\,g/mol} = 0{,}2\,mol$$
$$0{,}2\,mol = 0{,}2 \cdot 6 \cdot 10^{23} = 1{,}2 \cdot 10^{23}$$

B3 Berechnung der Teilchenmasse und Teilchenanzahl

Die Teilchenmasse kann man in u oder in g/mol angeben. Wird sie in g/mol angegeben, spricht man von der molaren Masse (M).

$$1\,u = \frac{1\,g}{1\,mol}$$

Stoffmengenkonzentration. Eine Konzentrationsangabe, die die Teilchenanzahl und damit auch die Stoffmenge zugrunde legt, ist die Stoffmengenkonzentration. Sie ist der Quotient aus der Stoffmenge (n) der gelösten Teilchen und dem Volumen der Lösung.

$$c = \frac{n}{V(\text{Lösung})} \quad \text{Einheit: mol/l}$$

3 CuO + 2 Al $\longrightarrow$ 3 Cu + Al_2O_3

Anzahlverhältnis: $\dfrac{N(CuO)}{N(Al)} = \dfrac{3}{2}$

Massenverhältnis:

$$\frac{m(\text{Kupferoxid})}{m(\text{Aluminium})} = \frac{3 \cdot m_t(CuO)}{2 \cdot m_t(Al)} = \frac{3 \cdot 79{,}5\,u}{2 \cdot 27\,u} = 4{,}4$$

Kupferoxid reagiert mit Aluminium im Massenverhältnis 4,4 zu 1.

B4 Informationen aus einer Reaktionsgleichung (ein Beispiel)

Verhältnisformel: Al_2O_3

Anzahlverhältnis: $\dfrac{N(Al)}{N(O)} = \dfrac{2}{3}$

Massenverhältnis:

$$\frac{m(\text{Aluminium})}{m(\text{Sauerstoff})} = \frac{N(Al) \cdot m_t(Al)}{N(O) \cdot m_t(O)}$$

$$= \frac{2 \cdot 27\,u}{3 \cdot 16\,u} = \frac{1{,}125}{1}$$

$$= 1{,}125$$

B5 Verhältnisformel und Massenverhältnis

Zur Bestimmung der Essigsäure in einer Essigprobe werden 20 ml Essig mit 5 Tropfen Phenolphthaleinlösung versetzt. Anschließend wird die Probe mit Natronlauge der Konzentration $c(NaOH) = 1\,mol/l$ bis zum Umschlag des Indikators nach Rotviolett titriert. Es werden 16,7 ml Natronlauge benötigt.
a) Welche Stoffmengenkonzentration weist der Essig auf?
b) Wie groß ist der Massenanteil der Essigsäure?

Lösungsweg

a) 1 NaOH + 1 CH_3COOH $\longrightarrow$ CH_3COONa + H_2O

$$\frac{n(NaOH)}{n(CH_3COOH)} = \frac{1}{1}; \; n(NaOH) = n(CH_3COOH)$$

$$n(NaOH) = c(NaOH) \cdot V(\text{Natronlauge})$$
$$= 1\,mol/l \cdot 16{,}7\,ml = 16{,}7\,mmol$$

$$n(CH_3COOH) = 16{,}7\,mmol$$

$$c(CH_3COOH) = \frac{16{,}7\,mmol}{20\,ml} = 0{,}835\,mol/l$$

Die Stoffmengenkonzentration der Essigsäure im Essig ist 0,835 mol/l.

b) $m(\text{Essigsäure}) = c(CH_3COOH) \cdot M(CH_3COOH)$
$$= 0{,}835\,mol/l \cdot 60\,g/mol = 50{,}1\,g/l$$

In 1 l Essig sind 50,1 g Essigsäure gelöst.
Die Dichte des Essigs ist etwa 1,006 g/ml, damit ist der Massenanteil:

$$w(\text{Essigsäure}) = \frac{50{,}1\,g}{1006\,g} \approx 0{,}05 = 5\,\%$$

B6 Stoffmengenkonzentration und Titration

Chemische Reaktion und Energieumwandlung

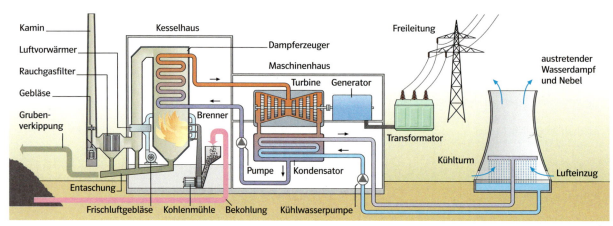

B1 Gewinnung elektrischer Energie im Kohlekraftwerk

Beinahe jeden Tag hört und liest man, dass wir große Energieverbraucher oder sogar Energieverschwender seien. Ein Naturwissenschaftler aber spricht nicht vom Energieverbrauch; er geht davon aus, dass der folgende Satz allgemeine Gültigkeit hat: Energie kann weder erzeugt noch vernichtet werden. Daraus ergibt sich, dass die Energie des gesamten Universums sich nicht ändert, also erhalten bleibt. Wie lässt sich der scheinbare Widerspruch zwischen Energieerhaltung und „Energieverbrauch" auflösen?

Von der Kohle zum elektrischen Licht. Verbrennt Kohlenstoff, entsteht Kohlenstoffdioxid; gleichzeitig wird thermische Energie an die Umgebung abgegeben. Der Energieinhalt von Kohlenstoff und Sauerstoff ist größer als der des Reaktionsproduktes Kohlenstoffdioxid bei gleicher Temperatur. In Deutschland werden etwa 40 % der elektrischen Energie aus Stein- und Braunkohle, die zum größten Teil aus Kohlenstoff bzw. Kohlenstoffverbindungen bestehen, „erzeugt". Dies geschieht in Kohlekraftwerken. Die beim Verbrennen der Kohle frei werdende thermische Energie erhitzt Wasserdampf. Der Dampf treibt eine Turbine an, sodass Bewegungsenergie vorliegt. Diese wird im Generator in elektrische Energie umgewandelt. Dabei gilt allerdings, dass nur etwa ein Drittel der Differenz zwischen den Energieinhalten des Reaktionsgemisches aus Kohle und Sauerstoff und des Reaktionsproduktes als nutzbare elektrische Energie zum Verbraucher gelangt. Ein großer Teil der bei der chemischen Reaktion frei werdenden thermischen Energie wird z. B. an das Kühlwasser abgegeben. Auch bei der Umwandlung von Bewegungsenergie im Generator erwärmt sich dieser. Fließt die elektrische Energie zu den Haushalten, erwärmen sich die Leitungen. In einer Glühlampe wird elektrische Energie in Licht umgewandelt. Allerdings erwärmt sich die Glühlampe dabei sehr stark. Die Wärme fließt an die umgebende Luft ab. Weniger als 10 % der von der Glühlampe aufgenommenen elektrischen Energie werden in Licht umgewandelt. Die bei der chemischen Reaktion im Kohlekraftwerk abgegebene Energie ist also nicht verbraucht worden, sondern bei den verschiedenen Umwandlungsstufen letztendlich nur an die Umgebung abgegeben worden. Die Energie kann dann allerdings z. B. nicht mehr zum Betrieb des Generators genutzt werden. Energie kann bei der Umwandlung in eine andere Form entwertet werden.

B2 Verbleib der Energie des Kraftwerks

B3 Nur ein kleiner Teil der elektrischen Energie wird in Licht umgewandelt

Zeichnerische Darstellung von Versuchsaufbauten

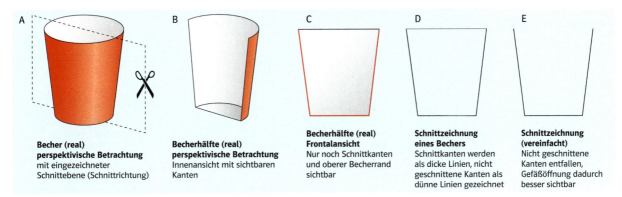

B1 Vom realen Gegenstand zur Schnittzeichnung

Chemische Experimente werden mit speziellen **Laborgeräten** durchgeführt. Werden *mehrere* solcher Geräte zu einer Versuchsapparatur zusammengebaut, kann eine Skizze den Aufbau und die Funktion der Apparatur verdeutlichen und eine Hilfe bei der Beschreibung und Auswertung des Experiments sein. Im Folgenden wird gezeigt, wie man Geräte und Apparaturen *zweckmäßig zeichnerisch darstellen* kann.

Die Schnittdarstellung [B1]. Schneidet man einen Becher aus Pappe der Länge nach in der Mitte durch (A) und betrachtet die Innenseite einer Hälfte, erkennt man die Schnittkanten und Halbbögen der Becheröffnung und des Bodens (B). Bei *frontaler* Betrachtung (C) sieht man nur noch Schnittkanten und Becherrand (als gerade Linie). Diese Ansicht eignet sich gut für zeichnerische Zwecke: Das Bild ist einfach und enthält alles Wesentliche. Schnittlinien werden dick, die übrigen sichtbaren Kanten dünn gezeichnet (D). Oft lässt man auch noch die dünnen Linien weg (E). Man erhält eine **einfache Schnittdarstellung**.

Zeichnung von Apparaturen. [B2] zeigt eine Destillationsapparatur als Foto, [B3] als *einfache Schnittdarstellung*. In der *Zeichnung* ist die Apparatur *nicht mit allen Einzelteilen* wiedergegeben. Das Stativmaterial fehlt ganz, da es nur zur Befestigung dient; die Zeichnung gewinnt dadurch an Übersichtlichkeit. Dagegen müssen die *entscheidenden Geräte* deutlich gezeichnet und benannt sowie ihre Verbindungen untereinander dargestellt sein.

Bei manchen Geräten ist jedoch eine *exakte* Schnittdarstellung unnötig (z. B. Brenner) oder unzweckmäßig (z. B. Keramik-Drahtnetz, Thermometer, Dreifuß). Man stellt diese Geräte ebenfalls frontal betrachtet, aber in einer vereinfachten oder symbolhaften Form dar.

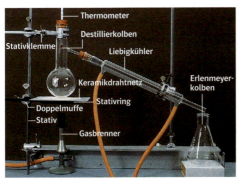

B2 Foto einer Destillationsapparatur

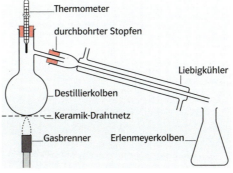

B3 Schnittzeichnung einer Destillationsapparatur

Laborgeräte

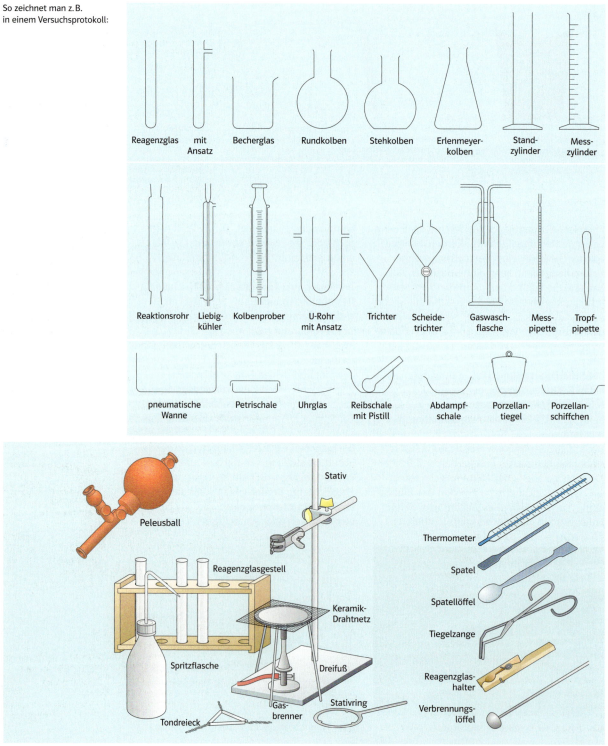

Stichwortverzeichnis

A

ABC-Feuerlöscher 98
Abflussreiniger 196
Acetaldehyd 284, **287**
Acetate 295, 298
Acetation 295
Aceton 284, **287**
Acetylen 252
Additionsreaktionen 250, 267
Adsorption 52
Aggregatzustand und Teilchenmodell 22
AGW 145
Aktivierungsenergie 114, 121, 349
Aktivkohlefilter 52
Akzeptor 348
Alcopops 273
Aldehyde 284–288
Aldehydgruppe 285
Aldehydnachweise 285
Alkalimetalle 124, 125
Alkalimetallhydroxide 125
alkalische Lösungen **32**, 192, **194, 195**
Alkanale 284
- Eigenschaften 287
Alkane 242
- Benennung 232
- Eigenschaften 244, 245, 246
- homologe Reihe 242
Alkanole 278, 279, 289
- Viskosität 280
Alkanone 284
- Eigenschaften 287
Alkansäuren **297, 298**, 313
Alkene 251
Alkine 252
Alkoholanteil, in alkoholischen Getränken 273
Alkohole 280–282, 289
- Oxidation 284
Alkoholfreies Bier 272
Alkoholgenuss 273, 274
Alkoholische Gärung 270, 271
Alkoholmissbrauch 273, 274, 355
Alkoholsucht 274
Alkylgruppe 243
Alpaka 35
Aluminium 38, 164
- Gewinnung 163, 164
- Verwendung 167
Amalgam 38
Ameisensäure 297
Ammoniak **198**, 205
Ammoniaklösung 198

Ammoniaknachweis 198, 199
Ammoniumchlorid 198
Ammoniumion 198
Anionen **149, 162**, 167
Anode 162, 265
Antazida 200
anthropogener Treibhauseffekt 333
Antioxidantien 301
Anzahlverhältnis 70, 76
Apatit 215
Äpfelsäure 300
Äraometer 271
Arbeitsweisen 352, 353
Argon 84, 126
Aromastoffe 286, 305
Aromaten 252, 253
Atmosphäre 332, 342
atomare Masseneinheit 64, 74, 133
Atomaufbau 346
Atombau im Periodensystem 140
Atombindung 170
- polare **176**, 183, 347
- unpolare 347
Atomdurchmesser 142
Atome 66, 76
- Masse 66
- Zeichen 67
Atomhülle 131, **136**, 137
Atomkern 130, 131, **132**, 141
Atommasse 66, 67, 76
Atommassenbestimmung 67
Atomumgruppierung 69
Atomverbände, Modelle 71
ätzend 12
Ätznatron 192
Auflodern 94
Aufschlämmung 42
Ausgangsstoffe 58
Auslesen 55
Ausschmelzen 49, 55
Autoabgaskatalysator 116, 259
Autorecycling 54
AVOGADRO 118

B

Backpulver 320
Backpulvermischungen 321
Barium 151
Bariumsulfat 213
Basiskonzepte 343
BEILSTEIN 235
Beilsteinprobe 235
Benennungsregeln für
- Alkane 243

- Alkanole 279
Benzine 256, 257
Benzinmotor 258
Benzoesäure 301
Benzol 253
Benzolmolekül 253
BERZELIUS 67, 231, 232
Beton 42
Bienenwachs 305
Bierherstellung 272
bindende Elektronenpaare **171**, 347
Bindungsabstand 170
Bindungsenergie 170
Biogas 240
biologischer Kohlenstoffkreislauf 328
Bittersalz 213
Blätteraldehyd 286
Blei 38
Bleibaum 162
bleibende Härte 322
Bleiglanz 62
Bleisulfid 62
Blutalkohol, Berechnung 274
Bodenaufbau 228
Bodenprofil 227
Bodenuntersuchung 227, 228
Brandbekämpfung 96
Brand fördernd 12
Brandklassen 99
Brandverhütung 97, 98, 99
Branntkalk 323
Branntwein 270
Brantweinessig 295
Brausepulver 58, 320
Brennerflamme 13
Brennstoffzelle 265
Brennwerte, einiger Gase 262
Brennwertkessel 268
Brezellauge 193
Brom 145
Bromide 146
Bromidnachweis 147
Bromierung 248
Bromthymolblau 32
Bromtrifluormethan 337
Brønsted-Basen 199
Brønsted-Säuren 199
Brown'sche Teilchenbewegung 20
Buckminsterfulleren 175
Bunsenbrenner 13
Butanoate 298
Butansäure 297
Butansäureethylester 305
Butansäuremethylester 305
Buttersäure 297
Butyrate 298

C

Caesium 124, 125
Calcit 34, 318
Calcium 151
Calciumcarbonat **318**, 330
- in Tropfsteinhöhlen 322
Calciumhydrogencarbonat 319, 322
- in Tropfsteinhöhlen 322
Calciumhydroxid 194
Calciumhydroxidlösungen 194
Calciumkreislauf 330
Calciumphosphat 215
Calciumsulfat 212
Carbonate 318, 319
Carbonathärte 322, 323
Carbonationen 317
Carbonatsedimente 327
Carbonsäuren 285, 294
Carbonylgruppe 285
Carboxylgruppe 285, 294, 295, 313
CFKW 337
Chemikalienetikett 42
chemische Fachsprache 354
chemische Reaktion 57–61, 76
- endotherme 63, 76
- Energie 349
- exotherme 63, 76
- Teilchenmodell 69
chemische Zeichen 67
Chilesalpeter 214
Chlor 144, 145
Chlorbleichlauge 144
Chloridnachweis 147
Chloroform 337
Chlorwasserstoff **186, 187**, 205
Chlorwasserstoffnachweis 198, 199
Chrom 38
Chromatografie **49**, 55
cis-trans-Isomerie 251
Citrate 300
Citronensäure 300
coffeinfreier Kaffee 54
Crackanlage 261
Cracken 260, 261, 267
CURIE 129
Cycloalkane 252, 253
Cycloalkene 252, 253
Cyclohexan 253
Cyclohexanring 253
Cyclohexen 253

D

DALTON 66
Dalton-Atommodell 64
Dampfdruck 25
- des Wassers 25
Dehydrierung 251
- Oxidation 284
Dekantieren (Abgießen) 44, 55
DEMOKRIT 66
DENOX-Anlage 218
Destillat 46
Destillation 46–49
Destillationsapparatur 46
Destillieren 55
Destillierkolben 46
destilliertes Wasser 46
Deuterium 133
Diamant 174, 175
Dicarbonsäuren 300
Dichlormethan 337
Dichte **28**, 39
Dichtebestimmung 29
Dieselöl 256, 257
Diffusion 20, 30
Dihydrogenphosphat 215
Diole 282
Diolen 306
Dipole **177**, 347
Dipol-Wechselwirkungen 347
DÖBEREINER 116
Dobson-Einheiten 341
Dodecanoate 298
Dodecansäure 298
Dolomit 318
Donator 348
Donator-Akzeptor-Prinzip 199, 351
Doppelbindung 171, 183
Dreifachbindung 171, 183
Dreiwegekatalysator 259, 266
DU 341
Duftstoffe 286
Düngerarten 229
Düngung und Pflanzenwachstum 222
Duroplaste 255

E

Edelgase 83, 84, 126
Edelgasregel **150**, 167, 183
- Anwendung der 171
Edelmetall 35, 87
Edelstahl V2A 35
Eigenschaftskombination 39

Anhang 369

Stichwortverzeichnis

Eindampfen 44, 49, 55
Einfachbindung 183
Eis, Molekülgitter 179
Eisen 38
Eisengewinnung 102, 103
Eisenoxid 86
Eisenspat 318
Eisenwerkstoffe 104
Eisessig 295
Eisgitter 179
Elastomere 255
elektrische Influenz 128
elektrische Leitfähigkeit 19
Elektrolyse **162, 163**, 167
– von Kupferchlorid 162
– von Salzsäure 191
Elektron 129, 131
Elektronegativität 176, 183
Elektronenabgabe,
 von Metallen 161
Elektronenaffinität 153
Elektronenakzeptor 159
Elektronenaufnahme 348
– von Metallionen 161
Elektronendonator 159
Elektronenhülle 131, 136, 137
Elektronenpaar-
 Abstoßungs-Modell 172
Elektronenpaarbindung **170**, 183
Elektronenübergabe 348
Elektronenübergänge,
 Redoxreaktionen 159, 160, 161
– bei Elektrolysen 162
Elektronenwolke 170
Elektroskop 128
elementare Stoffe 62, 67, 347
Elementargruppe 71, 76, 85
Elementarladung 129, 131
Elementarteilchen 131
Elemente 62, 67, 76
– in der Erdkruste 163
Elementebingo 68
Elementgruppe 124, 125, 127
– der Alkalimetalle 124, 125
– der Erdalkalimetalle 151
– der Halogene 145
Eliminierungsreaktionen 251, 267
Emission 333
Emulsion 42
endotherm 63
Energie, Einheiten 264
Energiediagramm 349
Energiequellen 336
Energiesparen 336
Energiestufenmodell
 der Atomhülle 138, 139

Energieträger 354
Enteisung, eines Flugzeugs 282
Entflammbarkeit 246
Entkoffeinierung
 von Rohkaffee 316
Entsalzung
 von Meerwasser 47
Entstaubung 49
Entstickung 218
Entzündbarkeit 95
entzündlich 246
E-Nummern 301
EPA-Modell 172
Erdalkalimetalle 151
Erdatmosphäre 332
Erdgas 238, 239, 240
– Bezugsquellen 262
– Energieträger 262
– Entstehung, Lager-
  stätten, Förderung 238, 239
– Reichweite 239
– Transport 238, 239
– Zusammensetzung 240
Erdgasauto 262
Erdgasreserven 238
Erdgasspeicher 239
Erdklima 335
Erdöl 238, 239, 256, 257
– Entstehung, Lagerstät-
  ten, Förderung 238, 239
– Transport 238, 239
– Zusammensetzung 260
Erdölraffinerie 239
Erdölreserven 238
Erlenmeyer-Regel 282
erneuerbare Energiequel-
 len 263, 336
essenzielle Elemente 222
essenzielle Fettsäuren 299
Essig **294, 295**, 313
Essigessenz 295
Essigherstellung 294
Essigreiniger 296
Essigsäure 294, 295
Essigsäurebutylester 305
Essigsäureethylester 305
Ester 303, 304, 305, 313
– funktionelle Gruppe 303
Esterbildung 303, 304
Esterspaltung 304
ETBE 281
Ethanal 284, **287**
Ethandiol 282
Ethanoate **295**, 285
Ethanoation 295
Ethanol 276, 277
– als Treibstoff 281
Ethanolmolekül 275
Ethansäure **294**, 313

Ethansäurebutylester 305
Ethansäureethylester 305
Ethansäurehexylester 305
Ethen 250, 251, 254
Ethenmolekül 250
Ethin 252
Ethylacetat 305
Ethylen 251, 254
Ethyl-tertiär-Butylether 281
Eutrophierung 226, 229
exotherm 63
Experimentierregeln 10, 16
Explosionen 105
explosionsgefährlich 12
Extrahieren 55
Extraktion 49

F

Fehling-Probe 288
Fettanteil,
 in Nahrungsmitteln 310
Fettbrand 308
Fette 307–311
– Alterung 309
– Aufbau 307
– Brennbarkeit 308
– Energiespender 310
– Gewinnung 311
– Härtung 311
– Löslichkeit 308
– Nachweis 308
– pflanzliche 311
– Raffination 311
– tierische 311
– Zusammensetzung 307
Fettemulsion 309
Fettfleckprobe 308
Fetthärtung 311
Fetthydrierung 311
Fettmoleküle 307
Fettnachweis 308
Fettsäureglycerinester 307
Fettsäuren 297
Feuer 90, 91
Filtrat 44
Filtration 49
Filtrieren **44**, 55
Flamme 105
– und Feuer 92, 93
Flammenfärbung, durch
 Alkalimetalle 125
Flammtemperatur 92, 93, 105
Fleckenpasten 308
Fleckenwasser 308
Fluor 145
Formaldehyd 286
Formiate 298
fossiler Brennstoff **238**, 329

Fotooxidantien 338
fraktionierende
 Destillation 256, 257, 267
freie Radikale 249
Frischen 104
Frostschutz 27
Fruchtsäuren 300
Fuchsinschweflige Säure 285
Fullerene 175
funktionelle Gruppe 278
– Aldehyde 285
– Alkanole 278
– Carbonsäuren 285
– Ester 303
– Ketone 285

G

g (gaseous) 39
Gallium 127
Galvanisieren 165
Gangart 103
Gasbrenner 13
Gasrückführung 260
gebrannter Gips 212
gebrannter Kalk 323
Gefahrenbezeichnung 12
Gefahrensymbole 12
Gegenstromkühler 46
geologischer Kohlenstoff-
 kreislauf 326, 327, 328
Geruchsprobe 11, 18
Gesamthärte 325
gesättigte Lösung 28
Geschmacksprobe 18
Gesetz
 von den konstanten
  Massenverhältnissen 65
Gesetz von der
 Erhaltung der Masse 64
Gesteinskorrosion 217
gesundheitsschädlich 12
Gichtgas 103
giftig 12
GILLESPIE 172
Gips 34, **212**, 213
Gipskristalle 212
Gipsverband 213
Gitterenergie 153
– und Löslichkeit 181
Gitterenergien, Tabelle 168
Gittermodell 152
Glasbearbeitung 14
Glaubersalz 213
Glimmlampe 128
Glimmspanprobe 83
globale
 Mitteltemperatur 335
globaler Kohlenstoff-
 kreislauf 329

Glockenbronze 35
Glucose 288
glühelektrischer Effekt 129
Glycerin 282
Glykol 282
GMELIN 232
Gold 34, **38**
– auf Quarzgestein 35
Goldgewinnung 40
Gradierwerk 154
Grad Oechsle 271
Granit 42
Graphit 174, 175
Grundwasser 52
Grünspan 295
Gusseisen 104

H

Halbedelmetall 35
Halbstrukturformel 243, 266
– Alkane 243
– Alkanole 278, 279
Halbwertszeit 134
Halogene **144**, 145, 167
– Reaktionsfähigkeit 147
Halogenidnachweis 147
Halogen-
 kohlenwasserstoffe 337
Hämatit 103
Harnstoffsynthese 232
Härte 18
Härtebereiche
 des Wassers 325
hartes Wasser 322, 323
Härtestufe 18
Heizwerte 262
– einiger Brennstoffe 264
– einiger Gase 262
Helium 126
Heller 17
heterogen 43
Hexadecanoate 298
Hexadecansäure 298
Hexanhexol 282
Hexenal 286
hochentzündlich 12, 246
Hochofen 103
Holzkohleherstellung 95
homogen 43
homologe Reihe 242, 266, 345
– Alkanale 284
– Alkane 242
– Alkanole 278, 279, 280
– Alkohole 281
– Alkansäuren 298
– Alkene 251
– Alkine 252

Stichwortverzeichnis

Humus 227, 229
Hydratation 181
Hydratationsenergie 181
Hydrathülle 180
Hydrieren, ungesättigte Fettsäuren 299
Hydrierung 251
Hydrogencarbonate 318, 319
Hydrogencarbonationen 317
Hydrogenoxalate 300
Hydrogenphosphat 215
Hydrogensulfate **213**, 219
Hydrogensulfationen **210**, 219
Hydrogensulfid 219
Hydrogensulfite **208**, 219
Hydrogensulfitionen **208**, 219
Hydrogentartrate 300
Hydrokultur 222
Hydrolyse von Estern 304
Hydroniumionen 189
hydrophil 245, 266, 277
hydrophob 245, 266, 277
Hydroxide 194, 195
– Formeln 197
Hydroxidionen 194, 195
Hydroxycarbonsäuren 300
Hydroxylgruppe 275, 276
hygroskopisch 192

I

Indikatoren 32
Indikatorpapier 33
induzierte Dipole 244, 245, 347
Isooctan 258
Iod 145
Iodide 146
Iodidnachweis 147
Iodzahl 309
Ionen 148, 149
Ionenaustauschprozesse im Boden 227
Ionenbildung **150**, **151**, 346
Ionenbindung 152
Ionengitter **152**, 346
Ionenladung 150, 151
– und Formeln 151
Ionenradien 158, 168
Ionenverband 152
Ionenverbindungen 150
– Eigenschaften 158
Ionisierungsenergie 136, 137
– zweite 142
Isobutan 242

Isomere 266
Isomerie 242, 251
– Alkane 242
– Alkanole 279
Isopropylalkohol 281
Isotope 133
isotope Atome 133

K

Kaffeeherstellung 54
Kaffeekirschen 54
Kalium 124, 125
Kaliumcarbonat 318, 319
Kaliumhydrogenoxalat 300
Kaliumhydrogensulfat 213
Kaliumhydroxid 194
Kalk 318
Kalkbrennen 323
Kalkgehalt, Bestimmung im Boden 228
Kalklöschen 323
Kalkmörtel 323
Kalkseife 323
Kalksinterterrassen 322, 323
Kalkspat 318
Kalkstein 318, 322
Kalksteinbruch 318
Kalkwasser 194, 195
Kalotte 170
Kalottenmodell 170
Kältemischung 157, 168
Karamellbonbons 59
Katalysator 115, 116, 121, 259
– und Aktivierungsenergie 115
Kathode 162, 265
Kationen 149, 162, 167
Kennbuchstabe 12
Kern-Küllë-Modell 130, 131
Kernladungszahl 132, 141
Kerosin 256, 257
Kerzenflamme 92, 93, 105
Ketogruppe 285
Ketone 284
kleinste Teilchen 20
Kleopatra 293
Klima 342
Klima-Sünder 342
klopfende Verbrennung 258
Klopffestigkeit 258, 260
Knallgasprobe 111
Kohlenhydrate 288
Kohlensäure **317**, 330
Kohlenstoffdioxid 83, **88**, **89**, **316**, 330
Kohlenstoffdioxid-Bilanz 336

Kohlenstoffdioxidgehalt und Erwärmung 334, 335
Kohlenstoffdioxid-konzentrationen auf der Nordhalbkugel 334
Kohlenstoffdioxidnachweis 88
Kohlenstoffkreislauf 326, 327, 328, 329
Kohlenstoffmonooxid 89, **316**, 330
Kohlenstoffspeicher, der Erde 326
Kohlenwasserstoffe 242, 252, 266
Kondensationsreaktion 303, 349
Kontrastmittel 213
Konverter 104
Kräuteressig 295
Kreislauf
– des Calciums 330
– des Stickstoffs 223
Kristallisationswärme 182
Kristallisieren 30
Kristallsoda 319
Krypton 126
Kugelpackungen 21
Kugel-Stab-Modell 170
Kugelteilchenmodell 20
Kupfer 38
Kupferchloridelektrolyse 162
Kupfersulfat 34, **212**
Kupfersulfid 60
Kyoto-Protokoll 342

L

l (liquid) 39
Lagerfeuer 95
Lambda-Sonde 259
Laugengebäck 193
Laurate 298
Laurinsäure 298
Lavoisier 64, 109, 174
Lebensmittel-Zusatzstoffe, Carbonsäuren 301
Legierungen 35
leicht entzündlich 12, 246
Leichtbenzin 257
Leichtes Heizöl 257
Leichtmetalle 35
Leitfähigkeit, von Salzlösungen 158
Lernzirkel
– Alkane 247
– Alkohole 283
– Steckbriefe 36, 37
Liebig 224

Linolensäure 299
Linolsäure 299
lipophil 245, 266, 277
lipophob 245, 266, 277
Lithium 124, 125
Lithiumhydroxid 194
Los-Angeles-Smog 338
Löschkalk 323
Lösen 31
Löslicher Kaffee 54
Löslichkeit 30
– und Temperatur 31
Lösung 43
Lösungsmittel 30
Lösungsvorgang 180
– exotherm 181
– endotherm 181
Luft und Verbrennung 80, 81
Luftdruck 25
Luftzusammensetzung 83

M

Magnesium 151
Magnesiumoxid 86
Magnesiumsulfat 213
Magneteisenerz 35, 103
Magnetisierbarkeit 19
Magnetit 103
Magnettrennung 49
Makromolekül 254, 306
Malate 300
Mälzen 270
Manganspat 318
Margarine 312
Marie Curie 129
Marmor 318
Masse und Teilchenanzahl 74
Massenberechnungen 73
Masseneinheit u 66, 133
Massenerhaltung 64
Massengesetze **64**, **65**, 348
Massenspektrometer 67
Massenspektrum 67
Massenverhältnis 65, 70, 76
Massenzahl 132
Maßlösungen 203
Mayonnaise 309
Meersalz 45
Meersalzgewinnung 156
Mehrfachbindungen 171
– im EPA-Modell 173
Membranfiltration 47
Membranverfahren zur Entsalzung 47
Mendelejew 126, 127
Messing 35
Metallchloride 146

Metallgewinnung 102, 103, 104
Metallhalogenide 146
Metalloxide 86
– und Stabilität 87
Metallüberzüge 165
Methan 240, 241
Methanal 286
Methanhydrate 268
Methanmolekül 241
Methanoate 298
Methanol 281
Methansäure 297
Methyl-tertiär-Butylether 281
Meyer 126, 127
Milchsäure 300
Mineraldünger 224, 225
Mineralsalze 229
Mineralwasseretikett 149
Minimumgesetz, Fassmodell 224, 229
Mischelemente 133
Mittelbenzin 257
Mittelldestillate 256, 257
mittlere Atommasse 133
Modell und Wirklichkeit 20
Modifikationen **174**, 183
Mol 74, 75, 77
molare Masse 74, 77
molares Volumen 118
Molekül 85
– räumlicher Aufbau **172**, **173**, 346
molekulare Stoffe 85
Molekülverbindungen 85
Möller 103
Monatstemperaturen, mittlere 27
Monomer 253
Mostgewicht 271
Motorabgase 116, 259
MTBE 281

N

Nachhaltigkeit 355
nachwachsende Rohstoffe 337
– Anbauflächen 337
Nachweisreaktionen 344
– Aldehyde 285
– Ammoniak 198, 199
– Bromid 147
– Chlorid 147
– Chlorwasserstoff 198, 199
– Halogenatome 235
– Iodid 147
– Kohlenstoffatome 233, 235

Anhang 371

Stichwortverzeichnis

- Kohlenstoffdioxid 88
- Sauerstoff 84
- Sauerstoffatome 235
- Schwefelatome 233, 235
- Stickstoffatome 233, 235
- Sulfationen 213
- Wasser 108, 121
- Wasserstoffatome 233, 235
- Wasserstoff 111
Nanotubes 175
Natrium 124, 125
Natriumcarbonat 318
Natriumchloridbildung 146
Natriumchloridgitter 152
Natriumchloridkristall 152
Natriumchloridstruktur 152
Natriumhydrogencarbonat 318
- in Backpulvern 319
- in Brausepulver 319
- in Feuerlöschern 319
Natriumhydrogensulfat 213
Natriumhydroxid 192
Natriumsulfat 213
Natron 318
Natronlauge 192, 193
Natronsalpeter 214
Natronsee 319
Naturgase, Zusammensetzung 240
natürlicher Treibhauseffekt 332, 333
Nebel 43
Nebengruppenelemente 140
negative Elementarladung 129
Neon 126
Neusilber 35
Neutralisation **200, 201**, 205
- quantitative 204
Neutron 131
nicht bindende Elektronenpaare **171**, 347
Nitrate 214
- in Lebensmitteln 226
- Trinkwassergefährdung 226
Nitritionen 226
Nordisches Gold 35
Nukleonen 132

O

Oberflächenglanz 18
Oberflächenspannung, des Wassers 179
Oberflächenwasser 52
Obstessig 295

Octadecanoate 298
Octadecansäure 298
Octanzahl 258, 267
Oechslegrad 271
Offshorewindpark 336
Ölabscheider 56
Olivenöl 311
Ölsäure 299
Ölschiefer 326
Orangenlimonade 50, 51
Ordnungsprinzipien 350, 351
Ordnungszahl 127, 132
organische Chemie 231, 234
organische Kohlenstoffverbindungen 234
organische Reaktionstypen 267
Ottomotor 258
Ötzi 134
Oxalate 300
Oxalsäure 300
Oxidation 86
- Aldehyde 285
- Dehydrierung 284
- Elektronenabgabe **159**, 167
- von Metallen 86, 87
- von Nichtmetallen 88, 89
Oxidationshemmer 301
Oxidationsmittel 100
- Elektronenakzeptoren 159
Oxidationsreaktionen der Alkohole 288
Oxidationsvermögen von Metalloxiden 100
Oxoniumion 189
Ozon 340
- am Boden 338
- in der Stratosphäre 340, 341
- in der Troposphäre 338
- Tagesgang 338
Ozonabbau 341
Ozonierung von Trinkwasser 52
Ozonloch 341
Ozonschicht 332, 342
- Gefährdung 340

P

Palmitate 298
Palmitinsäure 298
PAN 254
Papierchromatografie 49
PAULING 177
PE 254

Pellets 103
PEM-Brennstoffzelle 265
Pentanpentol 282
Pentansäurepentylester 305
Per 337
Perioden 127
Periodensystem 126, 127
- und Atombau 140
permanente Härte 322
PET 306
Petroleum 256, 257
Pflanzenfette, Gewinnung 311
Pflanzennährstoffe 222
Phenolphthalein 32
Phosphate 215
- in Kläranlagen 226
Phosphatkonzentrationen im Bodensee 230
Phosphorit 215
Phosphorpentaoxid 215
Phosphorsäure **215**, 219
pH-Wert 33
- und menschliche Haut 33
physiologische Kochsalzlösung 157
Pipeline 239
Platin als Katalysator 115, 116
Platinfeuerzeug 116
PMMA 254
polare Atombindung **176**, 183, 347
Polyacrylnitril 254
Polyester **306**, 313
Polyethen 254
Polyethylen 254
Polykondensation 306, 313
Polymer 254, 356
Polymerisation 349
Polymethylmethacrylat 254
Polypropen 254
Polystyrol 254
Polytetrafluorethen 254
Polyvinylchlorid 254
Pommes frites, Fettanteil 310
Pottasche 318, 319
PP 254
primäre Alkanole 279
primäre Alkohole, Oxidation 284, 285
Primärenergie 267
Propan-2-ol 281
Propanoate 298
Propanon 284, **287**
Propansäure 297
Propantriol 282
Propen 251
Propionate 298

Propionsäure 297
Propylen 251
Proton 131
Protonenakzeptoren 189
- Basen 199
Protonendonatoren 189
- Säuren 199
Protonenübergang 189, 205, 348
PROUST 65
PS 254
PSE 127
PTFE 254
PVC 254

Q

Quecksilber 38
Quecksilbersulfid 62

R

Radikale 249
radikalische Substitution 249
radioaktiver Zerfall 134
Radiocarbonmethode 135
Rastertunnelmikroskopie 20
Rauch 43
Rauchgasentschwefelung 218
Rauchgasentstickung 218
Raureif 23
Reaktionsgleichung 72
Reaktionsheftigkeit und Energieinhalte 87
Reaktionspfeil 61
Reaktionsprodukte 58
Reaktionsschema 61
Reaktionstypen 348, 349
- organische 267
Redoxreaktion 100
- Elektronenübergänge 159
- in Lösungen 161
Reduktion 100
- Elektronenaufnahme **159**, 167
Reduktionsmittel 100
- Elektronendonatoren 159
Reduktionsvermögen, von Metallen 100
Reformieren 260
Reinelemente 133
Reinstoff 42, 55
reizend 12
Rennfeuerofen 102
Resublimation 23
Roheisen 104

Rohöldestillation 256
Rohölfraktion 256, 257, 267
Rostumwandlung durch Superphosphate 215
Roteisenerz 103
Rotkohlsaft 32
Rubidium 124, 125
Rückstand 44
Rußfilter 259
RUTHERFORD 130
Rutherford'scher Streuversuch 130

S

s (solid) 39
Salicylsäuremolekül 305
Salmiak 198
Salmiakpastillen 199
Salpetersäure **214**, 219
Salzbildner 146
Salze 85
Salzgärten 45, 156
Salzgewinnung 154, 155
- industrielle 45
Salzhydrate 180
Salzlagerstätten 156
Salzsäure 186, 187
Salzstraßen 155
Sanitärreiniger 144
Satz von Avogadro 118
Sauerstoff 83, **84**
Sauerstoffaufblasverfahren 104
Saugfiltration 56
saure Lösungen 32
- Gemeinsamkeiten 188
- Reaktionen mit Metallen 190
- Reaktionen mit Metalloxiden 190
Saurer Regen **216, 217**, 219
Schalenmodell der Atomhülle 138, 139
Schaum 43
Scheidetrichter 49
Schieferöl 326
Schmelztemperatur 24
Schmieröle 257
Schneidbrenner 85
Schutzbrille 2, 8
Schutzgas 84
Schwefeldioxid 88, 208
Schwefelsäure 209, 210, 211, 219
- Reaktion mit Kupferoxid 211
- Reaktion mit Magnesium 211
- Reaktion mit Natronlauge 211

Stichwortverzeichnis

Schwefeltrioxid 209
Schwefelwasserstoff 219
Schweflige Säure **208**, 219
Schweißbrenner 252
Schwerbenzin 257
Schweres Heizöl 256, 257
Schwermetalle 35
Schwerspat 213
Schwimmtrennung 49, 55
Sedimentation
 (Absetzenlassen) 44, 49, 55
sehr giftig 12
sekundäre Alkanole 279
Senkwaage 271
Shredder 54
Sicherheitseinrichtungen
 im Chemieraum 10
Sieben 55
Siedesalz 45, 154
Siedetemperatur 24
– und Druck 25
Silber **38**, 68
Silberamalgam 38
Silberoxid 86
– Zerlegung 100
Silberspiegel-Probe 285, 288
Silbersulfid-Bildung 61
– Zerlegung 62
Smog 338, 342
Soda 318
Sole 45, 154
Sommersmog 338, 342
Sorbinsäure 301
Sorbit 282
Space Shuttle 110
Springbrunnenversuch
– mit Ammoniak 198
– mit Chlorwasserstoff 187
Sprinkleranlage 99
Sprödigkeit von
 Ionenverbindungen 158
Spurengase
 in der Atmosphäre 333
Stahl 35, **104**
Staubexplosion 95
Stearate 298
Stearinsäure 298
Steckbrief 34, 36, 37
– Ermittlung 36, 37
Steinsalz 44, 45, 154
Steinsalzlager 45
Stickstoff 83, **84**
Stickstoffkreislauf 223
Stickstoffmonooxid 214
Stoffe, Einteilung 62, 344, 345
Stoffe und ihre Teilchen 346, 347
Stoffeigenschaften 19

Stoffgemische 42, 55
Stoffklasse 34, 344
– der flüchtigen Stoffe 34
– der Metalle 35
– der salzartigen Stoffe 34
Stoffmenge 74
Stoffmengenkonzentration 202
Stratosphäre 332
Streuversuch 130
Strontium 151
Strukturformel 173, 266
Sublimation 23
Substitution 248, 249
Substitutionsreaktionen 267
Sulfate **212**, **213**, 219
Sulfationen 210
– Nachweis 213
Sulfatnachweis 213
Sulfid 219
Sulfitionen **208**, 219
Summenformel 85
Superphosphat 215
Suspension 42, 43

T

Tafelessig 295
Tartrate 300
Taschenwärmer 182
Teclubrenner 13
Teilchenanzahl 75, 77
Teilchenmodell 20
– und Aggregatzustand 22
Teilchenordnung 21
Teilladungen 177
temporäre Härte 322
tertiäre Alkanole 279
Tetrachlorethen 337
Thermitverfahren 101
Thermoplaste 255
Titan 34, **38**
Titration 204
Traubenzucker 288
Treibhauseffekt 332–335, 342
– und Kohlenstoffdioxid 334
Treibhausgase 336, 342
Trennverfahren 49
Trevira® 306
Tricarbonsäuren 300
Trichlormethan 337
Trinkwasser
 -gefährdung 226
Trinkwassergewinnung 52
Triole 282
Tritium 133
Trockeneis 89

Trocknungsmittel 181
Tropfsteinhöhle 322
Troposphäre 332

U

u (atomare Masseneinheit) 66, 133
Umwelt und Gesellschaft 354, 355
umweltgefährlich 12
unbeständige Säure 208, 317
unedle Metalle 35, 87
ungesättigte Fettsäuren 299
unit, u 66, 133
Universalindikator 33
Universalindikator-
 Papier 33
unpolare Atombindung 347
UV-Strahlung
 und Sonnenschutz 340

V

Vakuumdestillation 257
Valenzelektronen 140, 170
Van-der-Waals-Kräfte 178, 244, 347
Vanillin 286
Verbindungen 62, 76, 347
Verbrennung 80, 82
– von Metallen 82
– von Nichtmetallen 88, 89
– Zerteilungsgrad 82
Verbrennungsdreieck 97
Verdauung 59
Verdauungsorgane 59
Verformbarkeit 19
Vergolden 165, 166
Verhalten
 im Chemieraum 10
Verhältnisformel 70, 71, 76
Verschweißen von
 Eisenbahnschienen 101
Versuchsprotokoll 15
Vis vitalis 231
Viskosität 245, 266
Vitamin C
– als Oxidationshemmer 160
– gegen Skorbut 300
Volldünger 225
Vorlage 46
vorübergehende Härte 322

W

Waldschäden 216, 217
Warnsymbol 12
Wasser
– als Lösungsmittel 180
– Bildung 112
– eine Verbindung 108, 109
– Formel 120
– Nachweis 108, 121
– Verhältnisformel 119
Wasserhärte 322, 323
– Bestimmung 325
Wassermolekül,
 ein Dipol 178
Wassernachweis 108, 121
Wasserstoff 110, 111, 121
– Energieträger 263
Wasserstoffbrücken 178, 183
– zwischen Carboxyl-
 gruppen 313
Wasserstoffion 189
Wasserstoffisotope 133
Wasserstoffnachweis 110
Wasserstoffspeicher 264
Wassersynthese 119, 120
Weinessig 295
Weinsäuren 300
Wiederverwertung 354
Wirbelschichtfeuerung 218
WÖHLER 231, 232
Wundbenzin 253
Wunderkerze 81

X

Xenon 126
Xylit 282

Z

Zähflüssigkeit 245, 266
Zeichen, von DALTON 66
Zentrifugieren 49, 55
Zerteilungsgrad 82
Zimtaldehyd 286
Zinkoxid 86
Zinkspat 318
Zinnober 62
Zuckerfarbstoff 59
Zuckerkulör 59
Zündholzflamme 94
Zündtemperatur 92, 93, **94**, 105
zwischenmolekulare
 Kräfte 244
zwischenmolekulare
 Wechselwirkungen 347

Bildquellenverzeichnis

U1.1 Getty Images (Photographer's Choice/Pete Atkinson), München – U1.2 Getty Images (Dorling Kindersley/Clive Streeter), München – U1.3 Getty Images (The Image Bank/Studi), München – 9.1 Fotex (Rainer Mader), Hamburg – 9.2 PS-Fotodesign, Linz/Rhein – 9.3 DigitalVision (DigitalVision), Maintal-Dörnigheim – 9.4 Elex AG, Schwerzenbach – 9.5 Klett-Archiv (Zuckerfabrik Digital), Stuttgart – 10.1 Les Éditions Albert René, Paris – 10.3 Getty Images (Photonica/Sean Justice), München – 13.2 Getty Images (Taxi/Chris Salvo), München – 13.3, 13.4 Klett-Archiv, Stuttgart – 15.1 F1 online (Juice Images), Frankfurt – 16.D1 Klett-Archiv (Silberzahn), Stuttgart – 16.D2 Sascha Reuen, Essen – 17.1 Klett-Archiv (H. Fahrenhorst), Stuttgart – 17.2 Getty Images (Stone/Ray Massey), München – 17.3 Avenue Images GmbH (JupiterImages), Hamburg – 17.4 Unbekannter Lieferant – 17.5, 17.6 Klett-Archiv, Stuttgart – 18.1 (oben) Klett-Archiv (H. Fahrenhorst), Stuttgart – 18.1 (unten) Hermann Eisenbeiss, Bad Kohlgrub – 18.2 Klett-Archiv, Stuttgart – 18.3 Bernhard Heinze, Stuttgart – 19.5, 19.6 Klett-Archiv, Stuttgart – 20.1 Getty Images (Photonica/Pierre Bourrier), München – 20.2 (oben) IBM Deutschland GmbH, Stuttgart – 20.2 (unten) FOCUS, Hamburg – 20.E1, 20.E2 Daimler Chrysler, Stuttgart – 21.3 Getty Images (DK Stock/Christina Kennedy), München – 23.2 Klett-Archiv (Zuckerfabrik Digital), Stuttgart – 23.3 Angermayer (Pfletschinger), Holzkirchen – 26.I1 Getty Images (Photodisc/Rene Frederick), München 26.I2 – Corel Corporation, Unterschleissheim – 26.I3 MEV, Augsburg 26.I4 Getty Images (Altrendo Images), München – 26.I5 Angermayer (Hans Pfletschinger), Holzkirchen – 27.I6 Fotosearch RF (RF), Waukesha, WI – 27.I7 Fotosearch RF (Digital Vision), Waukesha, WI – 27.I8 Okapia (Nils Reinhard), Frankfurt – 27.I9 Corel Corporation, Unterschleissheim – 28.1 Klett-Archiv (Silberzahn), Stuttgart – 29.P1 Corbis (Royalty-Free), Düsseldorf – 30.2 Hardy Haenel, Hamburg – 30.3 Klett-Archiv (Bettina Sommer), Stuttgart – 30.4, 31.7, 32.1, 32.2 Klett-Archiv, Stuttgart – 32.3 Klett-Archiv (Edgar Brückl), Stuttgart – 33.4 Klett-Archiv (Zuckerfabrik Digital), Stuttgart – 33.7 Klett-Archiv (H. Fahrenhorst), Stuttgart – 34.1 (oben) Thomas Seilnacht, Bern – 34.1 (unten) Mauritius (Rawi), Mittenwald – 34.2 (links) Getty Images (Photodisc), München – 34.2 (rechts) Klett-Archiv, Stuttgart – 34.3 (links) Werner Lieber, Heidelberg – 34.3 (Mitte) Ulrike Medenbach (Dr. Olaf Medenbach), Witten – 34.3 (rechts) FOCUS (SPL), Hamburg – 35.1 Mineralogische Staatsammlung, München 35.3 AKG, Berlin – 35.4 Klett-Archiv, Stuttgart 36.1 Klett-Archiv (Thomas Seilnacht), Stuttgart – 36.2 (oben) MEV, Augsburg – 36.2 (unten) K+S Kali GmbH, Kassel – 36.3 Creativ Collection Verlag GmbH, Freiburg – 38.E1 Mauritius (Rosenfeld), Mittenwald – 38.E2 Mauritius (age), Mittenwald – 38.E3 Helga Lade (JOF), Frankfurt – 38.E4 Helga Lade (TPH), Frankfurt – 38.E5 Klett-Archiv (Silberzahn), Stuttgart – 38.E6 Klett-Archiv (Silberzahn), Stuttgart – 38.E7 Das Fotoarchiv (Yavuz Arslan), Essen – 38.E8 Helga Lade, Frankfurt – 38.E9 Picture Press, Hamburg – 40.3 Klett-Archiv, Stuttgart – 40.E1 Getty Images (The Image Bank/Wilfried Krecichwost), München – 41.1 Klett-Archiv (Zuckerfabrik Digital), Stuttgart – 41.2 Fotosearch RF (Central Stock/Lizenzfrei), Waukesha, WI – 41.3 Klett-Archiv (Zuckerfabrik Digital), Stuttgart – 41.4 Picture-Alliance (dpa/Wallenstein), Frankfurt – 41.5 Fotosearch RF (Thinkstock/Lizenzfrei), Waukesha, WI – 41.6 Getty Images (Photodisc Grün / Ed Carey / Cole Group), München – 42.G1 Thomas Seilnacht, Bern – 42.2 Okapia (Manfred Metzger), Frankfurt – 42.3 Helga Lade (BAV), Frankfurt – 43.4 Klett-Archiv, Stuttgart – 44.1 Harald Kaiser, Alfdorf-Vordersteinenberg – 44.2 Klett-Archiv, Stuttgart – 45.4 Südwestdeutsche Salzwerke, Heilbronn – 45.5 Getty Images (Rudolph), München – 45.6, 45.8 SÜDSALZ GmbH, Heilbronn – 47.4 Corbis (Kevin Fleming), Düsseldorf – 49.1, 49.2, 49.4 Klett-Archiv, Stuttgart – 50.1 (links) Corbis (Stockbyte), Düsseldorf – 50.1 (rechts) Picture-Alliance (FoodPhotography/Eisi), Frankfurt – 51.3 Klett-Archiv (Zuckerfabrik Digital), Stuttgart – 52.2 Manfred P. und Christina Kage, (Manfred P. Kage), Lauterstein – 54.1 (oben) Getty Images (The Image Bank/Fernando Bueno), München – 54.1 (unten) Getty Images (Dex Image), München – 55.3a) Corel Corporation, Unterschleissheim 55.3b) Getty Images RF (Photodisc), München – 55.3c) Ingram Publishing, Tattenhall Chester – 55.3d) Klett-Archiv (H. Fahrenhorst), Stuttgart – 56.4 Corbis (PhotoCuisine/Nicoloso), Düsseldorf – 57.1 Getty Images (Taxi/Vincent Besnault), München – 57.2 Mauritius (Lindner), Mittenwald – 57.3 Corbis (Bagros/PhotoCuisine), Düsseldorf – 57.4 Mauritius (Foodpix), Mittenwald – 57.5 MEV, Augsburg – 57.6 Corbis (Darrell Gulin), Düsseldorf – 58.1, 58.2 Klett-Archiv (Zuckerfabrik Digital), Stuttgart – 59.3 Mauritius (Foodpix), Mittenwald – 60.2, 61.3 Klett-Archiv, Stuttgart – 61.4 Getty Images (The Image Bank/Jack Ambrose), München – 62.2 Ulrike Medenbach, Witten – 62.3, 63.2 Klett-Archiv, Stuttgart – 64.1 Pixtal, New York NY – 66.1 AKG, Berlin – 66.2 Inter Topics (Mansell), Hamburg – 68.I1 AKG, Berlin – 71.E1 Klett-Archiv, Stuttgart – 71.E2 Klett-Archiv (Zuckerfabrik Digital), Stuttgart – 72.1a), 72.1b) Avenue Images GmbH (Corbis RF), Hamburg – 72.1c), 72.1d) Comstock, Luxemburg – 72.1e) Dream Maker Software, Colorado – 73.2 Klett-Archiv (Aribert Jung), Stuttgart – 76.1, 77.2, 77.3 Klett-Archiv, Stuttgart – 79.1 Getty Images (Riser/Piecework Productions), München – 79.2 Creativ Collection Verlag GmbH, Freiburg – 79.3 Getty Images (Stone/Martin Barraud), München – 79.4 Corel Corporation, Unterschleißheim – 79.5 Photo Library International Ltd., Leeds – 79.6 Mauritius (Taurus), Mittenwald– 80.I1 Picture-Alliance (dpa/epa anp Angeneind), Frankfurt – 80.I2 Panther Media GmbH (Marcus Perez), München – 80.I3 Getty Images (Photographer's Choice RF/Paul Edmondson), München – 82.2, 82.3, 84.4 Klett-Archiv, Stuttgart 84.5 Harald Lange Naturbild, Bad Lausick – 86.3, 86.4, 87.5 Klett-Archiv, Stuttgart – 87.E1 Messer Group GmbH, Sulzbach – 88.1, 88.3, 88.4 Klett-Archiv, Stuttgart – 89.5 Keystone (Volkmar Schulz), Hamburg – 90.I1 pictureNEWS (Oliver Abraham), Frankfurt/Main – 90.I2 Picture-Alliance (European Press), Frankfurt – 90.I3 Mauritius (E. Gebhardt), Mittenwald – 90.I4 Deutsches Museum, München – 90.I5 Fotosearch RF, Waukesha, WI – 91.I6 Mauritius (ACE), Mittenwald – 91.I7 MEV, Augsburg – 91.I8 Bilderberg (Lars Schwetje), Hamburg – 91.I9 Getty Images (Riser/Alain Le Garsmeur), München – 94.5 Klett-Archiv (Bettina Sommer), Stuttgart – 94.6 Kraft & Partner, Leimen – 95.8 Deutsches Museum, München – 95.10 Klett-Archiv, Stuttgart – 97.1 Klett-Archiv (Zuckerfabrik Digital), Stuttgart – 97.3 Deutsche BP AG, Bochum – 97.4 Klett-Archiv, Stuttgart – 98.6 Winnendener Foto, Winnenden – 99.9 FIRE Foto – Thomas Gaulke, München – 99.E1 Anne

Bildquellenverzeichnis

Schlumbom, Frechen – **100.1** Harald Kaiser, Alfdorf-Vordersteinenberg – **101.3** Elektro-Thermit GmbH, Berlin – **101.5, 101.6** Klett-Archiv, Stuttgart – **102.2** Hermann Huber, Giengen – **103.5** Hermann Eisenbeiss, Bad Kohlgrub – **104.7** Imago Stock & People (Hans-Günther Oed), Berlin – **105.D1** Getty Images (Photodisc/David Buffington), München – **105.D2** Corbis (Lester Lefkowitz), Düsseldorf – **107.1** Corbis (Hackenberg), Düsseldorf – **107.2** Corbis (Zefa/ Theo Allofs), Düsseldorf – **107.3** DaimlerChrysler, Stuttgart – **107.4** Getty Images (Taxi), München – **107.5** Picture-Alliance, Frankfurt – **108.1** Klett-Archiv (Zuckerfabrik Digital), Stuttgart – **108.3, 108.4** Klett-Archiv, Stuttgart – **109.E1** Deutsches Museum, München – **109.E2, 109.E3, 110.3** AKG, Berlin – **111.5, 112.1** Klett-Archiv, Stuttgart – **115.3** RTL NEWMEDIA GmbH, Köln – **115.4** Klett-Archiv, Stuttgart – **116.E1** AKG, Berlin – **117.1 (links)** Klett-Archiv, Stuttgart – **117.1 (rechts)** Klett-Archiv (Zuckerfabrik Digital), Stuttgart – **118.1** Deutsches Museum, München – **121.D1, 121.D2** Klett-Archiv, Stuttgart – **123.1** Getty Images (Mel Yates), München – **123.2** Getty Images (Photodisc), München – **123.3** IBM Deutschland GmbH, Stuttgart **123.4** Corbis (Streichan), Düsseldorf – **123.5** Getty Images (Photographer's Choice RF/David Gould), München – **123.6** Getty Images (Photodisc/Walter Hodges), München – **123.7** Getty Images (fStop/Martin Diebel), München **124.1, 124.2, 124.3, 125.5, 126.2** Klett-Archiv, Stuttgart – **126.3, 126.4** Deutsches Museum, München – **127.5** Klett-Archiv, Stuttgart – **127.8** Bernhard Heinze, Stuttgart – **128.1** Klett-Archiv, Stuttgart – **129.E1** Corbis (Underwood & Underwood), Düsseldorf – **130.2** Deutsches Museum, München – **131.3** IMAGO (Ulmer), Berlin – **134.2** Landesgendarmeriekommando für Tirol (Anton Koler, Sölden), Innsbruck – **142.2** Klett-Archiv (Zuckerfabrik Digital), Stuttgart – **143.1** Helga Lade (Mula), Frankfurt – **143.2** Getty Images (Matthew Antrobus), München – **143.3** MEV, Augsburg – **143.4** Getty Images (Michele David), München – **143.5** Getty Images (Taxi/Jacques Copeau), München – **143.6** Getty Images (Ben Edwards), München – **143.7** Getty Images (Jacob Silberberg), München – **144.1, 144.2, 145.4, 146.1, 146.2, 146.3, 146.4, 147.5, 148.2, 149.4** Klett-Archiv, Stuttgart – **149.5** Mauritius, Mittenwald **149.6** FOCUS (SPL), Hamburg – **151.E1, 151.E2** Klett-Archiv (Zuckerfabrik Digital), Stuttgart – **152.1** Mauritius, Mittenwald – **152.2, 152.3** Klett-Archiv, Stuttgart – **154.1** MEV, Augsburg – **154.2** Stadtarchiv Schwäbisch Hall – **154.3** Kur- und Salinenbetriebe der Stadt Kreuznach – **155.I1, 155.4** Stadtarchiv Schwäbisch Hall – **157.I1** Klett-Archiv, Stuttgart – **157.I2** Getty Images (Stock4B Creative), München – **157.I3** Freilichtmuseum an der Glentleiten, Großweil – **158.1, 159.2, 159.3** Klett-Archiv, Stuttgart – **160.G1** MEV, Augsburg – **160.G2** StockFood Photo Stock Agency (Rolf Feuz), München – **160.4** Klett-Archiv (Bettina Sommer), Stuttgart – **161.6, 161.7, 162.2** Klett-Archiv, Stuttgart – **164.5** Getty Images (Photonica/Neo Vision), München – **164.6** Picture-Alliance (dpa), Frankfurt – **164.7** Caro Fotoagentur (Hoffmann), Berlin – **165.2** Getty Images (Stone/RosemaryWeller), München – **165.3** MEV, Augsburg – **165.4** InfoherzNew Media GmbH, Neubrandenburg – **167.4** Klett-Archiv, Stuttgart – **168.4** Getty Images (Photonica/Special Photographers), München – **169.1** Getty Images (Photographer's Choice/Jack Ambrose), München – **169.2** Klett-Archiv, Stuttgart – **169.3** Getty Images (Iconica/George Dibold Photography), München – **169.4** Getty Images (The Image Bank/Wayne R. Bilenduke), München – **169.5** Angermayer (Hans Pfletschinger), Holzkirchen – **169.6** Getty Images (Robert Harding World Imagery/Thorsten Mils), München – **174.1** Leitz-Brown & Sharpe Meßtechnik GmbH, Wetzlar – **174.3** Deutsches Museum, München – **174.4** Graphitwerk Kropfmühl, München – **175.6** Tobias Hertel, Nashville, TN – **177.E1** Deutsches Museum, München – **178.1** Franz Lazi, Stuttgart – **179.3** Okapia (Vock), Frankfurt – **179.7** Carl Zeiss, Oberkochen – **180.2** Klett-Archiv, Stuttgart – **182.1, 182.2** Klett-Archiv (Zuckerfabrik Digital), Stuttgart – **184.1** StockFood Photo Stock Agency (Johansen), München – **184.2** Franz Lazi, Stuttgart – **185.2** Klett-Archiv – **185.3, 185.4** Klett-Archiv (Zuckerfabrik Digital), Stuttgart – **185.5** Vario Images (Juergen Moers), Bonn – **185.6** Bärbel Knabe, Leipzig – **186.1, 186.2, 187.4 (rechts)** Klett-Archiv, Stuttgart – **188.1** Getty Images (The Image Bank/Laurie Rubin), München – **188.2, 188.3** Klett-Archiv (Zuckerfabrik Digital), Stuttgart – **190.1, 190.2, 190.3** Klett-Archiv, Stuttgart – **192.1** Klett-Archiv (Zuckerfabrik Digital), Stuttgart – **192.2, 192.3, 192.5, 193.6** Klett-Archiv, Stuttgart – **193.7** Getty Images (Stock4B/Susanne Wegele), München – **194.1, 194.2, 194.3** Klett-Archiv (Zuckerfabrik Digital), Stuttgart – **195.5** Klett-Archiv, Stuttgart – **196.P1** Superbild (Bernd Ducke), Unterhaching/München – **198.1** Getty Images (Blend Images/Jon Feingersh Photography Inc.), München – **198.2, 198.3** Klett-Archiv, Stuttgart – **199.4** Ralph Grimmel, Stuttgart – **199.6, 200.1, 200.2, 203.4** Klett-Archiv, Stuttgart – **203.5** Klett-Archiv (Zuckerfabrik Digital), Stuttgart – **204.1** Klett-Archiv, Stuttgart – **205.1** Klett-Archiv (Zuckerfabrik Digital), Stuttgart – **205.5, 206.7, 207.1** Klett-Archiv, Stuttgart – **207.2** Corbis (Will & Deni McIntyre), Düsseldorf – **207.3** Getty Images (Taxi/Henrik Sorensen), München – **207.4** Avenue Images (Banana Stock), Hamburg – **207.5** Fotex (R. Zorin), Hamburg – **207.6** Alamy Images RM (Mike Danton), Abingdon, Oxon – **207.7** Caro Fotoagentur (Aufschlager), Berlin – **208.1** Klett-Archiv (Bettina Sommer), Stuttgart – **208.2, 210.1** Klett-Archiv, Stuttgart – **211.1** chemie-master.de, Aßlar-Werdorf – **212.1** Werner Lieber, Heidelberg – **212.2** Klett-Archiv, Stuttgart – **213.3** pictureNEWS (Mario Vedder), Frankfurt/Main – **213.5 (oben)** Ulrike Medenbach, Witten – **213.5 (unten)** FOCUS (SPL), Hamburg – **214.2** Corbis (W. Cody), Düsseldorf – **214.3** Klett-Archiv, Stuttgart – **215.1** Getty Images (StockFood Creative/Joy Skipper), München – **215.2** Klett-Archiv, Stuttgart – **217.3** Bernhard Wagner, Breisach – **217.4** Landesdenkmalamt Baden-Württemberg, Esslingen am Neckar – **220.3** f1 online digitale Bildagentur (John Ur), Frankfurt – **220.5** Picture-Alliance (Binz), Frankfurt – **221.1** Getty Images (Reportage/Per-Anders Pettersson), München – **221.2** Getty Images (Photodisc), München – **221.3** BASF AG, Limburgerhof – **221.4** Dr. Eckart Pott, Stuttgart – **221.5** Getty Images (Iconica/ Camille Tokerud), München – **221.6** Getty Images (Aurora/Jose Azel), München – **221.7** Okapia (Hans Reinhard), Frankfurt – **224.E1** Deutsches Museum, München – **225.1** BASF AG, Limburgerhof – **225.2** Gert Elsner, Stuttgart – **226.2** Klett-Archiv, Stuttgart – **227.2** agrimedia (Dr. Schlüter), Eisenberg – **230.2** Reinhard-Tierfoto (H. Reinhard), Heiligkreuzsteinach – **231.1** Getty Images (Photodisc/Dan Dalton), München – **231.2** Getty Images (Photonica/VEER Steve Drake), München – **231.3** Getty Images (Iconica/Steve Outram), München – **231.4** Getty Images (Stone/Phil Degginger), München – **231.5** Avenue Images GmbH (RF/Glow-

Bildquellenverzeichnis

Gestaltung Bildperiodensystem: normaldesign, Schwäbisch Gmünd, Thomas Seilnacht, Bern

Nicht in allen Fällen war es möglich, den uns namentlich bekannten Rechteinhaber der Abbildungen ausfindig zu machen. Berechtigte Ansprüche werden selbstverständlich im Rahmen der üblichen Vereinbarungen abgegolten.

images), Hamburg – **231.6** Getty Images (Stone/Michael Gallacher), München – **232.1** Deutsches Museum, München – **232.2** Ralph Grimmel, Stuttgart – **232.3** Prof. Dr. Peter Menzel, Esslingen – **235.6** Klett-Archiv, Stuttgart – **236.1** Helga Lade, Frankfurt – **237.1** Getty Images (Tom Stoddart Archive), München – **237.2** MEV, Augsburg – **237.3** Getty Images (The Image Bank/Nicolas Russell), München – **237.4** Corbis (Zefa/Matthias Kulka), Düsseldorf – **237.5** Getty Images (Photographer's Choice/Antonio Luiz Ham), München – **239.5** Mauritius (AGE), Mittenwald – **239.7** Getty Images (Photodisc) München – **244.2, 245.4** Klett-Archiv, Stuttgart – **245.5** Klett-Archiv (Zuckerfabrik Digital), Stuttgart – **246.7, 246.8, 246.9, 248.2** Klett-Archiv, Stuttgart – **250.E1** Mauritius (Grafica), Mittenwald – **250.E2** Mauritius (Cash), Mittenwald – **252.1** Klett-Archiv (Bettina Sommer), Stuttgart – **252.2 (links)** MEV, Augsburg – **252.2 (rechts)** Mauritius, Mittenwald – **253.7** Klett-Archiv, Stuttgart – **254.1** Fotolia LLC (Tom Schmucker), New York – **255.4** Eberhard Theophel, Gießen – **255.5** Klett-Archiv, Stuttgart – **255.6** Ralph Grimmel, Stuttgart – **259.6** Teamwork Text und Foto (Karl-Bernd Karwasz), Hamburg – **262.2** Adam Opel GmbH/Illustration Studio Parsons – **262.4** Daimler-Chrysler, Stuttgart – **263.6** Gerhard Braun, Schwäbisch Hall – **265.10** DaimlerChrysler, Stuttgart – **265.12** heliocentris Energiesysteme GmbH, Berlin – **268.4** Japan Oil, Gas and Metals National, Chiba – **269.1** Getty Images (PhotoAlto/Luk Thys), München – **269.2** Getty Images (Altrendo Images), München – **269.3** Getty Images (Getty Images/Altrendo Images), München – **269.4** Getty Images (Taxi), München – **269.5** Corbis (Ron Watts), Düsseldorf – **269.6** Image Source, Köln – **270.1** Manfred P. und Christina Kage, (Manfred Kage), Lauterstein – **270.2** Helga Lade (Dr. Lorenz), Frankfurt – **270.3** Deutsches Museum, München – **272.1a)** agrimedia, Eisenberg – **272.1b)** Helga Lade (Fischer), Frankfurt – **272.1c)** Okapia, Frankfurt – **272.1d), 272.1e), 272.2, 272.3** Deutscher Brauer-Bund e.V., Berlin – **273.2** Getty Images (Taxi/Denis Boissavy), München – **274.4** Mauritius (Ripp), Mittenwald – **277.3** Klett-Archiv (Bettina Sommer), Stuttgart – **277.4, 277.5** Klett-Archiv (Zuckerfabrik Digital), Stuttgart – **281.E1** NREL, Golden, Colorado – **282.4** Mauritius (Garden Picture Library), Mittenwald – **282.5** Picture-Alliance (dpa/Kay Nietfeld), Frankfurt – **283.1** Okapia (Steinmetz), Frankfurt – **283.2** Picture-Alliance (dpa/Roland Scheidema), Frankfurt – **284.1, 285.4, 285.5** Klett-Archiv, Stuttgart – **286.1 (oben)** MEV, Augsburg – **286.1 (unten)** Thomas & Thomas Design, Heidesheim – **287.2** Klett-Archiv (Zuckerfabrik Digital), Stuttgart – **287.3, 288.4** Klett-Archiv Stuttgart – **290.1** KKH, Hamburg – **290.3** Mauritius (age fotostock), Mittenwald – **291.1** StockFood Photo Stock Agency (Walter Cimbal), München – **291.2** Panther Media GmbH (Martina B.), München – **291.3** StockFood Photo Stock Agency (Anita Oberhauser), München – **291.4** Getty Images (Robert Harding World Imag./Neil Emmerson), München – **291.5** Bildagentur-online (Chromorange), Burgkunstadt – **291.6** Stock-Food Photo Stock Agency, München – **291.7** Getty Images (Lonely Planet Images/Wayne Walton), München – **292.I1** Avenue Images GmbH (RF/Glowimages), Hamburg – **292.I2** Getty Images (Stone/Kelvin Murray), München – **292.I3** Getty Images (Stockbyte Platinum/George Doyle), München – **293.I4** Getty Images (The Image Bank/Peter Dazeley), München – **293.I5** Getty Images (Photodisc/Paul Beard), München – **293.I6** Getty Images (Photographer's Choice/Mark Douet), München – **293.I7** Corbis (Bettmann), Düsseldorf – **294.2** Klett-Archiv, Stuttgart – **295.3** Klett-Archiv (Zuckerfabrik Digital), Stuttgart – **295.4, 296.1, 296.2, 296.3** Klett-Archiv, Stuttgart – **297.1** Baumann, Gomadingen – **297.2** Avenue Images GmbH (Fancy), Hamburg – **299.2** Klett-Archiv, Stuttgart – **300.E1** Getty Images (Dorling Kindersley), München – **300.E2** Image Source, Köln – **300.E3** Getty Images (Potodisc/S Pearce/Photolink), München – **300.E4** Getty Images (Iconica/Johner), München – **301.1** Klett-Archiv (Bettina Sommer), Stuttgart – **301.3** Klett-Archiv (Aribert Jung), Stuttgart – **302.1** Klett-Archiv (Zuckerfabrik Digital), Stuttgart – **303.2** Klett-Archiv, Stuttgart – **304.2, 305.3** Klett-Archiv (Zuckerfabrik Digital), Stuttgart – **306.1** Klett-Archiv (Bettina Sommer), Stuttgart – **306.2** MEV, Augsburg – **308.2, 308.3** Klett-Archiv, Stuttgart – **309.5** Manfred P. und Christina Kage, (Manfred Kage), Lauterstein – **309.6** Klett-Archiv (Zuckerfabrik Digital), Stuttgart – **309.7** Klett-Archiv, Stuttgart – **311.G1** StockFood Photo Stock Agency (Michael Brauner), München – **312.P1** Klett-Archiv (Zuckerfabrik Digital), Stuttgart – **314.2** Picture-Alliance (dpa/Wolfgang Weihs), Frankfurt – **315.1** Corbis (Zefa/miles), Düsseldorf – **315.2** Getty Images (Photographer's Choice/Craig vander Lende), München – **315.3** Mauritius (Photri), Mittenwald – **315.4** Bildagentur Schapowalow (Huber), Hamburg – **315.5** Corbis (Zefa/Frank Lukasseck), Düsseldorf – **315.6** Getty Images (PhotodiscDisc), München – **315.7** Getty Images (The Image Bank/China Tourism Press), München – **317.2** Getty Images (Stockbyte), München – **317.4** Klett-Archiv, Stuttgart – **318.2** Michael Sternberg, Warendorf – **319.3** FOCUS (Michael Födgen), Hamburg – **320.P1, 320.P2** Klett-Archiv (Zuckerfabrik digital), Stuttgart – **321.P3** Getty Images (StockFood), München – **323.3 (links)** Mauritius (O'Brien), Mittenwald – **323.3 (rechts)** Benckiser GmbH, Ludwigshafen – **323.4** Franz Lazi, Stuttgart – **323.5, 324.2** Klett-Archiv, Stuttgart – **326.2 (oben)** Rohrbach Zement, Dotternhausen – **326.2 (unten)** Klett-Archiv (Zuckerfabrik Digital), Stuttgart – **331.1** Getty Images (Stone/Jens Lucking), München – **331.2** Getty Images (Photo Alto/Laurence Mouton), München – **331.3** Getty Images (Photographer's Choice), München – **331.4** Getty Images (Photodisc/VisionsofAmerica/Joe Sohm), München – **331.5** Mauritius (Von Ravenswaay), Mittenwald – **331.6** Getty Images (Digital Vision), München – **331.7** Picture-Alliance, Frankfurt – **332.2, 333.3** NASA Goddard Space Flight Center (Tom Bridgman and the Ceres Science Team), Greenbelt, Maryland – **335.8** Deutsches Klimarechenzentrum, Hamburg – **336.4** laif (Paul Langrock/Zenit), Köln – **340.3, 341.4** Deutsches Zentrum für Luft und Raumfahrt e.V., Weßling – **341.5** Getty Images (The Image Bank/Jim Bastardo), München – **345.4 (links)** Prof. Jürgen Wirth, Dreieich – **345.4 (rechts)** iStockphoto (travelpixpro), Calgary, Alberta – **348.L1** Klett-Archiv (Edgar Brückl), Stuttgart – **349.L2** Harald Kaiser, Alfdorf-Vordersteinenberg – **349.L3** Klett-Archiv, Stuttgart – **350.L1, 350.L2** Thomas Seilnacht, Bern – **352.L1** Sascha Reuen, Essen – **352.L2** Klett-Archiv, Stuttgart – **355.L1** Getty Images (The Image Bank/Duane Rieder), München – **355.L2** Avenue Images GmbH (RF/www.imagesource.com), Hamburg – **355.L3** Getty Images (Riser/Brian Stablyk), München – **355.L4** Getty Images (Dorling Kindersley/Andy Crawford), München – **362.2** BASF Unternehmensarchiv, Ludwigshafen – **364.1** Mauritius (Rawi), Mittenwald – **367.2** Klett-Archiv, Stuttgart

Periodensystem der Elemente

Legende:
- mittlere Atommasse in u — 186,2
- Ordnungszahl — 75
- Elementsymbol — Re
- Elementname — Rhenium
- Metalle (blau)
- Halbmetalle (grün)
- Nichtmetalle (gelb)
- fest (schwarz)
- gasförmig (rot)
- flüssig (blau)

Periode	I (1)	II (2)	III A (3)	IV A (4)	V A (5)	VI A (6)	VII A (7)	VIII A (8/9/...)
1	1,0 $_1$H Wasserstoff							
2	6,9 $_3$Li Lithium	9,0 $_4$Be Beryllium						
3	23,0 $_{11}$Na Natrium	24,3 $_{12}$Mg Magnesium						
4	39,1 $_{19}$K Kalium	40,1 $_{20}$Ca Calcium	45,0 $_{21}$Sc Scandium	47,9 $_{22}$Ti Titan	50,9 $_{23}$V Vanadium	52,0 $_{24}$Cr Chrom	54,9 $_{25}$Mn Mangan	55,8 $_{26}$Fe Eisen / 58,9 $_{27}$Co Cobalt
5	85,5 $_{37}$Rb Rubidium	87,6 $_{38}$Sr Strontium	88,9 $_{39}$Y Yttrium	91,2 $_{40}$Zr Zirconium	92,9 $_{41}$Nb Niob	95,9 $_{42}$Mo Molybdän	98 $_{43}$Tc Technetium (4,2·10^6 a)	101,1 $_{44}$Ru Ruthenium / 102,9 $_{45}$Rh Rhodium
6	132,9 $_{55}$Cs Caesium	137,3 $_{56}$Ba Barium	57–71 Lanthanoide	178,5 $_{72}$Hf Hafnium	180,9 $_{73}$Ta Tantal	183,8 $_{74}$W Wolfram	186,2 $_{75}$Re Rhenium	190,2 $_{76}$Os Osmium / 192,2 $_{77}$Ir Iridium
7	223 $_{87}$Fr Francium (22 min)	226 $_{88}$Ra Radium (1600 a)	89–103 Actinoide	267 $_{104}$Rf Rutherfordium (78 min)	268 $_{105}$Db Dubnium (29 h)	271 $_{106}$Sg Seaborgium (2 min)	270 $_{107}$Bh Bohrium (61 s)	270 $_{108}$Hs Hassium (23 s) / 278 $_{109}$Mt Meitnerium

Lanthanoide:

138,9 $_{57}$La Lanthan	140,1 $_{58}$Ce Cer	140,9 $_{59}$Pr Praseodym	144,2 $_{60}$Nd Neodym	145 $_{61}$Pm Promethium (17,7 a)	150,4 $_{62}$Sm Samarium	152,0 $_{63}$Eu Europium

Actinoide:

227 $_{89}$Ac Actinium (22 a)	232 $_{90}$Th Thorium (1,4·10^{10} a)	231 $_{91}$Pa Protactinium (3,3·10^4 a)	238 $_{92}$U Uran (4,5·10^9 a)	237 $_{93}$Np Neptunium (2,1·10^6 a)	244 $_{94}$Pu Plutonium (8,0·10^7 a)	243 $_{95}$Am Americium (7370 a)